3944

Eine Arbeitsgemeinschaft der Verlage

Böhlau Verlag · Wien · Köln · Weimar
Verlag Barbara Budrich · Opladen · Toronto
facultas.wuv · Wien
Wilhelm Fink · München
A. Francke Verlag · Tübingen und Basel
Haupt Verlag · Bern
Verlag Julius Klinkhardt · Bad Heilbrunn
Mohr Siebeck · Tübingen
Nomos Verlagsgesellschaft · Baden-Baden
Ernst Reinhardt Verlag · München · Basel
Ferdinand Schöningh · Paderborn · München · Wien · Zürich
Eugen Ulmer Verlag · Stuttgart
UVK Verlagsgesellschaft · Konstanz, mit UVK / Lucius · München
Vandenhoeck & Ruprecht · Göttingen · Bristol
vdf Hochschulverlag AG an der ETH Zürich

Studienkurs
Politikwissenschaft

Siegmar Schmidt | Wolf J. Schünemann

Europäische Union

Eine Einführung

2. Auflage

Die Deutsche Nationalbibliothek verzeichnet diese Publikation in der Deutschen Nationalbibliografie; detaillierte bibliografische Daten sind im Internet über http://dnb.d-nb.de abrufbar.

ISBN 978-3-8252-3944-2 (UTB)

2. Auflage 2013
© Nomos Verlagsgesellschaft, Baden-Baden 2013. Printed in Germany. Alle Rechte, auch die des Nachdrucks von Auszügen, der fotomechanischen Wiedergabe und der Übersetzung, vorbehalten. Gedruckt auf alterungsbeständigem Papier.

Vorwort zur zweiten Auflage

Zu unserer großen Freude ist die Erstauflage dieser Einführung in den vergangenen Jahren gut angenommen worden und wird insbesondere in der Lehre eingesetzt. Für Kritik und Lob, Korrekturen und Verbesserungsvorschläge, die uns in dieser Zeit von Kollegen/-innen, Studierenden und anderen Lesern/-innen erreicht haben, sind wir sehr dankbar. Für diese Zweitauflage haben wir den Text der Erstauflage weitgehend beibehalten, ihn selbst sowie alle Literaturangaben allerdings aktualisiert. Angesichts der rasanten und unvorhergesehenen aktuellen Entwicklungen der EU ließen sich an der einen oder anderen Stelle freilich auch mehr oder weniger umfangreiche Ergänzungen nicht vermeiden. Für das geduldige Hinnehmen damit verbundener Verzögerungen im Entstehungsprozess sowie die Unterstützung insgesamt danken wir erneut den Mitarbeiterinnen und Mitarbeitern des Nomos-Verlags, allen voran Frau Lucia Pflieger. Für seine wertvollen Hinweise und Ergänzungen zum Kapitel 8 danken wir zudem David Gorr. Ferner gebührt unser Dank Sebastian Harnisch für seine hilfreichen Hinweise zur Überarbeitung des fünften Kapitels zur Wirtschaftsgemeinschaft. Für ihre zuverlässige Unterstützung bei der Fertigstellung der Manuskripte gilt unser besonderer Dank schließlich den beteiligten Hilfskräften am Institut in Landau, namentlich Julia Zilles, Janina Becker und Tobias Benjamin Weiß.

Landau und Heidelberg, im Oktober 2013

Siegmar Schmidt   *Wolf J. Schünemann*

Vorwort zur ersten Auflage

Es gibt bereits eine Fülle politikwissenschaftlicher Lehrbücher über die Europäische Union. Das wichtigste inhaltliche Alleinstellungsmerkmal dieser Einführung betrifft ihren Untersuchungsgegenstand, die Europäische Union, ganz *wesentlich*. Damit nicht nur dem Titel *Die Europäische Union* in seiner einfachen Klarheit entsprechend, richten sich alle Ausführungen dieses Bandes auf die – an anderer Stelle[1] gelegentlich umgangene – fundamentale Frage nach dem Wesen der EU, besser noch: nach unserem Begriff von ihr: Was ist die EU? Dabei geht es uns nicht um die mehr oder weniger intuitiven Vorstellungen, die ungeordnete Anschauung, die ohnehin nahezu jeder Leser, jede Leserin, der bzw. die sich für den vorliegenden Band interessiert, von einer Institution haben mag, die das Zusammenleben in Europa in großem Maße mitbestimmt und auch auf der weltpolitischen Bühne zu den bedeutenden Akteuren zählt. Es geht uns vielmehr darum, die Europäische Union über die individuellen Erfahrungen und ihr unklares Etikett hinaus begreifbar zu machen, uns einen politikwissenschaftlich fundierten Begriff – oder besser mehrere – von der EU zu machen. Dieses Unternehmen wollen wir im vorliegenden Band für unsere Leserin, unseren Leser bzw. gemeinsam mit ihr oder ihm verwirklichen. Am Ende der Lektüre wird dann nicht eine Kategorie, sondern es werden mehrere zur Verfügung stehen, andere wiederum werden verworfen, jede schließlich auch problematisiert, über alle ausführlich nachgedacht und insgesamt wird hoffentlich etwas gelernt worden sein, und zwar über die Europäische Union als Ganze. Auch der vorliegende Band bietet zwar die im Rahmen einer Einführung angemessenen und erforderlichen wissenschaftlichen Analysen, aber keine um der Zergliederung willen, wie es an anderer Stelle mit Fug und Recht geschehen mag. Vielmehr stellen seine Untersuchungen sich in den Dienst des Gegenstandsverständnisses. Wir wollen begreifbar machen, was nur schwer in Begriffe zu fassen ist, wollen kategorial bestimmen, was sich so schlecht in unsere Kategorien fügt: die Europäische Union.

Die Verzögerungen bei der Entstehung des Bandes sind nicht zuletzt auf die nicht vorhersehbaren Entwicklungen rund um den Vertrag von Lissabon zurückzuführen. Nun aber wollen wir das Ergebnis unserer herausfordernden Arbeiten einer – hoffentlich kritischen – Öffentlichkeit übergeben. Uns bleibt nur, auf einen regen und gewinnbringenden Einsatz des Buches in Studium und Lehre zu hoffen sowie uns bei allen Mitmenschen zu bedanken, die diese Einführung, durch dienstliches Engagement oder private Unterstützung erst möglich gemacht haben. Zunächst möchten wir dem Gesamtherausgeber Prof. Dr. Winand Gellner für die Aufnahme unseres Bandes in diese Reihe danken. Außerdem danken wir dem Nomos-Verlag, insbeson-

---

1 Damit ist mitnichten nur die wissenschaftliche Diskussion, vielmehr insbesondere auch die politische, mediale etc., Diskussion gemeint.

dere Herrn Dr. Andreas Beierwaltes, auf das Herzlichste für die Möglichkeit dieser Publikation und die geduldige Betreuung unserer Arbeiten.

Darüber hinaus möchten wir Franziska und Olga danken, die von unserem engen Zeitplan am unmittelbarsten betroffen waren und uns in jeder Hinsicht unterstützten. Ein besonderer Dank gilt auch der großartigen Kieler Kollegin Jana Windwehr, die das komplette Manuskript aufmerksam und scharfsinnig redigiert und eine Unmenge wichtiger Anmerkungen gemacht hat. Auch unserem Landauer Kollegen Timo Werner gebührt unser Dank für die kritische Lektüre der Manuskripte. Wir danken ebenfalls unseren engagierten Hilfskräften Fabian Marschner und Julia Weyrich, die an verschiedenen Stellen in die Arbeiten eingebunden waren. Zuletzt danken wir auch allen anderen Mitarbeitern am Institut in Landau, insbesondere Herrn Gerd Krause, für gelegentliche unterstützende Tätigkeiten.

Landau, im September 2008

Siegmar Schmidt *Wolf J. Schünemann*

Inhaltsverzeichnis

Verzeichnis der Abbildungen	15
Verzeichnis der Tabellen	17
Verzeichnis der Kästen	19
Verzeichnis der Abkürzungen	21

1. Einleitung 27
    - 1.1 Zum Gegenstand 27
    - 1.2 Hinweise zur Lektüre 29
        - 1.2.1 Zum Aufbau des Buches 29
        - 1.2.2 Zur Handhabung 31

2. Was ist die EU? – Teil 1: Zahlen und Fakten 33
    - 2.1 Einstieg 33
    - 2.2 Die Europäische Union und ihre Mitgliedstaaten 33
    - 2.3 Bevölkerung 35
    - 2.4 Sprachen 37
    - 2.5 Wirtschaft und Finanzen 38
    - 2.6 Personalbestand der EU 43
    - 2.7 Ansehen der EU 45
    - 2.8 Schlussbemerkung 46

3. Was ist die EU? – Teil 2: eine kategoriale Einordnung 47
    - 3.1 Einstieg: der Kategorienfehler 47
    - 3.2 Die EU als internationale Organisation 49
    - 3.3 Die EU als politisches System 54
    - 3.4 Synthese: die Kategorienverweigerung 64

4. Der institutionelle Aufbau des EU-Systems 69
    - 4.1 Einstieg 69
    - 4.2 Das Europäische Parlament 69
        - 4.2.1 Wahlen 70
        - 4.2.2 Zusammensetzung 73
        - 4.2.3 Arbeitsweise und Abstimmungsverfahren 78
        - 4.2.4 Funktionen 80
        - 4.2.5 Zwischenfazit und Verortung im Institutionengefüge 88
    - 4.3 Der Rat der Europäischen Union und der Europäische Rat ... 89
        - 4.3.1 Der Rat der Europäischen Union 90

		4.3.2	Der Europäische Rat	102
		4.3.3	Zwischenfazit und Verortung im Institutionengefüge	106
	4.4	Die Europäische Kommission		108
		4.4.1	Zusammensetzung	109
		4.4.2	Arbeitsweise und Entscheidungsfindung	114
		4.4.3	Funktionen	116
		4.4.4	Zwischenfazit und Verortung im Institutionengefüge	119
	4.5	Der Europäische Gerichtshof		120
		4.5.1	Zusammensetzung	120
		4.5.2	Arbeitsweise	122
		4.5.3	Zwischenfazit und Verortung im Institutionengefüge	122
	4.6	Die Europäische Zentralbank		123
		4.6.1	Zusammensetzung	124
		4.6.2	Funktionen	127
		4.6.3	Zwischenfazit	128
	4.7	Beratende Ausschüsse: Wirtschafts- und Sozialausschuss und Ausschuss der Regionen		129
		4.7.1	Zusammensetzung	129
		4.7.2	Arbeitsweise und Entscheidungsfindung	130
		4.7.3	Funktionen, Dysfunktionen und Verortung im Institutionengefüge	131
	4.8	Fazit		132
5.	Die EU: eine Wirtschaftsgemeinschaft			139
	5.1	Freihandelszone und Zollunion		139
		5.1.1	Freihandelszone	140
		5.1.2	Zollunion	141
	5.2	Der europäische Binnenmarkt		142
		5.2.1	Warenverkehrsfreiheit	143
		5.2.2	Dienstleistungs- und Niederlassungsfreiheit	146
		5.2.3	Kapitalverkehrsfreiheit	150
		5.2.4	Wettbewerbspolitik	153
		5.2.5	Bilanz	155
	5.3	Die Wirtschafts- und Währungsunion		156
		5.3.1	Warum WWU?	157
		5.3.2	Institutionelle Umsetzung	158
		5.3.3	Differenzen, Probleme, Bilanz	159
	5.4	Eurokrise: Neue wirtschafts- und finanzpolitische Maßnahmen und Institutionen		162
		5.4.1	Stabilisierungsmaßnahmen	164
		5.4.2	Haushaltsdisziplin und -konsolidierung	167

		5.4.3	Wirtschaftspolitische Koordinierung	170
		5.4.4	Regulierung der Finanzmärkte	173
		5.4.5	Zusammenfassung und Bewertung	174
	5.5	Haushalt und Finanzen		177
		5.5.1	Instrumente	177
		5.5.2	Ausgaben	179
		5.5.3	Einnahmen	182
	5.6	Außenwirtschaftsbeziehungen		185
		5.6.1	Autonome Handelspolitik	185
		5.6.2	Vertragliche Handelspolitik	186
6.	Die EU: eine Rechtsgemeinschaft			193
	6.1	Bedeutung des Rechts		193
	6.2	Prinzipien der europäischen Rechtsordnung		196
		6.2.1	Prinzip der begrenzten Einzelermächtigung	196
		6.2.2	Subsidiaritätsprinzip und Verhältnismäßigkeit	197
		6.2.3	Direktwirkung	198
		6.2.4	Suprematie	199
		6.2.5	Rechtspersönlichkeit	203
	6.3	Das Primärrecht: die europäischen Verträge		203
	6.4	Das Sekundärrecht: die europäischen Rechtsakte		205
		6.4.1	Verordnung (Art. 288 Abs. 2 AEU-Vertrag)	206
		6.4.2	Richtlinie (Art. 288 Abs. 3 AEU-Vertrag)	206
		6.4.3	Beschluss (Art. 288 Abs. 4 AEU-Vertrag)	206
		6.4.4	Empfehlung und Stellungnahme (Art. 288 Abs. 5 AEU-Vertrag)	207
	6.5	Rechtsetzungsverfahren		207
		6.5.1	Das ordentliche Gesetzgebungsverfahren	207
		6.5.2	Besondere Gesetzgebungsverfahren	209
	6.6	Europäischer Rechtsschutz		211
		6.6.1	Vertragsverletzungsklage (Art. 258 u. 259 AEU-Vertrag)	212
		6.6.2	Nichtigkeitsklage (Art. 263 AEU-Vertrag)	213
		6.6.3	Vorabentscheidungsverfahren (Art. 267 AEU-Vertrag)	214
	6.7	Ein Raum der Freiheit, der Sicherheit und des Rechts		216
		6.7.1	Die Unionsbürgerschaft (Art. 20–25 AEU-Vertrag)	216
		6.7.2	Öffnung der Binnengrenzen	217
		6.7.3	Einwanderung, Asyl, Schutz der Außengrenzen	222
		6.7.4	Polizeiliche und Justizielle Zusammenarbeit	225
	6.8	Europäischer Grundrechtsschutz		227

7. Die EU: eine Wertegemeinschaft? ... 233

- 7.1 Was ist Europa? ... 233
- 7.2 Die Fronten der Identitätsdebatte ... 234
- 7.3 Die politisch-institutionelle Identität Europas ... 236
- 7.4 Die kulturelle Identität Europas ... 239
- 7.5 Identität braucht Grenzen!? ... 243
- 7.6 Fazit zur europäischen Wertegemeinschaft ... 245

8. Der politische Prozess im Mehrebenensystem der EU ... 249

- 8.1 Einstieg ... 249
- 8.2 Das Mehrebenensystem der EU ... 249
- 8.3 Legitimitätsquellen und Demokratiedefizit ... 253
  - 8.3.1 Die Diskussion über die Legitimität der EU ... 255
  - 8.3.2 Drei Legitimitätsquellen für die EU ... 257
  - 8.3.3 Empirische Legitimität ... 264
- 8.4 Reformdiskussion und Überlegungen zu einer Demokratie jenseits der Nationalstaaten ... 267
  - 8.4.1 Reformdiskussion ... 267
  - 8.4.2 Die Europäische Bürgerinitiative (EBI) ... 269
  - 8.4.3 Deliberative Demokratiemodelle ... 270
  - 8.4.4 Zwischenfazit ... 272
- 8.5 Effizienz im Mehrebenensystem – differenzierte Verfahren der Integration ... 273
  - 8.5.1 Flexibilisierung ... 274
  - 8.5.2 Offene Methode der Koordinierung (OMK) ... 278
- 8.6 Auswirkungen der Eurokrise ... 280

9. Die Sozialpolitik der Europäischen Union ... 287

- 9.1 Sozialpolitik in nationaler Tradition und neue Herausforderungen ... 287
- 9.2 Negative und positive Integration ... 288
- 9.3 Negative Integration im Dienste des Marktes ... 290
- 9.4 Positive Integration im Dienste des Marktes ... 292
- 9.5 Staaten im Wettbewerb – Staaten unter Druck ... 297
- 9.6 Das Europäische Sozialmodell ... 299
- 9.7 Fazit ... 301

10. Die Außen- und Sicherheitspolitik der Europäischen Union ... 305

- 10.1 Einleitung: Charakteristika der EU-Außenbeziehungen ... 305
- 10.2 Die Gemeinsame Außen- und Sicherheitspolitik (GASP) ... 308
  - 10.2.1 Die GASP ... 308

	10.2.2 Veränderungen durch den Lissabon-Vertrag	310
10.3	Von der ESVP zur GSVP	312
	10.3.1 Institutionen der GSVP	313
	10.3.2 Die ESVP/GSVP in der Praxis – Militäreinsätze der EU	315
10.4	Zur Bewertung und Einordnung von GASP und GSVP	317
10.5	Ausblick	322

11. Die Geschichte der europäischen Einigung 327

11.1	Vorgeschichte	327
11.2	Der erste Schritt – die Gründung der EGKS	329
11.3	Die frühe föderalistische Ambition und ihr Scheitern – EVG und EPG	331
11.4	Der große Schritt – die Gründung von EWG und EURATOM	334
11.5	Das französische Gegenmodell – die Fouchet-Pläne	338
11.6	Krise mit Langzeitwirkung – der Institutionenstreit	340
11.7	Große Männer, kleine Schritte – die neuen Ansätze in den 1970er Jahren	343
11.8	Vertrag mit Imageproblem – die Einheitliche Europäische Akte	347
11.9	Der Wandel nach der Wende – die Geburt der Europäischen Union	350
11.10	Thema verfehlt? – die Nachbesserungen von Amsterdam	357
11.11	Gipfel mit Nachgeschmack – die mühsame Vertragsreform von Nizza	360
11.12	Von Laeken bis Lissabon – der Verfassungsprozess und sein Ende	364
11.13	Aus der Krise in die Krise – von Staatsschulden und Euro-Rettung	372

12. Theorien der europäischen Integration 379

12.1	Integrationsbegriff und Ziel von Integrationstheorien	379
	12.1.1 Integrationsbegriff	379
	12.1.2 Ziel von Integrationstheorien	380
12.2	Föderalismus: die Theorie des großen Wurfs	382
	12.2.1 Der Föderalismus	382
	12.2.2 Grundannahmen des Föderalismus	385
	12.2.3 Bewertung und Kritik des Föderalismus	387
12.3	Funktionalismus und Neofunktionalismus: ein Automatismus der Integration?	388
	12.3.1 Funktionalismus (David Mitrany)	388

		12.3.2	Neofunktionalismus (Ernst B. Haas)	389
	12.4		Der Intergouvernementalismus: die Rückkehr des Staates	394
	12.5		Ansätze mittlerer Reichweite: Historischer Institutionalismus und Fusionsthese	398
		12.5.1	Historischer Institutionalismus	398
		12.5.2	Fusionsthese	399

13. Schlussbetrachtung und Ausblick ... 403

	13.1		Zusammenfassung	403
	13.2		Wo steht die EU heute?	405
		13.2.1	Die Eurokrise	405
		13.2.2	Neue Spaltungslinien als Folge der Eurokrise	406
		13.2.3	Krisenfeld Außen- und Sicherheitspolitik (GSVP)	408
	13.3		Wie weiter? Entwicklungsmöglichkeiten und Herausforderungen der EU	408
		13.3.1	Soziale und politische Krisen als Folge der Eurokrise	409
		13.3.2	Eine EU ohne Großbritannien?	410
		13.3.3	Flexibilisierung als Integrationsmethode?	411
		13.3.4	Erweiterungen auf Eis?	412

Sachregister ... 415

Verzeichnis der Abbildungen

Abbildung 1:	Die Mitgliedstaaten und Beitrittskandidaten der Europäischen Union	35
Abbildung 2:	Anteile der Mitgliedstaaten an der EU-Gesamtbevölkerung (2012)	36
Abbildung 3:	Bevölkerungszahlen (2012) im weltweiten Vergleich	36
Abbildung 4:	Bruttoinlandsprodukt (2011, in Mio. US-$) im weltweiten Vergleich	39
Abbildung 5:	Harmonisierte Arbeitslosenquoten der EU-Staaten (Sep. 2012 saisonbereinigt)	40
Abbildung 6:	Öffentlicher Bruttoschuldenstand der EU-Staaten in Prozent des BIP 2007 und 2011	42
Abbildung 7:	Staatsverschuldung in Prozent des BIP 2007 und 2011	43
Abbildung 8:	Meinungsumfrage (Eurobarometer) zum Ansehen der EU	45
Abbildung 9:	Typologie internationaler Organisationen	52
Abbildung 10:	Grobmodell des politischen Prozesses nach David Easton	57
Abbildung 11:	Entwicklung der Wahlbeteiligung im EG-/EU-Durchschnitt von 1979 bis 2009	73
Abbildung 12:	Sitzverteilung nach Fraktionen (Stand: August 2013)	76
Abbildung 13:	Strukturen der Ratstätigkeit	95
Abbildung 14:	Institutioneller Aufbau EZB/ESZB	125
Abbildung 15:	Organigramm des EU-Systems	133
Abbildung 16:	Stufen der ökonomischen Integration	139
Abbildung 17:	Mehrwertsteuersätze der EU-Mitgliedstaaten in % (Stand: Januar 2013)	146
Abbildung 18:	Körperschaftssteuersätze der EU-Staaten in % (Stand: 2013)	153
Abbildung 19:	Haushaltsplan 2013 nach Rubriken des Finanzrahmens	178
Abbildung 20:	Finanzrahmen 2014–2020 (Mittel für Verpflichtungen in Mio. Euro, Entwurf des Europäischen Rates von Feb. 2013, noch nicht verabschiedet)	179

Abbildung 21:	Verteilung der Eigenmittel im EU-Haushalt 2013 (in Mio. Euro)	183
Abbildung 22:	Das ordentliche Gesetzgebungsverfahren/ Mitentscheidungsverfahren	209
Abbildung 23:	Verfahrensarten	212
Abbildung 24:	Schengen-Europa	220
Abbildung 25:	Charta der Grundrechte	229
Abbildung 26:	Negative und positive Integration	289
Abbildung 27:	Der EU-Tempel	353
Abbildung 28:	Die drei Stufen der Währungsunion gemäß EG-Vertrag (Maastricht)	354

Verzeichnis der Tabellen

Tabelle 1:	Die Amtssprachen der Europäischen Union	37
Tabelle 2:	Bruttoinlandsprodukt zu Marktpreisen (BIP) der Mitgliedstaaten 2011	38
Tabelle 3:	Genehmigter Personalbestand der EU-Organe für das Jahr 2012	43
Tabelle 4:	Sitzverteilung im Europäischen Parlament und demokratische Repräsentativität	74
Tabelle 5:	Stimmengewichte und Bevölkerungszahlen der EU-Mitgliedstaaten	96
Tabelle 6:	Kommissionskollegium 2009–2014 (kroatischer Kommissar ab 2013)	112
Tabelle 7:	Sitzverteilung WSA/AdR	130
Tabelle 8:	Die größten Im- und Exporteure im weltweiten Güterhandel (2010)	185
Tabelle 9:	Verfahrensarten vor dem EuGH	216
Tabelle 10:	Vertraglich verankerte sozialpolitische Mandate	293
Tabelle 11:	Profil EWG-Vertrag	336
Tabelle 12:	Profil Vertrag von Maastricht	355
Tabelle 13:	Profil Vertrag von Lissabon	371

Verzeichnis der Kästen

Kasten 1:	Definition Internationale Organisation	49
Kasten 2:	Definition Politisches System	56
Kasten 3:	Urteil des Bundesverfassungsgerichts (2. Senat) vom 12. Oktober 1992 (Auszug)	64
Kasten 4:	Verfassungswidrige Sperrklausel	71
Kasten 5:	Komitologie	116
Kasten 6:	„Cassis de Dijon"-Urteil	144
Kasten 7:	Der EuGH und das deutsche VW-Gesetz	151
Kasten 8:	Das Bundesverfassungsgericht und der ESM	165
Kasten 9:	Europäisches Semester	171
Kasten 10:	Britenrabatt	184
Kasten 11:	Costa/E.N.E.L	200
Kasten 12:	Das Lissabon- des Bundesverfassungsgerichts	202
Kasten 13:	Schengener Abkommen	217
Kasten 14:	Europäische Konvention zum Schutze der Menschenrechte und Grundfreiheiten	228
Kasten 15:	Wer ist Europa?	233
Kasten 16:	Kopenhagener Kriterien	238
Kasten 17:	Das Eurobarometer	265
Kasten 18:	Verstärkte Zusammenarbeit und Ständige Strukturierte Zusammenarbeit	276
Kasten 19:	Die militärische Infrastruktur des PSK	313
Kasten 20:	Regierungserklärung Robert Schumans vom 9. Mai 1950 (in Auszügen)	330
Kasten 21:	Die Westeuropäische Union (WEU)	333
Kasten 22:	Schlusskommuniqué der Konferenz von Messina (in Auszügen)	335
Kasten 23:	Luxemburger Kompromiss	341
Kasten 24:	Erste Norderweiterung 1973	342
Kasten 25:	Süderweiterung 1981/86	346
Kasten 26:	Zweite Norderweiterung 1995	356
Kasten 27:	Osterweiterung 2004/07	363

Kasten 28:	Was ist Integration?	381
Kasten 29:	Föderalistische Bewegung	384
Kasten 30:	Merkmale des europäischen Bundesstaates nach Walter Hallstein	385
Kasten 31:	Spill-over als Integrationsmethode	392

Verzeichnis der Abkürzungen

ACTA	Anti-Counterfeiting Trade Agreement
AdR	Ausschuss der Regionen
AEU-Vertrag bzw. AEUV	Vertrag über die Arbeitsweise der Europäischen Union
AFCO	Ausschuss des Europäischen Parlaments für Konstitutionelle Fragen
AFET	Ausschuss des Europäischen Parlaments für Auswärtige Angelegenheiten
AFSJ	Area of Freedom, Security and Justice
AGRI	Ausschuss des Europäischen Parlaments für Landwirtschaft und ländliche Entwicklung
AKP-Staaten	Afrika, Karibik, Pazifik-Staaten
ALDE	Fraktion Allianz der Liberalen und Demokraten für Europa
APS	Annual Policy Strategy
ASEAN	Association of Southeast Asian Nations
AstV	Ausschuss Ständiger Vertreter
BAA plc	British Airports Authority
BGB	Bürgerliches Gesetzbuch
BIP	Bruttoinlandsprodukt
BNE	Bruttonationaleinkommen
BUDG	Ausschuss für Haushalt
BverfGE	Bundesverfassungsgericht
CCEB	Candidate Countries Eurobarometer
CDU	Christlich Demokratische Union Deutschlands
CEEP	Centre of Enterprises with public participation and Enterprises of general economic interest
CEPOL	Collège Européen de Police
CIA	Central Intelligence Agency
CIVCOM	Committee for Civilian Aspects of Crisis Management
CLIM	Ausschuss des Europäischen Parlaments für Klimawandel
COPA	Confederation of Professional Agricultural Organizations
COREU	Correspondance Européenne
COMP	Company
CONT	Ausschuss des europäischen Parlaments für Haushaltskontrolle
COREPER	Comité des représentants permanents
COSAC	Konferenz der Ausschüsse für Gemeinschafts- und Europaangelegenheiten
CRATE	Central Record of Available Technical Equipment

Verzeichnis der Abkürzungen

CRD	Capital Requirements Directive
CULT	Ausschuss des Europäischen Parlaments für Kultur und Bildung
DAC	Development Assistance Commitee
DAS	Déclaration d'assurance
DEVE	Ausschuss des europäischen Parlaments für Entwicklung
DDR	Deutsche Demokratische Republik
DRK	Demokratische Republik Kongo
DROI	Ausschuss des europäischen Parlaments für Menschenrechte
EA	Fraktion Europäische Allianz
EAG	Europäische Atomgemeinschaft
EAGFL	Europäische Ausrichtungs- und Garantiefonds für die Landwirtschaft
EASO	European Asylum Support Office
EBA	European Banking Authority
EBS	Europäische Beschäftigungsstrategie
ECJ	European Court of Justice
ECON	Ausschuss des europäischen Parlaments für Wirtschaft und Währung
ECU	European Currency Unit
EcoFin	Rat für Wirtschaft und Finanzen
EDA	European Defence Agency
EEA	Einheitliche Europäische Akte
EFRE	Europäischer Fonds für Regionale Entwicklung
EFSF	Europäische Finanzstabilisierungsfazilität
EFSM	Europäischer Finanzstabilisierungsmechanismus
EFTA	European Free Trade Association
EFWZ	Europäischer Fonds für Währungspolitische Zusammenarbeit
EG	Europäische Gemeinschaft(en)
EGB	Europäischer Gewerkschaftsbund
EGF	Europäischer Fonds für die Anpassung an die Globalisierung
EGKS	Europäische Gemeinschaft für Kohle und Stahl
EGMR	Europäischer Gerichtshof für Menschenrechte
EGV	Vertrag zur Gründung der Europäischen Gemeinschaft
EIB	Europäische Investitionsbank
EIOPA	European Insurance and Occupational Pensions Authority
EMRK	Europäische Konvention zum Schutze der Menschenrechte und Grundfreiheiten
EMPL	Ausschuss des Europäischen Parlaments für Beschäftigung und soziale Angelegenheiten
ENP	Europäische Nachbarschaftspolitik

Verzeichnis der Abkürzungen

ENVI	Ausschuss des Europäischen Parlaments für Umweltfragen, Volksgesundheit und Lebensmittelsicherheit
EP	Europäisches Parlament
EPG	Europäische Politische Gemeinschaft
EPZ	Europäische Politische Zusammenarbeit
ERP	European Recovery Program
ERT	European Round Table of Industrialists
ESF	Europäischer Sozialfonds
ESFS	Europäisches Finanzaufsichtssystem
ESM	Europäischer Stabilisierungsmechanismus
ESM	Europäisches Sozialmodell
ESMA	European Securities and Markets Authority
ESRB	European Systemic Risk Board
ESS	Europäische Sicherheitsstrategie
ESVP	Europäische Sicherheits- und Verteidigungspolitik
ESZB	Europäisches System der Zentralbanken
ETUC	European Trade Union Confederation
EU	Europäische Union
EU-15	Europäische Union mit 15 Mitgliedsstaaten
EU-25	Europäische Union mit 25 Mitgliedsstaaten
EU-27	Europäische Union mit 27 Mitgliedsstaaten
EuGH	Europäischer Gerichtshof
EURODAC	Europäische Datenbank zur Speicherung von Fingerabdrücken
Eurojust	Europäische Stelle für justizielle Zusammenarbeit
EUMC	European Union Military Committee
EUMS	European Union Military Staff
EuRH	Europäischer Rechnungshof
EUROMED	Euro-mediterrane Partnerschaft
EUV	Vertrag über die Europäische Union
EVA	Europäische Verteidigungsagentur
EVG	Europäische Verteidigungsgemeinschaft
EVP-ED	Fraktion der Europäischen Volkspartei und der europäischen Demokraten
EWG	Europäische Wirtschaftsgemeinschaft
EWGV	Vertrag zur Gründung der Europäischen Wirtschaftsgemeinschaft
EWI	Europäisches Währungsinstitut
EWR	Europäischer Wirtschaftsraum
EWS	Europäisches Währungssystem

Verzeichnis der Abkürzungen

EZB	Europäische Zentralbank
FBI	Federal Bureau of Investigation
FDP	Freie Demokratische Partei
FEA/Grüne	Freie Europäische Allianz/Fraktion der Grünen
FEMM	Ausschuss des Europäischen Parlaments für die Rechte der Frau und Gleichstellung der Geschlechter
FIAF	Finanzinstrument für die Ausrichtung der Fischerei
FRONTEX	Europäische Agentur für die operative Zusammenarbeit an den Außengrenzen
GAP	Gemeinsame Agrarpolitik
GASP	Gemeinsame Außen- und Sicherheitspolitik
GATS	General Agreement on Trade in Services
GATT	General Agreement on Tariffs and Trade
GEAS	Gemeinsames Europäisches Asylsystem
GD	Generaldirektion
GeI	Gericht erster Instanz
GG	Grundgesetz
GOEP	Geschäftsordnung des Europäischen Parlaments
GOK	Geschäftsordnung der Kommission
GSR	Gemeinsamer Strategischer Rahmen
GSVP	Gemeinsame Sicherheits- und Verteidigungspolitik
IGO	International Governmental Organization
IMCO	Ausschuss des Europäischen Parlaments für Binnenmarkt und Verbraucherschutz
IND/DEM	Fraktion Unabhängigkeit und Demokratie
INGO	International Non-Governmental Organization
INTA	Ausschuss des Europäischen Parlaments für Internationalen Handel
ITRE	Ausschuss des Europäischen Parlaments für Industrie, Forschung und Energie
ITS	Identität, Tradition und Souveränität
IWF	Internationaler Währungsfonds
JURI	Ausschuss des Europäischen Parlaments für Recht
KKP	Kaufkraftparität
KKS	Kaufkraftstandards
KOM	Kommission der Europäischen Gemeinschaften
KSZE	Konferenz für Sicherheit und Zusammenarbeit in Europa
LIBE	Ausschuss des Europäischen Parlaments für Bürgerliche Freiheiten, Justiz und Inneres
MERCOSUR	Mercado Commún del Sur

MFR	Mittelfristiger Finanzrahmen
MOEL	Mittel- und Osteuropäische Länder
MOK	Methode der offenen Koordinierung
NAP	Nationaler Aktionsplan
NAFTA	North American Free Trade Agreement
NATO	North Atlantic Treaty Organization
NRO	Nichtregierungsorganisation
ODIHR	Office for Democratic Institutions and Human Rights
OEEC	Organization for European Economic Cooperation
OECD	Organization for Economic Cooperation and Development
OLAF	Europäisches Amt für Betrugsbekämpfung
OMC/OMK	Open Method of Coordination/Offene Methode der Koordinierung
OMT	Outright Monetary Transaction
OPEC	Organization of The Petroleum Exporting Countries
OSZE	Organisation für Sicherheit und Zusammenarbeit in Europa
PECH	Ausschuss des Europäischen Parlaments für Fischerei
PETI	Ausschuss des Europäischen Parlaments für Petitionen
PJZS	Polizeiliche und Justizielle Zusammenarbeit in Strafsachen
p.S.	politische(s) System
PSK	Politisches und Sicherheitspolitisches Komitee
QM	Qualifizierte Mehrheit
RABIT	Rapid Border Intervention Teams
REGI	Ausschuss des Europäischen Parlaments für Regionale Entwicklung
RL	Richtlinie
Rn.	Randnummer
RPF	Rassemblement du Peuple Français
Rs.	Rechtssache
SAA	Stabilisierungs- und Assoziierungsabkommen
SAP	Stabilisierungs- und Assoziierungsprozess
SEDE	Ausschuss des Europäischen Parlaments für Sicherheit und Verteidigung
SFOR	Stabilisation Force in Bosnia and Herzegovina
SG	Satzung des Gerichtshofs
SIPRI	Stockholm International Peace Research Institute
SIS	Schengener Informationssystem
SitCen	Joint Situation Centre
SKS-Vertrag	Vertrag über die Stabilität, Koordinierung und Steuerung in der Wirtschafts- und Währungsunion

SPE	Sozialdemokratische Partei Europas
SWIFT	Society for Worldwide Interbank Financial Telecommunication
SWP	Stabilitäts- und Wachstumspakt
TRAN	Ausschuss des Europäischen Parlaments für Verkehr und Fremdenverkehr
TREVI	Terrorisme, Radicalisme, Extremisme, Violence Internationale
TRIPS	Agreement on Trade-Related Aspects of Intellectual Property Rights
UNDP	United Nations Development Programme
UEN	Fraktion Union für das Europa der Nationen
UNESCO	United Nations Educational, Scientific and Cultural Organization
UNO	United Nations Organization
VEL/NGL	Konföderale Fraktion der Vereinigten Europäischen Linken/Nordische Grüne Linke
VN	Vereinte Nationen
VO	Verordnung
VVE	Vetrag über eine Verfassung für Europa
VW	Volkswagen
WEU	Westeuropäische Union
WFA	Wirtschafts und Finanzausschuss
WKM II	Wechselkursmechanismus II
WSA	Wirtschafts- und Sozialausschuss
WTO	World Trade Organization
WWU	Wirtschafts- und Währungsunion
ZAR	Zentralafrikanische Republik

1. Einleitung

1.1 Zum Gegenstand

Der vorliegende Band stellt die Frage nach dem Wesen der Europäischen Union: *Was* ist die EU? „Exploring the nature of the beast",[2] dieser Titel eines Aufsatzes von Thomas Risse-Kappen zum Charakter der Europäischen Union (EU) beschreibt mithin auch das Anliegen dieses Buches. Es geht uns darum, das äußerst komplexe Gebilde der EU vorzustellen und dabei den eigentlichen Gegenstand, die Europäische Union als Ganze, nicht aus den Augen zu verlieren. In den folgenden elf Kapiteln wird er zwar immer wieder in seine Einzelteile zerlegt, in unterschiedlicher Weise zusammengesetzt und aus den verschiedensten Perspektiven in den Blick genommen. Nie aber wollen wir uns im Meer der Details verlieren. Wir wollen nicht – zumindest nicht in jedem Abschnitt (Ausnahme: Kap. 11) – in die historische Betrachtung abschweifen und wollen uns nur in einem Kapitel mit den theoretischen Erklärungsansätzen zum Integrationsprozess befassen (vgl. vor allem Kap. 12). Die wesentliche Bestimmung der EU unter Verwendung des politikwissenschaftlichen Instrumentariums ist Anliegen und Ziel dieser Einführung. Der amerikanische Politikwissenschaftler Philippe Schmitter charakterisiert die EU als „already the most complex polity ever created by human artifice"[3]. Die außerordentliche Komplexität des Gegenstandes stellt gerade für Lehrbücher eine besondere Herausforderung dar.

Der vorliegende Band richtet sich in erster Linie an Studierende der Politikwissenschaft und benachbarter Disziplinen. Im Hintergrund stehen dabei unsere Erfahrungen mit dem Thema EU in der universitären Lehre. Zu Beginn der Seminare ist das Interesse häufig groß, gelegentlich spürt man so etwas wie Erwartungsfreude, dass nun endlich ein in den Schulen zumeist vernachlässigtes Thema behandelt wird. Diese positive Grundstimmung zu Beginn entsprechender Seminare lässt – bei näherer Bekanntschaft mit dem „Biest" – häufig im Laufe des Semesters spürbar nach. Auf Nachfragen geben die Studierenden an, dass man zwar nach wie vor interessiert sei, doch sei die EU sehr kompliziert und unübersichtlich. Hinzu kommt, dass die wissenschaftliche Literatur zum Thema mittlerweile auch für Fachleute kaum noch überschaubar ist, wodurch die Orientierung gerade für Anfänger[4] erschwert wird. Die Erfahrungen aus der universitären Lehre bestätigen sich auch in der außeruniversitären politischen Bildung – sowohl in der Erwachsenenbildung als auch in den

---

2 Risse-Kappen, Thomas: Exploring the Nature of the Beast, in: Journal of Common Market Studies 34 (March) 1996, S. 53–80.
3 Schmitter, Philippe, 2004: Neo-Neofunctionalism, in: Wiener, Antje/Diez, Thomas (Hrsg.) European Integration Theory, Oxford, S. 45–74 (69).
4 Im Sinne der Textgestaltung erlauben wir uns, im Folgenden auf die geschlechtsneutrale Umformung allgemeiner Bezeichnungen zu verzichten – dies gilt insbesondere für sog. generische Maskulina, z.B. die Bürger. In diesen Fällen ist die weibliche Form jeweils mit gemeint.

1. Einleitung

Schulen. Grundsätzlich herrscht Konsens über die Notwendigkeit einer vertieften Beschäftigung mit der immer stärker das Leben des Einzelnen betreffenden EU, doch das komplexe System der EU stellt hohe Anforderungen an die fachdidaktischen Kompetenzen der Lehrenden und die Aufnahmefähigkeit der Rezipienten.

Eine zweite Schwierigkeit kommt hinzu: die Dynamik der europäischen Integration und ihr keineswegs gleichmäßiger, linearer Verlauf. Als Autor läuft man leicht Gefahr, von der Entwicklung schlichtweg überholt zu werden oder ihr irrtümlicherweise vorausgeeilt zu sein. Überraschende Integrationsfortschritte der letzten Jahre, wie etwa im Bereich der Wirtschafts- und Finanzpolitik, wechseln mit Stagnation ab. Gerade die konstitutionelle Entwicklung der EU im vergangenen Jahrzehnt glich einem *Zick-Zack-Kurs* – nach dem Scheitern des Verfassungsvorhabens gelang es, den Vertrag von Lissabon auszuhandeln. Dieser Vertrag konnte erst mit Verzögerung in Kraft treten, denn bei einer Volksabstimmung im Juni 2008 lehnte ihn eine Mehrheit der Iren zunächst ab. Erst in einem zweiten Referendum sechzehn Monate (und eine tiefe ökonomische Krise) später votierten die Iren mit einer großen Mehrheit für die im Kern unveränderte Vertragsreform. Sie konnte danach, also im Dezember 2009, in Kraft treten. Die Verfassungskrise konnte damit zwar beendet werden, jegliche Euphorie darüber wurde allerdings sehr bald durch die aufziehende Eurokrise überschattet.

Gescheiterte Referenden weisen auf ein drittes Problem hin: Offensichtlich provoziert die kryptische Gestalt der EU schon seit geraumer Zeit das Misstrauen ihrer Bürger. An verschiedener Stelle haben diese dem Einigungsprozess in europapolitischen Referenden, beginnend in den neunziger Jahren des vergangenen Jahrhunderts, schmerzhafte Niederlagen beigefügt. Die Eurokrise hat das Misstrauen – zumindest temporär – noch verstärkt. Auf der anderen Seite fühlen Europapolitiker, -enthusiasten und andere Befürworter einer konstitutionellen Reform sich und das Einigungswerk von den Bürgern unverstanden und fordern die bessere Darstellung und Vermittlung der EU. Vor diesem Hintergrund kommt der Wesensfrage[5] eine fundamentale Bedeutung zu, und mit der grundlegenden Unbestimmtheit der EU scheint tatsächlich eine der Wurzeln ihres chronischen Legitimitätsproblems angepackt.

Mit dem vorliegenden Band versuchen wir eine substanzielle wie gleichermaßen verständliche sowie möglichst aktuelle Einführung in das politische System der EU zu geben. Wir wollen zu einer vertieften Beschäftigung mit dem Thema animieren, anstatt mit einem Werk monumentalen Zuschnitts eher abzuschrecken. Wir haben den Umfang des Buches daher bewusst überschaubar gehalten, wodurch einzelne Politikfelder nur exemplarisch dargestellt werden konnten.

---

5 Diese ist nicht zu verwechseln mit der ebenfalls wichtigen, durch die Wesensfrage notwendig bedingten, bereits seit den Anfängen der Integration mitunter lebhaft diskutierten, allerdings außerordentlich standpunktabhängigen Finalitätsfrage (frz. finalité): Was soll die EU sein? Wozu soll sie sich entwickeln?

1.2 Hinweise zur Lektüre

1.2.1 Zum Aufbau des Buches

Zu Beginn unserer Ausführungen wollen wir uns sogleich die fundamentale Fragestellung dieses Bandes vorlegen: Was ist die EU? Wir wollen uns in den folgenden beiden Kapiteln einmal in empirischer, einmal in theoretischer Weise unserem Gegenstand nähern. Während das zweite Kapitel *Was ist die EU? – Teil 1: Zahlen und Fakten* mittels eines kursorischen Überblicks über einige zentrale empirische Daten zur EU erste Eindrücke und Vergleichsmöglichkeiten liefert, soll Kapitel 3 *Was ist die EU? – Teil 2: eine kategoriale Einordnung* grundlegende theoretische Optionen und Probleme der Begriffsbildung und des -gebrauchs vorstellen. Zwischen den kategorialen Polen der internationalen Organisation auf der einen und dem politischen System auf der anderen Seite und im akademischen Spannungsfeld zwischen der Lehre der Internationalen Beziehungen und der Vergleichenden Regierungslehre entscheiden wir uns für den vergleichenden Ansatz sowie den Systembegriff. Kapitel 3 begründet unsere Wahl.

Jedes politische System ist durch ein ausdifferenziertes institutionelles Gefüge gekennzeichnet. Wir haben die besondere Komplexität des EU-Systems in dieser Hinsicht bereits herausgestellt. Dementsprechend nimmt das vierte Kapitel *Der institutionelle Aufbau des EU-Systems* großen Raum ein und ist das mit Abstand längste Kapitel dieses Bandes. Anhand der wichtigsten EU-Organe (Parlament, Europäischer Rat, Rat, Kommission, Zentralbank und Gerichtshof) ist es allerdings noch einmal untergliedert. Die einzelnen Abschnitte bauen zwar aufeinander auf, lassen sich aber ebenso gut getrennt voneinander studieren. Sie sollen das institutionelle Gefüge der EU so auseinanderlegen, dass die Zusammenhänge jederzeit offenliegen und das Gesamtsystem rekonstruiert werden kann. Genau diese informierte und reflektierte Rekonstruktion wird abschließend anhand eines Organigramms vorgenommen.

Mit den gewonnenen Erkenntnissen über den institutionellen Aufbau des EU-Systems können wir uns sodann an spezifische Zusammenhänge, Politiken und Inhalte heranwagen. Auch dies wollen wir anhand von übergeordneten Kategorien tun und zugleich die jeweiligen Aussagen über die Qualität der EU überprüfen. Dazu werden drei ausdifferenzierte und aufeinander aufbauende Gemeinschaftsbegriffe auf die EU angewandt. Erstens wollen wir die EU als Wirtschaftsgemeinschaft begreifen. Kapitel 5 *Die EU: eine Wirtschaftsgemeinschaft* untersucht die ökonomischen Zusammenhänge der Europapolitik anhand der terminologischen Stufenleiter wirtschaftswissenschaftlicher Integrationsforschung von der Freihandelszone über Zollunion und Gemeinsamen Markt zur Wirtschaftsunion. Ein aktueller Schwerpunkt liegt dabei auf Ursachen und Entwicklung der aktuellen Krise der Wirtschafts- und Währungsunion. Die im Zuge der Krisenbewältigung ergriffenen Maßnahmen und etablierten Institutionen werden in einem Überblick dargestellt. Ferner beschäftigt sich das Kapitel mit dem Haushalt und den Finanzen der EU sowie mit den Außenwirt-

1. Einleitung

schaftsbeziehungen, die zum analytischen Zweck von der sonstigen EU-Außenpolitik (vgl. Kap. 10) getrennt behandelt werden.

Die Wahrnehmung der EU als Wirtschaftsgemeinschaft deutet immer wieder auf eine weitere Begriffsdimension und verlangt förmlich nach deren Behandlung. Kapitel 6 *Die EU: eine Rechtsgemeinschaft* kommt dieser Forderung nach. In den Abschnitten dieses Kapitels wird also die EU-Rechtsordnung ausführlich vorgestellt und erläutert. Nach den Grundlagen und Prinzipien wird auf die Gründungsverträge sowie die Rechtsakte der Union eingegangen. Wir wollen beschreiben, wie EU-Recht zustande kommt und wie der Rechtsschutz funktioniert. Ferner wollen wir uns mit der Kooperation der polizeilichen und justiziellen Behörden befassen und schließlich klären, welche grundlegenden Rechte mit der Unionsbürgerschaft verbunden sind.

An dritter Stelle fragen wir nach der EU als Wertegemeinschaft. Das siebte Kapitel *Die EU: eine Wertegemeinschaft?* geht zwar aus den Ausführungen des sechsten Kapitels hervor, indem es nach einer normativen Ordnung fragt, dem gesetzten Recht notwendig vorausgehen muss, kann aber keineswegs ähnlich klare Aussagen formulieren. Vielmehr dringt sie ein in die kontroverse Identitätsdebatte, die im Zusammenhang mit der EU-Osterweiterung angestoßen wurde und insbesondere vor dem Hintergrund eines möglichen Beitritts der Türkei weiterhin geführt wird. Die Grundpositionen der Debatte sollen hier kurz vorgestellt werden.

Kapitel 8 *Der politische Prozess im Mehrebenensystem EU* führt uns zum Systembegriff zurück. Mit dem Mehrebenensystem wird eine ausdifferenzierte, auf die Besonderheiten der EU, insbesondere deren Mehrdimensionalität, zugeschnittene Variante des Begriffs auf den Gegenstand angewandt. In den sechs Abschnitten des Kapitels stellen wir zunächst die neue Kategorie vor, um anschließend auf bestehende und empfundene systembedingte Dysfunktionalitäten des politischen Prozesses einzugehen, die an erster Stelle mit den Schlagwörtern Demokratie und Legitimität, ferner auch mit Effizienz und Transparenz verbunden sind. Im Folgenden wollen wir systemimmanente Reformen wie z.B. die Europäische Bürgerinitiative, Verfahren der flexiblen Integration sowie alternative Konzepte einer Demokratie jenseits des Nationalstaats vorstellen und erläutern. Zum Ende des Kapitels fragen wir nach möglichen Auswirkungen der Eurokrise auf die Akzeptanz und Legitimität sowie auf die Institutionen.

Bis zu dieser Stelle eher vernachlässigt und hier entsprechend nachgereicht, rücken in Kapitel 9 *Sozialpolitik der Europäischen Union* und Kapitel 10 *Außen- und Sicherheitspolitik der Europäischen Union* zwei ausgesprochen wichtige, weil potenziell identitätsbildende Politikfelder, deren erreichter Integrationsgrad nach unserer Auffassung noch keine Verdichtung in einem Gemeinschaftsbegriff oder einer entsprechenden Kategorie rechtfertigt, in unseren Fokus. Weder ist die EU eine Solidargemeinschaft, mögen auch Ansätze gemeinschaftlicher Umverteilung erkennbar sein (vgl. Kap. 9), noch ist mit dem konsensfähigen Etikett des *internationalen Akteurs* eine Kategorie in unserem Sinne vorhanden. Fallen die beiden Kapitel also in gewisser Weise aus dem Rahmen, so sind die enthaltenen Informationen und Gedanken doch wichtig, denn beide Bereiche spielen in der Diskussion um die Akzeptanz und Leistungsfähigkeit der EU eine große Rolle. Eine Mehrheit von Bürgern in einigen Mitgliedsländern erwartet z.b. von der EU eine aktive Sozialpolitik, und auch außenpolitische Fragen, z.b. der Energiesicherheit und des Verhaltens in Krisen (Libyen, Syrien usw.), stehen auf der europapolitischen Tagesordnung.

Unsere ausführlichen Darstellungen zur historischen Entwicklung der EU haben wir ganz bewusst an das Ende des Buches gestellt. Auf diese Weise wollen wir vermeiden, dass der Gegenstand in seiner historischen *Prozesshaftigkeit* verschwimmt, und halten es dementsprechend für sinnvoll, mit dem Kapitel 11 *Die Geschichte der europäischen Einigung* die ausführliche historische Betrachtung quasi den synchronen Gegenstandsdarstellungen, die freilich auch – wo nötig – durch einzelne geschichtliche Fakten ergänzt sind, hintanzustellen.

Wie auf das *Wie* der europäischen Integration ist auch auf das *Warum* nicht unser primäres Interesse gerichtet. So behandelt erst das Kapitel 12 *Theorien der europäischen Integration* die unterschiedlichen theoretischen Ansätze zur europäischen Einigung und stellt die verschiedenen Möglichkeiten vor, die Ursprünge, den Verlauf und das Ergebnis des Integrationsprozesses zu erklären. Weil den vorgestellten Großtheorien (Föderalismus, Funktionalismus, Intergouvernementalismus) immer auch eine spezifische Auffassung von der EU als Ganze (z.B. Bundesstaat dem Föderalismus) zugrunde liegen, trägt ihre Kenntnis in besonderer Weise zum Gegenstandsverständnis bei. Vor allem aber befähigen die integrationstheoretischen Kenntnisse den europapolitischen Beobachter zur Debatte über die Zukunft der EU, ihre Entwicklungschancen und -risiken.

Zukunftsoptionen für die EU sollen im Anschluss an eine kurze Zusammenfassung im letzten Kapitel 13 *Schlussbetrachtung und Ausblick* skizziert werden.

1.2.2 Zur Handhabung

Der vorliegende Band ist zuvörderst für Studienanfänger der Politikwissenschaft konzipiert. Insbesondere für diese, ferner für Studierende anderer Disziplinen und alle interessierten Leser, die ihre Kenntnisse über bestimmte Zusammenhänge und Begrifflichkeiten vertiefen wollen oder zu gewissen Punkten detailliertere Informationen wünschen, haben wir unseren Ausführungen eine große Zahl von Informationskästen zu spezifischen Aspekten hinzugefügt. Sie sollen als Angebot verstanden und bei entsprechendem Interesse mitgelesen werden. Für Aufbau und Verständnis des Fließtextes ist die Berücksichtigung der Kästen jedoch nicht erforderlich. Alle Kästen sind mit den zugehörigen Seitenzahlen im entsprechenden Verzeichnis am Anfang dieses Buches aufgeführt. Noch stärker kann das Verständnis des Textes durch den Gebrauch von Abkürzungen – und die EU bietet ein wahres Labyrinth an Abkürzungen – erschwert werden. Wir haben uns bemüht, jede Abkürzung bei ihrer ersten

Nennung aufzuschlüsseln und ggf. zu erläutern. Für alle Fälle, in denen dennoch Verständnisschwierigkeiten auftreten, sind alle themenspezifischen Abkürzungen mit der jeweiligen Bedeutung in einem entsprechenden Verzeichnis am Anfang des Buches aufgelistet.

Zur Veranschaulichung unserer Ausführungen haben wir dem Text an zahlreichen Stellen Abbildungen und Tabellen hinzugefügt. Auch sie sind mit Seitenangaben in einem Verzeichnis am Anfang des Buches aufgeführt.

Die Kapitel dieses Buches bauen inhaltlich aufeinander auf. Eine Lektüre dieser Einführung vom Anfang bis zum Ende kann also durchaus empfohlen werden. Den universitären Arbeitstechniken und dem studentischen Zeitbudget entsprechend, kann aber auch jedes der Kapitel einzeln herangezogen werden, wobei eine Fülle von Querverweisen notwendige oder zweckdienliche Verbindungen zwischen den Abschnitten herstellt. So lässt sich der vorliegende Band also auch als Sammlung von Lektionen zum Verständnis der EU heranziehen. In diesem Sinne enthält jedes Kapitel für sich ein Verzeichnis der einführenden und der weiterführenden Literatur sowie der zitierten Dokumente. Den wesentlichen Texten sind knappe Kommentare der Autoren hinzugefügt. Abschließend enthält jedes Kapitel einen Katalog von Diskussionsfragen, die dazu dienen, dem Leser noch einmal die wesentlichen Argumente und Problemstellungen deutlich zu machen und ihn zum weiteren Nachdenken anzuregen.

Schließlich ist das Buch auch zum Nachschlagen wichtiger Fachbegriffe geeignet, sei es für die schnelle Begriffsklärung während der Lektüre oder für jederzeitigen direkten Zugriff auf relevante Inhalte. Ein entsprechendes Sachregister mit den Fachbegriffen und den zugehörigen Seitenangaben findet sich am Ende des Buches.

Literatur:

Risse-Kappen, Thomas: Exploring the Nature of the Beast, in: Journal of Common Market Studies 34 (March) 1996, S. 53–80.

Schmitter, Philippe, 2004: Neo-Neofunctionalism, in: Wiener, Antje/Diez, Thomas (Hrsg.) European Integration Theory, Oxford, S. 45–74.

2. Was ist die EU? – Teil 1: Zahlen und Fakten

2.1 Einstieg

Die Wiedergabe einiger basaler empirischer Daten zur Europäischen Union ermöglicht einen ersten, vergleichsweise oberflächlichen, dennoch informativen Überblick über den Gegenstand dieser Einführung. Intuitive Vorstellungen von der EU können mit Zahlen, Fakten und Schaubildern bestätigt, präzisiert, verändert oder gar widerlegt werden. Absolute Zahlen, die vom jeweiligen Verfahren der Messung abhängen und daher zwischen verschiedenen Quellen mitunter stark schwanken können, sind dabei weniger aufschlussreich als die Relation der wiedergegebenen Messwerte zueinander. Für die meisten Rubriken dieses empirischen Abschnitts vollziehen wir den Vergleich auf zwei Ebenen und tragen damit der eigentümlichen Zwitterstellung des *Mehrebenensystems* EU zwischen der staatlichen und der internationalen Dimension – der besondere Charakter der EU wird in den weiteren Kapiteln dieses Buches noch ausführlich behandelt – Rechnung. So wird die Gemeinschaft zum einen in ihren Teilen, also den Mitgliedstaaten, in den Blick genommen. Welcher Staat hat den größten Anteil an der EU-Bevölkerung? Welcher Staat hat die niedrigste Wirtschaftsleistung? In welchem Land gibt es die wenigsten Arbeitslosen? Dies sind die Fragen, die sich durch die interne Analyse beantworten lassen.

Längst aber begreift sich die Union als eigenständiger Akteur auf der internationalen Bühne und sieht sich im Wettbewerb mit den in verschiedener Hinsicht führenden Nationalstaaten der Welt. Um auch diesen vergleichsweise jungen Anspruch mit Daten zu unterfüttern, werden zum anderen die ermittelten Gesamt- oder Durchschnittswerte für die Union als Ganze mit den Vergleichswerten für die USA, Russland, China, Indien und Japan aufgeführt. Die Wahl gerade dieser Vergleichsgruppe gründet auf die recht unwissenschaftliche Beobachtung, dass es häufig diese fünf Staaten zuzüglich der EU sind, die auf die Frage nach den führenden Akteuren der Weltpolitik genannt werden.[6] Weniger willkürlich als vielmehr mit Blick auf die Schwerpunktsetzungen der Kapitel dieses Bandes und die entsprechenden Bedürfnisse nach empirischem Material sind die Rubriken dieses Abschnitts gewählt.

2.2 Die Europäische Union und ihre Mitgliedstaaten

Derzeit hat die EU 28 Mitgliedstaaten, nämlich Belgien, Bulgarien, Dänemark, Deutschland, Estland, Finnland, Frankreich, Griechenland, Großbritannien, Irland, Italien, Kroatien, Lettland, Litauen, Luxemburg, Malta, die Niederlande, Österreich,

---

[6] Selbstverständlich hätten wir alternativ für jede Rubrik die sechs Bestplatzierten der jeweiligen Weltrangliste wiedergeben können. Auf diese Weise wäre die Auswahl leicht zu rechtfertigen gewesen. Bewusst ziehen wir jedoch eine feste Vergleichsgruppe zum Zwecke der Anschaulichkeit vor.

Polen, Portugal, Rumänien, Schweden, Slowakei, Slowenien, Spanien, Tschechien, Ungarn und Zypern. Im Laufe der Integrationsgeschichte hat sich die ursprüngliche Sechsergemeinschaft stetig erweitert. Im Jahr 2004 bzw. 2007 traten im Rahmen der EU-Osterweiterung insgesamt zwölf Staaten, größtenteils Transformationsländer des ehemaligen Ostblocks, bei. Am 1. Juli 2013 wurde Kroatien als 28. Mitgliedstaat aufgenommen. Aktuelle Beitrittskandidaten sind Island, Montenegro, Mazedonien, Serbien und die Türkei. Auch die übrigen Länder des westlichen Balkans können den Kandidatenstatus erhalten, sobald sie die entsprechenden Kriterien erfüllen (vgl. Abb. 1). Nach der jüngsten Vertragsreform ist erstmals auch ein geordnetes Verfahren für einen Austritt aus der Union festgelegt (Art. 50 EU-Vertrag). Bisher ist diese Option jedoch von keinem Mitgliedstaat erwogen, geschweige denn genutzt worden. Allerdings kündigte der britische Premierminister David Cameron im Januar 2013 in einer viel diskutierten Rede zu Europa ein nationales Referendum über den Verbleib seines Landes in einer reformierten EU an. Die Volksabstimmung soll spätestens im Jahr 2017 durchgeführt werden und könnte zu einem Austritt des Vereinigten Königreichs aus der EU führen.

2.3 Bevölkerung

Abbildung 1: Die Mitgliedstaaten und Beitrittskandidaten der Europäischen Union

Quelle: Karte (abgewandelt) Europäische Kommission, GD Kommunikation

2.3 Bevölkerung

Die EU ist eine Staatengemeinschaft mit insg. etwa 508 Mio. Einwohnern. Mit über 80 Mio. Bürgern ist Deutschland mit großem Abstand der bevölkerungsreichste Staat der EU. Malta ist mit etwa 416.000 Einwohnern das Land mit der geringsten Bevölkerung (vgl. Abb. 2).

Abbildung 2: Anteile der Mitgliedstaaten an der EU-Gesamtbevölkerung (2012)

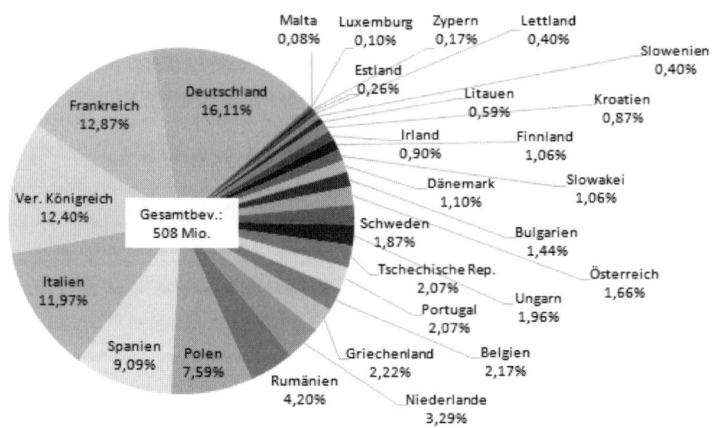

Quelle: eigene Darstellung; Daten: Eurostat (tps00001)

Im Vergleich mit den bevölkerungsreichsten Staaten der Erde (s. Abb. 3) landet die EU auf Rang drei hinter China und Indien, aber noch vor den USA. Auch Russland und Japan haben weniger Einwohner als die EU. In der Weltrangliste folgen sie erst auf den Plätzen 10 bzw. 12.

Abbildung 3: Bevölkerungszahlen (2012) im weltweiten Vergleich[7]

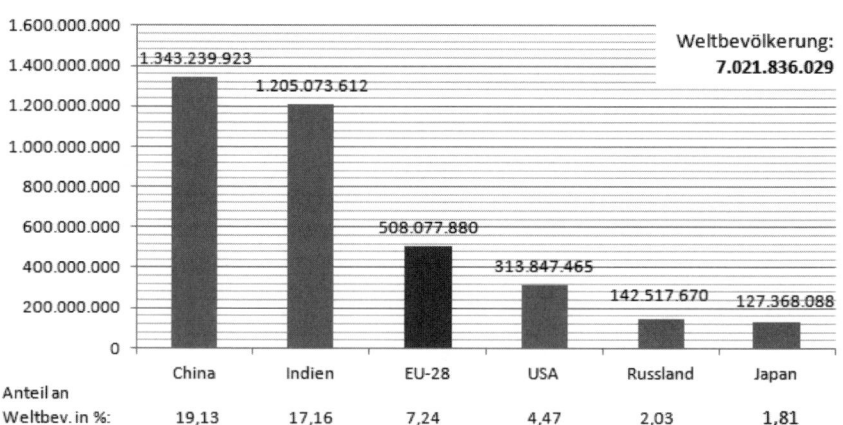

Quelle: eigene Darstellung; Daten: CIA: World factbook 2012

---

7 Für die EU-28 ist die Bevölkerungszahl aus den Berechnungen mit den Eurostat-Werten hervorgegangen.

2.4 Sprachen

Die Europäische Union ist geprägt durch ihre kulturelle Vielfalt. Dies bezieht sich grundlegend auf die Vielfalt der Sprachen. Die EU hat seit dem Beitritt Kroatiens insgesamt 24 Amtssprachen, in die alle Rechtsvorschriften und Dokumente von allgemeinem Interesse übersetzt werden müssen. Tabelle 1 führt alle Amtssprachen auf. Vor seinem Beitritt kann jeder Mitgliedstaat die Sprache angeben, in der EU-Angelegenheiten mit ihm und seinen Bürgern abzuwickeln sind. So kommen mit nahezu jeder Erweiterung neue Amtssprachen hinzu. Angesichts ihrer bloßen Zahl ist der Personalbedarf der Übersetzungsdienste nicht verwunderlich. Allein in der Generaldirektion Übersetzung der Europäischen Kommission arbeiten 2.500 Beschäftigte. Hinzu kommen die 600 fest angestellten sowie freie Mitarbeiter der Generaldirektion Dolmetschen, die Angestellten der Sprachendienste in den anderen EU-Organen (Rat, Parlament, Gerichtshof, WSA und Rechnungshof) sowie des Übersetzungszentrums für die Einrichtungen der EU. Im Haushaltsplan 2012 sind für die Sprachendienste der Kommission sowie des Übersetzungszentrums Ausgaben in Höhe von knapp 400 Mio. Euro vorgesehen.[8]

Für interne Zwecke gelten in den einzelnen EU-Organen freilich andere Sprachregelungen. So arbeitet die EU-Kommission vornehmlich in drei Sprachen: Englisch, Französisch und Deutsch. Gemäß der weltweiten Bedeutung des Englischen gewinnt es auch für die EU-Arbeit zunehmend an Gewicht. Daneben spielt das Französische eine traditionell bedeutende Rolle.

Tabelle 1: Die Amtssprachen der Europäischen Union

Bulgarisch	Lettisch
Tschechisch	Litauisch
Dänisch	Ungarisch
Deutsch	Maltesisch
Estnisch	Holländisch
Griechisch	Polnisch
Englisch	Portugiesisch
Spanisch	Rumänisch
Französisch	Slowakisch
Irisch	Slowenisch
Italienisch	Finnisch
Kroatisch	Schwedisch

---

8 Vgl. Gesamthaushaltsplan, 2012, in: Amtsblatt der Europäischen Union vom 29.2.2012, Bd. II/S. 1051ff.

2.5 Wirtschaft und Finanzen

Tabelle 2: Bruttoinlandsprodukt zu Marktpreisen (BIP) der Mitgliedstaaten 2011

Mitgliedstaat	in Mio. Euro	in KKS pro Kopf
Deutschland	2.592.600	30.300
Frankreich	1.996.583	27.200
Vereinigtes Königreich	1.747.119	27.400
Italien	1.579.659	25.100
Spanien	1.063.355	24.700
Niederlande	601.973	32.900
Schweden	387.596	31.900
Belgien	369.836	29.900
Polen	369.666	16.200
Österreich	300.712	32.400
Dänemark	240.453	31.500
Griechenland	208.532	20.100
Finnland	189.489	28.800
Portugal	171.040	19.500
Irland	158.993	32.500
Tschechische Republik	156.217	20.200
Rumänien	131.327	k.A.
Ungarn	99.819	16.500
Slowakei	69.108	18.400
Kroatien	44.893	15.400
Luxemburg	42.625	68.100
Bulgarien	38.483	11.600
Slowenien	36.172	21.000
Litauen	30.807	16.600
Lettland	20.211	14.700
Zypern	17.979	23.700
Estland	15.951	16.900
Malta	6.544	21.500
EU-27	12.642.729	25.100

Quelle: eigene Darstellung; Daten: Eurostat (tec00001)

2.5 Wirtschaft und Finanzen

Tabelle 2 gibt die nationalen Werte für das jeweilige Bruttoinlandsprodukt (BIP) wieder. Rechnet man die Ergebnisse der Mitgliedstaaten zusammen, so ergibt sich für die EU ein Gesamt-BIP von gut 12,6 Billionen Euro. Damit ist die EU der größte Wirtschaftsraum der Welt (s. Abbildung 4). Innerhalb der Union gibt es große Unterschiede in der Wirtschaftsleistung. In absoluten Zahlen ist Deutschland als bevölkerungsreichstes Land auch die größte Volkswirtschaft und trägt allein etwa ein Fünftel zur gemeinschaftlichen Wirtschaftsleistung bei. Demgegenüber weist das kleine Malta nur ein Bruttoinlandsprodukt von etwa 6,5 Mrd. Euro auf. Blicken wir jedoch auf die Werte des BIP pro Kopf (in Kaufkraftstandards, KKS), so erhalten wir freilich andere Extreme. Luxemburg hat mit großem Abstand die größte Wirtschaftsleistung pro Einwohner (68.100 KKS). Es folgen die Niederlande (32.900), Irland (32.500) und an vierter Stelle Österreich (32.400). Auf dem hintersten Platz in dieser Rangliste liegt Bulgarien mit nur 11.600 KKS pro Einwohner.[9] Abbildung 4 zeigt die absoluten Werte für das BIP im internationalen Vergleich. Darin wird die globale Bedeutung des europäischen Binnenmarkts unmittelbar ersichtlich.

Abbildung 4: Bruttoinlandsprodukt (2011, in Mio. US-$) im weltweiten Vergleich

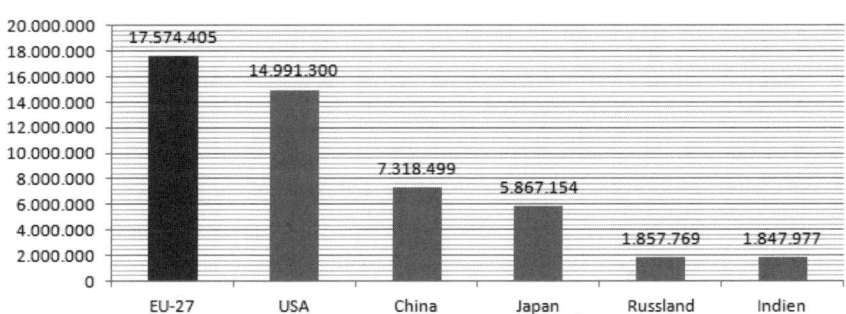

Quelle: eigene Darstellung; Daten: Weltbank

Auch im Hinblick auf die Arbeitslosigkeit existieren erhebliche Unterschiede zwischen den Mitgliedstaaten. Abbildung 5 gibt die nationalen Arbeitslosenquoten wieder. Die Bekämpfung der Arbeitslosigkeit im Gemeinsamen Markt ist in den 1990er Jahren zu einem zentralen Anliegen der EU geworden. Der AEU-Vertrag enthält einen Titel zur Beschäftigung (Titel VIII), und es wurde mit der *Europäischen Beschäftigungsstrategie* (EBS) ein neues Koordinierungsverfahren entworfen, das heute als sog. *Offene Methode der Koordinierung* (OMK) in vielen Politikbereichen Anwendung findet (vgl. Kap. 8 u. 9).

---

9 Allerdings fehlt die Angabe für Rumänien für das Jahr 2011. Im Vorjahr lag dieser Wert nur bei 11.400 KKS pro Einwohner.

Abbildung 5: Harmonisierte Arbeitslosenquoten der EU-Staaten (Sep. 2012 saisonbereinigt)

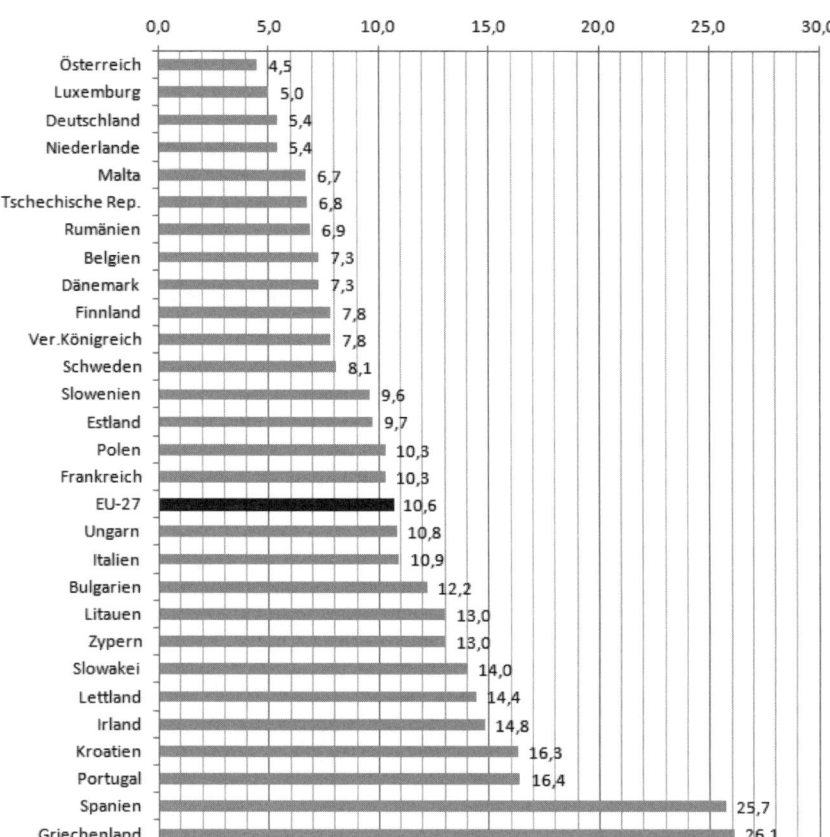

Quelle: eigene Darstellung; Daten: Eurostat (teilm020)

Die Wirtschaftskrise der vergangenen Jahre hat die EU in ihren Bemühungen zurückgeworfen. Dabei sind die Mitgliedstaaten unterschiedlich stark betroffen. Zwar können Österreich, Luxemburg, Deutschland und die Niederlande derzeit relativ niedrige Arbeitslosenquoten vermelden. In vielen Ländern stellt sich die Beschäftigungssituation heute aber deutlich angespannter dar als noch vor einigen Jahren. Der EU-Durchschnitt liegt mit über 10 Prozent bedenklich hoch. Und in Spanien und Griechenland sind in der Folge von Krise und Krisenpolitik gar je über ein Viertel der Erwerbsfähigen ohne Arbeit. Die Kenntnis der Arbeitsmarktsituation in den EU-Mitgliedsländern ist ausgesprochen wichtig für das Verständnis der verschiedenen Positionen in der Debatte um den innereuropäischen Standortwettbewerb und die angemessene Krisenpolitik (vgl. Kap. 5 und 9).

Mit der aktuellen Euro-Krise, die streng genommen eine Staatsschuldenkrise ist und aus der weltweiten Finanz- und Wirtschaftskrise hervorging, ist ein Problem in den Fokus der europapolitischen Betrachtung gerückt, dass – zumindest wenn es nach den Gründungsvätern und -müttern der Wirtschafts- und Währungsunion ginge – längst unter Kontrolle sein müsste: die Staatsverschuldung. Die Festschreibung des doppelten Verschuldungskriteriums (max. drei Prozent des BIP Neuverschuldung, max. 60 Prozent Gesamtverschuldung) im Stabilitäts- und Wachstumspakt sollte einer zügellosen Kreditaufnahme durch die Mitgliedstaaten wirksam zuvorkommen. Die Anwendung des zugehörigen Sanktionsapparats wurde allerdings der Entscheidungsgewalt der Mitgliedstaaten überlassen. So erwiesen sich bereits lange vor Ausbruch der globalen Krise einige EU-Staaten als sog. Defizitsünder (allen voran auch Deutschland) und schufen Präzedenzfälle für eine nachlässige Handhabung der Sanktionsmechanismen. In dieser Aufweichung des Stabilitäts- und Wachstumspakts sehen heute viele Beobachter eine Fehlentwicklung der Wirtschafts- und Währungsunion (WWU). Die neuen finanzpolitischen Institutionen und Mechanismen, wie insbesondere der Anfang 2013 in Kraft getretene Fiskalpakt, werden in dieser Hinsicht als wichtige Korrekturmaßnahmen wahrgenommen (s. hierzu ausführlich Kap. 5.4). Abbildung 6 zeigt die Schuldenstände der Mitgliedstaaten sowie die durchschnittlichen Niveaus für EU und Eurozone sowohl vor Ausbruch der weltweiten Finanzmarktkrise als auch danach.

Abbildung 6: Öffentlicher Bruttoschuldenstand der EU-Staaten in Prozent des BIP 2007 und 2011

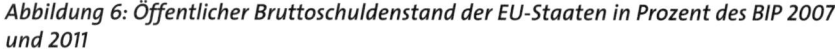

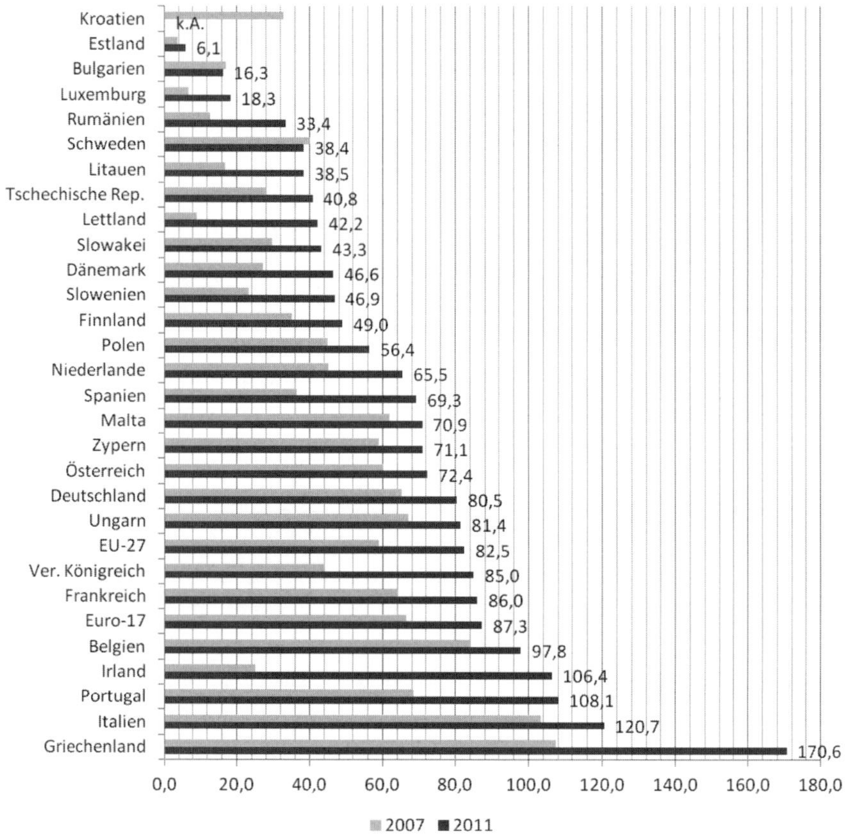

Quelle: eigene Darstellung; Daten: Eurostat (tsdde410)

Aus der Abbildung geht hervor, dass gut die Hälfte der Mitgliedstaaten, und wichtiger: ein Großteil der Euro-Staaten, die im Stabilitäts- und Wachstumspakt vereinbarte Verschuldungsgrenze von 60 Prozent überschreitet. Dabei werden allerdings große nationale Unterschiede deutlich. Während etwa die stabilitätsorientierten Niederlande nur knapp über der festgesetzten Marke liegen, beträgt die Verschuldung des krisengebeutelten Griechenlands nahezu das Doppelte seiner Wirtschaftsleistung. In diesem Zusammenhang ist allerdings anzumerken, dass der Schuldenstand zwar einen wichtigen Indikator darstellt, allerdings allein noch nicht ausreicht, um Aussagen über die tatsächlichen haushaltspolitischen Schwierigkeiten eines Staates zu treffen. Diese hängen nämlich insbesondere auch davon ab, zu welchen Konditionen sich ein Staat refinanzieren, also Kredite aufnehmen kann.

Zuletzt macht Abbildung 7 deutlich, dass die Staatsverschuldung auch im internationalen Vergleich über EU und Euroraum hinaus sehr stark variiert. Sowohl die USA als auch insbesondere Japan weisen sehr hohe Schuldenstände auf. Dass diese für die genannten Staaten nicht zu einer vergleichbar düsteren Krisenwahrnehmung führen wie für den Euroraum, hängt wiederum stark mit den Möglichkeiten geldpolitischer Steuerung zusammen, welche innerhalb der Währungsunion vergemeinschaftet und somit der nationalen Autonomie enthoben sind (s. ausführlich Kap. 5.3).

Abbildung 7: Staatsverschuldung in Prozent des BIP 2007 und 2011[10]

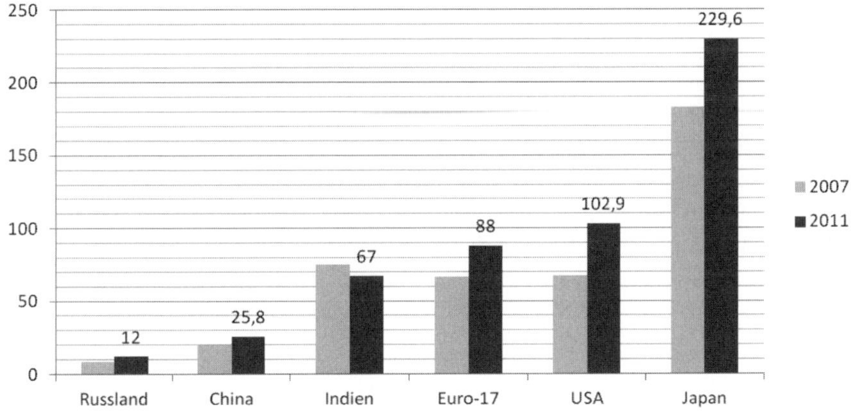

[Balkendiagramm: Russland 12; China 25,8; Indien 67/88; Euro-17 ~67/88; USA 102,9; Japan 229,6 (2011)]

Quelle: eigene Darstellung; Daten: IWF

2.6 Personalbestand der EU

Tabelle 3: Genehmigter Personalbestand der EU-Organe für das Jahr 2012

Organ	Dauerplanstellen	Planstellen auf Zeit	insgesamt
Europäisches Parlament	5.509	1.144	6.653
Europäischer Rat und Rat	3.117	36	3.153
Kommission	24.617	448	25.065
Gerichtshof	1.547	405	1.952
Rechnungshof	752	135	887

---

10 Die ermittelten Werte für die Verschuldung im Euroraum 2011 weichen zwischen den Quellen (Eurostat bzw. IWF) leicht ab.

2. Was ist die EU? – Teil 1: Zahlen und Fakten

Organ	Dauerplanstellen	Planstellen auf Zeit	insgesamt
Europäischer Wirtschafts- und Sozialausschuss	689	35	724
Ausschuss der Regionen	488	43	531
Europäischer Bürgerbeauftragter	22	44	66
Europäischer Datenschutzbeauftragter	43	0	43
Europäischer Auswärtiger Dienst	1.667	3	1.670
insgesamt	38.451	2.293	40.744

Quelle (Daten): Gesamthaushaltsplan für das Jahr 2012, S. I/117

Tabelle 3 gibt den aktuellen Personalbestand der EU-Organe wieder. Die Kommission hat mit etwa 25.000 Mitarbeitern den weitaus größten Personalstab. Es folgen in dieser Reihenfolge Parlament, Rat, Gerichtshof, Europäischer Auswärtiger Dienst usw. Um den verbreiteten Vorwurf, bei der EU handele es sich um eine gigantische Bürokratie, zu begegnen, wird mitunter auf ihren vergleichsweise geringen Personalbedarf hingewiesen. In der Tat beschäftigt die Kommission als das zentrale Verwaltungsorgan der Union in etwa so viele Bedienstete wie die Verwaltung der Stadt München. Da die Aufgaben der EU-Administration von denen einer Stadtverwaltung allerdings stark abweichen, ist dieser ebenenübergreifende Vergleich durchaus problematisch.

2.7 Ansehen der EU

Abbildung 8: Meinungsumfrage (Eurobarometer) zum Ansehen der EU

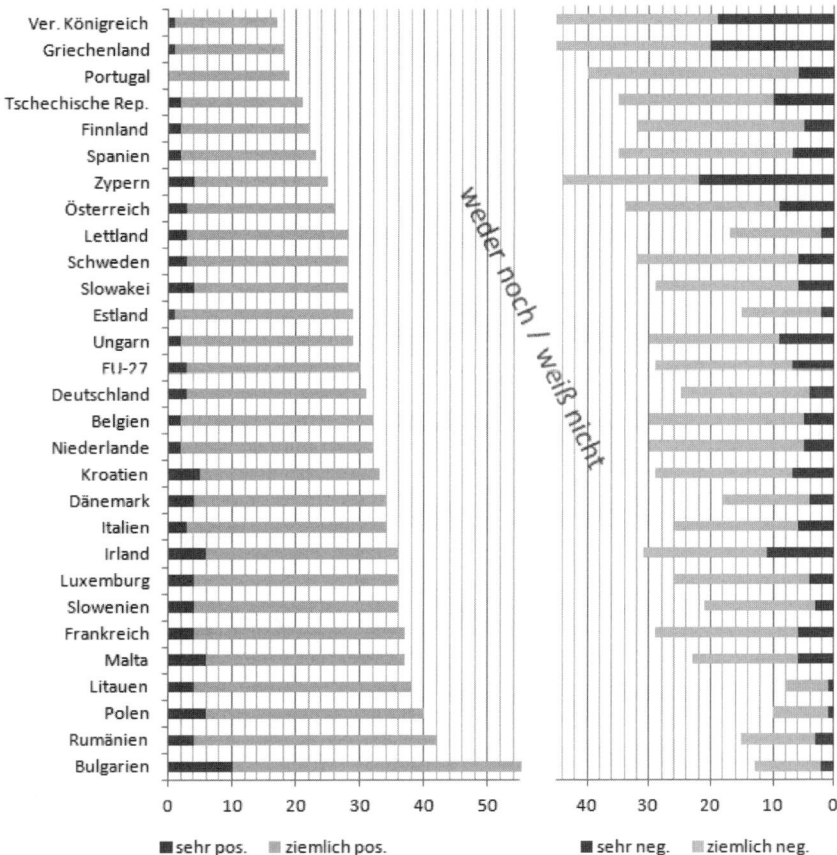

Frage (Nr. 12): Ganz allgemein gesprochen, ruft die EU bei Ihnen ein sehr positives, ziemlich positives, weder positives noch negatives, ziemlich negatives oder sehr negatives Bild hervor? –
a) sehr positiv; b) ziemlich positiv; c) weder noch; d) ziemlich negativ; e) sehr negativ; f) weiß nicht
Quelle: eigene Darstellung; Daten: Eurobarometer 78, Herbst 2012

Abschließend wollen wir uns dem Verhältnis der Bürger zu ihrer EU zuwenden. In regelmäßigen Abständen werden die Einstellungen der nationalen Bevölkerungen zur europäischen Einigung und zur EU im Rahmen der sog. *Eurobarometer*-Umfragen (vgl. Kasten 17) abgefragt. Die Abbildung 8 stellt die Ergebnisse für eine allgemeine Frage der Standarduntersuchung anschaulich dar. Im EU-Durchschnitt halten sich

Bewertungen des Ansehens der EU als positiv bzw. negativ in etwa die Waage. Auch in diesen Umfragen schlägt sich die aktuelle Krise nieder. Im Herbst 2007 kamen die Einschätzungen als insgesamt positiv im EU-Durchschnitt noch auf knapp 50 Prozent. Demgegenüber stand ein negativer Wert von 14 Prozent. Heute wie damals zeigen sich große Unterschiede abhängig von der nationalen Herkunft der Befragten. So liegen die Werte negativen Ansehens unter den traditionell EU-skeptischen Briten erwartungsgemäß hoch. Demgegenüber genießt die EU immerhin bei 56 Prozent der befragten Bulgaren ein hohes Ansehen.

2.8 Schlussbemerkung

So informativ und anschaulich Umfrageergebnisse für den Betrachter auch sein mögen, bei deren – stets erforderlicher – Auslegung muss er äußerst vorsichtig und kritisch ans Werk gehen. Dieser Hinweis gilt im Grunde für die meisten der in diesem Kapitel wiedergegebenen empirischen Daten. Immer hängen diese stark vom Verfahren ihrer Gewinnung und Messung ab, und diese Verfahren zur Vermessung und Darstellung der Wirklichkeit erfordern häufig die grobe Vereinfachung lebensweltlicher Zusammenhänge. Zudem sind sie in aller Regel abhängig vom Untersuchungsinteresse und interpretationsbedürftig. Dennoch liefern insbesondere die dargestellten relativen Größen ein – wenn auch noch recht oberflächliches – Bild von der EU, das in den folgenden Kapiteln erweitert und ausdifferenziert werden soll.

Quellen:

Central Intelligence Agency (CIA): World factbook 2012, Daten abrufbar unter: https://www.cia.gov/library/publications/the-world-factbook/index.html (letzter Zugriff: 29.1.2013).

Europäische Kommission, 2012: Standard Eurobarometer 78, abrufbar unter: http://ec.europa.eu/public_opinion/archives/eb/eb78/eb78_en.htm (letzter Zugriff: 29.1.2013).

Eurostat: Statistische Daten zu einer Vielzahl von Rubriken, abrufbar unter: http://epp.eurostat.ec.europa.eu (letzter Zugriff: 29.1.2013).

Europäische Union: Gesamthaushaltsplan für das Jahr 2012, in: Amtsblatt der Europäischen Union vom 29.2.2012, Bd. II/S. 1051ff.

IWF: Statistische Daten zu einer Vielzahl von Rubriken, abrufbar unter: http://www.imf.org/external/data.htm (letzter Zugriff: 29.1.2012).

3. Was ist die EU? – Teil 2: eine kategoriale Einordnung

3.1 Einstieg: der Kategorienfehler

Das vorliegende Buch behandelt in einem weiten Sinne Frankreich, Deutschland, Italien, Belgien, die Niederlande, Luxemburg, Großbritannien, Irland, Dänemark, Griechenland, Spanien, Portugal, Schweden, Finnland, Österreich, Estland, Lettland, Litauen, Polen, Tschechien, die Slowakei, Slowenien, Ungarn, Malta, Zypern, Rumänien, Bulgarien, Kroatien **und** die Europäische Union.[11] In dieser zweifellos übertriebenen Ankündigung steckt ein besonderer, ganz bewusst gesetzter Stolperstein: das „und". Die mutmaßliche Verwirrung, die die ungewöhnliche lineare Verknüpfung der Nationalstaaten mit ihrem Einigungswerk stiftet, führt uns unmittelbar zur kategorialen Bestimmung der Europäischen Union, also zur Leitfrage dieses Abschnitts: Was ist die EU? Im Folgenden soll also eine kategoriale Einordnung der Europäischen Union versucht werden. Zur Veranschaulichung der besonderen Herausforderung, die hiermit verbunden ist, soll das sprachphilosophische Konzept des *Kategorienfehlers* dienen.

Der analytische Philosoph Gilbert Ryle beginnt sein berühmtes Werk *Der Begriff des Geistes* mit der ausführlichen Beschreibung eines oft begangenen Irrtums: der sog. Kategorienverwechslung bzw. des Kategorienfehlers. Zur Erläuterung bringt er ein fiktives Beispiel aus dem universitären Milieu:

> „Ein Ausländer kommt zum ersten Mal nach Oxford oder Cambridge, und man zeigt ihm eine Reihe von Colleges, Bibliotheken, Sportplätzen, Museen, Laboratorien und Verwaltungsgebäuden. Nach einiger Zeit fragt er: ›Aber wo ist denn die Universität? Ich weiß jetzt, wo die Mitglieder eines College wohnen, wo die Verwaltung untergebracht ist, wo die Wissenschaftler ihre Versuche machen und so weiter. Aber warum zeigt man mir nicht die Universität, wo die Mitglieder eurer Universität wohnen und arbeiten?‹ Dann muß man ihm erklären, dass die Universität nicht noch eine weitere ähnliche Institution ist [...]. Die Universität ist einfach die Art und Weise, in der alles das organisiert ist, was er schon gesehen hat. Wenn man das alles gesehen und die Art und Weise der Zusammenarbeit verstanden hat, dann hat man die Universität gesehen. Der Irrtum des Ausländers lag in seiner unschuldigen Annahme, es sei richtig, [...] von ›der Universität‹ so zu sprechen, als bezeichneten die Worte ›die Universität‹ ein weiteres Mitglied der Klasse, zu der jene anderen obenerwähnten Einheiten auch

---

[11] Diese Auflistung, die in grober Weise nach der Reihenfolge des Beitritts zur EU vorgenommen worden ist, dient vorrangig methodischen Zwecken und soll keineswegs suggerieren, der vorliegende Band würde sich der einzelnen Nationalstaaten in besonderer Weise annehmen.

gehören. Er reihte die Universität irrtümlich in dieselbe Kategorie ein, zu der diese anderen Institutionen gehören."[12]

Der Ausländer im Beispiel nimmt also fälschlicherweise an, dass die Universität zur selben logischen Kategorie gehöre wie die verschiedenen Institute, und begeht damit einen Kategorienfehler. Ein bekannteres Beispiel für Ryles Konzept ist der „Südseeinsulaner" bei seinem ersten Fußballspiel, der nicht nur über die Funktionen der verschiedenen Feldspieler aufgeklärt werden will, also des Torwarts, des Verteidigers, des Liberos usw., sondern zusätzlich noch darüber, welcher Spieler für „den berühmten Mannschaftsgeist" zuständig sei.[13] Die Beispiele erzählen von einer Kategorienverwechslung, also der fälschlichen kategorialen Gleichsetzung eines Objekts mit seiner übergeordneten Einheit, wodurch die irrige Erwartung erzeugt wird, dass das Umfassende nun auch in der Reihe der einzelnen Objekte erscheinen müsse.

Doch wie verhält es sich nun mit der zu Beginn dieses Abschnitts vorgenommenen Aufzählung der verschiedenen europäischen Nationalstaaten einschließlich ihrer umfassenden Einheit, nämlich der Europäischen Union? – Zur Verdeutlichung der Frage soll ein letztes, abgeleitetes Beispiel dienen: Ein anderer Ausländer besucht zum ersten Mal Europa, und man führt ihn quer über den Kontinent, zeigt ihm Frankreich, Schweden, Griechenland, Polen, Estland, Malta usw. Am Ende der Reise wendet sich der Tourist etwas enttäuscht an seinen Begleiter und fragt: „So, Du hast mir jetzt zahlreiche Staaten gezeigt, wo aber liegt Europa?" Ohne Zweifel begeht der Ausländer im Beispiel einen eklatanten Kategorienfehler, der die besondere Herausforderung, vor die die Europäische Union ihre Analysten stellt, in anschaulicher Weise verdeutlicht.

Was ist die EU? – Zwei politikwissenschaftliche Subdisziplinen teilen sich seit einigen Jahren die Zuständigkeit für die Behandlung der Europäischen Union: die Lehre der Internationalen Beziehungen sowie die Vergleichende Regierungslehre. Beide Lehren bieten dem Analysten ihr umfassendes Instrumentarium, beide fordern ihn jedoch zur kategorialen Zuordnung auf. Um die politikwissenschaftliche Komparatistik auf die EU anzuwenden, muss sich der Analyst zwischen den Kategorien Staat und Politisches System entscheiden, wobei nur letzteres eine logische und zugleich politikwissenschaftliche Kategorie darstellt, die sowohl die einzelnen Nationalstaaten als auch ihre umfassende Union einschließt und damit die mutmaßliche Kategorienverwechslung entschärft. Die Verwendung des Systembegriffs durch die Autoren des vorliegenden Bandes soll im Abschnitt 3.3 ausführlicher begründet werden. Außerdem soll gezeigt und problematisiert werden, dass auch der Staatsbegriff immer wieder zur Beschreibung der Europäischen Union herangezogen wird.

---

12 Ryle, Gilbert, 1997: Der Begriff des Geistes, Stuttgart, aus dem Englischen übersetzt von Kurt Baier [Erstausgabe: 1949], S. 14–15.
13 „Aber da ist doch niemand, der den berühmten Mannschaftsgeist beisteuert. Ich sehe wer angreift, wer verteidigt, wer die Verbindung herstellt usw.: aber wessen Rolle ist es, den Mannschaftsgeist zu liefern?", Ryle, 1997, S. 15.

Zuvor soll im nächsten Abschnitt auch auf die Bezeichnung der EU als internationale Organisation und folglich die verbreitete Zuordnung des Untersuchungsobjekts zu der Lehre der Internationalen Beziehungen näher eingegangen werden. Welche Vor- und Nachteile hat diese Zuordnung? Welche Beispiele lassen sich in der politikwissenschaftlichen Publizistik finden?

3.2 Die EU als internationale Organisation

In den 1950er Jahren entstanden mit den drei Europäischen Gemeinschaften EGKS (Europäische Gemeinschaft für Kohle und Stahl), EWG (Europäische Wirtschaftsgemeinschaft) und EAG (Europäische Atomgemeinschaft) beachtlich ausdifferenzierte Institutionen sektoraler Zusammenarbeit, die im weiteren Integrationsverlauf zu einer einheitlichen internationalen Organisation namens EG (Europäische Gemeinschaft), später EU (Europäische Union) zusammenwuchsen (s. hierzu Kapitel 11 zur Geschichte der europäischen Integration). Folglich lag die „akademische Zuständigkeitsvermutung"[14] über Jahrzehnte klar bei der Teildisziplin der Internationalen Beziehungen, während die vergleichende Analyse der Europäischen Union erst mit dem stetigen Kompetenzzuwachs der EU in den letzten zwei Jahrzehnten sukzessive zu einer sinnvollen Alternative geworden ist. Auch wenn die Zuständigkeit also nicht mehr unumstritten auf der Seite der Internationalen Beziehungen zu verorten ist, gibt es weiterhin zahlreiche Studien und Einführungsbände, die die EU aus der klassischen Perspektive in den Blick nehmen. In solchen Werken zählt sie zu den „europäische[n] Organisationen"[15] und erscheint in einer Reihe etwa mit der EFTA (*European Free Trade Association*), der NATO (*North Atlantic Treaty Organization*) oder der OECD (*Organization for Economic Cooperation and Development*).

Kasten 1: Definition Internationale Organisation

„Unter internationalen Organisationen verstehen wir organschaftlich strukturierte, sowohl politikfeldbezogene als auch politikfeldübergreifende zwischenstaatliche Institutionen, die auf international vereinbarten Prinzipien, Normen und Regeln basieren, welche die Verhaltenserwartungen der beteiligten Akteure so angleichen, dass diese Organisationen repräsentiert durch ihre Organe gegen-

---

14 Knelangen, Wilhelm, 2004: Europäische Union ein Fall für die Vergleichende Regierungslehre? In: Varwick, Johannes/Knelangen, Wilhelm (Hrsg.): Neues Europa – alte EU? Fragen an den europäischen Integrationsprozess, Opladen, S.113–131 (114).
15 Woyke, Wichard, 1995: Europäische Organisationen. Einführung, München. Siehe auch: Rittberger, Volker/Zangl, Bernhard/Kruck, Andreas, 2013: Internationale Organisationen, 4. Aufl., Wiesbaden (Grundwissen Politik, Bd. 10); Gehring, Thomas, 2002: Die Europäische Union als komplexe internationale Organisation. Wie durch Kommunikation und Entscheidung soziale Ordnung entsteht, Baden-Baden; „Europe's regional organizations" in Karns, Margaret P./Mingst, Karen A.: International organizations. The politics and processes of global governance, 2. Aufl., Boulder/London 2010, eine der „regional organizations" auch in: Hurd, Ian: International organizations. Politics, law, practice, Cambridge u.a. 2011.

3. Was ist die EU? – Teil 2: eine kategoriale Einordnung

> über ihrer Umwelt selbst als Akteure auftreten können." (Rittberger/Zangl/Kruck 2013, S. 21)

Gegenüber der Verwendung des Systembegriffs hat die klassische Bezeichnung der EU als internationale Organisation auf den ersten Blick den Vorteil der kategorialen Klarheit. In der oben (s. Definition in Kasten 1) wiedergegebenen oder in einer ähnlichen Weise lässt sich der Terminus der internationalen Organisation klar definieren, wobei das entscheidende Kriterium eben die eindeutige Abgrenzung vom Nationalstaat enthält und dabei auf das grundlegende Verhältnis von einzelnen Akteuren (nämlich Staaten) und ihrer gemeinsamen Organisation hinweist. Dieses Kriterium ist der zwischenstaatliche Charakter. Er bezieht sich zum einen auf den Gründungsakt der Organisation per völkerrechtlichen Vertrag, der von allen Mitgliedstaaten unterzeichnet werden muss. Er bezieht sich zum anderen auf die Arbeitsweise der Organisation, ihre Entscheidungsregeln, ihre Strukturen und Prozeduren, die auf zwischenstaatlichen Verhandlungen basieren und in der Regel den Konsens der Mitgliedstaaten erfordern. Die Gründung durch den völkerrechtlichen Vertrag und der generelle zwischenstaatliche Charakter sind also die fundamentalen Kennzeichen einer internationalen Organisation.[16]

Passt dieses Schema auf die Europäische Union? Natürlich ist die EU eine internationale Organisation und sie wird diese Qualität solange nicht einbüßen, wie sie selbst nicht zu einem Staat geworden ist und die bestehenden völkerrechtlichen Verträge nicht durch eine veritable Verfassung ersetzt sind. Bis heute ist dieses föderalistische Endziel (s. Kapitel 12 zu den Theorien der europäischen Integration) jedoch nicht annähernd erreicht worden. Die drei Gründungsverträge der Europäischen Gemeinschaften (EGKS, EWG, EAG), die Einheitliche Europäische Akte, die Verträge von Maastricht, Amsterdam, Nizza und Lissabon, sie alle waren bzw. sind völkerrechtliche Verträge. Selbst die gescheiterte sog. *Verfassung für Europa* – eigentlich: *Vertrag über eine Verfassung für Europa* – aus dem Jahr 2004 war nicht mehr als ein – symbolisch aufgeladener – völkerrechtlicher Vertrag.[17] Ob oder besser: in welchem Ausmaß die Arbeitsweise der EU sowie ihre Entwicklung durch ihren primär zwischenstaatlichen Charakter gekennzeichnet sind, ist nicht so klar zu beantworten. Vielmehr ist der Grad zwischenstaatlicher Kontrolle über Arbeit und Entwicklung der Organisation hart umkämpfter Gegenstand integrationstheoretischer Debatten, die

---

16 Natürlich gilt dies nur, wenn es sich im Sinne der wiedergegebenen Definition um eine Regierungsinstitution handelt. Diese Unterscheidung wird weiter unten kurz erläutert.
17 Der überambitionierte Verfassungstitel kann wiederum selbst als ein verheerender Kategoriefehler angesehen werden, der dem Dokument letztlich zum Verhängnis wurde. Er provozierte zum einen die Durchführung von Referenden in zahlreichen Mitgliedstaaten, weckte zum anderen Erwartungen bei den Bürgern, die das Dokument nicht erfüllen konnte. In diesem Zusammenhang spricht auch Moravcsik vom Kategorienfehler: Moravcsik, Andrew, 2005: Europe without illusions: a category error, in: Prospect, Issue (112) 2005, S. 1–9; abrufbar unter: http://www.princeton.edu/~amoravcs/library/prospect.doc (letzter Zugriff: 17.3.2013).

im entsprechenden Kapitel ausführlich behandelt werden. Wenn diese Frage an dieser Stelle auch nicht definitiv beantwortet, sondern vielmehr affirmativ übergangen wird, so markiert ebendiese Verlegenheit quasi im Vorübergehen doch den entscheidenden Grund der kategorialen Unschärfe des europäischen Einigungswerks, auf den weiter unten noch näher einzugehen ist.

Ist die begriffliche Zuordnung allerdings akzeptiert, bietet das Feld der Internationalen Beziehungen und der Regimeforschung dem Analysten ein umfassendes Instrumentarium für das Studium seines Objekts. Denn auch hier werden Vergleiche und Klassifizierungen vorgenommen, die den Begriff des Beobachters schärfen, seine Erkenntnis vertiefen sollen. Der EU lassen sich also problemlos gewisse weitere Eigenschaften zuschreiben, die innerhalb der Disziplin definiert sind und das weite Feld internationaler Organisationen zu ordnen helfen.

Zunächst einmal ist die Europäische Union eine internationale Regierungsorganisation (IGO, *International Governmental Organization*), d.h.: Ihre Mitglieder sind Nationalstaaten, vertreten durch ihre jeweiligen Regierungen. Die Regierungsorganisation bildet also in der Regel ein Forum für Regierungsvertreter, die untereinander Verträge aushandeln, gemeinsame Regelungen treffen oder ihr einzelstaatliches Verhalten im Sinne eines gemeinsamen Interesses aufeinander abstimmen. Im Gegensatz dazu gibt es eine Vielzahl internationaler Organisationen, deren Mitglieder nichtstaatliche Akteure sind (z.B. Interessengruppen, Vereine, Unternehmen, Individuen). Sie bezeichnet man als sog. Internationale Nichtregierungsorganisationen (INGO, *International Non-Governmental Organization*). Da derartige Gruppierungen nationale Grenzen oft bewusst transzendieren, spricht man in diesem Zusammenhang vielfach auch von sog. Transnationalen Organisationen.

Es gibt darüber hinaus weitere Dimensionen, nach denen sich internationale Organisationen typologisieren lassen. Beispielhaft sollen hier zwei auf die EU angewandt werden, die mit Mitgliedschaft und Zuständigkeit bezeichnet werden können.[18] Zunächst betrachten wir also die Frage nach der Mitgliedschaft: Gehört die EU zu denjenigen internationalen Organisationen, deren Mitgliedschaft durch gewisse Kriterien begrenzt, also partikular ist (s. den Nordischen Rat, ASEAN oder die OPEC)? Oder gehört sie zu denjenigen Organisationen, die potenziell jedem Staat offen stehen, sofern dieser die entsprechenden Verträge unterzeichnet, deren Mitgliedschaft also universal ist (s. UNO und ihre Sonderorganisationen)? – Die Mitgliedschaft der EU ist zunächst einmal geographisch begrenzt, die EU ist eine regionale Organisation, was der sog. Erweiterungsartikel im EU-Vertrag belegt: „Jeder **europäische**

---

18 Diese zweidimensionale Typologie entstammt der ersten Auflage des Lehrbuchs zu internationalen Organisationen von Volker Rittberger und Bernhard Zangl. In der oben und im Folgenden zitierte 4. Auflage des Standardwerks wurde sie nicht übernommen. In einem anderen aktuellen Lehrbuch findet sie sich allerdings in ganz ähnlicher Bezeichnung wieder. Bei Karns/Mingst, 2010 heißen die entsprechenden Distinktionskriterien „geographic scope" („global", „regional", „subregional") und „purpose" („general", „specialised"), S. 6. Auch wir möchten für unsere vereinfachende Darstellung der verschiedenen Zugänge daran festhalten.

Staat, der die in Artikel 2 genannten Werte achtet und sich für ihre Förderung einsetzt, kann beantragen, Mitglied der Union zu werden. [...]" (Art. 49 EU-Vertrag [Hervorhebung durch Verf.]). Wenn über die Grenzen Europas, vor allem gen Osten, auch bis heute keineswegs Einigkeit besteht, was sich insbesondere in der fortlaufenden Erweiterungsdebatte nachweisen lässt, so gibt es zumindest theoretisch doch einen geographischen Raum Europa, dessen Grenzen gleichsam die Schranken potenzieller Mitgliedschaft darstellen. Jenseits der geographischen Zugehörigkeit hat die EU noch weitere Bedingungen für die Aufnahme neuer Mitglieder definiert, die sog. *Kopenhagener Kriterien* (s. Kap. 7, Kasten 16). An dieser Stelle soll jedoch die Feststellung ausreichen, dass es sich bei der EU um eine regionale Organisation handelt, ihre Mitgliedschaft also begrenzt oder partikular ist.

Eine weitere grundlegende Typologisierung lässt sich mit Blick auf die Zuständigkeit vornehmen. Ist die EU eine derjenigen internationalen Organisationen, deren Zuständigkeitsbereich sich zumindest potenziell auf alle politischen Problemfelder erstreckt, die über umfassende Zuständigkeit verfügen? Oder gehört sie zu denjenigen Organisationen, die ihre Handlungen auf einen oder wenige verwandte Politikbereiche beschränken, deren Zuständigkeit als problemfeldspezifisch bezeichnet werden kann? Im fortlaufenden Integrationsprozess haben sich die drei Europäischen Gemeinschaften der 1950er Jahre, die gemäß dem Prinzip der sektoralen Teilintegration jeweils einem Politik- oder Wirtschaftsfeld zugeordnet waren, sukzessive zu einer sektorübergreifenden Organisation mit mehr oder weniger umfangreichen Zuständigkeiten auf dem gesamten politischen Spektrum, von der Wirtschafts- über die Umwelt- bis zur Verteidigungspolitik, entwickelt. Die EU verfügt somit über allgemeine Zuständigkeit, im Gegensatz z.B. zur OPEC, zum IWF oder zu anderen problemfeldspezifischen Organisationen. Die EU findet so ihren Platz in einer Vierfeldermatrix (s. Abb. 9), die eine ganz grundlegende Typologisierung internationaler Organisationen vornimmt.

Abbildung 9: Typologie internationaler Organisationen

		Mitgliedschaft	
		universal	*partikular*
Zuständigkeit	*umfassend*	UNO	EU
	problemfeldspezifisch	WTO	OPEC

Nach der typologischen Einordnung könnte sich nun an dieser Stelle die Beschreibung der institutionellen Binnenstruktur anschließen. Rittberger et al. führen die Untersuchung in dieser Form für die EU und andere internationale Organisationen weiter und vermeiden dabei konsequent jeglichen Rückgriff auf das Begriffsrepertoire zur Beschreibung nationalstaatlicher Organe.[19] Sie suchen folglich nach dem *Plenarorgan* der EU (hier nennen sie den Rat der EU und den Europäischen Rat), ihrem *Verwaltungsstab* oder *Sekretariat* (die EU-Kommission) und ihrer *parlamentarischen Versammlung* (EU-Parlament). Auffällig ist, dass gerade der Europäische Gerichtshof (EuGH) sich gegen die einfache Einordnung in die Begrifflichkeiten zur Bezeichnung der gerichtlichen und Streitschlichtungsinstanzen der organisierten Welt sperrt. Denn die Mitgliedstaaten unterwerfen sich seiner verbindlichen Jurisdiktion, wie Rittberger et al. selbst als deutliches Distinktionsmerkmal herausstellen. Angesichts seiner Autorität und Kompetenzfülle sei der EuGH mit nationalen Verwaltungs- und Verfassungsgerichten vergleichbar.[20]

Es verwundert nicht, dass die klassische Herangehensweise ausgerechnet bei der Betrachtung des Gerichtshofs an ihre Grenzen stößt und nun von den zitierten Analysten doch auf ein nationalstaatliches Verfassungsorgan Bezug genommen wird. Die besondere Bedeutung des EU-Rechtssystems und des rechtlichen Zentralorgans EuGH für das Wesen der Union wird weiter unten ausführlich zu behandeln sein (s. Kap. 4.5 sowie 6). Die Beschreibung des Gerichtshofs als „uneingeschränkt supranationales Organ" reicht jedoch aus, um die kategoriale Verlegenheit an dieser Stelle deutlich zu machen. Offensichtlich setzt sich die EU klar von anderen internationalen Organisationen ab, erreicht eine neue Qualität. Sie trifft kollektiv verbindliche Entscheidungen, ihre Rechtsakte haben Vorrang vor einzelstaatlichen Gesetzen (Suprematie) und wirken direkt, d.h. quasi am einzelstaatlichen Rechtssystem vorbei, auf die Bürger der Mitgliedstaaten (Direktwirkung).[21] Die Mitgliedsländer führen ihre nationalstaatlichen Kernkompetenzen nicht lediglich zusammen, um den gemeinsamen Handlungsspielraum zu erweitern und Profit aus der Kooperation zu ziehen, sondern sie geben nationalstaatliche Hoheitsrechte ohne Widerruf an überstaatliche Behörden ab, verzichten – zumindest in definierten Bereichen – auf ihre Souveränität. Diese einzigartige Qualität erfordert ein neues Attribut: *supranational*. Die Europäische Union in toto als supranationale Organisation zu bezeichnen, ist für sich genommen schon problematisch, denn die Politikbereiche, die das europäische Einigungswerk seit Beginn der 1990er Jahre umfasst, sind nicht in vergleichbarem Maße *vergemeinschaftet* worden wie das weite Feld der Wirtschaftspolitik. Vor allem unterscheidet sich das Politikfeld der *Gemeinsamen Außen und Sicherheitspolitik* (GASP) im erreichten Integrationsstand nach wie vor deutlich vom wirtschaftspolitischen Kernbereich.

---

19 Vgl. Rittberger/Zangl/Kruck, 2013, S. 87ff.
20 Rittberger/Zangl/Kruck, 2013, S. 96. Hier soll keineswegs der Eindruck entstehen, der vergleichende Ansatz sehe sich nicht vor ganz ähnlichen Problemen gestellt. Auch seine Analysemuster können das Institutionengefüge der EU keineswegs lückenlos beschreiben, und die eine oder andere Zuordnung kann auch hier nur behelfsweise gelingen.
21 Diese drei Unterscheidungskriterien werden uns an anderer Stelle noch wieder begegnen, seien es die kollektiv verbindlichen Entscheidungen als zentrales Wesensmerkmal politischer Systeme (s. den folgenden Unterabschnitt), seien es Suprematie und Direktwirkung als fundamentale Prinzipien des europäischen Rechtssystems (s. Kap. 6).

Beobachter internationaler Organisationen sollten sich beim Umgang mit der Vokabel „supranational" aber überdies einer weiteren Tücke bewusst sein: Die Bezeichnung einer Organisation als *supra*national weist, streng begriffslogisch argumentiert, notwendig aus der Menge der *inter*nationalen Organisationen heraus. Die supranationalen Organisationen können streng genommen keine Teilmenge der internationalen Organisationen sein. Eine Organisation, die im engeren Sinne *über*staatlich ist, kann im weiteren Sinne kaum *zwischen*staatlich sein. „Supranational" und „international" erzeugen als Beschreibung ein und desselben Objekts also bestenfalls ein Oxymoron, so dass sich der immanente Widerspruch der Attribute durch weitere Überlegungen auflösen lässt.[22]

Ohne diese begriffslogischen Betrachtungen hier weiterführen zu wollen, erhärten sie doch den Verdacht, dass auch die traditionelle Herangehensweise der Lehre der Internationalen Beziehungen einer schleichenden Kategorienverwechslung erlegen sein könnte. Das soll nicht heißen, dass die entsprechenden Interpreten sich dem Phänomen der europäischen Integration mit den falschen Begriffen genähert hätten, sondern lediglich, dass sich die EU während ihrer Entwicklung insbesondere in den letzten zwanzig Jahren aus dem zur Verfügung stehenden begrifflichen Rahmen herausbewegt haben könnte. Ist die EU also längst aus der Klasse der internationalen Organisationen gleichsam *herausgewachsen*, haben institutionelle Ausdifferenzierung und vertiefte Integration letzlich dazu geführt, dass die EU als politikwissenschaftlicher Untersuchungsgegenstand beispielsweise dem politischen System Deutschlands stärker ähnelt als der Organisation der Vereinten Nationen?

3.3 Die EU als politisches System

Erst im Laufe der 1990er Jahre gewann die analytische Alternative im disziplinären Rahmen der Vergleichenden Regierungslehre angesichts des enormen Kompetenzzuwachses der Gemeinschaftsorgane in nahezu allen Politikbereichen, insbesondere infolge des *Vertrags über die Europäische Union*, Maastricht 1992/93, zunehmend an Bedeutung. Das Einigungswerk entfaltete eine neue Qualität, welche immer mehr Wissenschaftler dazu veranlasste, in ihren vergleichenden Untersuchungen die Europäische Union und Formen nationalstaatlichen Regierens gegenüberzustellen. Die aktuelle Literatur zum Thema enthält zahlreiche Werke, die offensichtlich den Systembegriff und die vergleichende Analyse bevorzugen. So bietet der politikwissenschaftliche Buchmarkt seit einiger Zeit zahlreiche Titel à la *Das politische System*

---

[22] Überlegungen wie z.B. diese hier: Angenommen, mit „supranational" sei eigentlich „supragouvernemental" gemeint, was die verbreitete Entgegensetzung von „supranational" und „intergouvernemental" nahe legt, dann wäre der Widerspruch aufgelöst. Eine supragouvernementale internationale Organisation, die beispielsweise Deutsche, Franzosen und Schweden umfasst, damit also international ist, die problemfeldspezifischen Kompetenzen aber von den einzelstaatlichen Regierungen mehr oder weniger vollständig auf eine überstaatliche Behörde überträgt, also in diesem Sinne „supragouvernemental" ist, mag es geben, sie könnte auch EU heißen.

der EU.²³ Die Übertragung des systemtheoretischen Ansatzes auf das Feld der Politikwissenschaften ist jedoch nicht neu, sie wurde bereits in den 1950er Jahren vom amerikanischen Theoretiker David Easton vorgenommen.²⁴

Easton ging es um eine politikwissenschaftliche Untersuchungspraxis, die es erlaubt, das Politische auch jenseits von Staatlichkeit zu analysieren. Er forderte, dass die Politikwissenschaften sich nicht auf eine spezielle Institution, nämlich den Nationalstaat, beschränken, sondern seine besondere Aktivität in den Blick nehmen sollten, die im Grunde von ganz unterschiedlichen Organisationen geleistet werden kann. Der Staat ist in seinen Augen nur eine historische institutionelle Ausprägung einer gewissen Tätigkeit zur Steuerung gesellschaftlichen Lebens. Mit Blick auf die heutige Debatte über das Wesen der Europäischen Union wirken seine Worte sehr aktuell:

> „However, since there are periods in history when such states did not exist, and perhaps the same may be true in the unknown future, the state is revealed as a political institution peculiar to certain historical conditions."²⁵

Für die jeweiligen historisch bedingten Institutionen, die die von Easton ausgemachte zentrale politische Funktion erfüllen, wählt er einen Oberbegriff: das politische System. Es ist zunächst nicht mehr als ein schwach ausdifferenzierter Platzhalter, der im Grunde jede Institution, die die zentrale Funktion erfüllt, aufnehmen kann.²⁶ Dieses einzige Kriterium ist nach Easton die sog. „authoritative allocation of values", also wörtlich übersetzt die *autoritative Zuweisung von Werten*.²⁷ Damit stellt Easton die distributive Funktion von Politik in den Vordergrund, also die Beantwortung der zentralen Frage, „who gets what, when and how",²⁸ wobei er mit dem Verteilungsgegenstand sowohl materielle (z.B. Geld) als auch immaterielle Güter (z.B. Macht, Prestige, Bildung) meint. Dabei handelt es sich im Grunde um nichts anderes als um die Formulierung und Durchführung kollektiv verbindlicher Entscheidungen, was sich mit dem heutigen Verständnis von Politik, das immer wieder auch auf Eas-

---

23 Stellvertretend für viele: Hartmann, Jürgen, 2009: Das politische System der Europäischen Union. Eine Einführung, 2. Aufl., Frankfurt a.M./New York; Hix, Simon/Høyland, Bjørn, 2011: The Political System of the European Union, 3. Aufl., Basingstoke u.a.; Tömmel, Ingeborg, 2008: Das politische System der EU, 3. Aufl., München; Wessels, Wolfgang, 2009: Das politische System der Europäischen Union, in: Wolfgang Ismayr (Hrsg.): Die politischen Systeme Westeuropas, 4. Aufl., Wiesbaden, S. 957–992.
24 Easton, David, 1965: A Systems Analysis of Political Life, New York; ders., 1971: The Political System. An inquiry into the state of political science, 2. Aufl., New York. Easton steht hier als Vorreiter und Vater des Modells stellvertretend auch für andere Theoretiker des politischen Systems wie z.B. Almond, Gabriel A., 1956: Comparative Political Systems, in: Journal of Politics (2) 1956 (18), S. 391–409; oder auch Niklas Luhmann, dessen Frühschrift Politische Soziologie erst 2010 posthum veröffentlicht worden ist, Luhmann, Niklas: Politische Soziologie, Berlin 2010.
25 Easton, 1971, S. 113.
26 Vgl. hierzu die ausführliche Argumentation in Schünemann, Wolf J.: Von einem zum anderen Traum von Europa. Gedanken zu einer radikalen Zeichenreform, in: Vidal, Francesca (Hrsg.): Bloch-Jahrbuch 2009: Träume gegen Mauern – Dreams against walls, Mössingen-Talheim 2009, S. 107–132 (116ff.).
27 Vgl. ebd. S. 129ff.; das deutsche Wort „Wert" kann in diesem Zusammenhang leicht missverstanden werden. Es ist daher ratsam, „values" mit „Gütern" zu übersetzen, s. Fuhse, Jan, 2005: Theorien des politischen Systems. David Easton und Niklas Luhmann. Eine Einführung, Wiesbaden.
28 Lasswell, Harold Dwight, 1936: Politics: Who gets What, When and How, New York.

3. Was ist die EU? – Teil 2: eine kategoriale Einordnung

ton zurückgeführt wird, deckt. Die wesentliche Gemeinsamkeit beider Definitionen ist das Autoritative, die allgemeine Verbindlichkeit. Natürlich gibt es zahlreiche Teilsysteme in komplexen Gesellschaften, in denen verbindliche Entscheidungen getroffen werden, in denen die Verteilung von Gütern erfolgt. In der Familie entscheiden in der Regel die Eltern, in der Schule die Lehrer, im Verein die Vorstandsmitglieder, im Unternehmen das Management. Überall werden Entscheidungen getroffen, die für die jeweiligen Mitglieder einer Familie, einer Schulklasse, eines Vereins, eines Unternehmens bindend sind. Im Gegensatz dazu sind die Entscheidungen des politischen Systems für alle Mitglieder einer Gesellschaft, also kollektiv, verbindlich.

> **Kasten 2: Definition Politisches System**
>
> „Im Verständnis der Systemtheorie ist das p. S. ganz allg. dasjenige gesellschaftliche Teilsystem, das für die Produktion kollektiv verbindlicher Entscheidungen zuständig ist. Der Systembegriff impliziert die Vorstellung einer zum Gleichgewicht tendierenden, intern in eine Vielzahl interdependenter Elemente, Rollen und Prozesse differenzierten Einheit, die von einer sozialen, kulturellen, ökonom. und physischen Umwelt unterscheidbar, mit dieser aber durch wechselseitige Austauschprozesse verbunden ist." (Nohlen, Dieter (Hrsg.), 2011: Kleines Lexikon der Politik, 5. Aufl., München, S. 487)

Ist die Europäische Union nun ein politisches System im Sinne der oben wiedergegebenen Definition? Ja, ist sie. Die EU trifft zweifellos Entscheidungen in Form von Rechtsakten (s. Kap. 6.4), die für alle ihre Bürger gelten, sei es mittelbar über die Nationalstaaten, sei es unmittelbar dank der sog. Direktwirkung. Die Entscheidungen der EU sind mithin kollektiv verbindlich, die EU ist ein politisches System. Damit ist tatsächlich – anders als mit der Bezeichnung als internationale Organisation – eine logische und überdies politikwissenschaftliche Kategorie gefunden, die sowohl die Europäische Union als auch die in ihr vereinten Mitgliedstaaten umfasst. Denn so wie der Staat nach Easton nur eine historische Ausprägung eines politischen Systems darstellt, könnte die EU einer weiteren, vielleicht der nächsten Variante angehören,[29] die den Staat irgendwann ersetzen oder parallel zu ihm fortexistieren könnte.

Auch diese kategoriale Zuordnung öffnet den Weg für weitere Untersuchungen. Es gehört zu den Standardübungen des systemtheoretischen Ansatzes, wenn Easton in einem zweiten Schritt die Interaktionen zwischen dem politischen System und seiner Umwelt untersucht. Das politische System transformiert gewisse *inputs* in Form von

---

[29] Der Staatsrechtler von Bogdandy sieht in der EU etwa „a new kind of polity" und a „supranational federation", Bogdandy, Armin von, 2012: Neither an International Organization nor a Nation State: The EU as a Supranational Federation, in: Jones, Erik/Menon, Anand/Weatherill, Steven (Hrsg.): The Oxford Handbook of European Integration, Oxford, S. 761–776 (761.).

politischen Forderungen (*demands*) und spezifischer oder diffuser Unterstützung (*support*) in bestimmte *outputs*. Hier wird der mechanizistische Zug des Modells deutlich, sowie dessen Wurzeln in der Kybernetik, also der Lehre von der Maschinensteuerung. Auf der einen Seite gehen Energie (Unterstützung) und Rohstoffe (Forderungen) in den Apparat hinein, auf der anderen Seite kommt das Produkt (z.B. ein Gesetz) heraus. Dieser fortlaufende Herstellungsprozess funktioniert allerdings nicht im Sinne einer Einbahnstraße. Vielmehr erzeugen die *outputs* ihrerseits wieder *inputs*, so dass Input- und Outputseite durch eine sog. Rückkopplungsschleife (*feedback loop*) miteinander verbunden sind, das System also immer in der Lage ist, seine Produkte wie sich selbst an neue Entwicklungen anzupassen.

Abbildung 10: Grobmodell des politischen Prozesses nach David Easton

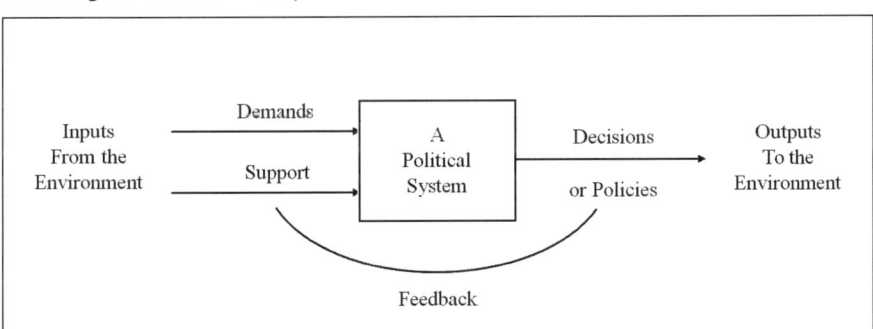

Die Politikwissenschaftler Simon Hix und Bjørn Høyland übertragen nun dieses Konzept auf die Europäische Union und schildern ihre Überlegungen ausführlich.[30] Zunächst verfügt die EU über ein äußerst komplexes und hinreichend stabiles Institutionengefüge, das als politisches System im engeren Sinne die Transformation von Forderungen (*demands*) und Unterstützungsleistungen (*supports*) zu Politikergebnissen gewährleisten kann: Es gibt das Parlament, die Kommission, den Ministerrat und den Gerichtshof, um an diesem Punkt nur die wichtigsten Organe zu nennen (s. Kap. 4, insb. Abb. 15). Ihre jeweiligen Zuständigkeiten sind mittels Vertragstext festgelegt, die Verteilung folgt dabei allerdings nicht dem klassischen nationalstaatlichen Muster, so dass zu Recht vor allzu eilfertigen Übertragungen gewarnt wird.[31] Daneben hat sich ein intermediäres System entwickelt. Von einer europäischen Öffentlichkeit kann hingegen noch nicht gesprochen werden, sie ist nach wie vor segmentiert in ihre nationalen Teilöffentlichkeiten. Das EU-System bietet also eine Vielzahl an *Input*-Kanälen. Zum Ersten üben die nationalen Regierungen als stärkste In-

---

30 Vgl. Hix/Høyland, 2011, S. 12 ff.
31 Vgl. Schmidt, Siegmar, 2010: Die Europäische Union in der Vergleichenden Politikwissenschaft, in: Lauth, Hans-Joachim (Hrsg.): Vergleichende Regierungslehre. Eine Einführung, 3. Aufl., Wiesbaden, S. 161–185 (164–165).

teressenvertretungen einen wesentlichen Einfluss auf die EU-Entscheidungsfindung aus, indem sie ihre einzelstaatlichen Forderungen in den Verhandlungen des Ministerrats vertreten oder die Kommission bei ihrer Arbeit kontrollieren (die sog. *Komitologie*, vgl. Kasten 5). Zum Zweiten können auch andere aggregierte Interessen (von Unternehmen, Verbänden, Regionen usw.) über die intermediäre Ebene mehr oder weniger wirksam Gehör finden. Zuletzt können die einzelnen Bürger mittels direkter Parlamentswahl den Politikprozess beeinflussen, wenn auch nicht in dem Maße wie von demokratischen Nationalstaaten gewohnt (vgl. Kap. 4.2).

Aus den verschiedenen Forderungen produziert die EU Politikergebnisse in Form von Rechtsakten, die sie erlässt. Sie wirken als *Output* auf die gesamte europäische Gesellschaft, sei es mittelbar über den nationalstaatlichen Gesetzgeber (sog. Richtlinien) oder direkt (sog. Verordnungen usw.) auf die Bürger bzw. andere juristische Personen. Die Auswirkungen derart umgesetzter Politik auf die Gesellschaft (sog. *outcomes*) erzeugen nun wiederum neue oder weitere Forderungen auf der Input-Seite und beeinflussen die Unterstützung der Bürger für die EU als Ganze bzw. für einzelne ihrer Maßnahmen. So existiert auch im europäischen System eine Rückkopplungsschleife, die dafür sorgt, dass sich die politischen Transformationsprozesse fortlaufend wiederholen.

Die nähere Beschreibung der Input-Seite des EU-Systems, wie wir sie oben vollzogen haben, deutet nun auf grundsätzliche Ähnlichkeiten zu den Strukturen und Prozessen in pluralistischen Demokratien hin. Mit der Typologisierung der EU nach verschiedenen Herrschaftsformen hat die Untersuchung das Kerngeschäft der Vergleichenden Regierungslehre erreicht. Damit ist gezeigt, dass der Systembegriff – und nicht erst der Staatsbegriff – den Zugang zu den wesentlichen Klassifikationsinstrumenten der politikwissenschaftlichen Komparatistik eröffnet. Die unter den europäischen Nationalstaaten dominante demokratische Herrschaftsform hängt also nicht zwingend von der Staatsqualität eines politischen Systems ab.[32] Vielmehr kann auch der demokratische Nationalstaat ganz im Eastonschen Sinne als eine historische Ausprägung demokratischer Systeme angesehen werden. So wie die Entstehung der Volksherrschaft im antiken Griechenland der Geburt des modernen Nationalstaates im 17. Jahrhundert weit vorausgegangen ist, könnten auch in Zukunft Varianten der Demokratie jenseits des Nationalstaats existieren (vgl. Kap. 8.4).

Stellt die EU nun eine dieser Varianten dar, oder kurz: Ist die EU eine Demokratie? Auf diese wichtige Frage wollen wir an dieser Stelle nicht weiter eingehen, für den politischen Prozess und die Funktionsprobleme der EU ist ein eigenes Kapitel vorgesehen (vgl. Kap. 8). Die bloße Frage aber illustriert schon die große Bedeutung des vergleichenden Ansatzes für die Beschreibung der Europäischen Union. Denn spätestens seit den Entwicklungen der 1990er Jahre ist das Wort vom *Demokratiedefizit*

---

32 Allerdings scheint die heutige Vorstellung von Volksherrschaft eine offensichtlich schwer zu ersetzende Verbindung mit dem Nationalstaat eingegangen zu sein.

der EU weit verbreitet. Das deutet zum einen auf einen qualitativen Sprung des Systems hin, der die Frage nach der demokratischen Legitimität der Entscheidungsprozesse erst in den Mittelpunkt gerückt hat. Zum anderen zeigt er an, dass die Frage offensichtlich keineswegs entschieden ist. Obwohl die Europäische Union von 28 demokratischen Nationalstaaten gebildet wird, ist ihre eigene demokratische Qualität offensichtlich umstritten. In den Reden vom Demokratiedefizit manifestiert sich sogar ein gewisser Pessimismus, und der vornehmlich technokratische Charakter des Systems wird hervorgehoben bzw. auf fundamentale Lücken in der Legitimationskette hingewiesen. Im Kontext der aktuellen Euro- bzw. Staatsschuldenkrise und der dadurch ausgelösten finanziellen Transfers und Garantien bleibt die Frage demokratischer Legitimität ein wesentlicher Prüfstein für die Europapolitik, und der vergleichende Ansatz verspricht in dieser Hinsicht fruchtbare Debatten.

Ähnlich verhält es sich mit der Typologie der Regierungssysteme. Auch hier kann eine definitive Zuordnung nur schwer gelingen, und doch ist aus dem Vergleich des EU-Systems mit gängigen Regierungstypen eine rege und wissenschaftlich ergiebige Debatte entstanden. Die unterschiedlichen Beiträge versuchen allesamt die EU, die ihre demokratische Qualität freilich noch nicht unter Beweis gestellt hat, ganz pragmatisch einer bekannten Regierungsform demokratischer Nationalstaaten – gemeint sind die Grundmodelle Parlamentarismus und Präsidentialismus – zuzuordnen oder Reformen der institutionellen Strukturen in die eine oder andere Richtung anzuregen. Als entscheidendes Kriterium der beiden Modelle gilt zumeist die von Winfried Steffani ausgemachte Abberufbarkeit der Regierung durch das Parlament, die in parlamentarischen Systemen vorgesehen ist, während der direkt gewählte Präsident im Präsidentialismus lediglich vom Votum des Volks abhängig ist.[33] Auch bei der Anwendung dieses Kriteriums bereitet die zentrale Kategorie Probleme: die Regierung. Gibt es eine EU-Regierung? Wenn ja, welches Organ, welche Organe stellen sie dar? Und ist sie nun vor dem Parlament verantwortlich oder nicht?

Das Kommissionskollegium, also die Spitzengruppe der Europäischen Kommission (vgl. Kap. 4.4), bestehend aus den 28 EU-Kommissaren, weist die meisten strukturellen Ähnlichkeiten mit einer nationalstaatlichen Regierungsmannschaft auf. In der Tat bedarf das Kollegium bei Amtsantritt der Zustimmung des Parlaments (Art. 17 Abs. 7 EU-Vertrag) und kann durch ein Misstrauensvotum von zwei Dritteln der Abgeordnetenstimmen abberufen werden (Art. 234 AEU-Vertrag). Verbunden mit der sukzessiven Stärkung des Parlaments gegenüber dem Rat durch die vergangenen Vertragsrevisionen, scheint das institutionelle Dreieck des EU-Systems aus Parlament, Ministerrat und Kommission aus dieser Perspektive im Großen und Ganzen

---

33 Vgl. die klassische Definition nach: Steffani, Winfried, 1979: Strukturtypen präsidentieller und parlamentarischer Regierungssysteme, in: ders.: Parlamentarische und präsidentielle Demokratie, Opladen, S. 37–60.

zu einem parlamentarischen Zweikammersystem zu tendieren, wenn die Detailanalyse auch noch erhebliche Differenzen offenbart.[34]

Auf der anderen Seite lässt sich dagegenhalten, dass die Kommission und ihr Präsident als *Regierung* bzw. *Regierungschef* nicht aus dem Parlament hervorgehen, also eine klare konstitutionelle Trennung von Parlament und Regierung besteht,[35] welche wiederum für den Präsidentialismus spräche. Allerdings wird der Kommissionspräsident keineswegs vom Volk direkt gewählt, was einige Interpreten nach einem anderen Regierungsersatz Ausschau halten lässt. Sie finden ihn in der sog. Ratspräsidentschaft. Auch sie geht als solche nicht direkt aus dem Wählerwillen hervor, sondern übernimmt das Amt gemäß einem Rotationsverfahren der Mitgliedstaaten, andererseits besteht sie aus einer zumindest im Heimatland, demokratisch legitimierten Regierungsmannschaft. Seit der Vertragsreform von Lissabon verfügt die EU darüber hinaus über einen ständigen Präsidenten des Europäischen Rates. Auch dieser wird allerdings nicht direkt durch die Bürger gewählt, sondern von den Staats- und Regierungschefs eingesetzt. Bereits das frühere Nebeneinander einer rotierenden Ratspräsidentschaft und eines Kommissionskollegiums einschließlich Präsidenten veranlasste Knelangen dazu, kurzerhand auch das Hybridmodell der Regierungstypen in die Debatte einzubringen und das EU-System als *intergouvernementalen Semipräsidentialismus* zu beschreiben.[36] Man sollte derartige Typologisierungsversuche angesichts der kategorialen Unebenheiten sicher gründlich auf Konsistenz prüfen. Wer sie allerdings gänzlich zu analytischen Fehlgriffen erklärt und sie entsprechend missachtet, unterschätzt ihren Beitrag zur Diskussion über das Wesen der Europäischen Union und ihre potenzielle Bedeutung für die politische Wirklichkeit. Immerhin wurde eine veritable Auswahl des Kommissionspräsidenten durch das Parlament – und nicht bloß seine ‚Wahl', d.h. Bestätigung oder Ablehnung des vom Europäischen Rat präsentierten Kandidaten – im Verfassungskonvent diskutiert, wenn auch letztlich abgelehnt.[37] Hätte eine solche Regelung den steinigen Weg vom Konvent bis in den Vertrag von Lissabon gefunden oder würde die Europapolitik auf der geltenden Vertragsgrundlage den entsprechenden Anleitungen zu einer Politisierung der Wahl des Kommissionspräsidenten folgen, wie sie etwa Simon Hix formuliert,[38] dann wäre

---

34 Vgl. Decker, Frank, 2002: Parlamentarisch, präsidentiell oder semi-präsidentiell? Der Verfassungskonvent ringt um die künftige institutionelle Gestalt Europas, in: Aus Politik und Zeitgeschichte (1–2) 2002, S. 16–23 (19).
35 Dies hat sich übrigens auch nicht durch die letzten Vertragsreformen, geändert, denn mit der ‚Wahl' des Kommissionspräsidenten durch das Parlament ist noch keine Wahl im positiven Sinne einer Personenauswahl, sondern lediglich im negativen Sinne einer Wahl zwischen Ablehnung oder Investitur eines vorgegebenen Kandidaten gemeint, vgl. Kap. 4.2.
36 Vgl. Knelangen, Wilhelm, 2005: Regierungssystem sui generis? Die institutionelle Ordnung der EU in vergleichender Sicht, in: Zeitschrift für Staats- und Europawissenschaften (3/1) 2005, S. 7–33.
37 Vgl. Giering, Claus, 2003: Mutige Einschnitte und verzagte Kompromisse – das institutionelle Reformpaket des EU-Konvents, in: ders. (Hrsg.): Der EU-Reformkonvent. Analyse und Dokumentation, CD-Rom, Gütersloh.
38 Vgl. Hix, Simon, 2008: What's wrong with the European Union and how to fix it, Cambridge, S. 155ff. u. 166ff. Bewegungen in diese Richtung zeichnen sich für die Europawahl 2014 ab, s. Kap. 4.2.

3.3 Die EU als politisches System

das politische System der EU ohne analytischen Rückgriff auf den Parlamentarismus kaum zu verstehen. Auf der anderen Seite lässt das neue Amt eines ständigen Ratspräsidenten, das seit Dezember 2009 vom belgischen Politiker Hermann van Rompuy bekleidet wird, die Beschreibung eines wie auch immer gearteten europäischen Semipräsidentialismus – einschließlich des diesem Regierungstyp eingeschriebenen Kompetenzgerangels innerhalb der politischen Doppelspitze[39] – nicht mehr so abwegig erscheinen.

Nun hat dieser kategoriale Pragmatismus allerdings eine klare Grenze, die zu überschreiten sich keineswegs empfiehlt: den Staatsbegriff. Der Staat wird in der Regel mithilfe folgender zentraler Kriterien definiert:[40]

- *Territorialität*: Hiermit ist die grundlegende Forderung nach einem klar umgrenzten Staatsgebiet gemeint. Die EU ist zweifellos territorial begrenzt (s. Abb. 1), es gibt also ein EU-Territorium, das sich aus den Staatsgebieten der Mitgliedsländer zusammensetzt.

- *Souveränität*: Dieses Kriterium ist der klassischen Forderung nach einem Staatsvolk vorzuziehen, weil so die Beziehungen zwischen dem politischen Apparat und der Bevölkerung ausdifferenziert werden können. Ohnedies hätte die EU aber auch mit der Staatsvolkbedingung Probleme gehabt. Selbstverständlich sind die Bürger der europäischen Mitgliedstaaten in weiterem Sinne EU-Bürger und bilden eine EU-Bevölkerung. *Ein* europäisches Volk gibt es jedoch nicht, sondern 28 europäische Völker, eine populäre Vielfalt, zu der sich die Präambel des EU-Vertrags eindeutig bekennt. Über ihre segmentierte Bevölkerung kann die EU aber tatsächlich per Gesetzgebung und Direktwirkung derselben souveräne Entscheidungen treffen. Davon sind allerdings einige besonders souveränitätsgeladene Bereiche wie etwa die Außen- und Sicherheits- oder die Haushalts- und Steuerpolitik ausgenommen.

- *Legitimität*: Die Legitimität im Sinne einer diffusen, also generellen, Unterstützung des Apparats durch die Bürger stellt das zweite Kriterium dar, das die Beziehungen zwischen System und Bevölkerung, nämlich die Input-Seite beschreibt. Staaten haben in der Regel also ein ausreichendes Maß genereller Unterstützung. Die EU hingegen hat zweifellos ein Legitimitätsdefizit (s. Kap. 8.3).

- *Staatsgewalt*: Das Gewaltmonopol ist sicherlich das gewichtigste Kriterium zur Beschreibung von Staatlichkeit. Der Staat hat nach Webers berühmter Definition „das Monopol legitimer physischer Gewaltsamkeit"[41] inne. Dieses Kriterium

---

39 Zu dieser Doppelspitze aus den Präsidenten des Europäischen Rats und der Kommission gesellt sich zuweilen auch der Präsident des Europäischen Parlaments, wie zuletzt im Rahmen der Verleihung des Friedensnobelpreises an die Europäische Union deutlich geworden ist. Da die drei Präsidenten sich nicht darauf einigen konnten, wer im Dezember 2012 zur Preisverleihung nach Oslo reisen dürfe, nahmen sie den Preis zu dritt entgegen.
40 Vgl. Nugent, Neill, 2010: The Government and Politics of the European Union, 7. Aufl., Basingstoke, S. 421ff.
41 Weber, Max, 1992: Politik als Beruf, Stuttgart, [Erstausgabe: 1919], S. 6.

lässt sich für die EU stufenweise abwärts überprüfen: Zum Ersten, verfügt die EU über ein Gewalt*monopol*? Sicher nicht, denn die Staaten haben trotz Souveränitätsverzichts weiterhin zumindest einen Teil der beschriebenen Gewalt inne. Zum Zweiten, verfügt die EU überhaupt, wenn auch nur in Teilen, über die im Weberschen Sinne verstandene Staatsgewalt? Offensichtlich nicht, die EU kann von sich aus als letztes Mittel keinen legitimen physischen Zwang auf ihre Bürger ausüben. Sie hat weder Polizisten noch Soldaten noch anderweitige Ordnungskräfte, sondern muss bei Bedarf auf die entsprechenden Ressourcen der Mitgliedstaaten zurückgreifen.[42] Die EU verfügt zum Dritten also im besten Fall über ‚geliehene Staatsgewalt'. Doch auch diese anschauliche Formel ist fraglich, denn die EU ist nicht einmal vorübergehend im Besitz einer gleichsam geborgten Staatsgewalt, sondern streng genommen nie. Die EU ist, wie der Staatsrechtler Armin von Bogdandy festhält, zwar eine Rechtsgemeinschaft (s. hierzu auch Kap. 6), aber keine Zwangsgemeinschaft: „Whereas national law brings with it the threat of a sanctioning power, one searches in vain for a European counterpart."[43]

Die Europäische Union ist mithin kein Staat, weder in Teilen noch in Ansätzen, und selbst wenn sich der klassische Staatsbegriff im Laufe seiner Geschichte zweifelsohne gewandelt hat, sollte er doch nicht so weit ausgelegt werden, dass das europäische Einigungswerk einen Platz darin findet. Denn eine derart gewaltsame Begriffsdehnung ist nicht nur wenig zweckdienlich, sie hat auch problematische Auswirkungen auf den vergleichenden Ansatz wie den Staatsbegriff selbst. Zum einen ignoriert sie die Entwicklung der Politikwissenschaft seit David Easton, der ja gerade nach einem Ordnungsbegriff jenseits der Staatlichkeit suchte, um auch andere historische Ausprägungen politischer Steuerungsinstitutionen in die Analyse mit einzubeziehen. Der Staatsbegriff reicht offensichtlich nicht aus, um die vielfältigen Ausgestaltungen politischer Ordnung angemessen zu beschreiben. Es ist nicht einmal notwendig, jedes politische System in das enge Korsett der Staatlichkeit zu zwängen, will man eine vergleichende Untersuchung mit einem Nationalstaat durchführen. Dinge müssen nicht gleich sein, um vergleichbar zu sein, und Äpfel und Birnen lassen sich in der Tat gewinnbringend miteinander vergleichen.

Zum anderen aber gefährdet die leichtfertige Überdehnung des Staatsbegriffs diesen selbst. Er verliert zwangsläufig an Präzision, *leiert* förmlich aus und büßt seine definitive Passgenauigkeit selbst für die Gegenstände ein, die er zuvor klar fasste. Das ist durchaus problematisch, denn der Staat ist eine, „wenn nicht die zentrale Kategorie

---

42 Vgl. Schmidt, 2010, S. 163.
43 Bogdandy, 2012, S. 770. Statt auf Zwangsmaßnahmen stützt sich die europäische Rechtsordnung laut von Bogdandy auf die mitgliedstaatliche Loyalität, vgl. ebd., S. 771 sowie zuvor S. 763. Vgl. auch Hix/Hoyland, 2011, S. 14.

der klassischen politikwissenschaftlichen Reflexion."[44] Es ist also aus verschiedenen Gründen keineswegs ratsam, den Staatsbegriff auf die EU anzuwenden. Und doch sprechen einige Wissenschaftler von der EU als *Quasistaat*.[45] Doch was ist das? Ist eine so verstandene EU nun ein Staat oder eben gerade nicht? Was ist durch diese Kennzeichnung gewonnen? Hartmann illustriert die mittlerweile überkommene Säulenarchitektur der EU-Vertragsordnung besonders gewagt, wenn er der ersten Säule, der EG, als europäischen Staat, die Säulen zwei und drei, also die Gemeinsame Außen- und Sicherheitspolitik (GASP) und die Polizeiliche und Justizielle Zusammenarbeit in Strafsachen (PJZS), als europäische Regime gegenüberstellt.[46] Mag diese Dreiteilung von analytischem Interesse sein, sie trägt zur begrifflichen Verwirrung bei.

So problematisch die Verwendung des Staatsbegriffs auf die EU auch ist, so schwierig ist es doch, zu ihrer Beschreibung gänzlich auf die klassische Kategorie zu verzichten. Keine vergleichende Untersuchung – auch nicht die vorliegende – kommt ohne die Orientierung am Staatsbegriff aus, weil ihr ansonsten schnell die Vergleichsgegenstände ausgingen. Die einen betrachten, wie oben gesehen, die EU als *Quasistaat* und damit quasi als Staat, die anderen sprechen zumindest von Staatsähnlichkeit und schließen berechtigte Analogien insbesondere zu heutigen Nationalstaaten.[47] In jedem anderen Fall aber wird zumindest negativ auf den Staatsbegriff Bezug genommen. Das ist gleichsam die Pflichtübung, die im systemtheoretischen Ansatz bereits angelegt ist. Denn es geht dabei um die Frage, „how the EU can be a ‚political system' without also having to be a ‚state'."[48] Und auch die verbreitete Wendung vom „Regieren jenseits von Staatlichkeit" drückt im Grunde nichts anderes aus als eine kategoriale Verlegenheit und beschränkt sich folglich auf die zentrale Funktion: das Regieren und den dominanten negativen Bezugspunkt: den Staat.[49] Eine eigenständige Typenbezeichnung der EU ist damit nicht gewonnen.

Eine solche Bezeichnung schuf hingegen das Bundesverfassungsgericht in seiner berühmten Maastricht-Entscheidung (s. Kasten 3). Hierin wird die EU als *Staatenverbund* beschrieben.[50] Die Richter kreierten einen neuen Typ, der die unsichere Qualität der EU zwischen Bundesstaat und Staatenbund in einem Wort fixiert. Wird diese Begriffsschöpfung auch oft zitiert, durchgesetzt hat sie sich zumindest in der wissenschaftlichen Debatte nicht. Hier ist eine andere Formel verbreiteter, nämlich das System eigener Art, *sui generis*.

---

44 Lauth, Hans-Joachim/Wagner, Christoph, 2010: Gegenstand, grundlegende Kategorien und Forschungsfragen der „Vergleichenden Regierungslehre", in: Lauth, Hans-Joachim (Hrsg.): Vergleichende Regierungslehre. Eine Einführung, 3. Aufl., Wiesbaden, S. 17–38 (24).
45 Vgl. Pfetsch, Frank R., 2007: Das neue Europa, Wiesbaden, S. 64.
46 Hartmann, 2009, S. 16ff.
47 Nugent, 2010, S. 493–494.
48 Hix/Høyland, 2011, S. 2.
49 Somit ist sie quasi die Konzentration des Eastonschen Programms in einer mehr oder weniger griffigen Formel.
50 Vgl. von Bogdandy, 2012, S. 769.

> **Kasten 3: Urteil des Bundesverfassungsgerichts (2. Senat) vom 12. Oktober 1992 (Auszug)**
>
> „Der Vertrag begründet einen europäischen Staatenverbund, der von den Mitgliedstaaten getragen wird und deren nationale Identität achtet; er betrifft die Mitgliedschaft Deutschlands in supranationalen Organisationen, nicht eine Zugehörigkeit zu einem europäischen Staat". (BVerfGE 89, 155 – Maastricht, C)

3.4 Synthese: die Kategorienverweigerung

In den vorangegangenen Abschnitten ist deutlich geworden, dass der Systembegriff sich dazu eignet, die Europäische Union mit Nationalstaaten vergleichbar zu machen, indem man sie einer gemeinsamen Kategorie, dem politischen System, zuordnen kann. Die Union lässt sich so mithilfe der Instrumentarien der vergleichenden Politikwissenschaft untersuchen, was generell zu interessanten Überlegungen und Diskussionen führt, an einigen Stellen aber auch zu erheblichen Schwierigkeiten im Detail. Darüber hinaus weist die EU weiterhin strukturelle Ähnlichkeiten zu internationalen Organisationen auf, mit denen sich vorwiegend die Lehre der Internationalen Beziehungen befasst. Die in den vorangegangenen Abschnitten durchgeführte Trennung und antithetische Gegenüberstellung der Ansätze ist eine bewusst vorgenommene, analytische Methode. Sie ist leicht infrage zu stellen. Wenn Gehring zum Beispiel konstatiert, die Tatsache, dass kollektiv verbindliche Entscheidungen getroffen würden, sei internationalen Organisationen und der Europäischen Union gemein, zerstört er das oben aufgestellte Distinktionskriterium zwischen politischem System und internationaler Organisation gleichsam im Handstreich.[51] Wenn Lauth und Wagner an anderer Stelle das Gewaltmonopol zum gemeinsamen Merkmal von Staat und politischem System machen, dann unterminieren sie wiederum diese von uns vorgenommene Unterscheidung.[52]

Der Systembegriff ist im Hinblick auf seinen kategorialen Gehalt – also betreffend die Frage: Was ist? – ausgesprochen schwach definiert. Jeder Handlungszusammenhang, der Strukturen und Prozesse aufweist, kann System genannt werden. So ist der Systembegriff tatsächlich der Platzhalter für eine Institution, die einer gewissen Funktion nachkommt. Das System ist eine analytische Kategorie, und die Definition gelingt nur durch den Verweis auf die zentrale Funktion oder Tätigkeit. Beim politischen System ist das ganz offensichtlich die politische Tätigkeit, also das Treffen kollektiv verbindlicher Entscheidungen, das Regieren, freilich ohne die zwingende Existenz einer Regierung. Somit sind die modernen Ansätze eines *Regierens im Mehrebenensystem*, eines *Regierens im Netzwerk* usw. (vgl. Kap. 8) diesem system-

---

51 Vgl. Gehring, 2002, S. 276.
52 Vgl. Lauth/Wagner, 2010, S. 24; s. auch Schmidt, 2009, S. 163.

theoretischen, funktionalistischen Ansatz verpflichtet. Sie definieren die EU weniger darüber, was sie ist, als darüber, was sie tut, oder besser: was in ihr geschieht und wie es geschieht. Hat diese pragmatische Herangehensweise auf der einen Seite unzweifelhafte praktische Vorteile für die wissenschaftliche Untersuchung der EU, so ist die kategoriale Verlegenheit bei der Beschreibung des Einigungswerks auf der anderen Seite womöglich ein Grund für seine Funktionsprobleme (Legitimitätsdefizit, mangelnde europäische Öffentlichkeit usw., s. Kap. 8.3). Auf jeden Fall ist die Unsicherheit über das eigene Wesen ein elementares Kennzeichen der EU: „First, the EU itself has never sought to describe or define its political character in any clear manner."[53]

Die auf den deutschen Staatsrechtslehrer Knut Ipsen zurückgehende Bezeichnung der EU als ein System *sui generis*, also eigener Art, stellt für viele Betrachter den vermeintlichen Ausweg aus der kategorialen Verlegenheit dar. In Wirklichkeit ist sie aber deren anschauliche Manifestation, die im schlimmsten Fall den Weg für fruchtbare wissenschaftliche Analysen versperrt. Die EU ist weder Staat noch internationale Organisation, weder Föderation noch Konföderation, sie ist keine Demokratie im eigentlichen Sinne, aber auch nicht ihr Gegenteil, sie ist nicht souverän, verfügt aber über Hoheitsrechte, sie ist als Ganze nicht supranational und ebenso wenig rein zwischenstaatlich. Die Europäische Union ist stets weder das eine noch das andere, liegt immer zwischen begrifflich Gefasstem, ohne selbst begrifflich gefasst zu sein. Die Schwierigkeit, die EU eindeutig einer Kategorie zuzuordnen, und die verständliche Scheu vor einer fahrlässigen Kategorienverwechslung münden offenbar zwangsläufig in die Kategorienverweigerung: die *sui generis*-Bezeichnung. Dort, wo diese Verweigerung eine vorläufige ist, wo die Verlegenheit nur markiert wird, der Untersuchungsgegenstand aber weiterhin wissenschaftlichen Analysen aus allen denkbaren Richtungen zugänglich bleibt, ist die Bezeichnung unproblematisch, vielleicht sogar angebracht. Dort jedoch, wo sie als Ausweg oder Ergebnis der Analyse betrachtet wird, entzieht sie die EU tendenziell der weiteren theoriegeleiteten Untersuchung,[54] steht dem Erkenntnisgewinn eher im Wege und läuft Gefahr, die EU als Forschungsgegenstand in die „Isolation der *sui generis*-Argumentation"[55] zu verdammen. Auf jeden Fall ist sie als Antwort auf die Ausgangsfrage – Was ist die EU? – gänzlich untauglich, weil sich zwangsläufig die Frage anschließen muss: Was ist dieses System *sui generis*? Da diese vermeintliche Kategorie aber per definitionem nur einen Einzelfall umfasst, nämlich die EU, verlangen beide Fragen die gleiche Antwort, ist also durch die *sui generis*-Bezeichnung ganz offensichtlich nichts gewonnen.

Darin unterscheidet sie sich vom Begriff des politischen Systems, den der vorliegende Band bevorzugt. Er stellt eine Kategorie dar, die mehr umfasst als nur die Europäi-

---

53 Nugent, 2010, S. 420.
54 Vgl. Gehring, 2002, S. 9.
55 Knelangen, 2004, S. 119.

3. Was ist die EU? – Teil 2: eine kategoriale Einordnung

sche Union. Als Antwort auf die Was-Frage vermag er die EU also einer Klasse zuzuordnen, die sich, wie wir gesehen haben, allerdings eher über ihre zentrale Funktion: das Regieren, denn über ihre Substanz definiert. Deshalb wollen wir dem Systembegriff in den folgenden Kapiteln substanziellere Kategorien zur Seite stellen, die sich wiederum unter einem Hauptwort zusammenfassen lassen: der Gemeinschaft. Dies soll jedoch nicht geschehen, ohne zuvor einen ausführlichen Überblick über das Institutionengefüge verschafft zu haben.

Einführende Literatur:

Hartmann, Jürgen, 2009: Das politische System der Europäischen Union. Eine Einführung, 2. Aufl., Frankfurt a. M./New York. *(Hartmann bietet eine knappe, sehr eigenwillige und oft provokante Einführung in das politische System der EU. Genau das macht ihre Qualität aus. Zu einer kritischen Lektüre ist durchaus zu raten.)*

Hix, Simon/Høyland, Bjørn, 2011: The Political System of the European Union, 3. Aufl., Basingstoke u.a. *(Dieses Lehrbuch ist nicht erst in der aktuelle dritten Auflage als internationales Standardwerk für das Studium der EU anzusehen. Es ist knapp und prägnant formuliert, theoretisch aber durchaus anspruchsvoll und daher für die allererste Annäherung an das Thema nur bedingt geeignet. Für den etwas fortgeschrittenen EU-Beobachter sollte das umfangreiche Werk jedoch unbedingte Pflichtlektüre sein.)*

Hurd, Ian: International organizations. Politics, law, practice, Cambridge [u.a.] 2011. *(Übersichtliche Einführung mit sehr knappen Profilen der beschriebenen internationalen Organisationen.)*

Karns, Margaret P./Mingst, Karen A., 2010: International organizations. The politics and processes of global governance, 2. Aufl., Boulder/London. *(Ein umfassendes und verständliches Lehrbuch, ein internationales Standardwerk zu Strukturen und Prozessen globalen Regierens.)*

Kohler-Koch, Beate/Conzelmann, Thomas/Knodt, Michèle, 2004: Europäische Integration – Europäisches Regieren, Wiesbaden. *(Diese Einführung verknüpft die präsentierten Fakten durchgängig mit der theoriegeleiteten Untersuchung des Gegenstands. Das macht den Text so interessant und lesenswert, zugleich jedoch schwierig für Einsteiger.)*

Nugent, Neill, 2010: The Government and Politics of the European Union, 7. Aufl., Basingstoke. *(Umfangreiches Lehrbuch, mit Abbildungen und Informationskästen anschaulich aufbereitet, für die konzentrierte Lektüre indes weniger zu empfehlen, mittlerweile in siebter Aufl. erschienen.)*

Rittberger, Volker/Zangl, Bernhard/Kruck, Andreas (Hrsg.), 2013: Internationale Organisationen, 4. Aufl., Wiesbaden. (Grundwissen Politik, Bd. 10). *(Sehr gutes, theoretisch anspruchsvolles, dennoch verständliches Lehrbuch auf dem neuesten Stand der Forschung.)*

Tömmel, Ingeborg, 2008: Das politische System der EU, 3. Aufl., München. *(Für den deutschsprachigen Studenten des EU-Systems führt an diesem aufschlussreichen und detaillierten Lehrbuch kaum ein Weg vorbei.)*

Wessels, Wolfgang, 2009: Das politische System der Europäischen Union, in: Wolfgang Ismayr (Hrsg.): Die politischen Systeme Westeuropas, 4. Aufl., Wiesbaden, S. 957–992. *(Wessels macht beispielhaft vor, wie sich das komplexe politische System der EU auf 35 Seiten beschreiben lässt.)*

Weidenfeld, Werner, 2010: Die Europäische Union, Paderborn. *(Grundzüge der Politikwissenschaft). (übersichtliches, verständlich geschriebenes und sehr fundiertes Lehrbuch)*

Woyke, Wichard, 1995: Europäische Organisationen. Einführung, München. *(Etwas altmodisches Lehrbuch, dennoch lesenswert.)*

3.4 Synthese: die Kategorienverweigerung

Weiterführende Literatur und Dokumente:

Almond, Gabriel A., 1956: Comparative Political Systems, in: Journal of Politics (2) 1956 (18), S. 391–409. *(Klassischer Text der vergleichenden Politikforschung.)*

Bogdandy, Armin von, 2012: Neither an International Organization nor a Nation State: The EU as a Supranational Federation, in: Jones, Erik/Menon, Anand/Weatherill, Steven (Hrsg.): The Oxford Handbook of European Integration, Oxford, S. 761–776. *(Ein lesenswerter Entwurf zur kategorialen Frage aus rechtswissenschaftlicher Perspektive.)*

Decker, Frank, 2002: Parlamentarisch, präsidentiell oder semi-präsidentiell? Der Verfassungskonvent ringt um die künftige institutionelle Gestalt Europas, in: Aus Politik und Zeitgeschichte (1–2) 2002, S. 16–23. *(Aufschlussreicher Debattenbeitrag, der auch nach dem Scheitern der EU-Verfassung noch lesenswert ist.)*

Easton, David, 1965: A Systems Analysis of Political Life, New York. *(Ein unumgänglicher Klassiker der Politikforschung.)*

Easton, David, 1971: The Political System. An inquiry into the state of political science, 2. Aufl., New York. *(Auch Easton begreift man erst richtig, wenn man ihn liest.)*

Fuhse, Jan, 2005: Theorien des politischen Systems. David Easton und Niklas Luhmann. Eine Einführung, Wiesbaden. *(Ausführlicher Sekundärtext zur Systemtheorie mit zwei Hauptteilen, einem zu Easton, einem zu Luhmann.)*

Gehring, Thomas, 2002: Die Europäische Union als komplexe internationale Organisation. Wie durch Kommunikation und Entscheidung soziale Ordnung entsteht, Baden-Baden. *(Ein sehr lesenswertes Buch, das die EU als den Sonderfall und Prototypen komplexer internationaler Institutionen beschreibt.)*

Hix, Simon, 2008: What's wrong with the European Union and how to fix it, Cambridge. *(Eine kluge Analyse des europäischen Demokratieproblems, verbunden mit einer engagierten Anleitung zu einer Politisierung des parlamentarischen Prozesses.)*

Knelangen, Wilhelm, 2004: Europäische Union ein Fall für die Vergleichende Regierungslehre? In: Varwick, Johannes/Knelangen, Wilhelm (Hrsg.): Neues Europa – alte EU? Fragen an den europäischen Integrationsprozess, Opladen, S. 113–131. *(Dieser kurze Aufsatz schildert in beispielhafter Klarheit Ausgangslage und Aussichten der komparatistischen Betrachtung der EU.)*

Knelangen, Wilhelm, 2005: Regierungssystem *sui generis*? Die institutionelle Ordnung der EU in vergleichender Sicht, in: Zeitschrift für Staats- und Europawissenschaften (3/1) 2005, S. 7–33. *(In gewisser Hinsicht Weiterentwicklung des vorangegangenen Textes, erkenntnisleitende Diagnose eines intergouvernementalen Semipräsidentialismus.)*

Lauth, Hans-Joachim/Wagner, Christoph, 2010: Gegenstand, grundlegende Kategorien und Forschungsfragen der „Vergleichenden Regierungslehre", in: Lauth, Hans-Joachim (Hrsg.): Vergleichende Regierungslehre. Eine Einführung, 3. Aufl., Wiesbaden, S. 17–38. *(Knappe und gute Einführung in die grundlegenden Begrifflichkeiten der politikwissenschaftlichen Komparatistik.)*

Luhmann, Niklas: Politische Soziologie, Berlin 2010. *(Luhmanns posthum veröffentlichtes Frühwerk, im Vergleich zum Gesamtwerk des Autors relativ leicht zugänglicher Text zur politischen Systemtheorie)*

Moravcsik, Andrew, 2005: Europe without illusions: a category error, in: Prospect, Issue (112) 2005, S. 1–9; abrufbar unter: http://www.princeton.edu/~amoravcs/library/prospect.doc (letzter Zugriff: 17.3.2013). *(Kurzer, kraftvoller Kommentar zum Scheitern der EU-Verfassung mit zutreffender Fehleranalyse.)*

Pfetsch, Frank R., 2007: Das neue Europa, Wiesbaden. *(Knappe Positionsbestimmung der EU zu Beginn des 21. Jahrhunderts und Einführung in die politisch-institutionellen Grundlagen.)*

3. Was ist die EU? – Teil 2: eine kategoriale Einordnung

Ryle, Gilbert, 1997: Der Begriff des Geistes, Stuttgart, [Erstausgabe: 1949]. *(Jedem, der an sprachphilosophischen Fragestellungen Interesse hat und nach begrifflicher Präzision strebt, sei* The Concept of Mind, *das Hauptwerk des britischen Philosophen, dringend empfohlen.)*

Schmidt, Siegmar, 2010: Die Europäische Union in der Vergleichenden Politikwissenschaft, in: Lauth, Hans-Joachim (Hrsg.): Vergleichende Regierungslehre. Eine Einführung, 3. Aufl., Wiesbaden, S.161–185. *(In einem Standardwerk der Vergleichenden Regierungslehre behandelt Schmidt in einem verständlich geschriebenen Artikel den Sonderfall EU.)*

Schünemann, Wolf J.: Von einem zum anderen Traum von Europa. Gedanken zu einer radikalen Zeichenreform, in: Vidal, Francesca (Hrsg.): Bloch-Jahrbuch 2009: Träume gegen Mauern – Dreams against walls, Mössingen-Talheim 2009, S. 107–132. *(Einige theoretische Überlegungen zu den zentralen Konzepten Staat, politisches System und Souveränität mit Blick auf das Wesen der EU.)*

Weber, Max, 1992: Politik als Beruf, Stuttgart, [Erstausgabe: 1919]. *(Schon aufgrund der Vielzahl beispielhaft griffiger, bis heute berühmter Definitionen ist Webers Vortrag eine Pflichtlektüre für jeden Studenten der Politikwissenschaft.)*

Fragen zur Diskussion

- Was ist die EU? Staat, politisches System oder internationale Organisation? Bundesstaat, Staatenbund oder Staatenverbund? Welche Zuordnung ist geeigneter? Wer begeht den Kategorienfehler?
- Warum ist die EU eine internationale Organisation? Was spricht für diese Zuordnung?
- Wie lässt sich die EU als internationale Organisation enger fassen? An welchen Stellen versagen die gängigen Typologien und warum?
- Warum ist die EU ein politisches System? Was spricht für diese Zuordnung?
- Wie lässt sich die EU als politisches System enger fassen? An welchen Stellen versagen die gängigen Typologien und warum?
- Warum ist die EU kein Staat, oder lässt sich die Bezeichnung doch rechtfertigen?
- Welche sind die Vor- und Nachteile des Systemansatzes?

4. Der institutionelle Aufbau des EU-Systems

4.1 Einstieg

Ein wesentliches und notwendiges Merkmal des politischen Systems ist, wie wir im vorangegangenen Kapitel herausgestellt haben, die Existenz eines stabilen Institutionengefüges. Dass auch die EU durch eine ausdifferenzierte und hochgradig komplexe institutionelle Architektur gekennzeichnet ist, haben wir bisher lediglich behauptet und die zentralen Organe des EU-Systems, nämlich das Europäische Parlament, den Ministerrat, den Europäischen Rat, die Kommission, die Zentralbank und den Gerichtshof, nur kurz aufgezählt. In den folgenden Abschnitten sollen diese Organe sowie ihre wechselseitigen Beziehungen im EU-Entscheidungssystem ausführlich vorgestellt werden, mit dem Ziel, ein umfassendes Bild vom institutionellen Aufbau der EU zu vermitteln. Dieser Aufbau lässt sich in Analogie zu nationalen Systemen in Form eines institutionellen Organigramms veranschaulichen (s. Abb. 15). Die graphische Darstellung steht als vereinfachtes Resultat dieser Institutionenkunde bewusst am Ende des Kapitels.

4.2 Das Europäische Parlament

„Alle Staatsgewalt geht vom Volke aus."[56] In ähnlicher Form wie im deutschen Grundgesetz findet sich dieser demokratische Grundsatz der Volkssouveränität in vielen Verfassungen der europäischen Nationalstaaten.[57] Es liegt also nahe, das demokratische Prinzip auch als legitimatorischen Grundstein des EU-Systems vorauszusetzen. Dabei ist es jedoch entscheidend festzuhalten, dass die Europäische Union nicht ein Volk hat, sondern mehrere. Die über 500 Millionen EU-Bürger verteilen sich auf 28 europäische Nationen. Es handelt sich bei allen 28 Mitgliedstaaten der EU um repräsentative Demokratien, in denen die Volksvertretung, das Parlament, eine zentrale und je nach Regierungstyp mehr oder weniger gewichtige Stellung innehat. Obwohl die Qualität der EU selbst als eine repräsentative Demokratie durchaus umstritten ist,[58] findet sich auch im politischen System der Europäischen Union ein Parlament, dessen Kompetenzen insbesondere durch die Vertragsrevisionen der vergangenen zwanzig Jahre bedeutend ausgebaut worden sind. Gemäß einer verbreite-

---

[56] Art. 20 Abs. 2 GG.
[57] So heißt es in der spanischen Verf.: „Das spanische Volk, von dem alle Staatsgewalt ausgeht, ist Träger der nationalen Souveränität." (Art. 1 Abs. 2), in der polnischen: „Die oberste Gewalt in der Republik Polen steht dem Volk zu." (Art. 4 Abs. 1), und die französische zitiert gar die berühmte Formel des US-amerikanischen Verfassungsvaters Lincoln: „Ihr [der Republik, Anm. d. Verf.] Grundsatz lautet: Regierung des Volkes durch das Volk und für das Volk." (Art. 2).
[58] Hix, Simon, 2006: Parteien, Wahlen und Demokratie in der EU, in: Jachtenfuchs, Markus/Kohler-Koch, Beate (Hrsg.): Europäische Integration, Wiesbaden, S. 151–180 (176).

ten Überzeugung kann das viel beschworene Demokratiedefizit der EU insbesondere durch eine Aufwertung der *Völkervertretung* abgebaut werden. Im EU-Vertrag beginnt der Titel III über die Organe der Union mit den Bestimmungen zum Parlament. Im entsprechenden Artikel 14 EU-Vertrag nach der Lissabon-Reform wird die Zusammensetzung des Parlaments erstmals mit einem unitarischen Bürgerbezug statt mit der aus den Vorgängerverträgen üblichen Formel von den „Völker[n] der in der Gemeinschaft zusammengeschlossenen Staaten" (Art. 189 EG-Vertrag [Nizza]) beschrieben. Darin heißt es nun nämlich: „Das Europäische Parlament setzt sich aus Vertretern der Unionsbürgerinnen und Unionsbürger zusammen" (Art. 14 EU-Vertrag). Seit 1979 haben die Bürgerinnen und Bürger der EU (früher EG) alle fünf Jahre die Möglichkeit, die europäischen Abgeordneten direkt zu wählen. Das macht das Europäische Parlament zu einer weltweit einzigartigen Einrichtung, die sich deutlich von den parlamentarischen Versammlungen internationaler Organisationen abhebt.[59] Die direkte Legitimation durch die Bürger in Form von allgemeinen und freien Wahlen macht das Parlament auch zu einem Unikum innerhalb des europäischen Institutionengefüges. Wie aber gestaltet sich der Wahlakt im präzedenzlosen *supranationalen Parlamentarismus?*[60]

4.2.1 Wahlen

Die Antwort auf diese Frage ist schlicht und für viele Beobachter enttäuschend: Der Wahlakt gestaltet sich national. Freie und allgemeine Wahlen bilden den „zentrale[n] Mechanismus repräsentativer Demokratien"[61], indem sie den Bürgern die Gelegenheit bieten, ihren Willen in Form einer Wahlentscheidung auszudrücken und die auf diese Weise gewählten Repräsentanten zeitweilig zu ihrer Vertretung im Entscheidungssystem oder – sei es nun auf direktem Weg (präsidentieller Regierungstyp), sei es auf indirektem Weg über die Volksvertretung (parlamentarischer Regierungstyp) – zur Ausübung bzw. Bestimmung ihrer Regierung zu ermächtigen. Die Legitimation politischer Vertretung bzw. Führung ist also die *politische* Funktion von Wahlen, auf deren Erfüllung auch das politische System der EU nicht verzichten kann. Zugleich sind Wahlen „sinnfälliger Ausdruck der Volkssouveränität".[62] Dies ist sozusagen die *symbolische* Funktion von Wahlen.[63] Die Volkssouveränität aber ist bis heute ein nationales Konzept. Und dass selbst die Europäische Union mit

---

59 Vgl. Nugent, Neill, 2007: The Government and Politics of the European Union, 6. Aufl., Basingstoke, S. 495; McCormick, John, 2011: Understanding the European Union. A Concise Introduction, 5. Aufl., Basingstoke, S. 89.
60 Dreischer, Stephan, 2003: Das Europäische Parlament. Eine Funktionenbilanz, in: Patzelt, Werner J. (Hrsg.): Parlamente und ihre Funktionen. Institutionelle Mechanismen und institutionelles Lernen im Vergleich, Wiesbaden, S. 213–272 (213).
61 Hix, 2006, S. 151.
62 Tenscher, Jens, 2005b: Mit halber Kraft voraus! Parteienkampagnen im Europawahlkampf 2004, in: ders. (Hrsg.): Wahl-Kampf um Europa. Analysen aus Anlass der Wahlen zum Europäischen Parlament 2004, Wiesbaden, S. 30–55 (30).
63 Zur Unterscheidung politischer und symbolischer Funktion von Wahlen s. ebd.

ihrem *supranationalen Parlamentarismus* hierzu keine transnationale Variante hat ausbilden können, ist auch auf die Verweigerungshaltung der nationalstaatlichen Akteure, die ihren exklusiven Status als legitime Vertreter der souveränen Völker nicht abgeben und nur ungern teilen wollen, zurückzuführen, sowie auf strukturelle Faktoren, die mit der fragmentierten europäischen Öffentlichkeit zu tun haben und in Kap. 8 näher behandelt werden. Aus diesen verschiedenen Faktoren resultiert jedenfalls die paradox anmutende Tatsache, dass seit 1979 im Fünfjahresrhythmus nationale Europawahlen stattfinden, obwohl die europäischen Gründungsverträge von Beginn an gemeinsame Wahlen für die Versammlung[64] nach einem einheitlichen Verfahren vorgesehen hatten (s. Art. 138 EWG-Vertrag). Stimmten die Staats- und Regierungschefs 1974 mit erheblicher Verspätung der Direktwahl des Parlaments zu, die fünf Jahre später zum ersten Mal stattfand, so ist es bis heute doch nicht gelungen, ein einheitliches Verfahren für die Wahlen zum Europäischen Parlament zu vereinbaren.[65]

Jeder Mitgliedstaat lässt vielmehr nach seinem eigenen Verfahren Abgeordnete auf die ihm zustehenden Sitze im Europaparlament wählen. Die nationalen Vorschriften variieren stark: Konkrete Unterschiede existieren bis heute bei der Aufteilung der Wahlkreise, bei der Prozenthürde für den Einzug ins Parlament, beim Mindestalter für die Ausübung des passiven Wahlrechts und nicht zuletzt beim jeweiligen Wahltermin. Bis zur Europawahl im Jahre 1994 hat Großbritannien als einziger Staat das Mehrheitswahlsystem angewandt. Seitdem gilt das Verhältniswahlrecht als gemeinsamer Grundsatz, der zusammen mit der Unvereinbarkeit von nationalem und europäischem Mandat Eingang in das Sekundärrecht gefunden hat.[66] Selbstverständlich erfolgen die Wahlen „allgemein, unmittelbar, frei und geheim"[67] (aber nicht gleich, s. unten).

Kasten 4: Verfassungswidrige Sperrklausel

Mit seinem Urteil vom 9. November 2011 hat das Bundesverfassungsgericht die im deutschen Europawahlgesetz (EuWG) parallel zur Bundestagswahl vorgesehene Anwendung einer Sperrklausel von fünf Prozent für verfassungswidrig und nichtig erklärt und dies im Wesentlichen damit begründet, dass die zu erwartenden Funktionsbeeinträchtigungen des parlamentarischen Betriebes ohne Sperr-

---

64 So lautete der offizielle Titel in den Gründungsverträgen. Erst 1962 gab sich die Versammlung selbst den Namen Europäisches Parlament, der erst mit dem Vertrag von Maastricht 1992 Eingang in das Primärrecht fand, vgl. Tömmel, Ingeborg, 2008: Das politische System der EU, 3. Aufl., München, S. 74; auch Kap. 11.7 in diesem Band.
65 Vgl. Raunio, Tapio, 2012a: The European Parliament, in: Jones, Erik/Menon, Anand/Weatherill, Steven (Hrsg.): The Oxford Handbook of European Integration, Oxford, S. 365–379 (367).
66 Vgl. Beschluss des Rates vom 25. Juni und 23. September 2002 zur Änderung des Akts zur Einführung allgemeiner unmittelbarer Wahlen der Abgeordneten des Europäischen Parlaments im Anhang zum Beschluss 76/787/EGKS, EWG, Euratom, 2002/772/EG, Euratom, in: Amtsblatt der Europäischen Gemeinschaften L283 vom 21.10.2002.
67 Vgl. ebd.

> klausel eine Einschränkung der Grundsätze der Wahlrechtsgleicheit und Chancengleichheit der Parteien anders als beim Bundestag nicht rechtfertigten, vgl. BVerfG, 2 BvC 4/10 vom 9.11.2011. Die notwendig gewordene Änderung des EuWG trat Anfang Oktober 2013 in Kraft. Demnach gilt für Europawahlen künftig eine reduzierte Sperrklausel von drei Prozent.

Der strukturell angelegte nationale Charakter der Europawahlen überträgt sich regelmäßig auf alle beteiligten Akteure. Parteien, Medien und Bürger begreifen die Abstimmungen offensichtlich als nationale Nebenwahlen,[68] richten ihre Wahlkämpfe bzw. ihre Aufmerksamkeit bzw. ihre Wahlentscheidung auf ebendiese Wahrnehmung aus und bewirken durch ihre Verhaltensweisen und entsprechende wechselseitige Verhaltenserwartungen, dass veritable *europäische* Wahlen einschließlich ihrer Bedeutung angemessener Kampagnen gar nicht stattfinden können. Verstärkt wird diese Wirkung noch durch den ebenfalls strukturell bedingten Umstand, dass es bei Europawahlen weder direkt noch indirekt um eine Regierungsbildung geht und insofern einfach weniger „auf dem Spiel steht"[69] als bei nationalen Wahlen. Das deutsche Wahljahr 2009 bot sehr anschauliche Belege für die nachrangige Stellung von Europawahlkämpfen. Die Konstellation einer Europawahl im Juni und einer nachfolgenden Bundestagswahl im September desselben Jahres verleitete die Parteien in besonderem Maße dazu, die Europawahl als Testfall für ihre weit überwiegend auf nationale Themen ausgerichteten Kampagnen zu nutzen. Ernüchternde Erkenntnisse bezüglich der Europawahlen ergeben sich auch allgemein aus der Entwicklung der Wahlbeteiligung (s. Abb. 11).

---

68 Die erste Studie zu den sog. Second-Order-Elections stammt aus dem Jahr 1980: Reif, Karl Heinz/Schmitt, Hermann, 1980: Nine Second-Order National Elections: A Conceptual Framework for the Analysis of European Election Results, in: European Journal of Political Research (1) 1980, S. 3–44. Seitdem hat sich am zentralen Befund nur wenig geändert.

69 Tenscher, Jens, 2005a: Wahl-Kampf um Europa. Eine Einführung, in: ders. (Hrsg.): Wahl-Kampf um Europa. Analysen aus Anlass der Wahlen zum Europäischen Parlament 2004, Wiesbaden, S. 7–28 (10).

4.2 Das Europäische Parlament

Abbildung 11: Entwicklung der Wahlbeteiligung im EG-/EU-Durchschnitt von 1979 bis 2009

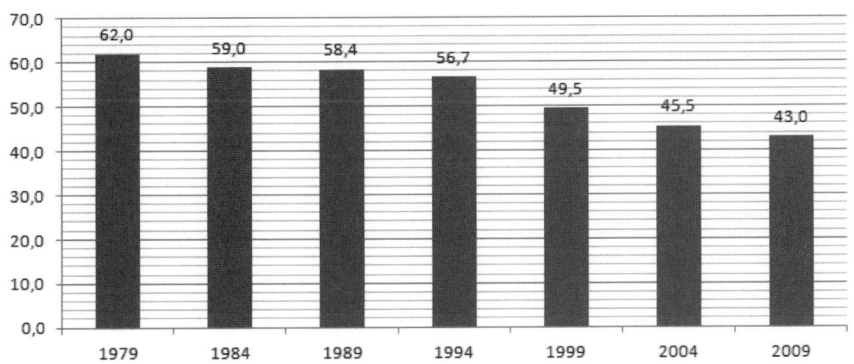

Quelle: eigene Darstellung; Daten: Informationen über das Europäische Parlament, http://www.europarl.europa.eu/aboutparliament/de/ooocdcd9d4/Wahlbeteiligung-%281979-bis-2009 %29.html (letzter Zugriff: 12.2.2013).

Wie Abbildung 11 zeigt, war die Wahlbeteiligung bei Europawahlen von der ersten Abstimmung 1979 an vergleichsweise niedrig und ist seitdem kontinuierlich gesunken. Bei den letzten drei Wahlen lag sie gar unter der „demokratischen Schmerzgrenze" von 50 Prozent. Dabei gab und gibt es große nationale Unterschiede: 2009 lag die Beteiligung in Belgien und Luxemburg, wo Wahlpflicht herrscht, jeweils bei etwa 90 Prozent, dagegen erreichten Litauen mit etwa 21 und die Slowakei mit weniger als 20 Prozent Tiefststände. Mit 43,3 Prozent lag die deutsche Wahlbeteiligung 2009 knapp über dem EU-Durchschnitt.

4.2.2 Zusammensetzung

Die deutschen Europaabgeordneten besetzen 99 Sitze im Parlament und stellen damit entsprechend der Bevölkerungsgröße Deutschlands mit deutlichem Abstand das größte nationale Kontingent. Die Verteilung der Sitze erfolgt aber nur begrenzt proportional. Es gilt das *Gebot der degressiven Proportionalität*, so dass die Stimmen, ausgehend von einer Mindestvertretung zwecks politischer Repräsentativität – diese liegt derzeit bei sechs Stimmen –, in immer weniger verhältnismäßigen Schritten an die bevölkerungsreicheren Staaten verteilt werden. Auf diese Weise werden die kleineren Staaten gegenüber den größeren begünstigt. Tabelle 4 gibt neben der aktuellen Sitzverteilung auch das Verhältnis vertretener Bürger pro Abgeordneten wieder. Daraus wird ersichtlich, wie ungerecht sich das Vertretungsverhältnis aus der Sicht der Bürger – zumindest derjenigen großer Mitgliedstaaten – darstellen kann: Z.B. repräsentiert ein deutscher Abgeordneter derzeit über 800.000 Bürger, während sein Malteser Kollege gerade einmal knapp 70.000 vertritt. Der demokratischen Repräsentativität der Versammlung ist ein solches Missverhältnis natürlich durchaus abträglich,

4. Der institutionelle Aufbau des EU-Systems

und die mangelnde Wahlrechtsgleichheit wird gemeinhin als ein wesentlicher Faktor des Demokratiedefizits ausgemacht. Auf der anderen Seite ist aber auch klar, dass eine streng proportionale Verteilung kaum praktikabel wäre. Der Gesamtumfang des Parlaments würde schnell jeden handlungsfähigen Rahmen sprengen.

Schon heute sitzen 766 Abgeordnete im Europäischen Parlament. Dass damit die im Artikel 14 EU-Vertrag festgelegte Maximalzahl von 750 Abgeordneten zzgl. dem Parlamentspräsidenten deutlich überschritten wird, liegt zum einen daran, dass mit dem Lissabon-Vertrag, der erst nach Beginn der siebten Legislaturperiode des Parlaments in Kraft getreten ist, Veränderungen an der Sitzverteilung zwischen den Mitgliedstaaten vorgenommen worden sind. Während einige Staaten noch während der Legislaturperiode zusätzliche Abgeordnete entsenden durften, wird das deutsche Kontingent erst nach Ablauf derselben wie vorgesehen um drei Mandate auf 96 reduziert. Zum anderen hat auch der Beitritt Kroatiens einen neuerlichen Aufwuchs bei der Abgeordnetenzahl bewirkt. Das Land hat gemäß Beitrittsvertrag 12 Mandate zugesprochen bekommen. Ob sich die Zusammensetzung des Europäischen Parlaments ab der kommenden Legislaturperiode grundlegend ändert, ist noch nicht entschieden.[70] Der britische EP-Abgeordnete Andrew Duff hatte 2008 eine Änderung des Wahlrechts vorgeschlagen, wonach die Wahlbürger zwei Stimmen erhalten und neben den nationalen auch aus einer europaweiten Liste zusätzlich 25 Abgeordnete wählen können sollten. Bis heute ist über eine solche oder eine andere Reform jedoch keine Einigung erzielt worden, so dass eine entsprechende Änderung bis 2014 nicht wahrscheinlich ist.[71]

Tabelle 4: Sitzverteilung im Europäischen Parlament und demokratische Repräsentativität

Mitgliedsland	Bevölkerungsgröße 2012	Anzahl der Sitze im EP	Verhältnis (Bürger pro Abgeordneten)
Deutschland	81.843.743	99 ab 2014: 96	826.704
Frankreich	65.397.912	74	883.756
Vereinigtes Königreich	62.989.550	73	862.871
Italien	60.820.764	73	833.161
Spanien	46.196.276	54	855.487
Polen	38.538.447	51	755.656
Rumänien	21.355.849	32	667.370

---

70 Um nach den Europawahlen 2014 die maximale Mandatszahl von 751 wieder einzuhalten, hat das Europäische Parlament im Juni 2013 beschlossen, dass ab der kommenden Legislaturperiode 12 Mitgliedstaaten je einen Sitz abgeben müssen. Neben Kroatien selbst (dann 11) sind das Rumänien (dann 32), Griechenland, Belgien, Portugal, die Tschechische Republik und Ungarn (dann 21), Österreich (dann 18), Bulgarien (dann 17), Irland und Litauen (dann 11) sowie Lettland (dann 8).

71 Vgl. EurActiv: EU-Wahlreform verschoben: „Blamage für das Parlament", http://www.euractiv.de/wahlen-und-macht/artikel/eu-wahlreform-verschoben-blamage-fr-das-parlament-005063 (letzter Zugriff: 12.2.2013).

4.2 Das Europäische Parlament

Mitgliedsland	Bevölkerungsgröße 2012	Anzahl der Sitze im EP	Verhältnis (Bürger pro Abgeordneten)
Niederlande	16.730.348	26	643.475
Griechenland	11.290.935	22	513.224
Belgien	11.041.266	22	501.876
Portugal	10.541.840	22	479.175
Tschechische Republik	10.505.445	22	477.520
Ungarn	9.957.731	22	452.624
Schweden	9.482.855	20	474.143
Österreich	8.443.018	19	444.369
Bulgarien	7.327.224	18	407.068
Dänemark	5.580.516	13	429.270
Slowakei	5.404.322	13	415.717
Finnland	5.401.267	13	415.482
Irland	4.582.769	12	381.897
Kroatien	4.398.150	12	366.513
Litauen	3.007.758	12	250.647
Slowenien	2.055.496	8	256.937
Lettland	2.041.763	9	226.863
Estland	1.339.662	6	223.277
Zypern	862.011	6	143.669
Luxemburg	524.853	6	87.476
Malta	416.110	6	69.352
EU-28	508.077.880	765	663.287

Quelle (Daten): Eurostat, Europäisches Parlament, eigene Berechnungen.

Eine weitere Besonderheit des Europäischen Parlaments ist es, dass die Abgeordneten, einmal gewählt, nicht nach nationaler Herkunft gruppiert im Plenum Platz nehmen, sondern ihre Sitzordnung wie auch ihre parlamentarische Arbeit durch ihre parteipolitische Ausrichtung bestimmt sind. Von der ersten Sitzung der EGKS-Versammlung in den 1950er Jahren an bis heute finden sich die Europaabgeordneten in transnationalen Fraktionen zusammen. Auch darin unterscheidet sich das Europäische Parlament von Versammlungen anderer internationaler Organisationen, wo sich die Delegierten in der Regel nach ihrer nationalen Herkunft gruppieren.

Die Fraktionen, zu deren Bildung mind. 25 Abgeordnete, die in wenigstens einem Viertel der Mitgliedstaaten gewählt worden sind, erforderlich sind,[72] stellen die ent-

---

72 Vgl. Art. 30 Geschäftsordnung des Europäischen Parlaments (GOEP).

4. Der institutionelle Aufbau des EU-Systems

scheidenden politischen Einheiten im Parlament dar. Fraktionen erhalten wichtige Privilegien, wie z.B. Angestellte für Sekretariate und Forschung sowie zusätzliche materielle Ressourcen. Viele parlamentarische Aktivitäten können nur aus einer Fraktion heraus vollzogen werden, so die Einreichung von Kandidaturen für die Parlamentsleitung, mündliche Anfragen an Rat und Kommission, Änderungsanträge im Gesetzgebungsverfahren usw.[73] Derzeit setzt sich das Europäische Parlament aus sieben Fraktionen zusammen. Es sind dies:

- *Fraktion der Europäischen Volkspartei (Christdemokraten)* (EVP), Vorsitz: Joseph Daul;
- *Fraktion der Progressiven Allianz der Sozialisten* (S&D), Vorsitz: Hannes Swoboda;
- *Fraktion Allianz der Liberalen und Demokraten für Europa* (ALDE), Vorsitz: Guy Verhofstadt;
- *Fraktion der Grünen/Freie Europäische Allianz* (Grüne/FEA), Vorsitz: Rebecca Harms/Daniel Cohn-Bendit;
- *Fraktion Europäische Konservative und Reformisten* (ECR), Vorsitz: Martin Callanan;
- *Fraktion „Europa der Freiheit und der Demokratie"* (EFD), Vorsitz: Francesco E. Speroni/Nigel Farage;
- *Konföderale Fraktion der Vereinigten Europäischen Linken/Nordische Grüne Linke* (VEL/NGL), Vorsitz: Gabriele Zimmer.

Abbildung 12: Sitzverteilung nach Fraktionen (Stand: August 2013)

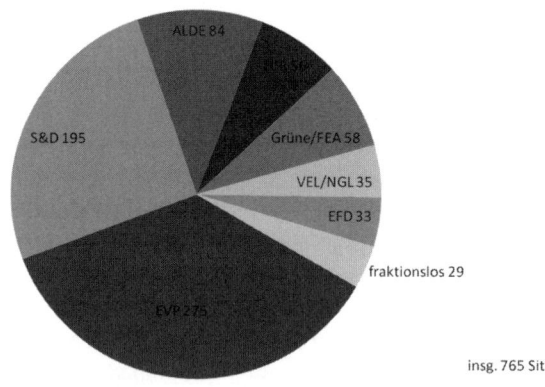

Quelle: eigene Darstellung; Daten: http://www.europarl.europa.eu (letzter Zugriff: 7.8.2013).

---

73 Vgl. Art. 13, 31, 66 bzw. 115ff. GOEP.

Abbildung 12 zeigt die aktuelle Verteilung der Parlamentssitze auf die Fraktionen. Die Bezeichnung der europäischen Parteizusammenschlüsse als Fraktionen soll keineswegs suggerieren, hierbei handele es sich um ähnlich konsistente Einheiten, wie sie in nationalen Parlamenten existieren. Das ist mitnichten der Fall. Die Fraktionen im Europäischen Parlament sind allesamt heterogene und mehr oder weniger fragile Zweckverbände nationaler Parteien, deren ideologische Verwandtschaft die bestehenden Kontroversen oft nur notdürftig verbirgt. Zwar gehen einige der Verbünde bis in die 1970er Jahre und damit die Zeit der Direktwahl zurück, und mit der Europäischen Volkspartei, der Sozialdemokratischen Partei Europas, den Europäischen Grünen sowie auch ALDE (bis 2012 ELDR), ist es den entsprechenden Bewegungen gelungen, auf europäischer Ebene transnationale Parteienorganisationen zu etablieren.[74] Auch im europäischen Vertragswerk wird die Rolle von politischen Parteien ausdrücklich hervorgehoben: „Politische Parteien auf europäischer Ebene tragen zur Herausbildung eines europäischen politischen Bewusstseins und zum Ausdruck des Willens der Bürgerinnen und Bürger der Union bei" (Art. 10 Abs. 4 EU-Vertrag, s. auch Art. 12 Abs. 2 EU-GRCharta). Zur materiellen Unterstützung der europäischen Parteien erhalten diese sogar Finanzmittel aus dem EU-Haushalt.[75] Streng genommen haben die europäischen Parteien aber nach wie vor faktisch den Status von ‚Parteien-Parteien', d.h.: Ihre Mitgliedschaft besteht aus nationalen Parteien und anderen Organisationen, aber nicht etwa aus europäischen Bürgern, obwohl die Statuten die individuelle Mitgliedschaft zuließen.[76] Nach wie vor lässt sich auch an der Angemessenheit des Parteienetiketts überhaupt zweifeln, denn die Politisierung des europäischen politischen Prozesses ist eben noch nicht so weit gediehen, dass sich die von Parteien organisierten Wahlentscheidungen in die Bestellung politischer Ämter übersetzen ließen, also die Parteiverbände tatsächlich über die Kandidaten für europäische politische Ämter entscheiden würden. Nicht einmal die Vergabe der Abgeordnetenmandate im Europäischen Parlament wird auf europäischer Ebene bestimmt, sondern hierüber entscheiden weiterhin die nationalen Parteien. Schließlich macht eine jüngere Studie von Parteiprogrammen zu den Europawahlen 2009 auf europäischer sowie auf nationaler Ebene deutlich, dass auch eine programmatische Konvergenz der Programme der nationalen Mitgliedsparteien mit demjenigen des europäischen Parteiverbunds nicht gegeben war.[77] Eine Weiterentwicklung hin zu veritablen europäischen Parteien ist zwar keineswegs ausgeschlossen, nach jetzi-

---

74 Vgl. hierzu Raunio, 2012, S. 369 u. ausführlich ders., 2012b: Political Interests: The European Parliament's Party Groups, in: Peterson, John/Shackleton, Michael (Hrsg.): The institutions of the European Union, Oxford, S. 338–358.
75 Vgl. Art. 31 u. 209 GOEP sowie Verordnung (EG) Nr. 2004/2003 des Europäischen Parlaments und des Rates vom 4. November 2003.
76 Vgl. Verordnung (EG) 2004/2003.
77 Sigalas, Emmanuel/Pollak, Johannes, 2012: Political Parties at the European Level: Do They Satisfy the Condition of Programmatic Convergence? In: Kröger, Sandra/Friedrich, Dawid (Hrsg.): The challenge of democratic representation in the European Union, Basingstoke u.a., S. 23–40.

gem Stand bewerten die Autoren der Studie die Bezeichnung Parteien aber als irreführend.[78]

Neben den parteipolitischen Fraktionen sieht die Parlamentsarchitektur auch Verwaltungs- und Lenkungsgremien vor, allen voran das Präsidium, bestehend aus dem Parlamentspräsidenten und 14 Vizepräsidenten. Der Präsident und seine Vertreter treffen zentrale Entscheidungen der internen Organisation des Parlaments, so ernennt das Präsidium den Generalsekretär des Parlaments und stellt den Vorentwurf des Haushaltsvoranschlags auf. Es ist zudem für die Leitung und Organisation der Plenarsitzungen zuständig (vgl. Art. 23 GOEP). Gemeinsam mit den fünf sog. *Quästoren*, die dem Präsidium als beratende Mitglieder angehören und es in Verwaltungs- und Finanzaufgaben unterstützen, werden Präsident und Vizepräsidenten alle zweieinhalb Jahre aus den Reihen des Parlaments gewählt, also immer zu Beginn und zur Mitte einer Legislaturperiode. Anfang 2012 wurde der deutsche SPD-Politiker Martin Schulz der vierzehnte Präsident des Europäischen Parlaments seit dessen erster Direktwahl 1979. Mit dem Generalsekretariat steht dem Parlament ein umfänglicher Verwaltungsapparat zur Verfügung, dessen derzeit zehn Generaldirektionen u.a. für Finanzen, die Informations- und Pressearbeit sowie den besonders ausgeprägten Übersetzungsdienst zuständig sind. Daneben verfügt das Generalsekretariat über einen Juristischen Dienst zur rechtlichen Beratung und Rechtsvertretung. Insgesamt hat das Generalsekretariat über 5.500 Mitarbeiter (einschließlich Fraktionsmitarbeitern sogar über 6.500).[79] Die entscheidende Schnittstelle zwischen Fraktionen und Präsidium bildet die sog. *Konferenz der Präsidenten*, auch *erweitertes Präsidium* genannt, in der sich der Parlamentspräsident und die Vorsitzenden der Fraktionen zusammenfinden. Die Konferenz bildet das zentrale Lenkungsgremium des Parlaments und beschließt über die gesamte Arbeitsorganisation. Sie legt die Tagesordnung der Plenarsitzungen fest, bestimmt die Zusammensetzung und die Zuständigkeiten der Ausschüsse und Delegationen, und beschließt über die Sitzordnung im Plenarsaal (vgl. Art. 24 GOEP). Die Vorsitzenden der parlamentarischen Ausschüsse bilden für sich die *Konferenz der Ausschussvorsitzenden*, ihre Pendants bei den Delegationen die *Konferenz der Delegationsvorsitzenden* (s. den folgenden Abschnitt).

4.2.3 Arbeitsweise und Abstimmungsverfahren

Im Laufe seiner Entwicklung hat sich das Europäische Parlament immer weiter den typischen Mustern eines Arbeitsparlaments angenähert, d.h.: Die Detailarbeit in spezifischen Ausschüssen steht im Vordergrund gegenüber den Plenardebatten, bei denen es hauptsächlich um die Verabschiedung der jeweiligen Ausschussempfehlungen

---

78 „a misnomer", ebd., S. 39.
79 Vgl. Gesamthaushaltsplan 2012, in: Amtsblatt der Europäischen Union vom 29.2.2012, Bd. I/S. 190.

geht.[80] Derzeit arbeiten die Abgeordneten in zwanzig ständigen Ausschüssen, zwei Unterausschüssen sowie einem nicht-ständigen, sog. Sonderausschuss.[81] Die Ausschüsse genießen große Unabhängigkeit. So wird jede Rechtsetzungsvorlage nur von einem Komitee bearbeitet. Zwischen den Ausschüssen herrscht eine inoffizielle Hierarchie. Besonders mächtig sind die Ausschüsse für Haushalt und Umwelt, ferner diejenigen für Agrarpolitik, Verbraucherschutz sowie Wirtschaft und Währung. Angesichts der unterschiedlichen Bedeutung der Ausschüsse ist die parteipolitische Zugehörigkeit der jeweiligen Vorsitzenden von politischer Relevanz, weshalb auch hier ein Proporz zwischen den Fraktionen gewahrt wird. Derzeit stellt die EVP zehn Ausschussvorsitzende, die S&D sechs, die ALDE und die Grünen/FEA je zwei, ECR und VEL/NGL jeweils einen.

Abgesehen von den Ausschüssen, arbeiten die Abgeordneten in unterschiedlichen Delegationen. Delegationen entsendet das Europäische Parlament in der Regel in interparlamentarische Ausschüsse, in denen die Abgeordneten mit Parlamentsvertretern beispielsweise aus den Bewerberländern oder Drittstaaten zusammentreffen. Wichtig ist in diesem Zusammenhang auch die interparlamentarische *Konferenz der Ausschüsse für Gemeinschafts- und Europaangelegenheiten* (COSAC), in die das EP sowie die mitgliedstaatlichen Parlamente Vertreter entsenden. Zuletzt spielt die Delegation des Europäischen Parlaments im Vermittlungsausschuss im Rahmen des Mitentscheidungsverfahrens (s. Kap. 6.5.1) eine zunehmend bedeutende Rolle.

Die Ausschussempfehlungen gehen zur Debatte und Verabschiedung ans Plenum. Seine Plenardebatten veranstaltet das Europäische Parlament aus traditionellen Gründen an seinem Tagungsort in Straßburg, während die komplette Ausschussarbeit sowie außerplanmäßige Plenartagungen am Arbeitsort Brüssel stattfinden. Einmal im Monat reisen also alle Abgeordneten für die in der Regel viertägige Sitzungsperiode ins Elsass, anschließend geht es wieder zurück in die belgische Metropole. Der regelmäßige Umzug für die „französischen Wochen" ist zum einen sehr teuer, zum anderen nicht eben beliebt bei den Abgeordneten. Die Regelung ist jedoch vertraglich vereinbart, und bisher weigert sich vor allem die französische Regierung, auf den Parlamentssitz zu verzichten. Da das Generalsekretariat des Parlaments seine Gebäude in Luxemburg bezogen hat, ist der Sitz der europäischen Völkervertretung mithin auf drei Orte verteilt.

Wo auch immer die Plenartagungen stattfinden, generell gilt: „Soweit die Verträge nicht etwas anderes bestimmen, beschließt das Europäische Parlament mit der Mehrheit der abgegebenen Stimmen […]" (Art. 231 AEU-Vertrag). Für einige Abstimmungen sind höhere Quoren vorgeschrieben. Um die Kommission z.B. per Miss-

---

80 Vgl. Weidenfeld, Werner, 2010: Die Europäische Union, Paderborn, S. 116; s. auch Hartmann, Jürgen, 2009: Das politische System der Europäischen Union. Eine Einführung, 2. Aufl., Frankfurt a.M./New York, S. 154ff.
81 Eine aktuelle Auflistung der Ausschüsse des EP findet sich unter den Online-Materialien zu diesem Band, abrufbar unter: www.utb-mehr-wissen.de.

trauensvotum ihres Amtes zu entheben (Art. 234 AEU-Vertrag, s. nächsten Abschnitt), ist eine Zweidrittelmehrheit der abgegebenen Stimmen nötig, die zugleich die Mehrheit der Mitglieder des Parlaments umfasst. Um im Rahmen des Mitentscheidungsverfahrens (Art. 294 AEU-Vertrag, s. Kap. 6.5.1) den Gemeinsamen Standpunkt des Rates in zweiter Lesung abzuändern oder gänzlich abzulehnen, um dem Mehrjährigen Finanzrahmen zuzustimmen oder den jährlichen Haushaltsplan in zweiter Lesung abzulehnen (Art. 312 bzw. 314 AEU-Vertrag) sowie um der Aufnahme eines Beitrittslands zuzustimmen (Art. 49 EU-Vertrag), braucht es die absolute Mehrheit der Mitglieder. Zum besseren Verständnis sei hier betont: Die *Mehrheit der abgegebenen Stimmen* umfasst im Regelfall deutlich weniger Stimmen als die absolute Mehrheit, also die *Mehrheit der Mitglieder*, die sich an der Gesamtzahl der Abgeordneten orientiert. Vor diesem Hintergrund wird deutlich, dass die benannten erhöhten Quoren nicht leicht zu erreichen sind, die Fraktionen im EP also bei entsprechenden Entscheidungen unter einem starken Konsensdruck stehen.[82] Dieser Druck wird noch von außen erhöht, weil das Parlament in der interinstitutionellen Konkurrenz um Kompetenzen wie auch den zunehmend bedeutenden koordinierenden Absprachen zur Gesetzgebung (den sog. Trialogen) nach Möglichkeit mit einer starken Position aufzutreten versucht. Zwar haben die mitgliederstärksten Fraktionen in den vergangenen Jahren mitunter auch eine Neigung zu abweichenden Voten gezeigt, häufig bildet sich im parlamentarischen Tagesgeschäft allerdings immer noch eine Art *großer Koalition*[83] zwischen EVP und S&D heraus. An dieser Stelle sei aber noch einmal betont: Das Europäische Parlament ist für die *Regierungsbildung* nicht zuständig. Folglich gibt es auch nicht die für parlamentarische Systeme typische Aufteilung von Regierungs- und Oppositionsfraktionen, noch den daraus abgeleiteten Fraktionszwang. Daher kommt es neben den bestehenden Konsensmustern auch immer wieder zu fraktionsübergreifenden, heterogenen Abstimmungskoalitionen, und das Stimmverhalten ist insgesamt facettenreicher als in den meisten nationalen Parlamenten.[84]

4.2.4 Funktionen

In jedem demokratischen politischen System erfüllt das Parlament gewisse Funktionen. Diese werden von den Vertretern der Parlamentarismusforschung zum Teil unterschiedlich klassifiziert. Für unsere Zwecke wollen wir uns an einem vereinfachten Katalog von vier typischen Parlamentsfunktionen orientieren, der freilich weitere Ausdifferenzierungen erfahren könnte. Die vier Funktionen sind: erstens die *Repräsentations- und Artikulationsfunktion*, zweitens die *Kontrollfunktion*, drittens die

---

[82] Vgl. Tömmel, 2008, S. 128–130; Raunio, 2012a, S. 368.
[83] Vgl. Wessels, Wolfgang, 2008: Das politische Syterm der Europäischen Union, Wiesbaden, S. 141; Kohler-Koch, Beate/Conzelmann, Thomas/Knodt, Michèle, 2004: Europäische Integration – Europäisches Regieren, S. 120; Hix, Simon/Høyland, Bjørn, 2011: The Political System of the European Union, 3. Aufl., Basingstoke u.a., S. 59.
[84] Vgl. Hartmann, 2009, S. 160; Wessels, 2008, S. 142.

Gesetzgebungsfunktion und viertens die *Rekrutierungsfunktion*.[85] Im Folgenden wollen wir überprüfen, inwieweit die europäische Völkervertretung diese zentralen Parlamentsaufgaben erfüllt.

Repräsentations- und Artikulationsfunktion

Getreu unseren Ausführungen zur repräsentativen Demokratie bildet die Repräsentationsfunktion gewissermaßen die Grundfunktion einer jeden Volksvertretung, quasi ihre Existenzberechtigung. Sie ist durch das Europäische Parlament formal erfüllt, denn natürlich vertreten seine Abgeordneten die europäischen Bürger. Im EU-Vertrag nach der Lissabon-Reform bekennt sich die EU auch erstmals ausdrücklich zum Grundsatz der repräsentativen Demokratie (Art. 10 Abs. 1 EU-Vertrag). Ob in der Umsetzung derselben die nur begrenzt proportionale Verteilung der Mandate auf die Mitgliedstaaten ein Repräsentationsproblem darstellt und demokratischen Ansprüchen überhaupt genügt, dies wiederum sind weitergehende Fragen, die die formale Erfüllung der Repräsentationsfunktion durch das Europäische Parlament nicht grundsätzlich gefährden, allerdings in gravierender Weise beeinträchtigen. Ähnliches lässt sich für die Artikulationsfunktion feststellen, denn die Kommunikation mit den vertretenen Bürgern gelingt dem Parlament nur schwerlich. So wie es nicht das eine europäische Volk gibt, gibt es auch keine gemeinsame europäische Öffentlichkeit. Die national und massenmedial geprägte öffentliche Wahrnehmung ist traditionell kaum auf europapolitische Themen ausgerichtet. Und wenn Europathemen doch in den Fokus der öffentlichen Aufmerksamkeit geraten, wie es seit Ausbruch der Eurokrise immer wieder und über lange Zeiträume geschehen ist, so erfolgt die Berichterstattung gewissermaßen durch eine nationale Brille. Das Europäische Parlament treffen Aufmerksamkeitsmangel und die nach wie vor evidente Fragmentierung der europäischen Öffentlichkeit, oder besser: die Fortexistenz einander nur mittelbar zugänglicher nationaler Öffentlichkeiten,[86] besonders schwer, stellen diese Phänomene seinen Legitimitätsvorteil gegenüber den anderen europäischen Organen doch tendenziell infrage. Die defizitäre faktische Erfüllung der Repräsentations- und Artikulationsfunktion kann jedenfalls als die verbliebene Schwachstelle des europäischen supranationalen Parlamentarismus bewertet werden.

---

85 Die vier Funktionskategorien finden sich in dieser Form bei von Beyme, Klaus, 1999: Die parlamentarische Demokratie. Entstehung und Funktionsweise, 3. Aufl., Wiesbaden, S. 253ff. Sie ließen sich etwa mit Patzelt beträchtlich ausdifferenzieren und nachvollziehbar weiterentwickeln, aber die dadurch erheblich gesteigerte Komplexität erscheint für die vorliegende Einführung nicht sinnvoll: Patzelt, Werner J., 2003: Parlamente und ihre Funktionen. Institutionelle Mechanismen und institutionelles Lernen im Vergleich, Wiesbaden, S. 13–49.

86 Vgl. zu den Integrationshemmnissen, die aus diesen strukturellen Gegebenheiten resultieren: Schünemann, Wolf J., 2013: Der EU-Verfassungsprozess und die ungleichzeitige Widerständigkeit gesellschaftlicher Wissensordnungen – exemplarische Darstellung eines Ansatzes zur diskursanalytischen Referendumsforschung, in: Zeitschrift für Diskursforschung 1/2013, S. 67–87 sowie ders., 2014 i.E.: Subversive Souveräne. Eine vergleichende Diskursanalyse der Referenden über den EU-Verfassungs- bzw. Reformvertrag in Frankreich, den Niederlanden und Irland, Wiesbaden.

Kontrollfunktion

Seine *Kontrollfunktion* erfüllt das Europäische Parlament durch eine ganze Reihe von Instrumenten, über die auch die nationalen Parlamente verfügen. So kann das Europäische Parlament schriftliche und mündliche Anfragen an Rat und Kommission richten. Die parlamentarischen Anfragen haben in den vergangenen Jahren stark zugenommen; im Jahr 2012 gab es insgesamt fast 12.000 Anfragen.[87] Auch stehen die Kommissionsmitglieder den Abgeordneten in Fragestunden Rede und Antwort. Das Parlament kann ferner Ansprachen über die jeweiligen Berichte der Präsidentschaft des Europäischen Rates oder Ministerrates abhalten sowie Dringlichkeitsdebatten zu speziellen Themen (z.B. Menschenrechten) veranstalten. Es verfügt über Klagerechte vor dem EuGH, kann Untersuchungsausschüsse einsetzen (Art. 226 AEU-Vertrag), es ist zuständig für das Petitionswesen (Art. 227 AEU-Vertrag) und nicht zuletzt ernennt es einen Bürgerbeauftragten, der die Beschwerden der Bürger gegen das Gesamtsystem sammelt, bearbeitet und dem Parlament jährlich über seine Untersuchungen berichtet (Art. 228 AEU-Vertrag). Darüber hinaus verfügt das Europäische Parlament über zwei Kontrollrechte, die von besonderem Interesse sind und folglich etwas ausführlicher behandelt werden sollen: Zum einen übt es zu einem erheblichen Teil die Budgetkontrolle aus, zum anderen kann es das gesamte Kommissionskollegium per Misstrauensvotum entlassen.

Die *Haushaltskontrolle* ist ein klassisches Recht von Parlamenten. Getreu der Patzelt'schen Formel, wonach „Kontrollgewalt besitzt, ohne wen man nicht handeln kann",[88] verfügt das Europäische Parlament mit seinem Budgetrecht seit der entsprechenden Neugestaltung der Finanzordnung in den 1970er Jahren (s. Kap. 11.7) über ein schweres Pfund gegenüber der zu entlastenden Kommission, die den jährlichen Haushaltsplan entwirft (vgl. Kap. 5.5). Mit dem Vertrag von Lissabon wurde auch die traditionelle Unterscheidung in obligatorische und nicht-obligatorische Ausgaben aufgehoben, und das Parlament bekam das Letztentscheidungsrecht über alle Ausgaben, d.h. einschließlich der umstrittenen und besonders umfangreichen Agrarausgaben, zugesprochen. Am Ende eines komplizierten Verfahrens kann das Parlament den gesamten Haushaltsplan also mit der Mehrheit seiner Mitglieder ablehnen (s. Art. 314 AEU-Vertrag), woraufhin die Kommission einen neuen Entwurf vorlegen muss. Welch bedeutende parlamentarische Einflussmöglichkeiten die Haushaltskompetenz selbst in solchen Bereichen eröffnet, in denen die Völkervertretung laut Vertrag nur anzuhören ist, hat das rezente Beispiel der Einrichtung des Europäischen Auswärtigen Diensts (EAD) gezeigt. Das Parlament beanspruchte eine stärkere Beteiligung beim Aufbau des Organs, die ihm eigentlich nicht zugestanden hätte. Da der EAD aber aus EU-Mitteln finanziert wird, konnte das Parlament sein Bud-

---

[87] Vgl. Europäische Kommission, 2013: Gesamtbericht über die Tätigkeit der Europäischen Union 2012, Brüssel/Luxemburg, S. 195.
[88] Patzelt, 2003, S. 26.

getrecht als wirkungsvollen Hebel benutzen, um sich für die Einrichtung und Gestaltung des EAD ein faktisches Mitentscheidungsrecht zu sichern.[89]

Seit der Lissabonner Vertragsreform verfügt das Parlament zudem auch über eine – wenngleich negative – Gestaltungskompetenz hinsichtlich des Mehrjährigen Finanzrahmens, der den Spielraum des EU-Budgets verbindlich vorgibt. Dieser wird im Europäischen Rat ausgehandelt und vom Rat in Form einer Verordnung erlassen, wobei allerdings die Zustimmung des Parlaments mit der Mehrheit seiner Mitglieder erforderlich ist (vgl. Art. 312 AEU-Vertrag, s. ausführlich Kap. 5.5). Im März 2013 hat das Parlament erstmals von dieser neuen Kompetenz Gebrauch gemacht und den von den Staats- und Regierungschefs mühsam ausgehandelten Kompromiss zum Mehrjährigen Finanzrahmen (MFR) 2014 bis 2020 abgelehnt; es wurden Forderungen für eine politische Einigung formuliert. Diese ist im Juli 2013 erreicht worden. Die förmliche Annahme des MFR steht indes noch aus. Trotz dieser neuen Einflussmöglichkeit bleibt als letzte Einschränkung der budgetrechtlichen Kompetenzen des Parlaments bestehen, dass es nach wie vor keinerlei positive Mitentscheidung über die Einnahmeseite des EU-Haushalts hat (s. hierzu Kap. 5.5).

Was die politische Kontrolle der Kommission betrifft, so ist die Abberufbarkeit der Regierung durch das Parlament per *Misstrauensvotum* das zentrale Charakteristikum parlamentarischer Regierungssysteme.[90] Auch das Europäische Parlament verfügt über dieses *scharfe Schwert* und kann das gesamte Kommissionskollegium per Misstrauensvotum mit Zweidrittelmehrheit der abgegebenen Stimmen und gleichzeitiger Mehrheit seiner Mitglieder seines Amtes entheben (s. Art. 234 AEU-Vertrag). Hat das Parlament bis heute auch noch keiner Kommission auf diese Weise offiziell das Vertrauen entzogen, so wirkt das Kontrollinstrument doch als Drohpotenzial. Als die Völkervertretung gegenüber der einstigen Kommission unter Jacques Santer 1999 mit einem Misstrauensantrag infolge des Korruptionsskandals um die Kommissarin Edith Cresson knapp scheiterte, reichte dieser Druck dennoch, um das gesamte Kollegium zum kollektiven Rücktritt zu bewegen.[91] Bevor die Existenz des Instruments sowie die Tatsache seiner potenziell erfolgreichen Anwendung uns allerdings dazu verleiten, die EU leichtfertig dem parlamentarischen Regierungstyp zuzuordnen, seien zwei gravierende Einwände ergänzt: Zum einen hat die Europäische Union gar keine Regierung,[92] zumindest kann die Kommission diesen Titel nicht allein für sich beanspruchen, teilt sie doch die exekutiven Befugnisse mit dem Rat, der

---

89 Vgl. Shackleton, Michael, 2012: The European Parliament, in: Peterson, John/Shackleton, Michael (Hrsg.): The institutions of the European Union, 3. Aufl., Oxford, S. 124–147 (139).
90 Vgl. Steffani, Winfried, 1983: Zur Unterscheidung parlamentarischer und präsidentieller Regierungssysteme, in: Zeitschrift für Parlamentsfragen (3) 1983, S. 390–401.
91 Schon 1972 hatte das Parlament mit einem Misstrauensantrag gegen die Kommission gedroht und damit einen Vorschlag für die Finanzverfassung erzwungen, vgl. Dreischer, 2003, S. 232.
92 Zumindest nicht eine, mit Rat und Kommission auch nicht zwei, sondern – wenn überhaupt – 29, nämlich die Regierungen der 28 Mitgliedstaaten und die Kommission, vor diesem Hintergrund ist es kein Wunder, dass zahlreiche Beobachter sich angesichts dieses exekutiven Gemischs und der mit ihm verbundenen kategorialen Herausforderung (s. Kap. 3) lieber an die alle Form vermeidende Formel des Regierens halten.

nicht vor dem Parlament verantwortlich ist. Zum anderen hat die Abberufbarkeit einen weiteren *Schönheitsfehler*: Im EU-System kommt die Abberufung eher einem *Impeachment-Verfahren*, wie es die US-amerikanische Verfassung vorsieht, nahe denn dem Misstrauensvotum im parlamentarischen System.[93] Denn, wie am Beispiel der Santer-Kommission zu sehen, spielen hier offensichtlich ethische und juristische Gründe (z.B. Amtsmissbrauch) eine größere Rolle als politische. Außerdem ist dem Mechanismus eine hohe Abstimmungshürde gesetzt, es wird hier nämlich nicht nur die typische parlamentarische Regierungsmehrheit, also die absolute Mehrheit verlangt, sondern zusätzlich ein Quorum von Zweidritteln der abgegebenen Stimmen vorgeschrieben.

Zuletzt hat das Parlament durch den Lissabon-Vertrag neue Kontrollrechte gegenüber der Kommission erhalten, indem es zumindest teilweise in das Komitologiesystem (s. Kasten 5) aufgenommen wurde und seine Zustimmung für eine neue Kategorie der Befugnisübertragung an die Kommission, die sogenannten „delegierten Rechtsakte" (Art. 290 AEU-Vertrag) verlangt wird. Diese Reform bedeutet zwar noch keine vollständige Gleichstellung des Parlaments mit dem Rat, weil das Parlament nicht in die eigentliche Ausschusspraxis eingebunden ist, dennoch kommt Héritier in einer Untersuchung der neuen Regeln zu dem Schluss, dass das Parlament durch die neuen Kompetenzen klar gestärkt wird.[94]

Gesetzgebungs- oder Rechtsetzungsfunktion

Bei der Zusammenstellung parlamentarischer Aufgaben denken vermutlich viele zuerst an die Gesetzgebung.[95] Tatsächlich verfügt auch das Europäische Parlament über beachtliche Rechtsetzungskompetenzen. Es teilt seine legislativen Befugnisse mit dem Rat. Beide Organe sind, was die Gesetzesinitiative betrifft, wiederum auf die Kommission angewiesen, die für die Gemeinschaftspolitiken über ein *Initiativmonopol* verfügt. Parlament und Rat können die Kommission lediglich zum Entwurf einer Vorlage auffordern (Art. 225 bzw. Art. 241 AEU-Vertrag). Die Aufforderung des Parlaments muss mit der absoluten Mehrheit beschlossen werden. Die Kommission kann sie begründet zurückweisen. Obwohl auch in vielen parlamentarischen Systemen auf nationaler Ebene nur noch die wenigsten Gesetzesvorlagen aus der Volksversammlung selbst hervorgehen, ist das faktische Fehlen eines formalen Initiativrechts für die europäische Völkervertretung doch eine empfindliche, allemal eigentümliche Einschränkung der parlamentarischen Legislativkompetenzen.[96] Die Kommissionsvorlagen gehen zur Entscheidung an den Rat und das Parlament. Nach

---

93 Vgl. Decker, Frank, 2003: Parlamentarisch, präsidentiell oder semi-präsidentiell? Der Verfassungskonvent ringt um die künftige institutionelle Gestalt Europas, in: Aus Politik und Zeitgeschichte (1–2) 2003, S. 16–23 (19).
94 Héritier, Adrienne: Institutional Change in Europe: Co-decision and Comitology Transformed, in: Journal of Common Market Studies S1/2012, S. 38–54 (48); vgl. auch Shackleton, 2012, S. 139.
95 Zum Beleg der öffentlichen Meinung und zur Annahme ihres Irrtums s. von Beyme, 1999, S. 283.
96 Vgl. Hartmann, 2009, S. 137.

Inkrafttreten des Lissabon-Vertrags, mit dem die Mitentscheidung des Parlaments zum Teil des sog. Ordentlichen Gesetzgebungsverfahrens geworden ist, fungiert das Europäische Parlament nahezu in der kompletten Rechtsetzung der EU als gleichberechtigter Partner neben dem Rat. Es kann jeden im Standardverfahren beschlossenen Rechtsakt in zweiter Lesung mit der Mehrheit seiner Mitglieder zum Scheitern bringen. Daneben gibt es nur noch sehr wenige Bereiche – etwa das weiterhin intergouvernemental organisierte Politikfeld der Außen- und Sicherheitspolitik, aber auch die Steuerpolitik sowie die Festsetzung der Haushaltseinnahmen –, in denen das Parlament kein Mitentscheidungsrecht hat, sondern, wenn überhaupt beteiligt, so lediglich angehört wird. In einer Reihe anderer Sonderfälle hingegen, wie der Annahme des Jahreshaushalts, der Aufnahme eines neuen Mitglieds oder anderer völkerrechtlicher Verträge und Abkommen, ist von vornherein die Zustimmung des Parlaments erforderlich (s. Kap. 6.5).

In der legislativen Praxis lässt sich beobachten, dass das Parlament insbesondere im Zuge des Mitentscheidungsverfahrens um eine Verständigung mit dem Rat bemüht ist. Hierbei helfen die unter der Leitung der Kommission organisierten trilateralen Vorgespräche zwischen den beiden gesetzgebenden Organen, auch Triloge genannt. Angesichts dieser informellen Koordinationsbemühungen im Vorfeld des Rechtsetzungsverfahrens kann es nicht verwundern, dass dieses häufig zu raschen Einigungen führt. So wird die weit überwiegende Mehrheit der Mitentscheidungsverfahren in der Praxis durch eine erfolgreiche Einigung beendet, vielfach bereits nach der ersten Lesung.[97] In einer empirischen Studie des institutionellen Wandels am Beispiel der Entwicklung des Mitentscheidungsverfahrens kommt Héritier zu dem Schluss, durch die Mitentscheidung sei eine regelrechte „fast-track legislation" entstanden, die so ursprünglich nicht vorgesehen war.[98] Demgegenüber hat es jenseits des ordentlichen Gesetzgebungsverfahrens in den vergangenen Jahren allerdings auch einige spektakuläre Fälle gegeben, in denen das Parlament die für diese Fragen notwendige Zustimmung verweigert hat. Beispielsweise ließ das Parlament im Februar 2010 eine erste Version des intergouvernementalen Abkommens zwischen der Europäischen Union und den Vereinigten Staaten zum Zugriff US-amerikanischer Sicherheitsbehörden auf die Daten der SWIFT (*Society for Worldwide Interbank Financial Telecommunication*) durchfallen und billigte eine zweite Version des Abkommens, die höheren Datenschutzanforderungen genügte, erst ein halbes Jahr später.[99] In ähnlich öffentlichkeitswirksamer Weise hat das Europäische Parlament im Juli 2012 seine Zustimmung zur Ratifizierung des multilateralen Abkommens zum Kampf ge-

---

[97] Shackleton hebt hervor, dass in den Jahren 1999 bis 2009 von über 800 Mitentscheidungsverfahren lediglich 10 ohne Einigung geblieben sind. In den Jahren 2004 bis 2009 seien überdies 70 % aller Mitentscheidungsverfahren schon nach der ersten Lesung erfolgreich abgeschlossen worden, in nur 25 % der Fälle erfolgte die Einigung in zweiter Lesung, und lediglich in 6 % wurde ein Vermittlungsausschuss einberufen, Shackleton, 2012, S. 131 u. 136.
[98] Héritier, 2012, S. 41; vgl. hierzu kritisch Raunio, 2012a, S. 371.
[99] Vgl. Shackleton, 2012, S. 125.

gen Produktpiraterie und Urheberrechtsverletzungen (*Anti-Counterfeiting Trade Agreement*, kurz: ACTA) verweigert und hat mit diesem Votum u.a. den Befürchtungen einer internationalen Netzgemeinde entsprochen. Die letztgenannten Beispiele zeigen an, dass das Europäische Parlament in der Beziehung zum Rat neben einer kompromissbereiten Grundorientierung durchaus auch als selbstbewusster Akteur auftritt und eigene Forderungen durchzusetzen sucht.

Eine besondere Form der europäischen Rechtsetzung betrifft das Primärrecht: Die Vertragsrevisionen müssen in aller Regel von den Nationalstaaten im Rahmen von Regierungskonferenzen verabschiedet und anschließend von den Mitgliedstaaten gemäß ihren parlamentarischen Bestimmungen ratifiziert werden. Mit der Lissabonner Reform wurden bezüglich der Vorbereitung von Vertragsrevisionen umfassende Änderungen vorgenommen und die Rechte des Parlaments auch in dieser Hinsicht gestärkt. Mit dem weitgehend neu gefassten Revisionsartikel, Artikel 48 EU-Vertrag, hat das Parlament sowohl im Ordentlichen als auch im Vereinfachten Änderungsverfahren ein Initiativrecht für Vertragsänderungen erhalten. Wird es für einen Beschluss im Rahmen des vereinfachten Verfahrens jedoch weiterhin nur angehört, so ist für das ordentliche Verfahren die Einberufung eines Konvents vorgesehen, in den das Parlament Vertreter entsendet. Und für die ebenfalls mögliche Entscheidung, ausnahmsweise keinen Konvent einzuberufen, ist der Europäische Rat auf die Zustimmung des Parlaments angewiesen. Wenngleich die Beteiligungsrechte des Parlaments bei Vertragsänderungen also deutlich gestärkt worden sind, sind es doch nach wie vor die Mitgliedstaaten, die letztlich über jede Revision entscheiden. Die sog. *Kompetenz-Kompetenz*, also die Entscheidungsgewalt über die Ausweitung der Gemeinschaftsbefugnisse liegt also weiterhin ausschließlich bei den Mitgliedstaaten.[100] Sie sind die *Herren der Verträge*. Dennoch ist die Rolle des Parlaments im Hinblick auf die Systemgestaltung größer geworden. Außerdem besitzt das Parlament natürlich unabhängig von seiner rechtlichen Stellung in allen europäischen Systemfragen ein erhebliches Maß an faktischer *soft power* und tritt als wesentlicher Ideengeber in Erscheinung.[101]

Rekrutierungsfunktion

Die Rekrutierungsfunktion umfasst mehr als nur die Wahl des politischen Personals für ein System, nämlich auch seine *Aus*wahl. Genau wegen dieses Bedeutungsunterschieds bevorzugen wir die gewählte Bezeichnung gegenüber derjenigen als Wahlfunktion. Allein bestimmen kann das Europäische Parlament, abgesehen von den weiter oben genannten innerparlamentarischen Ämtern, lediglich den Europäischen Bürgerbeauftragten (Art. 228 AEU-Vertrag). Ferner wird es bei der intergouvernemental ausgehandelten Auswahl der Mitglieder des Rechnungshofs (Art. 286 Abs. 2

---

100 Vgl. Kohler-Koch/Conzelmann/Knodt, 2004, S. 120–121.
101 So hatte das Parlament z.B. schon lange vor der Einberufung eines Verfassungskonvents Anfang der 2000er Jahre quasi in Eigenregie Verfassungsentwürfe ausgearbeitet, nämlich 1953, 1984 und 1994.

AEU-Vertrag) sowie derjenigen des EZB-Direktoriums (Art. 283 Abs. 2) angehört. In ähnlicher Weise haben die Mitgliedstaaten bis heute auch die Auswahl der Mitglieder der Europäischen Kommission unter sich ausgemacht, wobei in einem zweistufigen Verfahren sowohl die Investitur des designierten Kommissionspräsidenten als auch diejenige der weiteren Kommissionsmitglieder der Zustimmung durch das Parlament bedürfen (Art. 17 Abs. 7 EU-Vertrag). De facto hat das Parlament in den vergangenen Jahren eine Regelungslücke[102] gekonnt ausgenutzt und durch die einseitige Änderung seiner Geschäftsordnung ein aufwändiges *Hearing*-Verfahren etabliert, in dessen Verlauf sich jeder Kandidat für einen Kommissarsposten einer Anhörung vor dem jeweiligen parlamentarischen Fachausschuss stellen muss (vgl. Art. 106 GOEP). Dass die Anwärter dort nicht mit Samthandschuhen angefasst werden und das aus dem Zustimmungserfordernis abgeleitete Drohpotenzial durchaus Wirkung zeigen kann, haben die Parlamentarier in verschiedenen Situationen gezeigt. Am wirkungsvollsten artikulierte sich der Widerstand vieler Abgeordneter anlässlich der Einsetzung der ersten Barroso-Kommission im Oktober 2004. Damals musste der als Justizkommissar vorgesehene italienische Kandidat Rocco Buttiglione aufgrund heikler Äußerungen zu sozialethischen Fragen während der Anhörung im Parlament von seiner Kandidatur zurücktreten. Im Anhörungsprozess der designierten Kommissare für die zweite Barroso-Kommission scheiterte die bulgarische Kandidatin Jeleva, nachdem Unregelmäßigkeiten in einer Steuererklärung öffentlich geworden waren und die Parlamentarier ihre Befähigung für den Posten angezweifelt hatten. Zuletzt gestaltete sich im November 2012 auch die Neubesetzung des Postens des Gesundheits- und Verbraucherschutzkommissars schwierig. Der maltesische Politiker Tonio Borg, der als designierter Nachfolger für seinen wegen Verwicklungen in einen Korruptionsfall zurückgetretenen Landsmann John Dalli bereitstand, musste sich ebenfalls kritische Fragen zu seinen sozialethischen Einstellungen gefallen lassen, wurde dann aber mit der erforderlichen Mehrheit als Kommissar bestätigt.

Die Bewertung der Bedeutung des Europäischen Parlaments hinsichtlich seiner Rekrutierungsfunktion hängt im Wesentlichen aber von der Ausgestaltung der Wahl des Kommissionspräsidenten ab. In diesem Zusammenhang birgt das geltende Vertragsrecht ein großes Potenzial für eine parlamentarische Politisierung des EU-Systems, das in der politischen Realität allerdings bisher noch nicht ausgeschöpft werden konnte. Zwar schreibt der EU-Vertrag (Art. 17 Abs. 7) vor, dass der vom Europäischen Rat ausgewählte Kandidat vom Parlament mit absoluter Mehrheit gewählt wird, und die Staats- und Regierungschefs sollen bei der Aufstellung des Kandidaten das Ergebnis der vorausgegangenen Europawahlen berücksichtigen. Inwiefern diese Bestimmungen in der Praxis aber tatsächlich zu einer wesentlichen Beeinflussung des Auswahlprozesses durch das Parlament führen, wird sich bei den kommenden Europawahlen erst zeigen müssen. Das Europäische Parlament hat im No-

---

102 Das ist ein gutes Beispiel für Paul Piersons Ansatz des Historischen Institutionalimus, vgl. Kap. 12.5.

vember 2012 sowie im Juli 2013 immerhin zwei nichtlegislative Entschließungen vorgelegt, wonach die europäischen politischen Parteien dazu angehalten sind, Spitzenkandidaten für das Amt des Kommissionspräsidenten zu benennen und sie entsprechend im Wahlkampf zu positionieren, d.h. sie rechtzeitig bekannt zu machen und eine EU-weite Wahlkampagne zu organisieren. Auch werden die Europawahlen in den Mai vorverlegt, damit dem Parlament anschließend genügend Zeit bleibt, sich für die Kür eines Kommissionspräsidenten zu positionieren.[103] Eine erfolgreiche Umsetzung dieses Vorhabens könnte zu einer Politisierung in parlamentarischem Sinne beitragen und auch das Legitimitätsdefizit der EU im Allgemeinen sowie den Aufmerksamkeitsmangel von Europawahlen im Besonderen bekämpfen helfen.[104] Die Bewertung der Rekrutierungsfunktion des Europäischen Parlaments, die bis heute im Vergleich zu vielen nationalen Parlamenten, insgesamt nur schwach ausgeprägt ist, müsste infolge einer derartigen Systementwicklung freilich korrigiert werden.[105]

4.2.5 Zwischenfazit und Verortung im Institutionengefüge

Die Funktionen und entsprechenden Kompetenzen des Europäischen Parlaments sind im Vergleich zu nationalen Volksvertretungen lange Zeit nur schwach ausgeprägt gewesen, haben sich allerdings mit den Vertragsreformen erheblich gesteigert. Anfangs als zwischenstaatliches Diskussionsforum mit von den nationalen Parlamenten entsandten Delegierten konzipiert und dem Gemeinschaftssystem gleichsam als „demokratisches Feigenblatt"[106] hinzugefügt, hat sich die europäische Völkervertretung allerdings im Laufe ihrer Entwicklung zu einem zunehmend bedeutenden Akteur im EU-Institutionengefüge entwickelt. Mit dem Ziel, das zunehmend problematisch gewordene Legitimitätsdefizit der Union zu überwinden, wurden die Kompetenzen des Parlaments durch die vergangenen Vertragsreformen stetig ausgeweitet.[107] Gerade der Vertrag von Lissabon hat eine substantielle Stärkung des Europäischen Parlaments in vielen wesentlichen Bereichen (Haushaltskompetenz, System- und Politikgestaltung, Wahl des Kommissionspräsidenten) gebracht, die – eine entsprechende Umsetzung in der Verfassungswirklichkeit vorausgesetzt – zu einem qualitativen Sprung des politischen System beitragen kann. Die Europawahlen 2014 und die darauf folgende Neukonstituierung von Parlament und Kommission können

---

103 S. hierzu die Entschließungen des Europäischen Parlaments vom 22. November 2012 (2012/2829(RSP)) bzw. vom 4. Juli 2013 (2013/2012(INI)). Vgl. auch Gesamtbericht 2012, S. 193, s. auch Shackleton, 2012, S. 142.
104 Simon Hix beschreibt in seinem Buch zu Diagnose und Remedur des europäischen Demokratiedefizits bereits ein ähnliches, sehr optimistisches Szenario für die Besetzung der Kommission 2009 noch auf der Grundlage des Nizza-Vertrags, vgl. Hix, Simon, 2008: What's wrong with the European Union and how to fix it, Cambridge, S. 166ff. Die darin illustrierte positive Erwartung einer Politisierung und Demokratisierung ist auf der Basis der entsprechenden Regelungen nach Lissabon wahrscheinlicher geworden.
105 Vgl. Dreischer, 2003, S. 229.
106 Wessels, 2008, S. 119; Shackleton, 2012, S. 126.
107 Zu Ablauf, Umfang und normativer Begründung dieser Entwicklung vgl. Rittberger, Berthold, 2012: Institutionalizing Representative Democracy in the European Union: The Case of the European Parliament, in: Journal of Common Market Studies S1/2012, S. 18–37.

diesbezüglich als spannende Praxistests erwartet werden. Trotz der Stärkung der konstitutionellen Stellung des Parlaments markiert die Repräsentations- und Artikulationsfunktion, wie oben ausgeführt, nach wie vor die Schwachstelle des Parlaments. Was die diesbezügliche Entwicklung und damit auch allgemeiner den möglichen Abbau der Legitimitätsprobleme der EU betrifft, sind strukturell begründete Zweifel (insb. im Hinblick auf die fehlende europäische Öffentlichkeit) auch weiterhin angebracht.

4.3 Der Rat der Europäischen Union und der Europäische Rat

„Alle Staatsgewalt geht vom Volke aus."[108] Mit diesem Grundsatz der Volkssouveränität haben schon die Ausführungen zum Europäischen Parlament begonnen. Dass diese demokratische Formel nun ein zweites Mal bemüht werden kann, liegt in der besonderen, kategorial herausfordernden (vgl. Kap. 3) Mehrebenenstruktur des EU-Systems begründet. Denn so wie auf europäischer Ebene eine Völkervertretung existiert, deren Abgeordnete die segmentierte EU-Bevölkerung repräsentieren, finden sich auf nationaler Ebene 28 Parlamente, dazu direkt oder indirekt gewählte Regierungen sowie andere Einrichtungen, im Ganzen also die politischen Systeme der Mitgliedstaaten, die die legitime Vertretung ihrer jeweiligen Nation für sich beanspruchen. Tatsächlich existieren im EU-System also zwei Wege demokratischer Legitimation, nämlich zum einen über das supranationale Europäische Parlament, zum anderen über die Mitgliedstaaten und ihre demokratisch legitimierten Regierungen. Auf diese duale Legitimation des EU-Systems macht der EU-Vertrag nach der Lissabon-Reform ausdrücklich aufmerksam. Im bereits genannten Artikel 10 zur repräsentativen Demokratie heißt es nämlich auch:

> „[...] Die Mitgliedstaaten werden im Europäischen Rat von ihrem jeweiligen Staats- oder Regierungschef und im Rat von ihrer jeweiligen Regierung vertreten, die ihrerseits in demokratischer Weise gegenüber ihrem nationalen Parlament oder gegenüber ihren Bürgerinnen und Bürgern Rechenschaft ablegen müssen [...]" (Art. 10 EU-Vertrag).

Schon was die demokratische Repräsentation betrifft, begegnen sich auf europäischer Ebene also supranationales und intergouvernementales Prinzip. Diese Konkurrenz spiegelt sich auch im institutionellen System der EU, denn hier steht dem supranationalen Parlament der *Rat der Europäischen Union*, auch Rat oder Ministerrat genannt, gegenüber, der die Interessen der Mitgliedstaaten vertritt. Während das Parlament sich von einem unbedeutenden Gesprächsforum über die vergangenen Vertragsrevisionen zu einem veritablen europapolitischen Entscheidungsträger erst hat entwickeln können, war der Rat von Beginn an das mächtigste Organ des EU-Systems und ist es angesichts seiner politikfeldübergreifenden Gestaltungs- und Aus-

---

108 Art. 20 Abs. 2 GG.

führungskompetenzen bis heute. Und der Europäische Rat, wenngleich erst in den 1970er Jahren fest etabliert, konnte von Anfang an eine Art ‚natürlicher' Autorität in das System einbringen. Heute ist er ein offizielles Organ der EU und ihre wesentliche Entscheidungsinstanz im Hinblick auf übergeordnete strategische Fragen sowie die Systemgestaltung. Doch wie ist das intergouvernementale Prinzip auf europäischer Ebene konkret umgesetzt? Wie funktionieren die Organe, die zugleich Teil des gemeinschaftlichen Institutionengefüges und Forum der Mitgliedstaaten sind?

4.3.1 Der Rat der Europäischen Union

Zusammensetzung

Eine erste institutionelle Grundkonstante internationaler Organisationen ist das Gremium der Mitgliedstaaten. Rittberger et al. nennen dieses Gremium *Plenarorgan*[109], weil in diesem Plenum, das sich darin ausdrücklich von der *parlamentarischen Versammlung* unterscheidet, Regierungsvertreter aller Mitgliedstaaten Platz nehmen. Getreu dem völkerrechtlichen Grundsatz der souveränen Gleichheit aller Staaten hat in diesem dezidiert intergouvernementalen Gremium jeder Staat die gleiche Anzahl an Sitzen und – was noch wichtiger ist – an Stimmen.[110] Auch der Rat der EU besteht aus je einem Regierungsvertreter pro Mitgliedstaat (vgl. Art. 16 Abs. 2 EU-Vertrag). Hinzu kommt der jeweilige Vorsitzende aus dem Land, das gerade gemäß Rotationsverfahren die Ratspräsidentschaft innehat. Die Kommission kann an den Sitzungen teilnehmen und ist dort im Regelfall durch einen oder mehrere Kommissare vertreten, die freilich kein Stimmrecht haben. Schaut man sich das intergouvernementale Gremium der EU genauer an, fallen wesentliche Eigenheiten auf. Zunächst einmal gibt es den einen Rat der Europäischen Union nur auf dem Papier, faktisch aber treffen in ihm je nach Politikbereich immer andere nationale Fachminister aufeinander. So gibt es derzeit zehn Ratsformationen, die zum Teil in sich noch weiter untergliedert sind. Diese sind:

1. Allgemeine Angelegenheiten;
2. Auswärtige Angelegenheiten;
3. Wirtschaft und Finanzen (EcoFin, 3a: Wirtschaft und Finanzen, 3b: Haushalt);
4. Justiz und Inneres (JI);
5. Wettbewerbsfähigkeit (5a: Binnenmarkt, 5b: Industrie, 5c: Forschung);
6. Verkehr, Telekommunikation und Energie (6a: Verkehr, 6b: Telekommunikation, 6c: Energie);
7. Landwirtschaft und Fischerei;
8. Umwelt;

---

[109] Rittberger, Volker/Zangl, Bernhard/Kruck, Andreas, 2013: Internationale Organisationen, 4. Aufl., Wiesbaden, S. 89ff.
[110] In der Regel nämlich genau eine Stimme nach dem Grundsatz: one state, one vote.

9. Bildung, Jugend, Kultur und Sport;
10. Beschäftigung, Sozialpolitik, Gesundheit und Verbraucherschutz.

Mit der Ausweitung der EU-Kompetenzen war die Anzahl der Ratsformationen in den 1990er Jahren zeitweilig auf über zwanzig gestiegen. Erst der Europäische Rat von Sevilla hat diesen unübersichtlichen Wildwuchs im Juni 2002 beendet und den oben wiedergegebenen Katalog von Ratsformationen festgelegt, wobei an einer Formation auch mehrere nationale Minister als Amtsinhaber teilnehmen können.[111] Da der Rat trotz seiner verschiedenen Zusammensetzungen, formaljuristisch betrachtet, ein einheitliches Organ darstellt, kann jeder Fachrat zu jedem beliebigen Thema ungeachtet seiner spezifischen Zuständigkeit entscheiden, wenn dies nötig ist.

Bezüglich der faktischen Bedeutung der unterschiedlichen Fachräte besteht eine klare Hierarchie, die sich schon in der Häufigkeit der Treffen manifestiert. Eine traditionelle Sonderrolle spielt der Rat für Allgemeine Angelegenheiten. Er stellt das für internationale Organisationen typische diplomatische Gremium der Außenminister dar, die – so zumindest das Grundkonzept – eine generelle Zuständigkeit sowie eine koordinierende Funktion über alle Politikbereiche der internationalen Kooperation haben. Mit der Lissabonner Vertragsreform wurde der *Allgemeine Rat* erstmals formell von demjenigen für Auswärtige Angelegenheiten getrennt. Angesichts der Ausdifferenzierung des EU-Systems ist die ursprünglich vorgesehene Allgemeinzuständigkeit des Allgemeinen Rates schon lange nicht mehr praktikabel. Heute konzentrieren sich seine Tätigkeiten im Wesentlichen auf solche Verhandlungsgegenstände, die mehrere Politikbereiche berühren sowie die Vorbereitungen der Treffen des Europäischen Rats. Dementsprechend sind es, mit Ausnahme des Vorsitzenden, auch nicht unbedingt die Außenminister, die sich in diesem Gremium einfinden, sondern sie können auch durch Staatssekretäre oder die Ständigen Vertreter ersetzt werden. Demgegenüber ist der Rat für Auswärtige Angelegenheiten die tatsächliche Zusammenkunft der Außenminister und auf deren Politikfeld der Gemeinsamen Außen- und Sicherheitspolitik, einschließlich GSVP, ferner Außenhandel, Entwicklungszusammenarbeit und humanitäre Hilfe spezialisiert. In Abweichung von den übrigen Fachräten hat diese Formation einen ständigen Vorsitz: Die Tagungen werden von der Hohen Vertreterin der Union für Außen- und Sicherheitspolitik geleitet. Die Ratsformationen für Allgemeine und Auswärtige Angelegenheiten zählen nach wie vor zu den wichtigeren. Ebenso traditionell bedeutend ist der Rat für Landwirtschaft und Fischerei. Der erst im Zuge der Bildung der Wirtschafts- und Währungsunion entstandene Rat der Wirtschafts- und Finanzminister (EcoFin), der für Wirtschafts- und Währungsfragen sowie für den Haushalt zuständig ist, hat in den vergangenen zwei Jahrzehnten einen beträchtlichen Bedeutungszuwachs erfahren. In seinem Kern bilden die Minister der 17 Euro-Staaten einen speziellen Währungsausschuss, auch *Eurogruppe* genannt, der sich in der Regel am Vorabend des eigentli-

---

111 Vgl. Europäischer Rat, 2002: Schlussfolgerungen des Vorsitzes, Sevilla, 21. und 22. Juni 2002.

chen Ratstreffens zusammensetzt und mit dem ein politisches Gremium zur Steuerung der WWU neben der *Europäischen Zentralbank* (EZB) entstanden ist (s. hierzu Kap. 5.3 zur Wirtschafts- und Währungsunion). Neben dem EcoFin-Rat insgesamt hat auch diese Eurogruppe gerade in den vergangenen Jahren der Eurokrise enorm an Bedeutung gewonnen. Die Eurogruppe hat zwar weiterhin den Status einer informellen Zusammenkunft, Struktur und Verfahren sind aber seit dem Lissabon-Vertrag in einem Protokoll (Nr. 14) geregelt. Zuletzt wurde die mehrfach verschobene Neubesetzung ihres Vorsitzes – dieser wird nunmehr regulär alle zweieinhalb Jahre mit der Mehrheit der Mitglieder der Gruppe gewählt – im Jahr 2012 zu einer aufmerksam verfolgten und intensiv debattierten EU-Personalie. Am Ende folgte der niederländische Finanzminister Jeroen Dijsselbloem auf Jean-Claude Juncker, der den Posten seit seiner Entstehung gehalten hatte. Die vier genannten Räte (Allgemeine Angelegenheiten, Auswärtige Angelegenheiten, Wirtschaft und Finanzen, Landwirtschaft und Fischerei) treten einmal monatlich zusammen. Die anderen Ratsformationen – zu ihnen zählt auch der zunehmend wichtige Rat der Innen- und Justizminister – treffen sich je nach genereller Bedeutung und konkreter Sachlage zwei- bis viermal im Jahr.

In der Regel finden die Treffen am Sitz des Rates in Brüssel statt, in den Monaten April, Juni und Oktober treffen sich die Minister allerdings in Luxemburg. Die Leitung und Organisation der Ratssitzungen obliegen dem jeweiligen Vorsitz. Er beruft den Rat ein, legt die Tagesordnung fest und ist für den ordnungsgemäßen Ablauf der Aussprachen verantwortlich. Auch repräsentiert er den Rat nach außen, also gegenüber den anderen EU-Organen sowie Drittstaaten. Eine besondere Rolle kommt dem Vorsitz bei der Kompromisssuche im Fall von Blockaden und Meinungsverschiedenheiten zwischen den Mitgliedern zu. Dabei ist die Neutralität des Vorsitzes ein wichtiges Kriterium, anhand dessen seine Tätigkeit beurteilt wird.[112] So wie der Ministerrat ein vielgestaltiges Gremium ist, gibt es auch nicht einen Präsidenten, sondern eine *Präsidentschaft*, die nach einem ausgewogenen Rotationsverfahren Halbjahr für Halbjahr von einem Mitgliedstaat auf den nächsten übergeht, so dass der jeweils zuständige Fachminister des entsprechenden Staates in den Sitzungen seines Rates den Vorsitz führt (mit Ausnahme des Rates für Auswärtige Angelegenheiten, s. oben).

Der Grundsatz der souveränen Gleichheit aller Staaten zeigt sich also auch an der Vorsitzregelung. Die Präsidentschaft rotiert gleichmäßig in knappem Rhythmus zwischen allen Mitgliedstaaten.[113] Daraus ergibt sich ein gerechter, aber nicht eben praktischer Mechanismus. So gibt es verschiedene Ansätze die potenziellen Schwächen der Regelung zu kompensieren. In den vergangenen Jahren hat sich vor allem eine enge Zusammenarbeit zwischen den aufeinander folgenden Präsidentschaften

---

[112] Vgl. Hayes-Renshaw, Fiona, 2012: The Council of Ministers, in: Peterson, John/Shackleton, Michael (Hrsg.): The institutions of the European Union, 3. Aufl., Oxford, S. 68–95 (81).

[113] Der Ablauf der Rotation für die kommenden Jahre findet sich u.a. unter den Online-Materialien zu diesem Band, abrufbar unter: www.utb-mehr-wissen.de.

etabliert. Mit der Lissabonner Reform der institutionellen Strukturen ist diese zu einer sogenannten „Trio-Präsidentschaft" institutionalisiert worden. Entsprechend heißt es im ersten Artikel (Abs. 3) der Geschäftsordnung des Rates: „Der Vorsitz im Rat, außer in der Zusammensetzung ‚Auswärtige Angelegenheiten', wird von zuvor festgelegten Gruppen von drei Mitgliedstaaten für einen Zeitraum von 18 Monaten wahrgenommen". Derzeit bildet also das Dreiergespann aus Irland, Litauen und Griechenland die amtierende Trio-Präsidentschaft. Am 7. Dezember 2012 haben Delegationen der drei Länder das obligatorische Arbeitsprogramm für die 18 Monate währende Periode ihrer Ratspräsidentschaften vorgelegt.[114] Auf der Planungs- und Arbeitsebene werden die *Trios* und insbesondere die jeweilige Ratspräsidentschaft sowohl vom *Ausschuss der Ständigen Vertreter* (AStV) als auch vom Generalsekretariat des Rates unterstützt.

Arbeitsweise

Unterhalb der politischen Spitze des Rates, die wir aufgrund ihrer Zusammensetzung aus den Trägern nationalstaatlicher Regierungsämter gemeinhin Ministerrat nennen, kennzeichnen die Institution Rat auf der alltäglichen Arbeitsebene zum einen ein ausdifferenziertes Verhandlungs- und Beratungssystem nationaler Experten, in dem die Entscheidungen der Minister vorbereitet werden, zum anderen ein umfänglicher Verwaltungsaufbau zur Organisation der Ratstätigkeit und zur Unterstützung der verschiedenen Gremien. Letztere, also die administrativen Aufgaben, werden vom Generalsekretariat des Rates erledigt. Das Sekretariat untergliedert sich wiederum in sieben teils aufgaben-, teils politikfeldbezogene Generaldirektionen (s. Abb. 13) und ist derzeit mit über 3.000 unabhängigen europäischen Beamten und Angestellten besetzt,[115] die durch entsprechende Auswahlverfahren, die sog. *concours*, rekrutiert werden. Das Generalsekretariat hat im vergangenen Jahrzehnt einen beträchtlichen Bedeutungszuwachs erfahren.[116] In gewisser Weise bildet es eine Art supranationalen Fremdkörper im zwischenstaatlichen Rat, weil es unabhängige europäische Beamte beschäftigt. Da es aber weitestgehend auf administrative Aufgaben beschränkt ist, stellt es das generelle intergouvernementale Organisationsprinzip des Rates keineswegs in Frage.

Denn die eigentliche politische Tätigkeit des Rates, die im Wesentlichen aus der Verhandlung und Beratung sowie letztlich der Entscheidung über Kommissionsvorlagen

---

114 Das Arbeitsprogramm (Nr. 17426/12) sowie vorangegangene sind abrufbar über das Online-Register für öffentliche Ratsdokumente: http://www.consilium.europa.eu/documents/access-to-council-documents-public-register?lang=de (letzter Zugriff: 8.4.2013).
115 Vgl. Gesamthaushaltsplan für das Jahr 2012, in: Amtsblatt der Europäischen Union vom 29.2.2012, Bd. I/S. 261ff.
116 Vgl. Lewis, Jeffrey, 2012: Council of Ministers and European Council, in: Jones, Erik/Menon, Anand/Weatherill, Steven (Hrsg.): The Oxford Handbook of European Integration, Oxford, S. 321–335 (329).

besteht,[117] wird von Vertretern der Nationalstaaten geleistet. So gehen alle Vorlagen zunächst in spezielle Arbeitsgruppen, bestehend aus nationalen Beamten, die zum Teil aus der Ständigen Vertretung in Brüssel, zum Teil aus den nationalen Ministerien selbst kommen. Die Arbeitsgruppen bilden laut Wallace das eigentliche *Rückgrat*[118] des Systems. Derzeit gibt es mehr als 150 entsprechende Gremien (hinzu kommen Untergruppen und -ausschüsse), deren Teilnehmer über das jeweils erforderliche Detailwissen verfügen und jede Frage in der Regel solange diskutieren, bis sie zu einem Konsens gefunden haben. Abgestimmt wird auf dieser Ebene nicht.

Die Ergebnisse aus den Arbeitsgruppen gehen weiter an den *Ausschuss der Ständigen Vertreter* (AStV, nach frz. *Comité des représentants permanents* auch CORE-PER). Im hierarchischen Aufbau des Rates bildet der AStV die zentrale Schnittstelle zwischen Arbeits- und Ministerebene. Er leitet das politische Tagesgeschäft in Brüssel, kann Verfahrensbeschlüsse erlassen, setzt die Arbeitsgruppen ein, berät über offene Punkte und bereitet die Arbeiten des Rates vor. Seine vorbereitenden und zuarbeitenden Aufgaben sind in den Verträgen (Art. 16 Abs. 7 EU-Vertrag u. Art. 240 Abs. 1 AEU-Vertrag) ausdrücklich festgelegt.[119] Der AStV ist selbst noch einmal nach Zuständigkeit untergliedert. Im AStV II treffen die Ständigen Vertreter, also quasi die *Botschafter* der Nationalstaaten bei der EU, aufeinander. Sie verhandeln über die oft kontroverseren Themen in den Bereichen Außenbeziehungen, Wirtschaft und Finanzen sowie Gemeinsame Handelspolitik, arbeiten also in der Regel dem Rat für Allgemeine Angelegenheiten und Außenbeziehungen sowie dem EcoFin zu. Der AStV I setzt sich wiederum aus ihren Vertretern zusammen. Er ist für alle anderen Themen zuständig und arbeitet demnach den sog. *technischen Räten* zu. Der AStV in seinen unterschiedlichen Zusammensetzungen berät über weiterhin strittige Punkte aus den Arbeitsgruppen und versucht Einvernehmen herzustellen. Alle Fragen, über die – sei es in den Arbeitsgruppen, sei es im AStV selbst – Konsens hergestellt werden konnte, reicht der AStV als sog. *A-Punkte* an den Rat weiter. Die Minister nehmen diese Punkte ohne neuerliche Aussprache an. Die sog. *B-Punkte* jedoch, über die in den untergeordneten Gremien noch kein Einvernehmen erzielt werden konnte, bleiben der Verhandlung auf höchster Ebene vorbehalten. In den meisten Fällen (etwa 70 Prozent der Entscheidungen) gelingt die Konsensfindung allerdings bereits in den Arbeitsgruppen, ein kleiner Teil (etwa 10–15 Prozent) wird im AStV entschieden, und nur noch eine vergleichbare Anzahl von strittigen Punkten bedarf einer Verhandlung auf Ministerebene.[120]

---

117 Vgl. Wallace, Helen, 2010: An Institutional Anatomy and Five Policy Modes, in: Wallace, Helen/Pollack, Mark A./Young, Alasdair R. (Hrsg.): Policy-making in the European Union, 6. Aufl., Oxford, 69–104 (78).
118 Ebd., S. 77.
119 S. darüber hinaus Art. 19 GOR.
120 Vgl. Wallace, 2010, S. 77, Hayes-Renshaw, 2012, S. 77. Die korrekte Quantifizierung der Entscheidungen auf verschiedenen Ebenen der Ratsarchitektur gilt als sehr unsicher und ist entsprechend umstritten, vgl. Lewis, 2012, S. 326.

4.3 Der Rat der Europäischen Union und der Europäische Rat

Neben dem AStV gibt es noch besondere Ausschüsse mitgliedstaatlicher Vertreter, die jeweils einem bestimmten Politikfeld zugeordnet sind, vom Rat angerufen werden können und ihm berichten: so z.B. den *Ständigen Ausschuss des Rates für die innere Sicherheit* (COSI, Art. 71 AEU-Vertrag), das *Politische und Sicherheitspolitische Komitee* (PSK, Art. 38 EU-Vertrag), den Ausschuss des Rates für die Gemeinsame Handelspolitik (nach früherem Vertragsartikel auch 133er-Ausschuss genannt, heute Art. 207 AEU-Vertrag) sowie den *Wirtschafts- und Finanzausschuss* (WFA, Art. 134 AEU-Vertrag) für die Wirtschafts- und Währungsunion. Abbildung 13 fasst die Strukturen der Ratstätigkeit noch einmal anschaulich zusammen. Darin enthalten ist als Spitze des Dreiecks auch der Europäische Rat, der allerdings mit dem Vertrag von Lissabon zu einem eigenen EU-Organ geworden ist. Dennoch bleiben Ministerrat und Europäischer Rat rechtlich, politisch und institutionell freilich eng miteinander verbunden.[121]

Abbildung 13: Strukturen der Ratstätigkeit

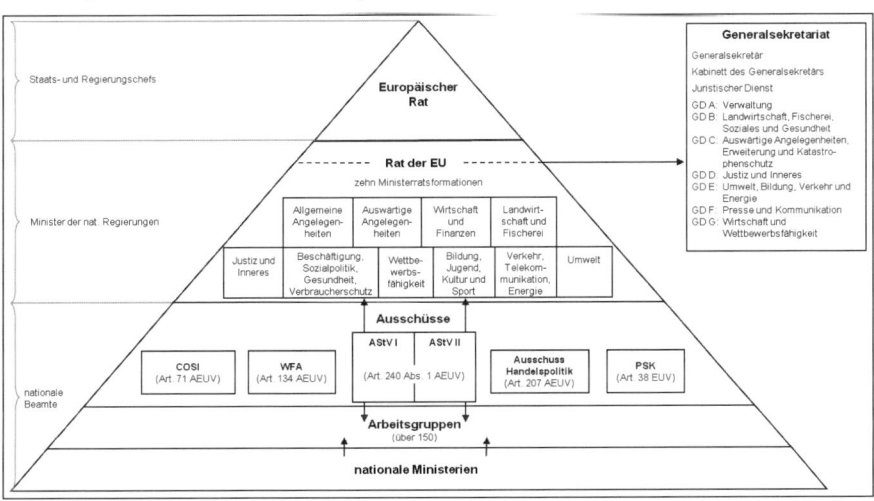

Quelle: eigene Darstellung

Abstimmungsverfahren

Die Abstimmungen im Rat erfolgen, wenn durch die Verträge nichts anderes vorgeschrieben ist, mit der qualifizierten Mehrheit. Auch in der Praxis hat sich das Verfahren durchgesetzt: Mittlerweile werden etwa vier Fünftel aller Rechtsakte in einem Jahr mit qualifizierter Mehrheit entschieden.[122] Künftig soll das Verfahren der sog. Doppelten Mehrheit zur Anwendung kommen (Art. 16 Abs. 3–5 EU-Vertrag). Eine

---

121 Vgl. Hayes-Renshaw, 2012, S. 70.
122 Vgl. ebd., S. 77.

4. Der institutionelle Aufbau des EU-Systems

qualifizierte Mehrheit im Rat muss dann mindestens 55 Prozent der Mitgliedstaaten umfassen. Bei Beschlüssen, die nicht auf einen Kommissionsvorschlag oder einen Vorschlag des Hohen Vertreters zurückgehen, steigt das Quorum auf 72 Prozent (Art. 238 Abs. 2 AEU-Vertrag). Zusätzlich müssen diese Staaten in jedem Fall 65 Prozent der EU-Bürger repräsentieren. Um zu vermeiden, dass bereits eine Gruppe von drei bevölkerungsreichen Mitgliedstaaten Entscheidungen blockieren kann, muss eine Sperrminorität allerdings mindestens vier Mitglieder umfassen. Das beschriebene Verfahren der doppelten Mehrheit ist im Lissabon-Vertrag als Standardregel für Mehrheitsabstimmungen im Rat festgeschrieben. Für ihre tatsächliche Anwendung ist allerdings eine Übergangszeit bis zum 1. November 2014 vorgesehen, in der weiterhin nach den alten Regeln zur qualifizierten Mehrheit abgestimmt wird. Selbst danach kann jedes Mitglied noch bis zum 31. März 2017 die Anwendung der doppelten Mehrheit verhindern, indem es verlangt, dass nach den Regeln gemäß Nizza abgestimmt wird (vgl. Protokoll Nr. 36 über die Übergangsbestimmungen).

Die qualifizierte Mehrheit, wie sie auf Grundlage des Nizza-Vertrags definiert war, ist deutlich komplizierter und sollte gerade deshalb durch die neue Entscheidungsregel ersetzt werden. Da einige Staaten durch die Reform aber ihre Einflussgewichte reduziert sahen, war ihre Durchsetzung alles andere als einfach, und die Übergangsbestimmungen sprechen dafür, dass die doppelte Mehrheit von einigen Mitgliedstaaten nur zähneknirschend akzeptiert worden ist (s. Kap. 11.12 zur Geschichte). Nach der alten Abstimmungsregel verfügen alle Mitgliedstaaten über festgelegte Stimmengewichte, die gemäß ihrer jeweiligen Bevölkerungszahl festgelegt wurden. Ähnlich wie die Verteilung der Sitze im Parlament ist auch die Verteilung der Stimmengewichte degressiv proportional, das heißt: Sie beginnt bei einer minimalen Stimmenanzahl von drei für Malta und steigt dann mit wachsender Bevölkerungszahl immer weniger stark an. Am oberen Ende steigt sie gar nicht mehr, so dass Deutschland ebenso über 29 Stimmen verfügt wie Frankreich, Großbritannien und Italien, obwohl seine Bevölkerung erheblich größer ist. In Tabelle 5 sind die aktuellen Stimmengewichte, die Bevölkerungszahlen sowie die jeweiligen Stimmen- bzw. Bevölkerungsanteile der Mitgliedstaaten wiedergegeben.

Tabelle 5: Stimmengewichte und Bevölkerungszahlen der EU-Mitgliedstaaten

Mitgliedsland	Stimmengewichte im Rat	Stimmenanteil in %	Bevölkerungsgröße 2012	Bevölkerungsanteil in %	Differenz der Anteile
Deutschland	29	8,24	81.843.743	16,11	-7,87
Frankreich	29	8,24	65.327.724	12,86	-4,62
Ver. Königreich	29	8,24	63.456.584	12,49	-4,25
Italien	29	8,24	59.394.207	11,69	-3,45
Spanien	27	7,67	46.196.276	9,09	-1,42
Polen	27	7,67	38.538.447	7,59	0,09

4.3 Der Rat der Europäischen Union und der Europäische Rat

Mitgliedsland	Stimmenge-wichte im Rat	Stimmen-anteil in %	Bevölkerungs-größe 2012	Bevölkerungs-anteil in %	Differenz der Anteile
Rumänien	14	3,98	21.355.849	4,20	-0,23
Niederlande	13	3,69	16.730.348	3,29	0,40
Griechenland	12	3,41	11.290.067	2,22	1,19
Belgien	12	3,41	11.094.850	2,18	1,23
Portugal	12	3,41	10.541.840	2,07	1,33
Tschechische Rep.	12	3,41	10.505.445	2,07	1,34
Ungarn	12	3,41	9.957.731	1,96	1,45
Schweden	10	2,84	9.482.855	1,87	0,97
Österreich	10	2,84	8.443.018	1,66	1,18
Bulgarien	10	2,84	7.327.224	1,44	1,40
Dänemark	7	1,99	5.580.516	1,10	0,89
Slowakei	7	1,99	5.404.322	1,06	0,92
Finnland	7	1,99	5.401.267	1,06	0,93
Irland	7	1,99	4.582.769	0,90	1,09
Kroatien	7	1,99	4.398.150	0,87	1,12
Litauen	7	1,99	3.007.758	0,59	1,40
Slowenien	4	1,14	2.055.496	0,40	0,73
Lettland	4	1,14	2.041.763	0,40	0,73
Estland	4	1,14	1.339.662	0,26	0,87
Zypern	4	1,14	862.011	0,17	0,97
Luxemburg	4	1,14	524.853	0,10	1,03
Malta	3	0,85	417.546	0,08	0,77
EU-28	352	100,00	506.820.764	100,06	

Quelle (Zahlen): Eurostat, Beitrittsvertrag Kroatien, eigene Berechnungen.

Eine qualifizierte Mehrheit ist mit mindestens 260 von 352 Stimmen – das sind knapp 74 Prozent der Gesamtstimmenzahl – erreicht, wobei diese zugleich die Mehrheit der Mitglieder umfassen muss. Bei solchen Beschlüssen des Rates, die nicht auf einen Vorschlag der Kommission zurückgehen, muss die Zustimmung gar durch wenigstens zwei Drittel der Mitglieder erfolgen. Wie Tabelle 5 zeigt, bildet das Stimmengewicht eines Mitgliedstaats bei der qualifizierten Mehrheitsentscheidung sein demographisches Gewicht in vielen Fällen nur sehr ungenau ab. Ein Missverhältnis besteht insbesondere für die bevölkerungsreichen Mitgliedstaaten. Um eine qualifizierte Mehrheit auch auf ihren demographischen Gehalt hin zu überprüfen, kann auf Antrag eines beliebigen Mitglieds eine weitere Bedingung an das Quorum gestellt werden. Ein Beschluss kommt demnach nur dann zustande, wenn die Mehrheit ne-

4. Der institutionelle Aufbau des EU-Systems

ben den genannten Anforderungen zusätzlich 62 Prozent der Gesamtbevölkerung repräsentiert (vgl. Art. 3 Abs. 3 Protokoll Nr. 36 über die Übergangsbestimmungen). Damit gilt für die qualifizierte Abstimmung im Rat im Extremfall also noch eine *dreifache Mehrheit*[123], denn es sind verlangt: *erstens* 74 Prozent der gewogenen Stimmen, *zweitens* mehr als die Hälfte (u.U. gar mind. zwei Drittel) der Mitglieder und *drittens* eine repräsentierte Bevölkerung von 62 Prozent aller EU-Bürger.

Mehrheitsentscheidungen in zwischenstaatlichen Gremien sind keineswegs eine Selbstverständlichkeit, im Gegenteil: Die Möglichkeit, im zentralen Entscheidungsorgan mit Mehrheit abzustimmen, trägt wesentlich zur einzigartigen Qualität des EU-Systems bei. Die Tatsache, dass jeder Mitgliedstaat im Rat potenziell überstimmt werden kann, markiert den gravierenden Souveränitätsverzicht, der den gemeinschaftlichen Entscheidungsfindungsprozess in den meisten Politikbereichen auszeichnet. Daneben gibt es aber weiterhin einige wesentliche und besonders souveränitätsgeladene Politikfelder, in denen sich die Mitgliedstaaten nicht auf die mögliche Majorisierung durch ihre Partnerländer eingelassen haben. So ist bei speziellen Ratsentscheidungen (z.B. im Bereich der GASP, der Polizeizusammenarbeit, der Steuer-, Sozial- und Familienpolitik) auch heute noch Einstimmigkeit verlangt, so dass jeder Staat in diesen Fällen sein Vetorecht behält. Die Einstimmigkeitsregel ist allerdings insofern modifiziert, als eine Enthaltung eines Mitgliedstaats den jeweiligen Beschluss des Rates nicht verhindert (*konstruktive Enthaltung*, Art. 238 Abs. 4 AEU-Vertrag).

Zuletzt existiert als dritte Abstimmungsregel freilich auch die einfache Mehrheit. Sie besteht aus mindestens der Hälfte der Mitglieder plus einem. In der aktuellen EU-28 sind dies also mindestens 15 Staaten. Da die Verträge in den meisten Fällen aber andere Quoren vorsehen, beschränkt sich die Anwendung der einfachen Mehrheitsregel im Wesentlichen auf Verfahrensfragen wie z.B. die Verabschiedung der Geschäftsordnung (Art. 240 Abs. 3 AEU-Vertrag) u.ä.

Insgesamt betrachtet, gehören die Entscheidungsregeln im Rat zum Kompliziertesten, was das ohnehin nicht eben unterkomplexe EU-System zu bieten hat. Sie haben sich im Laufe der Integrationsgeschichte über die verschiedenen Vertragsrevisionen herausgebildet, wobei die Mitgliedstaaten immer wieder vor der dilemmatischen Wahl standen, entweder die Beschlussfähigkeit des Rates zu verbessern, indem sie auf ihre Souveränität verzichteten oder eben diese zu bewahren, indem sie an ihren Blockade- und Vetomöglichkeiten im Rat – zumindest für Entscheidungen in den souveränitätsgeladenen Politikbereichen – festhielten.[124] Wenn die im aktuellen Vertragswerk definierte doppelte Mehrheit als Standardverfahren spätestens ab Frühjahr 2017 auch verbindlich angewendet werden muss, kann dies zu einer nachhaltigen Vereinfachung der Entscheidungsfindung im Rat beitragen. Ob sich damit aller-

---

123 Vgl. Hix/Høyland, 2011, S. 64.
124 Vgl. Wessels, 2008, S. 191.

dings auch die Anzahl der tatsächlich durchgeführten Abstimmungen erhöhen wird, ist ungewiss. Bisher herrscht nämlich trotz der immer größeren Geltung qualifizierter Mehrheitsentscheidungen ein nach wie vor starkes Konsensstreben auf allen Ebenen der Ratsarchitektur vor. So wird nur in etwa zwanzig Prozent der Fälle, in denen laut Vertrag qualifizierte Mehrheitsentscheidungen vorgesehen sind, auch tatsächlich abgestimmt.[125] Der Drang zum Einvernehmen hängt zum einen mit den besonderen Strukturen der Ratstätigkeit zusammen, wobei die meisten Entscheidungen eben bereits unterhalb der Ministerebene einvernehmlich gefällt werden. Zum anderen sind bei den tatsächlichen Verhandlungen der Minister besondere *Spielregeln*[126] zu beachten. So muss jedes Mitglied in diesem komplizierten *Mehrebenenspiel* mindestens zwei Rollen miteinander vereinbaren: Zum einen muss es auf europäischer Ebene als hinlänglich kooperativer Partner auftreten, zum anderen hängt sein politisches Überleben davon ab, in der heimischen Öffentlichkeit als Interessenwahrer der Nation wahrgenommen zu werden.

Lange Zeit sah sich der Rat der Kritik ausgesetzt, es würde zu viel in Hinterzimmern debattiert und entschieden, die Tätigkeit des Organs sei schlichtweg nicht transparent genug. Seit den 1990er Jahren ist durch verschiedene Maßnahmen zur Steigerung der Transparenz auf diese Kritik reagiert worden. Heute werden alle Abstimmungsergebnisse über Gesetzgebungsakte in anschaulicher Weise veröffentlicht, so dass jeder sich leicht ein Bild davon machen kann, wie etwa die eigene nationale Regierung in einer Streitfrage entschieden hat.[127] Auch darüber hinaus macht der Rat eine Fülle offizieller Dokumente etwa über seine Internetseite verfügbar. Überdies sind viele Sitzungen als Mitschnitte im Internet abrufbar. Zuletzt hat die Lissabonner Vertragsreform dazu geführt, dass die Tagungen des Rates dann öffentlich sind, wenn über einen Gesetzgebungsakt beraten oder abgestimmt wird (Art. 16 Abs. 8 EU-Vertrag). Dennoch bleibt es freilich dabei, dass viele Ratsverhandlungen und insbesondere die Verhandlungsprozesse in den vorbereitenden Gremien unter Ausschluss der Öffentlichkeit(en) stattfinden.

Funktionen

Im Folgenden sollen die Funktionen des Rates kurz vorgestellt und dabei nach exekutiven und legislativen Kompetenzen unterschieden werden. Der Verständlichkeit halber werden darüber hinaus seine Haushaltsbefugnis, seine wirtschaftspolitische Koordinierungsfunktion, seine besonderen Entscheidungskompetenzen im Bereich der Außen- und Sicherheitspolitik sowie seine besonderen Ernennungsrechte getrennt aufgeführt.

---

125 Vgl. Lewis, 2012, S. 323–324; s. auch Wallace, 2010, S. 79; außerdem Hayes-Renshaw, 2012, S. 79–80.
126 Putnam beschreibt Verhandlungen in internationalen Organisationen als two level games; Putnam, Robert D., 1988: Diplomacy and domestic politics: the logic of two-level games, in: International Organization (3) 1988, S. 427–460. Hartmann greift diesen Ansatz auf, Hartmann, 2009, S. 100ff.
127 Die Ergebnisse sind auf der Website des Rates abrufbar: http://www.consilium.europa.eu/documents/legislative-transparency/public-votes?lang=de (letzter Zugriff: 8.4.2013).

Legislative: Der Rat ist eines der beiden gesetzgebenden Organe der Union. In den wenigen verbliebenen Bereichen, in denen die Mitwirkung des Parlaments nicht dem Muster vollständiger Gleichberechtigung folgt, fällt der Rat die maßgeblichen Entscheidungen mehr oder weniger allein (z.B. Steuer-, Sozial- und Familienpolitik usw.). Generell verfügt auch der Rat bei der gemeinschaftlichen Rechtsetzung nicht über eine Initiativbefugnis. Auch er ist, will er einen Gesetzgebungsprozess in Gang bringen, auf die Kommission mit ihrem Initiativmonopol angewiesen. Laut Art. 241 AEU-Vertrag kann der Rat die Kommission auffordern, „ihm entsprechende Vorschläge zu unterbreiten", hat also ähnlich wie das Parlament (s. Art. 225 AEU-Vertrag) die Möglichkeit zur indirekten Gesetzgebungsinitiative.

Exekutive: Der Rat kann als Teil der dualen EU-Exekutive neben der Kommission angesehen werden.[128] Zum einen hat er sich nach wie vor die Prärogative sowie Umsetzungsrechte in wesentlichen Politikbereichen (GASP, wirtschaftspolitische Koordinierung usw.) gesichert. Zum anderen legt der Rat, im Regelfall gemeinsam mit dem Parlament, die Vorschriften zur Durchführung von Rechtsakten fest und delegiert diese an die Kommission, in begründeten Sonderfällen können sie aber auch dem Rat selbst übertragen werden. Auch bei einer Durchführung durch die Kommission behält der Rat also Einfluss und ggf. Kontrolle, indem er die Durchführungsmodalitäten für deren Tätigkeit definiert und sie darüber hinaus durch ein ausdifferenziertes Ausschusswesen berät und kontrolliert (vgl. Art. 291 Abs. 2 u. 3 AEU-Vertrag; außerdem: Komitologie vgl. Kasten 5). War der Einfluss über das Komitologie-System bisher dem Rat allein vorbehalten, ist das Parlament auf sein stetes Drängen hin auch diesbezüglich mit der Lissabonner Vertragsreform stärker, wenn auch nicht vollumfänglich, beteiligt worden.

Haushalt: Die Haushaltskompetenz muss sich der Rat indes nunmehr vollends mit dem Parlament teilen, das in diesen Fragen gar das letzte Wort hat. Nach Vorlage des Haushaltsplans durch die Kommission kann der Rat diesen mit qualifizierter Mehrheit annehmen und ihn an das Parlament weiterleiten. Dieses kann den Plan dann annehmen, Abänderungen vorschlagen oder ihn scheitern lassen. Hatte der Rat in diesem Prozedere über lange Zeit das Letztentscheidungsrecht über die sog. *obligatorischen* Ausgaben, die insb. die *Gemeinsame Agrarpolitik* umfassten, so ist auch dieses eigenartige Vorrecht mit der Lissabon-Reform gefallen, was als wesentliche Stärkung des Parlaments verstanden wird (vgl. Art. 314 AEU-Vertrag, s. auch Kap. 5.5). Der Eindruck einer vollständigen Machtbalance in Haushaltsfragen zwischen Parlament und Rat, zwischen der Union und den Mitgliedstaaten ist allerdings insofern abzuschwächen, als die beschriebenen Regelungen nur die Ausgabenseite betreffen. Die Einnahmen der EU werden von den Staats- und Regierungschefs im Rahmen der mehrjährigen Finanzplanung festgelegt, und die sog. Eigenmittel durch einen festen Prozentsatz gedeckelt (derzeit 1,23 Prozent des BNE).

---

128 Vgl. Hix/Høyland, 2011, S. 46.

Wirtschaftspolitische Koordinierung: Die Wirtschaftspolitik ist prinzipiell eine nationale Angelegenheit. Allerdings existieren einige Koordinierungsmechanismen auf europäischer Ebene, von denen die Überwachung des Defizitkriteriums, wonach die Staaten übermäßige öffentliche Defizite vermeiden müssen (vgl. Art 126 AEU-Vertrag), zumindest de jure die effektivste Kompetenz darstellt (s. zu den Details und den Problemen Kap. 5.3). Zwar ist es die Kommission, die die Einhaltung der Referenzwerte (max. 3 Prozent des BIP Neuverschuldung, max. 60 Prozent Gesamtverschuldung) überwacht, aber letztlich konnten die nationalen Minister im EcoFin mit qualifizierter Mehrheit über Sanktionen entscheiden. Der am 1. Januar 2013 in Kraft getretene und für die Euro-Staaten verbindliche Vertrag über Stabilität, Koordinierung und Steuerung in der Wirtschafts- und Währungsunion (kurz: SKS-Vertrag oder Fiskalvertrag) verschärft die Regelungen und etabliert einen Sanktionsautomatismus, der durch ein Votum der Euro-Staaten im EcoFin mit qualifizierter Mehrheit nur noch aufgehalten werden kann (s. hierzu ausführlich Kap. 5.4).

Gemeinsame Außen- und Sicherheitspolitik: Im Bereich der GASP ist der Rat das zentrale Entscheidungsorgan. Auf der Grundlage allgemeiner Leitlinien und strategischer Vorgaben seitens des Europäischen Rates (Art. 26 EU-Vertrag) erlässt der Rat die Beschlüsse zu gemeinsamen Standpunkten und Aktionen (Art. 25 u. 26). In der Regel entscheidet er auf diesem Feld einstimmig (zu Regel und Ausnahmen s. Art. 31). Das Parlament wird lediglich angehört (Art. 36). Eine zentrale Rolle spielt in diesem Politikbereich die Hohe Vertreterin für die Außen- und Sicherheitspolitik, derzeit also die Britin Catherine Ashton. Das von ihr bekleidete, mit dem Lissabon-Vertrag aufgewertete Amt steht nunmehr zwischen dem Rat und der Europäischen Kommission. Ernannt vom Europäischen Rat mit Zustimmung des Kommissionspräsidenten, erfüllt die Hohe Vertreterin die Aufgaben einer ständigen Vorsitzenden des Rates für Auswärtige Angelegenheiten und ist zugleich Vizepräsidentin der Kommission, auch dort zuständig für das außenpolitische Ressort. Die Hohe Vertreterin leitet auch den Anfang 2011 etablierten Europäischen Auswärtigen Dienst, der als unabhängiges Organ für die diplomatische Vertretung der Union zuständig ist (s. ausführlicher Kap. 10 zur Außenpolitik).

Ernennungen: Die Mitglieder des Rates sind für die Besetzung zahlreicher europäischer Ämter und Positionen zuständig. So bestimmt der Rat gemeinsam mit dem designierten Kommissionspräsidenten die Aspiranten auf die übrigen Kommissarsposten. Die Kommission als Ganze bedarf im Anschluss daran der Zustimmung durch das Parlament (Art. 17 Abs. 7 EU-Vertrag). Ferner ernennt der Rat die Mitglieder des Rechnungshofs (Art. 286 AEU-Vertrag), die Mitglieder des Wirtschafts- und Sozialausschusses (WSA, Art. 302) sowie des Auschusses der Regionen (AdR, Art. 305). Über all diese Ernennungen beschließt der Rat seit der Vertragsreform von Nizza mit qualifizierter Mehrheit.

4.3.2 Der Europäische Rat

Zusammensetzung

Der Europäische Rat ist zwar bereits seit den 1970er Jahren fest institutionalisiert, zählt aber erst mit der Lissabonner Vertragsreform zu den offiziellen EU-Organen und ist in die engeren rechtlichen Strukturen eingebunden worden. Auch seine Zusammensetzung hat sich mit der jüngsten Vertragsreform geändert: An den regelmäßigen Gipfeltreffen nehmen die Staats- und Regierungschefs der 28 Mitgliedstaaten, also Ministerpräsidenten, Premierminster, Kanzler und – für Frankreich und Finnland – gar Staatspräsidenten teil, die früher zur Unterstützung hinzugezogenen Außenminister haben ihren Platz im Europäischen Rat allerdings mit der Reform verloren. Zu den Staats- und Regierungschefs treten – wenn auch ohne Stimmrecht – der Kommissionspräsident, die Hohe Vertreterin für die Außen- und Sicherheitspolitik sowie der Generalsekretär des Rates hinzu. In Abweichung zum Ministerrat hat der Europäische Rat mit dem Vertrag von Lissabon einen dauerhaften Präsidenten erhalten, der alle Sitzungen des Gremiums leitet.[129] Dieser wird vom Europäischen Rat für eine Dauer von zweieinhalb Jahren mit qualifizierter Mehrheit gewählt und kann einmal wiedergewählt werden (Art. 15 Abs. 5 EU-Vertrag). Der Präsident des Europäischen Rates ist selbst kein stimmberechtigtes Mitglied des Gremiums. Er ersetzt also keines der Mitglieder. Er darf auch kein einzelstaatliches Amt innehaben. Derzeit bekleidet der belgische Politiker Herman van Rompuy den Präsidentenposten.

Arbeitsweise und Entscheidungsfindung

Laut Art. 15 Abs. 3 EU-Vertrag tritt der Europäische Rat mindestens zweimal pro Halbjahr zusammen. Die regulären Tagungen finden seit 2004 immer in Brüssel statt. Die zuvor generell üblichen Einladungen der amtierenden Ratspräsidentschaft zu Gipfeltreffen im jeweiligen Heimatland sind nun nur noch bei außerordentlichen Ratstagungen möglich. Im vergangenen Krisenjahr 2012 kamen die Staats- und Regierungschefs insgesamt zu sechs Tagungen zusammen. Derzeit wird das „Résidence Palace" im Brüsseler Europaviertel zu einem repräsentativen Tagungsort für den Europäischen Rat umgebaut. Das Gebäude unter dem neuen Namen „Europa" soll im Frühjahr 2014 eingeweiht werden.

Bei allen Treffen des Europäischen Rates führt der neue ständige Präsident den Vorsitz. Er bereitet sie im Zusammenspiel mit dem Kommissionspräsidenten und dem Allgemeinen Rat vor. Auch während der Gipfeltreffen kommt dem Präsidenten die Schlüsselrolle des Vermittlers zu. Bei Blockadesituationen etwa kann er die Sitzung jederzeit unterbrechen, um bilaterale Gespräche mit unwilligen Mitgliedstaaten zu führen. Diese Praxis wird inoffiziell auch als *Beichtstuhlverfahren* bezeichnet. Ob

---

[129] Vgl. zur Sitzordnung Schoutheete, Philippe de, 2012: The European Council, in: Peterson, John/Shackleton, Michael (Hrsg.): The institutions of the European Union, 3. Auflage, Oxford, S. 43–67.

nun auf diese oder auf andere Weise, es ist die zentrale Funktion des Präsidenten des Europäischen Rates, im Vorfeld der Tagungen oder währenddessen Kompromissmöglichkeiten auszuloten und Konsens herbeizuführen. Dabei besteht eine spezielle Möglichkeit des Europäischen Rates zur Kompromissfindung im Schnüren von sog. Verhandlungspaketen, auch *Kuhhandel* genannt, wobei ein politikfeldübergreifender Austausch von Zugeständnissen zu einer allgemein akzeptablen *win-win-Situation* führt und die Zustimmung unwilliger Mitgliedstaaten nicht durch argumentative Überzeugung gewonnen, sondern durch die Gewährung von Vorteilen auf anderem Gebiet gleichsam erkauft wird.[130] Solche Kopplungsgeschäfte können naturgemäß nur auf der Ebene der Staats- und Regierungschefs gelingen und sind ein typisches Element der Verhandlungstätigkeit im Europäischen Rat.

Zwar kann der Europäische Rat mit einfacher Mehrheit über Verfahrensfragen entscheiden, und bei verschiedenen Ernennungen zu Spitzenpositionen des EU-Systems (Kommissionspräsident, Hoher Vertreter für die GASP) kommt auch das qualifizierte Mehrheitsverfahren zur Anwendung, in der Regel aber – also wenn die Verträge nichts anderes vorsehen – muss das Gremium einstimmig entscheiden. Daher kommt der Kompromissfindung eine zentrale Bedeutung zu. Sie wird noch dadurch verstärkt, dass die Staats- und Regierungschefs in der Regel jede Einigung auf dem kleinsten gemeinsamen Nenner einem Scheitern der Verhandlungen, das sie dann öffentlich zu vertreten hätten, vorziehen. Die Mechanismen des Mehrebenenspiels, wie sie für den Rat kurz beschrieben wurden, wirken auf der Ebene der Staats- und Regierungschefs noch stärker, allein schon deshalb, weil die europäischen Gipfeltreffen regelmäßig eine sehr viel höhere mediale Aufmerksamkeit erfahren als die Sitzungen des Ministerrats. Auch sind die *Spielregeln* für Gipfeltreffen besonders streng. So dürfen sich neben den Mitgliedern des Europäischen Rates nur sehr wenige, für den Ablauf unbedingt erforderliche Beamte im Verhandlungssaal aufhalten. Die mitgereisten Beamten der nationalen Delegationen, die in den ihnen zugewiesenen Zonen bleiben müssen, werden durch die wechselnden Schriftführer im Saal bzw. durch die persönlichen Assistenten der Ständigen Vertreter (sog. *Antici-Gruppe*[131]) lediglich zeitversetzt informiert und haben folglich keinen direkten Einfluss auf die Verhandlungsführung ihres jeweiligen Staats- bzw. Regierungschefs. Mit Blick auf die strengen Regeln und ihre förderliche Wirkung auf die Verhandlungsführung und womöglich -ergebnisse betont Jeffrey Lewis treffend: „the European Council is perhaps the EU's most highly restricted negotiation venue designed to encourage a frank exchange of views and resolve issues too politicized or divisive to be handled elsewhere"[132]. Am Ende eines Gipfels können die Ergebnisse auf zweierlei Weise dokumentiert werden: in offiziellen *Erklärungen* des Europäischen Rates oder in den obligatorischen, aber weniger verbindlichen *Schlussfolgerungen des Vorsitzes*. Nach jeder

---

130 Vgl. u.a. Wessels, 2008, S. 177.
131 Benannt nach dem italienischen Diplomaten Massimo Antici.
132 Lewis, 2012, S. 327.

4. Der institutionelle Aufbau des EU-Systems

Tagung hat der Europäische Rat dem Parlament Bericht zu erstatten. Darüber hinaus muss er diesem einen jährlichen Bericht über die Fortschritte der Union vorlegen (vgl. Art. 15 Abs. 6d EU-Vertrag).

Funktionen

„Der Europäische Rat gibt der Union die für ihre Entwicklung erforderlichen Impulse und legt die allgemeinen politischen Zielvorstellungen und Prioritäten hierfür fest. [...]" (Art. 15 Abs. 1 EU-Vertrag). Diese allgemeine Formel aus dem Unionsvertrag beschreibt die tatsächlichen Funktionen des Europäischen Rates im EU-System nur sehr ungenau. Deutlich wird zunächst vor allem seine Rolle als Agenda-Setter, der sowohl kurzfristige Impulse setzt als auch langfristige Zielvorstellungen vorgibt. Seit seiner Entstehung in den 1970er Jahren hat der Europäische Rat immer mehr die Funktion eines *Motors der Integration* von der Kommission übernommen. An zahlreichen Beispielen insbesondere der jüngeren Integrationsgeschichte (z.B. Erweiterungen, GASP, Lissabon-Strategie, Eurokrise usw.) lässt sich nachweisen, dass der Europäische Rat tatsächlich für die „history-making decisions"[133] zuständig ist. Demgegenüber hat der Europäische Rat – ausgenommen die besonderen Legistlativakte im Rahmen der Vertragsänderungsverfahren[134] – weiterhin keine gesetzgeberischen Funktionen. Seine Entscheidungen sind in der Regel politischer Natur. Sie betreffen insbesondere die Systemgestaltung, die Zielformulierung in verschiedenen Politikbereichen, die keiner gemeinschaftlichen Rechtsetzung unterliegen, die Finanzielle Vorausschau sowie Ernennungen für Positionen im EU-System:

Systemgestaltung: Die Mitgliedstaaten sind die sog. *Herren der Verträge*. Nur sie können entscheiden, ob weitere Befugnisse an die Gemeinschaft übertragen werden oder neue Politikfelder den Kooperationsregeln unterliegen sollen. Eingedenk dieser exklusiven Kompetenz der Mitgliedstaaten kommt dem Europäischen Rat quasi naturgemäß die Rolle als *konstitutioneller Architekt* zu, der Vertragsrevisionen vornehmen kann. In der Regel beruft der Europäische Rat hierzu einen Konvent ein, der Empfehlungen an eine Regierungskonferenz richtet. Diese wiederum arbeitet die Änderungen am Vertragswerk oder einen Vertragsentwurf aus, den die Staats- und Regierungschefs verabschieden. Um in Kraft zu treten, bedarf jeder neue oder revidierte Vertrag zusätzlich der Ratifizierung durch die Mitgliedstaaten. Dieses Ordentliche Änderungsverfahren der EU-Verträge lässt sich also als ein dreistufiges Verfahren zusammenfassen: Die durch eine Mitgliedsregierung, das Parlament oder die Kommission vorgeschlagene Änderung wird von einem Konvent beraten (Regelfall), von einer Regierungskonferenz vereinbart und gegebenenfalls von den Mitgliedstaaten beschlossen und nach ihren verfassungsrechtlichen Vorschriften ratifiziert (Art. 48 Abs. 2–5 EU-Vertrag). Daneben gibt es Vereinfachte Änderungsverfahren: Zum

---

133 Wallace, 2010, S. 82.
134 Vgl. Schoutheete, 2012, S. 63.

einen können die Staats- und Regierungschefs einen „Beschluss zur Änderung aller oder eines Teils der Bestimmungen des dritten Teils des Vertrags über die Arbeitsweise der Europäischen Union" nach Anhörung des Parlaments, der Kommission und ggf. der EZB, aber ohne die Einberufung von Konvent oder Regierungskonferenz, einstimmig annehmen. Die Zustimmung der Mitgliedstaaten im Einklang mit ihren verfassungsrechtlichen Vorschriften ist erforderlich (Art. 48 Abs. 6). Zum anderen kann der Europäische Rat für solche Fälle, in denen der Rat gemäß AEU-Vertrag oder Titel V EU-Vertrag (GASP, ausgenommen Beschlüsse mit militärischen und verteidigungspolitischen Bezügen) einstimmig beschließt, durch einvernehmliches Votum bestimmen, dass in diesem Bereich zu qualifizierten Mehrheitsentscheidungen übergegangen wird (sog. Passerelle-Klausel, nach frz. *passerelle* gleich Steg). Der Beschluss tritt jedoch nur in Kraft, wenn kein nationales Parlament die Initiative binnen Sechsmonatsfrist ablehnt (Art. 48 Abs. 7). Betrachtet man die Verfahren der Vertragsänderung oder auch „Vertragsabrundung" zusammengenommen, lässt sich leicht feststellen, dass der Europäische Rat in allen Fällen die zentrale Entscheidungsgewalt innehat. Die Bezeichnung als konstitutioneller Architekt ist somit berechtigt.

Ernennungen

Der Europäische Rat schlägt mit qualifizierter Mehrheit den Kandidaten für das Amt des Kommissionspräsidenten vor. Dieser bedarf der Zustimmung durch das Parlament (Art. 17 Abs. 7 EU-Vertrag). Mit der gleichen Mehrheit ernennt und entlässt der Europäische Rat ferner mit der Zustimmung des Kommissionspräsidenten den Hohen Vertreter für die Außen- und Sicherheitspolitik (Art. 18 Abs. 1 EU-Vertrag). Schließlich ernennt der Europäische Rat auf Empfehlung des Rates auch die Mitglieder des EZB-Direktoriums (Art. 11 Protokoll Nr. 4).

Außen- und Sicherheitspolitik: Auf dem Feld der Gemeinsamen Außen- und Sicherheitspolitik hat der Europäische Rat die wichtige Funktion des obersten Leitliniengebers. Er definiert die Ziele und die allgemeinen Leitlininen (vgl. Art. 26 Abs. 1 EU-Vertrag, s. auch Kap. 10.2). Mit der Einrichtung eines ständigen Präsidenten des Europäischen Rates durch den Lissabon-Vertrag war zudem auch die Erwartung verbunden, einen gewichtigen Vertreter in internationalen Verhandlungen präsentieren zu können, der den Rat als eine Art „kollektives Staatsoberhaupt"[135] vertreten kann. Folglich zählt zu den Aufgaben des Präsidenten auch die Außenvertretung der Union, zumindest in Fragen der Außen- und Sicherheitspolitik. Damit ist die Wahrscheinlichkeit für Zuständigkeitskonflikte sowohl mit dem Kommissionspräsidenten als auch der Hohen Vertreterin freilich als hoch einzuschätzen.

Finanzielle Vorausschau: Eine weitere wichtige Aufgabe des Europäischen Rates ist die Beratung und Verabschiedung des sog. *mehrjährigen Finanzrahmens* (vgl. Kap.

---

[135] „collective head of state", Schoutheete, 2012, S. 60.

5.5), der die Einnahmen und Ausgaben der EU für einen Zeitraum von sieben Jahren zum Teil detailliert festlegt. Auch dieses schwierige Thema, das immer wieder zu unerbittlichen Verhandlungen zwischen den Mitgliedstaaten führt, kann nur auf der Ebene der Staats- und Regierungschefs effektiv und mit Aussicht auf Kompromissfindung behandelt werden. Dies zeigte sich insbesondere auch in den Beratungen über den Finanzrahmen für die Jahre 2014 bis 2020, der erst in einem zweiten Anlauf im Februar 2013 von den Staats- und Regierungschefs angenommen werden konnte – um dann allerdings einen Monat später vom Parlament, dessen Zustimmung ebenfalls nötig ist, vorerst abgelehnt zu werden (s. oben).

Wirtschafts- und sozialpolitische Koordinierung: Eine zentrale Rolle spielt der Europäische Rat auch bei der sog. *Offenen Methode der Koordinierung* (OMK, s. Kap. 8.5), einem weichen Koordinierungsmechanismus, der auf dem Feld der Beschäftigungspolitik entwickelt worden ist. Gemäß diesem Verfahren prüft der Europäische Rat jährlich die Beschäftigungslage in der Union und erlässt Schlussfolgerungen, nach deren Maßgabe wiederum der Rat die beschäftigungspolitischen Leitlinien beschließt (Art. 148 AEU-Vertrag). Im Rahmen der wirtschaftspolitischen Koordinierung nach Art. 121 AEU-Vertrag legt der Europäische Rat eine Schlussfolgerung zu den *Grundzügen der Wirtschaftspolitik* vor, auf deren Grundlage wiederum der Rat mittelfristige Ziele und konkrete Empfehlungen an die Mitgliedstaaten definiert. In den vergangenen Jahren war dieser Prozess durch die vielfach als überambitioniert bewerteten Ziele der 2000 formulierten Lissabon-Strategie – die EU sollte bis 2010 zum wettbewerbsfähigsten und dynamischsten wissensgestützten Wirtschaftsraum der Welt werden – geprägt. Heute bildet das im Juni 2010 vom Europäischen Rat verabschiedete, ebenfalls auf zehn Jahre angelegte Wirtschaftsprogramm mit dem Titel *Europa 2020* den strategischen Rahmen für Beschäftigungs- und Wirtschaftspolitik (s. ausführlich Kap. 5).

4.3.3 Zwischenfazit und Verortung im Institutionengefüge

Die vorangegangenen Abschnitte über den Rat und den Europäischen Rat haben deutlich gemacht, dass die Mitgliedstaaten im EU-System eine weiterhin wichtige Rolle spielen und im Laufe des Einigungsprozesses keineswegs an Bedeutung verloren haben.

Der Rat ist immer noch das dominante Entscheidungsorgan des EU-Systems, das in allen Politikbereichen über Politikgestaltungs- und -ausführungskompetenzen verfügt.[136] Es ist der Grad, zu dem das Parlament in der Rechtsetzung gleichgezogen ist, neben der Tatsache, ob der EuGH verbindlich Recht sprechen kann, die über die Kennzeichnung eines Politikfelds als supranational oder intergouvernemental entscheiden. Die nationalstaatlichen Regierungen sind in jedem Fall über die Räte beteiligt, und sie haben in vielen Fällen noch das letzte Wort. Allerdings darf die grundle-

---

136 Vgl. Hayes-Renshaw, 2012, S. 76.

gende Qualität des Rates als Interessenvertretung der Mitgliedstaaten, die Helen Wallace eindringlich zu bedenken gemahnt: „The important point to bear in mind is that the Council is the EU institution that belongs to the member governments",[137] die Erkenntnis nicht verhindern, dass selbst der Rat seine Entscheidungsfindung im Laufe der europäischen Integration zunehmend supranationalisiert hat. Die Einführung von Mehrheitsentscheidungen im Rat bildet die entscheidende Schwelle. Denn mit der potenziellen Majorisierung eines Mitgliedstaats entsteht eine europäische Entscheidung. Ein Beschluss, der gegen den Willen eines Mitgliedstaates erlassen wurde, hat nicht mehr den Charakter einer zwischenstaatlichen Übereinkunft, sondern gründet vielmehr auf eine gemeinschaftliche Entscheidungsregel und generiert im wahrsten Sinne des Wortes eine überstaatliche, also supranationale Verbindlichkeit. Der Rat ist mithin nicht nur die Interessenvertretung der Mitgliedstaaten, sondern zugleich ein Entscheidungsorgan der supranationalen Union und Ausdruck ihrer dualen Repräsentativität. Er ist somit tatsächlich ein Hybridwesen und bildet den Schlüssel zum Verständnis des eigenartigen EU-Systems.[138]

Der Europäische Rat hingegen muss als ganz besonderes Unionsorgan verstanden werden. Auch wenn er mit dem Lissabonner Reformvertrag als offizielles Organ in die rechtlichen Strukturen eingeordnet wurde, so bleibt er dem EU-System in seinem Alltagsgeschäft doch nach wie vor gewissermaßen über- oder zumindest vorgeordnet. Seine Entscheidungen sind in der Regel nicht rechtlicher, sondern politischer Natur. Er ist nicht nur Leitliniengeber und Systemgestalter, sondern hat seit seiner Entstehung in den 1970er Jahren zunehmend auch die ursprüngliche Rolle der Kommission als Agenda-Setter übernommen. Der Europäische Rat hat in dieser Funktion quasi alle wegweisenden Entscheidungen der jüngeren Vergangenheit gefällt. Dabei haben sich die Staats- und Regierungschefs immer wieder dazu bereit gezeigt, auf Hoheitsrechte zu verzichten und damit die supranationale Entwicklung der Union voranzutreiben, sei es, weil sie einige unpopuläre Maßnahmen nur auf dem Umweg über die europäischen Institutionen umsetzen können,[139] sei es, weil sie ein grundsätzliches Interesse an handlungsfähigen Institutionen auf europäischer Ebene haben.

Im Lichte der aktuellen Eurokrise deutet das oft von externen Einflüssen getriebene Krisenmanagement allerdings in eine andere Richtung der Systementwicklung. Die intergouvernementale Gipfeldiplomatie, vielfach und regelmäßig auf höchster Ebene zusammengerufen, ist zur gewöhnlichen und sichtbarsten Erscheinungsweise der Europapolitik geworden.[140] Der Europäische Rat, ergänzt durch einige politikfeldspezifische Fachräte, scheint in den vergangenen Jahren erheblich an Bedeutung gegen-

---

137 Wallace, 2010, S. 79.
138 Vgl. Lewis, 2012, S. 321.
139 Wenn die nationalen Regierungen dies tun, spricht man gemeinhin auch davon, dass sie über Bande spielten.
140 Vgl. Schoutheete, 2012, S. 65.

über den supranationalen Organen gewonnen zu haben. Kritiker der aktuellen Europapolitik wie der deutsche Philopsoph Jürgen Habermas sehen gerade in der Krise eine Entwicklung hin zu einer Art „postdemokratischem Exekutivföderalismus" und befürchten in diesem Zusammenhang gar eine heraufziehende „Herrschaft des Europäischen Rates".[141] Man muss diese Visionen nicht in dieser Zuspitzung teilen, um dennoch den offensichtlichen Bedeutungszuwachs intergouvernementaler Aushandlungsmechanismen in der aktuellen Krise zu erkennen.

4.4 Die Europäische Kommission

In den Anfangsjahren der europäischen Integration, also rund um die Gründung der *Europäischen Gemeinschaft für Kohle und Stahl* (EGKS) 1951/52, bildete das mitgliedstaatliche Interesse an effizienter Steuerung auf europäischer Ebene, zunächst begrenzt auf die rüstungsrelevante Schwerindustrie, die grundlegende Motivation für die Einrichtung einer supranationalen *Hohen Behörde*, der Vorgängerin der heutigen Kommission. Jean Monnet, einer der Gründungsväter und der zentrale Ideengeber der Europäischen Gemeinschaften, stellte ins Zentrum seiner Gemeinschaftskonstruktion bewusst eine apolitische, funktionalistische Bürokratie, zusammengesetzt aus unabhängigen Verwaltungsexperten, nicht aus Politikern, und wurde deren erster Präsident. Die Behörde sollte das Gemeinschaftsinteresse gegenüber etwaigen nationalen Egoismen der Mitgliedstaaten vertreten und verteidigen können und wurde ursprünglich mit einer entsprechend großen Machtfülle ausgestattet. Das Etikett einer bürgerfernen, undemokratischen Bürokratie haftet der Kommission – nicht zuletzt dank seiner kontinuierlichen Pflege durch nationale Politiker und Medien – bis heute an. Mit den Vertragsreformen der 1990er Jahre und der weiter ausgreifenden Regelungstiefe der Europäischen Union wurde zudem die Rede vom Demokratiedefizit immer lauter. Seitdem richten sich also erneut viele kritische Blicke auf die vermeintlich *gesichtslosen Eurokraten*[142] in Brüssel.

Die Europäische Kommission, was ist sie eigentlich? – Eine *Protoexekutive*[143], die Regierung eines europäischen Staates oder doch nur ein fortgeschrittenes Beispiel für das Generalsekretariat einer internationalen Organisation? Auch die Kommission hat ihren entscheidenden Anteil an der kategorialen Unsicherheit im Umgang mit der EU. Auf der einen Seite hat sie viele strukturelle Ähnlichkeiten mit nationalen Regierungen, denn hier wie dort stehen auf politischem Wege ins Amt gekommene Kommissare bzw. Minister einem nach Ressorts untergliederten Verwaltungsapparat vor.[144] Ferner weisen ihre umfänglichen Exekutivbefugnisse auf eine entsprechende

---

141 Diese Kritik formuliert Habermas in seinem jüngsten Essay-Band zur Europapolitik, Habermas, Jürgen, 2011: Zur Verfassung Europas. Ein Essay, Frankfurt/Main, S. 48ff. (81).
142 „faceless Eurocrats", Nugent, Neill, 2001: The European Commission, Basingstoke, S. 1; s. auch: Spence, David/Edwards, Geoffrey (Hrsg.), 2006: The European Commission, London, S. 5.
143 Wallace, 2010, S. 70.
144 Vgl. Hix/Høyland, 2011, S. 47; Hartmann, 2009, S. 55ff.; Nugent, 2001, S. 3.

Zuordnung hin. Auf der anderen Seite aber stimmen weder die politische Legitimation der Kommission noch ihre Bedeutung im EU-Institutionengefüge mit dem Regierungsetikett überein.

4.4.1 Zusammensetzung

Auch die Europäische Kommission bildet nur de jure ein einheitliches Organ, faktisch aber können wir zumindest zwei Ebenen voneinander unterscheiden: nämlich zum einen das sog. *Kollegium* der 28 Kommissare, zum anderen den gesamten Verwaltungsapparat, der mit seinen 40 Generaldirektionen und anderen Diensten über 25.000 Mitarbeiter umfasst. Verwirrenderweise werden sowohl Kollegium als auch Verwaltungsapparat gemeinhin als Kommission bezeichnet. Beginnen wir unsere Ausführungen mit dem Kollegium, dem politischen Leitungsgremium der Kommission. Das Kollegium besteht aus je einem Kommissar pro Mitgliedstaat, derzeit also 28 Mitgliedern. Bis zur Erweiterung um zehn neue Mitgliedstaaten im Jahr 2004, verfügten die fünf bevölkerungsreichsten Staaten der alten EU-15, nämlich Deutschland, Frankreich, Großbritannien, Italien und Spanien, sogar über jeweils zwei Kommissare. Um die Handlungsfähigkeit des Kollegiums aber auch für die Zeit nach der Erweiterung zu gewährleisten, verzichteten die fünf Länder auf ihren zweiten Kommissar zugunsten der heutigen Regel (ein Kommissar pro Mitgliedstaat). Doch auch der jetzige Zustand sollte eigentlich nur eine Übergangslösung darstellen. Eine weitere Reduktion des Kommissionskollegiums gilt schon seit dem Amsterdamer Vertrag als geeignete Maßnahme zur Bewahrung der Handlungsfähigkeit einer erweiterten EU. Allerdings wurde die Verwirklichung dieser Reform von einer Vertragsreform zur nächsten immer wieder aufgeschoben. Wie der gescheiterte Verfassungsvertrag (Art. I-26) sah auch der Vertrag von Lissabon (Art. 17 Abs. 5 EU-Vertrag) für die Zeit ab dem 1. November 2014 ein Kollegium, bestehend aus einer Anzahl von Kommissaren, die zwei Drittel der Zahl der Mitgliedstaaten entspricht, vor. Ein vom Rat einstimmig festzulegendes System sollte die gleichberechtigte Rotation zwischen den Mitgliedstaaten gewährleisten und dabei auch die demografische sowie geografische Repräsentation berücksichtigen (Art. 244 AEUV). Diese Regelungen finden sich bis heute im Vertragswerk. Der durch sie jedem Mitgliedstaat temporär bevorstehende ‚Verlust des eigenen Kommissars' ist allerdings in den vergangenen Jahren kontrovers diskutiert worden. Das Argument spielte eine besondere Rolle im einzigen Referendum über den Lissabon-Vertrag. Die irischen Wähler stimmten im Juni 2008 mehrheitlich gegen die Vertragsreform und hielten den konstitutionellen Reformprozess so neuerlich auf. Befragt nach den Gründen für ein Nein, gaben viele Wähler die geplante Reduktion des Kollegiums an. In Vorbereitung der zweiten, letztlich erfolgreichen Abstimmung in Irland sechzehn Monate später wurde die Reform auf Eis gelegt und den Iren garantiert, dass es bei der traditionellen Regel: ein Kommissar pro Mitgliedstaat bleibe. Zumindest vorerst ist also nicht mit einer Reduktion des Kollegiums zu rechnen. Folgerichtig wird das Kommissionskollegium, das 2014 ins Amt kommt, aus 28 Kommissaren bestehen.[145]

Die Repräsentation aller Mitgliedstaaten innerhalb des Kollegiums widerspricht tendenziell dem wesentlichen Grundsatz betreffend die Kommissare, der im ursprünglichen Konzept einer Hohen Behörde wurzelt und im EU-Vertrag festgeschrieben ist: „Die Kommission übt ihre Tätigkeit **in voller Unabhängigkeit** aus [...]" (Art. 17 Abs. 3 EU-Vertrag, Hervorh. durch d. Verf.). Den Kommissaren ist die Anforderung und Annahme von Anweisungen seitens der Mitgliedstaaten verboten. Mit ihrem Amtsantritt verpflichten sie sich zur Einhaltung des Unabhängigkeitsprinzips. Die Kommissare dürfen dementsprechend auch keine andere berufliche Tätigkeit – weder entgeltlich noch unentgeltlich – ausüben (s. auch Art. 245 AEU-Vertrag). Die vertragsgemäße Unabhängigkeit der Kommissare zeigt sich auch darin, dass sie von ihren Herkunftstaaten während einer Amtsperiode nicht abberufen werden können. Eine Amtsenthebung einzelner Kommissare, wenn diese ihre Pflichten verletzen oder sich einer Verfehlung schuldig machen, kann nur der Europäische Gerichtshof auf Antrag des Rates oder der Kommission beschließen (Art. 247 AEU-Vertrag). Außerdem kann der Kommissionspräsident einzelne Kollegen zum Rücktritt auffordern. Zuletzt kann das Europäische Parlament per Misstrauensvotum mit Zweidrittelmehrheit der abgegebenen Stimmen und gleichzeitiger Mehrheit seiner Mitglieder das gesamte Kollegium des Amtes entheben (Art. 234 AEU-Vertrag, s. Abschnitt 4.2.4). Als Ganzes ist das Kommissionskollegium also sehr wohl abhängig: nämlich vom Vertrauen des Parlaments. Den Regierungen bleibt demgegenüber immerhin die Möglichkeit, in Ungnade gefallenen Kommissaren die Wiederernennung nach Ablauf einer Amtsperiode zu verweigern.

Die Ernennung der Kommissionsmitglieder erfolgt gemäß Artikel 17 EU-Vertrag alle fünf Jahre durch den Rat bzw. den Europäischen Rat. Dies geschieht in Form eines mehrstufigen Verfahrens: Zunächst bestimmt der Europäische Rat mit qualifizierter Mehrheit einen Kandidaten für das Amt des Kommissionspräsidenten. Dabei ist er gehalten, das Ergebnis der letzten Europawahlen zu berücksichtigen. Der Kandidat bedarf der Zustimmung des Europäischen Parlaments, er wird nunmehr, wie es nach den Bestimmungen des Lissabon-Vertrags heißt, durch das Parlament gewählt (zu der entsprechenden Definitionsfrage und dem Verfahren s. oben). Gemeinsam mit dem designierten Kommissionspräsidenten wählt der Rat im Anschluss mit qualifizierter Mehrheit die Kandidaten für die übrigen Kommissarsposten aus einer von den Mitgliedstaaten erstellten Liste mit Vorschlägen aus. Wiederernennungen sind dabei zulässig. Schon während des Ernennungsverfahrens wird jedem Kommissar

---

[145] Vgl. hierzu Europäischer Rat, 2008: Schlussfolgerungen des Vorsitzes, Brüssel, 11. und 12. Dezember 2008, S. 2; s. auch Schmidt, Susanne K./Wonka, Arndt, 2012: European Commission, in: Jones, Erik/Menon, Anand/Weatherill, Steven (Hrsg.): The Oxford Handbook of European Integration, Oxford, S. 336–349 (340); ferner zur politischen Auseinandersetzung in der Referendumsdebatte ferner Schünemann, Wolf J.: Wieder ein Sieg der Angst? Das zweite irische Referendum über den Lissabon-Vertrag in der Analyse, in: integration 3/2010, S. 224–239 (226).

ein Zuständigkeitsbereich zugewiesen. Für die entsprechende Verteilung ist der Kommissionspräsident verantwortlich. Vor seiner Ernennung muss sich auch das gesamte Kollegium einem Zustimmungsvotum des Parlaments stellen. Wie bereits in Abschnitt 4.2.4 beschrieben, hat das Parlament seinem Votum ein spezielles *Hearing*-Verfahren vorgeschaltet. Trotz der Beteiligung des Kommissionspräsidenten im zweiten Schritt und dem Zustimmungserfordernis durch das Parlament gegenüber Präsident und dem gesamten Kollegium hat sich in der bisherigen Praxis gezeigt, dass die Mitgliedstaaten die Besetzung der Posten klar unter sich ausgemacht haben.[146] Inwiefern dies durch die Neuerungen und Konkretisierungen des Lissabon-Vertrags geändert werden kann, wird sich bei der Neuverteilung der Posten 2014 zeigen.

Ungeachtet dessen spielt der Kommissionspräsident eine Sonderrolle im EU-System, weil er die Union nach außen gegenüber Drittstaaten und internationalen Organisationen wie nach innen gegenüber den Bürgern vertritt: „Indeed, the President of the Commission is the very public embodiment of the EU."[147] Hatte er darin über lange Zeit der Integrationsgeschichte eine Alleinstellung, so sind in den vergangenen Jahren mit der aufgewerteten Hohen Vertreterin für die Außen- und Sicherheitspolitik und insbesondere dem neuen ständigen Ratspräsidenten sowie einem zunehmend selbstbewusst in Erscheinung tretenden Parlamentspräsidenten andere ‚Gesichter' der Union hinzu gekommen, so dass Rivalitäten und Kompetenzkonflikte vorprogrammiert zu sein scheinen.[148] In interinstitutionellen Angelegenheiten vertritt der Präsident die Kommission, zum Beispiel ist er Mitglied im Europäischen Rat (s. Abschnitt 4.3.2). Auch innerhalb des Kollegiums verfügt der Kommissionspräsident über eine Sonderstellung. Er ist nicht nur maßgeblich an der Auswahl der übrigen Kommissare beteiligt, er weist ihnen auch ihre jeweiligen Zuständigkeitsbereiche zu und kann die Aufgabenverteilung jederzeit wieder ändern (Art. 17 Abs. 6 EU-Vertrag, Art. 248 AEU-Vertrag, Art. 3 Geschäftsordnung der Kommission [GOK]). Außerdem ernennt der Präsident die Vizepräsidenten und kann jeden Kommissar verbindlich zum Rücktritt auffordern (Art. 17 Abs. 6). Eine Ausnahme hiervon bildet freilich der Hohe Vertreter der Union für die Außen- und Sicherheitspolitik, der gleichzeitig Mitglied und Vizepräsident der Kommission ist. In dieser Personalie ist der Kommissionspräsident an die Wahl – und ggf. Abwahl – durch den Europäischen Rat gebunden, muss dieser jedoch zustimmen.

Mittels jährlicher Strategieplanung (*Annual Policy Strategy*, APS, Art. 2 GOK) unter seiner Führung gibt der Kommissionspräsident ferner die politische Richtung vor,

---

146 Vgl. Peterson, John, 2012: The College of Commissioners, in: ders./Shackleton, Michael (Hrsg.): The institutions of the European Union, 3. Aufl., Oxford, S. 96–123 (111); s. auch Schmidt/Wonka 2012, S. 341.
147 Nugent, 2001, S. 1. Eine Auflistung der bisherigen Kommissionspräsidenten findet sich unter den Online-Materialien zu diesem Band, abrufbar unter: www.utb-mehr-wissen.de.
148 Vgl. ebd., S. 337.

außerdem beruft er die Sitzungen des Kollegiums ein, legt die Tagesordnung fest und leitet Treffen (Art. 5 u. 6 GOK). Angesichts des umfassenden Katalogs an Vorrechten, die der Kommissionspräsident innehat, ist leicht ersichtlich, warum die Auswahl eines geeigneten Kandidaten für die Mitgliedstaaten von großer Bedeutung ist und regelmäßig zum Politikum wird. Ob das Auswahlverfahren demnächst stärker an die Europawahlen gekoppelt und damit weiter politisiert, ja demokratisiert wird, wie wir es im Abschnitt zum Europäischen Parlament beschrieben haben, bleibt abzuwarten. In jedem Fall aber trifft die verbreitete Bezeichnung des Kommissionspräsidenten als *primus inter pares* (Erster unter Gleichen) schon heute nur noch bedingt zu: „The Commission President used to be thought of as *primus inter pares* in the College. Now, however, he is very much *primus*."[149] Ungeachtet der Sonderstellung des Präsidenten, herrscht auch unter den übrigen Kommissaren eine inoffizielle Hierarchie. Traditionell besonders wichtig sind die Kommissare, die für den Haushalt, die Landwirtschaft und die Außenbeziehungen zuständig sind. Angesichts der großen Machtfülle der Kommission im Bereich der Wettbewerbspolitik spielt auch der hierfür zuständige Kommissar eine zentrale Rolle.

Tabelle 6: Kommissionskollegium 2009–2014 (kroatischer Kommissar ab 2013)

Mitglied	Herkunftsland	Aufgabenbereich	Status
José Manuel Barroso	Portugal	--	Präsident
Catherine Ashton	Großbritannien	Hohe Vertreterin der Union für Außen- und Sicherheitspolitik	Vizepräsidentin
Viviane Reding	Luxemburg	Justiz, Grundrechte und Bürgerschaft	Vizepräsidentin
Joaquín Almunia	Spanien	Wettbewerb	Vizepräsident
Siim Kallas	Estland	Verkehr	Vizepräsident
Neelie Kroes	Niederlande	Digitale Agenda	Vizepräsidentin
Antonio Tajani	Italien	Industrie und Unternehmertum	Vizepräsident
Maroš Šefčovič	Slowakei	Interinstitutionelle Beziehungen und Verwaltung	Vizepräsident
Olli Rehn	Finnland	Wirtschaft und Währung, Euro	Vizepräsident
Janez Potočnik	Slowenien	Umwelt	Mitglied
Andris Piebalgs	Lettland	Entwicklung	Mitglied
Michel Barnier	Frankreich	Binnenmarkt und Dienstleistungen	Mitglied
Androulla Vassiliou	Zypern	Bildung, Kultur, Mehrsprachigkeit und Jugend	Mitglied
Algirdas Šemeta	Litauen	Steuern, Zoll, Statistik, Audit und Betrugsbekämpfung	Mitglied
Karel de Gucht	Belgien	Handel	Mitglied

---

149 Nugent, 2001, S. 68, vgl. auch Peterson, 2012, S. 107.

4.4 Die Europäische Kommission

Mitglied	Herkunftsland	Aufgabenbereich	Status
Máire Geoghegan-Quinn	Irland	Forschung, Innovation und Wissenschaft	Mitglied
Janusz Lewandowski	Polen	Finanzplanung und Haushalt	Mitglied
Maria Damanaki	Griechenland	Maritime Angelegenheiten und Fischerei	Mitglied
Kristalina Georgieva	Bulgarien	Internationale Zusammenarbeit, humanitäre Hilfe und Krisenreaktion	Mitglied
Günther Oettinger	Deutschland	Energie	Mitglied
Johannes Hahn	Österreich	Regionalpolitik	Mitglied
Connie Hedegaard	Dänemark	Klimapolitik	Mitglied
Štefan Füle	Tschechien	Erweiterung und Europäische Nachbarschaftspolitik	Mitglied
László Andor	Ungarn	Beschäftigung, Soziales und Integration	Mitglied
Cecilia Malmström	Schweden	Inneres	Mitglied
Dacian Cioloş	Rumänien	Landwirtschaft und ländliche Entwicklung	Mitglied
Tonio Borg	Malta	Gesundheit	Mitglied
Neven Mimica	Kroatien	Verbraucherschutz	Mitglied

Quelle: EU-Kommission.

Wie Tabelle 6 zeigt, hat innerhalb des Kollegiums jeder Kommissar seinen Aufgabenbereich, quasi sein Ressort, für das er federführend zuständig ist. Dieser Kommissar trägt auch die politische Verantwortung für die entsprechende Generaldirektion.[150] Die Generaldirektionen und Dienste[151] bilden den Verwaltungsapparat der Europäischen Kommission. An der Spitze jeder Generaldirektion steht als Generaldirektor ein Beamter, der zwar die Weisungen des zuständigen Kommissars ausführen muss, von ihm aber nicht abgesetzt werden kann. Die Generaldirektoren sowie die ihnen unterstehenden EU-Beamten gewährleisten die kontinuierliche Verwaltungsarbeit. Während die Kommissare von den Mitgliedstaaten ernannt werden und alle fünf Jahre wechseln – auch im Falle einer Wiederernennung ist der Wechsel des Ressorts üblich – durchlaufen die Beamten in der Regel eine Karriere in der EU-Verwaltung – sowie die damit verbundene Sozialisation – und verbleiben meist in dem Ressort, in das sie eingestiegen sind.[152] Das EU-Beamtenkorps wird durch ein aufwändiges Ausleseverfahren (die sog. *concours*) rekrutiert und ist zudem nach Herkunftsländern quotiert.

---

150 Jedem Kommissar untersteht mindestens eine Generaldirektion.
151 Eine Auflistung der Generaldirektionen und Dienste findet sich unter den Online-Materialien zu diesem Band, abrufbar unter: www.utb-mehr-wissen.de.
152 Vgl. Nugent, 2001, S. 134ff.

Mit engen politischen Vertrauten besetzen die Kommissare hingegen im Regelfall ihre persönlichen Kabinette. Sie bestehen aus einem Kabinettschef, seinem Stellvertreter und vier weiteren Mitgliedern – beim Kommissionspräsidenten sind es aktuell sieben weitere Mitglieder sowie vier Berater. Nur drei der Mitglieder eines Kabinetts dürfen aus dem selben Mitgliedstaat stammen wie der entsprechende Kommissar. Laut Geschäftsordnung der Kommission sollen die Kabinette den jeweiligen Kommissar bei der Erfüllung seiner Aufgaben und der Vorbereitung der Beschlüsse unterstützen (Art. 19 GOK). Faktisch bilden sie eine Art Schnittstelle oder Brückenglied zwischen dem Kollegium auf der einen und den Generaldirektionen und Diensten auf der anderen Seite, also zwischen politischem Gremium und bürokratischem Apparat.[153] Eingedenk der prinzipiellen Unabhängigkeit der Kommission werden die Kabinette mitunter skeptisch beäugt, gelten sie doch verbreitet als „Einfallstore nationaler Einflüsse in die Kommissionsarbeit."[154]

4.4.2 Arbeitsweise und Entscheidungsfindung

Die politische Verantwortung für die Tätigkeit der Kommission trägt das Kollegium. Dementsprechend fällt das Gremium der 28 Kommissare die politischen Entscheidungen, während die Durchführung der Beschlüsse und die Ausführung der Exekutivkompetenzen der Kommission an die Generaldirektionen und Dienststellen delegiert ist. Für die Entscheidungsfindung im Kollegium gelten zwei wesentliche Grundsätze: Zum einen ist jeder Kommissar für die Vorbereitung und Durchführung von Kommissionsbeschlüssen in seinem Aufgabenbereich zuständig. Es gilt also eine Art *Ressortprinzip* (vgl. Art. 248 AEU-Vertrag). Zum anderen – und dieser Grundsatz ist der entscheidende – gilt das *Kollegialitätsprinzip* (Art. 17 Abs. 6 EU-Vertrag, Art. 1 GOK), wonach alle gefassten Beschlüsse Entscheidungen des gesamten Kollegiums darstellen und dementsprechend von jedem Kommissar nach außen und in der Öffentlichkeit vertreten werden müssen, selbst wenn dieser in der entsprechenden Sitzung gegen die Mehrheitsmeinung votiert hat.[155] Innerhalb des Kollegiums reicht die einfache Mehrheit der Kommissare, derzeit also fünfzehn Stimmen, für die Beschlussfassung aus (Art. 250 AEU-Vertrag), wenngleich die Kommissionsmitglieder, nicht zuletzt begründet durch das Kollegialitätsprinzip, um einvernehmliche Entscheidungen bemüht sind und es folglich nur in seltenen Fällen tatsächlich zur Abstimmung kommt. Ähnlich wie dem Rat durch den AStV wird auch dem Kommissionskollegium ein großer Teil der Beschlussfassungsarbeit ohnehin schon im Vorfeld durch die Kabinette abgenommen.[156] Spätestens bei den wöchentlichen Treffen der Kabinettschefs – in der Regel montags –, in denen diese die Sitzungen des Kollegiums vorbereiten, legen sie fest, über welche Vorlagen bereits Einigung be-

---

153 Vgl. Peterson, 2012, S. 112.
154 Hartmann, 2009, S. 77, s. auch 78–80; s. auch Peterson, 2012, S. 112; Schmidt/Wonka, 2012, S. 338.
155 Vgl. ebd., S. 111.
156 Vgl. Schmidt/Wonka, 2012, S. 337–338; s. auch Nugent, 2001, S. 7.

steht (*A-Punkte*) und welche Punkte noch der Beratung und Entscheidung durch die Kommissare bedürfen (*B-Punkte*).[157] Diese treffen dann in der Regel mittwochs zu ihren wöchentlichen Sitzungen zusammen. Die Sitzungen sind nicht öffentlich, und die internen Beratungen sind vertraulich (Art. 9 GOK). Im Jahr 2012 trat das Kommissionskollegium insgesamt 44mal zusammen.[158] Der strategische Rahmen für die Tätigkeit der amtierenden Kommission ist zum einen durch die vom Kommissionspräsidenten zum Beginn der Amtsperiode formulierten politischen Leitlinien gesetzt. Zum anderen hat die Kommission im Frühjahr 2010 mit dem Strategiepapier Europa 2020 ein wegweisendes Dokument für die kommenden Jahre veröffentlicht.[159] Ihre geplanten Aktivitäten im Bereich der Politikgestaltung gibt die Kommission überdies im Rahmen ihrer jährlichen Arbeitsprogramme bekannt. Das entsprechende Dokument für das Jahr 2013 hat sie am 23. Oktober 2012 vorgelegt.[160]

Für die Politikdurchführung sind die Generaldirektionen unter der politischen Verantwortung des jeweiligen Kommissars zuständig. In vielen Politikbereichen verfügt die Kommission nicht über eigene genuine Exekutivbefugnisse, sondern bekommt diese erst durch das Parlament und den Rat gemäß Art. 291 AEU-Vertrag übertragen. Für die Ausübung dieser Befugnisse können die beiden Organe über den Erlass von Verordnungen „allgemeine Regeln und Grundsätze" (Art. 291 AEU-Vertrag) festlegen. Auf früheren Vertragsgrundlagen zu den entsprechenden Durchführungsbefugnissen ist ein ausdifferenziertes Ausschusswesen, *Komitologie* genannt, entstanden. Die mit nationalen Beamten besetzten Durchführungsausschüsse bilden „eine Art Scharnier zwischen der nationalen und der europäischen Verwaltung"[161], denn über sie greifen die Mitgliedstaaten – je nach Bedeutung des betreffenden Politikfelds mehr oder weniger stark – beratend und kontrollierend in die Tätigkeit der Kommission ein und begrenzen damit deren Handlungsspielraum (vgl. Kasten 5).[162] Der entsprechende Bericht der Kommission von November 2012 zählt insgesamt 268 Komitologieausschüsse.

---

157 Vgl. zu weiteren Verfahren ausführlich bei Tholoniat, Luc, 2007: The European Commission: An introduction, in: Fischer, Robert/Karrass, Anne/Kröger, Sandra (Hrsg.): Die Europäische Kommission und die Zukunft der EU. Ideenfabrik zwischen europäischem Auftrag und nationalen Interessen, Opladen, S. 21–38 (29–30); s. auch Nugent, 2001, S. 94ff.
158 Vgl. Gesamtbericht 2012, S. 199.
159 Vgl. Barroso, José Manuel: Political guidelines for the next Commission, abrufbar unter: http://ec.europa.eu/commission_2010–2014/president/pdf/press_20090903_en.pdf (letzter Zugriff: 4.4.2013); Europäische Kommission: Europa 2020. Eine Strategie für intelligentes, nachhaltiges und integratives Wachstum, abrufbar unter: http://eur-lex.europa.eu/LexUriServ/LexUriServ.do?uri=COM:2010:2020:FIN:DE:PDF (letzter Zugriff: 4.4.2013).
160 Vgl. Europäische Kommission: Arbeitsprogramm der Kommission 2013, COM/2012/629.
161 Töller, Annette Elisabeth, 2000: Komitologie. Theoretische Bedeutung und praktische Funktionsweise von Durchführungsausschüssen der Europäischen Union am Beispiel der Umweltpolitik, Opladen, S. 15.
162 Vgl. Kohler-Koch/Conzelmann/Knodt, 2004, S. 114; Hix/Høyland, 2011, S. 37–38.

4. Der institutionelle Aufbau des EU-Systems

Kasten 5: Komitologie

Komitologie stammt aus dem Französischen und beschreibt das ausdifferenzierte Ausschusswesen, das die Mitgliedstaaten zur Unterstützung und Kontrolle der Kommission im Hinblick auf die ihr übertragenen Durchführungsbefugnisse eingerichtet haben. Die Komitologieausschüsse setzen sich dementsprechend aus Vertretern der Mitgliedstaaten zusammen und werden von einem Kommissionsvertreter geleitet, der allerdings nicht stimmberechtigt ist. Der erste Durchführungsausschuss wurde bereits in den 1960er Jahren im Rahmen der Gemeinsamen Agrarpolitik gebildet. In seinem Komitologiebeschluss aus dem Jahr 1987 listete der Rat unterschiedliche Verfahren und entsprechende Ausschussarten auf. Je nach Politikbereich ist der Einfluss der Mitgliedstaaten auf die Tätigkeit der Kommission mithin unterschiedlich groß gewesen. Der Komitologiebeschluss vom 28. Juni 1999 sah drei klassische Verfahren, nämlich das *Beratungsverfahren, das Verwaltungsverfahren* und das *Regelungsverfahren* vor. Mit Verweis auf das Mitentscheidungsverfahren in der Gesetzgebung wurde auf Drängen des Parlaments ein viertes Verfahren eingeführt, bei dem auch das Parlament in die Kontrolle eingebunden worden ist, das sog. *Regelungsverfahren mit Kontrolle*.

Mit der Vertragsreform von Lissabon wurde das Komitologie-System grundlegend reformiert. Die klassischen Verfahren existieren in dieser Form nicht mehr. Die neue Komitologie-Verordnung (EU) 182/2011, die den alten Beschluss aufhebt, sieht auf Basis der primärrechtlichen Bestimmungen zu den sogenannten „delegierten Rechtsakten" (Art. 290 u. 291 AEU-Vertrag) lediglich noch ein *Beratungsverfahren* sowie ein *Prüfverfahren* vor. Im Beratungsverfahren erlässt der Ausschuss eine Stellungnahme mit einfacher Mehrheit, die Kommission versucht diese zu berücksichtigen (Art. 4 der Verordnung). Im Rahmen des Prüfverfahrens kann der Ausschuss einen Durchführungsrechtsakt der Kommission mit qualifizierter Mehrheit ablehnen und damit Änderungen einfordern (Art. 5). Eine Kontrolle auf korrekte Ausführung der Durchführungsrechtsakte kann prinzipiell, sofern diese nach dem ordentlichen Gesetzgebungsverfahren entschieden wurden, sowohl durch das Parlament als auch den Rat vorgenommen werden (Art. 11).

Um die Transparenz der Ausschusstätigkeit zu gewährleisten, ist die Kommission verpflichtet, das Parlament zu unterrichten und den Bürgern eine vollständige Liste der existenten Ausschüsse sowie nicht-vertrauliche Ausschussdokumente zugänglich zu machen.

4.4.3 Funktionen

Auch die Tätigkeit der Kommission sprengt die Muster klassischer Gewaltenteilung, auch sie hat Anteil sowohl an der Legislative als auch an der Exekutive innerhalb des EU-Systems. Als das Gemeinschaftsorgan *par excellence* initiiert sie die gemeinschaftliche Rechtsetzung, überwacht die Einhaltung des Unionsrechts und führt die Rechtsakte aus. Darüber hinaus repräsentiert sie die Union nach außen, gegenüber Drittstaaten und in internationalen Organisationen. Damit sind die vier Kernfunktionen der Kommission benannt. Auf sie soll im Folgenden näher eingegangen werden.

Gesetzesinitiative

Die klassische Bezeichnung der Europäischen Kommission als *Motor der Integration* beruht auf ihrem stärksten Vorrecht, dem Initiativmonopol.[163] Nur die Kommission hat das Recht, Gesetzesvorlagen auszuarbeiten, sie einzubringen und damit den gemeinschaftlichen Rechtsetzungsprozess zu initiieren. Das ist ein bedeutendes Vorrecht, denn, auch wenn der AEU-Vertrag mittlerweile für Parlament (Art. 225) und Rat (Art. 241) ein indirektes Initiativrecht vorsieht und neben den anderen EU-Organen auch die Mitgliedstaaten, Verbände und Interessengruppen ihren jeweiligen Einfluss geltend machen, sind sie letztlich doch alle auf die Kommission angewiesen. Um den Erfolg einer Vorlage im komplizierten und je nach Politikfeld variierenden Rechtsetzungsprozess zu sichern, muss die Kommission ihrerseits bei der Vorbereitung der Beschlussvorlagen frühzeitig ein möglichst breites Spektrum von Akteuren einbinden. In sog. *Grünbüchern* stellt sie erste Positionen zu einem Thema (z.B. Klimawandel, Asylpolitik usw.) zur allgemeinen Diskussion. Sie richten sich also je nach Themenlage natürlich an die anderen EU-Organe, aber auch an nationale und regionale Behörden, Interessenvertreter, Verbände, die Wissenschaft, Nichtregierungsorganisationen und andere zivilgesellschaftliche Akteure bis hin zu einzelnen Bürgern. Sollen die Grünbücher der Kommission also einen möglichst breit geführten Konsultationsprozess zu einem allgemein gehaltenen Thema anstoßen, enthalten die sog. *Weißbücher*, die oft auf Grünbücher folgen, bereits konkrete Vorschläge für politische Maßnahmen im betreffenden Politikbereich. Auch bei der Ausarbeitung der konkreten Vorlagen für Rechtsakte bindet die Kommission in großem Umfang externes Expertenwissen ein und versammelt in einer Vielzahl beratender Ausschüsse und Expertengruppen nationale Beamte, Vertreter organisierter Interessen und andere Sachverständige. Auch jenseits der vergemeinschafteten Politikbereiche, wie im Bereich der GASP (über den Hohen Vertreter, Art. 30 EU-Vertrag) oder der Systemgestaltung mittels Vertragsänderung (Art. 48), hat die Kommission die Möglichkeit, Vorschläge zu unterbreiten. Allerdings verfügt sie außerhalb der supranational organisierten Politikbereiche nicht über das Initiativmonopol.

Exekutive

Trotz der Einschränkungen ihres Handlungsspielraums insbesondere durch das Komitologiesystem, ist die Kommission das zentrale Exekutivorgan der EU, wenngleich ihr die entsprechende unabhängige Entscheidungsbefugnis lediglich auf dem Feld der

---

163 Vgl. Peterson, 2012, S. 98.

Wettbewerbspolitik, wo die Kommission über sehr umfangreiche Kompetenzen verfügt (Art. 108 AEU-Vertrag, s. auch Kap. 5.2.4), und in geringerem Ausmaß in den Bereichen der Gemeinsamen Agrar- sowie der Handelspolitik zukommt. Ihre besondere exekutive Rolle lässt sich zunächst an ihren Haushaltskompetenzen ablesen. Zwar sind es Rat und Parlament, die gemeinsam in einem aufwändigen Verfahren über den von der Kommission ausgearbeiteten Haushaltsplan entscheiden (Art. 314 AEU-Vertrag), aber für die Ausführung des Haushalts ist letztlich die Kommission zuständig (Art. 317 AEU-Vertrag). Unter der Aufsicht des jeweiligen Kommissars sind die Generaldirektoren und Dienststellenleiter als entsprechend Bevollmächtigte für die wirtschaftliche und effiziente Verwaltung der Finanzmittel verantwortlich. Dabei werden sie von verschiedenen internen Diensten (Zentraler Finanzdienst, Interner Auditdienst, Europäisches Amt für Betrugsbekämpfung [OLAF] usw.) und natürlich dem Europäischen Rechnungshof als externem Rechnungsprüfungsorgan streng überwacht. Außerdem muss die Kommission zum Abschluss des jährlichen Haushaltszyklus' auf Empfehlung des Rates vom Europäischen Parlament entlastet werden (Art. 319 AEU-Vertrag).

Rechtliche Kontrolle

Die Kommission spielt eine einscheidende Rolle für den gemeinschaftlichen Rechtsschutz. Auf diesem Feld ist zwar der Europäische Gerichtshof (EuGH, s. den folgenden Abschnitt) das zentrale Organ, er kann aber nur auf der Grundlage von Klagen urteilen. Auf der anderen Seite ist die Kommission auf den EuGH, ihren *Verbündeten*[164], angewiesen, will sie Mitgliedstaaten in effektiver Weise zur Einhaltung des EU-Rechts bewegen. Zu diesem Zweck hat sie das Recht, eine sog. *Vertragsverletzungsklage* (Art. 258 AEU-Vertrag) vor dem EuGH zu erheben. Dank der Vertragsverletzungsklage als letzten Mittels und Drohpotenzials und des umfassenden Rechts, zur Erfüllung ihrer Aufgaben „alle erforderlichen Auskünfte ein[zu]holen und alle erforderlichen Nachprüfungen vor[zu]nehmen" (Art. 337 AEU-Vertrag), kann die Kommission der ihr zugedachten Rolle als *Hüterin der Verträge* im EU-System gerecht werden (s. Kap. 6.6).[165]

Außenvertretung

Die Tätigkeit der Kommission beschränkt sich nicht auf das Innere des EU-Systems. Die Kommission ist auch für die Außenvertretung der EU gegenüber Drittstaaten und internationalen Organisationen zuständig. Dies gilt insbesondere im Rahmen der Gemeinsamen Handelspolitik. Hier führt sie auf Ermächtigung durch den Rat die Verhandlungen und wird dabei durch einen vom Rat bestellten Sonderausschuss (Art. 207 AEU-Vertrag) kontrolliert. Die Europäische Union ist zudem Mitglied der WTO, und die Kommission spricht in den entsprechenden Verhandlungen im Na-

---

164 Vgl. Hartmann, 2009, S. 163.
165 Vgl. Tholoniat, 2007, S. 27.

men aller Mitgliedstaaten. Der seit Inkrafttreten des Lissabon-Vertrags Ende 2009 etablierte Europäische Auswärtige Dienst hat die diplomatischen Vertretungen und Aktivitäten zudem in ein zusätzliches Organ unter der politischen Führung der Hohen Vertreterin integriert. Angesichts des institutionellen Doppelhuts des obersten außenpolitischen Amts der EU und seiner Zwischenstellung zwischen Kommission und Rat bleibt eine enge Verbindung zur supranationalen Behörde bestehen.

Mit den vorangegangenen Ausführungen haben wir nur die vier klassischen Funktionen der Kommission beschrieben. Daneben agiert sie – wenn auch in weniger verbindlichem Maße – auch auf anderen Kooperationsfeldern. So wird z.B. auch im Rahmen der wirtschafts- und sozialpolitischen Koordinierung auf die besonderen Kapazitäten und Ressourcen der supranationalen Behörde – insbesondere in den Bereichen *Monitoring* und Berichterstattung – zurückgegriffen (Art. 121, Art. 148 AEU-Vertrag). Im Rahmen der gemeinschaftlichen Wirtschaftspolitik überwacht sie sogar die Haushaltslage der Mitgliedstaaten und die entsprechende Einhaltung des Defizitkriteriums (Art. 126 AEU-Vertrag, s. auch Kap. 5.3).

4.4.4 Zwischenfazit und Verortung im Institutionengefüge

Es sind die besonderen Eigenschaften der Kommission als einer supranationalen Behörde, also ihre vertraglich fixierte Unabhängigkeit und Überparteilichkeit, ihr Wissensvorsprung betreffend die Funktionsweise des EU-Systems sowie das in ihr zusammengeführte Expertenwissen, die der Kommission nahezu zwangsläufig die Rolle der zentralen Vermittlerin innerhalb des komplizierten europäischen Mehrebenensystems zuweisen.[166] Selbst auf solchen Politikfeldern, die de jure nicht in den Regelungsbereich der Kommission fallen, kommen die übrigen Akteure an ihrer speziellen Autorität nicht vorbei bzw. können auf ihre besonderen Ressourcen nicht verzichten. So bildet die Kommission den zentralen Knoten des verzweigten Netzwerks, in dem europäische Politik betrieben wird, und neben ihren vertraglich verankerten Kompetenzen verfügt sie über ein hohes informelles Einflusspotential innerhalb des EU-Systems.[167]

Da die Kommission ihre traditionelle Rolle als Motor der Integration weitgehend an die anderen Organe, insbesondere den Europäischen Rat, hat abgeben müssen, bleibt ihr kaum etwas anderes übrig, als in der verbliebenen Rolle als zentrale Vermittlerin aufzugehen und die anderen Akteure auf der EU-Bühne darüber hinaus bei entsprechender Gelegenheit an ihre Texte zu erinnern. Auch als *Hüterin der Verträge* agiert die Kommission allerdings keineswegs allein. Die Urteile fällt schließlich der Europäische Gerichtshof.

---

166 Vgl. Nugent, 2001, S. 13; Tholoniat, 2007, S. 27; Peterson, 2012, S. 116–118.
167 Vgl. Schmidt/Wonka, 2012, S. 336 u. 344; s. auch Nugent, 2001, S. 15.

4.5 Der Europäische Gerichtshof[168]

Die offizielle Bezeichnung des Europäischen Gerichtshofs (EuGH) lautet *Gerichtshof der Europäischen Union*. Wie wir schon im Kapitel 3 zur kategorialen Einordnung der EU gezeigt haben, ist der Gerichtshof innerhalb des EU-Systems von fundamentaler Bedeutung. Als letzte Entscheidungsinstanz ist er Garant einer funktionsfähigen Rechtsgemeinschaft (s Kap. 6 zur EU als Rechtsgemeinschaft). Neben Kommission und Parlament ist der EuGH ein weiteres dezidiert supranationales Organ und noch stärker als jene vor nationalstaatlichen Einflüssen geschützt. Auch die Zusammensetzung des EuGH ist komplizierter, als es auf den ersten Blick scheint, derzeit umfasst er drei Gerichte, nämlich den Gerichtshof, das Gericht sowie das Gericht für den öffentlichen Dienst (s. unten).

4.5.1 Zusammensetzung

Der Gerichtshof besteht aus einem Richter je Mitgliedstaat (Art. 19 Abs. 2 EU-Vertrag), derzeit also 28 Richtern, und acht[169] Generalanwälten (Art. 252 AEU-Vertrag). Zwar werden die Richter und Generalanwälte des EuGH alle sechs Jahre von den Regierungen der Mitgliedstaaten im gegenseitigen Einvernehmen ernannt, wobei Wiederernennungen möglich sind (Art. 19 Abs. 2 EU-Vertrag, Art. 253 AEU-Vertrag), während ihrer Amtszeit können sie aber nicht von den Regierungen abberufen werden. Sollte ein Richter oder Generalanwalt seinen Verpflichtungen schon während seiner Amtszeit nicht mehr nachkommen können oder die Voraussetzungen für die Ausübung seines Amts nicht mehr erfüllen, kann nur der Gerichtshof selbst ihn per einvernehmlichen Beschluss seines Amtes entheben (Art. 6 Satzung des Gerichtshofs [SG]). Die reguläre Neubesetzung der Richter und Generalanwälte erfolgt nicht auf einen Schlag. Vielmehr kommen alle drei Jahre abwechselnd vierzehn Richter sowie jedes Mal vier Generalanwälte neu ins Amt bzw. werden wiederernannt. Ebenfalls alle drei Jahre wählen die Richter aus ihrer Mitte den Präsidenten des Gerichtshofs. Auch hier ist die Wiederwahl zulässig. Zu den Voraussetzungen, die ein Richter oder Generalanwalt erfüllen muss, zählt zum einen ein Höchstmaß an Unabhängigkeit und Unparteilichkeit, das die Ausübung eines politischen Amts oder eines Amts in einer Verwaltung sowie jede andere entgeltliche oder unentgeltliche Berufstätigkeit ausschließt (Art. 19 Abs. 2 EU-Vertrag, Art. 253 AEU-Vertrag, Art. 4 SG) und in einem Eid des Kandidaten vor Amtsantritt versichert werden muss (Art. 2 SG). Zum anderen muss jeder Kandidat die in seinem jeweiligen Mitgliedstaat erforderlichen Voraussetzungen für die höchsten richterlichen Ämter erfüllen oder ein Jurist von „anerkannt hervorragender Befähigung" sein (Art. 253 AEU-Vertrag). Seit der Lissabonner Vertragsreform wird darüber hinaus ein Ausschuss einberufen, der

---

[168] In diesem Abschnitt wird lediglich ein knappes Profil des EuGH vorgestellt. Kapitel 6 zur EU als Rechtsgemeinschaft erklärt die Grundlagen des europäischen Rechtssystems und die besondere Rolle, die der Gerichtshof darin spielt, ausführlich.

[169] Die Zahl der Generalanwälte kann auf Antrag des EuGH vom Rat einstimmig erhöht werden.

die Eignung der Kandidaten für die Posten als Richter oder Generalanwalt prüft. Der Ausschuss besteht aus sieben hochrangigen Richtern, die selbst bereits am EuGH oder einem der höchsten einzelstaatlichen Gerichte gearbeitet haben. Eines dieser Ausschussmitglieder wird vom Parlament vorgeschlagen.[170]

Die Richter des Gerichtshofs wählen aus ihrer Mitte einen Präsidenten sowie einen Vizepräsidenten, jeweils für die Dauer von drei Jahren. Außerdem ernennt der Gerichtshof seinen Kanzler für eine sechsjährige Amtsperiode. Der Kanzler ist zugleich Generalsekretär des Gerichtshofs, steht an der Spitze eines ausdifferenzierten Verwaltungsapparats und gemeinsam mit den entsprechenden Dienststellen unter der Aufsicht des Präsidenten. Zum administrativen Unterbau des EuGH zählen folgende (General-)Direktionen: *Personal und Finanzen, Bibliothek, Wissenschaftlicher Dienst und Dokumentation, Infrastrukturen, Übersetzung, Dolmetschen, Protokoll und Besuche, Presse- und Informationsdienst* und schließlich ein *Rechtsberater für Verwaltungsangelegenheiten*. Insgesamt sind gut 1.900 Beamte und Angestellte im EU-Gerichtswesen beschäftigt.[171]

Das Gericht und die Fachgerichte

Laut Art. 19 EU-Vertrag umfasst der Gerichtshof der Europäischen Union neben dem eigentlichen Gerichtshof weitere europäische Gerichte. Dazu zählt in erster Linie das 1989 zur Entlastung des Gerichtshofs gegründete *Gericht erster Instanz*, das mit der Lissabonner Vertragsreform nur noch als „Gericht" bezeichnet wird. Das Gericht setzt sich ebenfalls aus einem Richter je Mitgliedstaat zusammen – anders als beim Gerichtshof ist diese Anzahl allerdings nur als Mindestgröße definiert (s. zu dieser Abweichung im entsprechenden Passus Art. 19 Abs. 2 EU-Vertrag). Generalanwälte können zwar ebenfalls eingesetzt werden, die Satzung des Organs sieht jedoch vor, dass diese Funktion einem Mitglied des Gerichts übertragen wird (Art. 49 SG). Die Bestellung der Richter erfolgt in einem parallelen Verfahren zu demjenigen für den Gerichtshof. Der einzige Unterschied in den entsprechenden Vertragspassagen ist, dass betreffend die Eignung der Mitglieder hierin statt von der Befähigung für „die höchsten richterlichen Ämter" (Art. 253 AEU-Vertrag) lediglich von der „Ausübung hoher richterlicher Tätigkeiten" (Art. 254 AEU-Vertrag) die Rede ist.

Darüber hinaus wird die europäische Rechtsprechung derzeit noch durch ein drittes Gericht ausgeführt, das freilich auf einer ungeordneten Ebene angesiedelt ist: Das sog. *Gericht für den öffentlichen Dienst* der EU ist die erste und bisher einzige Verwirklichung der durch den Vertrag von Nizza erstmals eingeführten Möglichkeit, gerichtliche Kammern für Entscheidungen im ersten Rechtszug über bestimmte Kate-

---

170 Vgl. zum Verfahren auch Nic Shuibhne, Niamh, 2012: The Court of Justice of the European Union, in: Peterson, John/Shackleton, Michael (Hrsg.): The institutions of the European Union, 3. Aufl., Oxford, S. 148–169 (151); Azoulai, Loïc/Dehousse, Renaud, 2012: The European Court of Justice and the Legal Dynamics of Integration, in: Jones, Erik/Menon, Anand/Weatherill, Steven (Hrsg.): The Oxford Handbook of European Integration, Oxford, S. 350–364 (352).
171 Vgl. Gesamthaushaltsplan für das Jahr 2012, S. I/117.

gorien von Klagen einzurichten. Auf Grundlage dieser Regelung wurde es im Jahr 2004 gegründet. Die Vorschriften zum Gericht für den öffentlichen Dienst finden sich nicht im Vertragswerk, sondern als Anhang zur Satzung des Gerichtshofs. Mit der Lissabonner Vertragsreform wurden die allgemeinen Bestimmungen zur Einrichtung von Kammern geändert. Fortan haben Parlament und Rat die Möglichkeit, im ordentlichen Gesetzgebungsverfahren sog. Fachgerichte einzurichten. Diese sind dem Gericht beigeordnet.

4.5.2 Arbeitsweise

Der EuGH ist ein reaktives Organ und kann dementsprechend nur auf Grundlage einer Klage oder Anfrage tätig werden. In Kapitel 6.6 zum gemeinschaftlichen Rechtsschutz werden die wichtigsten Verfahren ausführlich behandelt. Der EuGH tagt in Kammern, die in der Regel aus drei bzw. fünf Richtern bestehen. In bestimmten Fällen tagt der Gerichtshof als Große Kammer, bestehend aus 13 Richtern, oder im Plenum (Art. 251 AEU-Vertrag).[172] Jedes Verfahren vor dem EuGH beginnt mit dem Eingang einer Klage beim Kanzler und ist im Folgenden in ein schriftliches und ein mündliches Verfahren gegliedert (Art. 20 SG). Entscheidungen fällt der Gerichtshof in der Regel einvernehmlich, wenn nötig aber auch mit einfacher Stimmenmehrheit. Dementsprechend kann der Gerichtshof, egal in welcher Kammer er zusammentritt, nur in der Besetzung mit einer ungeraden Zahl von Richtern rechtswirksam entscheiden (Art. 17 SG). Der für einen Fall zuständige Generalanwalt stellt Schlussanträge und formuliert einen konkreten Entscheidungsvorschlag, der für die Richter allerdings nicht bindend ist, wenn Sie ihm auch in vielen Fällen folgen. Eine besondere Rolle bei der Urteilsfindung innerhalb der Kammer kommt dem für jedes Verfahren vom Präsidenten des Gerichtshofs ernannten Berichterstatter zu. Er fasst die Ergebnisse der Verhandlung in Berichten zusammen und bringt die Urteilsentwürfe ein, auf deren Basis entschieden wird.[173] Die Verhandlungen des Gerichtshofs sind in der Regel öffentlich (Art. 31 SG), seine internen Beratungen aber „sind und bleiben geheim" (Art. 35 SG). Die Verhandlungen des EuGH werden in allen Amtssprachen der EU geführt und die Urteile entsprechend veröffentlicht. Die Arbeitssprache aber ist nach wie vor Französisch. Der Sitz des Europäischen Gerichtshofs ist Luxemburg.

4.5.3 Zwischenfazit und Verortung im Institutionengefüge

Der EuGH erfüllt eine Doppelfunktion innerhalb des EU-Systems: Er ist gewissermaßen Verfassungsgericht und Verwaltungsgericht in einem: „Some of its competences are redolent of those of a constitutional court, while others are more like those of an

---

172 Für welche Fälle der Gerichtshof als Große Kammer oder als Plenum zusammentritt, ist der Satzung des Gerichtshofs (Art. 16) zu entnehmen.
173 Dehousse, Renaud, 1998: The European Court of Justice. The Politics of Judicial Integration, Basingstoke, S. 13.

administrative court."¹⁷⁴ Zudem fungiert er in speziellen Fällen als Schiedsgericht (z.B. Art. 273 AEU-Vertrag) bzw. Gutachterinstanz (z.B. bei internationalen Abkommen Art. 218 Abs. 11 AEU-Vertrag). Nicht zuletzt dank des bedeutenden Vorabentscheidungsverfahrens (s. Kap. 6.6.3) bildet er das zentrale Organ eines funktionierenden europäischen Rechtsschutzsystems und erfüllt die Funktion der obersten Berufungsinstanz im Mehrebenensystem gemeinschaftlicher Rechtsprechung.

Tatsächlich beschränkt sich die faktische Bedeutung des Gerichtshofs für die EU nicht auf die Rechtsaufsicht. Vielmehr hat der EuGH mit seinen bahnbrechenden Präzedenzurteilen (*Van Gend & Loos, Costa/ E.N.E.L.* und *Cassis de Dijon* usw., vgl. Kap. 5.2 u. 6.2) die Systemgestaltung entscheidend beeinflusst, mehr noch: Durch seine generell integrationsfreundliche Rechtsprechung hat der EuGH die supranationale Transformation des europäischen Rechts und damit die *schleichende Konstitutionalisierung*¹⁷⁵ der Union maßgeblich vorangetrieben.¹⁷⁶ Vor diesem Hintergrund bilanziert die Europarechtlerin Nic Shuibhne: „It is an empirical fact, that many of the Court's judgements have resulted in the outcome that best fits with a preference for deeper levels of European integration."¹⁷⁷ Auf der anderen Seite macht gerade die starke Rolle des EuGH immer wieder das Legitimitätsproblem supranationaler Rechtsprechung deutlich. In diesem Kontext ist der Widerstand zu verstehen, der sich mitunter sowohl bei nationalen Politikern als auch nationalstaatlichen Gerichten, allen voran dem deutschen Bundesverfassungsgericht, zeigt, wenn der EuGH die ihm zugewiesenen Kompetenzen in ihren Augen überschreitet oder allzu laut einen generellen Vorrang des Europarechts und seiner Rechtsprechung einfordert (s. hierzu auch Kap. 6 zur Rechtsgemeinschaft).¹⁷⁸

4.6 Die Europäische Zentralbank

Die *Europäische Zentralbank*¹⁷⁹ (EZB) ist eine weitere einzigartige, supranationale Einrichtung der Europäischen Union. Sie hat mit dem Lissabon-Vertrag erstmals den Status eines Organs der Union erhalten und wird im entsprechenden Katalog neben Parlament, Rat, Europäischem Rat, Kommission, Gerichtshof und Rechnungshof genannt (Art. 13 Abs. 1 EU-Vertrag). Ferner besitzt sie Rechtspersönlichkeit im Sinne des Völkerrechts (Art. 282 Abs. 3 AEU-Vertrag). Die EZB ist eine junge Einrichtung, im Juni 2013 hat sie ihr fünfzehnjähriges Bestehen gefeiert. Sie wurde am 1. Juni 1998 mit dem Übergang eines Großteils der damaligen EU-Staaten zur dritten Stufe

---

174 Dehousse, 1998, S. 16.
175 „by transforming the Treaty of Rome into some kind of constitution", Dehousse, 1998, S. 1; vgl. auch Azoulai/Dehousse, 2012, S. 352–354.
176 Vgl. Pierson, Paul, 1996: The Path to European Integration: A Historical-Institutionalist Analysis, in: Comparative Political Studies (2) 1996, S. 123–163 (134).
177 Nic Shuibhne, 2012, S. 162.
178 Vgl. ebd., S. 165; s. auch Azoulai/Dehousse, 2012, S. 357–358.
179 Die EZB ist nicht zu verwechseln mit der Europäischen Investitionsbank (EIB), die mittels Gewährung von Darlehen und Bürgschaften zur Investitionsförderung beiträgt (vgl. Art. 308 u. 309 AEU-Vertrag).

der *Wirtschafts- und Währungsunion* (WWU) aus der Taufe gehoben und ersetzte das erst vier Jahre zuvor im Rahmen der zweiten Stufe der WWU gegründete *Europäische Währungsinstitut* (EWI, s. auch Kap. 5.3 zur WWU).

4.6.1 Zusammensetzung

Auch die institutionelle Architektur im Bereich der europäischen Währungspolitik ist tatsächlich komplizierter, als es die verbreitete Wahrnehmung der EZB sowie auch die Überschrift dieses Abschnitts suggerieren. Denn auch die überstaatliche EZB ist eingebettet in einen intergouvernementalen[180] Rahmen, das *Europäische System der Zentralbanken* (ESZB, Art. 282 Abs. 1 AEU-Vertrag), das sowohl die europäische als auch die nationalen Zentralbanken aller EU-Mitgliedstaaten umfasst. Da nicht alle EU-Staaten – derzeit nämlich nur 17 von 28 – an der dritten Stufe der WWU partizipieren und folglich den Euro als gemeinsames Zahlungsmittel haben, wird das aus dem Nebeneinander der Zentralbanken logisch resultierende Zweiebenensystem (Union und EU-Staaten) in der tatsächlichen Ausgestaltung der europäischen Währungspolitik zu einem Dreiebenensystem (Union, Eurostaaten und EU-Staaten). Ebendieser Logik des Europäischen Systems der Zentralbanken entspricht die Entscheidungsstruktur der EZB mit ihren drei Beschlussorganen:

- dem *Direktorium* (Art. 283 Abs. 2 AEU-Vertrag, Art. 11 ESZB/EZB-Satzung), bestehend aus dem Präsidenten der EZB, dem Vizepräsidenten sowie vier weiteren Mitgliedern,
- dem *EZB-Rat* (s.o. Abs. 1, Art. 10 ESZB/EZB-Satzung), bestehend aus den Mitgliedern des Direktoriums sowie den Präsidenten der nationalen Zentralbanken der Eurostaaten,
- und dem *Erweiterten Rat der EZB* (Art. 141 Abs. 1 AEU-Vertrag, Art. 44 ESZB/EZB-Satzung), der sich aus dem EZB-Präsidenten, dem Vizepräsidenten sowie den Präsidenten der nationalen Zentralbanken aller EU-Staaten zusammensetzt.[181]

In Abbildung 14 ist der institutionelle Aufbau der EZB bzw. des ESZB anschaulich wiedergegeben.

---

[180] Eigentlich ist das Attribut hier irreführend und müsste durch „internationalen" ersetzt werden. Denn es gehört zu den vertraglich fixierten Bedingungen zum Eintritt in die dritte Stufe der WWU, dass auch die nationalen Zentralbanken regierungsunabhängige, also gewissermaßen para- oder extragouvernementale, Einrichtungen sein müssen (Art. 130 u. 131 AEU-Vertrag).

[181] Auch die übrigen Mitglieder des Direktoriums können am Erweiterten EZB-Rat teilnehmen, haben dort aber kein Stimmrecht.

4.6 Die Europäische Zentralbank

Abbildung 14: Institutioneller Aufbau EZB/ESZB

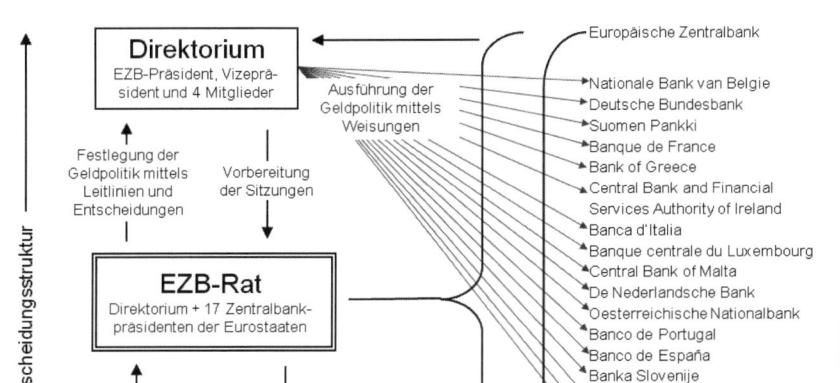

Quelle: eigene Darstellung nach Informationen unter http://www.ecb.eu (letzter Zugriff: 24.6.2008)

Die insgesamt sechs Mitglieder des Direktoriums der EZB, also einschließlich des Präsidenten und des Vizepräsidenten, werden vom Europäischen Rat auf Empfehlung des Rates nach Anhörung des Parlaments und des EZB-Rats mit qualifizierter Mehrheit für eine Dauer von acht Jahren ernannt. Die Kandidaten müssen „aus dem Kreis der in Währungs- oder Bankfragen anerkannten und erfahrenen Persönlichkeiten" stammen und Staatsangehörige der Mitgliedstaaten sein (Art. 283 Abs. 2 AEU-Vertrag). Ein besonderes Augenmerk liegt auf der Weisungsunabhängigkeit der Mitglieder des Direktoriums. So üben sie ihre Tätigkeit hauptamtlich aus und dürfen daneben keinen anderen Beruf haben. Außerdem können sie ausschließlich durch den Europäischen Gerichtshof auf Antrag des Direktoriums oder des EZB-Rats ihres Amtes enthoben werden (Art. 11.4 ESZB/EZB-Satzung). Zuletzt ist die Wiederernennung ausscheidender Mitglieder nicht zulässig, wodurch deren Unabhängigkeit noch einmal gestärkt wird und selbst über diejenige der Richter des EuGH sowie der EU-Kommissare hinausgeht. Denn, wer weder abberufen noch wiederernannt werden kann, braucht sich niemandem anzudienen und erreicht ein entsprechend hohes Maß an Unabhängigkeit.

Überhaupt ist die Unabhängigkeit der oberste Grundsatz des gesamten ESZB. Weder die EZB noch die nationalen Zentralbanken dürfen Weisungen von Einrichtungen der Gemeinschaft, den nationalen Regierungen oder sonstigen Stellen annehmen oder einfordern. Auch die Unionsorgane sowie die mitgliedstaatlichen Regierungen verpflichten sich ihrerseits, diesen Grundsatz zu achten (Art. 130 AEU-Vertrag). Ohnedies ist es eine vertraglich fixierte Zugangsvoraussetzung zur dritten Stufe der WWU, dass die Unabhängigkeit der jeweiligen nationalen Zentralbank gewährleistet ist (Art. 131 AEU-Vertrag). Somit ist auch sichergestellt, dass die Mitglieder des obersten Beschlussorgans der EZB, des EZB-Rats, allesamt weisungsunabhängig sind. Da der EZB-Rat mit wachsender Zahl der Eurostaaten immer mehr Mitglieder aufnehmen muss, ist für die jetzige Zeit, da die Anzahl der Eurostaaten 15 übersteigt, ein kompliziertes Rotationsverfahren zumindest für das Stimmrecht der Zentralbankpräsidenten vorgesehen worden (Art. 10 ESZB/EZB-Satzung), bei dem die Anzahl der stimmberechtigten Mitglieder bei 21 (15 stimmberechtigte Präsidenten und sechs Mitglieder des Direktoriums) eingefroren wird (Art. 10 ESZB/EZB-Satzung). Nicht stimmberechtigt sind schon heute der Präsident des Ministerrats oder ein Mitglied der Kommission, wenn sie von ihrem Recht Gebrauch machen, an den Sitzungen des EZB-Rats teilzunehmen. Der Vorsitzende des Ministerrats ist allerdings befugt, Anträge zur Beratung zu stellen (Art. 284 AEU-Vertrag).

An der Spitze der EZB steht – öffentlich sichtbar – der Präsident der Europäischen Zentralbank, seit November 2011 bekleidet der Italiener Mario Draghi dieses Amt. Wird der Präsident auch auf dem gleichen Wege ernannt wie die übrigen Mitglieder des Direktoriums, so hat er doch eine herausgehobene Stellung inne. Er führt den Vorsitz im Direktorium sowie im EZB-Rat (Art. 13.1 ESZB/EZB-Satzung). Bei Stimmengleichheit in einem der beiden Gremien entscheidet seine Stimme (Art. 10.2 u. 11.5 ESZB/EZB-Satzung). Er repräsentiert die EZB nach außen und insbesondere in den Beziehungen zu anderen Organen der EU. Er stellt den übrigen Organen den obligatorischen Jahresbericht vor und wird zu Tagungen des Rats eingeladen, wenn Themen des ESZB auf der Tagesordnung stehen (Art. 284 Abs. 2 AEU-Vertrag). Unterhalb des Direktoriums ist ein Verwaltungsapparat mit elf nach Funktionen und Sachgebieten gegliederten Generaldirektionen für den reibungslosen Ablauf der Arbeit zuständig.

Arbeitsweise und Entscheidungsfindung

Die Europäische Zentralbank hat ihren Sitz in Frankfurt am Main, ihre Arbeitssprache ist Englisch. Der EZB-Rat ist das oberste Beschlussorgan der EZB. In seinen zweimal monatlich stattfindenden Sitzungen verabschiedet er verbindliche Rechtsakte[182] und legt die Geldpolitik für die Eurozone fest. Auf der Grundlage der Entscheidungen und Leitlinien des EZB-Rats ist das Direktorium für die Ausführung der

---

182 Nämlich allgemein verbindliche Verordnungen oder aufgabenbezogene Beschlüsse, oder gibt Empfehlungen und Stellungnahmen ab (Art. 132 AEU-Vertrag, zur Typologie der Rechtsakte s. Kap. 6.5).

Geldpolitik zuständig und erteilt den nationalen Zentralbanken die erforderlichen Weisungen (Art. 12.1 ESZB/EZB-Satzung). Außerdem führt es die laufenden Geschäfte der EZB und bereitet die Sitzungen des EZB-Rats vor (Art. 11.6 bzw. 12.2 ESZB/EZB-Satzung). Beide Gremien entscheiden in der Regel mit einfacher Stimmenmehrheit, wobei das Votum des Präsidenten bei Stimmengleichheit den Ausschlag gibt (Art. 10.2 u. Art. 11.5 ESZB/EZB-Satzung). Die internen Beratungen in den Gremien sind in aller Regel vertraulich, und die Protokolle werden nicht veröffentlicht. Allerdings unterliegt die EZB einer Reihe von Berichtspflichten, die im AEU-Vertrag respektive in der Satzung verankert sind. So muss die EZB dem Rat, der Kommission und dem Parlament einen Jahresbericht zur Tätigkeit des ESZB vorlegen (Art. 284 Abs. 3 AEU-Vertrag). Hinzu kommt die Verpflichtung zur Veröffentlichung wenigstens vierteljährlicher Berichte sowie wöchentlicher konsolidierter Bilanzen des ESZB (Art. 15 ESZB/EZB-Satzung).

Gegenüber den anderen beiden Beschlussorganen spielt der Erweiterte Rat der EZB eine äußerst geringe Rolle. Laut Satzung (Art. 46 ESZB/EZB-Satzung) kann er an zahlreichen Aktivitäten der EZB-Gremien, insbesondere bei der Erfüllung ihrer Beratungsfunktionen, mitwirken, hat aber keine wesentlichen Entscheidungskompetenzen. In der aktuellen Eurokrise ist der Erweiterte Rat allerdings mitunter als beratendes Organ im Bereich der Finanzaufsicht in Erscheinung getreten. Zudem wird er nach einer Initiationsphase unter Leitung des EZB-Präsidenten die nächsten Vorsitzenden für den neu geschaffenen Europäischen Ausschuss für Systemrisiken auswählen (s. unten).[183]

4.6.2 Funktionen

Die derzeit siebzehn Mitgliedstaaten der Eurozone haben die Zuständigkeit für die Geld- und Währungspolitik auf die europäische Ebene übertragen. Hier erfüllt das ESZB bzw. die EZB als das handlungsfähige Organ die entsprechenden Aufgaben – also die Ausgabe von Banknoten, die Festlegung der Leitzinsen, die Geldmengensteuerung, den Devisenhandel usw. (vgl. Art. 127 Abs. 2 AEU-Vertrag sowie Art. 17–24 ESZB/EZB-Satzung) – mit dem vorrangigen Ziel der Preisstabilität im Euroraum. Alle Aktivitäten sind der Inflationsbekämpfung untergeordnet, die Verfolgung anderer Ziele, wie die Unterstützung der allgemeinen Wirtschaftspolitik in der Gemeinschaft, sind nur möglich, soweit sie das Primärziel der Preisstabilität nicht beeinträchtigen (vgl. Art. 127 Abs. 1 AEU-Vertrag). Als Reaktion auf die Eurokrise ist mit dem Europäischen Ausschuss für Systemrisiken als Teil des neuen Europäischen Finanzaufsichtssystems ein bei der EZB angesiedeltes Gremium zur Früherkennung und Prävention sogenannter systemischer Risiken innerhalb des Finanzmarkts der EU geschaffen worden. Der Ausschuss arbeitet unter Leitung des EZB-Präsiden-

---

[183] Vgl. Hodson, Dermot, 2012: Managing the Euro, in: Peterson, John/Shackleton, Michael (Hrsg.): The institutions of the European Union, 3. Aufl., Oxford, S. 199–218 (208).

ten.[184] Daneben hat die Europäische Zentralbank eine Reihe von beratenden Aufgaben und muss z.B. bei der Vorbereitung von Rechtsakten in ihrem Politikbereich gehört werden (Art. 127 Abs. 4 AEU-Vertrag). Die EZB verfügt über das Klagerecht vor dem EuGH (Art. 263 AEU-Vertrag) sowie einen eigenen Haushalt.

Anders als in Währungsfragen spielt die EZB im Rahmen der Wirtschaftsunion nur die Rolle eines „sachkundige[n] Kommentator[s]"[185], während der EcoFin-Rat hier die Fäden in der Hand hält. Sind die Aufgaben und Entscheidungskompetenzen der EZB auch weitgehend auf den Bereich der Währungspolitik begrenzt, so ist ihr Handlungsspielraum auf diesem Feld doch ausgesprochen groß, und sie agiert darin in nahezu beispielloser Unabhängigkeit.

4.6.3 Zwischenfazit

Institutionelle Unabhängigkeit und restriktive Geldpolitik lassen ein klares Vorbild der EZB erkennen: die deutsche Bundesbank. In der Tat haben sich die Väter der WWU am deutschen Vorbild orientiert (s. hierzu ausführlich Kap. 5.3). Grundsätzlich geht das Maß der Unabhängigkeit im Falle der EZB noch weit über alle nationalen und historischen Maßstäbe hinaus, weil der Europäischen Zentralbank keine Regierung mit den entsprechenden Möglichkeiten zur Steuer- und Haushaltspolitik gegenübersteht.[186] Hodson hält als Ergebnis eines Vergleichs mit anderen Zentralbanken bedeutender Nationalstaaten fest, die EZB sei „more independent than most, but less transparent than some".[187] Der technokratische Charakter dieses „aréopage de banquiers"[188] mit seinem umfassenden Kompetenzkatalog und seiner intransparenten Entscheidungsfindung hat nicht nur demokratietheoretische Bedenken ausgelöst,[189] sondern ist auch immer wieder Gegenstand wirtschaftspolitisch motivierter Kritik gewesen. Mit der Euro-Krise und ihrer Bewältigung haben sich die Aktivität und das Ansehen der EZB gewandelt. Zur Stabilisierung angeschlagener Währungen und zur Vermeidung weiterer Spekulationen gegen den Euro hat sich die EZB zu einigen umstrittenen Entscheidungen, etwa zum Kauf von schwach bewerteten Staatsanleihen, veranlasst gesehen. In den Augen vieler Kommentatoren hat sie dadurch dem wachsenden politischen Druck nachgegeben und ihre traditionelle und juristisch festgeschriebene Unabhängigkeit zumindest zum Teil aufgegeben.[190]

---

184 Vgl. ebd., S. 203–204.
185 Wessels, 2008, S. 322.
186 Vgl. ebd., S. 319 sowie McNamara, 2006, S. 178.
187 Hodson, 2012, S. 202.
188 Diese Bezeichnung geht auf den französischen sozialistisch-souveränistischen EU-Kritiker Chevènement zurück: Chevènement, Jean-Pierre, 2005: Pour l'Europe votez non! Paris, S. 41.
189 Vgl. Dyson, Kenneth, 2003: Die Wirtschafts- und Währungsunion als Prozess der Europäisierung, in: Jachtenfuchs, Markus/Kohler-Koch, Beate (Hrsg.): Europäische Integration, Wiesbaden, S. 449–478 (464).
190 Vgl. Hodson, 2012, S. 200, 211–213 u. 216.

4.7 Beratende Ausschüsse: Wirtschafts- und Sozialausschuss und Ausschuss der Regionen

Für die europäischen Entscheidungsorgane an der Spitze des Mehrebenensystems ist es von besonderer Bedeutung, die organisierten Interessen in den Politikgestaltungsprozess einzubeziehen. Zu diesem Zweck wurde bereits mit der Gründung der Europäischen Wirtschaftsgemeinschaft (EWG) 1958 ein *Wirtschafts- und Sozialausschuss* (WSA) eingerichtet, der als gemeinschaftliches Forum für die Akteure der Interessenvertretung im sozioökonomischen Bereich dienen sollte. Nach dem Vorbild des WSA[191] wurde ganze 35 Jahre später, als die europäische Integration mit dem Vertrag von Maastricht 1992/93 in neue politische Sphären vorstieß, ein zweiter beratender Ausschuss, diesmal zur Einbindung der Interessenvertreter der regionalen und lokalen Gebietskörperschaften und im Sinne der Subsidiarität und Bürgernähe, gegründet: der *Ausschuss der Regionen* (AdR). Da Konstruktion und Funktionsweise der beiden Ausschüsse weitestgehend denselben Mustern folgen, werden sie hier gemeinsam behandelt. Freilich wird bei entsprechender Gelegenheit auf bestehende Unterschiede hingewiesen.

4.7.1 Zusammensetzung

Nach dem Beitritt Kroatiens haben WSA und AdR vorübergehend jeweils 353 Mitglieder, wobei für beide Ausschüsse eine maximale Mitgliederzahl von 350 vertraglich festgeschrieben ist (vgl. Art. 301 bzw. 305 AEU-Vertrag). Auch die Sitze dieser beiden Gremien sind degressiv proportional nach Bevölkerungszahl auf die Mitgliedstaaten verteilt, wobei das größte mögliche Kontingent 24, das kleinste fünf Sitze umfasst. Tabelle 7 gibt die Verteilung in beiden Ausschüssen wieder. Die Mitglieder von WSA und AdR sind weisungsunabhängig. Sie werden alle fünf Jahre vom Rat auf Vorschlag der Mitgliedstaaten ernannt (Art. 302 bzw. Art. 305 AEU-Vertrag). Die Ernennung der Kandidaten für den WSA erfolgt nach Anhörung der Kommission. Für den AdR wird neben den Mitgliedern eine gleich große Anzahl von Stellvertretern ernannt. In allen Fällen ist die Wiederernennung zulässig. Die Mitglieder des WSA sind „Vertreter[] der Organisationen der Arbeitgeber und der Arbeitnehmer sowie andere[] Vertreter[] der Zivilgesellschaft" (Art. 300 AEU-Vertrag). Dementsprechend erfolgt die Verteilung der Sitze in der Praxis auf drei große Lager: Arbeitgeber, Arbeitnehmer sowie sonstige Interessen (z.B. der Landwirte, Kaufleute, Verbraucher, Freiberufler usw.). Die Vertreter im AdR sind in der Regel Mandats- oder Amtsträger der regionalen und lokalen Gebietskörperschaften (für Deutschland z.B. Länderminister, Staatssekretäre, Landtagsabgeordnete, Bürgermeister oder gar Mi-

---

[191] Vgl. Jeffery, Charlie/Rowe, Carolyn, 2012: Social and Regional Interests: the Economic and Social Committee and the Committee of the Regions, in: Peterson, John/Shackleton, Michael (Hrsg.): The institutions of the European Union, 3. Aufl., Oxford, S. 359–381 (360).

4. Der institutionelle Aufbau des EU-Systems

nisterpräsidenten). Das Abgeordnetenmandat im Europäischen Parlament ist allerdings nicht mit der Mitgliedschaft im AdR kompatibel (vgl. Art. 305 AEU-Vertrag).

Tabelle 7: Sitzverteilung WSA/AdR

Mitgliedstaaten	Anzahl der Sitze in WSA und AdR
Deutschland, Frankreich, Italien, Vereinigtes Königreich	24
Polen, Spanien	21
Rumänien	15
Belgien, Bulgarien, Griechenland, Niederlande, Österreich, Portugal, Schweden, Tschechische Republik, Ungarn	12
Dänemark, Finnland, Irland, Kroatien, Litauen, Slowakei	9
Estland, Lettland, Slowenien	7
Luxemburg, Zypern	6
Malta	5
insg.	353

Quelle: eigene Darstellung

Sowohl WSA als auch AdR wählen alle zweieinhalb Jahre aus ihrer Mitte einen Präsidenten und ein Präsidium. Das jeweilige Präsidium leitet die Arbeiten des Ausschusses und wird dabei durch ein Generalsekretariat unterstützt. Einige Dienststellen werden von beiden Ausschüssen gemeinsam genutzt.

4.7.2 Arbeitsweise und Entscheidungsfindung

WSA und AdR werden durch ihren jeweiligen Präsidenten auf Antrag von Rat oder Kommission einberufen oder treten von sich aus zusammen. Zur Entscheidung reicht die einfache Stimmenmehrheit im Plenum. Allerdings herrscht in beiden Gremien nicht zuletzt aufgrund der jeweiligen heterogenen Zusammensetzung starkes Konsensstreben. Die Mitglieder des WSA kommen in der Regel jährlich zu neun Plenartagungen zusammen. Die Entscheidungen werden in den sechs themenspezifischen Fachgruppen[192] vorbereitet. Im AdR heißen die vergleichbaren Gruppen Fachkommissionen, und auch von ihnen gibt es sechs, die sich mit politischen Inhalten befassen.[193] Daneben hat sich der Großteil der Mitglieder im AdR auch nach politischen Fraktionen gruppiert. Aktuell gibt es vier parteipolitische Formationen im AdR, nämlich: die *Sozialdemokratische Partei Europas* (SPE), die *Europäische*

---

[192] 1. Binnenmarkt, Produktion und Verbrauch (INT); 2. Verkehr, Energie, Infrastrukturen, Informationsgesellschaften (TEN); 3. Landwirtschaft, ländliche Entwicklung, Umweltschutz (NAT); 4. Wirtschafts- und Währungsunion, wirtschaftlicher und sozialer Zusammenhalt (ECO); 5. Beschäftigung, Sozialfragen, Unionsbürgerschaft (SOC); 6. Außenbeziehungen (REX); darüber hinaus existiert eine Lenkungsgruppe zur Strategie Europa 2020.

[193] 1. Kohäsionspolitik (COTER); 2. Wirtschafts- und Sozialpolitik (ECOS); 3. Umwelt, Klimawandel und Energie (ENVE); 4. Bildung, Jugend, Kultur und Forschung (EDUC); 5. Unionsbürgerschaft, Regieren, institutionelle Fragen und Außenbeziehungen (CIVEX); 6. Natürliche Ressourcen (NAT); außerdem einen Ad-hoc-Ausschuss zum EU-Haushalt sowie einen permanenten Ausschuss zu Finanz- und Verwaltungsfragen (CFAA).

Volkspartei (EVP), die *Allianz der Liberalen und Demokraten für Europa* (ALDE) und die *Europäische Allianz* (EA). Im Jahr 2012 ist der AdR zu fünf Plenartagungen zusammengekommen. Der Sitz beider Ausschüsse ist Brüssel.

Das zentrale Instrument sowohl des WSA als auch des AdR ist die Stellungnahme. Dabei unterscheiden sich die Stellungnahmen der beiden Organe nach ihrer Veranlassung. In einigen Politikbereichen sind Rat und Kommission zur Anhörung des jeweiligen Ausschusses verpflichtet (*obligatorische Konsultation*).[194] Daneben gibt es die Möglichkeit zur fakultativen Konsultation eines der beiden Ausschüsse durch Rat, Kommission und auch das Europäische Parlament. Diese Möglichkeit erstreckt sich auf alle Politikbereiche. Ob fakultativ oder obligatorisch, Rat und Kommission können dem jeweiligen Ausschuss für die Vorlage seiner Stellungnahme eine Frist von mindestens einem Monat setzen. Sowohl WSA als auch AdR können zu jedem beliebigen Zeitpunkt und in allen Fällen von sich aus Stellungnahmen abgeben. Insgesamt hat der WSA allein im Jahr 2012 250 Stellungnahmen übermittelt, beim AdR waren es im selben Zeitraum 71.[195]

4.7.3 Funktionen, Dysfunktionen und Verortung im Institutionengefüge

In keinem der genannten Fälle sind die Stellungnahmen von WSA und AdR in irgendeiner Weise verbindlich. Für den WSA folgern Jeffery und Rowe:

> „Crucially, the right to give opinions does not extend to a right to have those opinions heard. Neither Commission nor Council, nor indeed the EP, is obliged to give any feedback on EESC opinions, let alone take them into account."[196]

Im institutionellen Gefüge der EU haben die beiden Ausschüsse einen Sonderstatus als beratende Organe inne, der sich im EU-Vertrag (Art. 13 Abs. 4) deutlich manifestiert. Auch wenn beide Ausschüsse also auf ihre Beratungsfunktionen beschränkt sind,[197] ihre nicht nur im Vergleich zu den anderen EU-Organen, sondern auch und vor allem zu den ursprünglich an sie gestellten Erwartungen geringe faktische Bedeutung hat andere Gründe, wie z.B. die heterogene Zusammensetzung beider Ausschüsse. Bis heute besitzt keines der beiden Organe voll umfängliches Klagerecht vor dem EuGH. Der AdR hat gemäß den Bestimmungen des Artikels 263 AEU-Vertrag nach der Lissabon-Reform immerhin das eingeschränkte Recht zur Klage erhalten, nämlich für Fälle, in denen seine eigenen Rechte verletzt worden sind oder er Rechtsakte der Union im Widerstreit mit dem Subsidiaritätsprinzip sieht. Mit dieser

---

[194] Auflistungen der Politikbereiche, in denen die Konsultation des WSA bzw. des AdR obligatorisch sind, finden sich bei Jeffery/Rowe, 2012, S. 364–365.
[195] Vgl. Gesamtbericht 2012, S. 207 u. 208.
[196] Jeffery/Rowe, 2012, S. 364–365.
[197] Für den AdR sahen die deutschen Bundesländer, die die Innovation maßgeblich initiierten, ursprünglich legislative Kompetenzen und die Stellung als dritte Kammer der Gesetzgebung vor.

Möglichkeit wird ihm nach Auffassung von Jeffery und Rowe gewissermaßen die Rolle als „EU's subsidiarity ‚watchdog'" zugesprochen.[198]
Ungeachtet dieser Chance auf Bedeutungssteigerung für den AdR, ist der faktische Einfluss der beiden Ausschüsse doch als gering einzuschätzen. Gerade in der heutigen Zeit kennt der stetig wachsende intermediäre Betrieb in Brüssel, bestehend aus Parteien, Verbänden, Nicht-Regierungsorganisationen, Medien, Unternehmen, *Think Tanks*, Lobby-Agenturen, Beratungsfirmen, Anwaltskanzleien und Regionalvertretungen[199] andere, in der Regel direktere und effektivere Kanäle, um Interessen in den europäischen Entscheidungsprozess einzubringen.[200] Aus der Perspektive der Interessenvertreter bzw. -vermittler ist der (Um-)Weg über den anachronistisch anmutenden, korporatistisch angelegten WSA oder den übermäßig heterogenen AdR also bestenfalls ein Weg von vielen.[201] Ob sich deshalb zu irgendeinem Zeitpunkt die steten Forderungen nach Abschaffung beider oder eines der beiden Ausschüsse durchsetzen oder ob WSA und AdR die eigene *raison d'être* auch in Zukunft hinreichend werden begründen können – etwa durch die schon jetzt vielfach hörbaren Verweise auf die wachsende Bedeutung der Zivilgesellschaft und die Notwendigkeit der Bürgerbeteiligung –, bleibt abzuwarten.

4.8 Fazit

In den vorangegangenen Abschnitten haben wir das EU-System in seine Organe zerlegt und diese einzeln vorgestellt. Die einzelnen Profile haben wir wiederum methodisch gegliedert, haben für jedes Organ seine Zusammensetzung, seine Arbeitsweise und seine wesentlichen Funktionen behandelt. Wenn die Ausführungen an einigen Stellen trotz dieser analytischen Anstrengungen kompliziert oder technisch erscheinen, so liegt das nicht zuletzt am komplexen Gegenstand selbst. Das ordentliche Gesetzgebungsverfahren der EU, die Abstimmungsverfahren im Rat und das Ausschusswesen zur Kontrolle der Kommission, die Komitologie, sind die besten Beispiele für die große Komplexität des EU-Systems, die den ungeschulten Betrachter notwendigerweise überfordert und die sich im verbreiteten Ruf nach mehr Transparenz als einem Element einer nahezu überlebenswichtigen Legitimitätsstrategie manifestiert (s. Kap. 8.3). Die Änderungen des Lissabon-Vertrags können diesbezüglich nur als ein erster Schritt angesehen werden. Für ein tiefgehendes Verständnis des EU-Systems wird dieses Kapitel kaum ausreichen, hierfür ist ein langes Studium er-

---

198 Jeffery/Rowe, 2012, S. 372.
199 Im August 2013 waren knapp 5.900 Organisationen beim Europäischen Transparenzregister (ETR) registriert. Aufgrund der fehlenden Verbindlichkeit zur Eintragung ins Register ist diese Zahl aber nur bedingt aussagekräftig. Nach verbreiteten Schätzungen gehen ca. 15.000 Individuen als Lobbyisten in Brüssel ihrer Tätigkeit nach, vgl. Greenwood, Justin, 2011: Interest Representation in the European Union, 3. Aufl., Basingstoke, S. 11.
200 Vgl. Jeffery/Rowe, 2012, S. 377.
201 Vgl. Wessels, 2008, S. 290.

forderlich, aber die kleine Institutionenkunde bietet ein solides Fundament, um die Europäische Union nun wieder als Ganze in den Blick zu nehmen und sie in den folgenden Kapiteln aus verschiedenen Hinsichten, als Wirtschafts-, als Rechts- und als Wertegemeinschaft, zu betrachten. Die EU als Ganze stellt zum Abschluss dieses Kapitels auch die Abbildung 15 dar. In ihr werden die wesentlichen Züge des EU-Systems noch einmal deutlich: die zwei Legitimationswege zur europäischen Entscheidungsfindung über Rat und Parlament, die Kommission, von jenem kontrolliert, vor diesem verantwortlich, als bürokratische Mittlerin im Zentrum, der Europäische Rat als die Quelle wegweisender Entscheidungen und Systemgestalter, der Gerichtshof als Rechtsprechungsinstanz im Dienste der Gemeinschaft und die Europäische Zentralbank, die *Hohe Behörde* der Geldpolitik.

Abbildung 15: Organigramm des EU-Systems

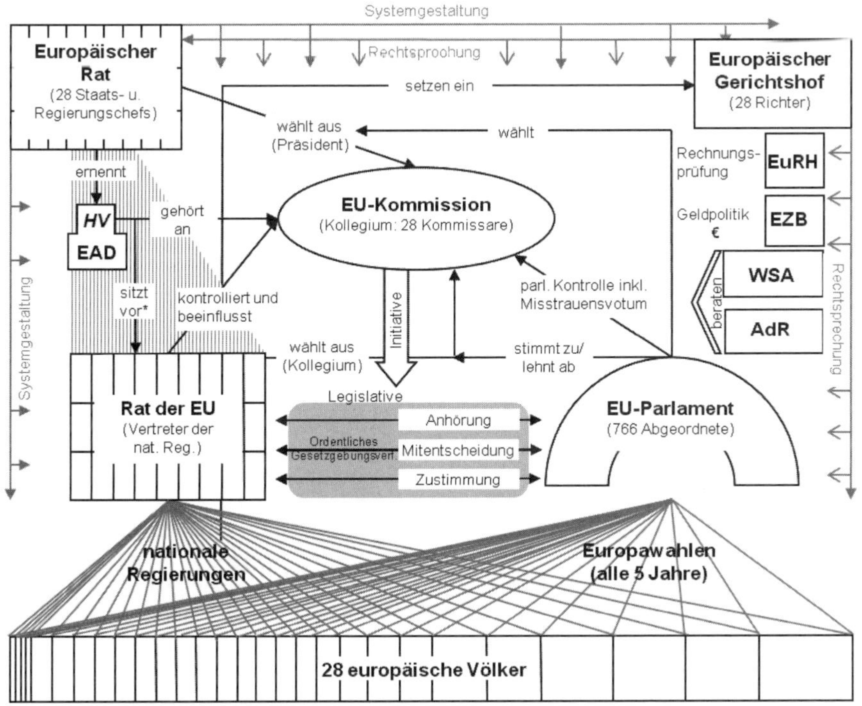

Quelle: eigene Darstellung; HV: Hoher Vertreter für die Außen- und Sicherheitspolitik, EAD: Europäischer Auswärtiger Dienst, EuRH: Europäischer Rechnungshof, EZB: Europäische Zentralbank, WSA: Wirtschafts- und Sozialausschuss, AdR: Ausschuss der Regionen; * gilt nur für Rat für Auswärtige Angelegenheiten.

4. Der institutionelle Aufbau des EU-Systems

Einführende Literatur:

Hartmann, Jürgen, 2009: Das politische System der Europäischen Union. Eine Einführung, 2. Aufl., Frankfurt a. M./New York. (Kommentar s. Kap. 3.)

Hix, Simon/Høyland, Bjørn, 2011: The Political System of the European Union, 3. Aufl., Basingstoke u.a. (Kommentar s. Kap. 3.)

Kohler-Koch, Beate/Conzelmann, Thomas/Knodt, Michèle, 2004: Europäische Integration – Europäisches Regieren, Wiesbaden. (Kommentar s. Kap. 3.)

Mathieu, Jean-Luc, 2006: L'Union européenne, Paris. *(Eine knappe Einführung im ausgezeichneten Format der Reihe* Que-sais-je?*, die einen in gewisser Hinsicht typisch französischen Blick auf die EU wirft.)*

McCormick, John, 2011: Understanding the European Union. A Concise Introduction, 5. Aufl., Basingstoke. *(McCormick bietet einen kurzen, pointierten Einblick in das institutionelle Gefüge der EU.)*

Nugent, Neill, 2007: The Government and Politics of the European Union, 6. Aufl., Durham. *(Umfangreiches Lehrbuch, mittlerweile in sechster Aufl. erschienen.)*

Peterson, John/Shackleton, Michael (Hrsg.), 2012: The institutions of the European Union, 3. Aufl., Oxford. *(Dieser einzigartige Sammelband enthält zu jedem EU-Organ einen erkenntnisreichen Beitrag. Die Lektüre sei unbedingt empfohlen.)*

Pollak, Johannes/Slominski, Peter, 2006: Das politische System der EU, Wien. *(Knappe Einführung in das politische System der EU.)*

Tömmel, Ingeborg, 2008: Das politische System der EU, 3. Aufl., München. (Kommentar s. Kap. 3.)

Wallace, Helen/Pollack, Mark A./Young, Alasdair R. (Hrsg.), 2010: Policy-making in the European Union, 6. Aufl., Oxford, 69–104. *(Sehr empfehlenswertes Standardwerk zur EU.)*

Weidenfeld, Werner, 2010: Die Europäische Union, Paderborn. (s. Kap. 3.)

Wessels, Wolfgang, 2008: Das politische System der Europäischen Union, Wiesbaden. *(Im Band enthalten ist u.a. ein detaillierter Überblick über die Organe der EU.)*

Weiterführende Literatur und Dokumente:

Azoulai, Loïc/Dehousse, Renaud, 2012: The European Court of Justice and the Legal Dynamics of Integration, in: Jones, Erik/Menon, Anand/Weatherill, Steven (Hrsg.): The Oxford Handbook of European Integration, Oxford, S. 350–364. *(Aktueller Beitrag zum EuGH und zu seiner Bedeutung für die Konstitutionalisierung des EU-Systems.)*

Barroso, José Manuel: Political guidelines for the next Commission, abrufbar unter: http://ec.europa.eu/commission_2010–2014/president/pdf/press_20090903_en.pdf (letzter Zugriff: 4.4.2013.)

Beyme, Klaus von, 1999: Die parlamentarische Demokratie. Entstehung und Funktionsweise, 3. Aufl., Wiesbaden. *(Ein Standardwerk der Parlamentarismusforschung, noch dazu sehr lesenswert.)*

Bundesverfassungsgericht, 2011: Urteil des Zweiten Senats vom 9. November 2011, BVerfG, 2 BvC 4/10 vom 9.11.2011.

Chevènement, Jean-Pierre, 2005: Pour l'Europe votez non! Paris.

Decker, Frank, 2003: Parlamentarisch, präsidentiell oder semi-präsidentiell? Der Verfassungskonvent ringt um die künftige institutionelle Gestalt Europas, in: Aus Politik und Zeitgeschichte (1–2) 2003, S. 16–23. *(Aufschlussreicher Debattenbeitrag, der auch nach dem Scheitern der EU-Verfassung noch lesenswert ist.)*

Dehousse, Renaud, 1998: The European Court of Justice. The Politics of Judicial Integration, Basingstoke. *(Herausragendes Standardwerk zum EuGH.)*

Dreischer, Stephan, 2003: Das Europäische Parlament. Eine Funktionenbilanz, in: Patzelt, Werner J. (Hrsg.): Parlamente und ihre Funktionen. Institutionelle Mechanismen und institutionelles Lernen im Vergleich, Wiesbaden, S. 213–272. *(Dieser ausgesprochen kenntnisreiche Überblick über die Funktionen des Europäischen Parlaments stellt seine Leitidee in den Mittelpunkt.)*

Dyson, Kenneth, 2003: Die Wirtschafts- und Währungsunion als Prozess der Europäisierung, in: Jachtenfuchs, Markus/Kohler-Koch, Beate (Hrsg.): Europäische Integration, Wiesbaden, S. 449–478. *(Ebenso kenntnis- wie voraussetzungsreiche, kritische Untersuchung der WWU; sehr lesenswert.)*

Europäische Kommission 2012: Gesamtbericht über die Tätigkeit der Europäischen Union 2012, Brüssel/Luxemburg.

Dies.: Europa 2020. Eine Strategie für intelligentes, nachhaltiges und integratives Wachstum, abrufbar unter: http://eur-lex.europa.eu/LexUriServ/LexUriServ.do?uri=COM:2010:2020:FIN:DE:PDF (letzter Zugriff: 4.4.2013.)

Europäischer Rat, 2002: Schlussfolgerungen des Vorsitzes, Sevilla, 21. und 22. Juni 2002.

Ders., 2008: Schlussfolgerungen des Vorsitzes, Brüssel, 11. und 12. Dezember 2008.

Europäische Union: Gesamthaushaltsplan für das Jahr 2012, in: Amtsblatt der Europäischen Union vom 29.2.2012, Bd. I.

Greenwood, Justin, 2011: Interest Representation in the European Union, 3. Aufl., Basingstoke.

Héritier, Adrienne: Institutional Change in Europe: Co-decision and Comitology Transformed, in: Journal of Common Market Studies S1/2012, S. 38–54. *(Aufschlussreiche Studie zum institutionellen Wandel anhand zweier Beispiele.)*

Hix, Simon, 2006: Parteien, Wahlen und Demokratie in der EU, in: Jachtenfuchs, Markus/Kohler-Koch, Beate (Hrsg.): Europäische Integration, Wiesbaden, S. 151–180. *(Ein ausgezeichneter Beitrag zum Verständnis von Parteien und Wahlen auf europäischer Ebene.)*

Ders., 2008: What's wrong with the European Union and how to fix it, Cambridge.

Lewis, Jeffrey, 2012: Council of Ministers and European Council, in: Jones, Erik/Menon, Anand/Weatherill, Steven (Hrsg.): The Oxford Handbook of European Integration, Oxford, S. 321–335. *(Aktuelle Kurzdarstellung der beiden Organe.)*

Nugent, Neill, 2001: The European Commission, Basingstoke. *(Eine hervorragende Monographie über die EU-Kommission.)*

Patzelt, Werner J., 2003: Parlamente und ihre Funktionen. Institutionelle Mechanismen und institutionelles Lernen im Vergleich, Wiesbaden. *(Besonders lesenswerte, allgemeine Darstellung der Parlamentsfunktionen.)*

Pierson, Paul, 1996: The Path to European Integration: A Historical-Institutionalist Analysis, in: Comparative Political Studies (2) 1996, S. 123–163.

Putnam, Robert D., 1988: Diplomacy and domestic politics: the logic of two-level games, in: International Organization (3) 1988, S. 427–460.

Rat der Europäischen Union, 2009: Geschäftsordnung des Rates, in: Amtsblatt der Europäischen Union L 325 vom 11.12.2009, S. 35.

Raunio, Tapio, 2012a: The European Parliament, in: Jones, Erik/Menon, Anand/Weatherill, Steven (Hrsg.): The Oxford Handbook of European Integration, Oxford, S. 365–379. *(Knapper, aktueller Überblicksbeitrag über das EU-Parlament.)*

4. Der institutionelle Aufbau des EU-Systems

Ders., 2012b: Political Interests: The European Parliament's Party Groups, in: Peterson, John/ Shackleton, Michael (Hrsg.): The institutions of the European Union, Oxford, S. 338–358. *(Hilfreiche einführende Darstellung ins europäische Parteien-/Fraktionssystem.)*

Reif, Karl Heinz/Schmitt, Hermann, 1980: Nine Second-Order National Elections: A Conceptual Framework for the Analysis of European Election Results, in: European Journal of Political Research (1) 1980, S. 3–44. *(Wegweisende Studie zu den ersten Direktwahlen des Europäischen Parlaments, Ursprung der Second-Order-Bezeichnung.)*

Rittberger, Berthold, 2012: Institutionalizing Representative Democracy in the European Union: The Case of the European Parliament, in: Journal of Common Market Studies S1/2012, S. 18–37. *(Rittberger beschreibt einen interessanten theoretischen Zugang zu institutionellem Wandel am leitenden Beispiel des Europäischen Parlaments.)*

Rittberger, Volker/Zangl, Bernhard/Kruck, Andreas, 2013: Internationale Organisationen, 4. Aufl., Wiesbaden. (Kommentar s. Kap. 3.)

Schmidt, Susanne K./Wonka, Arndt, 2012: European Commission, in: Jones, Erik/Menon, Anand/Weatherill, Steven (Hrsg.): The Oxford Handbook of European Integration, Oxford, S. 336–349. *(Aktueller Überblicksbeitrag zu Aufbau, Arbeitsweise und Funktionen der Kommission.)*

Schünemann, Wolf J., 2010: Wieder ein Sieg der Angst? Das zweite irische Referendum über den Lissabon-Vertrag in der Analyse, in: integration 3/2010, S. 224–239 (226).

Ders., 2013: Der EU-Verfassungsprozess und die ungleichzeitige Widerständigkeit gesellschaftlicher Wissensordnungen – exemplarische Darstellung eines Ansatzes zur diskursanalytischen Referendumsforschung, in: Zeitschrift für Diskursforschung 1/2013, S. 67–87. *(Kurzdarstellung eines diskursanalytischen Ansatzes zur EU-Referendumsforschung, verbunden mit theoretischen Überlegungen.)*

Ders., 2014 i.E.: Subversive Souveräne. Eine vergleichende Diskursanalyse der Referenden über den EU-Verfassungs- bzw. Reformvertrag in Frankreich, den Niederlanden und Irland, Wiesbaden. *(Umfassende diskursanalytische Vergleichsstudie der gescheiterten Referenden im EU-Verfassungsprozess.)*

Sigalas, Emmanuel/Pollak, Johannes, 2012: Political Parties at the European Level: Do They Satisfy the Condition of Programmatic Convergence? In: Kröger, Sandra/Friedrich, Dawid (Hrsg.): The challenge of democratic representation in the European Union, Basingstoke u.a., S. 23–40. *(Aufschlussreiche inhaltsanalytische Studie zur programmatischen Konvergenz von Parteiprogrammen auf europäischer und nationaler Ebene zur Europawahl 2009.)*

Spence, David/Edwards, Geoffrey (Hrsg.), 2006: The European Commission, 3. Aufl., London. *(Der lesenswerte Band bietet ein ausführliches Profil der Europäischen Kommission.)*

Steffani, Winfried, 1983: Zur Unterscheidung parlamentarischer und präsidentieller Regierungssysteme, in: Zeitschrift für Parlamentsfragen (3) 1983, S. 390–401. *(In diesem knappen Beitrag stellt Steffani seine bekannte Distinktion der Regierungssysteme vor.)*

Tenscher, Jens, 2005a: Wahl-Kampf um Europa. Eine Einführung, in: ders. (Hrsg.): Wahl-Kampf um Europa. Analysen aus Anlass der Wahlen zum Europäischen Parlament 2004, Wiesbaden, S. 7–28.

Ders., 2005b: Mit halber Kraft voraus! Parteienkampagnen im Europawahlkampf 2004, in: ders. (Hrsg.): Wahl-Kampf um Europa. Analysen aus Anlass der Wahlen zum Europäischen Parlament 2004, Wiesbaden, S. 30–55. *(Hervorragender Aufsatz zu den letzten Europawahlen.)*

Tholoniat, Luc, 2007: The European Commission: An introduction, in: Fischer, Robert/ Karrass, Anne/Kröger, Sandra (Hrsg.): Die Europäische Kommission und die Zukunft der EU. Ideenfabrik zwischen europäischem Auftrag und nationalen Interessen, Opladen, S. 21–38. *(Ausgesprochen informativer Beitrag aus der Kommissionspraxis.)*

Töller, Annette Elisabeth, 2000: Komitologie. Theoretische Bedeutung und praktische Funktionsweise von Durchführungsausschüssen der Europäischen Union am Beispiel der Umweltpolitik, Opladen.

Fragen zur Diskussion

- Welche zwei Wege der demokratischen Legitimation kennt das EU-System?
- Wie setzt sich das Europäische Parlament zusammen?
- Welche Funktionen hat das Europäische Parlament? Welche Rolle spielt es im EU-System?
- Wie setzen sich der Rat der Europäischen Union und der Europäische Rat zusammen?
- Nach welchen Abstimmungsregeln entscheidet der Rat?
- Welche Funktionen hat der Rat der Europäischen Union? Welche Rolle spielt er im EU-System? Welche Funktionen hat der Europäische Rat? Welche Rolle spielt er im EU-System?
- Wie setzt sich die Europäische Kommission zusammen?
- Welche Besonderheiten gelten bei der Wahl des Kommissionspräsidenten? Welche Bedeutung haben die aktuellen Vertragsbestimmungen zu diesem Punkt im Hinblick auf eine Politisierung/Demokratisierung des EU-Systems?
- Worum handelt es sich bei der sog. *Komitologie*?
- Welche Funktionen hat die Europäische Kommission? Welche Rolle spielt sie im EU-System?
- Wie setzt sich der Europäische Gerichtshof zusammen? Welche Rolle spielt er im EU-System?
- Wie setzt sich die Europäische Zentralbank zusammen? Welche Rolle spielt sie im EU-System?

5. Die EU: eine Wirtschaftsgemeinschaft

5.1 Freihandelszone und Zollunion

Die Europäische Union ist eine Wirtschaftsgemeinschaft. Die ökonomische Dimension bildet von Beginn an Methode und Modell für die europäische Integration. Die übergeordnete Idee einer politischen Union bis hin zu der Vision eines europäischen Bundesstaats mag den Einigungsprozess zwar anfänglich mit vorangetrieben haben, sie hat aber längst nicht eine solche Dynamik entwickeln, einen solchen Erfolg zeitigen können wie das weniger ideelle als pragmatische Konzept der Wohlstandssteigerung durch die wirtschaftliche Integration. Wird in politischer Hinsicht fortwährend um die Finalität, also die Zielvorstellung des Integrationsprozesses, gerungen, hat sich die Gemeinschaft auf dem Weg ihrer wirtschaftlichen Einigung ein Etappenziel nach dem anderen gesetzt und diese Zwischenziele – und das macht letztlich den Erfolg der ökonomischen Integration aus – weitgehend erreicht. Mit Balassa lassen sich fünf Stufen der wirtschaftlichen Integration unterscheiden, die in Abbildung 16 anschaulich dargestellt werden.[202] Anhand dieses Stufenmodells wollen wir die entsprechenden Schritte der europäischen Einigung im Folgenden erläutern.

Abbildung 16: Stufen der ökonomischen Integration

Quelle: eigene Darstellung nach Balassa 1962.

---

[202] „Economic integration, as defined here, can take several forms that represent varying degrees of integration. These are a free trade area, a customs union, a common market, an economic union, and complete economic integration." Balassa, Bela, 1962: The theory of economic integration, London, S. 2.

5. Die EU: eine Wirtschaftsgemeinschaft

5.1.1 Freihandelszone

Das erste, grundlegende Entwicklungsziel ökonomischer Integration ist demnach die *Freihandelszone*. Gemeint ist ein Zusammenschluss von Staaten, in dessen Grenzen der Handel mit Gütern frei, d.h. ohne künstliche Beschränkungen durch Zölle und Abgaben, vonstatten gehen kann. Räume freien Handels gab es schon immer, sie konnten bald größer, bald kleiner ausfallen, in der Regel waren sie jedoch mit dem jeweiligen politischen Herrschaftsbereich identisch. So musste ein Händler Ende des 16. Jahrhunderts, wenn er seine Ware über den Rhein von Basel nach Köln transportieren wollte, an 31 Mautstellen Zoll bezahlen.[203] Demgegenüber kann ein Lastwagenfahrer Anfang des 21. Jahrhunderts von Schweden bis nach Portugal fahren, ohne die transportierte Ware an einer einzigen Staatsgrenze verzollen zu müssen. Trotz der weiterhin großen politischen Bedeutung der Nationalstaaten sind die Grenzen des Handels innerhalb Europas heute offensichtlich nicht mehr mit denen des Nationalstaats identisch.

Diese Öffnung der Grenzen für den internationalen Handel, die in Europa weitgehend erreicht wurde, entspricht der grundsätzlichen Forderung der Freihandelstheorie. Ihr zentrales Theorem geht auf den klassischen Ökonomen David Ricardo (1772–1823)[204] zurück und besagt, dass Arbeitsteilung und Spezialisierung zur maximalen Ausnutzung komparativer Kostenvorteile im internationalen Handel führen und damit dem Wohlstand in allen beteiligten Gesellschaften am besten dienen. Als vermeidbare Störungen des zwischenstaatlichen Handels können demnach vor allem sog. künstliche Handelshemmnisse gelten, die von nationalen Regierungen oft aus protektionistischem Kalkül eingesetzt werden, um den eigenen Markt abzuschotten und damit heimische Anbieter vor dem internationalen Wettbewerb zu schützen. Erhebt eine Regierung beispielsweise einen Zoll auf ein importiertes Gut, dann verteuert sie dieses Gut künstlich gegenüber vergleichbaren Produkten der heimischen Industrie. Ein eventueller Kostenvorteil des fremden Produkts wird somit verringert, unter Umständen gar aufgehoben, und die Konsumentscheidung der Verbraucher wird zugunsten der heimischen Ware beeinflusst. In der Tat gibt es im internationalen Handel bis heute überall derartige künstliche Handelshemmnisse, wobei Zölle und Abgaben (also die sog. *tarifären* Handelshemmnisse) lediglich die offensichtlichsten sind. Daneben gibt es etliche *nicht-tarifäre* Hürden in Form von Produktmarktregelungen, Konsumentenschutzbestimmungen usw. Derartige Vorschriften können veritable Handelshemmnisse sein. In Verbindung mit generellen Einfuhrverboten für solche Produkte, die die gestellten Anforderungen nicht erfüllen, sind sie

---

203 Vgl. Wagener, Hans-Jürgen/Eger, Thomas, 2009: Europäische Integration. Wirtschaft und Recht, Geschichte und Politik, 2. Aufl., München, S. 31.
204 Eigentlich Theorem komparativer Kostenvorteile: Nicht die absoluten, sondern die relativen Kostenunterschiede zwischen zwei nationalen Ökonomien begünstigen den zwischenstaatlichen Handel. Wenn jedes Land sich auf das Gut spezialisiert, das es relativ (komparativ) günstiger herstellen kann, profitieren beide Seiten von dieser Arbeitsteilung; vgl. Ricardo, David, 1953: On the principles of political economy and taxation, Cambridge [Erstdruck: 1817].

gar wirkungsvoller als Zölle. Denken wir an dieser Stelle nur an das deutsche Reinheitsgebot für Bier, Umweltschutzbestimmungen für Chemieprodukte oder bestimmte Sicherheitszertifikate für Kinderspielzeuge.

Die wechselseitige Aufhebung protektionistischer Maßnahmen ist die zentrale Forderung von weltweiten Freihandelsabkommen, wie im Rahmen von GATT (General Agreement on Tariffs and Trade) und heute WTO (World Trade Organization) verwirklicht, sowie regionalen Freihandelsverbänden wie der NAFTA (North American Free Trade Agreement), der EFTA (European Free Trade Association), dem MERCOSUR (Mercado Commún del Sur) usw. und zuletzt auch erklärtes Ziel der Europäischen Union.

5.1.2 Zollunion

Die EU bzw. ihre Vorgängerorganisation, die EWG (Europäische Wirtschaftsgemeinschaft), ging allerdings schon bei ihrer Gründung über die bloße Konstruktion einer Freihandelszone hinaus, im entsprechenden Vertrag war bereits die Entwicklung eines Binnenmarkts angelegt. Wenn die Vollendung des Gemeinsamen Marktes auch noch lange auf sich warten ließ, so erreichte die EWG doch schon bald nach ihrer Gründung 1957 die zweite Stufe ökonomischer Integration, das ebenfalls schon im Gründungsdokument verankerte Ziel einer *Zollunion*. Diese konnte 1968 verwirklicht werden, als die sechs Gründungsmitglieder einen gemeinsamen Außenzoll aus dem arithmetischen Mittel ihrer vier bestehenden Außenhandelstarife[205] bestimmten.

Dadurch nahmen die Schöpfer einen Handlungszwang, der in der Konstruktion der Freihandelszone begründet liegt, quasi vorweg. Die bloße Beseitigung der bestehenden einzelstaatlichen Binnenzölle als grundlegender Akt der sog. *negativen*[206] Integration befreit die Mitgliedstaaten nämlich nicht unbedingt davon, im wechselseitigen Grenzverkehr die Herkunft importierter Produkte nachzuweisen. Denn in der Freihandelszone können die einzelnen Mitgliedsländer weiterhin unterschiedliche Außenzölle haben. Aus diesem Umstand folgt in der Regel, dass ohne weitere Vereinbarungen der Staat mit dem niedrigsten Außenzoll auch solche Importe aus Drittländern anzieht, die dann im Binnenhandel zollfrei in das eigentliche Zielland weitertransportiert werden können. Dieser Staat würde also die weitaus höchsten, wenn nicht alle Zolleinnahmen abschöpfen, während die anderen leer ausgingen.[207] Um diesen ungerechten Mechanismus abzustellen, müssen dann sog. Ursprungszertifika-

---

205 Es waren vier Außenzölle bei sechs Mitgliedstaaten, weil zwischen Belgien, den Niederlanden und Luxemburg bereits seit 1948 im Rahmen der Benelux-Kooperation eine Zollunion bestand.
206 Negativ ist hier keineswegs wertend gemeint. Es soll nur ausdrücken, dass es sich hierbei um einen nationale Regelungen aufhebenden Vorgang, um Deregulierung handelt. Demgegenüber steht die sog. positive Integration, bei der eine neue Regulierung auf der Gemeinschaftsebene entsteht, quasi eine Reregulierung vollzogen wird, vgl. Scharpf, Fritz W., 2003: Politische Optionen im vollendeten Binnenmarkt, in: Jachtenfuchs, Markus/Kohler-Koch, Beate (Hrsg.): Europäische Integration, 2. Aufl., Wiesbaden, S. 219–253.
207 Vgl. Wagener/Eger, 2009, S. 43.

te eingeführt und beim innergemeinschaftlichen Grenzübertritt kontrolliert werden. Waren, die nachweislich aus dem Partnerland stammen, gehen zollfrei über die Grenze, die anderen nicht. Die Kosten, die durch solche Regelungen verursacht werden, lassen sich durch die Einigung auf einen gemeinsamen Außenhandelstarif für die Gemeinschaft einsparen. Somit enthält die Freihandelszone immer schon einen latenten Handlungszwang zur Weiterentwicklung in Richtung Zollunion.[208] Diese stellt nun den ersten Schritt einer *positiven* Integration dar, weil die Einrichtung der Zollunion nicht nur die Aufhebung, also Deregulierung nationaler Bestimmungen, in diesem Fall Zölle, vorsieht, sondern die Dysfunktionalitäten des deregulierten Systems durch die Schaffung einer neuen Regel, in diesem Fall durch die Festlegung eines gemeinsamen Außenzolls, auf Gemeinschaftsebene kompensiert.

Die Zollunion ist also eine Freihandelszone mit einem gemeinsamen Außenzoll und bildet die zweite Stufe der ökonomischen Integration. Berührt die Liberalisierung auf Stufe eins und zwei ausschließlich die Gütermärkte, kommt auf Stufe drei, also im Gemeinsamen Markt, die Liberalisierung der Dienstleistungen und Faktorbewegungen[209] hinzu.

5.2 Der europäische Binnenmarkt

Freihandelszone und Zollunion sind im Grunde nichts anderes als institutionalisierte privilegierte Austauschbeziehungen zweier oder mehrerer Gütermärkte. Durch den freien Verkehr von Gütern werden die nationalen Märkte zwar miteinander verbunden, allerdings nicht zu einem Gemeinsamen Markt vereinigt. Das geschieht erst, wenn neben Waren auch Personen, Dienstleistungen und Kapital frei beweglich sind. Der Binnenmarkt ist das Kernprojekt der europäischen Integration. Er gilt seit Anfang der 1990er Jahre als weitgehend vollendet (s. Kap. 11 zur Geschichte der EU) und ist vertraglich definiert als ein „Raum ohne Binnengrenzen, in dem der freie Verkehr von **Waren**, **Personen**, **Dienstleistungen** und **Kapital** [...] gewährleistet ist" (Art. 26 Abs. 2 AEU-Vertrag, Hervorh. durch den Verf.). Die Entscheidungen, betreffend den Binnenmarkt, fallen bereits seit Mitte der 1980er Jahre mit qualifizierter Mehrheit (s. Kap. 4 zu den Institutionen der EU), d.h. einzelne Staaten können überstimmt werden, eine Regelung kann auch gegen den Willen einzelner Mitgliedsländer vereinbart werden. Im Folgenden wollen wir den europäischen Binnenmarkt anhand der vier Grundfreiheiten, nämlich Warenverkehrsfreiheit, Dienstleistungsfreiheit, Niederlassungsfreiheit und Kapitalverkehrsfreiheit, näher betrachten.

---

208 Die Idee, dass eine Integration die andere nach sich zieht, ist durchaus von integrationstheoretischer Relevanz, bedenkt man das Haassche Theorem der Anschlusseffekte (spill over); vgl. Haas, Ernst B., 1958: The uniting of Europe. Political, social and economical forces 1950–1957, London; s. überdies Kap. 12 zur Theorie der europäischen Integration in diesem Band.
209 Unter Produktionsfaktoren versteht man Arbeit und Kapital.

5.2.1 Warenverkehrsfreiheit

Zwischen den Mitgliedstaaten der Europäischen Union gibt es keine Zölle, sie sind schlichtweg und ausnahmslos verboten (s. Art. 30 AEU-Vertrag). Das ist der entscheidende Schritt zur Liberalisierung des Güterverkehrs, der durch Errichtung einer Freihandelszone bzw. einer Zollunion erreicht wird. Physische Handelsschranken in Form von Schlagbäumen und Grenzkontrollen waren zumindest für den Warenverkehr bereits mit Gründung der EWG und der Vollendung der Zollunion in den 1950er und 1960er Jahren obsolet geworden. In den 1990er Jahren wurde im Rahmen des Schengener Abkommens (s. Kasten 13) gar der freie Personenverkehr verwirklicht. Neben den physischen Schranken durch Zölle und Grenzkontrollen wird der Austausch von Waren allerdings auch durch nicht-tarifäre Handelshemmnisse behindert. Wir wollen diese Art Hemmnisse in *technische* und *steuerliche* unterscheiden.

Für die Liberalisierung des Güterverkehrs ist die Ausräumung technischer Hürden, also in der Regel nationaler Produktvorschriften und -standards, von besonderer Bedeutung, aber auch von besonders großer Schwierigkeit. Denn zum einen sind diese Regelungen nicht so offensichtlich wie Zölle, zum anderen sind sie mitunter gerechtfertigt, und die Regierungen können sich auf den Schutz des Allgemeinwohls berufen. Wenn Waren aus dem Ausland also vom nationalen Markt ausgeschlossen werden, dann geschieht dies meist mit der Begründung der Verletzung heimischer Standards, seien es Sicherheits-, Umwelt- oder Verbraucherschutzbestimmungen, die allesamt einem höheren Interesse zugeordnet werden können. Im EU-Recht fallen derartige Regelungen unter das Verbot des Artikels 34: „Mengenmäßige Einfuhrbeschränkungen sowie alle Maßnahmen gleicher Wirkung sind zwischen den Mitgliedstaaten verboten"[210] (Art. 34 AEU-Vertrag). Scheint dieses Verbot auf den ersten Blick auch ebenso eindeutig wie dasjenige von Zöllen und Abgaben, so kennt es doch Ausnahmen, sog. Rechtfertigungsgründe. Wenn die Einfuhr eines Produkts die öffentliche Ordnung oder die Sicherheit, die Verbraucher oder die Umwelt, nationales Kulturgut oder anderes geschütztes Eigentum gefährden, kann die Einfuhr auf nationalstaatlicher Ebene beschränkt bzw. untersagt werden (s. Art. 36 AEU-Vertrag).

Wo eine ganze Reihe von Rechtfertigungsgründen gelten kann, gleichzeitig aber nicht klar definiert wird, was genau mit den „Maßnahmen gleicher Wirkung wie mengenmäßige Beschränkungen" gemeint ist, gibt es viel Raum für eigenwillige Interpretationen und entsprechende Auseinandersetzungen. Es verwundert daher nicht, dass ausgerechnet diese Regelung zum Gegenstand des für die ökonomische Integration Europas bedeutungsvollsten Gerichtsurteils wurde. Es handelt sich um die Vorabentscheidung des Europäischen Gerichtshofs (EuGH, s. Kapitel 4.5) zum Verfahren des Hessischen Finanzgerichts *REWE-Zentral AG gegen Bundesmono-*

---

210 Artikel 31 AEU-Vertrag enthält das Verbot im gleichen Wortlaut für Ausfuhrbeschränkungen.

polverwaltung für Branntwein, besser bekannt unter dem inoffiziellen Kurztitel *Cassis de Dijon*-Urteil (s. Kasten 6).

Das Urteil des EuGH erging am 20. Februar 1979. Der Rechtsstreit um den französischen Likör, der aufgrund seines zu geringen Alkoholgehalts vom deutschen Markt ausgeschlossen werden sollte, wurde zum Präzedenzfall des Gemeinschaftsrechts und begründete das sog. *Prinzip der gegenseitigen Anerkennung*. Dieses besagt, dass in allen Bereichen, die noch keiner Harmonisierung unterzogen wurden, jeder Mitgliedstaat verpflichtet ist, Produkte, die in einem anderen Mitgliedstaat rechtmäßig hergestellt und auf den Markt gebracht worden sind, auch auf dem heimischen Markt zu akzeptieren, es sei denn er kann zwingende Gründe des Allgemeininteresses geltend machen.

Kasten 6: „Cassis de Dijon"-Urteil

Beim *Cassis de Dijon* handelt es sich um einen französischen Likör mit einem Alkoholgehalt von 15–20 Volumenprozent. Der deutsche Einzelhandelskonzern REWE wollte diesen Likör in seinen Supermärkten verkaufen und beantragte daher bei der Bundesmonopolverwaltung für Branntwein eine Einfuhrgenehmigung für das Getränk. Diese wurde jedoch verweigert, mit der Begründung, der Alkoholgehalt des *Cassis de Dijon* sei zu gering, die deutschen Bestimmungen zur Verkehrsfähigkeit von Fruchtsaftlikören sähen einen Mindestalkoholanteil von 25 Volumenprozent vor.

Auf den abschlägigen Bescheid hin verklagte die REWE-Zentral AG die Bundesmonopolverwaltung für Branntwein vor dem Hessischen Finanzgericht und begründete die Klage mit mutmaßlichen Verstößen gegen die Art. 30 (Verbot mengenmäßiger Einfuhrbeschränkungen, s. Art. 34 AEU-Vertrag) und 37 des EWG-Vertrags. Das Hessische Finanzgericht legte dem EuGH den Fall zur Vorabentscheidung vor. Am 20. Februar 1979 erging das Urteil, dass

„[d]er Begriff der ‚Maßnahmen mit gleicher Wirkung wie mengenmäßige Einfuhrbeschränkungen' in Artikel 30 des Vertrags [...] in dem Sinne zu verstehen [ist], dass auch die Festsetzung eines Mindestweingeistgehaltes für Trinkbranntweine im Recht eines Mitgliedstaats unter das in dieser Bestimmung enthaltene Verbot fällt, wenn es sich um die Einfuhr von in einem anderen Mitgliedstaat rechtmäßig hergestellten und in den Verkehr gebrachten alkoholischen Getränken handelt." (s. Urteil des EuGH vom 20. Februar 1979, Rs. 120/78)

Das Prinzip der gegenseitigen Anerkennung ist ein pragmatischer Grundsatz, der für die Wirtschaftsgemeinschaft von entscheidender Bedeutung ist, der aber gleichzeitig die nationale Produktvielfalt bewahrt und somit eine überlegene Alternative zur Detailharmonisierung auf Gemeinschaftsebene darstellt. Noch in den 1970er Jahren verfolgte die EWG einen sehr aufwändigen Harmonisierungskurs und vereinheitlichte in zahllosen Einzelrichtlinien nationale Produktvorschriften von Fall zu Fall. Dieser von Kritikern mitunter so bezeichnete *Harmonisierungswahn* tritt bis heute in geringerem Ausmaß immer wieder zu Tage und löst in der öffentlichen Meinung oft negative Reaktionen aus (s. die EU-Regelungen zur Größe von Traktorensitzen, zu Gurkenkrümmung[211] und Fahrzeugspiegeln usw.). Neben den oft als Überregulierung wahrgenommenen Harmonisierungsansatz ist mit dem Prinzip der gegenseitigen Anerkennung ein liberaler Grundsatz getreten, der sich bis heute weitgehend durchgesetzt hat. Konsensfähig ist dieser aber nur für den Gütermarkt. Übertragen auf Dienstleistungen und den freien Personenverkehr, bedroht er zwangsläufig die sozialpolitische Autonomie der Nationalstaaten, weshalb vergleichbare Ansätze für die Personenfreizügigkeit zumindest innerhalb der ‚alten' EU-Mitgliedstaaten, Widerstände ausgelöst haben (s. Debatte zur Dienstleistungsrichtlinie im folgenden Abschnitt).

Neben physischen und technischen Hemmnissen gibt es noch steuerliche Hürden für den freien Handel innerhalb Europas. Störend auf den Warenverkehr wirken vor allem Differenzen bei der indirekten Besteuerung von Konsumgütern. Diese variierte von Anfang an sehr stark zwischen den Mitgliedsländern. Erst auf Druck der EWG konnte in den 1970er Jahren die Mehrwertsteuer in allen Staaten durchgesetzt und eine weitgehende Angleichung der Bemessungsgrundlagen erreicht werden. Einheitliche Mehrwertsteuersätze gibt es indes bis heute nicht. Zwar ist 1992 per Richtlinie (RL 92/77/EWG) ein einheitlicher Mindestsatz von 15 Prozent festgelegt worden, die tatsächliche Besteuerung in den Mitgliedstaaten schwankt allerdings zwischen ebendiesen 15 Prozent in Luxemburg und 27 Prozent in Ungarn (s. Abb. 17).

---

211 Die entsprechende Verordnung (EWG) 1677/88 wurde 2009 außer Kraft gesetzt.

5. Die EU: eine Wirtschaftsgemeinschaft

Abbildung 17: Mehrwertsteuersätze der EU-Mitgliedstaaten in % (Stand: Januar 2013)[212]

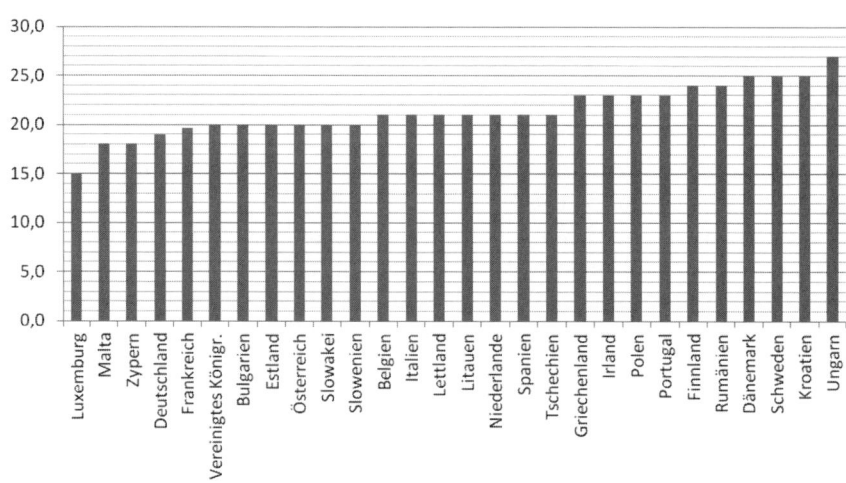

Quelle: eigene Darstellung; Daten: Europäische Kommission: Die Mehrwertsteuersätze in den Mitgliedstaaten der Europäischen Union, http://ec.europa.eu/taxation_customs/resources/documents/taxation/vat/how_vat_works/rates/vat_rates_de.pdf (letzter Zugriff: 14.5.2013).

5.2.2 Dienstleistungs- und Niederlassungsfreiheit

Als Geburtsakt der Personenfreizügigkeit im europäischen Binnenmarkt gilt das *Schengener Abkommen* (s. Kasten 13) von 1985. Hat dieses Avantgardeprojekt, das bis zum Vertrag von Amsterdam 1997 nicht im EU-Recht verankert war, auch zweifellos zehn Jahre später die Abschaffung der Grenzkontrollen für Reisende fast im gesamten damaligen Gemeinschaftsgebiet sowie darüber hinaus bewirkt und damit einen für die Bürger spürbaren, historischen Schritt der europäischen Einigung vollzogen, gehen die gemeinschaftlichen Anstrengungen insbesondere um die Arbeitnehmerfreizügigkeit als ein wesentliches Erfordernis des Gemeinsamen Marktes doch viel weiter zurück. Schon im EWG-Vertrag von 1957 war die Freiheit des Personenverkehrs als wesentlicher Bestandteil des zu errichtenden Gemeinsamen Marktes unter den Grundsätzen der Gemeinschaft aufgeführt.[213] Die Arbeitnehmerfreizügigkeit umfasst die beiden Grundfreiheiten der Dienstleistungs- sowie der Niederlassungsfreiheit. Der freie Handel mit Dienstleistungen setzt voraus, dass ein Anbieter seine Tätigkeit auch im europäischen Ausland verrichten und sich dort also zu diesem Zweck vorübergehend aufhalten kann (aktive Dienstleistungsfreiheit[214]). Der Unter-

---

212 Aufgeführt sind die Normalsätze. Alle Staaten bis auf Dänemark haben überdies noch ermäßigte Sätze.
213 Vgl. Art. 3 c) EWG-Vertrag.
214 Daneben gibt es noch die passive Dienstleistungsfreiheit, bei der der Leistungsempfänger zum Anbieter reist sowie die Korrespondenzdienstleistungsfreiheit, bei der nur die Leistung, beispielsweise das von einem Anwalt im Ausland aufgesetzte Schreiben, über die Grenze geht.

schied zur Niederlassungsfreiheit besteht im „vorübergehend", denn letztere verlangt, dass sich der Arbeitnehmer eines Mitgliedstaats in jedem anderen zur Verrichtung seiner Arbeit dauerhaft niederlassen kann.

Artikel 45 des AEU-Vertrags regelt die allgemeine Arbeitnehmerfreizügigkeit. Jeder Arbeitnehmer aus einem EU-Mitgliedstaat hat demnach das Recht, sich europaweit auf offene Stellen zu bewerben und diese anzunehmen. Zu diesem Zweck kann er sich auf dem gesamten Hoheitsgebiet der Mitgliedstaaten frei bewegen. Dort fällt seine Beschäftigung unter die gleichen Rechts- und Verwaltungsvorschriften wie die heimischer Arbeitnehmer, jegliche Diskriminierung ist ausgeschlossen, wie das allgemeine Diskriminierungsverbot unter den Grundsätzen der Gemeinschaft (Art. 18 AEU-Vertrag) festlegt. Wie für den Warenverkehr das Verbot von mengenmäßigen Beschränkungen finden wir auch über das Diskriminierungsverbot hinaus primärrechtliche Verbote für Beschränkungen des freien Dienstleistungsverkehrs (Art. 56 AEU-Vertrag) sowie der freien Niederlassung von Staatsangehörigen anderer Mitgliedstaaten (Art. 49 AEU-Vertrag). Und wie beim Warenverkehr gibt es auch hier weiterhin vor allem technische Hürden, die nur schwierig, ja meist sehr viel schwieriger als nationale Produktvorschriften, zu beseitigen sind.[215]

Die Niederlassungsfreiheit von natürlichen Personen[216] zu gewährleisten, ist auf den ersten Blick ein verhältnismäßig unproblematischer Akt. Es ist klar, dass die Regeln und Gesetze des aufnehmenden Landes auch für den Niedergelassenen gelten. Das bloße Diskriminierungsverbot reicht allerdings nicht aus, um dem Arbeitnehmer die Niederlassung tatsächlich zu ermöglichen bzw. attraktiv zu machen. Es besagt nur, dass der EU-Ausländer den gleichen Regelungen unterworfen ist wie ein Einheimischer (Inländerprinzip). Demnach stellte es zum Beispiel keinen Verstoß gegen das Verbot dar, wenn von einem französischen Arzt, der in Deutschland arbeiten möchte, verlangt würde, die komplette medizinische Ausbildung in Deutschland zu wiederholen und die geforderten Examina abzulegen. Das Diskriminierungsverbot ist in solchen Fällen nicht verletzt, ein europäischer Arbeitsmarkt dennoch nachhaltig behindert, weil die Mobilitätskosten für die Arbeitnehmer durch die Inkompatibilität nationaler Ausbildungsgänge hoch bleiben und die Mitgliedstaaten bei Bedarf ganze Berufsgruppen vor der Konkurrenz aus dem Ausland schützen können.

Wie beim Warenverkehr kam es, um diesem speziellen Problem der Arbeitnehmerfreizügigkeit Herr zu werden, im Laufe der europäischen Einigung zu zahlreichen branchen- bzw. berufsbezogenen Richtlinien. Dieses Vorgehen führte zwangsläufig zu einem langwierigen Prozess der komplizierten Angleichung Branche für Branche.

---

215 Hix/Høyland weisen nach, dass gemeinschaftliche Prozessregulierungen schwerer zu erreichen sind als Produktregulierungen. Während die ärmeren Staaten von letzteren auch profitieren, sofern sie auf niedrigem Niveau bleiben, ist bezüglich der Prozesse die Nichtregelung für die ärmeren Staaten besser, vgl. Hix, Simon/Høyland, Bjørn, 2011: The Political System of the European Union, 3. Aufl., Basingstoke u.a., S. 210–211.
216 Auf die Niederlassung von Gesellschaften wird hier nicht näher eingegangen, s. dazu Wagener/Eger, 2009, S. 331ff.

5. Die EU: eine Wirtschaftsgemeinschaft

In Analogie zum Prinzip der wechselseitigen Anerkennung ging die Europapolitik Ende der 1980er Jahre dazu über, Diplome und andere Ausbildungsnachweise gegenseitig anerkennen zu lassen, auch wenn sie keine vorherige Angleichung erfahren hatten.[217] Diese pragmatische Regelung hat den Vorteil der Zeitersparnis, allerdings den Nachteil, dass die Anerkennung für den Einzelfall nicht rechtlich verbindlich geregelt und somit auch nicht garantiert ist.

Die größte Herausforderung für den europäischen Binnenmarkt ist heute allerdings die Liberalisierung des Dienstleistungsverkehrs. Die Bedeutung von Dienstleistungen für die Wirtschaft der EU-Mitgliedstaaten hat stark zugenommen. So lag der Anteil der Dienstleistungen am Bruttoinlandsprodukt für die Europäische Union 2010 bei knapp 73 Prozent, die Zahl der im Dienstleistungssektor Beschäftigten bei etwa 70 Prozent aller Beschäftigten.[218] Dementsprechend hatte schon der Europäische Rat von Lissabon im Jahr 2000, der durch sein strategisches Ziel, *„die Union zum wettbewerbsfähigsten und dynamischsten wissensbasierten Wirtschaftsraum der Welt zu machen"*, einen hervorragenden Platz in der jüngeren Integrationsgeschichte einnimmt (Lissabon-Strategie), insbesondere die Beseitigung der Hemmnisse im Dienstleistungsbereich vorgesehen.[219] Der Grundkonflikt liegt hier auf der Hand: Welche Arbeitnehmerschutzbestimmungen – wie Mindestlöhne, Ruhezeiten, Urlaub, Gesundheits-, Hygiene- und Sicherheitsstandards sowie Jugendschutz- und Antidiskriminierungsvorschriften – gelten beispielsweise für den Handwerker, der in einem anderen Mitgliedstaat seiner Tätigkeit nachgehen will, diejenigen seines Herkunftslands (Herkunftsland- oder Ursprungslandprinzip) oder diejenigen des Landes, in dem die Dienstleistung erbracht wird (Bestimmungslandprinzip)?

Während der AEU-Vertrag (Art. 57) sowie die Entsenderichtlinie aus dem Jahr 1996 (RL 96/71/EG) dem Bestimmungslandprinzip verpflichtet sind, versuchte die Europäische Kommission 2004 in ihrem Entwurf einer neuen Dienstleistungsrichtlinie, der sog. *Bolkestein-Richtlinie*, die die generelle Geltung des Herkunftslandprinzips vorsah, den Paradigmenwechsel. In offensichtlicher Analogie zum Prinzip der gegenseitigen Anerkennung für den Güterverkehr haben die Mitgliedstaaten gemäß Herkunftslandprinzip im Dienstleistungsverkehr dafür Sorge zu tragen, „dass Dienstleistungserbringer lediglich den Bestimmungen ihres Herkunftsmitgliedstaats unterfallen"[220]. Für Hochlohnländer mit hohen sozialen Standards hätte die Neuerung eine drastische Verschärfung der Konkurrenzsituation für heimische Arbeitskräfte bedeutet, die durch das Bestimmungslandprinzip bisher vor allzu scharfem Wettbewerb geschützt sind, weil zumindest ein Teil der Kostenvorteile der fremden Arbeitskräfte durch nationale Bestimmungen und Auflagen aufgehoben wird.

---

217 Vgl. die Richtlinien 89/48/EWG, 92/51/EWG und 99/42/EG.
218 Vgl. Zahlen: Weltbank u. Eurostat; s. auch Wagener/Eger, 2009, S. 272.
219 Europäischer Rat: Schlussfolgerungen des Vorsitzes, Lissabon 23.-24. März 2000, Abs. 5.
220 Europäische Kommission: Vorschlag für eine Richtlinie des Europäischen Parlaments und des Rates über Dienstleistungen im Binnenmarkt, KOM (2004) 0002, Art. 16.

Vor dem Hintergrund der ebenfalls 2004 vollzogenen EU-Osterweiterung löste der neue Entwurf in einigen europäischen Mitgliedstaaten heftige Reaktionen aus. Viele Deutsche z.B. fürchteten die Konkurrenz durch polnische Metzger und tschechische Fliesenleger und damit das Auslaufen der vereinbarten Übergangsfristen für die Arbeitnehmerfreizügigkeit nach der Osterweiterung. In der französischen Debatte im Vorfeld des Referendums über die EU-Verfassung 2005 wurde *le plombier polonais*, der polnische Klempner, zur sinnbildlichen Verkörperung der verbreiteten Ängste vor Lohn- und Sozialdumping durch Marktliberalisierung und Erweiterung. So spielte die *directive Bolkestein*[221] eine bedeutende Rolle in der französischen Referendumsdebatte, obwohl sie mit dem Verfassungsvertrag im engeren Sinne nichts zu tun hatte. In der letztlich im Dezember 2006 verabschiedeten *Richtlinie des Europäischen Parlaments und des Rates über Dienstleistungen im Binnenmarkt* haben die verbreiteten Proteste daher eindeutig ihre Spuren hinterlassen. So wurde das Herkunftslandprinzip zugunsten einer abgeschwächten Endfassung der Richtlinie getilgt, und die Entsenderichtlinie aus dem Jahr 1996 hat im Zweifelsfall den ausdrücklichen Vorrang vor der Dienstleistungsrichtlinie (Art. 3).[222]

Dennoch flammte die Debatte wenige Jahre später wieder auf. Grund waren drei Urteile des EuGH von Ende 2007 bzw. Frühjahr 2008, die unter den inoffiziellen Kurztiteln *Laval*, *Viking* und *Rüffert* firmieren.[223] Bei der Vorabentscheidung des EuGH in der Viking-Rechtssache vom 11. Dezember 2007 ging es nicht um die Dienstleistungs-, sondern die Niederlassungsfreiheit, in der sich das finnische Fährunternehmen Viking Line durch Kollektivmaßnahmen der *Finnish Seaman's Union* und der *International Transport Workers' Federation* beeinträchtigt sah. Die Maßnahmen wurden verhängt, nachdem das Unternehmen die Umflaggung einer Fähre angekündigt hatte. Der beabsichtigte Betrieb der Fähre unter estnischer statt unter finnischer Flagge war vom Unternehmen mit dem geringeren Lohnniveau in Estland begründet worden. Die Vorabentscheidung des EuGH fiel zugunsten der Niederlassungsfreiheit des Unternehmens aus.

Tatsächlich um die Dienstleistungsfreiheit ging es bei der nur eine Woche später erfolgten Vorabentscheidung des Gerichtshofs in der Laval-Rechtssache. Hier hatte das lettische Bauunternehmen *Laval un Partneri Ltd* gegen eine schwedische Gewerkschaft geklagt, die die lettischen Arbeiter der Firma für die Erbringung von Dienstleistungen in Schweden mittels Kollektivmaßnahmen in die schwedischen Tarifverträge zwingen wollte. Der EuGH entschied zugunsten der Dienstleistungsfrei-

---

221 Directive: frz. für Richtlinie.
222 Vgl. RL 2006/123/EG.
223 Rechtssache C-438/05: International Transport Workers' Federation, Finnish Seamen's Union/Viking Line ABP, OÜ Viking Line Eesti, Urteil des Gerichtshofs vom 11. Dezember 2007; Rechtssache C-341/05: Laval un Partneri Ltd/Svenska Byggnadsarbetareförbundet, Svenska Byggnadsarbetareförbundets avdeling 1, Byggettan, Svenska Elektrikerförbundet, Urteil des Gerichtshofs vom 18. Dezember 2007; Rechtssache C-346/06: Rechtsanwalt Dirk Rüffert als Insolvenzverwalter über das Vermögen der Objekt und Bauregie GmbH & Co. KG/Land Niedersachsen, Urteil des Gerichtshofs vom 3. April 2008.

heit. Zuletzt ging es in der vom EuGH im April 2008 gefällten Vorabentscheidung in der Rüffert-Rechtssache um eine ähnliche Frage: Hier hatte ein polnisches Bauunternehmen seinen Arbeitern für einen Auftrag der öffentlichen Hand in Göttingen weniger als die Hälfte des tarifvertraglich festgesetzten Mindestentgelts gezahlt und verstieß damit gegen das Niedersächsische Landesvergabegesetz. Der EuGH entschied schließlich, dass die landesrechtlichen Vorgaben nicht mit der Dienstleistungsfreiheit vereinbar seien. In allen drei Fällen urteilte das Gericht also im Sinne der Marktintegration. Die Urteile lösten Unverständnis und Proteste vor allem in der europäischen Gewerkschaftsszene aus, die darin ihre Befürchtung der Einführung des Herkunftslandprinzips durch die Hintertür der Rechtsprechung bestätigt sahen.[224]

Alles in allem lässt sich für die gesamte Dimension der Arbeitnehmerfreizügigkeit festhalten, dass ihre Verwirklichung bis heute problematischer ist als die Realisierung des freien Güterverkehrs. Mit den Liberalisierungen des Personenverkehrs rührt die EU viel stärker an die arbeitsmarkt- und sozialpolitische Autonomie in den Mitgliedstaaten. Hochlohnländer mit hohen sozialen Standards fürchten nicht nur die Konkurrenz durch den Zuzug billiger Arbeitskräfte aus dem Ausland, sondern überdies die Einwanderung in die Sozialsysteme. In den betroffenen Bevölkerungen sind entsprechende Ängste um den eigenen Arbeitsplatz sowie die Kürzung sozialer Leistungen weit verbreitet. Ein weiteres Bedrohungsszenario stellt in diesem Zusammenhang die Verlagerung von Produktionsstandorten in Billiglohnländer dar, womit wir uns auf dem Feld der Kapitalverkehrsfreiheit befinden.

5.2.3 Kapitalverkehrsfreiheit

Um einen Gemeinsamen Markt zu errichten, muss man nicht nur dafür Sorge tragen, dass sich die Arbeitskräfte frei bewegen, sondern auch die Kapitalströme unbeschränkt über die Staatengrenzen fließen können. Welche Transaktionen fallen nun unter die Bezeichnung Kapitalverkehr? Zunächst einmal fallen darunter einfache Geldtransaktionen, sei es die Übertragung von Bargeld oder die Überweisung von Buchungsbeträgen. Darunter fallen aber auch der Erwerb von Grundstücken oder der Erwerb von Unternehmen, ferner Devisengeschäfte und der Aktienhandel, die Gewährung von Darlehen, die Einzahlung von Spareinlagen, Schenkungen, Erbschaften usw. All diese konkreten Varianten des Kapital- sowie des Zahlungsverkehrs sind also vertraglich vor Beschränkungen geschützt (Art. 63 AEU-Vertrag). Obwohl auch die Freiheit des Kapitalverkehrs schon im EWG-Vertrag vorgesehen war,[225] war sie doch eine Nachzüglerin[226] in der konkreten Schaffung des Gemein-

---

224 Vgl. Barnard, Catherine/Deakin, Simon, 2012: Social Policy and Labor Market Regulation, in: Jones, Erik/Menon, Anand/Weatherill, Steven (Hrsg.): The Oxford Handbook of European Integration, Oxford, S. 542–555 (549ff.).
225 Vgl. Art. 3 c, Art. 67 ff. EWG-Vertrag.
226 Auch „late-comer der Liberalisierung", s. Wagener/Eger, 2009, S. 337.

samen Marktes. Sie wurde im Grunde erst mit dem Weißbuch zur Vollendung des Binnenmarkts 1985 und der Einheitlichen Europäischen Akte (EEA) 1986 in die konkrete Verwirklichung der vier Freiheiten des Binnenmarkts einbezogen. Umso schneller konnte die Liberalisierung des Kapitalverkehrs dann aber 1988 mit einer entsprechenden Richtlinie (RL 88/361/EWG) vollendet werden.

Aus einer vornehmlich ökonomischen Perspektive ist die Befreiung des Kapitalverkehrs erforderlich, damit das Kapital dahin gehen kann, wo es am produktivsten eingesetzt wird. In der politischen Debatte sowie in der Wahrnehmung der nationalen Bevölkerungen insbesondere der älteren EU-Mitgliedsländer wird die dadurch gewonnene Kapitalverkehrsfreiheit allerdings oft als Kapitalflucht wahrgenommen und die Verlagerung von Produktionsstandorten aus Hochlohnländern in neue Mitgliedstaaten mit geringeren Arbeitskosten scharf kritisiert. Im Zuge der Bewältigung der zyprischen Bankenkrise wurde im Frühjahr 2013 die Kapitalverkehrsfreiheit erstmals vorübergehend und partiell (für Zypern und in Zypern aktive Geldhäuser) eingeschränkt, um einen untragbaren Kapitalabfluss zu vermeiden. Die Kapitalverkehrskontrollen wurden durch die nationale Zentralbank in enger Abstimmung mit der EZB eingeführt.

Besonders heftige Konflikte zwischen der nationalstaatlichen und der europäischen Ebene treten im Kontext der Kapitalverkehrsfreiheit aber bei der Privatisierung öffentlicher Unternehmen auf. Verschiedene EU-Mitgliedstaaten wurden von der Kommission vor dem EuGH verklagt, weil sie mit speziellen Privatisierungsvorschriften, die durch Sonderaktien des Staates, Genehmigungsvorbehalte oder Höchststimmrechte den nationalen Einfluss sichern sollten, laut Klägerin unter anderem die Freiheit des Kapitalverkehrs verletzten.[227] In der Regel entschied der EuGH zugunsten der Kommission. Einen Dauerkonflikt in dieser Hinsicht hat die Europäische Kommission mit Deutschland ausgetragen. Mit seinem Urteil vom 23. Oktober 2007 kippte der EuGH das mit der Privatisierung des Volkswagenkonzerns 1960 erlassene Bundesgesetz, das sog. VW-Gesetz, das eine Festsetzung von Höchststimmrechten für Anteilseigner enthielt. Da die daraufhin erfolgte Gesetzesänderung der Kommission nicht ausreichend erschien, strengte sie eine weitere Klage an, die EuGH allerdings im Oktober 2013 abgewiesen hat (s. Kasten 7).

Kasten 7: Der EuGH und das deutsche VW-Gesetz
Das sog. *VW-Gesetz* wurde bei der Privatisierung der Volkswagenwerk GmbH im Jahr 1960 erlassen. Die Umwandlung des Werks in eine Aktiengesellschaft wurde auf diesem Weg mit einer gesetzlichen Festsetzung von Höchststimmrechten für die Anteilseigner verbunden. Die Regelung sah konkret vor, dass kein Aktionär mehr als 20 Prozent der Stimmrechte ausüben darf, gleich wie viele Anteile er

---

[227] So z.B. Portugal (Rs. C-367/98), Großbritannien (Rs. C-98/01), Spanien (Rs. C-463/00), Italien (Rs. C-174/04) etc.

5. Die EU: eine Wirtschaftsgemeinschaft

besitzt. Damit konnte praktisch kein Anteilseigner einen höheren Einfluss ausüben als das Land Niedersachsen, das bis heute knapp 20 Prozent der Aktien hält. Ferner beinhaltete das Gesetz besondere Entsenderechte für die Bundesrepublik und das Land Niedersachsen betreffend die Besetzung des Aufsichtsrats sowie eine spezielle Mehrheitsregelung für Grundlagenentscheidungen, die der öffentlichen Hand faktisch eine Sperrminorität zusicherte. Die EU-Kommission kritisierte das Gesetz wiederholt, weil es ein Hindernis für ausländische Investoren darstellte. Am 12. März 2005 reichte sie eine Vertragsverletzungsklage vor dem Europäischen Gerichtshof ein. In seinem Urteil vom 23. Oktober 2007 gab der EuGH schließlich der Kommission Recht (Urteil Rs. C-112/05).

Die deutsche Bundesregierung änderte das Gesetz daraufhin in den zwei erstgenannten Punkten, beließ es aber bei der speziellen Mehrheitsregelung (80 Prozent für Beschlüsse der Hauptversammlung). Die EU-Kommission sah darin einen Verstoß gegen die aus dem EuGH-Urteil abzuleitenden Auflagen. Im Februar 2012 reichte sie eine neue Vertragsverletzungsklage vor dem EuGH ein (Rs. C-95/12). Im Oktober 2013 hat der Gerichthof zugunsten des Beklagten geurteilt. Die Kommission kündigte daraufhin an, den Konflikt damit beilegen zu wollen.

Auch die Kapitalverkehrsfreiheit ist also dazu geeignet, die wirtschafts- und sozialpolitischen Handlungsspielräume der Nationalstaaten empfindlich einzuschränken. Auf der anderen Seite gibt es aber weiterhin nationale Kompetenzen, die gewisse Hemmnisse für den Kapitalverkehr darstellen. Zum Ersten betrifft dies das Steuerrecht. Die Nationalstaaten besitzen weiterhin Steuerhoheit.[228] Während sie sich bei den indirekten Steuern zumindest auf einen gemeinsamen Mindestmehrwertsteuersatz von 15 Prozent sowie eine einheitliche Bemessungsgrundlage einigen konnten, gilt das nicht für die direkten Steuern, also diejenigen, die direkt von den Bürgern und Unternehmen gezahlt werden, sei es in Form von Einkommen- oder Körperschaftssteuern. Insbesondere die Differenzen der nationalen Unternehmensbesteuerung beeinflussen den Kapitalverkehr (s. Abb. 18). Eine Harmonisierung ist hier jedoch bisher nicht gelungen, vielmehr ist die Besteuerung der Unternehmensgewinne bis heute durch unterschiedliche Körperschaftssteuersysteme, unterschiedliche steuerliche Bemessungsgrundlagen und unterschiedliche Steuersätze gekennzeichnet.[229] Ein kontrovers diskutiertes Beispiel in diesem Kontext stellt Irland dar, das durch eine sehr niedrige Unternehmensbesteuerung ausländische Direktinvestitionen anzieht. Schon seit mehreren Jahrzehnten versucht die Europäische Kommission, ange-

---

228 Das exklusive Recht der Nationalstaaten zur Erhebung von Steuern und das Fehlen dieser Kompetenz auf europäischer Ebene sind weitere Indizien dafür, dass es sich bei der EU nicht um einen Staat handelt, s. Kapitel 3.3.
229 Vgl. Wagener/Eger, 2009, S. 357.

trieben durch die Mitgliedstaaten, die darin eine unfaire Wettbewerbsverzerrung sehen, eine Steigerung der Sätze zu erwirken. Trotz leichter Anhebungen des Satzes in der Vergangenheit liegt dieser heute immer noch bei vergleichsweise sehr niedrigen 12,5 Prozent.[230]

Abbildung 18: Körperschaftssteuersätze der EU-Staaten in % (Stand: 2013)

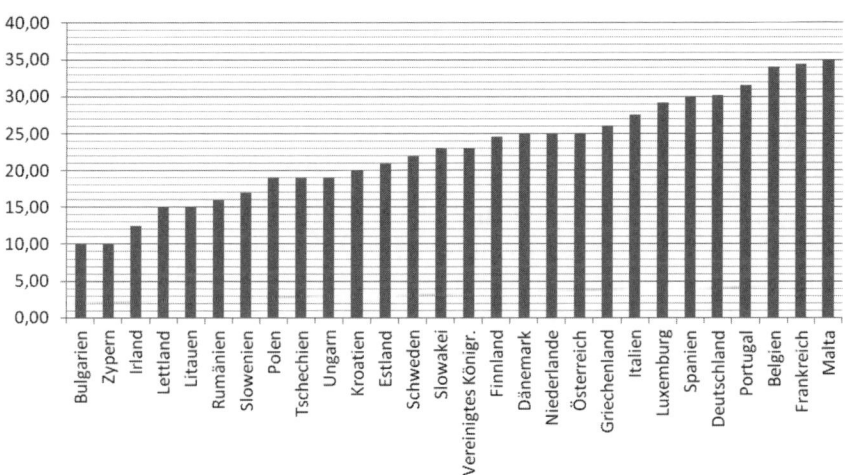

Quelle: eigene Darstellung; Daten: OECD, Wirtschaftskammer Österreich.

Zum Zweiten kann der freie Kapitalverkehr im Binnenmarkt durch unterschiedliche nationale Währungen und entsprechende Wechselkursschwankungen beeinträchtigt werden. Um derartige Dysfunktionalitäten des Gemeinsamen Marktes zu vermeiden, haben sich einige EU-Staaten auf eine Wirtschafts- und Währungsunion verständigt (s. Abschnitt 5.3).

5.2.4 Wettbewerbspolitik

Die vorangegangenen Abschnitte haben gezeigt, gegen welche protektionistischen Widerstände sich das Projekt eines europäischen Binnenmarkts mit seinen vier Grundfreiheiten im Integrationsverlauf durchsetzen musste bzw. bis heute muss. Mit der Etablierung eines Gemeinsamen Marktes ist es allerdings in der Regel nicht getan. Für seine Funktionsfähigkeit ist freier und unverfälschter Wettbewerb unerlässlich. Die Kontrolle und Gewährleistung des Wettbewerbs ist die ordnungspolitische Kernaufgabe der Gemeinschaftsorgane, insbesondere der Kommission, und der Wettbewerbskommissar ist einer der mächtigsten Vertreter innerhalb des Kollegi-

---

230 Vgl. Laffan, Brigid/O'Mahony, Jane, 2008: Ireland and the European Union, Basingstoke [u.a.], S. 229; Aust, Andreas, 1999: Irlands Entwicklung im europäischen Binnenmarkt, Wiesbaden, S. 30.

ums. Angesichts der besonderen Bedeutung der Wettbewerbspolitik fällt das primärrechtliche Bekenntnis zum Wettbewerbsgedanken heute bescheiden aus. Ein solches findet sich nur in einem Protokoll zu den europäischen Verträgen (Nr. 27), wonach der Binnenmarkt ein System umfasst, „das den Wettbewerb innerhalb des Binnenmarkts vor Verfälschungen schützt". Diese Zurückhaltung ist wiederum auf die kontroversen Debatten rund um die Ratifizierung des Verfassungsvertrags zurückzuführen. Die Aufnahme der Klausel in den Prinzipienkatalog des Dokuments heizte die Kritik an der angeblich einseitig neoliberalen Ausrichtung der EU-Integration an, die insbesondere in der französischen Debatte ein dominantes Argumentationsmuster der Ratifizierungsgegner war.[231]

Durch welche Maßnahmen und Bestimmungen ist die europäische Wettbewerbspolitik aber darüber hinaus konkret verwirklicht?

- *Kartellverbot* (Art. 101 AEU-Vertrag): Kartelle stellen Störungen des freien Wettbewerbs dar. Sie sind folglich verboten.[232] Das Verbot richtet sich gegen einzelne Unternehmen, die mit anderen Marktteilnehmern Preisabsprachen treffen, anstatt auf dem freien Markt zugunsten der Verbraucher offen zu konkurrieren.

- *Missbrauchsaufsicht* (Art. 102 AEU-Vertrag): Auch die missbräuchliche Ausnutzung einer beherrschenden Stellung durch einen einzelnen Marktteilnehmer ist verboten. Auch dieses Verbot richtet sich gegen einzelne Unternehmen. Besonders verbreitet ist der sog. Behinderungsmissbrauch gegenüber Konkurrenten. Ein aufsehenerregendes Beispiel hierfür bietet der US-Softwarekonzern Microsoft, gegen den die Kommission im Februar 2008 wegen entsprechender Verstöße gegen das Wettbewerbsrecht ein Rekordbußgeld in Höhe von 899 Mio. Euro verhängt hat. Aufgrund weiterer Verstöße im Zusammenhang mit der beschränkten Auswahl von Internetbrowsern hat die Kommission Microsoft im März 2013 eine weitere Geldbuße von 561 Mio. Euro auferlegt.[233]

- *Fusionskontrolle* (VO 4064/1989 bzw. 139/2004): Durch den Zusammenschluss zweier oder mehrerer Firmen kann ein Unternehmen mit marktbeherrschender Stellung entstehen. Deshalb werden derartige Fusionen von gemeinschaftsweiter Bedeutung von der Kommission präventiv kontrolliert und müssen bei ihr angemeldet werden. Eine Genehmigung erfolgt nur, wenn der gemeinsame Marktanteil des Zusammenschlusses festgelegte Schwellenwerte nicht überschreitet. Ein aufsehenerregender Fall war die gescheiterte Fusion der Deutschen Börse mit der NYSE Euronext. Der Zusammenschluss wurde Anfang 2012 von der Europä-

---

231 Vgl. Schünemann, Wolf J., 2013: Der EU-Verfassungsprozess und die ungleichzeitige Widerständigkeit gesellschaftlicher Wissensordnungen – exemplarische Darstellung eines Ansatzes zur diskursanalytischen Referendumsforschung, in: Zeitschrift für Diskursforschung 1/2013, S. 67–87; ders., 2014 i.E.: Subversive Souveräne. Eine vergleichende Diskursanalyse der Referenden über den EU-Verfassungs- bzw. Reformvertrag in Frankreich, den Niederlanden und Irland, Wiesbaden.
232 In wenigen, in Art. 101 Abs. 3 aufgeführten Fällen kann es zu Ausnahmen vom Verbot kommen.
233 Vgl. Entscheidung der Kommission vom 24. März 2004 (2007/53/EG) sowie Pressemitteilung der Kommission IP/13/196 vom 6. März 2013.

ischen Kommission abgelehnt, weil er in ihren Augen zu einer monopolartigen Stellung auf dem Markt für europäische Finanzderivate geführt hätte.
- *Kontrolle öffentlicher Unternehmen* (Art. 106 AEU-Vertrag): Auch öffentliche Unternehmen und solche der sog. *Daseinsvorsorge*, also insbesondere die großen netzgebundenen Wirtschaftszweige (Telekommunikation, Verkehr, Energie usw.), fallen ausdrücklich unter die Geltung des Wettbewerbsrechts. Demnach hat die Kommission für die Liberalisierung der oft staatlich getragenen Netzindustrien zu sorgen. Von ihrer Richtlinienkompetenz Gebrauch gemacht hat die Kommission insbesondere bei der Öffnung der Telefonmärkte,[234] die so Ende der 1990er Jahre vollendet werden konnte.
- *Beihilfenkontrolle* (Art. 107–109 AEU-Vertrag): Die Kontrolle staatlicher Beihilfen bezieht sich ebenfalls auf die Tätigkeit der Mitgliedstaaten. Subventionen, Steuerermäßigungen, Staatsbürgschaften, Vorzugskonditionen usw., die von einzelnen Mitgliedländern gewährt werden, verfälschen den Wettbewerb und sind daher verboten. Allerdings gibt es Ausnahmen (Beihilfen sozialer Art, nach Naturkatastrophen oder die Förderung strukturschwacher Regionen usw.). Dennoch bedeutet das gemeinschaftliche Verbot staatlicher Beihilfen einen veritablen Souveränitätsverzicht der Mitgliedstaaten, die in ihren wirtschaftspolitischen Maßnahmen beschränkt werden.

5.2.5 Bilanz

Als Ganze, also einschließlich aller Mitgliedstaaten, hat die Europäische Union die Stufe des Gemeinsamen Marktes erreicht, wenn der europäische Binnenmarkt auch immer noch, wie die vorangegangenen Abschnitte zeigen sollten, durch gewisse Unzulänglichkeiten, innergemeinschaftliche Konflikte und ausstehenden Regelungsbedarf gekennzeichnet ist. Selbst erlassene Binnenmarktrichtlinien werden nicht in allen Ländern fristgerecht und auch nicht immer korrekt umgesetzt. Die Europäische Kommission misst diese Abweichungen in ihrem sog. Binnenmarktanzeiger (*Internal Market Scoreboard*). Die durchschnittliche Umsetzungsdefizitquote (*transposition deficit*), die angibt, wie groß der Anteil der Binnenmarktrichtlinien ist, die der betreffende Staat noch nicht in nationales Recht umgesetzt hat, hat sich in den vergangenen Jahren deutlich verbessert. Lag die Quote für das Jahr 2007 noch bei 1,2 Prozent, betrug sie Ende 2012 lediglich 0,6 Prozent. Schwerer wiegt die Zahl der registrierten Vertragsverletzungen mit Bezug zum Binnenmarkt. Die durchschnittliche Zahl der laufenden Vertragsverletzungsverfahren pro Mitgliedstaat lag Ende 2012 bei 31, wobei große nationale Unterschiede bestehen (Italien: 67, Deutschland: 46; Lettland: 7).[235] Das Weißbuch zur Vollendung des Binnenmarkts aus dem Jahr 1985 sah als Zieldatum den 31. Dezember 1992 vor. Wie wir sehen, konnte der europäi-

---

234 Vgl. Endgeräte-Richtlinie (RL 88/301/EWG), Dienste-Richtlinie (RL 90/388/EWG; geändert durch RL 96/19/EG).
235 Alle Zahlen: vgl. European Commission: Internal Market Scoreboard, Nr. 26, Feb. 2013.

sche Binnenmarkt zwar errichtet werden, er weist aber bis heute noch Defizite auf, deren Bewältigung auch in Zukunft eine zentrale Aufgabe der Gemeinschaftsorgane ausmachen wird. Der Binnenmarkt ist also nicht nur ein erreichtes Etappenziel auf dem Weg der ökonomischen Integration, er ist auch ein dauerhaftes Projekt im Werden, das der kontinuierlichen Aufsicht insbesondere durch Kommission und Gerichtshof bedarf.

5.3 Die Wirtschafts- und Währungsunion

Auf der vierten Stufe der ökonomischen Integration ist die EU als Gesamtverbund der nunmehr 28 Mitgliedstaaten noch nicht angekommen. Zwar wurde bereits mit dem Vertrag von Maastricht die Errichtung einer Wirtschafts- und Währungsunion vereinbart. In die entscheidende dritte Phase der Euro-Einführung traten aber dann 1999 zunächst nur elf Länder ein, also die Mitgliedstaaten der EU-15, ausgenommen Griechenland und Schweden, die gegen eines oder mehrere der Konvergenzkriterien verstießen,[236] sowie Großbritannien und Dänemark, die sich von der Einigung lossagten, indem sie die Möglichkeit eines sog. *opting out* nutzten. Die gemeinsame Währung, der Euro, ist seit 1999 als Buchgeld existent, seit 2002 ist er allein gültiges Zahlungsmittel in der sog. *Eurozone*. Griechenland trat der Eurozone 2001 bei, Slowenien als erster Mitgliedstaat der Osterweiterung 2007, Malta und Zypern am 1. Januar 2008, die Slowakei im Jahr darauf und schließlich Estland Anfang 2011. Auch für die anderen neuen Mitgliedstaaten ist der Beitritt zur Eurozone verbindlich vorgesehen, sobald sie die Konvergenzkriterien erfüllen. Allerdings können sie auch dann selbst über den Termin zum Beitritt bestimmen. Ein Teil von ihnen (Lettland, Litauen, aber auch Dänemark) nimmt schon heute an einem neuen Wechselkursmechanismus (WKM II) teil. Jeder Staat, der dem gemeinsamen Währungsgebiet beizutreten beabsichtigt, hat vier strikte Konvergenzkriterien zu erfüllen (s. Art. 140 AEU-Vertrag, Protokoll Nr. 13):

- *Preisstabilität*: Die Inflationsrate des betreffenden Staates darf nur max. 1,5 Prozent über der durchschnittlichen Rate der höchstens drei Länder mit den niedrigsten Inflationsraten im vergangenen Jahr liegen.
- *Finanzlage der öffentlichen Hand*: Die Mitgliedstaaten haben übermäßige öffentliche Defizite zu vermeiden (s. Art. 126 AEU-Vertrag). Dementsprechend darf die Neuverschuldung der öffentlichen Haushalte höchstens drei Prozent des BIP betragen, die gesamte öffentliche Verschuldung darf den Grenzwert von sechzig Prozent des BIP nicht überschreiten.
- *Teilnahme am Wechselkursmechanismus*: Die nationale Währung muss sich seit mindestens zwei Jahren in den festgelegten Bandbreiten des Wechselkursmecha-

---

236 Griechenland verfehlte zunächst alle Kriterien, Schweden konnte nur die Unabhängigkeit der Zentralbank nicht gewährleisten.

nismus des Europäischen Währungssystems (EWS) bewegen. Sie darf innerhalb dieses Zeitraums gegenüber keiner Währung eines anderen Mitgliedstaats abgewertet worden sein.

- *Konvergenz der Zinssätze*: Der durchschnittliche langfristige Nominalzinssatz des letzten Jahres darf nicht mehr als zwei Prozentpunkte über dem entsprechenden Satz jener höchstens drei Staaten mit den niedrigsten Inflationsraten liegen.[237]

Heute wird in siebzehn Staaten der Union mit Euro-Münzen und -Scheinen bezahlt.[238] Die Entwicklung der Wirtschafts- und Währungsunion geht bis in die 1970er Jahre zurück, sie wird im Kapitel 11.9 zur Geschichte der europäischen Integration ausführlich behandelt.

5.3.1 Warum WWU?

Geld ist ein starkes Symbol nationaler Identität, das den Menschen tagtäglich durch die Hände geht und von dessen Wert und Stabilität ihre Existenz abhängt. Welche Erwägungen haben die Euro-Staaten veranlasst, einen derart gravierenden Souveränitätsverzicht zu üben, indem sie ihre nationalen Währungen aufgaben und damit auch ein erhebliches Maß wirtschafts- und finanzpolitischer Steuerung an die Gemeinschaft übertrugen? Wechselkursschwankungen wirken sich generell störend auf integrierte Ökonomien aus. Auch der Binnenmarkt, so die verbreitete Sichtweise zur damaligen Zeit, kann mithin nur optimal funktionieren, wenn in ihm eine gemeinsame Währung zirkuliert. Eine Studie der Europäischen Kommission zu den Kosten und Vorteilen der Wirtschafts- und Währungsunion von 1990 bringt die grundlegende Erkenntnis auf den Punkt: „One market needs one money."[239] Folgende Vorteile werden gemeinhin mit der Einführung einer gemeinsamen Währung verbunden:

- *geringere Transaktionskosten*: Durch den Wegfall der Umtauschkosten wird der Handel effizienter.
- *höhere Investitionsbereitschaft*: Die Konsumenten und Investoren können die Kosten besser vergleichen. Das wiederum fördert den Wettbewerb.
- *größere wirtschaftliche Sicherheit*: Durch die Währungsstabilität wird die Wirtschaftsentwicklung für Verbraucher und Unternehmen verlässlicher.
- *niedrigere Zinssätze*: Langfristig sind niedrigere Zinssätze zu erwarten, was wiederum zu Investitionen anregt.
- *höheres Wirtschaftswachstum*: Die Zunahme der Investitionstätigkeit schlägt sich in den Wachstumsraten nieder.

---

237 Über diese vier Kriterien hinaus wird vor Neuaufnahme eines Mitglieds zudem die Vereinbarkeit der innerstaatlichen Rechtsvorschriften mit dem AEU-Vertrag überprüft.
238 Im Kosovo, das nicht zur WWU gehört, ist der Euro ebenfalls offizielles Zahlungsmittel.
239 Generaldirektion Wirtschaft und Finanzen, 1990: One market, one money. An evaluation of the potential benefits and costs of forming an economic an monetary union, Brüssel, S. 9.

- *stärkeres Gewicht in der Weltwirtschaft*: Mit dem Euro entsteht eine neue internationale Leitwährung. Der europäische Wirtschaftsraum gewinnt im Weltfinanzsystem an Bedeutung.

- *Vertiefung der Integration*: Durch die Schaffung eines Identifikationssymbols auf Gemeinschaftsebene wird die politische Integration befördert.

Im Nachhinein und in Kenntnis der krisenhaften Entwicklung der vergangenen Jahre mögen die ökonomischen Erwägungen, tatsächliche und vermeintliche Vorteile der gemeinsamen Währung anders bewertet werden. Einige Ökonomen verweisen heute auf schon früh geäußerte Skepsis an der Währungsunion.[240] Es darf jedoch nicht vergessen werden, und dies zeigt sich im letzten Punkt der oben wiedergegebenen Auflistung: Der Euro war immer auch, vielleicht vornehmlich ein politisches Projekt. Seine Einführung gründete sich nicht allein auf ökonomisches Kalkül, sondern war die Verwirklichung eines bedeutenden Integrationsziels.

5.3.2 Institutionelle Umsetzung

Im Mittelpunkt europäischer Geldpolitik steht die Europäische Zentralbank mit Sitz in Frankfurt am Main (s. Kap. 4.6). Sie ist weitgehend dem Modell der deutschen Bundesbank nachgebildet und verfolgt ein vorrangiges währungspolitisches Ziel: die Preisstabilität (s. Art. 127 AEU-Vertrag). Sie hat also dafür Sorge zu tragen, dass sich die Inflation innerhalb der Eurozone in engen Grenzen hält, nämlich zwischen null und maximal zwei Prozent. Zu diesem Zweck verfügt sie über umfassende Kompetenzen im Bereich der Geldpolitik, einschließlich der Ausgabe von Banknoten sowie der Festsetzung von Wechselkursen und Leitzinsen. Die Europäische Zentralbank führt ihre Aufgaben in institutioneller Unabhängigkeit aus. Gemeinsam mit den Zentralbanken der Mitgliedstaaten bildet sie das Europäische System der Zentralbanken (s. Kap. 4.6).

Auf politischer Ebene kommt dem Rat für Wirtschaft und Finanzen (auch EcoFin genannt, s. Kap. 4.3) eine Schlüsselrolle bei der Steuerung der WWU zu. Der EcoFin-Rat überwacht insbesondere die Einhaltung des *Stabilitäts- und Wachstumspakts* (kurz: SWP). Bei Beschlüssen, die die Eurozone betreffen, stimmen nur die zugehörigen Staaten ab. Der Stabilitäts- und Wachstumspakt schreibt den nationalen Regierungen die Orientierung am zweiten Konvergenzkriterium, also den festgelegten Defizitgrenzen (max. 3 Prozent des BIP Neuverschuldung, max. 60 Prozent Gesamtverschuldung), auch über den Beitritt ihres Landes zur Eurozone hinaus vor und belegt Verstöße mit Sanktionen. Über das Vorliegen eines übermäßigen Defizits entscheidet der EcoFin-Rat. Über die mögliche Verhängung von Sanktionen musste der Rat bisher ohne die Stimmen des betreffenden Staates mit Zweidrittelmehrheit entscheiden. Im Zuge der europäischen Staatsschuldenkrise ist die Entscheidungsre-

---

240 Allen voran der US-Ökonom Feldstein: Feldstein, Martin: The Failure of the Euro. The Little Currency That Couldn't, in: Foreign Affairs 1/2012, S. 105–116.

gel verschärft worden: Zur besseren Durchsetzung des SWP im Falle eines übermäßigen Defizits erfolgt eine gewissermaßen ‚halbautomatische' Strafe gegen den betroffenen Staat auf Empfehlung der Kommission, wobei die Sanktion nur noch durch eine qualifizierte Mehrheit des Rates abgewendet werden kann (s. zur Reform des SWP den Abschnitt 5.4).

Die Finanzminister der Euro-Staaten treffen sich überdies meist zur Absprache und Koordinierung im Vorfeld einer Ratssitzung informell als sog. *Eurogruppe*. Diese hat in den vergangenen Jahren einen erheblichen Bedeutungszuwachs erfahren. Sie hat sich neben der Europäischen Zentralbank als politisches Gremium der WWU etabliert.[241] Eine Art *Wirtschaftsregierung* war von einigen Mitgliedstaaten, insbesondere Frankreich, als Ausgleich für die restriktive Geldpolitik der EZB sowie den Stabilitäts- und Wachstumspakt immer ausdrücklich gefordert worden. Ob die Eurogruppe dieser Rolle auch in schwierigen Zeiten gerecht werden kann, wird mit etwas zeitlicher Distanz zum aktuellen Krisengeschehen zu prüfen sein.

5.3.3 Differenzen, Probleme, Bilanz

Das Ansehen der Wirtschafts- und Währungsunion hat in den vergangenen Jahren der Staatsschuldenkrise im Euroraum stark gelitten (zu Entstehung und Entwicklung der Krise s. Kap. 11.13). Galt die WWU seit ihrer Gründung verbreitet als weitere Stufe des wirtschaftlichen Erfolgsprojekts EU, so fällt die Bewertung heute deutlich negativer aus, und die besonderen ökonomischen Schwierigkeiten, in die einige Eurostaaten und damit die Eurozone insgesamt geraten sind, werden nicht zuletzt auf die Konstruktionsfehler der WWU zurückgeführt: „The European crisis is rooted in a failure of institutional design".[242] Die grundlegendste Kritik an der Gemeinschaftswährung stützt sich seit ihrer Einführung auf die sog. Theorie optimaler Währungsräume.[243] Demnach ist es nur dann sinnvoll, einen gemeinsamen Währungsraum zu bilden, wenn die wirtschaftliche Integration des Gebiets weit genug vorangeschritten ist. Dies trifft nach Ansicht vieler Beobachter auf die Eurozone nicht zu.[244] Die EU ist zwar eine Wirtschaftsgemeinschaft, und sie hat den gemeinsamen Binnenmarkt mit einigen Abstrichen verwirklichen können, mit einem Teil ihrer Mitglieder ist sie den Weg der ökonomischen Integration sogar weiter gegangen und hat eine gemeinsame Währung eingeführt (Eurozone), die volle wirtschaftliche Integration als fünfte

---

241 Vgl. Hillenbrand, Olaf, 2002: Die Wirtschafts- und Währungsunion, in: Weidenfeld, Werner (Hrsg.): Europa-Handbuch, Bonn, S. 454–476 (470).
242 Bergsten, C. Fred, 2012: Why the Euro Will Survive, in: Foreign Affairs, Sep./Okt. 2012, S. 16–22 (16); s. auch Becker, Werner/Böttcher, Barbara, 2012: Währungspolitik, in: Weidenfeld, Werner/Wessels, Wolfgang (Hrsg.): Jahrbuch der Europäischen Integration, Baden-Baden, S. 237–242 (238).
243 Die Theorie geht auf den kanadischen Wirtschaftsnobelpreisträger Robert Mundell zurück, s. Mundell, Robert, 1961: A Theory of Optimal Currency Areas, in: American Economic Review 51/4, S. 657–665.
244 Vgl. Artus, Patrick, 2011a: LA BCE a-t-elle bien servi la zone euro?, in: L'Economie politique 52/2011, S. 6–16; Tooze, Adam, 2012: Germany's Unsustainable Growth. Austerity Now, Stagnation Later, in: Foreign Affairs 5/2012, S. 23–30; Hix/Høyland, 2011, 245ff.; Dyson, Kenneth, 2012: Economic and Monetary Union, in: Jones, Erik/Menon, Anand/Weatherill, Steven (Hrsg.): The Oxford Handbook of European Integration, Oxford, 453–468 (457).

und letzte Stufe hat sie jedoch längst nicht erreicht. Innerhalb der Union gibt es nach wie vor große ökonomische Ungleichgewichte, die sich in den vergangenen Jahren, entgegen der mit der ökonomischen Integration und der Währungsunion verbundenen Konvergenzannahme, sogar noch verschärft haben. Das ökonomische Niveau, die Wettbewerbsfähigkeit und die jeweiligen Konjunkturzyklen der Mitgliedstaaten weichen zeitweise stark voneinander ab. Derzeit etwa stehen Deutschland und einige andere Staaten ökonomisch vergleichsweise gut dar, während die Lage in vielen Partnerländern desaströs ist. Vor etwa zehn Jahren gehörte Deutschland hingegen zu den Problemländern, während in Spanien oder Irland – in den Darstellungen von Ökonomen, Politikern und Medien – die Wirtschaft florierte, gleichzeitig aber zu überhitzen drohte. Vor dem Hintergrund derartiger Differenzen ist der von der EZB für die Eurozone einheitlich festgelegte Leitzins problematisch. Er kann nicht in allen Mitgliedstaaten zur gleichen Zeit günstig wirken.[245] Spanien und Irland etwa hätten zu Beginn der 2000er Jahre einen höheren Leitzins benötigt, auch um die später deutlich gewordenen Spekulationsblasen im Immobilien- oder Bankensektor und den Anstieg privater Verschuldung zu verhindern. Deutschland hingegen brauchte damals zur wirtschaftlichen Erholung günstige Kredite, während ihm derzeit durch die beispiellose Niedrigzinspolitik der EZB eher nicht gedient ist.[246]

Die regionalen Differenzen innerhalb der Eurozone können – und hier kommt die Theorie optimaler Währungsräume ins Spiel – durch den Markt kaum ausgeglichen werden, denn die Arbeitskräfte sind (noch) nicht hinreichend mobil und die Löhne sind nicht flexibel. Für effektive Ausgleichsmechanismen im europäischen Maßstab ist der EU-Haushalt auf der anderen Seite viel zu gering.[247] Wie die Stabilisierungsversuche der Gemeinschaftswährung in den vergangenen Jahren gezeigt haben, sind finanzielle Garantien und Transfers durch die Partnerländer zumindest in den Gesellschaften der Gläubigerstaaten unpopulär, womit derartige Maßnahmen auf längere Sicht an die Grenzen europäischer Solidarität stoßen könnten.

Während viele Beobachter dennoch für den Ausbau der EU zu einer Art Transferunion plädieren, in welcher die wirtschaftlichen Disparitäten durch Unterstützungsleistungen ausgeglichen werden, zumindest aber ein gemeinsames Haftungsarrangement gefunden wird, um die Refinanzierungskosten verschuldeter Staaten in erträglichen Grenzen zu halten,[248] ist es das erklärte Ziel der Gläubiger- und Geberstaaten, finanzielle Garantien und Transfers zwischen den Mitgliedstaaten möglichst gering und kontrollierbar zu halten. Insbesondere die deutschen Verhandlungsführer behar-

---

245 Vgl. Feldstein, 2012, S. 108.
246 Vgl. Dreger, Christian, 2012: Der ökonomische Wert der Währungsunion: eine positive Bilanz aus deutscher Sicht, in: integration 2/2012, S. 110–116 (115).
247 Vgl. Hix/Høyland, 2011, S. 245–246 u. 255.
248 Wissenschaftlich begründete Plädoyers für Transfermechanismen und Eurobonds etwa bei Artus, Patrick, 2011b: Zone Euro: Les responsables de la crise de la dette, in: Politique étrangère 4/2011, S. 755–762 (755 u. 756); Csaba, László, 2012: Revisiting the Crisis of the EMU: Challenges and Options, in: Zeitschrift für Staats- und Europawissenschaften 1/2012, S. 53–77.

ren darauf, am ursprünglich vereinbarten Haftungsausschluss (sog. No-bailout-Klausel, Art. 125 AEU-Vertrag) als Grundprinzip der Währungsunion festzuhalten. Das stabilitätsorientierte Lager um Deutschland bleibt im Grunde einer monetaristischen Position verhaftet. Gewissermaßen als Ursünde der WWU wird aus dieser Perspektive der laxe Umgang mit dem Stabilitäts- und Wachstumspakt bewertet. Wie oben gezeigt, hingen Sanktionen bei übermäßigen Haushaltsdefiziten bisher von einer Zustimmung im Rat ab. Dass eine solche Mehrheit jemals zustande kommen würde, war in der Tat von Anfang an nicht wahrscheinlich. Regierungsvertreter, die sich im Rat ungnädig gegenüber einem übermäßig verschuldeten Staat zeigten, hätten damit rechnen müssen, in einer ähnlichen Schieflage selbst auch keine Unterstützung zu erhalten. Als ökonomische und politische Schwergewichte wie Frankreich und – ausgerechnet – Deutschland in der ersten Hälfte der 2000er Jahre als erste sog. Defizitsünder die gesetzte Marke überschritten, konnten die Sanktionen mit Verweis auf die schwierige konjunkturelle Lage leicht ausgesetzt werden. So schufen die beiden Länder einen Präzedenzfall, und die Sanktionsgefahr blieb theoretisch.[249] Dass der aufgeweichte Stabilitäts- und Wachstumspakt seine Steuerungswirkung regelmäßig verfehlt, hat sich also nicht erst nach Ausbruch der Wirtschafts- und Finanzkrise gezeigt; von da an allerdings besonders deutlich: Zeitweise wiesen 20 von 27 EU-Staaten übermäßige Defizite auf, Ende 2012 waren es immerhin noch 14 Mitgliedsländer (vgl. Abb. 6 in Kap. 2). Wenn aber keine wirkliche Drohkulisse besteht oder aber die staatlichen Akteure ohnehin davon ausgehen können, dass ihre Länder im Zweifelsfall vor dem Bankrott gerettet werden,[250] so die Kritik aus dem monetaristischen Lager in der heutigen Krise, dann sinken die Anreize für Reform- und Sparanstrengungen, und die betroffenen Staaten werden nachlässig. Dieser unterstellte Mechanismus wird mit dem englischen Begriff ‚moral hazard' gefasst.[251] Zudem zeigt die Erfahrung aus den Vorjahren der Krise, dass die Akteure auf den Finanzmärkten der No-Bailout-Klausel der Maastricht-Ordnung seit langem keinen Glauben geschenkt haben. Zumindest haben sie sich in der Tat so verhalten, als wäre ein Haftungsausschluss nie vereinbart worden und als wäre stattdessen ein gemeinschaftliches Haftungsarrangement bereits etabliert.[252] Vor dem Hintergrund

---

249 Vgl. Feldstein, 2012, S. 108.
250 Anstelle oder paradoxerweise neben der offiziellen ‚no-bailout'-Klausel gilt also eine inoffizielle ‚no-bankruptcy'-Regel, vgl. Csaba, 2012, S. 68.
251 „Moral hazard", in unserem Sinne vielleicht am besten als „moralische Versuchung" zu übersetzen, stammt aus der Wirtschaftstheorie und war ursprünglich in Bezug auf die Versicherungswirtschaft bezogen. Beschrieben wird die Tendenz eines Akteurs, ein größeres Risiko einzugehen, wenn er dagegen versichert ist, s. illustriert am Beispiel der Krankenversicherung Baßeler, Ulrich/Heinrich, Jürgen/Utecht, Burkhard, 2010: Grundlagen und Probleme der Volkswirtschaft, 19. Aufl., Stuttgart, S. 478 u. 486. Ähnlich wie bei der in Kapitel 6 ausführlicher beschriebenen Klugheitsfalle stehen Kollektiv- und Individualrationalität in ähnlichen Fällen im Widerspruch. An unserem Beispiel verdeutlicht: Für Griechenland und andere Krisenländer ist es rational, schmerzhafte Reformen nicht durchzuführen, wenn es sich dennoch auf die Hilfe von außen verlassen kann. Aus Sicht der hilfsbereiten Kollektivakteure stellt dieses Verhalten demgegenüber jedoch die Sinnhaftigkeit, die Rationalität ihrer Aktivitäten infrage.
252 Vgl. Artus, 2011b, S. 761, Feldstein, 2012, S. 109.

dieser Erfahrungen halten Vertreter des monetaristischen Lagers vor allem eine Verschärfung und bessere Kontrolle des SWP für erforderlich, um die Krise zu überwinden und künftige Schieflagen zu vermeiden.[253]

Die neuen wirtschafts- und finanzpolitischen Maßnahmen und Institutionen, die in den vergangenen Jahren durchgeführt bzw. etabliert worden sind und im folgenden Abschnitt beschrieben werden, greifen gewissermaßen, passend für eine europapolitische Kompromisslösung, die Problemdiagnosen und Lösungsvorschläge beider Lager auf. Es sind sowohl Stabilitäts- und Beistandsmechanismen eingerichtet als auch die Regeln zur Haushaltskonsolidierung verschärft und Sanktionen wahrscheinlicher gemacht worden. Das geeignete Krisenmanagement ist zum dominierenden Konfliktgegenstand zwischen den europäischen Partnern geworden. Während die Stabilisierungsmaßnahmen in den Gläubigerstaaten unpopulär sind, führen erzwungene Austerität und Strukturreformen in den Krisenstaaten zu Akzeptanzproblemen. Bewegen sich jene Maßnahmen nach Ansicht vieler Kritiker am Rande des EU-Rechts oder gehen gar darüber hinaus, drücken die Spar- und Reformkonditionen die Krisenstaaten in den Augen anderer Beobachter weiter nach unten und schränken die haushaltspolitische Souveränität der betroffenen Länder zu stark ein. Die offen und teils feindselig geführten innereuropäischen Auseinandersetzungen über den geeigneten Kurs zur nachhaltigen Überwindung der Eurokrise dürften sich in den kommenden Jahren freilich fortsetzen. An dieser Stelle scheint es zunächst erforderlich, geordnet aufzuführen, welche Maßnahmen bisher ergriffen, welche Regelungen erlassen und welche Einrichtungen geschaffen worden sind. Diesen Überblick soll der folgende Abschnitt leisten.

5.4 Eurokrise: Neue wirtschafts- und finanzpolitische Maßnahmen und Institutionen

Bevor wir uns den einzelnen Maßnahmen und Institutionen zuwenden, sei festgehalten, dass diese sich zum Teil außerhalb des EU-Rahmens bewegen. Von ihrem Ausbruch an fand das Management der Krise im intergouvernementalen Modus statt. Ein Treffen der Wirtschafts- und Finanzminister oder der Staats- und Regierungschefs folgte dem anderen. Viele von ihnen waren sog. Krisengipfel und wurden ad hoc einberufen, um eiligst die erforderlichen Maßnahmen zu erlassen, die als nötig angesehen wurden, um eines der Krisenländer vor der Zahlungsunfähigkeit zu bewahren und/oder die sog. ‚Märkte' zu beruhigen. Über viele Monate hinweg entstand der in der öffentlichen Wahrnehmung durchaus negative Eindruck einer hastigen Gipfeldiplomatie, aus der heraus immer wieder Durchbrüche verkündet wurden (oft in Zusammenhang mit der Nennung von neuen Milliardenbeträgen), die wenige

---

253 Vgl. Becker/Böttcher, 2012; Hughes Hallett, Andrew/Hougaard Jensen, Svend E., 2012: Fiscal governance in the euro area: institutions vs. rules, in: Journal of European Public Policy 5/2012, S. 646–664.

5.4 Eurokrise: Neue wirtschafts- und finanzpolitische Maßnahmen und Institutionen

Wochen, manchmal Tage später, schon wieder als unzureichend eingeholt werden mussten. Csaba bewertet das Verhältnis zwischen staatlichen und Marktakteuren bilanzierend auch als Katz-und-Maus-Spiel „between the all-powerful and swiftly reacting global capital markets on the one hand and the slow, hesitant, and always half-hearted reactions by EU governments on the other".[254] In der Tat haben die Eurostaaten große Schwierigkeiten gezeigt, eine kohärente und nachhaltig wirksame Politik zu vereinbaren.

Die supranationalen Organe der EU haben demgegenüber im Entscheidungsprozess eine weniger sichtbare Rolle gespielt. Freilich hat die EU-Kommission auch in der Krise gewisse Agenda-Setting- und Beratungsfunktionen behalten, sie ist in der sog. *Troika* vertreten, also dem Gremium aus IWF, EU-Kommission und EZB, das die Reformanstrengungen der Krisenstaaten überwacht und gegebenenfalls grünes Licht für weitere Hilfsleistungen gibt. Insgesamt sind ihre Kompetenzen im Bereich der Überwachung und Korrektur nationaler Wirtschafts- und Haushaltspolitik im Rahmen der Verfahren zur verschärften Haushaltsdisziplin beträchtlich gewachsen. Der EZB kann uberdies der Erfolg angerechnet werden, durch die umstrittene Ankündigung zum Ankauf maroder Staatsanleihen die Gemüter der Spekulanten und damit die Krise in der zweiten Jahreshälfte 2012 merklich abgekühlt zu haben (s. unten). Die großen Linien der Krisenpolitik, die sich auf die langfristige Systemgestaltung auswirken, wurden und werden aber von den Regierungsvertretern bestimmt.[255] Dies ist vor allem damit zu begründen, dass finanz- und fiskalpolitische Kompetenzen nach wie vor auf der Ebene der Mitgliedstaaten angesiedelt sind. Aufgrund der asymmetrischen Betroffenheit der Staaten innerhalb der EU, etwa zwischen den Mitgliedern der Eurozone und den übrigen Staaten, sowie der bestehenden Differenzen zwischen den Mitgliedstaaten auf den verschiedenen Integrationsstufen wurden teils flexible Arrangements am Rande oder außerhalb des bestehenden europarechtlichen Rahmens gewählt. Damit konnten hohe Entscheidungshürden umgangen und insbesondere riskante Vertragsrevisionen bisher weitgehend vermieden werden. Der sog. Fiskalvertrag, der viele der im Folgenden zu besprechenden Maßnahmen bündelt und von allen EU-Mitgliedern mit Ausnahme Großbritanniens und Tschechiens unterzeichnet worden ist, stellt einen internationalen Vertrag neben dem EU-Recht dar. Ferner haben die Staats- und Regierungschefs der Eurostaaten einen Pakt für eine stärkere Koordinierung der Wirtschaftspolitik, den sog. Euro-Plus-Pakt, vereinbart. Demgegenüber sind andere Neuregelungen in Form von Rechtsakten erlassen worden und somit Teil des Unionsrechts.

---

254 Csaba, 2012, S. 53.
255 Der Präsident des Europäischen Parlaments Martin Schulz warnte angesichts dieser Entwicklung vor einer „Vergipfelung" der europäischen Politik, s. Das Parlament vom 21. Jan. 2013, S. 11.

5. Die EU: eine Wirtschaftsgemeinschaft

5.4.1 Stabilisierungsmaßnahmen

Nachdem der drohende Staatsbankrott Griechenlands im März 2010 ein erstes Mal durch direkte Kreditgarantien der Eurostaaten sowie des Internationalen Währungsfonds (IWF) über ein Gesamtvolumen von 110 Milliarden Euro abgewendet worden war, kreierten die EU, die Eurostaaten sowie der IWF, der nicht zuletzt auf Drängen Deutschlands in die Stabilisierungsaktivitäten eingebunden wurde, zunächst einen provisorischen Stabilisierungsmechanismus, in der zur Bildlichkeit neigenden Sprache von Politik und Medien auch „Euro-Rettungsschirm" genannt. Seinen institutionellen Kern bildet die im Juni 2010 gegründete *Europäische Finanzstabilisierungsfazilität* (kurz: EFSF), eine Aktiengesellschaft mit Sitz in Luxemburg. Die Hauptaufgabe der EFSF ist die Ausgabe von Notkrediten an Eurostaaten. Die Mittel für die Kredite beschafft sich die EFSF wiederum durch die Ausgabe von gemeinschaftlichen Anleihen am Kapitalmarkt. Die EFSF ist durch die Eurostaaten mit Garantien in Höhe von insgesamt rund 780 Milliarden Euro abgesichert und hat eine maximale Verleihkapazität von 440 Mrd. Euro. Daneben wurde auch ein Anteil aus dem EU-Haushalt über 60 Milliarden Euro im Rahmen des sog. *Europäischen Finanzstabilisierungsmechanismus* (EFSM) zur provisorischen Hilfskonstruktion beigesteuert. Zuletzt sagte der IWF Kredite über 250 Milliarden Euro zu. In Kombination dieser Ressourcen wurden bisher für drei Staaten umfangreiche Hilfspakete geschnürt, nämlich für Irland (Gesamtvolumen: 62,7 Mrd. Euro[256]), Portugal (79,5 Mrd. Euro) und Griechenland (164,5 Mrd. Euro[257]).

Das Ende des provisorischen Stabilisierungsmechanismus wurde auf Mitte 2013 terminiert. Die Verhandlungsführer auf europäischer Ebene stellten allerdings schon frühzeitig fest, dass dem Krisenmanagement eine längere Perspektive gegeben und eine kontinuierliche Basis für die Unterstützung von Eurostaaten in finanziellen Problemlagen geschaffen werden müsse. Der dauerhafte *Europäische Stabilisierungsmechanismus* (kurz: ESM), dessen Starttermin vorgezogen wurde und der bereits im Oktober 2012 seine Arbeit aufnehmen konnte, übernimmt im Wesentlichen die Aufgaben der EFSF, die keine weiteren Programme mehr ausführt, sondern sich nach Vollendung der übernommenen Verpflichtungen auflösen wird.

Die Entscheidungsfindung über den ESM gestaltete sich ungleich aufwändiger als diejenige über den provisorischen Mechanismus, weil hierfür eine Vertragsänderung nach dem vereinfachten Verfahren nach Artikel 48 Abs. 6 EU-Vertrag notwendig

---

[256] Hinzu kommen für Irland bilaterale Kredite, die von Großbritannien, Dänemark und Schweden gewährt wurden, sowie eine eigene zusätzliche Absicherung über den irischen Haushalt und den Pensionsfonds, alle Informationen zu den Hilfspaketen finden sich auf den entsprechenden Internetseiten der EU-Kommission: http://ec.europa.eu/economy_finance/assistance_eu_ms/index_en.htm (letzter Zugriff: 17.5.2013). Die unterschiedlichen Stabilitätsmaßnahmen werden auch auf der Website des Bundesfinanzministeriums anschaulich präsentiert: http://www.bundesfinanzministerium.de/Web/DE/Themen/Europa/Stabilisierung_des_Euroraums/stabilisierung_des_euroraums.html (letzter Zugriff: 17.5.2013).

[257] Zur Entlastung Griechenlands wurde im Frühjahr 2012 zudem ein einmaliger und umstrittener Schuldenschnitt der privaten Gläubiger vollzogen.

5.4 Eurokrise: Neue wirtschafts- und finanzpolitische Maßnahmen und Institutionen

war, d.h. ohne Einberufung eines Konvents, aber mit Zustimmung der übrigen EU-Organe sowie einer Ratifizierung in allen Mitgliedstaaten (s. Kasten 8). Mit dem geänderten Artikel 136 AEU-Vertrag wurde den Eurostaaten die Möglichkeit gegeben, einen dauerhaften Mechanismus zur Stabilisierung des Währungsgebiets einzurichten. Der ESM hat seinen Sitz ebenfalls in Luxemburg. Er verfügt über einen Kapitalstock von 80 Mrd. Euro. Hinzu kommen 620 Mrd. Euro an Garantien der Eurostaaten. Damit hat der ESM eine effektive Verleihkapazität von 500 Mrd. Euro. Auch der neue Mechanismus funktioniert in enger Kooperation mit dem IWF. Von Staaten, die Kredite vom ESM beantragen, wird erwartet, dass sie einen parallelen Antrag beim IWF stellen. Der ESM hat die ersten Krisenfälle bereits übernommen, so Spanien, dem bereits im Juli 2012 ein Hilfspaket über 100 Mrd. Euro überwiegend für die Rekapitalisierung seiner Banken zugesichert wurde, sowie den jüngsten Fall Zypern, das im März 2013 Hilfskredite über 10 Mrd. Euro (9 Mrd. ESM, 1 Mrd. IWF) zugesprochen bekommen hat. Alle Hilfszusagen sind an wirtschaftspolitische Bedingungen geknüpft. Sie werden für den Einzelfall festgelegt und betreffen den Schuldenabbau, etwa durch Reformbemühungen zur Senkung der Staatsausgaben, die Steigerung der Wettbewerbsfähigkeit oder aber die Bankenregulierung usw. Die Erfüllung der Bedingungen wird durch die sog. Troika überwacht. Das Gremium ist mit Vertretern der Europäischen Kommission, der Europäischen Zentralbank sowie des Internationalen Währungsfonds besetzt.

Kasten 8: Das Bundesverfassungsgericht und der ESM

Deutschland konnte seine Ratifizierungsurkunde zum ESM erst hinterlegen, nachdem das Bundesverfassungsgericht am 12. September 2009 eine Eilentscheidung über eine Rekordanzahl von Verfassungsbeschwerden verschiedener Antragsteller (rund 37.000) gefällt hatte. Das Gericht billigte die Einrichtung eines dauerhaften ESM unter der Bedingung, dass eine Haftungsobergrenze für Deutschland nicht überschritten werde sowie die umfassende Unterrichtungsverpflichtung gegenüber Bundestag und Bundesrat gewahrt bleibe (BVerfG, 2 BvR 1390/12 vom 12.9.2012). Das Verfahren in der Hauptsache wird erst im Jahr 2013 geführt. Dann wird auch über das OMT-Programm (*Outright Monetary Transactions*) der Europäischen Zentralbank verhandelt. Das Gericht könnte diese Praxis als sog. ausbrechenden Rechtsakt bewerten, zu dem die EU nicht ermächtigt ist.

Als weiteres Organ beteiligte sich die EZB an der finanziellen Stabilisierung angeschlagener Staaten. Im Mai 2010 kündigte die Zentralbank erstmals an, Staatsanleihen von Krisenstaaten zu kaufen. Dieser Schritt war ausgesprochen umstritten und wurde von überzeugten Monetaristen als Sündenfall angesehen, weil die EZB damit dem politischen Druck nachgeben und ihr unabhängiges Mandat gefährden würde.

5. Die EU: eine Wirtschaftsgemeinschaft

Dennoch verfolgte die Zentralbank auch unter ihrem neuen Präsidenten Draghi den eingeschlagenen Kurs trotz interner Widerstände weiter. Im September 2012 kündigte Draghi sogar ein unbeschränktes Programm zum Ankauf von Staatsanleihen an, vornehmlich um die Refinanzierungskosten für Spanien und Italien zu senken. Die sog. *Outright Monetary Transactions* (OMTs) wurden mit der Botschaft verbunden, dass die EZB alles tun werde, um den Euro zu retten.[258] Diese Nachricht wurde von den Akteuren auf den Finanzmärkten augenscheinlich ernst genommen. Zumindest haben die Spekulationen gegen den Euro seither an Intensität abgenommen. Wird die Rolle der EZB bei der Krisenbewältigung denn auch vielfach lobend hervorgehoben,[259] finden sich selbst innerhalb des ESZB nach wie vor prominente Kritiker des neuen Kurses, so etwa der deutsche Bundesbankpräsident Jens Weidmann, der die Maßnahmen der Zentralbank in der Nähe einer grundsätzlich abgelehnten Staatsfinanzierung durch die Notenpresse betrachtet.[260] Tatsächlich ist die sog. Monetarisierung der Staatsschuld nach wie vor vertraglich ausgeschlossen (Art. 123 AEU-Vertrag). Vor diesem Hintergrund wird das deutsche Bundesverfassungsgericht im Hauptsacheverfahren zum ESM auch die Aktivitäten der EZB prüfen und damit einen Kompetenzstreit mit dem EuGH riskieren (s. Kasten 8).

Der Ankauf schlecht bewerteter Staatsanleihen ließe sich unter Umständen vermeiden, wenn die Eurozone gemeinsame europäische Anleihen ausgeben könnte. Ein solcher Vorstoß wurde in den vergangenen Jahren unter dem Kurztitel *Eurobonds* ebenfalls kontrovers diskutiert. Viele Mitgliedstaaten befürworten die Ausgabe gemeinsamer Anleihen, die zumindest partiell oder projektgebunden gestaltet sein könnten, weil diese eine effektive Lösung für die Refinanzierungsprobleme der Krisenländer bieten würden. Da die gesamte Eurozone für die gemeinschaftlichen Anleihen haften würde, wäre aus ihrer Perspektive ein sehr viel niedrigerer Zinssatz zu erwarten. Auch die EU-Organe sind auf diese Linie eingeschwenkt und haben Ansätze zur Umsetzung von Eurobonds entwickelt. Im November 2011 hat die Europäische Kommission ein Grünbuch über die Durchführbarkeit der Einführung von sog. Stabilitätsanleihen veröffentlicht, worin drei Möglichkeiten von vollumfänglichen, partiellen oder projektgebundenen Euro-Anleihen beschrieben werden.[261] Die Kommission handelte dabei auf eine indirekte Initiative des EU-Parlaments vom Juli 2011. Das Parlament sprach sich im Februar 2012 dementsprechend in einer mit großer Mehrheit angenommenen Resolution für die mittelfristige Einführung von Eurobonds aus. Auf dem EU-Gipfel im Juni 2012 präsentierte der Präsident des Europä-

---

258 So ähnlich hatte es EZB-Präsident Mario Draghi in einer viel zitierten Rede am 26. Juli 2012 in London selbst verkündet: „Within our mandate, the ECB is ready to do whatever it takes to preserve the euro. And believe me, it will be enough". Über die Einstiegsformel des Satzes wurde freilich viel diskutiert. Rede abrufbar unter: http://www.ecb.int/press/key/date/2012/html/sp120726.en.html (letzter Zugriff: 31.5.2013).
259 Vgl. Artus, 2011a; Bergsten, 2012, S. 20.
260 Vgl. Becker/Böttcher, 2012, S. 237–242 (238); Feldstein, 2012, S. 110.
261 Europäische Kommission, 2011: Grünbuch über die Durchführbarkeit der Einführung von Stabilitätsanleihen, Brüssel, 23.11.2011, KOM(2011)818.

5.4 Eurokrise: Neue wirtschafts- und finanzpolitische Maßnahmen und Institutionen

ischen Rates Van Rompuy einen gemeinsam mit den Präsidenten der Kommission, der Eurogruppe und der EZB erarbeiteten Bericht unter dem Titel „Auf dem Weg zu einer echten Wirtschafts- und Währungsunion". Auch darin wird die Ausgabe gemeinschaftlicher Anleihen als mögliches Instrument der finanzpolitischen Integration genannt. Bisher sträubt sich allerdings eine Gruppe von stabilitätsorientierten Staaten, angeführt von Deutschland, gegen Eurobonds und konnte konkrete Schritte in diese Richtung vermeiden.[262]

5.4.2 Haushaltsdisziplin und -konsolidierung

Sechser- und Zweierpack

Die als *Sechserpack* (engl. Six-Pack) bzw. *Zweierpack* (engl. Two-Pack) bekannt gewordenen Pakete von europäischen Rechtsakten sollen eine substantielle Reform des 1997 beschlossenen Stabilitäts- und Wachstumspakts (Verordnungen (EG) Nr. 1466/1997 und 1467/1997) leisten. Der Sechserpack besteht aus fünf Verordnungen und einer Richtlinie, die zum Jahresende 2011 verabschiedet und veröffentlicht wurden und wenig später in Kraft getreten sind.[263] Die zwei Verordnungen, die als Zweierpack zusammengefasst werden, sind Ende Mai 2013 in Kraft getreten.[264]

Im Ergebnis sind zunächst einmal die Reformen des Sechserpacks dazu geeignet, die Durchsetzung des SWP sowohl hinsichtlich seiner präventiven als auch seiner korrektiven Komponente verbindlicher und effektiver zu machen. Länder mit einem Staatsdefizit von über 60 Prozent haben künftig in ökonomisch guten Zeiten pro Jahr ein Zwanzigstel der Schulden über der Marke zu tilgen. Ferner werden Sanktionen in Form von verzinslichen und unverzinslichen Einlagen oder sogar Geldbußen allgemein festgelegt. Sie sollen bei Nichtbeachtung der Kommissionsempfehlungen

---

262 Am selben Tag, als die Präsidenten der EU-Organe Van Rompuy, Barroso und Draghi ihren Bericht zur Einführung von Eurobonds vorgelegt hatten, soll die deutsche Bundeskanzlerin laut Medienberichten mit der Aussage reagiert haben, dass es, solange sie lebe, nicht zur Einführung von Eurobonds kommen werde; vgl. zum Thema auch Dyson, 2012, S. 460–461.

263 Es handelt sich im Einzelnen um die folgenden Rechtsakte: Verordnung (EU) Nr. 1173/2011 des Europäischen Parlaments und des Rates vom 16. November 2011 über die wirksame Durchsetzung der haushaltspolitischen Überwachung im Euro-Währungsgebiet; Verordnung (EU) Nr. 1174/2011 des Europäischen Parlaments und des Rates vom 16. November 2011 über Durchsetzungsmaßnahmen zur Korrektur übermäßiger makroökonomischer Ungleichgewichte im Euro-Währungsgebiet; Verordnung (EU) Nr. 1175/2011 des Europäischen Parlaments und des Rates vom 16. November 2011 zur Änderung der Verordnung (EG) Nr. 1466/97 des Rates über den Ausbau der haushaltspolitischen Überwachung und der Überwachung und Koordinierung der Wirtschaftspolitiken; Verordnung (EU) Nr. 1176/2011 des Europäischen Parlaments und des Rates vom 16. November 2011 über die Vermeidung und Korrektur makroökonomischer Ungleichgewichte; Verordnung (EU) Nr. 1177/2011 des Rates vom 8. November 2011 zur Änderung der Verordnung (EG) Nr. 1467/97 des Rates über die Beschleunigung und Klärung des Verfahrens bei einem übermäßigen Defizit; Richtlinie 2011/85/EU des Rates vom 8. November 2011 über die Anforderungen an die haushaltspolitischen Rahmen der Mitgliedstaaten.

264 Es handelt sich im Einzelnen um die folgenden Rechtsetzungsvorschläge: Verordnung des Europäischen Parlaments und des Rates über den Ausbau der wirtschafts- und haushaltspolitischen Überwachung von Mitgliedstaaten, die von gravierenden Schwierigkeiten in Bezug auf ihre finanzielle Stabilität im Euro-Währungsgebiet bedroht sind, Vorschlag KOM(2011)819; Verordnung des Europäischen Parlaments und des Rates über gemeinsame Bestimmungen für die Überwachung und Bewertung der Übersichten über die gesamtstaatliche Haushaltsplanung und für die Gewährleistung der Korrektur übermäßiger Defizite der Mitgliedstaaten im Währungsgebiet, Vorschlag KOM(2011)821.

im Rahmen der multilateralen Haushaltsüberwachung bzw. bei Vorliegen eines übermäßigen Defizits halbautomatisch, d.h. von allein, es sei denn der Rat entscheidet binnen Zehntagesfrist gegen eine entsprechende Empfehlung der Kommission, erfolgen. Auch die Manipulation von Statistiken soll künftig sanktionierbar sein. Dies kann als eine weitere Lehre aus dem Fall Griechenland verstanden werden.[265] Für die statistischen Stellen in den Mitgliedstaaten ist künftig ein unabhängiger Status von den nationalen Haushaltsbehörden verlangt. Eine substanzielle Neuerung des Reformpakets ist es, dass künftig neben Haushaltsdefizit und Konsolidierungskurs auch übermäßige makroökonomische Ungleichgewichte im multilateralen Überwachungsprozess identifiziert und effektiv, im letzten Schritt mittels Sanktionen, korrigiert werden (s. Abschnitt zur wirtschaftspolitischen Koordinierung). Schließlich enthält die Richtlinie eine Reihe von Bedingungen, welchen die sog. haushaltspolitischen Rahmen in den Mitgliedstaaten, also alle Verfahren, Vorschriften und Institutionen zur Haushaltspolitik genügen müssen.

Um die multilaterale Überwachung zu gewährleisten, wird das sog. *Europäische Semester* (s. Kasten 9) eingeführt: In einem festgelegten Sechsmonatszyklus müssen von den Eurostaaten sog. *Stabilitätsprogramme*, von den übrigen Mitgliedstaaten sog. *Konvergenzprogramme* und von allen Mitgliedstaaten zusätzlich *nationale Reformprogramme* vorgelegt werden, die von den Unionsorganen überprüft und genehmigt werden müssen. Zur Verbesserung der Koordination zwischen den Organen wird ein *Wirtschaftlicher Dialog* eingeführt, der darin besteht, dass der zuständige Ausschuss des Parlaments die Kommission, den Präsidenten des Europäischen Rates oder der Euro-Gruppe einladen kann, vor dem Ausschuss zu erscheinen, um themenbezogene Fragen zu erörtern.

Die Verordnungen des Zweierpacks regeln demgegenüber die noch einmal strengere wirtschafts- und haushaltspolitische Überwachung von Staaten mit gravierenden Schwierigkeiten finanzieller Art. Die Kommission kann Staaten für eine verstärkte Überwachung vorsehen, wenn ihre Finanzstabilität in Gefahr gerät. Die verstärkte Überwachung erfolgt automatisch, wenn ein Staat Finanzhilfe von anderen Mitgliedstaaten, der EFSF, dem ESM oder dem IWF erhält. Die Überwachung wird von der Kommission in Kooperation mit der EZB und der europäischen Bankenaufsicht durchgeführt. Dem Staat wird ein je nach Umfang der Schwierigkeiten und Finanzhilfen mehr oder weniger weitgehendes makroökonomisches Anpassungsprogramm verordnet, das von der Kommission in Kooperation mit der EZB und dem Wirtschafts- und Finanzausschuss überwacht wird.

---

265 Der Regierung Griechenlands wird vorgeworfen, die Erfüllung der Konvergenzkriterien zum Eintritt in die Eurozone nur durch die Manipulation der entsprechenden Haushaltsstatistiken erreicht zu haben.

5.4 Eurokrise: Neue wirtschafts- und finanzpolitische Maßnahmen und Institutionen

Fiskalvertrag

Wie oben bereits angesprochen, enthält der sog. *Fiskalvertrag* oder auch: *Vertrag über die Stabilität, Koordinierung und Steuerung in der Wirtschafts- und Währungsunion* (kurz: SKS-Vertrag) eine Reihe von Reformen für die Eurozone. Der Titel verrät bereits, dass es sich hierbei nicht allein um Maßnahmen zur besseren Haushaltskonsolidierung handelt. Als Ziele des Vertrags sind neben der Haushaltsdisziplin auch die bessere Koordinierung der Wirtschaftspolitiken zwischen den Mitgliedstaaten sowie eine verbesserte allgemeine Steuerung des Währungsgebiets festgehalten (Art. 1 SKS-Vertrag). Im Vordergrund steht jedoch klar die Haushaltsdisziplin. Deshalb wird der Fiskalvertrag an dieser Stelle allgemein behandelt, im folgenden Abschnitt zur wirtschaftspolitischen Koordinierung wird dann erneut auf das Dokument Bezug genommen. Der Fiskalvertrag wurde am 2. März 2012 als völkerrechtlicher Vertrag neben dem EU-Recht von 25 EU-Mitgliedstaaten, mit Ausnahme Großbritanniens und Tschechiens, unterzeichnet.[266] Er trat am 1. Januar 2013 in Kraft, nachdem die zuvor vereinbarte Mindestanzahl von zwölf Staaten des Euroraums den Vertrag ratifiziert hatte.[267] Eine Überführung des Fiskalvertrags in den europäischen Rechtsrahmen ist innerhalb der nächsten fünf Jahre vorgesehen. Der Vertrag verpflichtet die Unterzeichnerstaaten generell zu strengerer Haushaltsdisziplin über die nach wie vor gültigen Stabilitätskriterien des SWP hinaus. Nach Art. 3 SKS-Vertrag müssen die Budgets der Vertragsstaaten strukturell ausgeglichen sein oder einen Überschuss aufweisen, d.h. sie dürfen ein strukturelles Defizit von 0,5 Prozent des BIP in der Regel nicht überschreiten. Das strukturelle Defizit wird als das um einmalige und befristete Maßnahmen etwa zur Bewältigung eines außergewöhnlichen Ereignisses oder eines drastischen Konjunkturabschwungs bereinigte öffentliche Defizit verstanden. Damit bleibt den Staaten also ein kleiner haushaltspolitischer Spielraum für besondere Situationen. Auch darf ein Staat, wenn seine Gesamtverschuldung klar unter der 60-Prozent-Marke des Stabilitäts- und Wachstumspakts liegt, vorübergehend ein höheres strukturelles Defizit aufweisen (max. 1 Prozent des BIP). Die Staaten verpflichten sich ferner zur Einführung eines automatischen Korrekturmechanismus, sollten sie ihre mittelfristigen Konsolidierungsziele verfehlen. Alles in allem ergibt sich daraus eine Art ‚Schuldenbremse' nach deutschem Muster, die binnen Jahresfrist nach Inkrafttreten des Vertrags in nationales Recht, vorzugsweise mit Verfassungsrang, umzusetzen ist. Die termingerechte und angemessene Umsetzung der Schuldenbremse kann auf Empfehlung der Kommission von einem oder mehreren Vertragsstaaten beim EuGH eingeklagt werden. Dieser setzt im Falle einer Verurtei-

---

266 Eine ausführliche Analyse des Vertrags unternimmt Schorkopf, Frank, 2012: Europas politische Verfasstheit im Lichte des Fiskalvertrages, in: Zeitschrift für Staats- und Europawissenschaften 1/2012, S. 1–29.
267 Die irische Bevölkerung stimmte am 31. Mai 2012 als einzige in einem Referendum über den Fiskalpakt ab, vgl. hierzu Benecke, Dieter W., 2012: Das Fiskalpaktreferendum in Irland, in: KAS Auslandsinformation 8/2012, S. 47–75.

lung eine weitere Umsetzungsfrist und kann, sollte auch diese verstreichen, Sanktionen verhängen (Art. 8 SKS-Vertrag).

Der Fiskalvertrag enthält zudem einige Bestimmungen zur Steigerung der effektiven Defizitkontrolle auf Basis des SWP. So verpflichten sich die Eurostaaten bei allen Ratsabstimmungen im Rahmen von Defizitverfahren der Empfehlung der Kommission zu folgen (Art. 7 SKS-Vertrag). Damit wird im Grunde der von vielen Seiten geforderte Sanktionsautomatismus bei übermäßigen Defiziten eingeführt. Für die Abstimmungen darüber wird das Mehrheitsprinzip umgekehrt, d.h.: Es ist nicht mehr wie bisher eine qualifizierte Mehrheit der Eurostaaten (unter Ausschluss des betroffenen Landes) erforderlich um den Sanktionspfad zu beschreiten (s.o.), sondern der Beschluss der Kommission hat Geltung, solange sich keine qualifizierte Mehrheit dagegen ausspricht (umgekehrte qualifizierte Mehrheit, s. Art. 7 SKS-Vertrag). Überschreitet ein Staat die Defizitgrenze von 60 Prozent des BIP, ist er verpflichtet, den Schuldenstand jährlich im Durchschnitt um ein Zwanzigstel zu verringern, um sich der Marke wieder anzunähern (Art. 4, sowie VO 1177/2011). Darüber hinaus müssen Staaten, die sich in einem Defizitverfahren befinden, die zur Konsolidierung erforderlichen Strukturreformen in einem sog. „Haushalts- und Wirtschaftspartnerschaftsprogramm" detailgenau festschreiben. Diese Programme werden von Rat und Kommission genehmigt und überwacht (Art. 5 SKS-Vertrag). Jeder Staat, der künftig Finanzhilfe aus dem ESM erhalten möchte, muss den Fiskalvertrag unterzeichnet und ratifiziert haben (Präambel SKS-Vertrag).

5.4.3 Wirtschaftspolitische Koordinierung
Sechserpack/Europäisches Semester

Das durch die Verordnungen des Sechserpacks festgelegte und im Rahmen des Europäischen Semesters angewandte Verfahren zur Überwachung und gegebenenfalls Korrektur übermäßiger makroökonomischer Ungleichgewichte geht über die Ziele der Haushaltskonsolidierung hinaus und bildet eine wesentliche Säule der allgemeinen wirtschaftspolitischen Koordinierung, die durch die jüngsten Reformen verbessert werden soll. Um übermäßige Ungleichgewichte festzustellen, orientiert sich die Kommission an einem von der Statistikbehörde Eurostat ermittelten *Scoreboard* mit zehn Leitindikatoren; diese dokumentieren für festgelegte Zeiträume die Leistungsbilanz eines Staates, seinen Nettovermögensstatus gegenüber der übrigen Welt, seinen realen effektiven Wechselkurs, seinen Anteil an den weltweit getätigten Exporten, die Lohnstückkosten, die Entwicklung der Preise auf dem Immobilienmarkt, die Kreditflüsse des Privatsektors, den Schuldenstand des privaten wie des öffentlichen Sektors und schließlich die Arbeitslosenquote. In Form eines Frühwarnmechanismus identifiziert die Kommission Mitgliedstaaten, bei denen auf Grundlage der genannten Indikatoren makroökonomische Ungleichgewichte vermutet werden können. Diese werden einer eingehenden Überprüfung unterzogen, deren Ergebnisse veröffentlicht werden. Im ersten Halbjahr 2012, dem ersten Europäischen Semester,

5.4 Eurokrise: Neue wirtschafts- und finanzpolitische Maßnahmen und Institutionen

wurden zwölf Staaten einer eingehenden Überprüfung unterzogen, nämlich: Belgien, Bulgarien, Dänemark, Finnland, Frankreich, Italien, Ungarn, Schweden, Slowenien, Spanien, Großbritannien und Zypern.

Kasten 9: Europäisches Semester

Als Europäisches Semester wird der 2011 eingeführte Sechsmonatszyklus bezeichnet, den die Mitgliedstaaten vereinbart haben und der in Art. 2a der veränderten Verordnung (EG) Nr. 1466/97 des Rates über den Ausbau der haushaltspolitischen Überwachung und der Überwachung und Koordinierung der Wirtschaftspolitiken sekundärrechtlich verankert worden ist. Dieser festgelegte Ablaufplan weist Parallelen zur Struktur der Offenen Methode der Koordinierung (s. Kap. 8.5.2) auf und wird die wirtschaftspolitische Koordinierung nach Maßgabe der in der Leitstrategie Europa 2020 formulierten Ziele künftig prägen.

Das Semester beginnt damit, dass die Kommission gegen Jahresende, **spätestens aber im Januar** des Folgejahres ihren Jahreswachstumsbericht vorlegt. Auf der Grundlage des Berichts bewertet der Europäische Rat im März die makroökonomische Gesamtlage und die Fortschritte hinsichtlich der in der Europa 2020-Strategie formulierten Kernziele (Beschäftigung, Forschung und Entwicklung, Klimawandel und nachhaltige Energiewirtschaft, Bildung, Bekämpfung von Armut und sozialer Ausgrenzung). Der Europäische Rat leitet daraus strategische Empfehlungen für das politische Handeln ab. Seine Empfehlungen sind von den Mitgliedstaaten zu berücksichtigen, wenn diese im **April** ihre Stabilitäts- oder Konvergenzprogramme und nationalen Reformprogramme vorlegen. Diese werden im **Mai und Juni** von der Kommission geprüft, die länderspezifische Empfehlungen gibt. Der EcoFin-Rat erörtert die Empfehlungen und genehmigt die länderspezifischen Leitlinien nach Zustimmung des Europäischen Rates **spätestens Anfang Juli**. Unter Berücksichtigung dieser Leitlinien können dann in der zweiten Jahreshälfte die nationalen Haushalte für das Folgejahr erstellt und verabschiedet werden.

Fiskalvertrag

Im Vergleich zu den zum Teil sehr klaren Vorgaben zur Haushaltskonsolidierung fallen die Passagen des Fiskalvertrags zum Thema Wirtschaftspolitische Koordinierung und Konvergenz (Titel IV) eher unverbindlich aus. Die Unterzeichnerstaaten verpflichten sich zu Maßnahmen zur Förderung von Wettbewerbsfähigkeit und Beschäftigung sowie der Finanzstabilität (Art. 9 SKS-Vertrag). Diese Maßnahmen sind besser als bisher miteinander abzustimmen. Dies gilt in besonderem Maße für alle größeren wirtschaftspolitischen Reformen, die auf europäischer Ebene als vorbildlich herausgestellt werden können (Art. 11). Zuletzt wird in institutioneller Hinsicht ein neues informelles Organ geschaffen: Zum sog. *Euro-Gipfel* kommen die Staats-

und Regierungschefs der Eurostaaten sowie der Kommissionspräsident zusammen. Der EZB-Präsident kann hinzu geladen werden. Die Teilnehmer des Euro-Gipfels wählen einen dauerhaften Präsidenten für die Dauer von zweieinhalb Jahren. Die Formation tritt mindestens zweimal jährlich zusammen. Die Euro-Gruppe ist mit der Vor- und Nachbereitung der Gipfeltreffen betraut (Art. 12).

Euro-Plus-Pakt

Der sog. Euro-Plus-Pakt wurde im März 2011 auf deutsch-französische Initiative von den Staats- und Regierungschefs der Eurostaaten vereinbart. Der Pakt steht auch anderen EU-Mitgliedstaaten offen. Neben den Eurostaaten beteiligen sich heute bereits Bulgarien, Dänemark, Lettland, Litauen, Polen und Rumänien daran. Der Pakt soll einer verbesserten Koordinierung der Wirtschaftspolitiken der Mitgliedstaaten dienen und zur Steigerung der Wettbewerbsfähigkeit im Euroraum beitragen. Hierzu haben die Unterzeichnerstaaten vier Leitziele vereinbart, die im Einklang mit der langfristigen Strategie Europa 2020 stehen: die Förderung von Wettbewerbsfähigkeit und Beschäftigung, die Stärkung der Finanzstabilität und schließlich die Steigerung der Tragfähigkeit der öffentlichen Finanzen. Auf Grundlage dieses allgemeinen Zielkatalogs beschließen die Staats- und Regierungschefs der Teilnehmerstaaten jährlich gemeinsame Zielvorgaben. Die Mitgliedstaaten müssen in ihren nationalen Reformprogrammen darlegen, mit welchen Maßnahmen sie die Vorgaben erreichen wollen. Die Reformziele und -maßnahmen sind zwar nicht verbindlich, den Staaten können keine Sanktionen auferlegt werden, doch die Reformfortschritte werden für jeden Mitgliedstaat auf Unionsebene überprüft und die Ergebnisse der Überprüfung öffentlich gemacht.

Pakt für Wachstum und Beschäftigung

Um bei der Krisenbewältigung nicht allein auf einen Konsolidierungskurs zu setzen, sondern auch die enormen Probleme vieler Länder in den Bereichen Wirtschaftswachstum und Beschäftigung anzugehen, haben die Staats- und Regierungschefs beim Treffen des Europäischen Rates im Juni 2012 einen Pakt für Wachstum- und Beschäftigung vereinbart, der gezielte Wachstumsmaßnahmen vorsieht. Im Wesentlichen enthält der Pakt die Verpflichtung, finanzielle Mittel in Höhe von insgesamt 120 Milliarden Euro für dieses Ziel einzusetzen. Dies entspricht etwa einem Prozent des BNE der gesamten EU. Es handelt sich dabei allerdings überwiegend nicht um neu bereitgestellte Finanzmittel, sondern um zielgerichtete Umschichtungen im existierenden EU-Budget, weshalb der Pakt für Wachstum und Beschäftigung in der politischen Debatte auch als rein symbolischer Akt ohne nennenswerte Wirkung bewertet wurde.[268]

---

[268] Vgl. etwa Volkery, Carsten: EU-Wachstumsrhetorik: Der Mogelpakt, Spiegel Online vom 27.6.2013, abrufbar unter: http://www.spiegel.de/wirtschaft/soziales/eu-wachstumspakt-von-merkel-und-hollande-ist-eine-mogelpackung-a-841040.html (letzter Zugriff: 31.7.2013).

5.4 Eurokrise: Neue wirtschafts- und finanzpolitische Maßnahmen und Institutionen

5.4.4 Regulierung der Finanzmärkte
Finanzmarktaufsicht und -kontrolle

Im Zuge der Finanz- und Wirtschaftskrise mussten weltweit Kreditinstitute mit Steuermitteln vor dem Bankrott gerettet werden. Dadurch wurden die Staatshaushalte nicht allein im Euroraum sehr belastet. Um künftig eine allzu enge Kopplung von negativen Bankbilanzen und Staatsschulden zu vermeiden, wurden auf der internationalen Ebene Anstrengungen unternommen, Banken robuster zu machen und die Finanzmärkte generell strengeren Regeln zu unterwerfen. In enger Abstimmung mit den internationalen Vereinbarungen, die vor allem im Rahmen der G20 getroffen worden sind, hat die EU seit Ausbruch der weltweiten Wirtschafts- und Finanzkrise eine Reihe von Regelungen erlassen, die einer besseren Finanzmarktregulierung dienen sollen. Eine zentrale Maßnahme stellt dabei die verstärkte Regulierung des Bankensektors dar. Durch ein Gesetzgebungspaket (das sog. CRD IV-Paket), das von der Kommission im Juli 2011 eingebracht worden ist und das zum Beginn 2014 in Kraft treten soll, werden die Eigenkapitalanforderungen an Banken gemäß den Vereinbarungen auf internationaler Ebene (Basel III) erhöht.[269] Weitere Rechtsetzungsakte und -vorhaben in diesem Bereich betreffen die Einlagensicherung, die Sanierung und Abwicklung von Kreditinstituten und Wertpapierfirmen, die Regulierung des außerbörslichen Handels mit Derivaten, die Überwachung von Ratingagenturen, die Regulierung sog. Schattenbanken usw.

Auch auf institutioneller Ebene hat es in den vergangenen Jahren einige Neuerungen gegeben. So wurde auf der Grundlage des im Februar 2009 veröffentlichten Berichts einer Expertengruppe unter Leitung des früheren französischen Zentralbankpräsidenten Jacques de Larosière (De-Larosière-Bericht) ein *Europäisches Finanzaufsichtssystem* (ESFS) etabliert, das im Wesentlichen aus drei neu gegründeten bzw. umstrukturierten Behörden besteht, nämlich der Europäischen Bankenaufsichtsbehörde (*European Banking Authority*, EBA) mit Sitz in London, der Europäischen Aufsichtsbehörde für das Versicherungswesen und betriebliche Altersvorsorge (*European Insurance and Occupational Pensions Authority*, EIOPA) mit Sitz in Frankfurt am Main und der Europäischen Wertpapier- und Marktaufsichtsbehörde (*European Securities and Markets Authority*, ESMA) mit Sitz in Paris. Ferner gehört zu dem System auch der bei der EZB neu eingerichtete Europäische Ausschuss für Systemrisiken (*European Systemic Risk Board*, ESRB). Die vier Einrichtungen arbeiten eng miteinander sowie mit den nationalen Aufsichtsbehörden zusammen. Während der ESRB vor allem eine Frühwarnfunktion bei systemischen Risiken für die Finanz-

---

269 Der Basler Ausschuss für Bankenaufsicht wurde in den 1970er Jahren von den damaligen G10-Staaten gegründet und ist bei der Internationalen Bank für Zahlungsausgleich angesiedelt. Seine Aufgabe besteht darin, internationale Standards für die Bankenaufsicht, so die Basel I-III genannten Empfehlungen, zu entwickeln. Basel III wurde auf europäischer Ebene durch das CRD IV genannte Rechtsetzungspaket umgesetzt. Es besteht aus der eigentlichen Richtlinie, Capital Requirements Directive, und einer zugehörigen Verordnung.

stabilität im Euroraum ausüben soll, sind die anderen Behörden in ihrem jeweiligen Zuständigkeitsbereich mit der Entwicklung von einheitlichen Standards sowie mit der Überwachung der Einhaltung des EU-Rechts beauftragt.[270]

Im März 2013 wurde auch ein wesentlicher Schritt zur sog. europäischen *Bankenunion* gesetzt, indem sich die Staats- und Regierungschefs der 17 Eurostaaten auf eine zentralisierte Bankenaufsicht durch die EZB verständigten. Betroffen sind Großbanken mit einer Bilanzsumme, die über 30 Milliarden Euro beträgt oder 20 Prozent der Wirtschaftsleistung des jeweiligen Landes ausmacht. Im September 2013 hat auch das Europäische Parlament seine Zustimmung gegeben.

Finanztransaktionssteuer

Bereits im September 2011 hatte die EU-Kommission einen Vorschlag zur Einführung einer europäischen Steuer auf Finanztransaktionen (s. Abschnitt 5.5 zum Haushalt) vorgelegt, der sich in den Beratungen auf EU-Ebene aber als innerhalb der EU-27 nicht durchsetzbar erwies. Daraufhin beantragten elf Eurostaaten, nämlich Belgien, Deutschland, Estland, Frankreich, Griechenland, Italien, Österreich, Portugal, die Slowakei, Slowenien und Spanien eine Verstärkte Zusammenarbeit (zum Verfahren s. Kasten 18) zur Einführung einer Finanztransaktionssteuer. Diese wurde im Januar 2013 vom Rat der Wirtschafts- und Finanzminister bewilligt. Demnach sollen alle Transaktionen besteuert werden, bei denen eine Partei in einem der teilnehmenden Staaten ansässig ist. Als Steuersatz wurde 0,1 Prozent für alle Anteile und Anleihen sowie 0,01 Prozent für Derivatkontrakte vereinbart. Die EU-Kommission hat im Februar 2013 einen entsprechenden Richtlinienentwurf vorgelegt, der derzeit von den Mitgliedstaaten verhandelt wird.

5.4.5 Zusammenfassung und Bewertung

Fasst man die Reformen der vergangenen Jahre im Bereich der WWU zusammen, also die Einrichtung des dauerhaften ESM, die Reform des SWP, das neue Verfahren zur Überwachung makroökonomischer Ungleichgewichte, den Euro-Plus-Pakt und die verbesserte Koordinierung der Wirtschaftspolitiken, die partielle Zentralisierung der Bankenaufsicht usw., so wird man feststellen, dass die Eurostaaten sich in vergleichsweise kurzer Zeit auf weitreichende Integrationsschritte verständigt haben, die in der Summe einen gravierenden Souveränitätsverzicht bedeuten. Freilich handelt es sich bei den neuen Verfahren der wirtschaftspolitischen Koordinierung eher um Mechanismen einer weichen Steuerung. Wo aber die besonders souveränitätsgeladene Haushaltspolitik betroffen ist, wurden neue supranationale Kompetenzen geschaffen, nämlich insbesondere zur Durchsetzung des Stabilitäts- und Wachstumspakts. Ähnliches gilt für die zentralisierte Finanzaufsicht. Ferner haben die Mitgliedstaaten finanzielle Beistands- und Transferarrangements entwickelt und damit das

---

270 Vgl. Dyson, 2012, S. 459–460.

5.4 Eurokrise: Neue wirtschafts- und finanzpolitische Maßnahmen und Institutionen

strikte No-Bailout-Dogma der ursprünglichen WWU partiell aufgehoben. Staaten, die Hilfe empfangen, haben sich im Gegenzug einer Konditionalität zu unterwerfen, die ihre nationale Souveränität nochmals empfindlich einschränkt. Wenngleich das Krisenmanagement und die Systemgestaltung der neuen wirtschafts- und finanzpolitischen Arrangements durch einen intergouvernementalen Modus geprägt sind, nehmen die supranationalen Behörden, allen voran die Kommission, daneben die EZB und neu geschaffene Aufsichtsbehörden, in der regulatorischen Praxis der etablierten Überwachungs- und ggf. Sanktionsregime einen zentralen Platz ein.

Die Krise des Weltwirtschafts- und Finanzsystems und dann vor allem die Eurokrise können also insgesamt als Integrationskatalysatoren angesehen werden. Sie haben Reformen ermöglicht, die vor einigen Jahren noch undenkbar schienen. Wenn der Staub der aktuellen Umbauarbeiten an der WWU sich legt, so prophezeit etwa Bergsten, werde die EU gestärkt daraus hervorgehen: „the common currency, and indeed the entire project of European integration, is likely not only to survive but to emerge even stronger".[271] Die identifizierten Dysfunktionalitäten einer bestehenden Ordnung, hier der ursprünglichen WWU-Konstruktion, durch neue Integrationsschritte zu beheben, womit in jeder Krise Chance und Antrieb zur Weiterentwicklung enthalten sind, diese Sichtweise entspricht der Logik neofunktionalistischer Integrationstheorie (s. Kap. 12.3), wonach die EU, getrieben von funktionalen Sachzwängen, einer immer engeren Gemeinschaft zustrebt. Schorkopf bezeichnet die Finanz- und Schuldenkrise ganz in diesem Sinne als „Sprossen auf der Leiter der Integration".[272] Die Logik einer von Eliten vorangetriebenen Integration überzeugt allerdings nur unter der Annahme einer in der Regel ungeprüften wohlwollenden Zustimmung der Bevölkerungen (des sog. permissiven Konsenses). Diese Annahme hat sich in den vergangenen Jahren als prekär herausgestellt. In der derzeitigen Gemengelage scheint sie vollends illusorisch. Den unstrittigen Integrationsfortschritten der vergangenen Jahre steht ein ebenso offensichtliches Unbehagen innerhalb der europäischen Bevölkerungen gegenüber, das sich in vielen Meinungsumfragen, etwa im Rahmen des Eurobarometers niederschlägt.[273] Unzufriedenheit findet sich auf beiden Seiten der aktuellen ökonomischen Ordnung: In den Schuldnerländern drücken die aufgrund der Gemeinschaftswährung einzig verfügbaren Maßnahmen der internen Anpassung die Bürger und verschärfen die sozialen Auswirkungen der ökonomischen Krise. In den Gläubigerstaaten bestehen große Zweifel an der Nachhaltigkeit der aufgesetzten Rettungsarrangements und wird die vergemeinschaftete Haftung zulasten ökonomisch relativ erfolgreicher Staaten verbreitet abgelehnt. In den Ländern beider Lager bietet das Unbehagen Raum für eine Zuspitzung des politi-

---

271 Bergsten, 2012, S. 16.
272 Schorkopf, 2012, S. 19 u. 22.
273 Die Ergebnisse der Eurobarometer-Studien können online abgerufen werden. Die Entwicklung der Umfrageergebnisse zu Ansicht der und Vertrauen in die EU seit Ausbruch der Eurokrise ist deutlich; http://ec.europa.eu/public_opinion/index_en.htm (letzter Zugriff: 24.5.2013).

schen Konflikts, für die Neuformierung oder für Wahlerfolge von parteipolitischen Gruppierungen, die die Währungsunion oder die EU insgesamt infragestellen. Betrachtet man dagegen die Krisenreaktion der EU, so muss man feststellen, dass sie erneut Gefahr läuft, sich in einem technokratischen Gebäude zu verschließen.[274] Demokratische Prozesse (Wahlen und Referenden) werden aus dieser Perspektive heraus immer wieder, teils explizit, als Störfaktoren wahrgenommen. Es kann daraus tatsächlich der gefährliche Eindruck entstehen, die EU habe die Bürger weiter aus den Augen verloren und sich dem Dienst der sog. ‚Märkte' vollends verschrieben. Damit würde die EU den traditionellen Vorbehalten gegen sie und den Zweifeln an ihrer demokratischen Legitimität neue Nahrung geben.[275]

Darüber hinaus ergibt sich als weitere wahrscheinliche Folge des Krisenmanagements und der Integrationsmaßnahmen eine „Zementierung" der differenzierten Integration zumindest für den Bereich der Wirtschafts- und Finanzpolitik.[276] Wir haben diesen Abschnitt mit der Feststellung eingeleitet, dass auf der vierten Stufe ökonomischer Integration nur ein Teil der EU-Mitgliedstaaten angekommen ist. Diese haben sich nun als Reaktion auf die Krise einige Schritte in Richtung der fünften Stufe, nämlich der vollen wirtschaftlichen Integration, bewegt. Dabei ist die Absetzbewegung aber nur deutlicher geworden. Viele der neuen Regelungen und Maßnahmen gelten vornehmlich oder ausschließlich für die Eurostaaten, sind als Sonderformate mit Ausnahmeregelungen innerhalb des EU-Rechts oder jenseits desselben gestaltet. Damit scheint die Hoffnung, dass sich auch die übrigen Staaten in absehbarer Zeit dieser heute geradezu unfreiwilligen Avantgarde anschließen werden, weniger berechtigt als zuvor. Dies gilt sicher für die Staaten mit opt-outs, also Großbritannien und Dänemark. Insbesondere die Briten haben sich im Angesicht der Krise und des Krisenmanagements weiter vom Kern der Gemeinschaft entfernt. Das Anfang des Jahres ausgerufene Referendum, das bis 2017 stattfinden soll, könnte gar den Austritt des Landes aus der EU bedeuten.

Aber auch für diejenigen Länder ohne opt-outs, die der Eurozone allerdings noch nicht beigetreten sind, hat sich das Image der WWU verändert. Die Währungsunion kann nachteilige Effekte mit sich bringen. Sie beschränkt die wirtschafts- und finanzpolitische Souveränität der Teilnehmerstaaten. Für Länder, die in finanzielle Schwierigkeiten geraten und Hilfe beantragen müssen, gilt sogar, dass sie ihre Haushaltspolitik, ein grundlegendes Element souveränen politischen und demokratischen Han-

---

274 Orientierung und Maßnahmen der Europapolitik im Angesicht der Krise lassen in der Tat den Eindruck eines „postdemokratischen Exekutivföderalismus" entstehen, vor dem Jürgen Habermas in seinem jüngsten Essay zur Verfassung Europas ausdrücklich warnt; vgl. Habermas, Jürgen, 2012: Zur Verfassung Europas. Ein Essay, Frankfurt/Main, S. 48ff.

275 Die entdemokratisierenden Effekte eines Umbaus der EU in einen „internationalen Konsolidierungsstaat" beschreibt Wolfgang Streeck ausführlich und anschaulich in seinen 2013 veröffentlichten Frankfurter Adorno-Vorlesungen, Streeck, Wolfgang, 2013: Gekaufte Zeit. Die vertagte Krise des demokratischen Kapitalismus; Frankfurter Adorno-Vorlesungen 2012, 3. Aufl., Berlin, insb. S. 144ff.; s. auch Dyson, 2012, S. 465–466; Hix/Høyland, 2011, S. 272.

276 „EMU seems to have cemented the principle of differentiated integration", Dyson, 2012, S. 466.

delns,[277] einer supranationalen, sanktionsbewehrten Aufsicht unterstellen müssen. Diese Aussichten könnten weitere Staaten davor zurückschrecken lassen, die ökonomische Integration weiter voranzutreiben. Auf der anderen Seite scheint ein Zerfall der bestehenden Eurozone wiederum nicht wahrscheinlich. Es ist zwar durchaus davon auszugehen, dass sich die politischen Spannungen über die Frage der europäischen Integration und ihrer Auswirkungen auf die nationale ökonomische Situation in einigen Mitgliedsländern, insbesondere den Krisenstaaten, weiter verschärfen werden. Ein Ausscheiden aus der gemeinsamen Währung wäre aber mit gravierenden wirtschaftlichen Folgen (Inflation, Rezession) für den jeweiligen Mitgliedstaat und unvorhersehbaren politischen Auswirkungen für das Land wie für die gesamte EU verbunden, so dass eine tatsächliche Wahl der Exit-Option ein ausgesprochen riskantes Manöver darstellte.

5.5 Haushalt und Finanzen

In den vorangegangenen Abschnitten haben wir uns überwiegend mit den regulativen Politiken der Europäischen Union befasst. Auf jenen Feldern besitzt die Gemeinschaft Kompetenzen, für die Mitgliedstaaten verbindliche Regeln zu erlassen, die diese dann umsetzen und ggf. bezahlen müssen. Dadurch entsteht leicht der Eindruck, die Tätigkeit der EU beschränke sich auf ihre regulative Dimension. Dem ist nicht so. Zwar verfügt die Union nur über einen geringen Haushalt, quasi ein *Taschengeld*[278] im Vergleich zu den Nationalstaaten, aber sie finanziert daraus nicht nur ihre eigenen Institutionen, sondern zum weitaus größten Teil dient ihr Budget der Redistribution, d.h. sie verteilt um. Seit dem ersten Haushaltsvertrag von 1970 besitzt die EU beschränkte Finanzhoheit. Auch darin unterscheidet sie sich übrigens von allen internationalen Organisationen, dass sie nicht immer wieder um ihre Finanzausstattung kämpfen muss. Vielmehr verfügt sie über eine veritable und justitiable, d.h. einklagbare, Finanzverfassung (Art. 310–325 AEU-Vertrag). Allerdings erreicht die EU auch in diesem Punkt keine Staatsqualität. Wie bereits erwähnt, ist ihr Budget gering. All die Politikfelder, die gemeinhin große Ausgaben erfordern, wie Bildung, Gesundheit, Verteidigung usw., fallen nicht in ihre Zuständigkeit. Außerdem hat die EU nicht das Recht, eigene Steuern zu erheben und sie darf auch keine Schulden machen.[279]

5.5.1 Instrumente

Für die Haushaltspolitik der EU gibt es zwei finanzielle Bezugsrahmen, die sich auf unterschiedliche Zeiträume beziehen:

---

277 Vgl. Csaba, 2012, S. 59.
278 Wagener/Eger, 2009, S. 495.
279 Vgl. ebd., S. 494.

5. Die EU: eine Wirtschaftsgemeinschaft

- Zum Ersten hat die EU einen *Jahreshaushalt*, der von Rat und Parlament zu bewilligen ist. In einem komplexen Entscheidungsverfahren (s. Art. 314 AEU-Vertrag) wird der jährliche Haushaltsentwurf von der Kommission erarbeitet und den beiden Legislativorganen zur Entscheidung vorgelegt. Abbildung 19 stellt die Ausgabenverteilung auf sechs Rubriken[280] dar, wie sie der Haushaltsplan der Kommission für das Jahr 2013 vorsieht.

Abbildung 19: Haushaltsplan 2013 nach Rubriken des Finanzrahmens

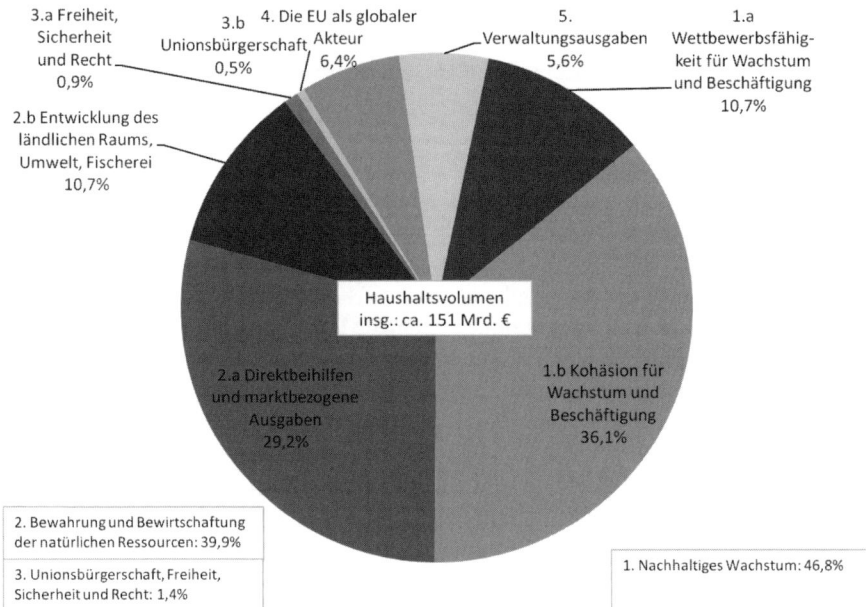

Quelle: eigene Darstellung; Daten: Europäische Kommission.

- Zum Zweiten gibt es seit 1988 einen *mittelfristigen Finanzrahmen* (MFR), der für mehrere Jahre – in der Regel sieben, mindestens aber fünf – verabschiedet wird. Die finanzielle Vorausschau wird von der Kommission entworfen, vom Europäischen Rat verhandelt und schließlich vom Rat im Rahmen einer einstimmig anzunehmenden Verordnung verabschiedet. Seit der Lissabonner Vertragsreform bedarf die Verabschiedung des mehrjährigen Finanzrahmens auch der Zustimmung des Europäischen Parlaments mit der absoluten Mehrheit (Art. 312 AEU-Vertrag). Den mühsam ausgehandelten Kompromissvorschlag der Staats- und Regierungschefs für den Finanzrahmen 2014–2020 (s. Abb. 20) ließ das Par-

---

[280] Die Rubriken eins, zwei und drei sind bewusst noch einmal unterteilt, damit man die gewichtigen Ausgaben der Kohäsions- bzw. Agrarpolitik von sonstigen Verpflichtungen unterscheiden kann.

lament im März 2013 vorerst scheitern, signalisierte unter gewissen Auflagen allerdings eine spätere Zustimmung.

Abbildung 20: Finanzrahmen 2014–2020 (Mittel für Verpflichtungen in Mio. Euro, Entwurf des Europäischen Rates von Feb. 2013, noch nicht verabschiedet)

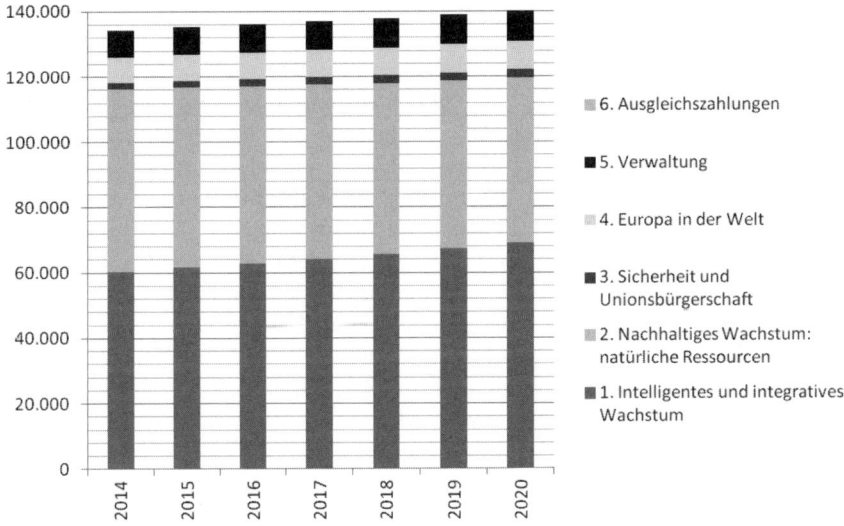

Quelle: (Zahlen) Europäischer Rat, 2013: Schlussfolgerungen (Mehrjähriger Finanzrahmen), 8. Feb. 2013, Brüssel (EUCO 37/13).

5.5.2 Ausgaben

Die geplanten Ausgaben des EU-Haushalts für das Jahr 2013 betragen etwa 151 Mrd. Euro (s. Abb. 19).[281] In den vergangenen Jahren ist das Budget beachtlich gestiegen. Darüber hinaus hat die Verteilung auf die einzelnen Posten eine grundlegende Veränderung erfahren. Mit dem Jahr 2007 hat sich das Verhältnis der beiden größten Haushaltsposten verschoben, seither liegen die Ausgaben für die Kohäsionspolitik über den Ausgaben für die Gemeinsame Agrarpolitik (GAP). Bei beiden Posten handelt es sich um redistributive Politikbereiche, die wir uns daher kurz näher anschauen möchten.

Gemeinsame Agrarpolitik (GAP)

Die *Gemeinsame Agrarpolitik* ist eine Art hochsubventionierter Fremdkörper im EU-Wettbewerbssystem. Laut Art. 38 AEU-Vertrag ist sie zwar Teil des Binnen-

---

281 Zum Vergleich: Der deutsche Bundeshaushalt 2013 sieht Ausgaben in Höhe von 302 Mrd. Euro vor, vgl. http://www.bundeshaushalt-info.de/startseite/#/2013/soll/ausgaben/einzelplan.html (letzter Zugriff: 25.5.2013).

markts, von freiem Wettbewerb kann jedoch in den Bereichen Landwirtschaft und Handel mit landwirtschaftlichen Erzeugnissen kaum die Rede sein, vielmehr nehmen die gemeinschaftlichen Regelungen hier einen Wirtschaftsbereich von den Wettbewerbsregeln aus. Anders als zu Zeiten ihrer Gründung, da die Versorgung mit Nahrungsmitteln in Europa durchaus gefährdet, die Gewährleistung der Versorgungssicherheit also Kernanliegen war, verfolgt die GAP heute vorwiegend protektionistische Ziele, nämlich: erstens den Schutz landwirtschaftlicher Produkte vor niedrigen internen Preisen, zweitens den Schutz derselben Produkte vor niedrigen Importpreisen, also vor Waren aus Drittländern, und drittens die Senkung der Exportpreise europäischer Waren durch Beihilfen. Die EU betreibt also Preisstützung, vereinbart Absatzgarantien für die landwirtschaftliche Produktion und interveniert mit öffentlichen Mitteln. Zur Finanzierung der meisten Maßnahmen dient der Europäische Ausrichtungs- und Garantiefonds für die Landwirtschaft (EAGFL). Die Gemeinsame Agrarpolitik ist kostspielig und wird von den Partnern im Welthandel angesichts ihrer wettbewerbsverzerrenden Wirkung mitunter scharf kritisiert. Seit Gründung der GAP 1962 kam es immer wieder zu gravierenden Überproduktionen, wenn die europäischen Landwirte mehr produzierten, als die Bürger verbrauchten, die EU aber gezwungen war, die Überschüsse aufzukaufen. Zwar konnte die GAP in den Jahren seit 1992 schrittweise reformiert werden, zuletzt etwa durch das 2008 verabschiedete Rechtsetzungspaket, das als *GAP-Gesundheitscheck* bezeichnet wird. Derzeit beraten die europäischen Legislativorgane über ein neues umfassendes Reformpaket, das im Oktober 2011 von der Kommission vorgelegt wurde und die Landwirtschaft wettbewerbsfähiger, ökologisch nachhaltiger und verbraucherfreundlicher machen soll. Der Gesetzgebungsprozess soll Ende 2013 abgeschlossen werden. Was die hohen Subventionsleistungen für die Landwirtschaft betrifft, sind die Widerstände und Beharrungskräfte aber nach wie vor groß. Die weiterhin hervorragende Bedeutung der Agrarpolitik manifestiert sich nicht nur im zweitgrößten Haushaltsposten (2: 39,9 Prozent des Gesamtbudgets 2013, davon 2a: 29,2 Prozent, s. Abb. 19). Auch die Generaldirektion für Landwirtschaft und ländliche Entwicklung ist eine der größten Einrichtungen der Kommission und die COPA (*Confederation of Professional Agricultural Organizations*) eine der einflussreichsten Interessenvertretungen auf europäischer Ebene.[282]

Kohäsionspolitik

Mit der Agenda 2007 ist die *Kohäsionspolitik* zum größten Ausgabenposten avanciert. Im aktuellen Siebenjahresprogramm, das mit diesem Jahr zu Ende geht, wird die EU insgesamt rund 347 Mrd. Euro (knapp 36 Prozent der gesamten Mittel) in die Regionalentwicklung investiert haben. Im Rahmen der Regionalpolitik stehen

---

[282] Vgl. hierzu Hix/Høyland, 2011, S. 228; Lippert, Christian, 2012: Agrarpolitik, in: Weidenfeld, Werner/Wessels, Wolfgang (Hrsg.): Europa von A bis Z. Taschenbuch der europäischen Integration, 12. Aufl., Bonn, S. 54–62.

5.5 Haushalt und Finanzen

zwei Strukturfonds, nämlich der Europäische Fonds für Regionale Entwicklung (EFRE, Art. 176 AEU-Vertrag) und der Europäische Sozialfonds (ESF, Art. 162 AEU-Vertrag), sowie der 1993 geschaffene Kohäsionsfonds (Art. 177 AEU-Vertrag) zur Verfügung. Aus diesen Fonds wird die Verfolgung dreier strategischer Ziele bestritten:

- *Konvergenz* (Ziel 1): 81,54 Prozent der insgesamt verfügbaren Mittel sind für die Entwicklung der ärmsten und rückständigsten Mitgliedsländer und Regionen vorgesehen. Als förderfähig gelten hier alle 2004 bzw. 2007 neu beigetretenen Staaten sowie große Teile Spaniens, Portugals und Griechenlands, ferner einzelne Regionen in Ostdeutschland, Süditalien und Großbritannien. Die strukturschwachen Regionen im Osten der Bundesrepublik beispielsweise werden im Zeitraum von 2007–2013 Fördergelder in Höhe von rund 11,9 Mrd. Euro erhalten haben. Zusätzlich zu den Mitteln aus dem Strukturfonds erhalten alle Staaten, deren BNE unterhalb von 90 Prozent des EU-Durchschnitts liegt – dazu zählen alle neuen Mitgliedstaaten (Beitritt 2004 bzw. 2007) sowie Portugal, Griechenland und übergangsweise auch noch Spanien – Unterstützungsleistungen für Investitionsprogramme in den Bereichen Umwelt und Transeuropäische Netze.
- *Regionale Wettbewerbsfähigkeit und Beschäftigung* (Ziel 2): Förderfähig gemäß Ziel 2 sind alle Regionen, die nicht im Rahmen von Ziel 1 als förderfähig gelten oder die eine entsprechende Übergangshilfe beziehen. Für das Ziel 2 stehen knapp 16 Prozent der insgesamt verfügbaren Mittel, also gut 55 Mrd. Euro im Siebenjahreszeitraum, zur Verfügung.
- *Europäische territoriale Zusammenarbeit* (Ziel 3): Im Rahmen dieses strategischen Ziels werden grenzüberschreitende Kooperationsräume an allen Binnengrenzen, bestimmten Außengrenzen sowie innergemeinschaftlichen Seegrenzen gefördert. Mit diesem neuen Ziel 3 wird die frühere Gemeinschaftsinitiative *Interreg* in den Leitzielkatalog der Strukturfonds überführt. Für die territoriale Zusammenarbeit stehen rund 2,5 Prozent der Gesamtmittel zur Verfügung.[283]

Auch die Kohäsionspolitik soll für den nächsten Finanzierungszeitraum 2014 bis 2020 reformiert werden. Insbesondere sollen die Verwaltung der verschiedenen Fonds einen *Gemeinsamen Strategischen Rahmen* (GSR) erhalten und die Zielsetzung der Programme an der *Europa 2020*-Strategie ausgerichtet werden. Außerdem sollen die Antragsverfahren vereinfacht werden. Im Oktober 2011 hat die Kommission hierzu ein Gesetzgebungspaket vorgelegt, das bis Anfang 2014 verabschiedet sein soll.

Mit der Regionalpolitik verfolgt die EU ein klassisches normatives Redistributivziel. Es sieht im Grunde eine Umverteilung von wirtschaftlich starken Regionen auf

---

[283] Ein Beispiel für ein durch Interreg gefördertes Projekt ist der grenzüberschreitende Partnerschaftsverbund der Pfalz mit den Regionen des mittleren Oberrheins sowie des nördlichen Elsaß namens PAMINA.

schwache vor. Die Regionalpolitik ist damit „Ausdruck europäischer Solidarität",[284] wenngleich der Solidargedanke durch die immer wieder zutage tretenden Verteilungskonflikte zwischen den Mitgliedstaaten und die andauernde Debatte zwischen Nettozahlern und Nettoempfängern teilweise konterkariert wird. Die grundlegenden Entscheidungen für die Strukturpolitik fallen durch den Europäischen Rat, also die Staats- und Regierungschefs, die über den MFR faktisch entscheiden. Die daraus resultierende Verordnung muss nach Zustimmung des Parlaments einstimmig vom Rat verabschiedet werden (s. oben). Das Einstimmigkeitserfordernis steht der Verwirklichung redistributiver Politiken tendenziell im Weg. Die regelmäßig aufkeimende Nettozahlerdebatte deutet darauf hin, dass sich die Bereitschaft der Mitgliedstaaten, zugunsten anderer auf materielle Leistungen zu verzichten, nach wie vor in Grenzen hält. Auf der anderen Seite haben Finanz- und Wirtschaftskrise sowie die Eurokrise die Aufmerksamkeit für die ökonomischen Disparitäten innerhalb der EU und für ihre negativen Folgen steigen lassen. Angesichts der besonders schwierigen ökonomischen Lage in einigen peripheren EU-Ländern wird der Regionalpolitik eine besondere Rolle zugemessen. Allerdings schränkt das auf die europäische Ebene übertragene Konsolidierungsgebot die finanziellen Spielräume für Redistributivprogramme auf der anderen Seite stark ein.

5.5.3 Einnahmen

Der Streit zwischen Nettozahlern und Nettoempfängern führt uns unmittelbar zu der Frage nach den Einnahmen: Woher bezieht die EU eigentlich ihre Mittel? Wie bereits erwähnt, darf sie keine Steuern erheben, dennoch soll sie sich gemäß Art. 311 AEU-Vertrag ausschließlich aus sog. Eigenmitteln finanzieren. Der Vertrag legt allerdings nicht verbindlich fest, was unter Eigenmitteln zu verstehen ist. Zunächst sind Eigenmittel Einnahmen, die der Union auf Grundlage der Verträge bzw. entsprechender Durchführungsverordnungen automatisch zukommen, ohne dass es dazu weiterer Beschlüsse der mitgliedstaatlichen Regierungen bedarf. Dieses Eigenmittelsystem unterscheidet die EU von anderen internationalen Organisationen. Das System gliedert sich derzeit in drei Eigenmittelkategorien:

- *traditionelle Eigenmittel*: Hierunter fallen insbesondere die Zölle, die von den Mitgliedstaaten beim Handel mit Drittstaaten zugunsten der EU erhoben werden. In der Haushaltsplanung 2013 machen sie 14,2 Prozent der Gesamteinnahmen aus. Unter diese Kategorie fallen nach Abschaffung der Agrarabschöpfungen lediglich noch Zuckerabgaben, die insgesamt nur noch 0,09 Prozent der gesamten Einnahmen betragen (s. Abb. 21).

- *Mehrwertsteuereigenmittel*: Diese Eigenmittel werden im jährlichen Haushaltsverfahren aus den statistisch ermittelten ‚theoretischen' einheitlichen Bemes-

---

[284] Hartwig, Ines, 2012: Struktur- und Regionalpolitik, in: Weidenfeld, Werner/Wessels, Wolfgang (Hrsg.): Europa von A bis Z. Taschenbuch der europäischen Integration, 12. Aufl., Baden-Baden, S. 336–344.

5.5 Haushalt und Finanzen

sungsgrundlagen und den jeweiligen nationalen Einnahmen berechnet. Jeder Staat hat dann den gleichen Anteil seiner Mehrwertsteuereinnahmen an die EU abzuführen, wobei dieser Anteil 0,5 Prozent der Bemessungsgrundlage nicht überschreiten darf. Für den Haushalt 2013 sind 11,5 Prozent der Gesamteinnahmen aus dieser Quelle vorgesehen.

- *BNE-Eigenmittel*: Hierbei handelt es sich um jährliche Beiträge der Mitgliedstaaten. Jeder Staat hat den gleichen Anteil seines Bruttonationaleinkommens an die EU zu überführen. Der jeweilige einheitliche Satz ergibt sich erst nachträglich aus dem Differenzbetrag zwischen Ausgaben und Einnahmen des EU-Haushalts. Damit die Mitgliedstaaten der Gemeinschaft auf diese Weise aber nicht gleichsam einen Blankoscheck ausstellen müssen, ist im aktuellen Finanzrahmen eine Eigenmittelobergrenze von 1,23 Prozent des gemeinschaftlichen BNE festgelegt. Im Haushaltsplan 2013 haben die BNE-Eigenmittel einen Anteil von 74,3 Prozent aller Einnahmen, womit diese Eigenmittelart, die durch den Delors-I-Plan 1988 als Ergänzung eingeführt worden war, sich zur mit Abstand größten Einnahmequelle entwickelt hat.

Abbildung 21: Verteilung der Eigenmittel im EU-Haushalt 2013 (in Mio. Euro)

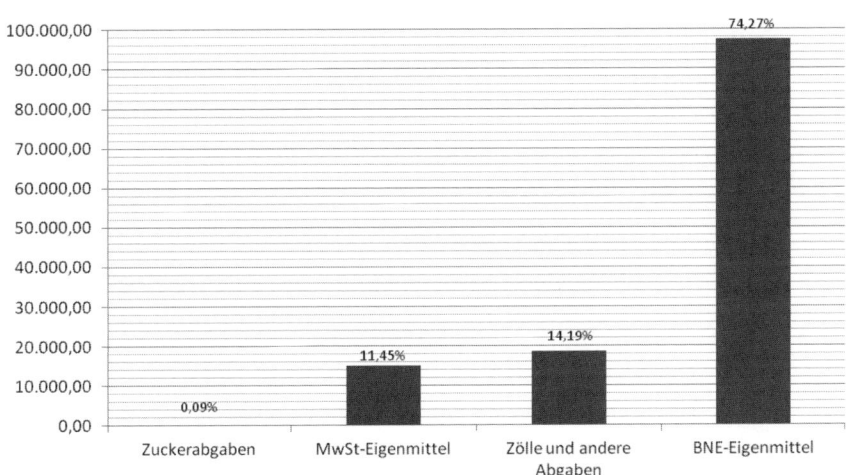

Quelle: eigene Darstellung; Daten: Europäische Kommission, 2013: Haushaltsplan online, unter: http://eur-lex.europa.eu/budget/www/index-de.htm (letzter Zugriff: 15.5.2013), S. 10.

Der EU-Haushalt ist immer wieder Gegenstand politischer Debatten. Während die Mitgliedstaaten dazu tendieren, ihre Beitragslast vorwiegend anhand der materiellen Rückflüsse zu bewerten, drängt die für die Haushaltsplanung verantwortliche Kommission, unterstützt vom Parlament, auf eine Änderung des Eigenmittelsystems. Im Juni 2011 legte die Kommission hierzu einen Vorschlag für einen Beschluss des Rates vor (KOM (2011) 510), indem sie umfassende Reformvorschläge für das Eigenmittelsystem entworfen hat. Im Wesentlichen fordert sie die Abschaffung der bisherigen MwSt-Eigenmittel und den Ersatz durch eine neue MwSt-bezogene Kategorie. Ferner setzt die Kommission darin auf die parallel vorgeschlagene Einführung einer europäischen Finanztransaktionssteuer, die immerhin über 20 Prozent der gesamten Eigenmittel aufbringen soll. Darüber hinaus sollen laut Vorschlag auch die Korrekturmechanismen, d.h. Beitragsrabatte für mehrere Staaten, nämlich Deutschland, Niederlande, Österreich und Schweden sowie insbesondere der in den vergangenen Jahren verstärkt in die Kritik geratene sog. *Britenrabatt* (s. Kasten 10), wonach Großbritannien jährlich zwei Drittel seiner Nettobeiträge zurückerstattet werden, reformiert werden. Die Ergebnisse des Europäischen Rats im Februar 2013, auf dem eine vorläufige Einigung über den MFR 2014–2020 erzielt wurde, greifen einige der vorgeschlagenen Reformen auf: Die MwSt-Eigenmittel sollen durch eine neue Kategorie ersetzt werden. Die Eignung der Finanztransaktionssteuer als Eigenmittelkategorie wird angesichts der Tatsache, dass sie aufgrund der Widerstände in einigen Mitgliedstaaten ‚nur' in der Form einer Verstärkten Zusammenarbeit umgesetzt werden kann, der Prüfung der teilnehmenden Mitgliedstaaten überlassen. Schließlich bleibt der umstrittene Britenrabatt unverändert.[285]

Kasten 10: Britenrabatt

Auf dem europäischen Gipfeltreffen in Fontainebleau 1984 konnte die damalige britische Premierministerin Margaret Thatcher den derzeitigen Korrekturmechanismus zugunsten ihres Landes durchsetzen. Der sog. *Britenrabatt* ergibt sich wie folgt: Rabatt = (Beiträge zum EU-Haushalt − Rückflüsse in Form von Fördergeldern usw.) * 66 Prozent. Thatcher konnte sich bei ihrer berühmten Forderung *I want my money back!* auf die vergleichsweise schlechte Wirtschaftssituation ihres Landes berufen sowie darauf, dass Großbritannien kaum von der Gemeinsamen Agrarpolitik profitierte. Angesichts der veränderten ökonomischen Rahmendaten geriet der Britenrabatt spätestens während der Verhandlungen über den Finanzrahmen im Jahr 2005 ins Visier anderer Regierungsvertreter, die ein Einfrieren des Rabatts forderten. Die Einigung vom 17. Dezember 2005 sieht vor, dass der Rabatt zwar erhalten bleibt, aber bis 2013 deutlich reduziert wird. Während der Kommissionsvorschlag zum MFR 2014–2020 eine Umstellung des Rabatts vorgesehen hatte, vereinbarten die Staats- und Regierungschefs auf dem Gipfeltreffen im Februar 2013, am bisherigen Mechanismus festzuhalten.

---

285 Vgl. Europäischer Rat, 2013: Schlussfolgerungen (Mehrjähriger Finanzrahmen), 8. Feb. 2013, Brüssel (EUCO 37/13), S. 43–45.

5.6 Außenwirtschaftsbeziehungen

Bisher war unser Blick auf die EU als Wirtschaftsgemeinschaft sehr stark nach innen gerichtet. Wir haben uns mit dem Wegfall der Binnengrenzen befasst, der Entstehung und Regulierung eines gemeinsamen Marktes und einer Währungsunion. Zum Abschluss dieses Abschnitts wollen wir nun noch einen Blick auf die Außenbeziehungen der Wirtschaftsgemeinschaft werfen. Unter Außenwirtschaftsbeziehungen versteht man alle Wirtschafts- und Handelsbeziehungen der EU mit Drittstaaten. Die EU ist die größte Handelsmacht der Welt. Ohne den Binnenhandel hinzuzählen, erreichte die EU-27 im Jahr 2010 mit 16,4 Prozent der weltweit getätigten Einfuhren den zweiten Platz der größten Importeure direkt hinter den USA. Im selben Jahr nahm sie mit 14,6 Prozent der weltweit getätigten Ausfuhren den ersten Platz der größten Exporteure ein (s. Tabelle 8).

Tabelle 8: Die größten Im- und Exporteure im weltweiten Güterhandel (2010)

	Importe				Exporte		
Rang	Wirtschaftsraum	Importe in Mrd. €	% Welt	Rang	Wirtschaftsraum	Exporte in Mrd. €	% Welt
1	USA	1.456,5	16,8	1	EU-27	1.218,7	14,6
2	EU-27	1.423,2	16,4	2	China	1.168,3	14,0
3	China	964,2	11,1	3	USA	944,0	11,3
4	Japan	506,1	5,8	4	Japan	541,1	6,5
5	Kanada	321,4	3,7	5	Südkorea	340,6	4,1
6	Südkorea	310,5	3,6	6	Kanada	291,1	3,5
7	Hongkong	305,2	3,5	7	Hongkong	287,8	3,5
8	Indien	261,9	3,0	8	Russland	280,5	3,4
9	Mexiko	245,5	2,8	9	Singapur	256,1	3,1
10	Singapur	220,5	2,5	10	Mexiko	224,9	2,7

Quelle: Europäische Kommission, 2010: Main Traders in the World, abrufbar unter: http://trade.ec.europa.eu/doclib/docs/2006/september/tradoc_122529.pdf (letzter Zugriff: 15.5.2013).

Der Bedeutung des Außenhandels entsprechend, ist die Gemeinsame Handelspolitik Kernbestandteil der Außenwirtschaftsbeziehungen. Sie lässt sich unterscheiden in die autonome sowie die vertragliche Handelspolitik.

5.6.1 Autonome Handelspolitik

Die autonome Handelspolitik umfasst solche Maßnahmen, die die Europäische Gemeinschaft autonom, also nicht im Rahmen sonstiger vertraglicher Verpflichtungen ergreift. Dies sind in der Regel protektionistische Maßnahmen zur Absicherung des Gemeinsamen Marktes. Mittels folgender Instrumente steuert die Europäische Union die Ein- und Ausfuhren in den bzw. aus dem europäischen Markt:

- *Außenzoll*: Gemäß Artikel 28 AEU-Vertrag vereinbart die Union einen gemeinsamen Zolltarif für alle Einfuhren aus Drittländern. Da die Zölle in der Regel im

5. Die EU: eine Wirtschaftsgemeinschaft

Rahmen der WTO-Verhandlungen vereinbart werden, verliert das tarifäre Instrument im Rahmen der autonomen Handelspolitik zunehmend an Bedeutung.

- *Anti-Dumping- und Anti-Subventionsmaßnahmen*: Solche Maßnahmen darf die EU dann verhängen, wenn sie nachweisen kann, dass eingeführte Produkte aus Drittländern entweder in der EU billiger angeboten werden als auf dem heimischen Markt (Dumping: VO 1225/2009), oder es sich um staatlich subventionierte Ausfuhren (Subvention: VO 597/2009) handelt. In beiden Fällen kann die Kommission nach Konsultation der Mitgliedstaaten Ausgleichszölle verhängen, die mittels Ratsentscheidung verstetigt werden können.

- *Schutzmaßnahmen*: Solche Maßnahmen werden in der Regel in Form von Importüberwachungen und mengenmäßigen Beschränkungen umgesetzt, wenngleich letztere auch für die Einfuhr von Produkten aus Drittstaaten generell nicht vorgesehen sind (s. VO 260/2009 Art. 1 Abs. 2 für WTO-Staaten, VO 625/2009 Art. 1 Abs. 2 für Nicht-WTO-Staaten). Nur dann, wenn die *bedeutende Schädigung* eines innergemeinschaftlichen Wirtschaftszweigs durch Einfuhr eines Produkts unmittelbar bevorsteht, dürfen Schutzmaßnahmen verhängt werden (s. VO 260/2009 Art. 16 Abs. 3 für WTO-Staaten, VO 625/2009 Art. 15 für Nicht-WTO-Staaten).

Daneben hat die EU die Möglichkeit *politisch motivierte Handelssanktionen* gegen Drittstaaten zu verhängen. Diese bilden kein eigentliches Instrument der Gemeinsamen Handelspolitik, sondern basieren auf Beschlüssen im Rahmen der Gemeinsamen Außen- und Sicherheitspolitik (GASP, s. Kap. 10.2). Auf dieser Grundlage kann der Rat mit qualifizierter Mehrheit auf gemeinsamen Vorschlag der Hohen Vertreterin für die Außen- und Sicherheitspolitik und der Kommission die erforderlichen Maßnahmen erlassen. Diese können die Einschränkung des Handels mit Drittstaaten bis hin zur gänzlichen Einstellung umfassen (Art. 215 AEU-Vertrag).[286]

5.6.2 Vertragliche Handelspolitik

Die Spielräume der Europäischen Union in handelspolitischen Fragen sind begrenzt durch Verträge und Abkommen, die diese mit Drittstaaten oder im Rahmen internationaler Organisationen geschlossen hat. Zu den wichtigsten Handelsverträgen der Gemeinschaft zählen zunächst die multilateralen Abkommen im Rahmen der Welthandelsorganisation (WTO), insbesondere das Allgemeine Zoll- und Handelsabkommen (GATT). Als einzige internationale Organisation ist die Europäische Union Mitglied in der Welthandelsorganisation und wird in den Verhandlungen durch die Kommission vertreten, wobei auch die 28 Mitgliedstaaten selbst an den Verhandlungen teilnehmen. Die WTO etabliert ein globales Freihandelsregime, das auf den Prinzipen der Reziprozität – handelspolitische Zugeständnisse müssen wechselseitig ge-

---

286 Eine Auflistung der laufenden restriktiven Maßnahmen nach Art. 215 AEU-Vertrag kann von der Internetseite des Europäischen Auswärtigen Diensts abgerufen werden: http://eeas.europa.eu/cfsp/sanctions/docs/measures_en.pdf (letzter Zugriff: 25.5.2013.).

5.6 Außenwirtschaftsbeziehungen

macht werden – sowie der Meistbegünstigung – Vergünstigungen zwischen zwei Vertragsparteien müssen vorbehaltlos auch für alle anderen gelten – beruht. Die EU hingegen ist eine regionale Organisation, die den Freihandel im Binnenmarkt verwirklicht, diesen gemeinsamen Markt aber, wenngleich sie sich generell auch dem weltweiten Freihandel verpflichtet (s. Art. 206 AEU-Vertrag), vor schädlichem Einfluss mittels zum Teil protektionistischer Maßnahmen schützt (s. oben). Damit stehen die beiden Organisationen in einem latenten Widerspruch, der auch in der Differenz begründet liegt, dass die WTO ausschließlich auf die Etablierung freien Handels abzielt, während die EU darüber hinaus zahlreiche andere politische Aufgaben zu erfüllen und damit verbundene Verantwortlichkeiten wahrzunehmen hat. Folglich verwundert es nicht, dass die europäische Handelspolitik gelegentlich in schwierige Konflikte mit den Vorschriften der WTO gerät.[287]

Ein weiteres multilaterales Freihandelsabkommen, allerdings auf Europa beschränkt, hat die EU mit den EFTA-Staaten Norwegen, Island und Liechtenstein geschlossen. Mit diesen bildet sie seit 1993 den Europäischen Wirtschaftsraum (EWR). Da die Schweiz das Abkommen nicht ratifiziert hat, gelten mit ihr weiterhin bilaterale Abkommen. Bilaterale Kooperationsabkommen, die der Festigung privilegierter wirtschafts- und handelspolitischer Verbindungen der EU mit Drittstaaten dienen, hält die Union auch mit Russland, der Ukraine, den Mittelmeeranrainerstaaten,[288] Kanada, Südkorea, Indien usw. Von besonderer entwicklungspolitischer Bedeutung ist das Cotonou-Abkommen[289] mit den sog. AKP-Staaten (Afrika, Karibik, Pazifik) aus dem Jahr 2000. Die Vereinbarung folgt dem Lomé-Abkommen[290] aus den 1970er Jahren und umfasst privilegierte Handelsbeziehungen (insb. niedrigere Zollsätze) mit den 48 subsaharischen Staaten Afrikas, 16 Staaten aus dem karibischen und 15 Staaten aus dem pazifischen Raum. Bei den Partnerregionen handelt es sich zumeist um ehemalige europäische Kolonien (insb. Großbritanniens und Frankreichs). Die Bedeutung des Handels zwischen der EU und den AKP-Staaten hat in den vergangenen Jahren zugenommen. Sie liegt aus Sicht der EU mit 99,2 Mrd. Euro Importen aus und 86,7 Mrd. Euro Exporten in die AKP-Staaten[291] zwar nur im mittleren Bereich. Für die meisten AKP-Staaten, insbesondere die afrikanischen, ist die EU aber mit Abstand der wichtigste Handelspartner. Die Bevorzugung von Importen aus den AKP-Staaten seitens der EU hat mitunter zu Handelskonflikten vor der WTO ge-

---

287 Die Vielzahl laufender WTO-Verfahren, die entweder von Seiten der EU ausgingen oder von dritter Seite gegen sie angestrengt wurden, ist auf den Internetseiten der Generaldirektion Handel im Detail dokumentiert: http://trade.ec.europa.eu/wtodispute/search.cfm (letzter Zugriff: 25.5.2013).
288 Die Beziehungen zu den Nachbarländern im südlichen Mittelmeerraum sind im Rahmen der Euro-mediterranen Partnerschaft (EUROMED) verwirklicht. Das früher als Barcelona-Prozess bekannte Partnerschaftsprogramm firmiert seit 2008 unter der Bezeichnung Union für das Mittelmeer.
289 Cotonou ist größte Stadt und Regierungssitz des westafrikanischen Benin.
290 Lomé ist die Hauptstadt von Togo.
291 Zahlen für das Jahr 2012; vgl. Generaldirektion Handel unter: http://trade.ec.europa.eu/doclib/docs/2006/september/tradoc_113340.pdf (letzter Zugriff: 25.5.2013).

führt. Die EU rechtfertigt die besonderen Handelsbeziehungen jedoch mit entwicklungspolitischen Motiven sowie ihrer kolonialgeschichtlichen Verantwortung.
Die EU-Kooperationsabkommen sind in der Regel mit sog. Konditionalitätsklauseln, d.h. mit gewissen politischen Bedingungen an die demokratische Entwicklung sowie die Einhaltung der Menschenrechte, verknüpft. Von besonderer politischer Bedeutung sind die Assoziierungsabkommen der Gemeinschaft. Sie gehen noch über Kooperationsabkommen hinaus und stellen eine partnerschaftliche Verbindung „mit gegenseitigen Rechten und Pflichten, gemeinsamem Vorgehen und besonderen Verfahren" (Art. 217 AEU-Vertrag) her. Etabliert wurde diese Methode in den 1990er Jahren, als die EU mit den zukünftigen Beitrittsländern Mittelosteuropas sog. *Europaabkommen* vereinbarte, die dezidiert der Vorbereitung des Beitritts dienten. Eine ähnliche Funktion haben heute die sog. *Stabilisierungs- und Assoziierungsabkommen* (SAA), die die Länder des westlichen Balkans in einen gleichnamigen Prozess (*Stabilisierungs- und Assoziierungsprozess*, SAP) einbinden und die Aufnahme der gesamten Region in die Gemeinschaft vorbereiten sollen. Die Abkommen mit Albanien, Bosnien-Herzegowina, Mazedonien, Montenegro und Serbien sind bereits unterzeichnet worden. Für das Kosovo ist ein entsprechendes Abkommen vorgesehen, die Verhandlungen dauern noch an. Eine besonders privilegierte Partnerschaft besteht auch zwischen der EU und dem Beitrittskandidaten Türkei. Ein Assoziierungsabkommen zwischen beiden datiert schon aus dem Jahr 1964. Seit 1996 verbindet die beiden eine Zollunion. Derzeit laufen Beitrittsverhandlungen.

Die Außenwirtschaftsbeziehungen der EU sind wissenschaftlich von besonderem Interesse, da sie sich an der Schnittstelle zwischen supranationaler Wirtschaftspolitik und zwischenstaatlich organisierter Außenpolitik befinden und damit noch einmal das Zwitterwesen der EU zwischen politischem System und internationaler Organisation verdeutlichen. Dabei gehört die Außenwirtschaftspolitik selbst zu den supranationalen Politikbereichen, und die Kommission ist die Verhandlungsführerin in allen Fragen des internationalen Handels. Kontrolliert wird sie in ihrer handelspolitischen Tätigkeit allerdings von einem vom Rat der EU bestellten Ausschuss, dem traditionell sogenannten 133er-Ausschuss (s. Art. 207 AEU-Vertrag, früher Art. 133 EG-Vertrag). Die Entscheidungen über die gemeinschaftliche Handelspolitik fällen letztlich die Vertreter der Mitgliedstaaten im Rat mit qualifizierter Mehrheit.

Einführende Literatur

Baßeler, Ulrich/Heinrich, Jürgen/Utecht, Burkhard, 2010: Grundlagen und Probleme der Volkswirtschaft, 19. Aufl., Stuttgart. *(Standardwerk der wirtschaftswissenschaftlichen Propädeutik mit Überblickskapiteln zur EU allgemein, zum Binnenmarkt, zur WWU sowie zur Geldpolitik der EZB.)*

Busch, Klaus/Baum-Ceisig, Alexandra/Nospickel, Claudia, 2007: Die Europäische Union. Eine Einführung in die politischen, ökonomischen und sozialen Probleme des erweiterten Europa, Baden-Baden. *(Einführung in das EU-System mit einer deutlichen Ausrichtung auf ökonomische und sozialpolitische Fragen und einer ausgesprochenen Fülle von Materialien.)*

Dicke, Hugo, 2002: Der Europäische Binnenmarkt, in: Weidenfeld, Werner (Hrsg.): Europa-Handbuch, Bonn, S. 439–453. *(Knapper Überblick über Entstehung und Funktionsweise des Binnenmarkts.)*

Hillenbrand, Olaf, 2002: Die Wirtschafts- und Währungsunion, in: Weidenfeld, Werner (Hrsg.): Europa-Handbuch, Bonn, S. 454–476. *(Knapper Überblick insbesondere über die Entstehung und Funktionsweise der WWU.)*

Hix, Simon/Høyland, Bjørn, 2011: The Political System of the European Union, 3. Aufl., Basingstoke u.a. *(Auch für eine wirtschaftspolitische Einführung ist das Lehrbuch von Hix und Høyland sehr zu empfehlen.)*

Kohler-Koch, Beate/Conzelmann, Thomas/Knodt, Michèle, 2004: Europäische Integration – Europäisches Regieren, Wiesbaden.

Wagener, Hans-Jürgen/Eger, Thomas 2009: Europäische Integration. Wirtschaft und Recht, Geschichte und Politik, 2. Aufl., München. *(Eine umfassende Darstellung der europäischen Integration aus wirtschaftswissenschaftlicher Perspektive.)*

Weiterführende Literatur

Artus, Patrick, 2011a: LA BCE a-t-elle bien servi la zone euro?, in: L'Economie politique 52/2011, S. 6–16. *(Eine Bilanz der Rettungsmaßnahmen der EZB aus französischer Perspektive.)*

Ders., 2011b: Zone Euro: Les responsables de la crise de la dette, in: Politique étrangère 4/2011, S. 755–762. *(Bewertung der Krise und ihrer Ursachen, hilfreich zum Verständnis einer von der in Deutschland dominanten Bewertung abweichenden Perspektive.)*

Aust, Andreas, 1999: Irlands Entwicklung im europäischen Binnenmarkt, Wiesbaden.

Balassa, Bela, 1962: The theory of economic integration, London. *(Klassisches Werk der ökonomischen Integrationstheorie.)*

Becker, Werner/Böttcher, Barbara, 2012: Währungspolitik, in: Weidenfeld, Werner/Wessels, Wolfgang (Hrsg.): Jahrbuch der Europäischen Integration, Baden-Baden, S. 237–242. *(Aufschlussreicher Überblick über die Entwicklungen in einem Schlüsseljahr der Krise.)*

Benecke, Dieter W., 2012: Das Fiskalpaktreferendum in Irland, in: KAS Auslandsinformation 8/2012, S. 47–75. *(Eine hilfreiche Nacherzählung der Ereignisse in Irland, hinsichtlich der Bewertung von Krise und Krisenmanagement allerdings wenig differenziert.)*

Bergsten, C. Fred, 2012: Why the Euro Will Survive, in: Foreign Affairs, Sep./Okt. 2012, S. 16–22. *(Optimistischer Essay zur Zukunft der Gemeinschaftswährung.)*

Csaba, László, 2012: Revisiting the Crisis of the EMU: Challenges and Options, in: Zeitschrift für Staats- und Europawissenschaften 1/2012, S. 53–77. *(Sehr aufschlussreiche Analyse der Krisenentwicklung sowie des Krisenmanagements.)*

Dreger, Christian, 2012: Der ökonomische Wert der Währungsunion: eine positive Bilanz aus deutscher Sicht, in: integration 2/2012, S. 110–116. *(Versuch einer Ehrenrettung der WWU aus deutscher Sicht.)*

Dyson, Kenneth, 2006: Die Wirtschafts- und Währungsunion als Prozess der Europäisierung, in: Jachtenfuchs, Markus/Kohler-Koch, Beate (Hrsg.): Europäische Integration, Wiesbaden, S. 449–478. *(Ebenso kenntnis- wie voraussetzungsreiche, kritische Untersuchung der WWU; sehr lesenswert.)*

Ders., 2012: Economic and Monetary Union, in: Jones, Erik/Menon, Anand/Weatherill, Steven (Hrsg.): The Oxford Handbook of European Integration, Oxford, S. 453–468. *(Aktualisierter Überblick über die Entstehung und Entwicklung der WWU.)*

Feldstein, Martin: The Failure of the Euro. The Little Currency That Couldn't, in: Foreign Affairs 1/2012, S. 105–116. *(Polemische Bilanz eines frühen Warners.)*

5. Die EU: eine Wirtschaftsgemeinschaft

Haas, Ernst B., 1958: The uniting of Europe. Political, social and economical forces 1950–1957, London. *(Klassisches Werk der Integrationstheorie, Hauptwerk des Neofunktionalismus.)*

Habermas, Jürgen, 2012: Zur Verfassung Europas. Ein Essay, Frankfurt/Main. *(Sammlung aktueller Texte zum Stand der EU-Integration und zur Eurokrise, eine insgesamt kritischere Sichtweise gegenüber früheren Überlegungen ist erkennbar.)*

Hartwig, Ines, 2012: Struktur- und Regionalpolitik, in: Weidenfeld, Werner/Wessels, Wolfgang (Hrsg.): Europa von A bis Z. Taschenbuch der europäischen Integration, 12. Aufl., Baden-Baden, S. 336–344. *(Knappe Beschreibung der Struktur- und Regionalpolitik zwecks lexikalischer Darstellung, gut für den Einstieg.)*

Hughes Hallett, Andrew/Hougaard Jensen, Svend E., 2012: Fiscal governance in the euro area: institutions vs. rules, in: Journal of European Public Policy 5/2012, S. 646–664. *(Der Beitrag gründet einen interessanten Neuentwurf einer regelbasierten Koordinierung im Bereich der Haushaltspolitik auf eine kritische Bewertung der Steuerungsmechanismen des SWP.)*

Laffan, Brigid/O'Mahony, Jane, 2008: Ireland and the European Union, Basingstoke [u.a.]. *(Wer sich mit irischer Europapolitik befasst, kommt an diesem Werk nicht vorbei.)*

Lippert, Christian, 2012: Agrarpolitik, in: Weidenfeld, Werner/Wessels, Wolfgang (Hrsg.): Europa von A bis Z. Taschenbuch der europäischen Integration, 12. Aufl., Baden-Baden, S. 54–62. *(Knappe Beschreibung der Agrarpolitik zwecks lexikalischer Darstellung, gut für den Einstieg.)*

Mundell, Robert, 1961: A Theory of Optimal Currency Areas, in: American Economic Review 51/4, S. 657–665. *(Schlüsseltext ökonomischer Theorie.)*

Ricardo, David, 1953: On the principles of political economy and taxation, Cambridge [Erstdruck: 1817]. *(Klassisches Werk der ökonomischen Theorie, Ursprungstext der Freihandelstheorie.)*

Scharpf, Fritz W., 2003: Politische Optionen im vollendeten Binnenmarkt, in: Jachtenfuchs, Markus/Kohler-Koch, Beate (Hrsg.): Europäische Integration, 2. Aufl., Wiesbaden, S. 219–253. *(Ebenso anspruchsvolle wie kritische Untersuchung der politischen Handlungsspielräume im europäischen Binnenmarkt, äußerst lesenswert.)*

Schorkopf, Frank, 2012: Europas politische Verfasstheit im Lichte des Fiskalvertrages, in: Zeitschrift für Staats- und Europawissenschaften 1/2012, S. 1–29. *(Detaillierte Analyse des Fiskalvertrags und seiner Auswirkungen, im juristischen Duktus gehalten, dennoch auch für Politikwissenschaftler sehr lesenswert.)*

Schünemann, Wolf J., 2013: Der EU-Verfassungsprozess und die ungleichzeitige Widerständigkeit gesellschaftlicher Wissensordnungen – exemplarische Darstellung eines Ansatzes zur diskursanalytischen Referendumsforschung, in: Zeitschrift für Diskursforschung 1/2013, S. 67–87.

Ders., 2014 i.E.: Subversive Souveräne. Eine vergleichende Diskursanalyse der Referenden über den EU-Verfassungs- bzw. Reformvertrag in Frankreich, den Niederlanden und Irland, Wiesbaden.

Streeck, Wolfgang, 2013: Gekaufte Zeit. Die vertagte Krise des demokratischen Kapitalismus; Frankfurter Adorno-Vorlesungen 2012, 3. Aufl., Berlin. *(Streeck bietet eine klar und verständlich argumentierende Krisendiagnose, die weit über die aktuellen Verwerfungen in die Konflikte und Zusammenhänge (wirtschafts-)politischer Ideen hinausgreift; unbedingte Pflichtlektüre für Studierende der EU, verspricht Aufklärung insbesondere für allzu unkritische Beobachter der EU-Integration.)*

Tooze, Adam, 2012: Germany's Unsustainable Growth. Austerity Now, Stagnation Later, in: Foreign Affairs 5/2012, S. 23–30. *(Provokanter Essay zur Wirtschaftsstrategie Deutschlands.)*

5.6 Außenwirtschaftsbeziehungen

Fragen zur Diskussion

- Ist die EU eine Wirtschaftsgemeinschaft? Wenn ja, wodurch ist diese Bezeichnung gerechtfertigt?
- Auf welcher Stufe der ökonomischen Integration ist die EU heute angelangt? Wie wird sie sich weiterentwickeln?
- Wie funktioniert der Binnenmarkt? Welche Unzulänglichkeiten und Störungen existieren bis heute? Wie können diese überwunden werden?
- Wie funktioniert die Wirtschafts- und Währungsunion? Welche Vorteile bringen gemeinsame Währung und wirtschaftspolitische Koordinierung? Welche Einschränkungen für die wirtschaftliche und politische Steuerung in den Mitgliedstaaten gehen mit der Teilnahme an der Währungsgemeinschaft einher?
- Welche Schwierigkeiten und Probleme sind während der Eurokrise ab 2010 sichtbar geworden? Mit welchen Maßnahmen haben die europapolitischen Akteure darauf reagiert? Welche dauerhaften Institutionen sind errichtet worden? Wie sind die Auswirkungen von Krise und Krisenmanagement auf die europäische Integration zu bewerten?
- Ist das jährliche EU-Budget zu hoch, angemessen oder zu gering? Wie ist die Verteilung der Ausgaben auf die einzelnen Politikbereiche zu bewerten?
- Die Außenpolitik auf europäischer Ebene ist eigentlich zwischenstaatlich organisiert. Wie lässt sich vor diesem Hintergrund die supranationale Regelung der Außenwirtschaftsbeziehungen begründen? Über welche Instrumente verfügt die EU im Rahmen der Gemeinsamen Handelspolitik?

6. Die EU: eine Rechtsgemeinschaft

6.1 Bedeutung des Rechts

Die Geschichte Europas kennt zahlreiche Versuche, den Kontinent zu einen. In der Regel diente zur Verwirklichung derartiger Integrationsbemühungen die Gewalt als Medium, und verschiedene Machthaber zwangen weite Teile Europas in blutigen Feldzügen unter ihre Herrschaft. Das besondere Kennzeichen der europäischen Integration seit dem Ende des Zweiten Weltkriegs ist die Wahl eines neuen, friedvollen Weges, nämlich der Integration durch Verträge, mithin durch das Recht. „Nicht Gewalt, nicht Unterwerfung ist als Mittel eingesetzt, sondern eine geistige, eine kulturelle Kraft: das Recht."[292] In den vorangegangenen Abschnitten haben wir die europäische Wirtschaftsgemeinschaft beschrieben, wie und warum sie funktioniert, wie und warum die Mitgliedstaaten sie errichteten. Wir haben dabei auch festgestellt, dass die wirtschaftliche Integration auf rechtlichen Regelungen beruht, die verbindliche Ordnung des Gemeinsamen Marktes nämlich aus Verträgen, Rechtsakten der EU-Organe und Urteilen des Europäischen Gerichtshofs (EuGH) hervorgeht. Wir haben das rechtliche Fundament, auf dem das europäische Haus steht bzw. errichtet wird, dabei weitgehend unreflektiert als gegeben hingenommen. Wenn wir nun die Europäische Union als Rechtsgemeinschaft behandeln, muss uns allerdings die Frage beschäftigen, warum die souveränen Nationalstaaten sich auf die legale Selbstbeschränkung eingelassen haben. Warum haben sie eine übergeordnete Rechtsordnung etabliert? Warum haben sie deren eigenmächtige Transformation geduldet? Und warum gehorchen sie den gemeinschaftlichen Regeln?

Die Schaffung eines Binnenmarkts, also die Öffnung der Grenzen für den freien Handel, bringt in der Regel Vorteile für die beteiligten Staaten. Es ist also davon auszugehen, dass die Regierungen aus rationalem Kalkül, mithin aus Klugheit, in die Kooperation einwilligen. Ebenso ist zu erwarten, dass die gleiche Klugheit, die die Staaten zur generellen Einigung auf den Freihandel bewegt, sie im besonderen Fall doch dazu tendieren lässt, protektionistische Maßnahmen im Sinne der eigenen Industrie zu ergreifen. Die vorangegangenen Abschnitte zur Wirtschaftsgemeinschaft enthalten eine Fülle empirischer Belege für ebendieses Verhalten der Nationalstaaten. Da kollektiver und individueller Nutzen also differieren können und moralisches Handeln aus vertragstheoretischer Sicht keine verlässliche Größe darstellt, ist die Wirtschaftskooperation als ein Beispiel kollektiven Handelns mit dem Dilemma der kontraproduktiven Klugheit[293] konfrontiert. Dieses vertragstheoretische Kon-

---

292 Hallstein, Walter, 1973: Die Europäische Gemeinschaft, Düsseldorf/Wien, S. 53; s. auch Nicolaysen, Gert, 2002: Die Europäische Union als Rechtsgemeinschaft, in: Weidenfeld, Werner (Hrsg.): Europa-Handbuch, Bonn, S. 348–360 (355).
293 Kersting, Wolfgang, 2005: Die politische Philosophie des Gesellschaftsvertrags, Darmstadt, S. 53.

zept findet seine sozialwissenschaftliche Entsprechung im sog. Trittbrettfahrerproblem (*free-rider problem*). Ein verbreitetes Beispiel aus dem Alltag fällt unter dieses Phänomen und gibt ihm seinen Namen: der Schwarzfahrer beispielsweise in der U-Bahn. Denn so klug es auch ist, öffentliche Verkehrsmittel einzurichten, die von allen Beteiligten zu vergleichsweise geringen Kosten genutzt werden können, so ist es für den Einzelnen doch noch klüger, mit der Bahn zu fahren, die Zahlungsbereitschaft der anderen auszunutzen, selbst jedoch nicht zu zahlen. Übertragen auf die europäische Integration heißt das: Zwar profitiert jeder Mitgliedstaat zu vergleichsweise geringen Transaktionskosten von der Öffnung der Grenzen, weil die heimische Wirtschaft Waren und Dienstleistungen nun ungehindert auf einem größeren Markt anbieten kann. Gleichzeitig ist es für jeden einzelnen Staat aber noch klüger, die Kooperationsbereitschaft der anderen auszunutzen und seinen eigenen Markt vor der Konkurrenz aus dem Ausland zu schützen.[294] Die Trittbrettfahrermentalität gefährdet die Funktionsfähigkeit des Marktes bzw. lässt ihn, da die *Klugheitsfalle* von den Kooperationswilligen bereits antizipiert wird, gar nicht erst entstehen.

Freilich gelten derlei Bedenken nur für solche Kooperationen, bei deren Vereinbarung die Parteien nicht zugleich eine Ordnung etablieren, die Befugnisse und Verpflichtungen, die aus der Zusammenarbeit hervorgehen, eindeutig festlegt und Mechanismen vorsieht, die Einhaltung der aufgestellten Regeln zu kontrollieren und deren Verletzung zu bestrafen. Sie müssen also einen Vertrag schließen, der die Grundlage für eine rechtliche Ordnung bietet. Innerhalb dieser Ordnung darf der Vertragsbruch des Einzelnen sich nicht mehr lohnen. Nur auf diese Weise lässt sich das Trittbrettfahrerproblem lösen: „Der einzige Ausweg aus diesem Dilemma der kontraproduktiven Klugheit besteht darin, die Kosten für den Vertragsbruch so drastisch zu erhöhen, daß er für niemanden mehr profitabel sein kann."[295] Die Mitgliedstaaten der Europäischen Union errichteten mit den Römischen Verträgen eine völkerrechtliche Ordnung. Damit war das Einigungswerk von seinen Ursprüngen an eine „Schöpfung des Rechts"[296], und der erste Präsident der Europäischen Kommission, Walter Hallstein, bezeichnete bereits damals die EWG zutreffend als Rechtsgemeinschaft.[297] Dieser Terminus steht in klarer Abgrenzung zum vertrauten Rechtsstaatsbegriff, obwohl beide Konzepte wesentliche Elemente gemeinsam haben. Die Europäische Union ist aber kein Staat, folglich auch kein Rechtsstaat, und doch machte die Tatsache, dass sie von ebensolchen Rechtsstaaten gegründet wurde, indem diese Hoheitsrechte auf die Gemeinschaft übertragen, es notwendig, dass diese Rechte auch auf Gemeinschaftsebene in eine *rule of law*[298] eingebettet würden. Zu den

---

294 Beispielhaft illustriert Simon Hix die mitgliedstaatlichen Erwägungen in früheren Auflagen seiner Standardeinführung mittels des Gefangenendilemmas, s. Hix, 2005, S. 111 ff.
295 Kersting, 2005, S. 53.
296 Nicolaysen, 2002, S. 354.
297 Hallstein, Walter, 1969: Der unvollendete Bundesstaat, 4. Aufl., Düsseldorf/Wien, S. 33.
298 Auch diese englische Wendung für Rechtsstaatlichkeit ist dieser selbst vorzuziehen, da sie den Staatscharakter ausklammert.

grundlegenden Bedingungen für eine *rule of law* gehört unter anderem, dass *erstens* auch die Gemeinschaftstätigkeit an das Recht gebunden ist, dass *zweitens* das Recht für alle Vertragsparteien in gleichem Maße gilt und dass *drittens* die Rechtstreue von einer unabhängigen Instanz kontrolliert wird, Verstöße ggf. geahndet werden.[299]

Für das Verständnis der Besonderheit der europäischen Rechtsordnung ist diese dritte Forderung nach einer unabhängigen Rechtsaufsicht entscheidend. Stone Sweet macht in sozialen Zusammenhängen ein generelles Bedürfnis nach *third-party dispute resolution*[300] aus. Rechtsstreitigkeiten zwischen mehreren Parteien verlangen nach einer unabhängigen Instanz, einem unparteiischen Dritten, der die Bestimmungen auslegt und einer Partei von neutraler Warte aus Recht zu- oder abspricht. Die Legitimität rechtlicher Autorität resultiert daraus, dass jeder Teilnehmer beispielsweise des Gemeinsamen Markts ein veritables Interesse daran hat, dass sich alle einschließlich seiner an die gemeinschaftlichen Regeln halten, auch wenn einzelne Entscheidungen dem jeweiligen Präferenzen zuwiderlaufen mögen. Zu diesem Zweck muss Recht nicht nur gesetzt, sondern auch durchgesetzt werden. Und ebendiese Notwendigkeit einer übergeordneten Instanz zur effektiven und legitimen Rechtsdurchsetzung ist die Schwachstelle des Völkerrechts und berührt damit auch das rechtliche Gebilde der europäischen Integration. Denn das „Völkerrecht ist zwar ‚Recht', doch reicht es nicht an die strenge Verbindlichkeit staatlichen Rechts heran."[301] Die Durchsetzungsschwäche internationalen Rechts hat ihren Grund in der Abwesenheit einer übergeordneten Instanz, die Regelungen gegenüber den Nationalstaaten als souveränen Völkerrechtssubjekten implementieren könnte. Im internationalen System herrscht eine je nach Lesart unterschiedlich geartete, mal urwüchsige (Realismus), mal durch internationale Organisationen und Regime relativierte (Institutionalismus), mal sozial konstruierte (Konstruktivismus) Form von Anarchie. In diesem System werden Vorschriften und Urteile (z.B. des Internationalen Gerichtshofs) von den Nationalstaaten immer auch nach politischen Maßgaben bewertet und aus entsprechendem Kalkül ggf. nicht befolgt.

Im Laufe ihrer Entwicklung hat die Europäische Union eine Rechtsordnung etabliert, die sich deutlich vom durchsetzungsschwachen Völkerrecht abhebt. Mit dem Europäischen Gerichtshof ist ein wirkungsvolles Organ der Rechtsprechung entstanden, das mittlerweile etwa 600 Urteile und Beschlüsse pro Jahr erlässt.[302] Damit können Unionsorgane, Mitgliedstaaten und auch einzelne Bürger einen Rechtsschutzapparat in Anspruch nehmen, dessen Funktionsfähigkeit und Durchsetzungs-

---

299 Einen ausführlichen Kriterienkatalog des formalen wie des materiellen Rechtsstaats s. Lauth, Hans-Joachim/Wagner, Christoph, 2010: Gegenstand, grundlegende Kategorien und Forschungsfragen der „Vergleichenden Regierungslehre", in: Lauth, Hans-Joachim (Hrsg.): Vergleichende Regierungslehre. Eine Einführung., 3. Aufl., Wiesbaden, S. 17–38 (27–28).
300 Stone Sweet, Alec, 2004: The Judicial Construction of Europe, Oxford, S. 3 u. 6.
301 Haltern, Ulrich R., 2005: Europarecht: Dogmatik im Kontext, Tübingen, S. 150.
302 595 für das Jahr 2012, vgl. EuGH: Jahresbericht 2012, abrufbar unter: http://curia.europa.eu/jcms/jcms/P_98428/ (letzter Zugriff: 28.5.2013), S. 95; ferner Haltern, 2005, S. 151.

stärke eine weitgehende Rechtsstreue der Vertragsparteien gewährleisten. „The European Union's legal system has become the most effective international legal system in existence, standing in clear contrast to the typical weakness of international law and international courts."[303] Waren die Römischen Verträge in den 1950er Jahren auch klassische völkerrechtliche Konstrukte, vollzogen sie in den folgenden Jahrzehnten eine von den Mitgliedstaaten unvorhergesehene Transformation. So wie die EU selbst eine Zwischenstellung zwischen Staat und internationaler Organisation einnimmt, wie wir in Kapitel 3 gezeigt haben, kann auch ihre aktuelle Rechtsordnung als Hybridwesen zwischen Staatsrecht auf der einen und Völkerrecht auf der anderen Seite bezeichnet werden. Mit einiger Berechtigung sprechen zahlreiche Beobachter heute gar von einer De-facto-Verfassung der Europäischen Union,[304] und auch der EuGH selbst nannte den EWG-Vertrag in einem Gutachten aus dem Jahr 1991 „Verfassungsurkunde einer Rechtsgemeinschaft"[305]. Im Folgenden werden nun die drei Besonderheiten des EU-Rechtssystems vorgestellt. Während das *Prinzip der begrenzten Einzelermächtigung* sowie auch das *Subsidiaritätsprinzip* eher an ein klassisches völkerrechtliches Arrangement erinnern, sind *Direktwirkung* und *Suprematie* Kernbestandteile des neuartigen Rechtssystems und ihre jeweiligen Begründungen Meilensteine in der *schleichenden Konstitutionalisierung* der europäischen Rechtsordnung.

6.2 Prinzipien der europäischen Rechtsordnung

6.2.1 Prinzip der begrenzten Einzelermächtigung

Die Mitgliedstaaten haben zwar Hoheitsrechte an die EU übertragen, aber sie haben ihr damit keine Generalbefugnis erteilt. Vielmehr bewegt sich die Unionstätigkeit grundsätzlich in den Grenzen, die ihr durch die mitgliedstaatlichen Vereinbarungen gesetzt sind. Das *Prinzip der begrenzten Einzelermächtigung* (Art. 5 Abs. 1 u. 2 EU-Vertrag) besagt, dass die EU lediglich über die von den Mitgliedstaaten in den Gründungsverträgen konkret übertragenen Kompetenzen verfügt. Ihr Kompetenzbereich kann also nicht eigenmächtig ausgeweitet werden. Das Prinzip weist die EU als internationale Organisation aus, die auf die Kooperationsbereitschaft ihrer Mitglieder angewiesen ist und im Gegensatz zu Staaten nicht über die sog. *Kompetenz-Kompetenz* verfügt, also die Fähigkeit, den eigenen Kompetenzkatalog selbsttätig zu erweitern.

---

303 Alter, Karen J., 2002: Establishing the Supremacy of European Law. The Making of an International Rule of Law in Europe, Oxford, S. 1; auch: Stone Sweet, 2004, S. 2.
304 Vgl. Moravcsik, Andrew, 2006: What can we learn from the collapse of the European Constitutional Project? In: Politische Vierteljahresschrift (2) 2006, S. 219–241 (220); Schmale, Wolfgang: Suche nach europäischer Identität. Schlussfolgerungen aus »Non«, »Nee« und »Honte«, in: Europäische Rundschau (3) 2005, S. 36–45 (36); Konstitutionalisierung bei Stone Sweet, 2004, S. 1; Hix, Simon/Høyland, Bjørn, 2011: The Political System of the European Union, 3. Aufl., Basingstoke u.a., S. 100–101.
305 EuGH: Gutachten 1/91, Rn. 21 – EWR-Abkommen.

Eventuelle Kompetenzstreitigkeiten zwischen Union und Mitgliedstaaten können zudem künftig auch unter Verweis auf die mit der Lissabonner Vertragsreform erstmals primärrechtlich definierten Kompetenzkategorien geführt werden. Jeder Kategorie sind, ähnlich wie im deutschen Grundgesetz, nach dem Enumerationsprinzip die Politikbereiche mit entsprechender Befugnisverteilung zwischen den Ebenen zugeschrieben. Es werden insgesamt fünf Kategorien genannt, nämlich neben den Bereichen mit *ausschließlicher Zuständigkeit* für die Union (Art. 2 Abs. 1 u. Art. 3 AEU-Vertrag; z.B. Wettbewerbsregeln, Währungspolitik der Eurostaaten, gemeinsame Handelspolitik usw.) und solchen mit *geteilter Zuständigkeit* zwischen Union und Mitgliedstaaten (Art. 2 Abs. 2 u. Art. 4; Binnenmarkt, gewisse Aspekte der Sozialpolitik, Landwirtschaft und Fischerei usw.) auch die Felder der *Wirtschafts- und Beschäftigungspolitik*, in denen lediglich eine Koordinierung seitens der Union vorgesehen ist (Art. 2 Abs. 3 u. Art. 5), die *Gemeinsame Außen- und Sicherheitspolitik*, in der spezielle Entscheidungsregeln gelten und die auf einer besonders souveränitätsschonenden Form der Koordinierung beruht (Art. 2 Abs. 4 AEU-Vertrag u. Art. 21 EU-Vertrag), schließlich die Kategorie der *übrigen Unterstützungs-, Koordinierungs- und Ergänzungsmaßnahmen* (Art. 2 Abs. 5 u. Art. 6 AEU-Vertrag, Gesundheit, Industrie, Kultur usw.).

Das Prinzip der begrenzten Einzelermächtigung besitzt weiterhin generelle Gültigkeit. Allerdings ist es mit der Vertragsrevision von Maastricht 1992/93 relativiert worden. Mit Art. 352 AEU-Vertrag erhielt die EU eine sog. Flexibilitätsklausel (komplizierter auch: Vertragsabrundungskompetenz) für den Gemeinsamen Markt, die heute für die internen Politikbereiche insgesamt gilt. Demnach darf die Union ihre Befugnisse dann selbsttätig ausweiten, wenn dies für das Erreichen der vertraglich vereinbarten Ziele erforderlich scheint.

6.2.2 Subsidiaritätsprinzip und Verhältnismäßigkeit

Der Bruch mit der Tradition der begrenzten Einzelermächtigung, den die Flexibilitätsklausel potenziell darstellt, wurde durch die Stärkung des Subsidiaritätsprinzips (s. Art. 5 Abs. 1 u. 3 EU-Vertrag) zu kompensieren versucht: Die Union darf in den Bereichen, die nicht in ihre ausschließliche Zuständigkeit fallen, nur dann tätig werden, wenn die vorgesehenen Maßnahmen auf mitgliedstaatlicher Ebene nicht effektiv umgesetzt werden können. In eine ähnliche Richtung weist zuletzt der Grundsatz der Verhältnismäßigkeit, wonach das Handeln der Union nicht über die in den Verträgen definierten Ziele hinausgehen darf. Im Hinblick auf das Subsidiaritätsprinzip existiert nunmehr ein geordnetes Verfahren zur Überprüfung seiner Einhaltung. Der Vertrag von Lissabon hat einen sogenannten *Frühwarnmechanismus* seitens der nationalen Parlamente eingeführt, der in einem Vertragsprotokoll festgeschrieben ist (Protokoll Nr. 2). Demnach haben die mitgliedstaatlichen Parlamente die Möglichkeit, gemeinschaftliche Entwürfe für Gesetzgebungsakte binnen acht Wochen nach deren Übermittlung in einer begründeten Stellungnahme wegen Unvereinbarkeit mit dem Subsidiaritätsgrundsatz zu beanstanden. Erreichen die begründeten Stellungnahmen, die eine Verletzung des Subsidiaritätsprinzips für gegeben ansehen, eine gewisse Anzahl an Stimmen[306] (mindestens ein Drittel bzw. bei Rechtsakten betreffend den Raum der Freiheit, der Sicherheit und des Rechts ein Viertel, im Rahmen des Ordentlichen Gesetzgebungsverfahrens die Hälfte), muss ein Vorschlag noch einmal überprüft werden. Zudem können die nationalen Parlamente oder einzelne Kammern derselben eine Klage vor dem EuGH gegen Verstöße gegen das Subsidiaritätsgebot anstrengen, die über den jeweiligen Mitgliedstaat ausgeführt wird.

6.2.3 Direktwirkung

Verträge und Rechtsakte sind abstrakte Bestimmungen, die eine Vielzahl konkreter Fälle verbindlich regeln sollen. Folglich werden bei der Anwendung des Rechts notwendigerweise Lücken ersichtlich, die von Einzelfall zu Einzelfall näher ausgedeutet werden müssen.[307] Solche Situationen werden oft zu Schlüsselmomenten der Rechtsprechung, weil diese nun Kraft ihrer Deutungshoheit einen Handlungsspielraum erhält, Präzedenzfälle schaffen und damit neue Pfade der juristischen Entwicklung eines Systems begründen kann. Der EuGH verstand es geschickt, seine Gestaltungsspielräume bei der Transformation der europäischen Rechtsgemeinschaft zu nutzen. Mittels nüchterner Rechtsprechung in Fällen vergleichsweise geringen Streitwerts etablierte der EuGH im Laufe der europäischen Integration zwei fundamentale Rechtsgrundsätze, deren Geltung auf europäischer Ebene von den Mitgliedstaaten weder vorhergesehen noch einstimmig gewollt war: nämlich Direktwirkung und Suprematie.

Wie zuvor gesehen, errichteten die Gründungsmitglieder der Europäischen Gemeinschaften mit den Römischen Verträgen eine völkerrechtliche Ordnung. Damit waren sie selbst, also die Nationalstaaten, die einzigen Rechtssubjekte des Vertragswerks, d.h. ihnen waren Befugnisse zugeschrieben und Verpflichtungen auferlegt. Dementsprechend war es gemäß dem EWG-Vertrag von 1957 auch nur der Kommission als Vertretung der Gemeinschaft sowie den Mitgliedstaaten vorbehalten, wegen einer Vertragsverletzung Klage vor dem Europäischen Gerichtshof zu erheben.[308] In den 1960er Jahren gelang es dem EuGH, den Kreis der Rechtssubjekte, der in seiner eingeschränkten Form so typisch war für das klassische Völkerrecht, in einem bahnbrechenden Urteil um die einzelnen Bürger der Mitgliedstaaten zu erweitern und damit die Transformation des EU-Rechtssystems anzustoßen. Mit der Vorabentscheidung im Rechtsstreit des niederländischen Transportunternehmens *Van Gend & Loos* ge-

---

[306] Jedes nationale Parlament hat zwei Stimmen, damit diese bei Zweikammersystemen auf beide Kammern aufgeteilt werden können.
[307] Vgl. Stone Sweet, 2004, S. 24: „the Treaty of Rome can be analyzed as an incomplete contract"; auch: Herdegen, Matthias, 2012: Europarecht, 14. Aufl., München, S. 195.
[308] Vgl. Joerges, Christian, 2006: Recht, Wirtschaft und Politik, in: Jachtenfuchs, Markus/Kohler-Koch, Beate (Hrsg.): Europäische Integration, 2. Aufl., Wiesbaden, S. 183–218 (188).

gen die niederländische Finanzverwaltung betreffend erhöhte Einfuhrzölle, entwickelte der EuGH seine Doktrin der Direktwirkung:

> „Aus alledem ist zu schließen, daß die Gemeinschaft *eine neue Rechtsordnung des Völkerrechts* darstellt, zu deren Gunsten die Staaten, wenn auch in begrenztem Rahmen, ihre Souveränitätsrechte eingeschränkt haben, eine Rechtsordnung, *deren Rechtssubjekte nicht nur die Mitgliedstaaten, sondern auch die Einzelnen sind*. Das von der Gesetzgebung der Mitgliedstaaten unabhängige Gemeinschaftsrecht soll daher den Einzelnen, ebenso wie es ihnen Pflichten auferlegt, auch Rechte verleihen." [309] [Hervorhebungen durch den Verf.]

Nicht nur die Verträge, also das Primärrecht, sondern auch das Sekundärrecht, die gemeinschaftlichen Rechtsakte, zeichnen sich also durch ihre sog. Durchgriffswirkung auf die individuelle Ebene aus, indem sie Rechte und Pflichten der Bürger unmittelbar, d.h. ohne die vermittelnde Tätigkeit der Mitgliedstaaten begründen. Die Direktwirkung des Unionsrechts bildet das erste zentrale Alleinstellungsmerkmal der EU gegenüber anderen internationalen Organisationen.[310] Die Stärkung individueller Rechtspositionen wurde durch das Postulat effektiven Rechtsschutzes ergänzt. Demnach müssen die einzelnen Bürger ihre Rechte unter gewissen Umständen auch bei ihren nationalstaatlichen Gerichten einklagen können. Das Rechtsschutzsystem wird damit in zweierlei Hinsicht deutlich gestärkt: zum einen aus individueller Perspektive, weil der Einzelne sich nun direkt auf das Unionsrecht berufen kann; zum anderen aus gemeinschaftlicher Perspektive, weil der subjektiv betroffene, klagende Bürger quasi die Rolle eines „privaten Staatsanwalts"[311] übernimmt und damit die Rechtsaufsicht der EU wesentlich entlastet. In seinem Urteil bringt der EuGH auch dieses Kalkül zum Ausdruck:

> „Die Wachsamkeit der an der Wahrung ihrer Rechte interessierten Einzelnen stellt eine wirksame Kontrolle dar, welche die durch die Kommission und die Mitgliedstaaten gemäß den Artikeln 169 und 170 [heute Vertragsverletzungsklagen Art. 258 u. 259 AEU-Vertrag, Anm. d. Verf.] ausgeübte Kontrolle ergänzt."[312]

6.2.4 Suprematie

Die *Van Gend & Loos*-Entscheidung hinterließ eine weiterhin unvollkommene Rechtsordnung. Der Klärungsbedarf war im Zuge der juristischen Grenzüberschreitung aus dem Jahr 1963 sogar größer geworden. Wenn nämlich der einzelne Bürger fortan Rechtssubjekt sowohl der mitgliedstaatlichen als auch der gemeinschaftlichen Rechtsordnung sein sollte, welcher Ordnung wäre in entsprechenden Rechtskonflik-

---

309 Rs. 26/62 Van Gend & Loos, Slg. 1963, S. 25.
310 Vgl. Herdegen, 2012, S. 76.
311 Haltern, 2005, S. 33.
312 Rs. 26/62 Van Gend & Loos, Slg. 1963, S. 26.

ten dann der Vorrang einzuräumen? Und welchen Wert hätten die Direktwirkung und die damit verbundene Einklagbarkeit, wenn dem Einzelnen durch die Gemeinschaft verliehene Rechte durch späteres nationales Gesetz jederzeit wieder aberkannt werden könnten?[313] In seiner Vorabentscheidung in der Streitsache *Flaminio Costa gegen E.N.E.L.* (s. Kasten 11) beantwortete der EuGH diese Fragen klar zugunsten der Gemeinschaft. Im Rechtsstreit um den Anwalt Flaminio Costa, der sich gegen die Verstaatlichung der italienischen Stromversorgung wehrte, indem er auf das Gemeinschaftsrecht verwies, kam es zur juristischen Konfrontation zwischen der italienischen *Corte costituzionale* und dem EuGH – beiden hatte das Mailänder Friedensgericht die Rechtssache vorgelegt. Während das italienische Verfassungsgericht das Gemeinschaftsrecht als gleichrangig mit nationalem Gesetzesrecht bewertete und entsprechend urteilte, dass das zeitlich spätere Verstaatlichungsgesetz dem Gemeinschaftsrecht vorgehe, reklamierte der EuGH den generellen Primat, die *Suprematie*, des europäischen Rechts:

> „Zum *Unterschied von gewöhnlichen internationalen Verträgen* hat der EWG-Vertrag *eine eigene Rechtsordnung* geschaffen, die bei seinem Inkrafttreten in die Rechtsordnungen der Mitgliedstaaten aufgenommen worden und von ihren Gerichten anzuwenden ist. [...]
>
> Der *Vorrang des Gemeinschaftsrechts* wird auch durch Artikel 189 [heute: Art. 288 AEU-Vertrag, Anm. d. Verf.] bestätigt; ihm zufolge ist *die Verordnung ‚verbindlich'* und *‚gilt unmittelbar* in jedem Mitgliedstaat'. Diese Bestimmung, die durch nichts eingeschränkt wird, wäre ohne Bedeutung, wenn die Mitgliedstaaten sie durch Gesetzgebungsakte, die den gemeinschaftsrechtlichen Normen vorgingen, einseitig ihrer Wirksamkeit berauben könnten.
>
> Aus alledem folgt, dass dem vom Vertrag geschaffenen, somit aus einer *autonomen Rechtsquelle* fließenden Recht wegen dieser seiner Eigenständigkeit *keine wie immer gearteten innerstaatlichen Rechtsvorschriften vorgehen können*, wenn ihm nicht sein Charakter als Gemeinschaftsrecht aberkannt und wenn nicht die Rechtsgrundlage der Gemeinschaft selbst in Frage gestellt werden soll."[314] [Hervorhebungen d. Verf.]

Kasten 11: Costa/E.N.E.L

Als Italien im Jahr 1962 seine Stromversorgung verstaatlichte, sah sich der Mailänder Rechtsanwalt Flaminio Costa, der Anteilseigner der betroffenen Aktiengesellschaft *Edisonvolta* war, um seine Dividende gebracht und weigerte sich, eine Stromrechnung der staatlichen E.N.E.L. in Höhe von knapp zwei Euro zu bezahlen. Im folgenden Rechtsstreit berief er sich auf das Gemeinschaftsrecht, wogegen die italienische Regierung mit dem Verstaatlichungsgesetz verstoßen habe.

---

313 Vgl. Alter, 2002, S. 18.
314 Rs. 6/64, Slg. 1964, S. 1269–1270.

6.2 Prinzipien der europäischen Rechtsordnung

> Zur Klärung des Sachverhalts legte das befasste Mailänder Friedensgericht den Sachverhalt sowohl dem italienischen Verfassungsgericht (*Corte costituzionale*) als auch dem EuGH zur Vorabentscheidung vor. Das Verfassungsgericht urteilte im Sinne der italienischen Regierung, dass Gemeinschaftsrecht gleichrangig mit nationalem Recht zu behandeln sei. Da folglich der Grundsatz *lex posterior derogat legi priori* auch auf das Gemeinschaftsrecht anzuwenden sei, sei das zeitlich spätere Verstaatlichungsgesetz rechtmäßig. Die italienische Regierung wandte sich überdies gegen die Zulässigkeit einer Vorabentscheidung durch den EuGH nach Art. 267 AEU-Vertrag. Auf diesen Streitfragen ruht die Vorrangthese des Gerichtshofs, die dieser in seinem fünf Monate später, am 15. Juli 1964, erfolgten Urteil aufstellte.

Unter den verschiedenen Argumenten für die gemeinschaftsrechtliche Suprematie ist ausgerechnet das Wortlautargument im vorangegangenen Zitat mit Verweis auf Art. 189 EWG-Vertrag eines der schwächeren, weil sich der entsprechende Passus nur auf die Verordnung, also einen Rechtsakt des europäischen Sekundärrechts (s. den folgenden Abschnitt zum Unionsrecht), bezieht.[315] Die Argumentation des EuGH ist im Grunde vielmehr eine teleologische, d.h. eine an einer Zielvorstellung ausgerichtete. Das offensichtliche Ziel seiner Rechtsprechung ist die Errichtung und sukzessive Konstitutionalisierung einer supranationalen Rechtsordnung. Dementsprechend verweist der Gerichtshof vorwiegend auf die Gefährdung der Pragmatik und Funktion dieses neuartigen Systems durch jede alternative Vorrangregel.

Angesichts der Absolutheit des gemeinschaftlichen Suprematieanspruchs, der sich auf alle „wie immer gearteten innerstaatlichen Rechtsvorschriften", also auch auf nationales Verfassungsrecht, erstreckt, verwundert es nicht, dass der Vorrang des EU-Rechts lange Zeit umstritten war: „The silent majority of the national legal community was neither convinced nor supportive of European law supremacy."[316] Während der EuGH in verschiedenen Folgeurteilen[317] die Doktrin der Suprematie weiter auslegte, taten sich die nationalen Verfassungsgerichte mitunter schwer, den Primat des Unionsrechts zu akzeptieren, könne nach ihrer Ansicht doch nur die innerstaatliche Rechtsordnung demokratische Legitimität sowie Grundrechtsschutz angemessen gewährleisten. Ähnliche Bedenken bringt etwa auch das deutsche Bundesverfassungsgericht in gewisser Regelmäßigkeit zum Ausdruck, so etwa durch seine berühmt gewordenen Entscheidungen zum Maastricht-Vertrag 1992 (s. Kasten 3) und zuletzt zum Lissabon-Vertrag 2009 (s. Kasten 12).[318] Gibt es aus Perspektive der Mitgliedstaaten auch weiterhin Vorbehalte gegen den Vorrang des Gemeinschafts-

---

315 Vgl. Haltern, 2005, S. 365.
316 Alter, 2002, S. 24.
317 Vgl. z.B. Internationale Handelsgesellschaft (Rs. 11/70), Simmenthal II (Rs. 106/77) etc.
318 Vgl. hierzu auch die Urteile des BVerfGE Solange I (BVerfGE 37, 271) und Solange II (BVerfGE 73, 339).

rechts, so ist die Doktrin der Suprematie doch zu einem gefestigten Grundsatz der europäischen Rechtsordnung geworden, wenn sie auch bis heute keinen Eingang in den Vertragstext gefunden hat. Sah der gescheiterte Verfassungsvertrag eine Aufnahme der Vorrangklausel in den Vertragstext vor (Art. I-6 VVE), ist sie mit Rücksicht auf nationale Souveränitätsbedenken nicht in den integralen Text (auch nicht die Protokolle) des Lissabon-Vertrags übernommen worden. Sie taucht lediglich als 17. Erklärung zur Schlussakte der Regierungskonferenz auf. Darin heißt es:

> „Die Konferenz weist darauf hin, dass die Verträge und das von der Union auf der Grundlage der Verträge gesetzte Recht im Einklang mit der ständigen Rechtsprechung des Gerichtshofs der Europäischen Union unter den in dieser Rechtsprechung festgelegten Bedingungen Vorrang vor dem Recht der Mitgliedstaaten haben."

Alles in allem setzten Direktwirkung und Suprematie die „stille Revolution"[319] des EU-Rechtssystems in Gang und entfernten die Europäische Union auf diese Weise deutlich vom klassischen Völkerrecht: „By establishing the dual doctrines of direct effect and supremacy of EU law the ECJ has transformed the EU from an international organization to a quasifederal polity."[320]

Kasten 12: Das Lissabon- des Bundesverfassungsgerichts

Am 30. Juni 2009 sprach der Zweite Senat des Bundesverfassungsgerichts sein Urteil über eine Reihe zusammenhängender Klagen und Verfassungsbeschwerden zur deutschen Ratifizierung des Lissabon-Vertrags (u.a. CSU Bundestagsabgeordneter Peter Gauweiler, Bundestagsfraktion *Die Linke*). Sowohl der Vertrag von Lissabon als auch das deutsche Zustimmungsgesetz wurden als grundgesetzkonform gebilligt. Die Richter beanstandeten lediglich das sog. *Begleitgesetz*, weil es die Beteiligungsrechte von Bundestag und Bundesrat nicht ausreichend gewahrt hätte. Dementsprechend wurde das Urteil mit Auflagen an den nationalen Gesetzgeber verbunden.

Umstrittener als das eigentliche Urteil war die ausführliche Urteilsbegründung, in dem das Gericht die Grenzen der grundgesetzlich verankerten Integrationsoffenheit klarer zog als bisher. Sollten diese Grenzen überschritten werden und die EU sich in einen Bundesstaat entwickeln, so werde zumindest für Deutschland die Aufhebung des Grundgesetzes durch eine neue Verfassungsgebung erforderlich.

---

[319] Weiler, Joseph H.H., 1994: The European Court of Justice and its Interlocutors, in: Comparative Political Studies (26) 1994, S. 510.
[320] Hix/Høyland, 2011, S. 86.

6.2.5 Rechtspersönlichkeit

Der besondere Charakter, den die Union in juristischer Hinsicht besitzt, wird auch darin deutlich, dass sie selbst – neben den originären Völkerrechtssubjekten, den Nationalstaaten – Rechtspersönlichkeit im internationalen Recht besitzt. Die Rechtspersönlichkeit der Europäischen Union ist im EU-Vertrag festgeschrieben (Art. 47 EU-Vertrag). Die Rechtspersönlichkeit ist Voraussetzung dafür, dass die EU Verträge mit Drittstaaten, z.B. Assoziationsabkommen usw., abschließen oder dass sie Mitglied internationaler Organisationen wie der WTO sein kann (s. hierzu Kap. 5.6 zu den Außenwirtschaftsbeziehungen der Gemeinschaft).

6.3 Das Primärrecht: die europäischen Verträge

Zum Primärrecht zählen die völkerrechtlichen Verträge, die die Union konstituieren. Seit der Reform von Lissabon sind das im Wesentlichen drei, nämlich der *Vertrag über die Europäische Union* (EU-Vertrag), der *Vertrag über die Arbeitsweise der Europäischen Union* (AEU-Vertrag) einschließlich ihrer Protokolle und schließlich die *Charta der Grundrechte*. Die Zweiteilung des eigentlichen Vertragswerks (Gründungsverträge) wurde erstmals durch den Vertrag von Maastricht (1993) eingeführt. Er stellte neben den Vertrag der Europäischen Gemeinschaft (EG-Vertrag), in dem die supranational organisierten Politikbereiche, im Wesentlichen der Binnenmarkt, geregelt waren, den Vertrag über die Europäische Union, der allgemeine Bestimmungen sowie Regelungen der nach und nach im Umfang reduzierten intergouvernemental organisierten Politikbereiche, vor allem der Gemeinsamen Außen- und Sicherheitspolitik (GASP), enthielt. Zur Veranschaulichung der durch den Maastricht-Vertrag etablierten primärrechtlichen Ordnung hatte sich das Bild des antiken Tempels mit drei Säulen, der supranationalen EG, der intergouvernementalen GASP und der ebenfalls bis zuletzt zwischenstaatlich organisierten Polizeilichen und Justiziellen Zusammenarbeit in Strafsachen (PJZS) etabliert (s. Kap. 11.9 zur Geschichte der EU). Dieses Tempelmodell, das auch nach den Vertragsreformen von Amsterdam und Nizza anwendbar blieb, ist mit dem Lissabon-Vertrag obsolet geworden. Im konsolidierten Vertragswerk nach Lissabon wird das primärrechtliche Erbe allerdings noch in der Zweiteilung der Verträge erkennbar. Anders als der gescheiterte Verfassungsvertrag es vorgesehen hatte, hat die jüngste Vertragsreform keine Fusion der Verträge zu einem Dokument gebracht, durch die neue Benennung des detaillierteren AEU-Vertrags sind die beiden Teile allerdings in einen funktionalen Zusammenhang gestellt worden. Damit ist die für Beobachter und gerade auch Studierende der europäischen Integration sperrige Dualität von EG und EU zugunsten der einheitlichen Benennung als Europäische Union (EU) aufgehoben worden. Weniger aus der Vertragssystematik als aus den konkreten Vertragsinhalten lassen sich immer noch Differenzen im Grad der Integration ablesen. Insbesondere zwischen den im AEU-Vertrag geregelten Politikbereichen und der GASP besteht das von Varwick konstatierte

Supranationalitätsgefälle fort.[321] Die Verfahren und Entscheidungsregeln sind aber über die Politikbereiche hinweg insgesamt derart vereinheitlicht worden, dass die Tempelarchitektur heute keine treffende Illustration mehr ergibt.

Wie im Vorangegangenen bereits deutlich geworden ist, sprechen wir im Zusammenhang mit dem Primärrecht der EU also im Wesentlichen vom EU- sowie vom AEU-Vertrag. Parallel dazu ist aber auch immer wieder vom Vertrag von Lissabon, von Nizza, von Amsterdam oder Maastricht die Rede. Hierbei handelt es sich um Reformverträge, durch die die genannten dauerhaften Vertragsdokumente geändert werden. Weder in der Wissenschaft noch in der europapolitischen Praxis wird dieser Unterschied immer deutlich. Im Gegenteil: Wenn etwa vom Lissabon-Vertrag die Rede ist, ist meist nicht das kompliziert und schwer lesbare Dokument gemeint, in dem Schritt für Schritt beschrieben ist, wie einzelne Artikel des Vertragswerks zu ändern, zu ergänzen oder zu entfernen sind. Stattdessen wird in der Regel auf das konsolidierte Vertragswerk nach der Lissabon-Reform Bezug genommen.

Was die mehr oder weniger umfassenden Modifikationen des Primärrechts betrifft, so müssen sie wie in anderen konstitutionellen Zusammenhängen auch nach zuvor festgelegten Verfahren ablaufen. Die jüngste Vertragsreform, also der Vertrag von Lissabon, hat diesbezüglich einige wichtige Änderungen vorgenommen. Im Wesentlichen ist heute zwischen einem ordentlichen und einem vereinfachten Änderungsverfahren zu unterscheiden. Das *Ordentliche Änderungsverfahren* beginnt mit der Einberufung eines Konvents durch den Europäischen Rat. Der Konvent richtet Empfehlungen an eine Regierungskonferenz. Diese arbeitet die Änderungen am Vertragswerk oder den eigentlichen Vertragsentwurf aus, den die Staats- und Regierungschefs verabschieden. Um in Kraft treten zu können, bedarf jede Vertragsänderung zusätzlich der Ratifizierung durch die Mitgliedstaaten. Das Ordentliche Änderungsverfahren der EU-Verträge lässt sich also als ein dreistufiges Verfahren zusammenfassen: Die durch eine Mitgliedsregierung, das Parlament oder die Kommission vorgeschlagene Änderung wird von einem Konvent beraten (Regelfall), von einer Regierungskonferenz vereinbart und gegebenenfalls von den Mitgliedstaaten beschlossen und nach ihren verfassungsrechtlichen Vorschriften ratifiziert (Art. 48 Abs. 2–5 EU-Vertrag).[322]

Im *Vereinfachten Änderungsverfahren* können die Staats- und Regierungschefs einen „Beschluss zur Änderung aller oder eines Teils der Bestimmungen des dritten Teils des Vertrags über die Arbeitsweise der Europäischen Union", d.h. über die sog. internen Politikbereiche der Union, nach Anhörung des Parlaments, der Kommission und ggf. der EZB, aber ohne die Einberufung von Konvent oder Regierungskonferenz, einstimmig annehmen. Die Zustimmung der Mitgliedstaaten im Einklang mit

---

321 Vgl. Varwick, Johannes, 2004: Die Europäische Union – Politisches System und Außenbeziehungen, in: Knapp, Manfred/Krell, Gert (Hrsg.): Einführung in die Internationale Politik, 4. Aufl., München, S. 201–249 (212).
322 Vgl. Herdegen, 2012, S. 156–159.

ihren verfassungsrechtlichen Vorschriften ist auch hier erforderlich (Art. 48 Abs. 6 EU-Vertrag). Darüber hinaus kann der Europäische Rat für solche Fälle, in denen der Rat gemäß AEU-Vertrag oder Titel V EU-Vertrag (GASP, ausgenommen Beschlüsse mit militärischen und verteidigungspolitischen Bezügen) einstimmig beschließt, durch einvernehmliches Votum bestimmen, dass in diesem Bereich zu qualifizierten Mehrheitsentscheidungen übergegangen wird (sog. Passerelle-Klausel, nach frz. *passerelle* gleich Steg, oder Brückenklausel). Den nationalen Parlamenten ist hier allerdings eine Art Vetorecht eingeräumt, denn der Beschluss tritt nur in Kraft, wenn keines von ihnen die Initiative binnen Sechsmonatsfrist ablehnt (Art. 48 Abs. 7 EU-Vertrag).

Eine besondere Regelung stellt demgegenüber zuletzt die sog. Vertragsabrundungs- oder Flexibilitätsklausel dar. Nach Artikel 352 AEU-Vertrag ist der Rat berechtigt, durch einstimmigen Beschluss auf Vorschlag der Kommission und nach Zustimmung des Parlaments Vorschriften zu erlassen, die für die Erreichung der vertraglich vereinbarten Ziele notwendig erscheinen, auch wenn die erforderlichen Befugnisse hierfür (noch) nicht auf die Unionsebene übertragen worden sind. Wie oben angesprochen, steht diese Flexibilitätsklausel unter dem besonderen Vorbehalt der Einhaltung des Subsidiaritätsprinzips. Sie findet außerdem keine Anwendung im Bereich der Außen- und Sicherheitspolitik (Art. 352 Abs. 4 AEU-Vertrag).

Erstmals seit der Lissabonner Vertragsreform ist auch ein geordnetes Verfahren zum Austritt eines Landes aus der EU vorgesehen. Nach Artikel 50 EU-Vertrag kann jeder Mitgliedstaat im Einklang mit seinen verfassungsrechtlichen Vorschriften und ohne dafür Gründe angeben zu müssen einseitig den Beschluss fassen, die Gemeinschaft zu verlassen. Er muss dies dem Europäischen Rat mitteilen, der Leitlinien festlegt, nach denen der Rat ein Austrittsabkommen mit dem betreffenden Staat aushandelt und nach Zustimmung des Parlaments mit qualifizierter Mehrheit beschließt. Die Verträge verlieren für den losgelösten Staat entweder sofort nach Inkrafttreten des Abkommens oder nach Ablauf einer darin gesetzten Frist ihre Gültigkeit. Sollte ein einmal ausgetretener Staat erneut Mitglied der EU werden wollen, so muss er dies auf dem herkömmlichen Weg nach Artikel 49 EU-Vertrag beantragen.

6.4 Das Sekundärrecht: die europäischen Rechtsakte

Die gemeinschaftlichen Rechtsakte bilden das sog. Sekundärrecht der EU. Sie werden von den Unionsorganen auf der Grundlage des Primärrechts oder aufgrund einer Ermächtigung durch einen anderen Rechtsakt erlassen. In der Regel ergehen alle Rechtsakte auf Vorschlag der Kommission. Die europäische Rechtsordnung unterscheidet im Wesentlichen folgende Rechtsakte: die Verordnung, die Richtlinie, den Beschluss sowie Empfehlungen und Stellungnahmen.

6. Die EU: eine Rechtsgemeinschaft

6.4.1 Verordnung (Art. 288 Abs. 2 AEU-Vertrag)

Die Verordnung stellt das schärfste Schwert der europäischen Rechtssetzung dar und ist in ihrer Wirkung dem innerstaatlichen Gesetz am ehesten vergleichbar.[323] Sie ist dementsprechend gekennzeichnet durch allgemeine Verbindlichkeit in allen ihren Teilen. Sie wirkt unmittelbar in jedem Mitgliedstaat und hat auch Durchgriffswirkung auf Einzelne. Verordnungen werden in der Regel auf Vorschlag der Kommission vom Rat und vom Parlament im Rahmen des ordentlichen Gesetzgebungsverfahrens gemeinsam erlassen. Daneben gibt es sog. delegierte (Art. 290 AEU-Vertrag) und Durchführungsverordnungen (Art. 291), besser: delegierte bzw. Durchführungsrechtsakte, die von der Kommission auf der Grundlage einer Ermächtigung durch Rat und/oder Parlament erlassen werden können. Sie gelten dementsprechend nicht als Gesetzgebungsakte und sind daher von den eigentlichen Verordnungen zu unterscheiden.

6.4.2 Richtlinie (Art. 288 Abs. 3 AEU-Vertrag)

Die EU ist ein Mehrebenensystem, ein föderatives Gebilde. Das schlägt sich auch in ihrem Rechtssetzungskatalog nieder. So liegt der EU-Richtlinie das Konzept eines zweistufigen Rechtssetzungsverfahrens zugrunde. Die Union stellt einen Regelungsbedarf fest und formuliert Bedingungen an die konkrete Umsetzung des Richtlinieninhalts, lässt diese konkrete Ausgestaltung dann aber innerhalb einer gesetzten Frist von den Mitgliedstaaten selbst vornehmen. Die Richtlinie wird in der Regel im Rahmen des ordentlichen Gesetzgebungsverfahrens auf Vorschlag der Kommission von Rat und Parlament verabschiedet und ist für die Mitgliedstaaten dem Ziel nach verbindlich. Bei der Durchführung ist der jeweilige Staat dann frei, solange er den generellen Geboten der effektiven Umsetzung und der richtlinienkonformen Auslegung entspricht. Oft sind die Brüsseler Direktiven bereits detailliert ausgearbeitet, und es bleibt den innerstaatlichen Stellen nur wenig Spielraum für die Umsetzung. Direktwirkung auf die Bürger entfalten Richtlinien in der Regel nicht, es sei denn, der Mitgliedstaat hat die fristgerechte Umsetzung versäumt oder die Direktive ist inhaltlich hinreichend bestimmt. Für die Angleichung innerstaatlicher Rechtsvorschriften ist die Richtlinie von zentraler Bedeutung.[324]

6.4.3 Beschluss (Art. 288 Abs. 4 AEU-Vertrag)

Der Beschluss, früher die sog. Entscheidung, ist eine unmittelbar verbindliche Regelung für den Einzelfall. Sie kann sich also auf einen oder mehrere Adressaten beziehen, dies können Mitgliedstaaten oder Einzelne sein. Beschlüsse werden vom Rat, von Rat und Parlament gemeinsam oder in den häufigsten Fällen von der Kommission erlassen. Letztere fasst z.B. Beschlüsse gegen einzelne Mitgliedstaaten oder Unternehmen, die sich nicht an die Wettbewerbsregeln halten.

---

323 Vgl. Herdegen, 2012, S. 172.
324 Vgl. ebd., S. 172–184.

6.4.4 Empfehlung und Stellungnahme (Art. 288 Abs. 5 AEU-Vertrag)

Empfehlungen und Stellungnahmen haben keinerlei rechtliche Verbindlichkeit, sind aber dennoch an vielen Stellen europäischer Entscheidungsfindung vorgesehen. Auf diese Weise können Unionsorgane (z.b. WSA und AdR in einigen Bereichen der Rechtsetzung, Parlament und Kommission in der GASP usw.) an Entscheidungen mitwirken, ohne eine tatsächliche Befugnis zur Mitentscheidung zu haben.

Zusammen mit den politischen Zielsetzungen der Union bilden Primär- und Sekundärrecht den sog. *acquis communautaire*, den gemeinschaftlichen Besitzstand. Jeder Staat, der der EU beizutreten wünscht, muss den gesamten rechtlichen Besitzstand übernehmen. Das *Acquis-Kriterium* zählt zu den Grundvoraussetzungen für einen Beitritt, den *sog. Kopenhagener Kriterien* (s. Kap. 7, Kasten 16).

6.5 Rechtsetzungsverfahren

Die vormals komplizierten Rechtsetzungsverfahren mit verschiedenen Beteiligungsstufen des Europäischen Parlaments sind durch die vergangenen Vertragsreformen verändert und mit dem Vertrag von Lissabon erkennbar vereinheitlicht worden. Diese Entwicklung ist mit einer klaren Stärkung des Europäischen Parlaments einhergegangen, indem das sog. *Mitentscheidungsverfahren* einen immer zentraleren Platz eingenommen hat und heute zum sog. *Ordentlichen Gesetzgebungsverfahren* der Union avanciert ist. Demgegenüber handelt es sich nur noch um einige Ausnahmebereiche, in denen besondere Gesetzgebungsverfahren Anwendung finden.

6.5.1 Das ordentliche Gesetzgebungsverfahren

Das ordentliche Gesetzgebungsverfahren bezeichnet ein kompliziertes legislatives Zusammenspiel von Parlament und Rat, in dem diese gewissermaßen als zwei gleichberechtigte Legislativkammern fungieren. Es wird zwecks Veranschaulichung in Abbildung 22 grafisch dargestellt. Im Wesentlichen haben sowohl der Rat als auch das Parlament auf mehreren Stufen des Verfahrens die Möglichkeit, einen Rechtsakt nach ihren Mehrheitsregeln endgültig[325] scheitern zu lassen. In erster Lesung kann der Rat den Rechtsakt nur erlassen, wenn er die Abänderungen am Kommissionsvorschlag seitens des noch vor ihm befassten Parlaments akzeptiert oder das Parlament den Entwurf ohne Änderungsvorschläge gebilligt hat. Zu einer zweiten Lesung des Rates kommt es dann, wenn das Parlament seinerseits in zweiter Lesung mit der absoluten Mehrheit Abänderungsanträge einbringt. Der Rat kann die Änderungsanträge je nach Stellungnahme der Kommission entweder mit qualifizierter Mehrheit oder nur einstimmig billigen, und der Rechtsakt ist erlassen. Billigt er die Anträge des Parlaments jedoch nicht, kommt es zu einem Vermittlungsverfahren.

---

325 Zur weiteren Verfolgung einer Initiative wäre die Kommission gezwungen, einen neuen Vorschlag zu erarbeiten.

6. Die EU: eine Rechtsgemeinschaft

Ein entsprechender Ausschuss wird binnen sechs Wochen von den Präsidenten des Rates sowie des Parlaments einberufen und paritätisch mit den Mitgliedern des Rates oder deren Vertretern (derzeit also 28) und einer gleichen Zahl von Abgeordneten des Parlaments besetzt. Die Kommission wird an den Arbeiten des Ausschusses beteiligt. Liegt nach weiteren sechs Wochen kein gemeinsamer Entwurf vor, so ist der Rechtsakt gescheitert. Kommt es zu einer Einigung, befassen sich beide Organe wiederum in einer Frist von sechs Wochen in dritter Lesung mit dieser, wobei das Parlament mit der Mehrheit der abgegebenen Stimmen, der Rat mit qualifizierter Mehrheit entscheidet. Lehnt ein Organ das Ergebnis der Vermittlung ab, ist der Rechtsakt gescheitert. Nehmen beide Organe an, so ist er schließlich erlassen. Das ordentliche Gesetzgebungsverfahren ist in Artikel 294 AEU-Vertrag geregelt. Es kommt immer dann zur Anwendung, wenn in den Verträgen nicht ausdrücklich ein besonderes Verfahren verlangt ist, heute also in nahezu allen Politikbereichen.

6.5 Rechtsetzungsverfahren

Abbildung 22: Das ordentliche Gesetzgebungsverfahren/Mitentscheidungsverfahren

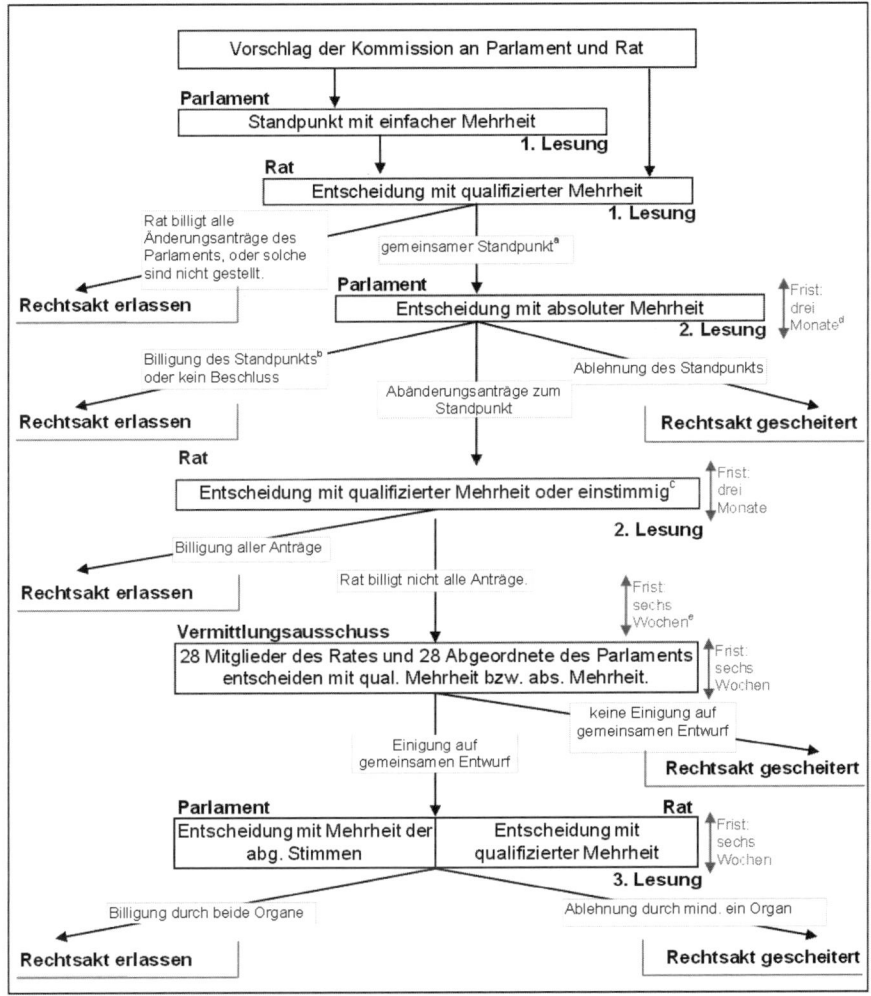

Quelle: eigene Darstellung; a: Weicht der Standpunkt vom Vorschlag der Kommission ab, ist Einstimmigkeit erforderlich. b: Zur Billigung des Standpunkts des Rates reicht die Mehrheit der abg. Stimmen. c: Bei Billigung eines durch die Kommission abgelehnten Antrags ist Einstimmigkeit erforderlich. d: Die vorgesehenen Dreimonatsfristen können auf Antrag um einen Monat verlängert werden. e: Die vorgesehenen Sechswochenfristen können auf Antrag um zwei Wochen verlängert werden.

6.5.2 Besondere Gesetzgebungsverfahren

Für einige Ausnahmen und besondere Entscheidungsgegenstände wurde an von der Standardprozedur abweichenden Verfahren festgehalten, die im EU-Rechtssystem schon vor Einführung des Mitentscheidungsverfahrens bekannt waren. Im Regelfall handelt es sich um Entscheidungen des Rates, die von diesem vielfach einstimmig gefällt werden müssen und an denen das Parlament beteiligt wird. Je nachdem welche Bedeutung diese Beteiligung des Parlaments für das Zustandekommen der Entscheidung hat, kann man das Zustimmungs- vom Konsultationsverfahren unterscheiden.

Zustimmungsverfahren

Nach diesem Verfahren beschlossene Rechtsakte des Rates gelten nur nach Zustimmung durch das Parlament. Die Völkervertretung besitzt in solchen Fällen also ein klares Vetorecht und kann einen Rechtsakt definitiv annehmen oder scheitern lassen. Im Gegensatz zum Mitentscheidungsverfahren wirkt das Parlament hier nicht an der Vorbereitung und Beratung der Rechtsakte mit, mag ihm die Vetomöglichkeit auch einen faktischen Einfluss garantieren. Als besonderes Verfahren der Gesetzgebung, also legislatives Verfahren, ist das Zustimmungsverfahren für eine ganze Reihe von Entscheidungen vorgesehen, so etwa zum Erlass neuer Rechtsvorschriften zur Antidiskriminierung (Art. 19 AEU-Vertrag), zur Unionsbürgerschaft (Art. 25 AEU-Vertrag), zur Einsetzung einer Europäischen Staatsanwaltschaft (Art. 86) und im Fall der Anwendung der Flexibilitätsklausel aus Art. 352 AEU-Vertrag. Geradezu selbstverständlich erscheint, dass auch die Bestimmungen zur Zusammensetzung des Parlaments und zu den Europawahlen (Art. 14 EU-Vertrag bzw. Art. 223 Abs. 1 AEU-Vertrag) der Zustimmung der Völkervertretung bedürfen. Ein ganz besonderes Verfahren ist außerdem für die Haushaltsgesetzgebung vorgesehen. Hier geht die Mitwirkung des Parlaments sogar über eine bloße Beteiligung hinaus, der zu beschließende Jahreshaushalt bedarf in allen Teilen der mehrheitlichen Zustimmung der Abgeordneten (Art. 314 AEU-Vertrag). In diesem Zusammenhang findet das Zustimmungsverfahren zudem auch im Falle von Durchführungsmaßnahmen zum Eigenmittelsystem (Art. 311 AEU-Vertrag) sowie zur Festlegung des MFR (Art. 312 AEU-Vertrag) Anwendung.

Die Zustimmung des Parlaments ist darüber hinaus für weitere wesentliche Entscheidungen nichtlegislativer Art erforderlich. Dies gilt zum Beispiel für die Aufnahme neuer Mitgliedstaaten, der das Parlament mit der absoluten Mehrheit zustimmen muss (Art. 49 EU-Vertrag). Die Zustimmung der Völkervertretung ist ebenfalls erforderlich, wenn eine schwerwiegende Verletzung der Werte der Union durch einen Mitgliedstaat festgestellt werden soll (Art. 7 EU-Vertrag) oder ein Abkommen zum Austritt eines Landes aus der Union zu verabschieden ist (Art. 50 EU-Vertrag).

Abschließend ist darauf hinzuweisen, dass für wenige legislative Akte, die überwiegend Aufbau und Arbeit des Parlaments selbst betreffen, das Zustimmungsverfahren in umgekehrter Weise zum Einsatz kommt, das Parlament also einen Beschluss fasst, dem der Rat und ggf. die Kommission zustimmen müssen, so etwa bei Regelungen zu den Aufgaben der Abgeordneten (Art. 223 Abs. 2 AEU-Vertrag), zur Ausübung des parlamentarischen Untersuchungsrechts (Art. 226 AEU-Vertrag) und zu den Aufgaben des Bürgerbeauftragten (Art. 228 Abs. 4 AEU-Vertrag).

Konsultationsverfahren

Das Konsultationsverfahren ist das Verfahren der Anhörung. In ihm ist die traditionelle, mittlerweile in den allermeisten Politikbereichen überholte Struktur der europäischen Rechtsetzung zu erkennen: Die Kommission schlägt also einen Rechtsakt vor, über dessen Annahme der Rat entscheidet. Zwischen Vorschlag und Annahme liegt allerdings eine verbindliche Konsultationsphase, in der je nach Politikfeld in der Regel das Parlament, gegebenenfalls auch andere EU-Organe gehört werden müssen. Die Stellungnahmen der konsultierten Organe sind für die Entscheidung des Rates nicht verbindlich. Das Konsultationsverfahren ist immer noch für eine Reihe von Einzelentscheidungen und Sonderfällen vorgesehen. Sie betreffen vielfach Bereiche, in denen die Mitgliedstaaten im Sinne des Souveränitätserhalts nur zurückhaltend Kompetenzen auf die supranationale Ebene übertragen haben, so etwa Regelungen im Bereich der Unionsbürgerschaft (Art. 21 Abs. 3, Art. 22 Abs. 1 u. 2 u. Art. 23 AEU-Vertrag), Beschlüsse betreffend Pässe, Personalausweise, Aufenthaltstitel usw. (Art. 77 Abs. 3 AEU-Vertrag), zum Familienrecht (Art. 81 Abs. 3 AEU-Vertrag), Maßnahmen und Bedingungen zur operativen Zusammenarbeit der Polizei- bzw. Justizbehörden (Art. 87 Abs. 3 und Art. 89 AEU-Vertrag), Beschlüsse zur Harmonisierung der Steuervorschriften (Art. 113 AEU-Vertrag), Angleichung der Rechtsvorschriften bezüglich des Binnenmarkts (Art. 115 AEU-Vertrag), unterstützende Tätigkeit in der Sozialpolitik (Art. 153 AEU-Vertrag), die Gestaltung des Eigenmittelsystems der EU (Art. 311 AEU-Vertrag) usw.

Für die nichtlegislative Beschlussfassung im besonders souveränitätsgeladenen Bereich der GASP ist die Entscheidungshoheit der intergouvernementalen Organe unter Anhörung des Parlaments ohnehin der Standardmodus (s. Titel V EU-Vertrag).

6.6 Europäischer Rechtsschutz

Wie bereits in der theoretischen Einführung zu diesem Abschnitt konstatiert, muss das Recht nicht nur gesetzt, sondern auch durchgesetzt werden, damit es eine effektive Ordnung konstituieren kann. Hierzu haben die Europäischen Gemeinschaften bereits im Zuge ihrer Gründung in den 1950er Jahren einen unabhängigen Gerichtshof ins Leben gerufen. Im Wesentlichen ist der Gerichtshof der Europäischen Union heute organisatorisch untergliedert in den Gerichtshof und das Gericht (s. im Einzelnen Kap. 4.5). Zusammen bilden sie eine durchsetzungsstarke Rechtsprechungsinstanz. Allein im Jahr 2012 hat nur der Gerichtshof knapp 600 Rechtssachen abgeschlossen (davon 357 Urteile, daneben andere Beschlüsse).[326] Wie wir bereits gese-

---

[326] Vgl. EuGH: Jahresbericht 2012, abrufbar unter: http://curia.europa.eu/jcms/jcms/P_98428/ (letzter Zugriff: 28.5.2013), S. 100–101.

hen haben, verfolgen die Richter des EuGH mit ihren Präzedenzurteilen in aller Regel einen integrationsfreundlichen Kurs und haben so die außerordentliche Karriere des EU-Systems maßgeblich vorangetrieben. In den vorangegangenen Abschnitten haben wir bereits konkrete Vertragsverletzungs- und Vorabentscheidungsverfahren beschrieben. An dieser Stelle wollen wir die verschiedenen Verfahrensarten vor dem EuGH nun systematisch vorstellen und ihre jeweilige Funktion im europäischen Rechtsschutzsystem erläutern. Der EuGH unterscheidet zunächst einmal ganz grundlegend zwischen Klagen und Vorabentscheidungsverfahren, ferner Rechtsmitteln, Gutachten und anderen besonderen Verfahrensarten. Klagen und Vorabentscheidungen dominieren die Rechtsprechungstätigkeit des EuGH deutlich, wie Abbildung 23 illustriert. Die Klagen lassen sich wiederum in verschiedene Klagearten unterscheiden, nämlich die Vertragsverletzungs- und die Nichtigkeitsklage – diese beiden sind mit Abstand die wichtigsten Klagearten und sollen im Folgenden genauso wie das Vorabentscheidungsverfahren näher betrachtet werden –, ferner die Untätigkeits- sowie die Schadensersatzklage.

Abbildung 23: Verfahrensarten

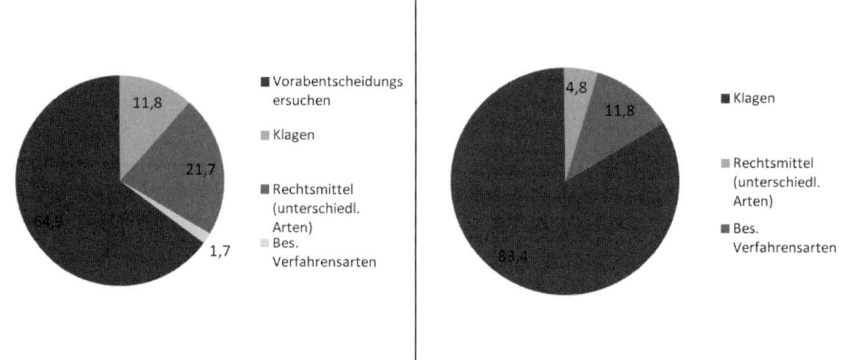

links: erledigte Rechtsachen 2012 – Gerichtshof (in %)
rechts: erledigte Rechtssachen 2012 – Gericht (in %)
Quelle: Zahlen: EuGH: Jahresbericht 2012, S. 100 bzw. 195.

6.6.1 Vertragsverletzungsklage (Art. 258 u. 259 AEU-Vertrag)

Die Vertragsverletzungsklage ist grundsätzlich gegen einen Mitgliedstaat gerichtet. Erhoben werden kann die Klage sowohl von der Kommission (Art. 258 AEU-Vertrag), was den Normalfall darstellt, als auch von einem anderen Mitgliedstaat (Art. 259 AEU-Vertrag), was praktisch nie vorkommt. Damit ist das Vertragsverletzungsverfahren das Sanktionsinstrument der Kommission gegen widerspenstige Mitgliedstaaten, und nur mittels dieses Verfahrens kann die Kommission der ihr zugedachten Rolle als *Hüterin der Verträge* gerecht werden. Die Kommission hat einen mehrstufigen Mechanismus entwickelt, auf dessen letzter Eskalationsstufe von vieren erst die Anrufung des EuGH erfolgt. Zuvor tritt die Kommission, sobald sie auf eine Vertragsverletzung gestoßen ist, in einer ersten Phase mit dem betroffenen Mitgliedstaat in eine informelle Kommunikation ein. Sollte die nationale Regierung sich nicht zu einem Einlenken bewegen lassen, stellt die Kommission ihr in einer zweiten Phase ein sog. Fristsetzungsschreiben aus, worin die Vertragsverletzung moniert und der betreffende Staat aufgefordert wird, sich binnen eines festgelegten Zeitraums (in der Regel zweier Monate) zum Sachverhalt zu äußern. Stellt die Reaktion des Mitgliedstaats die Kommission nicht zufrieden, verfasst sie in einer dritten Phase eine begründete Stellungnahme und setzt dem Staat eine neuerliche Frist, ihren Forderungen nachzukommen. Tut er dies binnen der vorgesehenen Frist nicht, kann die Kommission schließlich in einer vierten Phase Klage vor dem EuGH erheben. Alles in allem kann dieser Mechanismus vom Zeitpunkt des Vertragsbruchs bis zum Urteil vier bis fünf Jahre in Anspruch nehmen. Damit scheint dieses Vorgehen auf den ersten Blick weit ineffizienter, als es tatsächlich ist, denn die allermeisten derartigen Verfahren der Kommission bewirken das Einlenken des Staates noch vor Anrufung des Gerichtshofs. Kommt es allerdings zu einer Klage beim EuGH, geht die Kommission in der Regel siegreich aus dem Rechtsstreit hervor,[327] weshalb Hartmann den Gerichtshof mit einiger Berechtigung als den *Verbündeten der Kommission* bezeichnet.[328]

Zum Abschluss eines Vertragsverletzungsverfahrens fällt der EuGH ein Feststellungsurteil. Ursprünglich gab es darüber hinaus keine verbindliche Sanktionsregelung, wodurch die Rechtsdurchsetzung empfindlich geschwächt war. Erst mit dem Vertrag von Maastricht wurde eine Verpflichtung des verurteilten Staates zur Abhilfe in das Primärrecht eingefügt (Art. 260 AEU-Vertrag). Demnach kann der Gerichtshof bei Nichtbefolgung auf Antrag der Kommission ein Zwangsgeld gegen den betreffenden Mitgliedstaat verhängen. Das Vertragsverletzungsverfahren ist ein besonderer Vorgang des gemeinschaftlichen Rechtsschutzes, weil ein Nationalstaat von einer internationalen Behörde, der Kommission, verklagt wird, was in dieser Form und Verbindlichkeit in den Internationalen Beziehungen einmalig ist. Dennoch ist das Verfahren sehr viel stärker am klassischen völkerrechtlichen Paradigma orientiert als das innovative Vorabentscheidungsverfahren.

6.6.2 Nichtigkeitsklage (Art. 263 AEU-Vertrag)

Auch die Nichtigkeitsklage hat eine wesentliche Bedeutung für den gemeinschaftlichen Rechtsschutz. Dies wird deutlich, wenn man sich neben der Tätigkeit des Gerichtshofs auch diejenige des Gerichts näher anschaut. Nichtigkeitsklagen machen einen großen Teil der dort anhängigen Klagen aus.[329] Die Nichtigkeitsklage richtet

---

327 Vgl. Haltern, 2005, S. 162.
328 Hartmann, Jürgen, 2009: Das politische System der Europäischen Union. Eine Einführung, 2. Aufl., Frankfurt a.M., S. 163.
329 Im Jahr 2012 über 40 % der neu eingegangenen Rechtssachen, EuGH: Jahresbericht 2012, S. 193.

sich gegen ein Unionsorgan (ggf. auch eine europäische Agentur), dem im Zuge seines *Regierungshandelns* Unzuständigkeit, Vertragsverletzung, Ermessensmissbrauch o.ä. angelastet wird. Die Klageart erfüllt die klassische Funktion des individuellen Rechtsschutzes, weil neben den Mitgliedstaaten, dem Parlament, dem Rat und der Kommission auch jede natürliche oder juristische Person Klage gegen mutmaßlich unzulässige Rechtsakte eines Gemeinschaftsorgans erheben kann. Die individuelle Klagebefugnis unterliegt allerdings der Einschränkung, dass der Kläger entweder selbst Adressat einer betreffenden Entscheidung oder von einem Rechtsakt gegen Dritte unmittelbar und individuell betroffen sein muss. Nichtigkeitsklagen sind innerhalb einer Zweimonatsfrist nach Bekanntgabe der betreffenden Handlung zu erheben. Im internen Verhältnis zwischen den Organen und Einrichtungen der EU dienen Nichtigkeitsklagen auch der Regelung von Organstreitigkeiten.

Schließlich ist mit der Lissabonner Vertragsreform eine besondere Form der Nichtigkeitsklage, die sog. Subsidiaritätsklage, eingeführt worden. Gemäß Artikel 8 des Protokolls (Nr. 2) über die Anwendung der Grundsätze der Subsidiarität und Verhältnismäßigkeit können nationale Parlamente oder einzelne Kammern derselben eine Nichtigkeitsklage vor dem EuGH gegen einen Gesetzgebungsakt, der nach ihrer Auffassung gegen das Subsidiaritätsprinzip verstößt, erwirken (s. auch Abschnitt 6.2.2). Die Klage wird vom betreffenden Mitgliedstaat vorgebracht.

6.6.3 Vorabentscheidungsverfahren (Art. 267 AEU-Vertrag)

Das europäische Rechtsschutzsystem, für sich genommen, hat zwei zentrale Schwächen: *Erstens* ist eine effektive Rechtsaufsicht über die gesamte Union, also die juristische Verfolgung aller Vertragsverletzungen in allen Mitgliedstaaten von der supranationalen Ebene aus, nahezu unmöglich. *Zweitens* besteht trotz der Sanktionsregelung nach Art. 260 AEU-Vertrag weiterhin eine gemeinschaftliche Durchsetzungsschwäche gegenüber unwilligen Mitgliedstaaten, die in letzter Konsequenz nicht zur Vertragstreue gezwungen werden können.[330] Beide Mängel des EU-Rechtssystems werden durch das innovative, da über das klassische Völkerrecht deutlich hinausgewachsene, Instrument der Vorabentscheidung weitgehend entschärft. Mit dem Vorabentscheidungsverfahren wird die Logik des Mehrebenensystems auf die europäische Rechtsprechung übertragen, und es kommt zu einer effektiven Arbeitsteilung zwischen nationalen Gerichten und dem EuGH, die der einheitlichen Auslegung des Gemeinschaftsrechts in besonderem Maße dient. Gemäß Artikel 267 AEU-Vertrag kann jedes nationale Gericht eines Mitgliedstaats, das mit einem Fall von europarechtlicher Bedeutung befasst ist, konkrete Fragen zur Vorabentscheidung an den EuGH richten. Das nationale Gericht setzt für diesen Zeitraum das Verfahren aus und urteilt später auf Grundlage der Auslegung durch den EuGH.

---

[330] Diese und andere Schwächen des herkömmlichen Rechtsschutzkatalogs erläutert ausführlich: Haltern, 2005 S. 166f.

Dank dieses dezentralisierten Verfahrens europäischer Rechtsprechung können die Mängel des Rechtsschutzes weitgehend behoben werden. Das *Monitoring-Problem* wird dadurch entschärft, dass der Kreis der am Unionsrecht Interessierten und in die gemeinschaftliche Rechtsdurchsetzung Involvierten um die nationalen Gerichte sowie die individuellen Betroffenen erweitert wird. Einzelne Bürger und Unternehmen werden in der Regel viel früher und viel verlässlicher auf Vertragsverletzungen zu ihren Lasten aufmerksam als die Kommission in Brüssel. Dank der Direktwirkung können Einzelne ihre aus dem Unionsrecht hervorgehenden individuellen Rechte einklagen, und auf dem Weg des Vorabentscheidungsverfahrens wird die nationale Rechtsprechung an die Auslegung des EuGH gebunden.

Auch das Problem der schwachen Rechtsdurchsetzung wird durch den Vorabentscheidungsmechanismus gelöst, weil das Urteil in der eigentlichen Streitsache letztlich durch das nationale Gericht gefällt wird, selbst wenn der EuGH häufig sehr detaillierte, substanzielle Vorentscheidungen trifft. Da jedes nationale Gericht über einen bewährten Apparat von Durchsetzungsmechanismen verfügt, ist der Urteilsvollzug in der Regel selbstverständlich und wird durch kein politisches Kalkül infrage gestellt. Das Vorabentscheidungsverfahren stellt tatsächlich ein funktionierendes System juristischer Arbeitsteilung dar, bei der ein jeder Kooperationspartner das tut, was er am besten kann. Während der EuGH für die Auslegung des Unionsrechts zuständig ist, besorgen die nationalen Gerichte die effektive Rechtsdurchsetzung. Nicolaysen bezeichnet dieses System in Analogie zur Rechtsgemeinschaft zutreffend als *Gerichtsgemeinschaft*.[331] Es ist zweifellos diesem kooperativen Ansatz zu verdanken, dass der Vorabentscheidungsmechanismus ein Erfolgsmodell darstellt, obwohl das Vorabentscheidungsersuchen einzelner Gerichte keineswegs erzwungen werden kann. Vielmehr erfolgt die Vorlage vor dem EuGH grundsätzlich freiwillig, es sei denn, es handelt sich um ein letztinstanzliches Gericht im jeweiligen Mitgliedstaat. Nur dieses ist vertraglich zur Vorlage verpflichtet (s. Art. 267 Abs. 3 AEU-Vertrag).

Das Vorabentscheidungsverfahren nimmt einen hervorragenden Platz in der europäischen Rechtsprechung ein, was sich allein in der Tatsache zeigt, dass in der Regel ausschließlich der EuGH, und nicht das Gericht, Vorabentscheidungsurteile fällt. Damit ist verbunden, dass gegen solche Urteile keine Rechtsmittel eingelegt werden können, der EuGH ist zugleich erste und letzte Instanz.[332] Bei vielen der großen Präzedenzurteile der europäischen Rechtsgeschichte wie *Van Gend & Loos*, *Costa/E.N.E.L.* und *Cassis de Dijon* handelt es sich um Vorabentscheidungen des Gerichtshofs. Entsprechend seiner Bedeutung für das gemeinschaftliche Rechtssystem fällt auch die wissenschaftliche Bewertung des Verfahrens aus. Haltern bezeichnet es als „das Kronjuwel unter den gemeinschaftsrechtlichen Rechtsschutzverfahren"[333]

---

331 Nicolaysen, 2002, S. 353.
332 Vgl. Haltern, 2005, S. 184.
333 Ebd., S. 167.

und Alter sieht in ihm das Hintertürchen, „through which the European legal system was transformed".[334] In jedem Fall ist der gemeinschaftliche Katalog effektiven Rechtsschutzes durch das im wortwörtlichen Sinne *eigenartige* Vorabentscheidungsverfahren komplettiert. Tabelle 9 bietet eine zusammenfassende Darstellung des europäischen Rechtsschutzsystems.

Tabelle 9: Verfahrensarten vor dem EuGH

	Mitgliedstaat verletzt Unionsrecht.	EU-Organ/-Einrichtung verletzt Unionsrecht.
direkter Zugang zum EuGH	Vertragsverletzungsklage Art. 258, 259, 260 AEU-Vertrag	Nichtigkeitsklage Art. 263 AEU-Vertrag
indirekter Zugang zum EuGH	Vorabentscheidung Art. 267 Abs. 1 a AEU-Vertrag	Vorabentscheidung Art. 267 Abs. 1 b AEU-Vertrag

Quelle: Haltern, 2005, S. 158 (abgewandelt).

6.7 Ein Raum der Freiheit, der Sicherheit und des Rechts

6.7.1 Die Unionsbürgerschaft (Art. 20–25 AEU-Vertrag)

Mit dem Vertrag von Maastricht wurde die sog. *Unionsbürgerschaft* (Art. 20–25 AEU-Vertrag) in das Primärrecht aufgenommen. Jeder Staatsbürger eines EU-Mitgliedstaats ist damit automatisch auch EU-Bürger. Die Unionsbürgerschaft gilt zusätzlich zur nationalen und hat diese zur Bedingung. Das *erste* verbriefte Recht jedes Unionsbürgers ist die Freizügigkeit auf dem gesamten Hoheitsgebiet der Mitgliedstaaten (Art. 21 AEU-Vertrag). Sie ist notwendig mit dem allgemeinen Diskriminierungsverbot aus Artikel 18 verbunden. Zwar war die Arbeitnehmerfreizügigkeit schon lange vor Maastricht Kernanliegen der Wirtschaftsgemeinschaft, wie wir im entsprechenden Abschnitt gesehen haben, aber mit der Unionsbürgerschaft werden dem Einzelnen Rechtspositionen verliehen, die grundsätzlich unabhängig sind von seiner Teilnahme am Wirtschaftsleben. Dementsprechend zählen an *zweiter* Stelle auch politische Beteiligungsrechte dazu. So kann jeder Bürger eines EU-Staats, der in einem anderen Mitgliedstaat seinen Wohnsitz hat, dort an Kommunal- sowie an Europawahlen teilnehmen (Art. 22 AEU-Vertrag) und hat sowohl das aktive Wahlrecht – er darf wählen – als auch das passive – er darf selbst gewählt werden – inne. *Drittens* kann jeder EU-Bürger bei Aufenthalten außerhalb der Union, sofern sein Herkunftsland im entsprechenden Staat nicht vertreten ist, den diplomatischen und konsularischen Schutz jedes anderen Mitgliedstaats unter denselben Bedingungen wie die Angehörigen dieses Staats in Anspruch nehmen (Art. 23 AEU-Vertrag). Gemäß Artikel 24 AEU-Vertrag besitzt jeder EU-Bürger *viertens* das Petitionsrecht beim Europäischen Parlament und kann sich an den europäischen Bürgerbeauftragten

---

334 Alter, 2002, S. 9.

wenden (s. Art. 227 u. 228 AEU-Vertrag). *Fünftens* hat er das Recht, sich mit schriftlichen Eingaben an die Organe und Einrichtungen der Gemeinschaft zu richten und eine Antwort in seiner Sprache – sofern diese zu den in Artikel 55 Abs. 1 EU-Vertrag aufgelisteten Vertragssprachen zählt – zu erhalten. Zuletzt zählt die Unterschrift jedes Unionsbürgers auch im Rahmen der mit dem Vertrag von Lissabon neu eingeführten Europäischen Bürgerinitiative (s. Kap. 8.4.2).

Der vergleichsweise geringe Umfang von Rechten und Pflichten, die durch die Unionsbürgerschaft gewährt bzw. auferlegt werden, macht bereits deutlich, dass sich diese wesentlich vom Konzept der Staatsbürgerschaft unterscheidet und eher begriffliche denn substanzielle Parallelen zwischen beiden existieren.[335] Die Staatsbürgerschaft ist der gemeinschaftlichen Variante notwendig vorgeordnet, weil die Zugehörigkeit zu einem Mitgliedstaat Bedingung für die Zugehörigkeit zur Union ist. Zudem sind grundlegende Bürgerrechte auch weiterhin ausschließlich mit der jeweiligen Staatsbürgerschaft verbunden, wie die Beteiligung an nationalen Wahlen sowie der Zugang zu öffentlichen Ämtern, der von der unionsinternen Arbeitnehmerfreizügigkeit ausgenommen ist (Art. 45 Abs. 4 AEU-Vertrag).

6.7.2 Öffnung der Binnengrenzen

Mit der Deklaration und der primärrechtlichen Fixierung europäischer Bürgerrechte ist die tatsächliche Herausbildung einer transnationalen, frei beweglichen Bürgerschaft allerdings nur theoretisch gewährleistet. Die Öffnung der Binnengrenzen, also das Ende der Grenzkontrollen für den innergemeinschaftlichen Personenverkehr, ist symbolische, aber auch praktische Konsequenz aus Personenfreizügigkeit und Unionsbürgerschaft. Dieses bahnbrechende Experiment der Grenzöffnung ist bereits vor Vollendung des Binnenmarkts von einer Avantgarde der EU-Staaten angegangen worden, als im Jahr 1985 sieben Länder das sog. *Schengener Abkommen* (s. Kasten 13) zum Abbau der Grenzkontrollen unterzeichneten.

Kasten 13: Schengener Abkommen

Das Schengener Abkommen ist eine zwischenstaatliche Vereinbarung, die den Abbau der Kontrollen für den Personenverkehr an den Grenzen der Mitgliedstaaten vorsieht. Das Abkommen wurde 1985 in Schengen (Luxemburg) unterzeichnet. Der ursprünglich vorgesehene Termin für die Grenzöffnung im Jahr 1990 musste mehrfach verschoben werden. Erst am 26.3.1995 trat das fünf Jahre zuvor vereinbarte Durchführungsübereinkommen zum Schengener Vertrag (Schengen II) in Kraft, nachdem das SIS (Schengener Informationssystem) zur grenzüberschreitenden Verbrechensbekämpfung mit einem Zentralserver in Straßburg eingerichtet worden war. Das Schengener Abkommen war zunächst ein Avantgardeprojekt einiger europäischer Staaten, nämlich Belgiens, Deutschlands, Frank-

---

335 Vgl. Herdegen, 2012, S. 77 u. 257.

6. Die EU: eine Rechtsgemeinschaft

reichs, Luxemburgs, der Niederlande, Spaniens sowie Portugals. Italien und Österreich stießen 1998, Griechenland 2000 dazu. 2001 wurden die Grenzen zu Dänemark, Finnland und Schweden sowie den assoziierten Staaten Island und Norwegen geöffnet. Die Beitrittsstaaten der Osterweiterung 2004, außer Zypern, traten allesamt im Dezember 2007 dem Schengen-Raum bei. Bulgarien, Rumänien und Zypern haben das Abkommen unterzeichnet, die Grenzkontrollen werden jedoch erst zu einem späteren Zeitpunkt abgebaut. Die Schweiz und Liechtenstein, die allerdings nicht zur EU gehören, haben die Grenzkontrollen Ende 2008 bzw. Ende 2011 abgeschafft. Großbritannien und Irland gehören nicht zum Schengen-Raum. Der Schengen-Besitzstand wurde erst 1999 mit Inkrafttreten des Amsterdamer Vertrags in das EU-Recht integriert (s. Titel V AEU-Vertrag; Protokoll Nr. 19 zum EU-Vertrag). Im April 2013 ist nach einiger Verzögerung ein modernisiertes Informationssystem (SIS II), das auch zur Verarbeitung biometrischer Daten geeignet ist, gestartet worden.

Die tatsächliche Umsetzung des völkerrechtlichen Vertrags ließ allerdings noch zehn Jahre auf sich warten. Die Grenzöffnung rührt empfindlich an die nationale Souveränität. Insbesondere hinsichtlich der nationalstaatlichen Kernaufgabe, der Gewährleistung der Sicherheit für die eigenen Bürger, gab es ernste Bedenken, die vorerst nur durch die Einrichtung eines gemeinsamen polizeilichen Fahndungssystems auf Grundlage einer nichtöffentlichen Datenbank, des *Schengener Informationssystems* mit Sitz in Straßburg, zerstreut werden konnten. Die Öffnung der Grenzen zwischen den beteiligten Staaten erfolgte am 26. März 1995. Die Schengen-Regelungen waren als zwischenstaatliche Vereinbarungen außerhalb des EU-Rechts angesiedelt.

Der sog. *Schengen-Besitzstand* fand erst mit dem Amsterdamer Vertrag, der 1999 in Kraft trat, Einzug in das Primärrecht (Titel V AEU-Vertrag; Protokoll Nr. 19 zum EU-Vertrag). Die Etablierung und Erhaltung der EU als einen *Raums der Freiheit, der Sicherheit und des Rechts* (Art. 3 Abs 2 EU-Vertrag) wurde zu einem der Leitziele der Union. Die auf der englischen Bezeichnung (*Area of Freedom, Security and Justice*) basierende Abkürzung AFSJ dient gemeinhin als Kurztitel des Politikfelds. Das Feld umfasst alle europäischen Aktivitäten in den Bereichen Asyl und Migration, Schutz der Außengrenzen sowie der Kooperation von Polizei- und Justizbehörden.

Die Umsetzung und europarechtliche Einbindung des Schengen-Besitzstands kann als eigentlicher Grundstein eines neuen Politikfelds verstanden werden, das sich seitdem rasant entwickelt hat.[336] Noch im Jahr des Inkrafttretens des Amsterdamer Vertrags, 1999, verabschiedete der Europäische Rat im finnischen Tampere ein Programm, auf dessen Grundlage die sukzessive Verwirklichung eines europäischen

---

336 Vgl. Monar, Jörg, 2012: Justice and Home Affairs, in: Jones, Erik/Menon, Anand/Weatherill, Steven (Hrsg.): The Oxford Handbook of European Integration, Oxford, S. 613–626 (614–616, 624).

Rechtsraums binnen fünf Jahren gelingen sollte. Dieses ehrgeizige Ziel konnte im vollen Umfang freilich nicht erreicht werden. So kam es im November 2004 beim Gipfel des Europäischen Rats in Den Haag zu einem zweiten Fünfjahresprogramm, dem sog. *Haager Programm* für den Zeitraum von 2005 bis 2009. Damit etablierte sich die Praxis, Fünfjahresprogramme aufzulegen, in denen Prioritäten und Maßnahmen zur Erreichung des übergeordneten Entwicklungsziels formuliert werden. Das Stockholmer Programm, das im Dezember 2009 verabschiedet wurde und für die Jahre 2010–2014 gilt, ist das dritte dieser Art. In ihm werden die folgenden Prioritäten formuliert: erstens ein verbesserter Schutz der Grundrechte, zweitens die Entwicklung eines Raums des Rechts und der Justiz mit erleichtertem Zugang zu und verbesserter Zusammenarbeit zwischen den Behörden, drittens ein verbesserter Schutz gegen organisierte Kriminalität und Terrorismus, viertens die Weiterentwicklung des integrierten Grenzschutzes und der Visumspolitik, fünftens eine solidarische und flexible Migrationspolitik, schließlich sechstens eine verbesserte Wahrnehmung und Bewältigung von Globalisierungseffekten durch internationale Zusammenarbeit auf dem Feld der Innen- und Justizpolitik.[337]

Die Öffnung der Binnengrenzen und die Überführung des Schengen-Besitzstands in das Gemeinschaftsrecht gingen einigen Mitgliedstaaten zu weit. So vereinbarten Großbritannien und Irland sog. *opt outs*. Sie dürfen also weiterhin Grenzkontrollen durchführen und gehören nicht zum Schengen-Raum. Sie haben jederzeit die Möglichkeit, mittels *opt in* gewisse Bestimmungen des entsprechenden Unionsrechts nachträglich zu übernehmen. Einen Spezialfall stellt Dänemark dar. Zwar hat es das Schengener Durchführungsabkommen 1990 unterzeichnet, aber dennoch setzt es die Vereinbarungen nicht in vollem Umfang um. Nach dem gescheiterten dänischen Referendum zur Ratifizierung des Maastricht-Vertrags im Jahr 1992 wurde Dänemark gewährt, einer engeren Zusammenarbeit im Bereich Justiz und Inneres fernzubleiben. Es beteiligt sich nicht an den Entscheidungen über neue Maßnahmen in diesem Feld und kann eigenmächtig wählen, ob es die europäisch gefassten Beschlüsse in nationales Recht umsetzen will oder nicht (s. Protokoll Nr. 22 über die Position Dänemarks). Die Innen- und Justizpolitik stellt also ein gutes Beispiel für die flexible Integration dar (s. Kap. 8.5). Dies zeigt sich schon an der tatsächlichen Gestalt des Schengen-Gebiets. Seit Dezember 2011 sind 26 europäische Staaten Teil davon, darunter 22 EU-Staaten, ferner Norwegen, Island, Liechtenstein und die Schweiz. Abbildung 24 zeigt den Schengen-Raum, wie er sich heute darstellt.

---

337 Vgl. Europäischer Rat: Das Stockholmer Programm – ein offenes und sicheres Europa im Dienste und zum Schutz der Bürger (2010/C 115/01) sowie den Aktionsplan der Kommission zur Umsetzung des Stockholmer Programms (KOM/2010/0171).

6. Die EU: eine Rechtsgemeinschaft

Abbildung 24: Schengen-Europa

Quelle: Karte (abgewandelt) Europäische Kommission, GD Kommunikation

Viele Entwicklungsschritte und Maßnahmen im Bereich der Innen- und Justizpolitik leiten sich geradezu notwendig aus der Schengener Vereinbarung und ihrer unionsrechtlichen Einbindung ab, womit sie auch als ein weiteres Beispiel für die funktionalistische Logik der Übersprungseffekte (*spill over*, s. Kap. 12 zu den Integrationstheorien) dienen können. Denn Grenzen und Grenzkontrollen haben nicht nur die Funktion, den heimischen Markt in protektionistischer Absicht vor Konkurrenz aus dem Ausland zu schützen (s. Kap. 5 zur Wirtschaftsgemeinschaft), sie markieren in erster Linie den nationalen Herrschaftsbereich und damit den Raum, der einer Staatsgewalt unterliegt und in dem die innere Sicherheit durch den Staatsapparat zu gewährleisten ist. Grenzen schützen die Bürger eines Staats also vor unkontrollierter Einwanderung und internationalem Verbrechen. Waren Innen- und Justizpolitik bis dahin ausschließlich in nationaler Zuständigkeit, erforderte die Grenzöffnung zwischen den EU-Staaten seit 1995 die partielle Europäisierung dieses souveränitätsgeladenen Politikfelds. Auf gemeinsame Probleme wie die organisierte Kriminalität, den illegalen Drogen- und Waffenhandel, Kfz-Verschiebungen, die Asylproblematik und neue Herausforderungen wie die verstärkte illegale Einwanderung, die damit verbundene Schlepperkriminalität und den internationalen Terrorismus, können die Nationalstaaten heute kaum noch allein reagieren. Gleichzeitig können sie ihre legitime Staatsgewalt nicht ohne Weiteres auf die Gemeinschaftsinstitutionen übertragen, wollen sie ihre eigene Existenzberechtigung nicht infrage stellen.[338] Aus diesem einzelstaatlichen Dilemma ging die eigenartige Konstruktion der dritten Säule im Tempelmodell von Maastricht (s. oben) hervor. Mit dem Vertrag von Amsterdam wurden die Kontrolle der Außengrenzen, Asyl- und Einwanderungspolitik sowie die justizielle Zusammenarbeit in Zivilsachen dann auf die Gemeinschaftsebene übertragen, womit nur noch der Kernbereich polizeilicher und justizieller Zusammenarbeit in Strafsachen in der dritten Säule und damit der zwischenstaatlichen Kooperation vorbehalten blieb. Wie oben bereits angesprochen, ist die Säulenarchitektur mit dem Vertrag von Lissabon obsolet geworden. Im reformierten Vertragswerk finden sich alle Regelungen zum Politikfeld im dritten Teil des AEU-Vertrags unter den internen Politiken und Maßnahmen der Union im Titel 5 zum Raum der Freiheit, der Sicherheit und des Rechts zusammengefasst.[339] Auch das besondere Instrumentarium der Beschlussfassung (Standpunkte, Beschlüsse, Rahmenbeschlüsse) wird zugunsten der bekannten Terminologie und Rechtsordnung (Verordnung, Richtlinie, Beschluss) aufgegeben.[340] Zuletzt werden, wo nichts anderes vorgeschrieben ist, Legislativakte nach dem ordentlichen Verfahren erlassen. Dass es sich dennoch um ein besonderes, weil souveränitätsgeladenes Politikfeld handelt, lässt sich an den in diesem Titel allerdings noch gehäuft vorgeschriebenen besonderen Entscheidungsmodi und Gesetzgebungsverfahren ablesen. So ist an vielen Stellen lediglich eine Konsultation des Parlaments vorgesehen, und der Rat trifft die wesentlichen Entscheidungen, teils mit qualifizierter Mehrheit, in besonders sensiblen Fragen aber auch einstimmig. Das gilt für Maßnahmen zur Gewährleistung der Verwaltungszusammenarbeit (Art. 74 AEU-Vertrag), Bestimmungen betreffend Pässe, Personalausweise oder Aufenthaltstitel (Art. 77 Abs. 3 AEU-Vertrag, Einstimmigkeit verlangt), Maßnahmen zur Bewältigung von durch plötzliche Migration verursachte Notlagen (Art. 78 Abs. 3 AEU-

---

338 Zur zögerlichen Vergemeinschaftung dieses Politikfelds s. Lavenex, Sandra, 2010: Justice and Home Affairs. Communitarization with Hesitation, in: Wallace, Helen/Pollack, Mark A./Young, Alasdair R. (Hrsg.): Policy-making in the European Union, 6. Aufl., Oxford, S. 457–477.
339 Vgl. Monar, 2012, S. 616.
340 Vgl. Haack, Stefan, 2010: Der Raum der Freiheit, der Sicherheit und des Rechts im Vertrag von Lissabon – Thetorik oder Integrationsschub?, in: Leiße, Olaf (Hrsg.): Die Europäische Union nach dem Vertrag von Lissabon, Wiesbaden, S. 220–233 (225).

Vertrag), Maßnahmen zum Familienrecht (Art. 81 Abs. 3, Einstimmigkeit verlangt), die Ausdehnung der Befugnisse der Europäischen Staatsanwaltschaft (Art. 86 Abs. 4, Einstimmigkeit verlangt) sowie Bedingungen und Maßnahmen zur operativen Zusammenarbeit zwischen den Polizeibehörden (Art. 87 Abs. 3 u. 89, jeweils Einstimmigkeit verlangt). Im sensiblen Bereich der justiziellen Zusammenarbeit in Strafsachen können Beschlüsse über Maßnahmen zur gegenseitigen Anerkennung von Urteilen und gerichtlichen Entscheidungen sowie der Gewährleistung und Verbesserung von Justizbehörden, einschließlich Strafverfolgung und Strafvollzug, zwar mittels des ordentlichen Gesetzgebungsverfahrens gefasst werden (Art. 82 Abs. 1 AEU-Vertrag). Gleiches gilt für Richtlinien, die Mindestvorschriften etwa hinsichtlich der Zulässigkeit von Beweismitteln im Verfahren oder der Rechte von Beklagten und Opfern definieren (Abs. 2). Allerdings kann ein mit den Beschlüssen unzufriedener Mitgliedstaat eine Befassung des Europäischen Rates mit dem Gegenstand und damit den Übergang zum Konsensprinzip erzwingen. Kann dort kein Einvernehmen hergestellt werden, steht den übrigen Staaten der Weg der Verstärkten Zusammenarbeit offen (Abs. 3). Faktisch ist dem einzelnen Mitgliedstaat bei solchen Entscheidungsgegenständen mithin dennoch eine Art konstruktives Veto zugestanden.[341]

Nach der Lissabonner Vertragsreform ist der Bereich der Innen- und Justizpolitik erstmals auch der grundsätzlichen Rechtsprechung durch den EuGH unterworfen. Allerdings hält Art. 276 AEU-Vertrag ausdrücklich fest, dass der Gerichtshof nicht für die Prüfung von Maßnahmen der mitgliedstaatlichen Polizei- oder anderer Strafverfolgungsbehörden oder allgemein Maßnahmen zur Aufrechterhaltung der öffentlichen Ordnung zuständig ist.

6.7.3 Einwanderung, Asyl, Schutz der Außengrenzen

Die Logik der Schengen-Vereinbarung ist schlicht: Freizügigkeit nach innen, Grenzsicherung nach außen. Darin zeigt sich die grundsätzliche Ambivalenz von Inklusion und Exklusion. Je weiter sich die Gemeinschaft ohne Binnengrenzen ausdehnt, desto wichtiger wird es, die Einwanderungs- und Asylregelungen zu vereinheitlichen sowie die Außengrenzen stärker zu sichern. Denn die Anziehungskraft, die die Europäische Union auf illegale Immigranten sowie das internationale Verbrechen ausübt, wächst mit zunehmender Größe des Staatenclubs. Sobald heute ein Einwanderer in einem Schengen-Staat angekommen ist, stehen ihm alle anderen offen. Daraus ergibt sich eine potenzielle Bedrohung der inneren Sicherheit in den einzelnen Ländern, die verschiedene Maßnahmen verlangt. Die Grundlagen für eine gemeinsame Asylpolitik wurden bereits 1990 gelegt. In der *Dubliner Konvention* über Asylfragen verständigten sich die Mitgliedstaaten auf eine Vereinheitlichung der Asylverfahren und legten gemeinschaftliche Grundsätze für die Bearbeitung von Asylanträgen fest. Mit dem Programm von Tampere wurde die Entwicklung eines *Gemeinsamen Europäischen*

---

341 Vgl. ebd., S. 229.

Asylsystems (GEAS) angestoßen. Darauf wurde die Dubliner Konvention im Jahr 2003 durch eine entsprechende Verordnung im Rahmen des EU-Rechts ersetzt. Insbesondere gilt die Verpflichtung der Mitgliedstaaten, ein Verfahren zu jedem Asylantrag eines Drittstaatsangehörigen durchzuführen. Jeder Antrag soll dabei nur durch einen einzigen Staat geprüft werden (Art. 3 Abs. 1 VO 343/2003/EG), wodurch Mehrfachanträge in verschiedenen Staaten des Hoheitsgebiets ausgeschlossen werden. In der Regel ist der Staat zuständig, in den der Asylbewerber nachweislich zuerst eingereist ist. Die Verordnung legt ferner gemeinsame Kriterien für die Überprüfung der Anträge fest. Generell gilt jedoch, dass der zuständige Staat seinen innerstaatlichen Rechtsvorschriften verpflichtet bleibt, einen Asylbewerber also eigenmächtig – unter Wahrung der Bestimmungen der Genfer Flüchtlingskonvention – zurück- bzw. ausweisen kann (Art. 3 Abs. 2 ebd.). Um die Koordination der Asylpolitik effektiv zu gewährleisten, ist ferner ein gemeinschaftliches System zum Informationsaustausch eingerichtet worden. Zu diesem Zweck werden die Fingerabdrücke aller Asylbewerber in eine europäische Datenbank (EURODAC) eingespeist und auf diese Weise miteinander abgeglichen. Dennoch bestehen nach wie vor Differenzen zwischen den Mitgliedstaaten hinsichtlich der Asylregelungen und -praxis. Es ist das erklärte Ziel der Entwicklung des GEAS, die mit dem Haager sowie dem Stockholmer Programm weiter verfolgt wurde, den Zustand zu überwinden, bei dem es vom Aufnahmeland abhängt, ob ein Asylantrag für den Schengen-Raum Erfolg hat oder nicht. Hinsichtlich der Antragsbearbeitung sowie des Umgangs mit Asylbewerbern sollen auf europäischer Ebene allgemeine Standards gesetzt werden. Als konkreten Schritt sah das Haager Programm in dieser Hinsicht die Einrichtung eines Koordinierungsbüros vor. Auf Grundlage der Verordnung (EU) 439/2010 konnte im Jahr 2011 ein Europäisches Unterstützungsbüro für Asylfragen (*European Asylum Support Office*, EASO) mit Sitz in Valletta, Malta seine Arbeit aufnehmen. Es dient insbesondere den Staaten, die im Hinblick auf Asylfragen besonders belastet sind und kann gegebenenfalls sog. Asylunterstützungsteams entsenden. Ferner sollte das Büro allgemein zur Entwicklung des GEAS beitragen. Dieses seit 1999 verfolgte Ziel eines gemeinsamen Asylsystems konnte Anfang Juni 2013 insofern erreicht werden, als Rat und Parlament einem mehrere Richtlinien und Verordnungen umfassenden Gesetzgebungspaket zustimmten, womit gemeinsame Fristsetzungen für die Bearbeitung von Asylanträgen, Ausbildungsstandards für die Mitarbeiter in den Antragsbehörden u.a. vereinbart werden. Außerdem wird die Dublin-Verordnung insofern verändert, als Asylsuchende künftig nicht mehr in EU-Staaten überstellt werden, in denen sie eine nicht den humanitären Standards entsprechende Behandlung zu erwarten haben.[342]

---

[342] Aufgrund der schlechten Behandlung von Flüchtlingen vor allem in Griechenland hatten einige Länder, darunter Deutschland, schon in den vergangenen Jahren alle Überstellungen gemäß der Dublin-Konvention eingestellt.

Eine ähnliche Vereinheitlichung wie die Asylregelungen haben die Einreisebestimmungen erfahren. So gelten nach den entsprechenden Rechtsvorschriften erlassene Visa heute im gesamten Schengen-Raum, und eine Verordnung des Rates (VO 539/2001/EG) legt die Drittländer fest, deren Staatsangehörige ein Einreisevisum benötigen, sowie diejenigen, deren Bürger ohne Visum einreisen dürfen. Seit April 2010 ist zudem eine Verordnung (VO 819/2009/EG) in Kraft, die einen einheitlichen sog. *Visakodex* etabliert hat. Dieser bildet für den Schengenraum die einheitliche Rechtsgrundlage zur Ausstellung von Visa zur Durchreise oder für Aufenthalte von kurzer Dauer (max. 90 Tage). Drittstaatsangehörige, die in einem Mitgliedstaat der Europäischen Union einer hochqualifizierten Beschäftigung nachgehen wollen, können in Analogie zur US-amerikanischen *Green Card* eine dauerhafte Aufenthaltsgenehmigung in Form der sog. *Blauen Karte (Blue Card)* erhalten, die in einer Richtlinie des Rates vom Juni 2009 definiert worden ist (RL 2009/50/EG).[343] Seit Ende der Umsetzungsfrist im Juni 2011 können die Blauen Karten für die teilnehmenden Staaten (Ausnahmen: Dänemark, Großbritannien, Irland) beantragt werden. Trotz EU-Visumspolitik und Blauer Karte ist, wie Monar zutreffend bemerkt, eine klare Asymmetrie in der europäischen Einwanderungspolitik zu erkennen, d.h. mit einem Schwerpunkt auf der illegalen und nicht der legalen Einwanderung.[344]

Um die illegale Einwanderung zu begrenzen, betreibt die EU einigen Aufwand zur Sicherung ihrer Außengrenzen. Freilich kann sie Maßnahmen in diesem Bereich in der Regel nicht selbst durchführen, sondern ist auf die entsprechende effektive Zusammenarbeit der mitgliedstaatlichen Behörden angewiesen. In erster Linie um diese zu verbessern, hat der Rat per Verordnung vom Oktober 2004 eine *Europäische Agentur für die operative Zusammenarbeit an den Außengrenzen* (FRONTEX, von frz. *frontières extérieures*) ins Leben gerufen. Zwar verbleibt die alleinige Verantwortung für die Sicherung der Außengrenzen bei den jeweiligen Nationalstaaten, die neue Agentur mit Sitz in Warschau verfolgt allerdings verschiedene Aufgaben zur Koordination des Grenzschutzes:

1. Koordinierung der operativen Zusammenarbeit der Mitgliedstaaten;
2. Unterstützung bei der Ausbildung von Grenzschutzbeamten;
3. Durchführung von Risikoanalysen;
4. Verfolgung der Entwicklungen der relevanten Forschung;
5. Unterstützung der Mitgliedstaaten in besonderen Situationen (z.B. Entsendung von RABITs);
6. Unterstützung bei der Organisation gemeinsamer Rückführungsaktionen;
7. Informationssystem und -austausch.[345]

---

343 Vgl. Lavenex, 2010, S. 471.
344 Vgl. Monar, 2012, S. 620.
345 Vgl. VO 2007/2004/EG u. Internetseite der Agentur: www.frontex.europa.eu (letzter Zugriff: 3.6.2013).

Kaum eine andere europäische Agentur hat sich in den vergangenen Jahren in so rasanter wie umstrittener Weise entwickelt wie die Grenzschutzagentur. 2007 erhielt sie die Möglichkeit schnelle Unterstützungsteams, sog. RABITs (Rapid Border Intervention Teams) zu entsenden. In den vergangenen Jahren koordinierte FRONTEX eine steigende Anzahl von Grenzschutz- sowie Rückführungsoperationen. In diesem Zusammenhang haben vor allem die Operationen gegen illegale Einwanderer aus Nordafrika im besonders betroffenen Mittelmeerraum immer wieder Kritik von Menschenrechtsgruppen hervorgerufen. Konkret werden FRONTEX Verstöße gegen die EMRK, das Seerecht und die Genfer Flüchtlingskonvention vorgeworfen. Wie keine andere Einrichtung steht die Agentur für das kritische Bild von der ‚Festung Europa'.[346]

Mittlerweile hat FRONTEX über 250 Mitarbeiter, was angesichts des gewaltigen Territoriums, dessen Außengrenzen zu sichern sind, nicht eben viel ist. Allerdings ist auch hier wichtig anzumerken, dass die Kompetenzen der Agentur vornehmlich in der Koordination der operativen Kapazitäten liegen, nicht in deren Bereitstellung.

6.7.4 Polizeiliche und Justizielle Zusammenarbeit

Wie wir bereits weiter oben festgestellt haben, ist die rechtliche Sonderstellung des Politikbereichs, die sich zuletzt in einer Zweiteilung der Polizeilichen und Justiziellen Zusammenarbeit in Zivilsachen und Strafsachen manifestierte, mit der Lissabonner Vertragsreform obsolet geworden. Die Bereiche sind in Titel V AEU-Vertrag integriert worden. Grundsätzlich gilt seitdem sowohl für die justizielle Zusammenarbeit in Zivilsachen als auch für diejenige in Strafsachen der Grundsatz der gegenseitigen Anerkennung von Urteilen und Entscheidungen (Art. 81 bzw. 82 AEU-Vertrag).[347] Wir wollen uns im Folgenden vornehmlich mit dem kontroverseren Feld, nämlich der Kooperation in Strafsachen, befassen. Polizei und Strafjustiz bilden die entscheidenden staatlichen Institutionen zur Gewährleistung und Vollstreckung des Gewaltmonopols. Dennoch hat auch die Zusammenarbeit auf diesem Feld historische Vorläufer, waren die Integration hier aufgrund der genannten Souveränitätsbedenken auch nicht so weit vorangeschritten wie in anderen Politikbereichen. Im Jahr 1976 begründeten die EU-Innenminister die Zusammenarbeit bei der Verbrechensbekämpfung mit der sog. TREVI-Gruppe (*Terrorisme, Radicalisme, Extremisme, Violence Internationale*). Die Kooperation gipfelte im sukzessiven Aufbau eines Europäischen Polizeiamtes (Europol). Die Unterzeichnung einer entsprechenden Konvention ließ freilich lange Zeit auf sich warten. Erst im Juli 1995 kam es zur Europol-Konvention, sie konnte erst 1998 in Kraft treten, und die Behörde selbst ihre Arbeit erst am 1. Juli 1999 im vollen Umfang aufnehmen. Seitdem dient Europol mit Sitz in Den Haag dem Informationsaustausch zwischen den nationalen Polizeibehörden.

---

346 Vgl. Bergmann, Jan, 2012: Frontex, in: Bergmann, Jan (Hrsg.): Handlexikon der Europäischen Union, 4. Aufl., Baden-Baden, S. 406–407.
347 Vgl. Haack, 2010, S. 223.

6. Die EU: eine Rechtsgemeinschaft

Das Europäische Polizeiamt ist eher eine Art *Datensammelzentrale* als ein *europäisches FBI*,[348] denn es hat keinerlei eigene Ermittlungs- und Fahndungsbefugnisse (s. Art. 29 u. 30 EU-Vertrag). Dennoch bildet Europol mit fast 800 Polizisten und anderen Mitarbeitern die größte europäische Agentur im Bereich der Innen- und Justizpolitik. Als Netzwerkeinrichtung der Polizeiakademien der Mitgliedstaaten wurde zudem im Jahr 2000 eine Europäische Polizeiakademie (*Collège Européen de Police*, CEPOL) mit Sitz in Bramshill, Großbritannien, eingerichtet.

In Analogie zum Europäischen Polizeiamt ist 1998 ein neues Kooperationsforum für die justizielle Zusammenarbeit geschaffen worden. Das *Europäische Justizielle Netz* wurde auf Betreiben einiger Nationalstaaten, insbesondere Deutschlands, 2002 in eine offizielle Behörde namens *Eurojust* umgewandelt. Sie setzt sich aus Richtern, Staatsanwälten und Polizisten aus allen Mitgliedsländern zusammen (insg. etwa 270 Personen[349]) und hat ihren Sitz ebenfalls in Den Haag. Eurojust dient der engeren Zusammenarbeit der mitgliedstaatlichen Justizbehörden und bietet Unterstützung für die strafrechtliche Ermittlung und Verfolgung der Schwerkriminalität, wenn mind. zwei Mitgliedsländer betroffen sind (s. Art. 85 AEU-Vertrag).

Ein völlig neuartiges Instrument der Strafverfolgung ist der Europäische Haftbefehl, der im Juni 2002 per Rahmenbeschluss eingeführt wurde. Mit dem Haftbefehl ist es möglich, dass die betreffende Person auf der Grundlage einer juristischen Anordnung in einem Mitgliedstaat in einem anderen Mitgliedstaat festgenommen und zum Zweck der Strafverfolgung oder Vollstreckung einer Freiheitsstrafe in jenes Mitgliedsland ausgeliefert wird.[350] Im Extremfall kann das die Auslieferung eines eigenen Staatsangehörigen bedeuten. In mehreren EU-Ländern, so auch in Deutschland, gab es grundrechtliche Bedenken und nationale Vorbehalte gegen das Instrument des Europäischen Haftbefehls. Zudem richtete die EU als Reaktion auf die terroristischen Anschläge in Madrid und London 2004 bzw. 2005 das Amt eines europäischen Koordinators für die Terrorismusbekämpfung ein. Der Belgier Gilles de Kerchove führt diese Aufgabe derzeit aus. Parallel hierzu haben am 27. Mai 2005 sieben Staaten, nämlich Deutschland, Österreich, Frankreich, Spanien, Belgien, Luxemburg und die Niederlande, den sog. *Prümer Vertrag*[351] geschlossen, der die Intensivierung der Zusammenarbeit im Bereich der Polizeilichen und Justiziellen Zusammenarbeit zwischen den Teilnehmerstaaten vorsah. Dies ist im Wesentlichen durch eine Vereinfachung des grenzüberschreitenden Datenaustauschs der Strafverfolgungsbehörden realisiert worden. Die inoffiziell auch als „Schengen III" bezeichnete

---

348 Vgl. Hix/Høyland, 2011, S. 288.
349 Vgl. Eurojust: Jahresbericht 2011, abrufbar unter: http://eurojust.europa.eu/doclibrary/corporate/eurojust%20Annual%20Reports/Annual%20Report%202011/Annual-Report-2011-DE.pdf (letzter Zugriff: 3.6.2013).
350 Rahmenbeschluss 2002/584/JI; s. auch Monar, 2012, S. 623; Haack, 2010, S. 224.
351 Eigentlich: Vertrag über die Vertiefung der grenzüberschreitenden Zusammenarbeit, insbesondere zur Bekämpfung des Terrorismus, der grenzüberschreitenden Kriminalität und der illegalen Migration; Prüm ist eine rheinland-pfälzische Kleinstadt, in der Westeifel gelegen.

Kooperation scheint sich als weiteres Beispiel für die flexible Integration in diesem Politikfeld zu verfestigen.[352] So bemerkenswert sich die Kooperation auf dem Feld der Innen- und Justizpolitik gerade im vergangenen Jahrzehnt auch insgesamt entwickelt, so spürbar und wirksam bleiben doch die fortbestehenden Souveränitätsbedenken einiger Mitgliedstaaten.

6.8 Europäischer Grundrechtsschutz

Zum Schluss dieser Ausführungen über die Europäische Union als Rechtsgemeinschaft rückt noch einmal das Verhältnis der Union zu ihren Bürgern in den Mittelpunkt der Aufmerksamkeit. Wie verhält es sich mit dem europäischen Grundrechtsschutz? Gesteht die Union jedem Einzelnen unverbrüchliche Freiheitsrechte zu, die dieser unabhängig von jeglicher konstitutionellen Ordnung als Mensch und Bürger besitzt? Vermag sie diese Grundrechte zu verteidigen? Bis heute können diese Fragen keineswegs klar bejaht werden. Vielmehr galt der Grundrechtsschutz auf europäischer Ebene lange Zeit als unterentwickelt. In seinem berühmten *Solange I*-Beschluss aus dem Jahr 1974 urteilte das deutsche Bundesverfassungsgericht diesbezüglich:

„Solange der Integrationsproceß der Gemeinschaft nicht so weit fortgeschritten ist, daß das Gemeinschaftsrecht auch einen von einem Parlament beschlossenen und in Geltung stehenden formulierten Katalog von Grundrechten enthält, der dem Grundrechtskatalog des Grundgesetzes adäquat ist,"[353]

könnten und sollten grundrechtsrelevante Vorschriften des Unionsrechts, selbst nach Vorabentscheidung durch den EuGH, noch einmal vom Bundesverfassungsgericht auf ihre Anwendbarkeit überprüft werden. Mit dem Argument mangelnden Grundrechtsschutzes auf Gemeinschaftsebene stellte das oberste deutsche Gericht mit dem *Solange I*-Beschluss offensichtlich die Suprematie des sekundären Gemeinschaftsrechts infrage. Bereits sieben Jahre zuvor, im *Solange II*-Urteil, war die anfängliche Skepsis des Bundesverfassungsgerichts gegenüber dem europäischen Grundrechtsschutz einer anerkennenden Haltung gewichen:

„Solange die Europäischen Gemeinschaften, insbesondere die Rechtsprechung des Gerichtshofs der Gemeinschaften einen wirksamen Schutz der Grundrechte gegenüber der Hoheitsgewalt der Gemeinschaften generell gewährleisten",[354]

verzichte das Verfassungsgericht darauf, die Anwendbarkeit des sekundären Gemeinschaftsrechts zu überprüfen. Damit bestätigte das Gericht – wenn auch unter Grundrechtsvorbehalt – den Vorrang des Gemeinschaftsrechts.

---

352 Vgl. Lavenex, 2010, S. 462–463.
353 BVerfGE 37, 271.
354 BVerfGE 73, 339.

6. Die EU: eine Rechtsgemeinschaft

Im Gegensatz zu den Verfassungen ihrer Mitgliedstaaten hat das europäische Vertragswerk zumindest bis zum Jahr 2009 in der Tat keinen wirklichen Grundrechtskatalog enthalten. Dennoch garantiert der AEU-Vertrag wie seine Vorgängerverträge grundrechtsähnliche Rechte wie das allgemeine Diskriminierungsverbot (Art. 18 AEU-Vertrag) oder die sozialen Grundrechte (Art. 151 AEU-Vertrag), wie sie bereits in der 1961 in Turin unterzeichneten *Europäischen Sozialcharta* festgehalten wurden. Mit dem Vertrag von Maastricht 1993 wurde die Achtung der Grundrechte als einer der Grundsätze in den EU-Vertrag aufgenommen, und auch die 1950 in Rom von den Mitgliedstaaten des Europarates unterzeichnete *Europäische Konvention zum Schutze der Menschenrechte und Grundfreiheiten* (EMRK, s. Kasten 14) findet seither ausdrücklich Erwähnung (Art. 6 EU-Vertrag).

Kasten 14: Europäische Konvention zum Schutze der Menschenrechte und Grundfreiheiten

Der EMRK können grundsätzlich nur Mitgliedstaaten des Europarats beitreten. Dies sind heute 47 europäische Staaten, darunter alle 28 EU-Staaten. Derzeit sind alle Europaratsmitglieder auch Unterzeichner der EMRK. Die Konvention enthält einen Katalog von Grund- und Menschenrechten, zu deren Geltung sich die Mitglieder verpflichten. Die Konvention wurde am 4. November 1950 von den Gründungsmitgliedern des Europarates unterzeichnet und ist seitdem sowohl inhaltlich um zahlreiche Zusatzprotokolle sowie mitgliedschaftlich stark erweitert worden. Den Rechtsschutz gewährleistet der Europäische Gerichtshof für Menschenrechte (EGMR) mit Sitz in Straßburg. Seit Inkrafttreten des Lissabon-Vertrags ist auch die EU Mitglied der EMRK (Art, 6 Abs. 2 EU-Vertrag).

Nachdem der von der Kommission und einigen Mitgliedstaaten befürwortete Beitritt der Europäischen Gemeinschaft zur EMRK 1996 an einem Gutachten des EuGH gescheitert war, der darin festgestellt hatte, dass ein solcher Beitritt nicht in den Kompetenzbereich der EG gefallen und ohne vorhergehende Vertragsänderung nicht möglich gewesen wäre, erreichte die Grundrechtsdebatte Ende der 1990er Jahre einen neuen Höhepunkt. Auf dem Kölner EU-Gipfel 1999 beschlossen die Staats- und Regierungschefs, einen eigenen EU-Grundrechtekatalog entwerfen zu lassen. Dazu griffen sie erstmals auf eine neuartige Methode zurück, indem sie einen Konvent einberiefen. Der Konvent bestand aus 15 Beauftragten der Staats- und Regierungschefs, einem Vertreter des Kommissionspräsidenten, 16 Abgeordneten des Europäischen Parlaments sowie je zwei Mitgliedern der damals 15 mitgliedstaatlichen Parlamente. Unter Führung des ehemaligen deutschen Bundespräsidenten Roman Herzog erarbeitete der Konvent von Ende 1999 bis Dezember 2000 einen Entwurf für eine *Charta der Grundrechte der EU*. Sie wurde am 7. Dezember 2000 von den Präsidenten der drei Hauptorgane, des Parlaments, des Rats, der Kommission,

6.8 Europäischer Grundrechtsschutz

feierlich proklamiert. Als bloße Erklärung war die Grundrechtecharta lange Zeit kein Bestandteil des Gemeinschaftsrechts und hatte somit keinerlei Verbindlichkeit. Am 12. Dezember 2007 wurde die Charta in einer neuen Fassung ein weiteres Mal vom Präsidenten des Rates, demjenigen der Kommission sowie demjenigen des Parlaments unterzeichnet und im Amtsblatt der Europäischen Union veröffentlicht. Während die Charta im gescheiterten Verfassungsvertrag als Teil II in das Dokument integriert werden sollte, wird auf sie in den Verträgen nach der Lissabon-Reform lediglich als eigenständiges Dokument außerhalb des Vertragswerks verwiesen und ihre Rechtsverbindlichkeit erklärt (Art. 6 Abs. 1 EU-Vertrag). Allerdings haben Polen und Großbritannien ein opt-out durchgesetzt. Das *Protokoll über die Anwendung der Charta der Grundrechte der Europäischen Union auf Polen und das Vereinigte Königreich* (Protokoll Nr. 30) regelt die Ausnahmen der beiden Länder. Insbesondere wird hierin klargestellt, dass aus Titel IV der Charta (Solidarität) in den beiden Staaten keine einklagbaren Rechte hervorgehen. Im Zuge der Ratifizierung des Lissabon-Vertrags wurde diese Sonderklausel auf Tschechien ausgedehnt. Die Charta der Grundrechte der EU umfasst einen breiten Katalog von Rechten. Der Aufbau des Dokuments ist in Abbildung 25 wiedergegeben. Im Zuge der Vertragsreform von Lissabon ist die EU schließlich auch der Europäischen Konvention zum Schutz der Menschenrechte und Grundfreiheiten beigetreten (Art. 6 Abs. 2 EU-Vertrag, s. Kasten 14).

Abbildung 25: Charta der Grundrechte

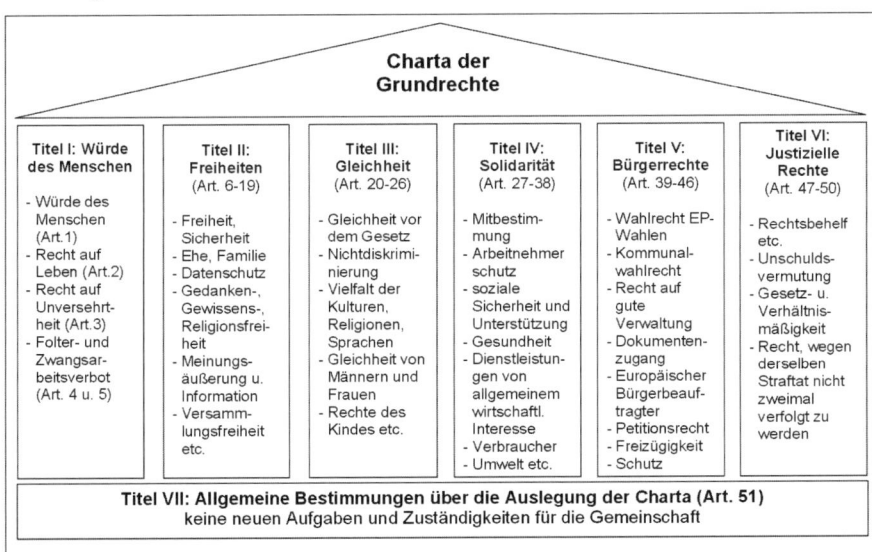

Quelle: eigene Darstellung

6. Die EU: eine Rechtsgemeinschaft

Grundrechte haben ähnlich wie die Bürgerschaft starke symbolische Wirkung. Mit der Vergabe von allgemein gültigen Individualrechten schafft die Union so etwas wie eine juristische Identität. Jeder EU-Bürger fühlt sich sogleich als solcher, weil er die entsprechenden Rechte innehat. Gibt es auch über die rechtliche Konstruktion hinaus so etwas wie eine europäische Identität? Ist die EU nicht nur eine Wirtschafts- und Rechts-, sondern auch eine Wertegemeinschaft? Diesen Fragen soll im nächsten Kapitel nachgegangen werden.

Einführende Literatur

Alter, Karen J., 2002: Establishing the Supremacy of European Law. The Making of an International Rule of Law in Europe, Oxford. *(Historisch-institutionalistische Studie zur Entwicklung des EU-Rechtssystems, insbesondere der Etablierung des Vorrangprinzips, sehr lesenswert.)*

Haltern, Ulrich R., 2005: Europarecht: Dogmatik im Kontext, Tübingen. *(Ausgezeichnete Einführung in das europäische Rechtssystem aus rechtswissenschaftlicher Perspektive.)*

Hartmann, Jürgen, 2009: Das politische System der Europäischen Union. Eine Einführung, 2. Aufl., Frankfurt a. M./New York. (s. Kap. 3)

Herdegen, Matthias, 2012: Europarecht, 14. Aufl., München. *(Für juristische Laien ist das Buch mitunter schwer verständlich, aber der Leser lernt allemal viel über die europäische Rechtsordnung.)*

Hix, Simon/Høyland, Bjørn, 2011: The Political System of the European Union, 3. Aufl., Basingstoke u.a. (s. Kap. 3).

Nicolaysen, Gert, 2002: Die Europäische Union als Rechtsgemeinschaft, in: Weidenfeld, Werner (Hrsg.): Europa-Handbuch, Bonn, S. 348–360. *(Knapper Überblick über die Ausgestaltung der EU als Rechtsgemeinschaft.)*

Stone Sweet, Alec, 2004: The Judicial Construction of Europe, Oxford. *(Stone Sweet liefert eine hervorragende institutionalistische Analyse der juristischen Konstruktion der EU und legt dabei die wesentlichen Entwicklungspfade offen.)*

Weiterführende Literatur und Dokumente

Bergmann, Jan, 2012: Frontex, in: Bergmann, Jan (Hrsg.): Handlexikon der Europäischen Union, 4. Aufl., Baden-Baden, S. 406–407. *(Hilfreicher Beitrag in umfassendem Nachschlagewerk.)*

Hallstein, Walter, 1969: Der unvollendete Bundesstaat, 4. Aufl., Düsseldorf/Wien.

Ders., 1973: Die Europäische Gemeinschaft, Düsseldorf/Wien.

Joerges, Christian, 2006: Recht, Wirtschaft und Politik, in: Jachtenfuchs, Markus/Kohler-Koch, Beate (Hrsg.): Europäische Integration, 2. Aufl. Wiesbaden, S. 183–218. *(In seinem theoretisch anspruchsvollen Aufsatz untersucht Joerges das Zusammenwirken von Recht und Wirtschaft im Integrationsprozess.)*

Kersting, Wolfgang, 2005: Die politische Philosophie des Gesellschaftsvertrags, Darmstadt. *(Brillante politikphilosophische Einführung in die Vertragstheorie, sehr anspruchsvoll.)*

Lauth, Hans-Joachim/Wagner, Christoph, 2010: Gegenstand, grundlegende Kategorien und Forschungsfragen der „Vergleichenden Regierungslehre", in: Lauth, Hans-Joachim (Hrsg.): Vergleichende Regierungslehre. Eine Einführung, 3. Aufl., Wiesbaden, S. 17–38. *(Gut ausgearbeitete Sammlung grundlegender Definitionen für die Vergleichende Regierungslehre.)*

Moravcsik, Andrew, 2006: What can we learn from the collapse of the European Constitutional Project? In: Politische Vierteljahresschrift (2) 2006, S. 219–241. *(Eine Analyse des Schei-*

terns der EU-Verfassung, typischer Text von Moravcsik: pointiert und nachträglich illusionslos, betont realistisch.)

Schmale, Wolfgang: Suche nach europäischer Identität. Schlussfolgerungen aus »Non«, »Nee« und »Honte«, in: Europäische Rundschau (3) 2005, S. 36–45. *(Eine Analyse des Scheiterns der EU-Verfassung.)*

Varwick, Johannes, 2004: Die Europäische Union – Politisches System und Außenbeziehungen, in: Knapp, Manfred/Krell, Gert (Hrsg.): Einführung in die Internationale Politik, 4. Aufl., München, S. 201–249. *(Varwick liefert eine sehr gelungene Einführung in die EU-Außenpolitik, die zugleich das gesamte politische System in groben Zügen vorstellt.)*

Weiler, Joseph H.H., 1994: The European Court of Justice and its Interlocutors, in: Comparative Political Studies (26) 1994.

Fragen zur Diskussion

- Welche Bedeutung hat das Recht für die europäische Integration? Welche Rolle spielt der Europäische Gerichtshof? Ist er unparteiischer Dritter oder Vertreter der Gemeinschaftsinteressen?
- Inwiefern ist die europäische Rechtsordnung durch Direktwirkung und Suprematie transformiert worden? Ist der Vorrang des Gemeinschaftsrechts gerechtfertigt?
- Wie funktioniert der gemeinschaftliche Rechtsschutz? Inwiefern relativiert das Vorabentscheidungsverfahren die Defizite des Systems?
- Was macht die Unionsbürgerschaft aus? Worin unterscheidet sie sich von der nationalen Bürgerschaft? Ist die begriffliche Analogie sinnvoll/berechtigt?
- Wie schützt sich Schengen-Europa vor illegaler Einwanderung? Warum ist dieser Schutz notwendig? Ist das verbreitete Wort von der *Festung Europa* berechtigt?
- Warum ist gerade die Vertiefung im Bereich der Polizeilichen und Justiziellen Zusammenarbeit in Strafsachen so schwierig? Warum ist insbesondere der Europäische Haftbefehl umstritten?
- Wie ist der europäische Grundrechtsschutz zu bewerten? Ist der Grundrechtskatalog der Charta angemessen, unzureichend oder gar zu umfänglich?

7. Die EU: eine Wertegemeinschaft?

7.1 Was ist Europa?

Mit der Betrachtung gemeinschaftlicher Grundrechte und ihrer mehr oder weniger verbindlichen Geltung in allen EU-Mitgliedstaaten kommen wir dem dritten Gemeinschaftsbegriff näher, den wir auf die Europäische Union anwenden wollen: Ist die EU eine Wertegemeinschaft? Diese Frage folgt nahezu zwangsläufig aus den vorangegangenen Abschnitten. Es ist klar: Die EU ist eine Wirtschaftsgemeinschaft, aber was hält sie zusammen, abgesehen von gemeinsamen ökonomischen Interessen? Es ist ebenso deutlich geworden: Die EU ist eine Rechtsgemeinschaft, aber auf welchen tieferen normativen Fundamenten ruht dieses Vertragsgebäude, welche gemeinsamen Werte – sofern es sie denn gibt – sind der Rechtsordnung vorgeordnet? Und da derlei Werte gemeinhin zur Begründung einer europäischen Identität herangezogen werden und gelegentlich der Forderung oder Abwehr von Erweiterungsschritten dienen, geht es auch um die übergeordnete Frage: Was ist Europa? – Freilich soll damit nicht gesagt sein, die EU und Europa seien identisch. Im Gegenteil: Die EU ist nicht gleich Europa, und zahlreiche Kommentatoren sind mit einigem Recht der Überzeugung, dass die Union ihr gesamtkontinentales Wachstumsziel – sofern es denn besteht – zum eigenen Nutzen aufgeben sollte.[355] Dennoch: Wenn der EU ein einheitliches Wertegebäude unterliegt, dann ist das ein europäisches, auch wenn nicht alle Länder des Kontinents sich auf das gemeinschaftliche Experiment eingelassen haben. Überdies ist die EU mit ihren über 500 Millionen Bürgern in 28 Staaten, in einem einzigen riesigen Markt, der Schrittmacher der Entwicklung des Kontinents. Und selbst wenn ein europäischer Staat nicht EU-Mitglied ist, kann er sich dem Einfluss des benachbarten Staatenclubs nicht entziehen. Die Rede von Europa ist also dann zumindest tendenziell berechtigt, wenn es nicht in erster Linie um die geographische Ausdehnung der EU geht.

> **Kasten 15: Wer ist Europa?**
>
> Der Name *Europa* entstammt der antiken Mythologie. Die altgriechische Sage der phönizischen Königstochter, die von Zeus in Stiergestalt über das östliche Mittelmeer nach Kreta entführt wurde, ist u.a. durch Ovids Metamorphosen (*Raub der Europa*) überliefert. Bis heute ist die junge Europa eine verbreitete Erdteilallegorie (vgl. Schmale 2007). Da das antike Phönizien an der Stelle des heutigen Gaza-Streifens lag, ist in jedem Fall mit Muschg festzuhalten, dass Europa

---

355 Vgl. stellvertretend für viele Muschg, Adolf, 2005: Was ist europäisch? Reden für einen gastlichen Erdteil, Bonn; Theisen, Heinz, 2004: Überdehnung oder Überwindung? Europas kulturelle Grenzen, in: osteuropa (3) 2004, S. 34–46; ders., 2005: Ein dritter Weg für Europa. Die kulturelle Erweiterung der Europäischen Union, in: osteuropa (2) 2005, S. 3–14.

> im heutigen Sinne keine Europäerin wäre (vgl. Muschg 2005, S.15; Schmale, 2008, S. 45), womit die Schwierigkeit kultureller Grenzziehung schon im Ursprungsmythos veranschaulicht ist.

Schon in geographischer Hinsicht lässt sich Europa nicht leicht definieren[356]. Dabei ist die *Eurasische Halbinsel* insbesondere gen Osten schwer abzugrenzen. Zumindest decken sich die geographischen Grenzen keineswegs mit den politischen. Vielmehr liegt der Ural mitten in Russland, und der Bosporus trennt den *europäischen* vom *asiatischen Teil* der Türkei. Auch in den anderen Himmelsrichtungen sind die natürlichen Grenzen durch kulturelle Zusammenhänge stark relativiert: Das Mittelmeer war zum einen in der römischen Antike das *mare nostrum* (unser Meer), und die Angehörigen des entsprechenden Reiches wohnten an allen seinen Küsten. Heute bezeichnen wir zum anderen den Atlantischen Ozean als *Großen Teich* und vereinnahmen gemeinsam mit den Nachfahren einstiger Exileuropäer die gesamte Himmelsrichtung in einem weit umfassenderen Identitätskonstrukt, dem Westen. Somit ist Europa zumindest in geographischer Hinsicht ein „fluide[s] Gebilde",[357] das sich „nolens volens anders definieren [muss] als durch Küsten und Gebirge".[358] Wenn aber die geographische Ausdehnung Europas nicht eindeutig zu bestimmen ist, wie verhält es sich mit der kulturellen, wie mit der politischen Dimension? Welche gemeinsamen Werte und Überzeugungen teilen die Bewohner dieses Kontinents, auf welchen normativen Grundlagen ruht die Europäische Union? Um potenzielle Antworten auf diese Fragen vorzustellen, wird in den folgenden Abschnitten die Debatte über eine europäische Identität näher beleuchtet.

7.2 Die Fronten der Identitätsdebatte

Die Kulturenfrage hat im europäischen Zusammenhang mit der Erweiterungsdiskussion in den späten 1990er und den 2000er Jahren, also insbesondere vor dem Hintergrund der bevorstehenden Osterweiterung – in zwei Schritten 2004 und 2007 vollzogen – sowie eines möglichen EU-Beitritts der Türkei, einen enormen Aufschwung erfahren. Er ging einher mit einem *cultural turn* der besonderen Art, den vor allem Samuel Huntingtons *Kampf der Kulturen*[359] in der Lehre von den Internationalen Beziehungen ausgelöst hatte. Neben der Erweiterung bilden aber auch noch zwei weitere miteinander verbundene Faktoren Motive für den kulturalistischen Dis-

---

356 Im wortwörtlichen Sinn: lat. begrenzen, eingrenzen.
357 Schluchter, Wolfgang, 2005: Rationalität – das Spezifikum Europas? In: Joas, Hans/Wiegandt, Klaus (Hrsg.): Die kulturellen Werte Europas, 2. Aufl., Frankfurt/Main, S. 237–264 (240).
358 Nida-Rümelin, Julian, 2007a: Europäische Identität? – Das normative Fundament des europäischen Einigungsprozesses, in: ders./Weidenfeld, Werner (Hrsg.): Europäische Identität: Voraussetzungen und Strategien, Baden-Baden, S. 29–45 (35).
359 Huntington, Samuel P., 1996: Der Kampf der Kulturen. The Clash of Civilizations. Die Neugestaltung der Weltpolitik im 21. Jahrhundert, 6. Aufl., München/Wien.

kurs auf EU-Ebene: Zum einen stellt sich die Legitimitätsfrage, und damit auch die Frage nach einer europäischen Öffentlichkeit, einem europäischen *Demos*, mit den politischen Vertiefungsschritten der vergangenen zwanzig Jahre und dem tiefen Ausgreifen der Gemeinschaftskompetenzen in souveränitätsgeladene Bereiche immer drängender.[360] Zum anderen hat die – wenn auch moderate – Zunahme distributiver und redistributiver Politiken bzw. die Anpassung derartiger Mechanismen an die erweiterte Union die Frage nach einer europäischen Solidarität aufkommen lassen. Gerade im Zusammenhang der aktuellen Krisenpolitik ist diese Frage zudem in besonderem Maße virulent geworden, da es sich nun um Transferleistungen vornehmlich finanzieller Art (Hilfen und Garantien) in einer ganz anderen Größenordnung handelt. Von der hierfür erforderlichen Solidarität ist anzunehmen, dass sie nur auf der Grundlage eines gemeinsamen Identitätsgefühls entstehen und – in für alle Seiten akzeptabler Weise – erhalten bleiben kann (s. Kap. 9).

Anhand der Beantwortung der Frage nach der Existenz einer kulturellen Identität Europas, verstanden als vorpolitische Werteordnung, deren normative Bestandteile der aktuellen Gemeinschaftskonstruktion sowohl zeitlich als auch ideell vorgeordnet sind, wollen wir die Identitätsdebatte in zwei grundlegende Ansätze unterscheiden.

Die erste Lehrmeinung lässt sich demnach als *politisch-institutionell* bezeichnen, weil sie die Existenz einer kulturellen Identität Europas verneint und die entsprechende kulturalistische Begründung von Inklusion und Exklusion in der Erweiterungsdebatte zurückweist. Eine gemeinsame Werteordnung sei somit weder gottgegeben noch geschichtlich überliefert, sondern ein politisch-institutionelles Konstrukt.[361] Die kulturalistischen Argumentationen im Rahmen der Erweiterungsdebatte seien lediglich „zweckgerichtete Entpolitisierungsversuche in politischer Absicht",[362] d.h. Scheingefechte auf kulturellen Schlachtfeldern, während die eigentlichen Entscheidungen von politischen Gremien nach ebensolchen Interessen gefällt würden.

Die zweite Lehrmeinung erachtet die kulturelle Identität Europas als gegeben und weist ihre Existenz zumeist mittels geistesgeschichtlicher Erzählungen nach. Diese Herangehensweise soll folgerichtig *historisch-kulturell* genannt werden.[363] Ob das kulturalistische Argument zur Begründung von Ein- bzw. Ausschluss neuer Mit-

---

360 Vgl. Meyer, Thomas, 2004: Die Identität Europas. Der EU eine Seele? Frankfurt/Main, S. 10.
361 Vgl. insb. Meyer, 2004 und ders., 2007: Die Stärkung der sozialen Dimension: Auf dem Weg zu einer politischen Identität der EU, in: Nida-Rümelin, Julian/Weidenfeld, Werner (Hrsg.): Europäische Identität: Voraussetzungen und Strategien, Baden-Baden, S. 153–168; auch Hurrelmann, Achim 2007: Die Europäische Union als Verfassungsgemeinschaft? – Optionen und Gefahren konstitutioneller Identitätspolitik, im selben Band, S. 211–229.
362 Meyer, 2004, S. 48.
363 Vgl. stellvertretend Nida-Rümelin, 2007a; Weidenfeld, Werner, 2002: Europa – aber wo liegt es? In: ders. (Hrsg.): Europa-Handbuch, Bonn, S. 15–40; und: ders., 2007: Reden über Europa – die Neubegründung des europäischen Integrationsprojekts, in: ders./Nida-Rümelin, Julian (Hrsg.): Europäische Identität: Voraussetzungen und Strategien, Baden-Baden, S. 11–28; Muschg, 2005; Wagner, Peter, 2005: Hat Europa eine kulturelle Identität? In: Joas, Hans/Wiegandt, Klaus: Die kulturellen Werte Europas, 2. Aufl., Frankfurt/Main, S. 494–511; und insbesondere Theisen, 2004.

gliedsländer taugt, ist unter den Vertretern dieses Ansatzes ebenso umstritten wie der jeweilige Gehalt des ausgemachten Wertekanons. Dieser interne Konflikt wird vor allem bei Muschg deutlich, der, sich der heiklen, weil missbrauchsgefährdeten, kulturalistischen Identitätsstiftung durchaus bewusst, dennoch auf deren Notwendigkeit beharrt: „Was ist europäisch? Diese Frage kulturell zu beantworten, ist ebenso mißlich wie unvermeidlich."[364] Weniger vorsichtig formuliert Werner Weidenfeld, wenn er die kulturelle Selbstvergewisserung der EU einfordert und der Union andernfalls – wenn auch metaphorisch – den Niedergang voraussagt: „Der Abschied vom Versuch, europäische Identität zu vertiefen und damit eine kulturelle Grundlage für politische Handlungsfähigkeit zu schaffen, wird sich historisch als Achillesferse erweisen."[365] In den Chor der Notwendigkeit eines normativen Grundkonsenses stimmt auch Nida-Rümelin ein, „wird die Europäische Union [doch andernfalls] zu fragil bleiben, um die Rolle zu spielen, die sie spielen will"[366]. Weit defätistischer beurteilt Heinz Theisen die ideellen Mangelerscheinungen des Einigungswerks. Ihm zufolge dürfte es für die Identitätsstiftung der nach Osten erweiterten EU eigentlich schon zu spät sein, weil sie bereits orthodox geprägte Länder wie Bulgarien und Rumänien integriert hat.[367]

7.3 Die politisch-institutionelle Identität Europas

Den dezidierten Kulturrelativismus betreibt auf der anderen Seite Thomas Meyer in seiner ausführlichen Studie zur *Identität Europas*. In einprägsamer Bildersprache illustriert er hierin wiederum den angeblichen Irrglauben der anderen, die meinen, die kulturelle Identität gleich einem Schatz heben zu können, der unter der Oberfläche verborgen liegt, „wie eine schöne Perle hinter den hermetisch verschlossenen Schalen der Muschel".[368] Für Meyer hingegen gleicht die Suche nach einer kulturellen Identität eher dem Häuten einer Zwiebel, wobei man unter Tränen Schale für Schale abträgt, um am Ende enttäuscht festzustellen, dass kein gemeinsamer Kern zurückbleibt und dass die Zwiebel aus nichts anderem als aus der Summe ihrer Schalen besteht. Folgt man Meyer, so kann es mithin bei der Frage nach einer gemeinsamen Identität Europas nicht um ein kulturelles, sondern einzig und allein um ein politisches Projekt gehen.[369] Überhaupt steht der Projektcharakter im Mittelpunkt des Meyerschen Ansatzes, und er spricht an anderer Stelle gar von der „europäischen Projektidentität".[370] Demnach seien es die politischen Entscheidungsträger selbst,

---

364 Muschg, 2005, S. 20.
365 Weidenfeld, 2002, S. 37–38; freilich wird auch in diesem Zitat deutlich, dass Weidenfeld sich nicht eindeutig der idealistischen Schule zuordnen lässt, weil er von „den kulturellen Wurzeln" Europas spricht, diese aber in einer Verfassung „definiert" sehen will (vgl. Weidenfeld, 2007, S. 14).
366 Nida-Rümelin, 2007a, S. 31.
367 Vgl. Theisen, 2005, S. 34.
368 Meyer, 2004, S. 18.
369 Vgl. ebd. S. 63.
370 Meyer, 2007, S. 159ff.

7.3 Die politisch-institutionelle Identität Europas

die mit der Gründung von Institutionen, mit dem Bekenntnis zu Grundsätzen ein europäisches Wir-Gefühl begründeten, weil sie auf diese Weise setzten, „was allen gemeinsam ist".[371] Meyer listet fünf Entstehungsbedingungen für eine politisch-institutionelle Identität auf:

- *erstens*: den Aufbau gemeinsamer Institutionen,
- *zweitens*: die Politisierung des Entscheidungsprozesses,
- *drittens*: eine lebendige politische Öffentlichkeit,
- *viertens*: die Ausbildung einer Zivilgesellschaft,
- *fünftens*: die Teilhabe möglichst aller Bürger an einer politischen Kultur.[372]

Angesichts dieses anspruchsvollen Katalogs ist festzustellen, dass die EU tatsächlich noch weit von einer politischen Identität im Sinne Meyers, also einer europäischen „Bürgeridentität", die auf den „beiden Säulen der institutionellen Zugehörigkeit und der Akzeptanz eines gemeinsamen politischen Projekts"[373] beruht, entfernt ist. Ein Weg aber ist vorgezeichnet, und das politisch-institutionelle Identitätskonzept gibt sich bezüglich Inklusion und Exklusion nicht den Anschein vorpolitischer Rechtfertigung und vertritt mit Blick auf bevorstehende Erweiterungsschritte keine derart starren Positionen wie zuweilen die Vertreter des kulturalistischen Arguments. Doch inwieweit passt Meyers Konzept auf die tatsächliche Selbstdefinition der Europäischen Union?

Am Anfang der politisch-institutionellen Identitätskonstruktion steht die Verpflichtung auf gemeinsame Grundsätze, die infolge des politischen Bekenntnisses mit der Zeit zu kollektiven Werten heranreifen: „The production of common beliefs from the grass roots of civilian society is a political process, which institutes sovereignty. Common beliefs legitimated by sovereign institutions became collective values."[374] Auf solche gemeinsamen Überzeugungen gründet die Europäische Union in der Tat, es sind: Freiheit, Demokratie, Rechtsstaatlichkeit sowie die Achtung der Menschenrechte und Grundfreiheiten (Art. 2 EU-Vertrag). Im zweiten Artikel ihres Gründungsvertrags bekundet die EU somit ihr Selbstverständnis als demokratische Wertegemeinschaft, ohne dabei auf jegliche kulturelle Begründung zurückzugreifen.[375] Dieser basale Wertekatalog ist sogar insofern sanktionsbewehrt, als der Rat gemäß Artikel 7 EU-Vertrag auf Antrag eines Drittels der Mitgliedstaaten, des Europäischen Parlaments oder der Kommission mit einer Vier-Fünftel-Mehrheit nach Zu-

---

371 Vgl. ebd. S. 52.
372 Vgl. ebd. S. 56.
373 Meyer, 2007, S. 158.
374 Aglietta, Michel, 2004: Economic Liberalism and Political Democracy in Europe, in: Puntscher Riekmann, Sonja/Mokre, Monika/Latzer, Michael (Hrsg.): The State of Europe, Transformations of Statehood from a European Perspective, Frankfurt/Main, S. 95–114 (95).
375 Vgl. Herdegen, Matthias, 2012: Europarecht, 14. Aufl., München, S. 85–86; Voglrieder, Sabine, 2001: Europäische Identität und Europäische Union: Das Selbst- und Europaverständnis der EU im Kontext der Vertiefungs- und Erweiterungsdebatte, in: Loth, Wilfried (Hrsg.): Das europäische Projekt zu Beginn des 21. Jahrhunderts, Opladen, S. 175–202 (192).

7. Die EU: eine Wertegemeinschaft?

stimmung des Parlaments eine schwerwiegende Verletzung oder eine eindeutige Gefahr einer solchen feststellen kann (Art. 7 Abs. 1 EU-Vertrag). Basiert eine derartige Feststellung allerdings auf einem einstimmigen Votum des Europäischen Rates (Abs. 2) – die Stimme(n) des betreffenden Staates werden bei allen Entscheidungen in diesem Zusammenhang außer Acht gelassen (zu den Abstimmungsverfahren in dieser Sache s. auch Art. 354 AEU-Vertrag) –, dann kann der Rat mit qualifizierter Mehrheit beschließen, Rechte des betreffenden Staates, die sich aus der Mitgliedschaft ergeben, einschließlich des Stimmrechts im Rat, vorübergehend zu entziehen (Abs. 3). Bisher ist diese harte Sanktionsmöglichkeit noch nicht zum Einsatz gekommen, wenngleich in den vergangenen Jahren in verschiedenen Fällen entsprechende Maßnahmen diskutiert worden sind, so etwa während der politischen Auseinandersetzung zwischen Staatspräsident und Regierungschef in Rumänien und des umstrittenen Amtsenthebungsverfahrens im Sommer 2012 sowie angesichts des autoritären Regierungsstils des ungarischen Ministerpräsidenten Orban und insbesondere der letzten Verfassungsreform im Frühjahr 2013. Die Europäische Kommission hat eine gründliche Prüfung derselben aufgenommen, an deren Ende Vertragsverletzungsklagen oder sogar eine Empfehlung von Sanktionen nach Art. 7 stehen könnten.

Die Union verlangt das Bekenntnis zu den gemeinsamen Grundwerten sowie die entsprechende institutionelle Umsetzung auch von ihren neuen Mitgliedern noch vor deren Beitritt. So heißt es im *Erweiterungsartikel* 49 des EU-Vertrags: „Jeder europäische Staat, der die in Artikel 2 genannten Grundsätze achtet und sich für ihre Förderung einsetzt, kann beantragen, Mitglied der Union zu werden." Um in diesem Sinne insbesondere die Osterweiterung vorzubereiten, wurden 1993 die sog. *Kopenhagener Kriterien* (s. Kasten 16) formuliert, die vor einem Beitritt erfüllt sein müssen. Sie umfassen neben dem Bekenntnis zu den gemeinsamen Grundwerten und deren institutioneller Gewährleistung die Bedingung einer stabilen Marktwirtschaft sowie die Forderung nach Übernahme der gesamten europäischen Rechtsordnung, des sog. *acquis communautaire*.

Kasten 16: Kopenhagener Kriterien

Jedes Land, das der EU beitreten möchte, muss die folgenden drei Bedingungen erfüllen:

1. Politisches Kriterium: Es muss Demokratie, Rechtsstaatlichkeit, Menschenrechte und Minderheitenschutz gewährleisten können und über stabile Institutionen verfügen.
2. Wirtschaftliches Kriterium: Es muss eine stabile, wettbewerbsfähige Marktwirtschaft aufweisen.
3. Acquis-Kriterium: Es muss das gesamte Regelwerk der EU vollständig übernehmen und ihre Ziele unterstützen.

7.4 Die kulturelle Identität Europas

> Die drei Kopenhagener Kriterien wurden 1993 formuliert. Nach der Osterweiterung ist mit Blick auf einen möglichen Beitritt der Türkei und die entsprechenden Widerstände ein viertes Kriterium hinzugetreten: die Aufnahmefähigkeit der EU selbst. Diese Bedingung passt nicht wirklich zu den anderen dreien, weil sie nicht vom Staat selbst zu erfüllen ist. Das Kriterium der Aufnahmefähigkeit kann als gemeinschaftliche Rückversicherung gegen einen Beitrittsautomatismus gedeutet werden.

Die EU verfolgt mittels Beitrittsartikel und Kopenhagener Kriterien offenbar tatsächlich ein politisches Projekt, nämlich eines „der Verbreitung demokratischer Wertvorstellungen und der Stabilisierung junger Demokratien"[376]. Quasi auf der *Skriptebene*[377], wie Meyer die vertragliche Ordnung nennt, definiert die EU sich selbst als liberaldemokratische Wertegemeinschaft. Wenn Meyer auf die Skriptebene der europäischen Verträge verweist, dann wird die Ähnlichkeit zu Achim Hurrelmanns Ansatz deutlich, der die EU als Verfassungsgemeinschaft skizziert, im Gegensatz zu Meyer in der *konstitutionellen Identitätspolitik*, wie sie bei ihm heißt, jedoch nicht nur Chancen, sondern auch Gefahren sieht.[378] Auch für Hurrelmann sind „[k]ollektive [...] Identitäten immer das Resultat gesellschaftlicher Konstruktionsprozesse"[379]. Eine europäische Identität lasse sich folglich mittels Verfassungsbestimmungen konstruieren.[380] Damit erinnert die Identitätsdebatte notgedrungen an die bekannte Frage: Was war zuerst, das Huhn oder das Ei? Während die einen an die Konstruktion einer Identität durch politisch-institutionelle Vorgaben glauben, beschwören die anderen die Existenz gemeinsamer Werte als notwendige Bedingung für die Herausbildung einer konstitutionell fundierten politischen Union.

7.4 Die kulturelle Identität Europas

Die Vertreter der historisch-kulturellen Schule betonen die Existenz und Notwendigkeit einer spezifischen kulturellen Identität Europas, die die politisch-institutionelle Annäherung trägt und begründet, nicht anders herum. Sie wehren sich in mehr oder weniger scharfem Ton gegen den Kulturrelativismus einer funktional definierten, aber kulturell offenen Zweckgemeinschaft der EU. Einigkeit herrscht in der Forderung eines gemeinsamen Wertekanons, nicht jedoch in dessen Definition. Die Vielstimmigkeit bezüglich einer kulturellen Identität Europas trat auf politischer Ebene zuletzt deutlich während der Konventsberatungen 2002 bis 2003 über den Entwurf

---
376 Ebd.
377 Meyer, 2007, S. 159.
378 Hurrelmann, 2007, S. 224.
379 Ebd., S. 214.
380 Übrigens ist auch an dieser Stelle auf Weidenfelds Positionierung zwischen den beiden Lagern hinzuweisen. So spricht auch Weidenfeld vom „Verfassungspatriotismus" und einer „Identität durch Teilhabe am politischen Prozess", vgl. Weidenfeld, 2007, S. 24–25.

einer Verfassung für Europa zutage. Hierbei kam es zu gravierenden Differenzen über eine Erwähnung Gottes, somit des christlichen Glaubens, oder der Errungenschaften der Aufklärung in der Präambel des Verfassungsvertrags. Am Ende wurde auf beides verzichtet, was bei den Identitätssuchenden der hier vorgestellten Lager unterschiedlich bewertet wird: Während Weidenfeld beklagt, dass „[d]as pragmatische Europa [...] nicht einmal mehr die Kraft [hatte], seine kulturellen Wurzeln in seiner Verfassung zu definieren", begrüßt Meyer, dass die Europäische Verfassung dem „Vorrang der politischen Identität in angemessener Weise Rechnung" trage.[381] Obwohl die Präambel des neuen EU-Vertrags sich ansonsten an den Vorgängerverträgen orientiert, ist als einziger Absatz aus dem Verfassungsentwurf derjenige übernommen worden, der das kulturelle Erbe Europas beschreibt und aus der kontroversen Konventsdebatte hervorging:

> „SCHÖPFEND aus dem kulturellen, religiösen und humanistischen Erbe Europas, aus dem sich die unverletzlichen und unveräußerlichen Rechte des Menschen sowie Freiheit, Demokratie, Gleichheit und Rechtsstaatlichkeit als universelle Werte entwickelt haben" (Präambel 3. Abs. EU-Vertrag).

Wenn es um die kulturelle Identität Europas geht, werden in der Regel Christentum und Aufklärung trotz oder gerade wegen ihres grundlegenden Spannungsverhältnisses als die potenziellen Wurzeln einer europäischen Wertegemeinschaft genannt. So schimmern beide auch in der zitierten Passage aus der Präambel hindurch, wenngleich der Konvent sich lediglich auf die weniger eindeutige Begriffstrias von Kultur, Religion und Humanismus verständigen konnte. Beide, Christentum wie Aufklärung, haben ihre geistesgeschichtliche Blütephase längst hinter sich. Damit haben die Vertreter des historisch-kulturellen Ansatzes den Nachteil, dass sie sich nicht wie der politisch-institutionelle Ansatz auf eine rein synchrone Betrachtung der europäischen Identität bzw. ihrer Konstruktion konzentrieren können, also nicht mit dem Gegenwartsbezug auskommen, sondern immer auch und vor allem die Vergangenheit in den Blick nehmen müssen. Dadurch entsteht freilich eine doppelte Herausforderung, denn sie können sich nicht damit begnügen, die historischen Fundamente Europas aufzudecken, sondern sie müssen zugleich nachweisen, dass das europäische Haus noch heute auf ihnen steht. Ihre Argumente beruhen also meist auf geistesgeschichtlichen Erzählungen. Die narrative Identitätskonstruktion hat sich in der historischen Tradition als überaus erfolgreiche Methode erwiesen. Jede Nation hat ihre Ursprungsmythen und Meistererzählungen, ihre kollektiven Erinnerungen an goldene Zeiten und an schreckliche Katastrophen, die sie pflegt und weitergibt. Doch wie steht es diesbezüglich mit Europa? – Die Katastrophen des frühen 20. Jahrhunderts, die beiden Weltkriege, die von Europa ausgingen und überwiegend auf europäischem Boden geführt wurden, sind immer noch nah, wenn die Erinnerung an sie auch allmählich verblasst, was dem Zusammenhalt des europäischen Einigungs-

---

381 Weidenfeld, 2007, S. 14; Meyer, 2007, S. 154.

werks durchaus abträglich zu sein scheint. Denn erst aus den Zerstörungen der Weltkriege ging die Einsicht in die Notwendigkeit der Zusammenarbeit hervor. Europa entstand als Friedensgemeinschaft, weil es eine Kriegsgemeinschaft gewesen war.[382] Doch wie steht es mit den goldenen Zeiten, den Blütephasen einer europäischen Kultur, welche Epochen und Strömungen eignen sich, um ein europäisches Wir-Gefühl, positiv, also nicht nur als Ausfluss einer Kriegsvermeidungsstrategie, zu begründen?

Christentum

Mit der Debatte über den Beitritt der Türkei hat das christliche Abendland eine beachtliche Renaissance erfahren. In den Argumentationen zahlreicher Beitrittskritiker erscheint Europa als ein Kontinent der Christen, obwohl allein in den heutigen EU-Staaten mehr als zwölf Millionen Muslime und eine Million Hindus leben,[383] das europäische Christentum selbst aus teils sehr verschiedenen Konfessionen (katholisch, evangelisch, anglikanisch, orthodox) zusammengesetzt ist und gerade im Europa der vergangenen Jahrzehnte die Bedeutung der Religion allgemein immer weiter abgenommen hat – und erst in jüngerer Zeit wieder einen gewissen Aufschwung erfährt.[384] Trotzdem ist die religiöse Bindung der Menschen auch heute noch fast nirgendwo auf der Welt so gering ausgeprägt wie auf dem europäischen Kontinent, und auch zwischen den europäischen Staaten selbst existieren bedeutende Unterschiede der Religiosität.[385]

Unzweifelhaft aber hat die christliche Religion die historischen Entwicklungen sowie die normative Grundordnung Europas in entscheidender Weise bestimmt und die europäische Kultur in besonderem Maße geprägt. Der christliche Glauben – d.h. insbesondere die Kirche(n) – mag seine Bindungskraft und seine weltanschauliche Dominanz – nicht zuletzt durch die Errungenschaften und Nachwirkungen der Aufklärung – eingebüßt haben, dennoch eignet sich das Christentum bis heute zur narrativen Identitätsstiftung. So beschreibt Wolfgang Schmale das durchaus gängige Meisternarrativ von Europa als *Christlicher Republik* und verweist auf die frühe Neuzeit, als das christliche Abendland angesichts der *Türkengefahr* zusammenrückte, also angesichts der Bedrohung durch das Osmanische Reich, das 1453 Konstantinopel

---

[382] Freilich besteht mit der Bezeichnung Kriegsgemeinschaft die Gefahr, den Gemeinschaftsbegriff zu überdehnen, und es ist daher unbedingt notwendig festzuhalten, dass die Staaten Europas sich innerhalb dieser Kriegsgemeinschaft als Gegner gegenüberstanden, s. zur Bedeutung des Krieges für die europäische Identität insb. Kocka, Jürgen, 2007: Europäische Identität als Befund, Entwurf und Handlungsgrundlage, in: Nida-Rümelin, Julian/Weidenfeld, Werner (Hrsg.): Europäische Identität: Voraussetzungen und Strategien, Baden-Baden, S. 47–59 (48ff.).

[383] Und dabei handelt es sich lediglich um die Staatsbürger, deren Religionszugehörigkeit bekannt ist, die Dunkelziffer mag also deutlich höher liegen, vgl. Weidenfeld, 2007, S. 17.

[384] Vgl. Müller, Johann Baptist, 2001: Abendland – ein Identitäts-Konzept, das neu entdeckt zu werden verdient? In: Weinacht, Paul-Ludwig (Hrsg.): Wohin treibt die Europäische Union? Grundlagen und Dysfunktionen der Einigungspolitik, Baden-Baden, S. 27–37 (33).

[385] Empirische Belege hierfür liefert regelmäßig der Religionsmonitor der Bertelsmann-Stiftung, abrufbar unter: http://religionsmonitor.de (letzter Zugriff: 12.6.2013).

eroberte.[386] Es ist ein eindeutiges Indiz für die Bedeutung dieser kollektiven Erfahrung, dass dieses historische Motiv über 500 Jahre später auf dem Höhepunkt der Erweiterungsdebatte von zahlreichen Kritikern bemüht wurde, um darauf zu beharren, dass insbesondere die Türkei eben nicht zu Europa gehöre. An der politischen Spitze des frühneuzeitlichen Abendlandes macht Schmale die untereinander verheirateten Herrscherdynastien aus, die gemeinsam mit ihrer gebildeten Entourage eine Art *europäischen Demos* christlicher Prägung bildeten.

Es mag verwundern, dass das Christentum in der europäischen Wertedebatte verbreitet als Beispiel historischer Identitätsstiftung dient, und weniger die zentralen Glaubensinhalte zur metaphysischen Begründung einer europäischen Werteordnung herangezogen werden. Doch angesichts von über zwei Milliarden Christen weltweit und der uneinheitlichen, vergleichsweise schwachen Bindekraft des Glaubens in Europa ist die Inanspruchnahme der Religion für die europäische Sinnstiftung nur historisch nachvollziehbar. Muschg konstatiert, dass die Rede vom christlichen Abendland allemal ein „vages und anachronistisches Wunschbild"[387] zeichne. Entsprechend widersprüchlich fallen die Bewertungen der identitätsstiftenden Funktion des christlichen Glaubens aus. Während Theisen das Christentum zu einer „der Grundlagen von Demokratie"[388] erklärt, ist es für Meyer lediglich *ex negativo* elementarer Bestandteil einer europäischen Identität: „Die christliche Überlieferung aber ist zu einem der unverwechselbar bleibenden Merkmale des modernen Europas erst in der Form seiner [sic] Negation durch die Aufklärung geworden."[389]

Aufklärung

Die europäische Aufklärung, die im 18. Jahrhundert als Gegenbewegung zu einer als borniert empfundenen Religiosität zunächst von europäischen, kosmopolitischen Intellektuellen befördert worden war und deren Ideen zu den revolutionären Umbrüchen Ende des Jahrhunderts führten, scheint auf den ersten Blick viel eher von der Entstehung des modernen Europas zu zeugen als ein überkommenes Abendland. Die Werte dieser Epoche von Humanismus, Rationalismus, Individualismus zeichnen das Leben auf dem Kontinent bis heute aus. Der „Ausgang des Menschen aus der selbst verschuldeten Unmündigkeit"[390] machte den Zweifel im wörtlichen Sinne *salonfähig* und damit zur existenziellen Bedrohung der verbreiteten Adelsherrschaft und der damit verbundenen Privilegien. Die moderne Demokratie wäre ohne die ideelle Vorarbeit der Aufklärer tatsächlich undenkbar, und auch die Vorstellung uni-

---

386 Vgl. hierzu: Schmale, Wolfgang, 2007: Eckpunkte einer Geschichte europäischer Identität, in: Nida-Rümelin, Julian/Weidenfeld, Werner (Hrsg.): Europäische Identität: Voraussetzungen und Strategien, Baden-Baden, S. 63–85; ders., 2008a: Geschichte der europäischen Identität, in: Aus Politik und Zeitgeschichte (1–2) 2008, S. 14–19; ders., 2008b: Geschichte und Zukunft der europäischen Identität, Stuttgart, S. 21ff.
387 Muschg, 2005, S. 47.
388 Theisen, 2004, S. 36.
389 Meyer, 2004, S. 36.
390 Kants erster Satz in seiner Beantwortung der Frage: Was ist Aufklärung, Kant, Immanuel, 1978: Was ist Aufklärung? Thesen und Definitionen, Stuttgart [Erstdruck: 1784].

verseller Menschenrechte brachten die Aufklärer und Revolutionäre zur Geltung. Auch die europäische Idee hatte ihren Höhepunkt zu Zeiten der Aufklärung, als sich unter den Intellektuellen eine „paneuropäische Lebensweise"[391] herausbildete, ein europäischer *Demos der Aufklärung*, der seinen christlichen Vorläufer ersetzte, indem er die Macht der europäischen Herrscherhäuser erfolgreich infrage stellte. Die Aufklärer entwickelten erste Konzepte einer europäischen Friedensordnung, und nicht allein Voltaires *Republik des Geistes* beruhte auf der Vorstellung einer einheitlichen europäischen Kultur.[392]

Doch auch die Aufklärung als Quelle europäischer Selbstvergewisserung hat einen wesentlichen Makel. *Kalter* Rationalismus, *nackte* Vernunft und ein alles infrage stellender Zweifel fördern gerade den Abbau kultureller und existenzieller Gewissheiten und sind somit nur leidlich zur Identitätsstiftung geeignet. Dass es den Europäern heute so schwer fällt, gemeinsame Werte auszumachen, könnte somit gerade auch in der über zweihundertjährigen Dominanz aufklärerischen Geistes begründet sein. Auf jeden Fall scheint der methodische und programmatische Zweifel auch die Auseinandersetzungen über die Präambel der EU-Verfassung bestimmt zu haben, denn an deren Ende blieb die Unentschiedenheit.

Außerdem mögen die Werte der Aufklärung, also Rationalismus, Humanismus, Individualismus, zwar von Europa aus in die Welt gegangen sein, sie sind aber eben in die Welt gegangen und beanspruchen heute universelle Gültigkeit. Überhaupt bilden die Werte der EU, Freiheit, Demokratie, Menschenrechte, Rechtsstaatlichkeit, die aus dem kulturellen Erbe Europas, sei es nun durch das Christentum, die Aufklärung oder andere Strömungen geprägt, abgeleitet werden, heute die normative Grundlage zahlreicher Gesellschaften rund um den Globus und sind unter dem Label *Good Governance* zum politischen Exportgut geworden.[393] Die Frage nach den spezifischen Werten des Kontinents bleibt also unbeantwortet. Doch ist die Beantwortung dieser Frage überhaupt notwendig? Muss man das Spezifikum des Kontinents tatsächlich benennen, muss man das ideelle Europa denn wirklich von anderen Regionen der Erde *abgrenzen*, um es *definieren* zu können?

7.5 Identität braucht Grenzen!?

Rein sprachlogisch betrachtet, ist die Definition in der Tat nichts anderes als die Abgrenzung. Damit decken wir eine weitere Konfliktlinie der Identitätsdebatte auf. Demokratie, Rechtsstaatlichkeit, die Achtung der Menschenrechte und Grundfreiheiten, das sind politische und auch kulturelle Werte, die in Europa in einer besonderen

---

[391] Darnton, Robert, 2003: Das Glück der Gemeinschaft, in: Aust, Stefan/Schmidt-Klingenberg, Michael (Hrsg.): Experiment Europa. Ein Kontinent macht Geschichte, Stuttgart/München, S. 125–143 (127).
[392] Schmale, 2007, S. 399.
[393] Der mögliche Vorwurf des Eurozentrismus oder Kulturimperialismus wird auch in folgenden Texten deutlich: Hurrelmann, 2007, S. 221ff.; Darnton, 2003, S. 142.

7. Die EU: eine Wertegemeinschaft?

Tradition stehen, aber sind sie deshalb europäisch? Beanspruchen sie nicht vielmehr universelle Gültigkeit? Reicht die Verpflichtung auf allgemein gültige, prinzipiell und programmatisch herstellbare Werte aus, um eine europäische Identität zu begründen? Oder bedarf eine solche Identität nicht notwendigerweise der Abgrenzung, der klaren Unterscheidung von *uns* und den *anderen*? Auch zu dieser Frage gibt es verschiedene Lehrmeinungen. Der diesbezügliche Mangel an Klarheit resultiert nicht zuletzt aus dem EU-Vertrag selbst, denn Artikel 49 hält zwar fest, welche quasi zusätzlichen universellen Qualitäten ein beitrittswilliger europäischer Staat aufzuweisen hat, definiert das Attribut *europäisch* dabei aber eben nicht. Die Frage: *Was ist europäisch?* bleibt also offen. Die universellen Werte Demokratie, Rechtsstaatlichkeit und Menschenrechte können und wollen wir nicht so einfach – zumindest nicht ohne weitere Erläuterungen – für die europäische Identitätskonstruktion vereinnahmen.

1995 verabschiedete die europäische Bewegung in Deutschland (*Europa-Union*, s. Kasten 29) auf Anregung des damaligen Präsidenten der tschechischen Republik, Vaclav Havel, eine *Charta der Europäischen Identität*. Den universellen Inhalt des Dokuments[394] bewertet Meyer ausgesprochen skeptisch:

> „Sie enthält jedoch mit den politischen Parolen *Freiheit, Friede, Menschenwürde, Gleichberechtigung* und *sozialer Gerechtigkeit* nichts anderes als die bei vergleichbarer Gelegenheit so gut wie überall auf der Welt mittlerweile gültige Reihung allgemeiner Feststellungen und Anrufungen, die alle auf der Ebene universeller politischer Grundwerte angesiedelt sind, aber weder eine kulturelle noch eine politische Besonderheit zum Ausdruck bringen, für die Europa heute einzigartig in der Welt einstünde."[395]

Meyer selbst umgeht dieses Problem mit seinem Ansatz der politisch-institutionellen Identitätskonstruktion und sieht einen *postmodernen Identitätstyp* für die EU vor, weil ihre Bürger mittels Reflexion zu gemeinsamen Überzeugungen gelangten, die das System stützten, das durch Gewährleistung universeller Werte ohnehin nur eine Übergangsstufe zu einer globalen Verantwortungsgemeinschaft darstelle.[396] Auch Nida-Rümelin sieht in der universellen Gültigkeit der ausgemachten Werteordnung kein Problem und begründet seine Gelassenheit mit Verweis auf die ontologische Qualität einer europäischen Identität. Europa sei kein *type*, also kein eigenständiger Typ, der sich unabhängig vom Erscheinungskontext definieren lasse, sondern vielmehr ein *token*, eine Verwirklichung, ein Vorkommnis eines Typs, das selbst nur im jeweiligen Erscheinungskontext auszumachen sei.[397]

---

394 Abrufbar unter: http://www.europa-union.de/fileadmin/files_eud/PDF-Dateien_EUD/CHARTA_DER_EUROP_ISCHEN_IDENTIT_T.pdf (letzter Zugriff: 12.6.2013).
395 Meyer, 2004, S. 11.
396 Ebd. S. 63 ff.
397 Vgl. Nida-Rümelin, 2007a, S. 44.

Auf der anderen Seite dieser Kontroverse steht die klare Forderung nach Abgrenzung. Identität brauche Grenzen, denn „[o]hne Grenzen diffundiert das Leben ins Beliebige" und „die Grenzen Europas sind nichts, was ihm äußerlich wäre".[398] Auch Identität durch Abgrenzung erweist sich immer wieder als erfolgreiches Modell der Identitätsstiftung. Die Griechen hatten die Barbaren, die Römer die Germanen, das christliche Abendland die Türken usw. Die Definition Europas mittels Abgrenzung zur islamischen Welt, sei es nun mit Verweis auf den christlichen Glauben oder eben die durch die Aufklärung initiierte Säkularisierung, hat auch heute noch ihre Anhänger.[399] Daneben existieren andere aktuelle Distinktionsoptionen wie z.B. die Vereinigten Staaten von Amerika, von deren Wirtschafts- und Sozialpolitik sowie insbesondere Außenpolitik sich die Europäer in den vergangenen Jahren – allerdings meist wenig geschlossen – distanziert haben.

7.6 Fazit zur europäischen Wertegemeinschaft

Versucht man die verschiedenen Seiten der Identitätsdebatte auf einen gemeinsamen Nenner zu bringen, so endet dieses Vorhaben in der Regel in der Beschwörung der europäischen Vielfalt. Mit ihrem Motto „in Vielfalt geeint" legt die EU selbst den Rückzug auf die nationalstaatliche Diversität nahe, und zahlreiche wissenschaftliche Beiträge folgen letztlich dieser nachvollziehbaren Vorgabe und enden in oxymorischen Formeln zur europäischen Wesenheit: „Gegensätze, Vielfalt und Veränderungen sind das Kennzeichen Europas"[400] oder: „Europa hat vom spaltbaren Material seiner Geschichte auszugehen, um sich über ihre Gemeinsamkeit zu verständigen. Es hat den Unglauben an sich selbst als praktizierendes Glaubensbekenntnis zu etablieren"[401]. Die unbestimmte Vielfalt aber konstituiert keine Gemeinschaft, sie ist in gewisser Hinsicht das Gegenteil von Identität.[402] So sehr die zitierten Überlegungen die wissenschaftliche Debatte auch befördern mögen, eine europäische Wertegemeinschaft wird durch sie schwerlich entworfen. Die europäische Identität an empirischer Vielfalt und methodischem Zweifel festzumachen, scheint zumindest kaum geeignet, die Sinnstiftung auf die europäischen Bürger zu übertragen.

Die Betrachtung der EU als Wertegemeinschaft fällt auf jeden Fall schwieriger und widersprüchlicher aus als die vorangegangenen Ausführungen zu Wirtschafts- und Rechtsgemeinschaft. Die normative Ordnung der EU ist eben nicht ausgemacht. Es herrschen viele unterschiedliche Meinungen, von denen hier einige vorgestellt worden sind. Zusammen ergeben sie einen umfassenden Eindruck einer Union auf Identitätssuche, deren Selbstvergewisserung sich als fortwährender Prozess darstellt, des-

---
398 Muschg, 2005, S. 90 bzw. 82.
399 Vgl. Kocka, 2007, S. 51; außerdem Theisen, 2004 u. 2005.
400 Pfetsch, Frank R., 2007: Das neue Europa, Wiesbaden, S. 115.
401 Muschg, 2005, S. 66.
402 Zum dilemmatischen Verhältnis von Einheit und Vielfalt, s. Schmale, 2008b, S. 20.

sen Unabgeschlossenheit und tendenzielle Widersprüchlichkeit zur generellen Unbestimmtheit des Einigungswerks und damit vermutlich auch zum Mangel an demokratischer Legitimität in entscheidender Weise beitragen (s. Kap. 8.3 zu den Funktionsproblemen der EU).

Einführende Literatur

Hurrelmann, Achim, 2007: Die Europäische Union als Verfassungsgemeinschaft? – Optionen und Gefahren konstitutioneller Identitätspolitik, in: Nida-Rümelin, Julian/Weidenfeld, Werner (Hrsg.): Europäische Identität: Voraussetzungen und Strategien, Baden-Baden, S. 211–229. *(Ein ausgezeichneter Beitrag, der die konstitutionelle Identitätskonstruktion darstellt und in trefflicher Weise kritisch hinterfragt.)*

Meyer, Thomas, 2004: Die Identität Europas. Der EU eine Seele? Frankfurt/Main. *(Meyer präsentiert seine Auffassungen einer postmodernen Projektidentität, die immer konstruiert und in keiner Weise gegeben ist, in einer ausführlichen, lesenswerten Studie.)*

Ders., 2007: Die Stärkung der sozialen Dimension: Auf dem Weg zu einer politischen Identität der EU, in: Nida-Rümelin, Julian/Weidenfeld, Werner (Hrsg.): Europäische Identität: Voraussetzungen und Strategien, Baden-Baden, S. 153–168. *(In diesem Beitrag kombiniert Meyer sein Identitätskonzept insbesondere mit der Forderung einer sozialpolitischen Neuorientierung der EU.)*

Muschg, Adolf, 2005: Was ist europäisch? Reden für einen gastlichen Erdteil, Bonn. *(Sehr gut lesbarer Aufsatz auf der Grundlage ausgesprochen breiten kulturgeschichtlichen Wissens. Muschg bietet einen regelrecht unterhaltsamen Einstieg in das Thema, der allerdings der wissenschaftlichen Ergänzung bedarf.)*

Nida-Rümelin, Julian, 2007a: Europäische Identität? – Das normative Fundament des europäischen Einigungsprozesses, in: ders./Weidenfeld, Werner (Hrsg.): Europäische Identität: Voraussetzungen und Strategien, Baden-Baden, S. 29–45. *(Im von ihm mit herausgegebenen Sammelband zur Europäischen Identität, der im Ganzen eine umfassende Textsammlung zum Thema bietet, präsentiert Nida-Rümelin in einem knappen Beitrag seinen klaren, fünfgliedrigen Wertekatalog.)*

Ders., 2007b: Die normative Dimension der europäischen Integration, in: Politische Studien, Heft 416, November/Dezember 2007, S. 36–46. *(gleiche Grundgedanken wie in ders. 2007a, allerdings in Form eines Vortrags dargestellt. Der Text ist dementsprechend weniger kompliziert, aber auch nicht so gehaltvoll wie der o.a. Beitrag.)*

Pfetsch, Frank R., 2007: Das neue Europa, Wiesbaden. *(Knappe Positionsbestimmung der EU zu Beginn des 21. Jahrhunderts und Einführung in die politisch-institutionellen Grundlagen.)*

Schmale, Wolfgang 2008b: Geschichte und Zukunft der europäischen Identität, Stuttgart. *(Ausführliche genealogische Betrachtung des europäischen Identitätsdiskurses.)*

Theisen, Heinz, 2004: Überdehnung oder Überwindung? Europas kulturelle Grenzen, in: Osteuropa (3) 2004, S. 34–46. *(Theisens kritische Beiträge zur Erweiterung der EU dienen uns als Beispiel für die besonders selbstverständliche Annahme einer kulturellen Identität (West-)Europas.)*

Ders., 2005: Ein dritter Weg für Europa. Die kulturelle Erweiterung der Europäischen Union, in: Osteuropa (2) 2005, S. 3–14.

Wagner, Peter, 2005: Hat Europa eine kulturelle Identität? In: Joas, Hans/Wiegandt, Klaus: Die kulturellen Werte Europas, Frankfurt/Main, S. 494–511. *(Erkenntnisreicher Text, in dem sich der Autor die Frage des Titels wiederholt vorlegt, um sie in kurzen, aber jeweils lehrreichen Schritten zu beantworten.)*

Weidenfeld, Werner, 2002: Europa – aber wo liegt es? In: ders. (Hrsg.): Europa-Handbuch, Bonn, S. 15–40. *(Informativer, aber etwas unentschiedener Beitrag zwischen ideeller und zeitgeschichtlicher Perspektive, zwischen idealistischem und eher konstruktivistischem Ansatz.)*

Ders., 2007: Reden über Europa – die Neubegründung des europäischen Integrationsprojekts, in: ders./Nida-Rümelin, Julian (Hrsg.): Europäische Identität: Voraussetzungen und Strategien, Baden-Baden, S. 11–28. *(Ebenso unentschieden wirkender, die aktuellen Entwicklungen und Herausforderungen der europäischen Integration einbeziehender Aufsatz.)*

Weiterführende Literatur und Dokumente

Aglietta, Michel, 2004: Economic Liberalism and Political Democracy in Europe, in: Puntscher Riekmann, Sonja/Mokre, Monika/Latzer, Michael (Hrsg.): The State of Europe, Transformations of Statehood from a European Perspective, Frankfurt/Main, S. 95–114. *(Sehr lesenswerter Beitrag in einem ebenso empfehlenswerten Band.)*

Darnton, Robert, 2003: Das Glück der Gemeinschaft, in: Aust, Stefan/Schmidt-Klingenberg, Michael (Hrsg.): Experiment Europa. Ein Kontinent macht Geschichte, Stuttgart/München, S. 125–143. *(Knapper, brillanter Aufsatz über die Rolle der Aufklärung für die ideelle Entwicklung Europas.)*

Herdegen, Matthias, 2005: Europarecht, 7. Aufl., München.

Huntington, Samuel P., 1996: Der Kampf der Kulturen. The Clash of Civilizations. Die Neugestaltung der Weltpolitik im 21. Jahrhundert, 6. Aufl., München/Wien. *(Huntingtons reduktionistische These vom* Clash of Civilizations *löste die Kulturdebatte aus, die Lektüre ist allein deshalb nahezu obligatorisch.)*

Kocka, Jürgen, 2007: Europäische Identität als Befund, Entwurf und Handlungsgrundlage, in: Nida-Rümelin, Julian/Weidenfeld, Werner (Hrsg.): Europäische Identität: Voraussetzungen und Strategien, Baden-Baden, S. 47–59. *(Historisch-kulturelle Betrachtung der europäischen Identitätssuche, mit einem Aufruf zu einer quasi offenen Grenzziehung.)*

Müller, Johann Baptist, 2001: Abendland – ein Identitäts-Konzept, das neu entdeckt zu werden verdient? In: Weinacht, Paul-Ludwig (Hrsg.): Wohin treibt die Europäische Union? Grundlagen und Dysfunktionen der Einigungspolitik, Baden-Baden, S. 27–37. *(Kulturwissenschaftliche Analyse des Abendlandkonzepts.)*

Schluchter, Wolfgang, 2005: Rationalität – das Spezifikum Europas? In: Joas, Hans/Wiegandt, Klaus (Hrsg.): Die kulturellen Werte Europas, 2.Aufl., Frankfurt/Main, S. 237–264. *(Interessante, theoretisch anspruchsvolle Untersuchung dezidiert europäischen Vernunftgebrauchs auf der Grundlage der religionssoziologischen Schriften Max Webers.)*

Schmale, Wolfgang, 2007: Eckpunkte einer Geschichte europäischer Identität, in: Nida-Rümelin, Julian/Weidenfeld, Werner (Hrsg.): Europäische Identität: Voraussetzungen und Strategien, Baden-Baden, S. 63–85. *(Schmale präsentiert äußerst lehrreiche Gedanken zur historischen Entwicklung der europäischen Identität und skizziert eine Genealogie eines europäischen Demos.)*

Ders., 2008a: Geschichte der europäischen Identität, in: Aus Politik und Zeitgeschichte (1–2) 2008, S. 14–19. (s.o.)

Voglrieder, Sabine, 2001: Europäische Identität und Europäische Union: Das Selbst- und Europaverständnis der EU im Kontext der Vertiefungs- und Erweiterungsdebatte, in: Loth, Wilfried (Hrsg.): Das europäische Projekt zu Beginn des 21. Jahrhunderts, Opladen, S. 175–202. *(Informative Darstellung gängiger Identitätskonzepte sowie der aktuellen EU-Identitätspolitik.)*

7. Die EU: eine Wertegemeinschaft?

Fragen zur Diskussion

- Wo liegen die Grenzen Europas? Wo liegen diejenigen der EU? Soll die EU eines Tages den gesamten Kontinent umfassen?
- Was sind die Gründe für das Heraufziehen der Wertedebatte? Welche unterschiedlichen Positionen gibt es? Wie lassen diese sich beschreiben?
- Was ist mit politisch-institutioneller Identität gemeint? Ist die Identität Europas als politisches Konstrukt ein hinreichendes Konzept oder bedarf sie einer kulturellen Begründung?
- Können Mitgliedstaaten sanktioniert werden, wenn sie gegen den vertraglich fixierten Wertekanon verstoßen? Wenn ja, wie funktioniert das entsprechende Verfahren? Welche Strafmaßnahmen umfasst es? In welchen Fällen sollte es angewendet werden?
- Welche geistesgeschichtlichen Epochen und Strömungen kommen für eine historisch-kulturelle Identitätsstiftung überhaupt infrage? Und welche Probleme sind mit dem kulturalistischen Ansatz verbunden?
- Ist die Definition einer europäischen Identität nur durch Abgrenzung von anderen Gemeinwesen möglich?

8. Der politische Prozess im Mehrebenensystem der EU

8.1 Einstieg

Dieses Kapitel nimmt die Frage nach der kategorialen Einordnung der EU aus Kapitel 3 auf und verknüpft sie mit der Beschreibung des politischen Systems, also mit der Darstellung der Kompetenzen und Funktionsweise der Institutionen aus dem vierten Kapitel. Gefragt wird nach den Charakteristika und möglichen Defiziten des Regierens im politischen System der EU.

Mit dem Begriff des Mehrebenensystems wird zunächst eine pragmatische *Lösung* für das bereits mehrfach herausgestellte Problem, die EU einzuordnen, vorgestellt. Die Metapher des Mehrebenensystems konzentriert sich dabei stark auf die politischen Prozesse in der EU. Im Folgenden wird die ebenfalls in Kapitel 3 angerissene Frage nach der demokratischen Qualität dieses Mehrebenensystems EU ausführlich behandelt. Die unterschiedlichen Legitimitätsquellen der EU werden vorgestellt und kritisch bewertet. Diskutiert wird dann die Frage, inwieweit die These vom Demokratiedefizit bzw. vom Legitimitätsproblem der EU berechtigt ist und welche Lösungen in Erwägung gezogen werden? Behandelt werden außerdem unterschiedliche Möglichkeiten, die EU durch institutionelle Reformen demokratischer zu gestalten. Zum einen werden mögliche Reformen wie die weitere Ausweitung der Kompetenzen des EP vorgestellt. Kurz wird auch auf die im Lissabon-Vertrag geschaffene Europäische Bürgerinitiative eingegangen. Zum anderen werden anschließend sehr weitreichende, theoretische Vorschläge für ein Regieren jenseits der nationalstaatlichen Demokratie, u.a. die Vorstellung deliberativer Entscheidungsprozesse vorgestellt und im Hinblick auf ihre mögliche Effizienz im Europa der 28 Saaten bewertet. Ausführlich werden dann mögliche politische Alternativen zur Gemeinschaftsmethode referiert. Dazu gehören auf der einen Seite politische Konzepte wie u.a. die Kerneuropa-Idee), auf der anderen Seite flexible Verfahren wie die *Verstärkten Zusammenarbeit* und die *Offene Methode der Koordinierung. Diese* Varianten flexibler Integration laufen darauf hinaus, dass nicht alle Mitgliedstaaten weitergehender Integration und Kooperation zustimmen müssen. Das Kapitel schließt mit Überlegungen zu den Auswirkungen der Eurokrise auf den politischen Prozess und die institutionelle Architektur der EU. Es wird die These vertreten, dass die Krisenbekämpfung zu einer Stärkung der intergouvernementalen Institutionen führt, was längerfristig die Legitimitätsfrage verschärfen wird.

8.2 Das Mehrebenensystem der EU

Die EU sei kein Staat und von einer gemeinsamen, prägenden europäischen Identität könne noch nicht die Rede sein, auch wenn es durchaus ein Bündel an gemeinsamen allgemeinen Überzeugungen und Werten gebe, so lautete ein Fazit des dritten bzw. des siebten Kapitels. Allerdings kann, so ein weiteres Fazit des Kapitels zu den Institutionen, die EU mit ihren zahlreichen und komplexen Institutionen durchaus als ein politisches System betrachtet werden.

Dieses politische System ist stark fragmentiert, denn die EU weist kein politisches Kraft- und Entscheidungszentrum im Sinne einer zentralen Regierung auf.[403] Dies gilt auch für die Kommission trotz ihrer zentralen Rolle und der EU-Kommissare, die an Minister einer nationalen Regierung erinnern. Die EU-Kommission ist keine europäische Regierung. Trotzdem definieren die Organe der EU – wie nationale politische Systeme – verbindliche Entscheidungen für die Bürger in den Mitgliedsländern. In der EU wird daher regiert, d.h. es werden Entscheidungen getroffen und Politik in nahezu allen Bereichen gesteuert, wenn dies auch nur in seltenen Fällen ausschließlich auf Gemeinschaftsebene geschieht, da die Nationalstaaten durchaus noch Kompetenzen besitzen. Regieren ohne oder jenseits des Staates ist ein Charakteristikum der EU. Die Entscheidungsfindung ist – dies zeigt schon der beträchtliche Umfang des vierten Kapitels in diesem Band – allerdings sehr komplex, folgt nicht durchgängig den gleichen Regeln innerhalb des Rates beispielsweise und ist wenig transparent. Der zentrale Grund dafür ist, dass die EU eine historisch über Jahrzehnte gewachsene Mischung aus supranationalen und intergouvernementalen Institutionen und Handlungslogiken darstellt. In der Realität bedeutet dies, dass die Kompetenzen der einzelnen Institutionen sich häufig überlappen und in einzelnen Politikbereichen bzw. Fragen nach unterschiedlichen Verfahren entschieden wird.[404] Die stärkere Nutzung von Verfahren der differenzierten Integration seit dem Amsterdamer Vertrag erhöht die Komplexität noch (vgl. weiter unten).

Die politikwissenschaftliche EU-Forschung hat angesichts der weiter oben konstatierten kategorialen Schwierigkeiten im Umgang mit der EU – die Antwort der Staatsrechtler lautet *Staatenverbund* (Bundesverfassungsgericht) oder ist pragmatisch oder resignativ im Sinne des Systems sui generis – und der Komplexität der EU einen pragmatischen Schluss gezogen. Sie klammert die Diskussion über mehr oder weniger Staatlichkeit der EU weitgehend aus, und zieht sich auf die Metapher des *Mehrebenensystems* zurück. Das Ordnungsmodell Nationalstaat wird seit den 1990er Jahren von Teilen der Forschung[405] durch die Auffassung der EU als eines dynamischen oder verflochtenen Mehrebenensystems ersetzt: „Die EU muss also begriffen werden als ein hochkomplexes, integriertes Verhandlungssystem mit mehre-

---

403 Die klassische Machtanalyse der internationalen Politik stößt daher auf Schwierigkeiten bei der Analyse der EU, da hier die Macht wenig greifbar, auf viele Institutionen verteilt, ja geradezu diffundiert ist.
404 So wird der Binnenmarkt zwar von der Kommission – also supranational verwaltet – die Frage der Mehrwertsteuersätze aber bedarf eines Konsenses im Rat.
405 Vgl. Jachtenfuchs, Markus/Kohler-Koch, Beate (Hrsg.), 2006: Europäische Integration, Opladen, 2. Aufl.; Eising, Rainer/Kohler-Koch, Beate (Hrsg.), 1999: The transformation of governance in the European Union, London & New York.

ren, unterschiedlich definierten und ineinander verschachtelten Politikarenen."[406] In der Forschung konkurrieren verschiedene Definitionen und Modelle des Mehrebenensystems. Während das einfachste Modell von den drei territorial definierten Ebenen Europa, Nationalstaat und Region ausgeht, können mit Edgar Grande vier Ebenen unterschieden werden:[407]

1. die intragemeinschaftliche Verhandlungsebene mit den supranationalen Akteuren der EU-Institutionen und den transnational organisierten Interessengruppen (z.B. dem Europäischen Gewerkschaftsbund);
2. die internationale Verhandlungsebene mit nationalen Akteuren wie Fachministern und Fachbeamten, die auf supranationaler Ebene verhandeln;
3. die intrastaatliche Verhandlungsebene der nationalen Akteure zur Festlegung von Zielen und Strategien der Mitgliedstaaten;
4. die wiederum innerstaatliche Ebene, auf der supranationale Akteure auch aktiv werden können, wie z.B. die Kommissionsvertretungen in den Mitgliedstaaten.

Die empirische Analyse von Entscheidungsfindungsprozessen im Mehrebenensystem EU identifiziert folgende Merkmale des Prozesses:

a) Die Vielzahl von Ebenen und Akteuren führt dazu, dass sich Netzwerke herausbilden, die jeweils politische Entscheidungen in bestimmten Bereichen aushandeln oder *managen*. Diese Netzwerke umfassen je nach Politikfeld unterschiedliche Akteure – Institutionen, Verbände, *Nichtregierungsorganisationen* (NRO) und nationalstaatliche Institutionen – mit Interessen am jeweiligen Problem. Die EU, so Beate Kohler-Koch, „hat so ein ausgefeiltes System des Regierens im Netzwerk entwickelt".[408] Den Netzwerken[409] kommt dabei entgegen, dass die relativ *weichen* Vorgaben von EU-Richtlinien (s. Kap. 6.4) breiten Spielraum für Interpretationen und damit die inhaltliche Ausgestaltung bieten.

b) Die Steuerung und Entscheidungsfindung ist nicht-hierarchisch, da kein Akteur Entscheidungen allein und mit Zwang durchsetzen kann. Die EU ist vielmehr, wie z.B. auch Internationale Regime[410], durch beständiges Aus- und Verhandeln auf den verschiedenen und zwischen den verschiedenen Ebenen charakterisiert.

---

[406] So Grande, Edgar, 2000: Multi-level governance: Institutionelle Besonderheiten und Funktionsbedingungen des europäischen Mehrebenensystems, in: ders./Jachtenfuchs, Markus (Hrsg.): Wie problemlösungsfähig ist die EU? Baden-Baden, S. 11–25 (14).
[407] Ebd., S. 15.
[408] Kohler-Koch, Beate, 2000: Regieren in der Europäischen Union, in: Aus Politik und Zeitgeschichte (B6) 2000, S. 30–38 (32).
[409] Vgl. zu den Charakteristika von Netzwerken Bomberg, Elizabeth/Peterson, John, 1999: Decision-making in the European Union, Basingstoke, insbesondere S. 6–30.
[410] Internationale Regime sind kooperative Institutionen, die bestimmte Problembereiche bearbeiten. Sie setzen sich aus verschiedenen Teilen wie Verträgen, Abkommen und Organisationen zusammen. Sie stellen Regeln für das Verhalten von Nationalstaaten auf, die von den Regimen ihrerseits Vorteile erwarten, vgl. hier Müller, Harald, 1993: Die Chance der Kooperation. Regime in den internationalen Beziehungen, Darmstadt.

Sie ist damit eine gigantische „Kompromiss- und Konsensmaschine".[411] Der Zwang zu Kompromiss und Konsens ist dabei bereits im Design der Institutionen angelegt: Bei zentralen Entscheidungen kann im Rat und Europäischen Rat kein Staat überstimmt werden, und viele Entscheidungen benötigen bestimmte qualifizierte Mehrheiten, wodurch sich ein Zwang zum Aushandeln und zur Koalitionsbildung mit ihren spezifischen Geben-und-Nehmen-Mechanismen ergibt.

c) Die Vielzahl der Ebenen und Institutionen sowie zunehmender grenzüberschreitender Regelungsbedarf bedingen eine Offenheit der EU für die Mitwirkung nichtstaatlicher Akteure, wie Unternehmen, Sozialverbände und NRO. Diese nichtstaatlichen Akteure stellen einerseits Expertise gerade bei komplexen Fragen zur Verfügung, andererseits versuchen sie ihre Interessen in die zahlreichen Räte, Ausschüsse und Fachbeamtentreffen von Kommission, Rat und Parlament einzubringen.[412]

Wie eine beständig zunehmende Zahl an Untersuchungen zu konkreten Politikfeldern und Entscheidungen demonstriert, eignet sich die Metapher des Mehrebenensystems, die Netzwerken mit nichtstaatlichen Akteuren eine Schlüsselstellung zuweist, die Realität der EU zu beschreiben. Allerdings fallen die großen, historischen Entscheidungen, so etwa zum Binnenmarkt oder zur Osterweiterung, auf der Ebene der Mitgliedstaaten und des Europäischen Rates, dem in der Eurokrise eine wichtige Rolle zuteilwurde. Der konkrete Entscheidungsinhalt, z.B. die Bedingungen, die Übergangsregelungen usw. für neue Mitgliedstaaten werden in Netzwerken vorbereitet oder sogar definiert.

Die „deskriptive Metapher"[413] des Mehrebenensystems ist keineswegs bereits gleichzusetzen mit einer allgemeingültigen Theorie des Regierens in der EU, eines Regierens ohne Staat.[414] Sie kann aber erklären, warum es trotz permanenter Konflikte und unterschiedlicher Positionen der nationalstaatlichen Akteure durchaus Fortschritte bei der Vertiefung der Integration gibt. Das EU-Mehrebenensystem ist außerdem der zunehmenden Entgrenzung von Politik durch die Globalisierung angemessen, da es die Staaten mittels internationaler Kooperation wieder in die Lage versetzt, Handlungsfähigkeit auch für grenzüberschreitende Probleme zumindest teilweise zurückzuerhalten.[415] Netzwerke sind durch die Einbindung nichtstaatlicher Akteure überdies repräsentativer als reine Regierungsverhandlungen in internationa-

---

411 Vgl. Hanf, Dominik, 2007: The European Union: A consensus-based federation, in: Dickow, Helga/Molt, Peter (Hrsg.): Kulturen und Konflikt im Vergleich. Comparing cultures and conflicts, Festschrift für Theodor Hanf, Baden-Baden, S. 749–762.
412 Die zahlreichen Unterstützungsprogramme, wie z.B. die seit 20 Jahren existierenden INTERREG-Programme zur Regionalentwicklung und -förderung mobilisieren darüber hinaus Akteure, sich direkt in den Prozess einzubringen und um EU-Ressourcen zu konkurrieren.
413 Grande, 2000, S. 13.
414 Vgl. hier Scharpf, Fritz W., 2002: Regieren im europäischen Mehrebenensystem – Ansätze zu einer Theorie, in: Leviathan (1) 2002, S. 65–92.
415 Jachtenfuchs, Markus/Kohler-Koch, Beate, 1996: Regieren im dynamischen Mehrebenensystem, in: dies (Hrsg.): Europäische Integration, Opladen, S. 15–46 (32).

len Organisationen und Regimen. Doch dieser positive Aspekt des Regierens in Netzwerken muss relativiert werden: In erster Linie beteiligen sich die gut organisierten und einflussreichen nichtstaatlichen Akteure, denn für weniger professionelle Akteure, wie z.b. Bürgerinitiativen, sind die Zugangshürden zu den Netzwerken sehr hoch.

Mehrebenensystem und Entscheidungsfindung in Netzwerken sind zwar durchaus effektiv[416] und funktional vor dem Hintergrund zunehmender grenzüberschreitender Interaktionen, die die Handlungsmöglichkeiten der Mitgliedstaaten vergrößern, doch sie besitzen auch spezifische Nachteile. Provokativ formuliert: Sie stellen auch eine Ursache für ein weit verbreitetes Misstrauen und Unbehagen gegenüber der EU insgesamt dar.

Denn Netzwerke besitzen einen elitären Charakter, und in der Regel sind die darin ablaufenden Politikprozesse schwer nachvollziehbar und intransparent. Wie sollen sich die Bürger mit einem derartigen Prozess identifizieren? Zweitens erfordern die Aushandlungsprozesse sehr viel Zeit und laufen Gefahr, bei Problemen, die zeitnahe Lösungen erfordern, zu schwerfällig und langwierig zu sein.[417] Drittens – und dies ist sicherlich der gravierendste Einwand – werden Entscheidungsprozesse den dafür demokratisch durch Wahlen legitimierten Akteuren – den nationalen Parlamenten und dem Europäischen Parlament – entzogen. Beispielsweise werden Kontrollrechte ausgehebelt und Entscheidungen lassen sich nicht mehr bestimmten Verantwortlichkeiten zuordnen. Auch die Parteien, die keinen direkten Zugang – indirekt evtl. durch Parteifunktionäre, die gleichzeitig Interessenvertreter sind – zu den Politiknetzwerken haben, werden dadurch vom Entscheidungsprozess tendenziell ausgeschlossen. Den Bürgern ist eine derartige Entscheidungsfindung kaum zu vermitteln. Die sachlogisch durchaus sinnvolle Steuerung des komplexen EU-Systems durch Verhandlungen im Mehrebenensystem und Politiknetzwerke verstärkt damit die Legitimationsdefizite der Union. Wie gravierend diese Legitimationsprobleme, die in der Öffentlichkeit unter dem Stichwort Demokratiedefizit diskutiert werden, wirklich sind, wird im folgenden Abschnitt untersucht.

8.3 Legitimitätsquellen und Demokratiedefizit

Mit dem Vertrag von Maastricht 1992/93 und dem Übergang von der Europäischen Gemeinschaft zur Europäischen Union unternahm das Einigungswerk einen qualitativen Integrationssprung: Simultan erfolgten eine Vertiefung der Integration vor allem mit der Währungsunion als Langzeitprojekt und mit der neuen zweiten Säule (Außenpolitik) und dritten Säule (Innen- und Rechtspolitik) des EU-Tempels eine

---

416 Wenngleich nicht generell, da auch hier Entscheidungsblockaden die mühsam ausgehandelten Kompromisse entwerten können.
417 Vgl. zu den Problemen von Mehrebenensystemen und Beschränkungen ihrer Problemlösungskapazitäten detaillierter Grande, 2000, S. 20–24.

Einbeziehung weiterer Bereiche, die bislang außerhalb der Verträge standen. Der Modus der Zusammenarbeit blieb hier zunächst allerdings rein intergouvernemental. Die EU griff mit dem Maastricht-Vertrag weitaus stärker als zuvor in das Leben der Bürger in den Mitgliedstaaten ein, die EU wurde spürbarer. Parallel zum Voranschreiten des Vertiefungsprozesses näherten sich die mittelosteuropäischen Staaten in einem historisch einmalig kurzen – aus ihrer Perspektive aber langen – Anpassungsprozess der EU an. Die eigenen Transformationsanstrengungen, für die sowohl ein Umbau des politischen als auch des wirtschaftlichen Systems erforderlich war, führten zusammen mit diversen EU-Heranführungshilfen zum Erfolg: Im Mai 2004 traten acht mittelosteuropäische Staaten sowie Malta und Zypern der EU bei. Parallel zu diesen Fortschritten verringerte sich die Unterstützung der Bevölkerung für den Integrationsprozess. Das historisch einmalige Projekt eines Verfassungsvertrags scheiterte an den Referenden in zwei Gründungsstaaten der EU, Frankreich und den Niederlanden im Mai 2005.

Umfragen über die Gründe für die Ablehnung sind keineswegs nur Ausdruck von Unzufriedenheit mit der eigenen Regierung, der man auf europäischer Ebene einen „Denkzettel" verpassen kann, sondern auch eine Skepsis gegenüber Vertiefung und Erweiterung der EU.[418] Die mangelnde Akzeptanz der EU besitzt zahlreiche Ursachen: Einerseits fürchten viele Bürger den Verlust ihres sozialen Status durch Arbeitsmarktkonkurrenz, andererseits wird der EU der Vorwurf gemacht, sie sei undemokratisch bzw. sie habe ein *Demokratiedefizit*. Vereinfacht ausgedrückt argumentieren die Kritiker des Demokratiedefizits, dass erstens eine allmächtige bürokratische Zentrale in Brüssel intransparent, zentralistisch und an den realen Bedürfnissen vorbei regiere. Zweitens wird argumentiert, dass die Bürger keine direkten Möglichkeiten hätten, ihren Willen politisch zum Ausdruck zu bringen und an der Politik zu partizipieren.

Das Misstrauen und die Kritik an Tempo und Intensität des europäischen Integrationsprojektes bedeuten ein Ende der jahrzehntelangen stillschweigenden Duldung und der passiven Haltung zum Integrationsprozess seitens der nationalen Bevölkerungen. Diese von Lindberg/Scheingold[419] als „permissiver Konsens" bezeichnete Haltung reflektierte einerseits das grundlegende Einverständnis mit dem Integrationsprojekt, andererseits eine Unkenntnis vom oder sogar ein Desinteresse am konkreten Ablauf desselben, solange dessen Eindringtiefe in das tägliche Leben der Bürger über Jahrzehnte weitaus geringer war als heute und die Erfolge der in wirtschaft-

---

418 Vgl. Flash Eurobarometer 171 (post-referendum in France), 172 (post-referendum in The Netherlands), 245 (post-referendum in Ireland), allesamt abrufbar unter: http://ec.europa.eu/public_opinion/archives/flash_arch_en.htm (letzter Zugriff: 4.8.2013).
419 Lindberg, Leon N./Scheingold, Stuart A., 1970: Europe's Would-be Polity. Patterns of Change in the European Community, Englewood Cliffs.

licher Hinsicht eindeutig waren.[420] Allerdings zeigen Studien, dass die Parteien wesentlich positiver zur europäischen Integration stehen als ihre Wähler und argumentieren, dass die Bevölkerung einem „schlafenden Riesen" gleiche, der erst infolge der entstehenden Partizipationsmöglichkeiten aufwache und seinen lang unterdrückten Unmut in einem stärken Maße äußern will. Wie in Kapitel 12 zu den Integrationstheorien dargelegt wird, ist das Demokratiedefizit strukturell bedingt: Bei der Anwendung der äußerst erfolgreichen neofunktionalistischen Integrationsmethode („Methode Monnet") – Integration zunächst im ökonomischen Bereich und Steuerung des Prozesses durch Eliten – blieben Fragen politischer Beteiligung der Bevölkerung seit den 1950er Jahren außen vor.

8.3.1 Die Diskussion über die Legitimität der EU

Im Unterschied zur öffentlichen Diskussion, die um den Begriff Demokratiedefizit kreist, wird in der sozialwissenschaftlichen Fachdiskussion eher von einem Legitimitätsdefizit gesprochen. Legitimität meint die Anerkennung der Rechtmäßigkeit von Herrschaft. Die generelle Frage dabei lautet, wann wird Herrschaft, mit der immer eine Einschränkung der persönlichen Freiheit verbunden ist, als rechtmäßig, als legitim angesehen. Nur eine legitime Herrschaft, so der Soziologe Max Weber, führe zu einer „Folgebereitschaft", wodurch die Funktionsfähigkeit eines Systems und seine Stabilität garantiert seien. Legitimität ist ein weit umfassenderer Begriff als Demokratie, da Legitimität wie im Folgenden deutlich werden wird, aus verschiedenen Quellen gespeist werden kann, von denen Demokratie eine zentrale, aber nicht die einzig mögliche ist.[421] In den Sozialwissenschaften existiert, wie so oft bei Schlüsselbegriffen, kein Konsens über den Legitimitätsbegriff bzw. weder darüber, wie Legitimität empirisch nachgewiesen, noch wie sie geschaffen werden kann.[422] Zwei entgegengesetzte Positionen der Diskussion sollen im Folgenden kurz dargestellt werden.

Position 1: Da die EU im Wesentlichen eine zwischenstaatliche Organisation darstellt, reicht die indirekte Legitimität aus.

In der Diskussion über die Legitimitätserfordernisse und ein Demokratiedefizit der EU spielen die unterschiedlichen Auffassungen über den Charakter der EU eine

---

420 So argumentieren auch Kohler-Koch, Beate/Conzelmann, Thomas/Knodt, Michèle, 2004: Europäische Integration – Europäisches Regieren, Wiesbaden, die Autoren übersetzen „permissiver Konsens" mit „wohlwollendem Einverständnis", S. 207. Vgl. Eijk, Cees van der/Franklin, Mark N., 2004: Potential for Contestation European Matters at National Elections in Europe, in: Marks, Gary/Steenbergen, Marco R. (Hrsg.): European Integration and Political Conflict. Cambridge: Cambridge University Press, S. 32–50 (47ff.).
421 Max Weber unterscheidet in seinem berühmten Werk „Wirtschaft und Gesellschaft" drei Typen legitimer Herrschaft: Traditionale, Charismatische und rationale Herrschaft, wobei letztere an die Befolgung von Gesetzen gebunden ist, also „Legalität" besitzt. Weber, Max, 1980: Wirtschaft und Gesellschaft. Grundriss der verstehenden Soziologie, Tübingen, 5. Aufl. (Erstausgabe: 1922).
422 Vgl. hier zum Begriff und zu verschiedenen Konzepten: Höreth, Marcus, 1999: Die Europäische Union im Legitimationstrilemma, Baden-Baden, insbesondere S. 75–81 und Westle, Bettina, 1999: Politische Legitimität, Baden-Baden.

wichtige Rolle. Wird die EU aus Perspektive des Intergouvernementalismus[423] als bloße intergouvernementale Zusammenarbeit zwischen souveränen Nationalstaaten oder aus staatsrechtlicher Perspektive als *Zweckverband* oder *Staatenverbund*[424] wahrgenommen, so besteht kein Demokratiedefizit, und die formale Legitimität der EU ist mit der Unterzeichnung und Ratifikation der Verträge durch die nationalen Parlamente ausreichend. Die EU wäre aus dieser Perspektive lediglich eine, wenngleich besonders dichte und umfassende, internationale Organisation. Ihre Legitimität bezöge sie über die demokratisch gewählten nationalstaatlichen Vertreter, insbesondere die demokratisch gewählten Regierungen, die im Europäischen Rat und im Rat repräsentiert seien. Die Bevölkerungen würden von den nationalen Parlamenten direkt repräsentiert, die ihrerseits Kontrolle über die Regierungen und damit über die EU-Ebene ausübten. Die unbestreitbare Legitimität der Mitgliedstaaten reiche auch für die EU-Ebene aus. Das Europäische Parlament sei eine zusätzliche, aber letztlich nicht wirklich notwendige Institution und für die Interessenrepräsentation der Bürger zweitrangig.[425] Im Grunde genommen, so der Tenor, existiere kein Legitimitäts- und damit kein Demokratiedefizit.

Position 2: Die EU benötigt eine eigene Legitimität, die Legitimitätsquellen der EU reichen aber nicht aus.

Wie im dritten Kapitel gezeigt werden konnte, ist die EU mehr als eine internationale Organisation und besitzt durch supranationale Institutionen eine eigene Qualität als politisches System jenseits des Nationalstaates. Das Initiativrecht der EU-Kommission kann zur Triebfeder für eine Vertiefung der Integration werden. Spätestens mit der Ausweitung der Kompetenzen und Zuständigkeiten der EU durch den Maastricht-Vertrag ist die Vorstellung von einer bloßen Zweckgemeinschaft von der Realität überholt worden. Wolfgang Merkel[426] argumentiert, dass es gerade die zunehmende Einführung von Mehrheitsentscheidungen im Rat ist, die zu einem Demokratie-Effizienz-Dilemma führt. Bei Mehrheitsentscheidungen, so führt Merkel aus, können die siegreichen Staaten in die unterlegenen Staaten hineinregieren, auch wenn deren Vertreter den Beschluss vorher abgelehnt hätten. Dazu seien die Vertreter der siegreichen Staaten aber von niemandem legitimiert, was demokratietheoretisch problematisch sei (s. auch Kap. 4.3). Ein Dilemma ergibt sich nun daraus, dass ohne Mehrheitsentscheidungen die Effizienz der EU nicht gewährleistet werden kann. Die Systemqualität der EU hat in den letzten 20 Jahren zweifellos gerade durch die Ausweitung der Mehrheitsentscheidungen zugenommen, auch wenn die Union nach wie vor kein Staat ist und einige Bereiche deutlich weniger integriert sind. Ein anderes Argument der Kritiker ist, dass die zunehmende Verlagerung von

---

423 Vgl. hier zu den Integrationstheorien Kapitel 12.
424 Vgl. hier Kap. 3 zur kategorialen Einordnung der EU.
425 Vgl. Kohler-Koch/Conzelmann/Knodt, 2004, S.196–198.
426 Merkel, Wolfgang, 1999: Die Europäische Integration und das Elend der Theorie, in: Geschichte und Gesellschaft (2) 1999, S. 302–338 (320–321).

Kompetenzen auf die europäische Ebene, die nationalen und die subnationalen (in Deutschland die Länderparlamente) entwerte, da ihnen nur noch Restkompetenzen blieben und im Nachhinein europäische Entscheidungen – in der Regel Ergebnis komplexer Kompromisse zwischen Mitgliedstaaten und Institutionen – kaum noch rückgängig gemacht werden könnte.

Aus der Perspektive dieses Einführungsbandes, wonach die EU ein politisches System ist, stellt sich die Frage nach der Legitimität bzw. einem Defizit an Demokratie gerade vor dem Hintergrund mangelnder Akzeptanz des Integrationsprojekts in den Mitgliedstaaten. Zugespitzt lautet die Frage: Auf welchen Grad an Legitimität und auf welche Legitimitätsquellen stützt sich das aus Nationalstaaten bzw. deren territorialen oder funktionalen Einheiten, supranationalen sowie gesellschaftlichen Akteuren zusammengesetzte Mehrebenensystem der EU?

Wie oben ausgeführt, lassen sich also zwei gegensätzliche Positionen im Hinblick auf die Legitimitätsfrage unterscheiden: Zum einen wird bestritten, dass die EU eigene Legitimitätsquellen benötige, da sie ja kein Staat, sondern eine internationale Organisation sei. Zum anderen wird argumentiert, dass die EU als politisches System durchaus eine eigene Legitimität benötige, deren Herstellung jedoch aufgrund ihres besonderen Charakters schwierig sei. Wir wollen uns im folgenden Abschnitt drei mögliche Legitimitätsquellen für die EU anschauen.

8.3.2 Drei Legitimitätsquellen für die EU

Staaten und politische Gemeinwesen können Legitimität aus unterschiedlichen Quellen schöpfen. Im Hinblick auf die EU stellen sich die beiden folgenden Fragen: Welche Legitimitätsquellen besitzt die EU bzw. wo können Unterschiede zur territorial definierten Legitimität des Nationalstaates ausgemacht werden? Reichen die Legitimitätsquellen der EU angesichts der Integrationsfortschritte aus, um dauerhafte Unterstützung des Integrationsprozesses zu erreichen?

Im Folgenden werden mit der Input-, der Output-Legitimität und der historisch gewachsenen Identität drei mögliche grundlegende Legitimitätsquellen der EU unterschieden und diskutiert.

a) Input-Legitimität über Partizipation

Die *Input*-Dimension des politischen Systems umfasst alle Möglichkeiten der Bürger, sich direkt am politischen Prozess zu beteiligen und dadurch ihre Forderungen und Wünsche in das politische System einzuspeisen. Der Begriff Input geht auf die Systemtheorie zurück.[427] Die Systemtheorie hat ein universelles Funktionsmodell politischer Systeme aufgestellt. In diesem Kreislaufmodell treten die Bürger bzw. deren Vertretungen an die Institutionen mit Forderungen und Zielen heran. Funktioniert das System, so bearbeiten die verschiedenen Institutionen (Parlament, Regierung

---

427 Bereits in Kap. 3 wurde das systemtheoretische Modell vorgestellt.

usw.) diese Forderungen, womit sie sich in der Terminologie der Systemtheorie responsiv verhalten. Fritz Scharpf[428] bezeichnet die Input-Legitimation als „Herrschaft durch das Volk" und die Output-Legitimation als „Herrschaft für das Volk". Der *Output* des Systems sind daher die konkreten Gesetze, hoheitlichen Entscheidungen und Maßnahmen, die im Endergebnis die Reaktion auf die Forderungen darstellen. Dieser Output führt wiederum zu Reaktionen, zu neuem Input.[429] Werden die Forderungen der Bürger, vermittelt über Institutionen (wie z.B. Parteien), Interessengruppen oder durch demokratische Verfahren (Wahlen), durch das System bearbeitet und führen sie zu akzeptablen Ergebnissen, so genießt das System Unterstützung und Legitimität. Von David Easton stammt die wichtige Unterscheidung von spezifischer und diffuser Unterstützung (*support*), die auch für die Akzeptanz der EU von zentraler Bedeutung ist. Unter spezifischer Unterstützung ist nach Easton diejenige Unterstützung zu verstehen, die sich aus der Zufriedenheit mit den konkreten Ergebnissen der Politik ergibt. Die Leistung – der Output in der Terminologie Eastons – wird am individuellen Nutzen gemessen und führt zu kurzfristiger Unterstützung.[430] Die diffuse Unterstützung ist hingegen leistungsunabhängig, sie verweist auf eine prinzipielle Unterstützung, die daher in der Regel länger anhält und die eine *Folgebereitschaft* im Sinne Max Webers schafft. In anderen Worten: Liegt eine diffuse Unterstützung vor, so besitzt ein System langfristig Legitimität und damit Stabilität.

Kennzeichen aller demokratischen Systeme ist die freie, gleiche und geheime Wahl der Herrschenden durch die Bevölkerung. Die Regierungen der Mitgliedstaaten gehen in den parlamentarischen Regierungssystemen aus den Wahlen der nationalen Parlamente hervor und können von den jeweiligen Volksvertretungen auch abberufen werden oder sie werden, wie im Falle präsidentieller und semipräsidentieller Systeme, direkt durch den Wähler gewählt. Eine derart direkt, über demokratische Wahlen legitimierte Herrschaft gibt es in der EU nicht. Wie bereits angemerkt, sind die Mitglieder des Rates als Vertreter der Mitgliedstaaten direkt auf der nationalen Ebene durch Wahlen legitimiert, und damit indirekt auf der europäischen Ebene. Die Partizipation der Bürger auf der europäischen Ebene erfolgt damit indirekt über nationale Wahlen. Bei diesen spielen allerdings europäische Themen weniger eine Rolle. Weder die Spitzenkandidaten der großen Parteien noch die nationalen Medien griffen bisher europäische Themen im Wahlkampf auf. Dies hat sich im Kontext der Staatsschuldenkrise freilich geändert, es ist aber fraglich, wie anhaltend dieser Trend

---

428 Scharpf, Fritz W., 1999: Regieren in Europa. Effektiv und demokratisch? Frankfurt a.M.
429 Komplexer wird das Modell noch durch externe Einflüsse, die auch durch den Kern des Systems, die politischen Institutionen bearbeitet werden müssen.
430 Kohler-Koch/Conzelmann/Knodt, 2004, S. 201–202.

8.3 Legitimitätsquellen und Demokratiedefizit

ist. Gravierender ist die Tatsache, dass die Legitimationskette der nationalen Wahlen zu lang ist und zu mehr Prinzipal-Agent-Problemen führt.[431]

Die Input-Legitimität mittels Wahlen ist im Vergleich auf der EU-Ebene geringer als in den Mitgliedstaaten der EU. Kann das vorhandene Defizit an Input-Legitimität durch die Existenz des Europäischen Parlaments kompensiert werden? Kurz: Sichert das EP dem System ausreichende Input-Legitimität?

Das einzig direkt gewählte Organ ist das EP. Wie aber aus der Analyse in Kap. 4 zu den Institutionen hervorgeht, hat das EP zwar deutlich an Kompetenzen in den letzten Jahren hinzugewonnen, doch besitzt es keine Wahlfunktion wie, wie im parlamentarischen System, das Haushaltsrecht ist eingeschränkt und das Initiativrecht liegt bei der Kommission. Schwach bleibt die Mitwirkung an der GSVP.

Die Wahlbeteiligung zum EP ist seit den ersten Wahlen 1979 bis 2009 kontinuierlich zurückgegangen. Bei den letzten Europawahlen betrug die durchschnittliche Beteiligung nur noch 43,1 Prozent, wobei die Beteiligung in den einzelnen Staaten sehr unterschiedlich ausfiel: Sie erreichte ihren Tiefpunkt von 17 Prozent in der Slowakei, betrug in Deutschland mit 43 Prozent zum zweiten Mal seit 1999 weniger als 50 Prozent. Hingegen war sie mit knapp über 90 Prozent in Luxemburg und Belgien aufgrund der dortigen Wahlpflicht am höchsten.[432] Die Gründe für die geringe durchschnittliche Beteiligung an den Wahlen zum EP sind vielfältig:

Erstens sind es die von der Wahlforschung herausgearbeiteten situativen Faktoren, wie z.B. EU-Skandale vor den Wahlen, ja sogar das Wetter und der Wahltag spielten eine Rolle.

Zweitens herrschen in vielen Ländern ein geringes Interesse, mangelnde Identifikation mit der EU oder sogar Nichtwissen über die Rolle des EP vor.

Drittens kommt eine wenig effektive Wahl- und Mobilisierungskampagne für die EP-Wahlen hinzu. Der geringe Erfolg der Mobilisierung wird häufig damit erklärt, dass die Menschen die Europawahlen als „second-order national elections"[433] („nationale Nebenwahlen") auffassen und dementsprechend den Gang zur Wahlurne

---

431 Je länger die Legitimationsketten, desto geringer die Kontrollmöglichkeiten und desto höher die Kontrollkosten. Damit wird auf der prozeduralen Ebene der Lobbyismus gestärkt und das sog. "Spiel über Bande" ermöglicht. „Lange Legitimationsketten können den Anreiz schwächen, sich über EU-Themen zu informieren. Der Zugang zu den Entscheidungsträgern wird schwieriger, das Gewicht der einzelnen Stimme kann abnehmen und der Anteil an eventuellen Verbesserungen ebenfalls." Henke, Christian (2010): Plädoyer für kürzere Legitimationsketten in der Europäischen Union, in: Europarecht, Bd. 45, Heft 1, Baden-Baden, S. 118–136 (124).
432 Vgl. für die Wahlen 2004: Tenscher, Jens, 2005: Mit halber Kraft voraus! Parteienkampagnen im Europawahlkampf 2004, in: ders. (Hrsg.): Wahl-Kampf um Europa, Wiesbaden, S. 30–55. Eine Übersicht über die Faktoren, die eine erhöhte Wahlbeteiligung zum Europäischen Parlament garantieren, liefern: Franklin, Mark N./Eijk, Cees van der/Oppenhuis, Erik, 1996: The Strategic Context: Party Choice, in: Eijk, Cees van der/Franklin, Mark. N (Hrsg.): Choosing Europe? The European Electorate and National Politics in the Face of Union. Ann Arbor, Michigan: University of Michigan Press, S. 332–365 (328ff.).
433 Reif, Karlheinz/Schmitt, Hermann, 1980: Nine Second-Order National Elections – A conceptual Framework for the Analysis of European Election Results, in: European Journal of Political Research, Jg. 8, Heft 1, S. 3–45.

vermeiden. Die Vertreter dieser Position[434] kommen zu dem Schluss, dass die Wähler nicht das Gefühl haben, dass ihre Stimme eine bestimmte Machtkonstellation auf europäischer Ebene beeinflusst bzw. ein Fernbleiben ein anderes Ergebnis hervorbringen würde als der Gang zur Wahlurne.[435] Es gibt aus Sicht dieser Wähler bzw. Nichtwähler keinen europäischen Wettbewerb um politische EU-Ämter, die Gewinner (Regierung) und Verlierer (Opposition) hervorbringt,[436] so dass die politischen Folgen bei der Stimmabgabe für jeden Wähler schwieriger zu bestimmen sind als bei nationalen Parlamentswahlen.

Viertens muss man berücksichtigen, dass die europäische Wahlbeteiligungsquote durch die 2004 neu aufgenommen osteuropäischen Länder, die sich auf nationaler Ebene durch eine chronisch schwache Partizipation auszeichnen, rückläufig ist.

Fünftens wird die sinkende Wahlbeteiligung damit erklärt, dass die Menschen eben gerade durch Nichtwahl ihre negative Haltung zur europäischen Integration äußern wollen.[437]

Sechstens wird für den mangelnden europäischen Charakter der Europawahlen angeführt, dass ein genuines europäisches Parteiensystem nur in Ansätzen existiert. Zwar gibt es den *rechtlichen Status einer politischen Partei auf europäischer Ebene*, und der EU-Vertrag erwähnt in Art. 10 Abs. 4 die Parteien und ihre Bedeutung für die europäische Willensbildung und Entscheidungsfindung. Darüber hinaus definiert eine Verordnung von Parlament und Rat aus dem Jahr 2003[438] die Voraussetzungen für den Status einer politischen Partei auf europäischer Ebene, nämlich Rechtspersönlichkeit in dem Mitgliedstaat, in dem sie ihren Sitz hat, Mitglieder in den Parlamenten wenigstens eines Viertels der Mitgliedstaaten sowie Wahlergebnisse bei den vergangenen Europawahlen von mindestens drei Prozent der Stimmen in wenigstens einem Viertel der Mitgliedstaaten usw. Aber trotzdem sind die europäischen Parteien vergleichsweise lockere Parteiverbände, deren geringer Organisationsgrad alle vier Jahre anlässlich der Europawahlkämpfe deutlich wird, die fest in der Hand der

---

434 Vgl. Z.B. Follesdal, Andreas/Hix, Simon, 2006: Why There is a Democratic Deficit in the EU: A Response to Majone and Moravcsik, in: Journal of Common Market Studies, Vol. 44, No. 3, S. 533–562 (552).
435 Auch der langjährige Rechtsexperte des Ministerrates Jean-Claude Piris sieht das ähnlich: "Wer an den Wahlen zum Europäischen Parlament teilnimmt, hat nicht das Gefühl, politische Entscheidungen auf europäischer Ebene zu beeinflussen: Die geringe Wahlbeteiligung dürfte sich hieraus erklären." Piris, Jean-Claude, 2000: Hat die Europäische Union eine Verfassung? Braucht sie eine? in: Europarecht, Jg. 35, Heft 3, S. 311–350 (342).
436 Vgl. Hix, Simon, 2008: What`s Wrong with the European Union and How to Fix It. Cambridge: Polity Press, S. 76ff.
437 Diese Position vertreten u. a. Blondel, Jean/Sinnott, Richard/Svensson, Palle, 1998: People and Parliament in the European Union. Participation, Democracy and Legitimacy. Oxford: Oxford University Press, S. 222–236 sowie Stockemer, Daniel, 2012: Citizens' support for the European Union and participation in European Parliament elections, in: European Union Politics, Jg. 13, Heft1, S. 26–46.
438 Europäische Gemeinschaft, 2003: Verordnung des Europäischen Parlaments und des Rates vom 4. November 2003 über die Regelungen für die politischen Parteien auf europäischer Ebene und ihre Finanzierung, VO 2003/2004/EG.

nationalen Parteien liegen (vgl. Kapitel 4.2.1 zu den Europawahlen). Wie aber steht es mit einer europäischen Zivilgesellschaft?

Eine europäische Zivilgesellschaft?
Zunächst soll der Begriff der Zivilgesellschaft geklärt werden. Es existiert kein einheitliches Konzept der Zivilgesellschaft, und die vorhandenen Konzepte besitzen verschiedene ideengeschichtliche Ursprünge.[439] Gemeinsam ist allen Konzepten, dass sie die Zivilgesellschaft als die Gesamtheit der vom Staat autonomen Gruppen verstehen, die auf freiwilliger Basis selbst organisiert Einfluss im politischen System ausüben wollen. Diese Gruppen verfolgen nicht ausschließlich private Zwecke (wie Individuen oder Familien) oder rein wirtschaftliche Motive (wie Unternehmen). So unterschiedlich die Interessen beispielsweise von NRO wie Menschenrechtsorganisationen, Umwelt- und Frauengruppen auch sind, so teilen diese Gruppen doch einen *zivilen* Minimalkonsens, basierend auf Werten wie Gewaltfreiheit, Toleranz und Gemeinsinn. Zivilgesellschaftliche Gruppen eröffnen Partizipationsmöglichkeiten für die Bürger und binden diese daher in das System ein (integrative Funktionen). Alexis de Tocqueville bezeichnet sie sogar als „Schulen der Demokratie" da sie zur Vertrauensbildung beitragen und Kompromissfähigkeit vermitteln würden. Andere Autoren sehen die Zivilgesellschaft vor allem im Input-Bereich verortet oder schreiben ihr eine *Wachhund-* oder *Warnfunktion* im Falle autoritärer Entwicklungen oder im Falle einer groben Vernachlässigung von Bürger- und Gemeinwohlinteressen zu.

Eine europäische Zivilgesellschaft[440] ist vor allem aus drei Gründen bislang schwach ausgebildet: Erstens trennen Sprach- und Kulturunterschiede die nationalen Bevölkerungen voneinander und verhindern die Entstehung eines öffentlichen Raumes. Die EU ist keine Kommunikationsgemeinschaft, stellt Kielmansegg[441] lapidar fest. Es fehle an einer allgemein anerkannten Verkehrssprache. Nur in Nischen, wie z.B. durch den deutsch-französischen TV-Kulturkanal Arte in Straßburg verwirklicht, findet sich ein europäisches Mediensystem.[442] Lediglich auf Elitenebene existieren spezifische Öffentlichkeiten, in denen ein reger Austausch von Meinungen stattfindet, die auch zu gemeinsamem Handeln führen können.[443] Zweitens ist die europäische Identität nur schwach ausgeprägt (vgl. Abschnitt c), trotz eines grundsätzlichen Wertekonsenses. Drittens, und dies wurde bereits angemerkt, erschwert das komple-

---

439 Zu den verschiedenen historischen Traditionen vgl. Merkel, Wolfgang (Hrsg.), 2000: Systemwechsel, Bd. 5: Zivilgesellschaft und Transformation, Opladen.
440 Vgl. die verschiedenen Beiträge zur Zivilgesellschaft in Kohler-Koch, Beate; De Bièvre, Dirk; Maloney, William (Hrsg.), 2008: Opening EU-Governance to Civil Society: Gains and Challenges. Mannheim: CONNEX.
441 Kielmansegg, Peter Graf, 1996: Integration und Demokratie, in: Jachtenfuchs, Markus/Kohler-Koch, Beate, (Hrsg.): Europäische Integration, Opladen, S. 49–76 (58).
442 Vgl. hier und für die folgenden Argumente: Gellner, Winand/Glatzmeier, Armin, 2005: Die Suche nach der europäischen Zivilgesellschaft, in: Aus Politik und Zeitgeschichte (36) 2005, S. 8–15 (13).
443 Wie bereits beim Verfassungsvertrag im Jahr 2005 lässt sich bei der Eurokrise beobachten, dass Einzelne in nationalen Medien auf Beiträge in anderen nationalen Medien reagieren und dadurch Ideen und Positionen austauschen.

xe Mehrebenensystem der EU den Zugang zu Entscheidungs- und Willensbildungsprozessen in der EU und macht durch Inklusion nur einiger besonders gut organisierter Gruppen in bestimmte Netzwerke die Abgrenzung zwischen Staat und Zivilgesellschaft schwierig.[444] Diese strukturellen Hindernisse führen dazu, dass die organisierten Interessen, und hier insbesondere Interessengruppen und Dachverbände mit klaren wirtschaftlichen Interessen, die Zivilgesellschaft auf europäischer Ebene dominieren: Von 735 in der Datenbank CONECS, die Grundlage für die Einbindung der Zivilgesellschaft in den Verfassungskonvent war, enthaltenen Gruppen gehören allein 472 zu dieser Teilmenge.[445] Es sind neben den wirtschaftlichen Interessenverbänden vor allem die großen, auch international tätigen NRO, die Zugang zum EU-System finden.[446] Eine europäische Zivilgesellschaft, so das Fazit dieses Abschnittes, existiert nur in Ansätzen.

b) Legitimität durch Leistung?

Die Unterstützung für politische Systeme hängt auch von deren Leistungen ab. Wie zuvor erwähnt, wird aus systemtheoretischer Perspektive diese Art der Legitimität auch als Output-Legitimität bezeichnet und definiert sich nach Scharpf[447] über die gemeinsamen Interessen und Probleme, zumal diese Form der Legitimation keine kollektive Identität voraussetzt. Auch wenn die Zufriedenheit mit der Leistung eines Systems eher spezifische Unterstützung schafft, so ist sie durchaus wichtig, da auf die Dauer eine Nichterbringung von Leistungen einen Verlust an diffuser Unterstützung erwarten lässt. Möglicherweise kann eine überragende Leistung eines Systems, z.B. durch hohe wirtschaftliche Wachstumsraten, von denen die Mehrheit der Bevölkerung auch profitiert, einen Mangel an Input-Legitimität, z.B. bezüglich demokratischer Verfahren, kompensieren.[448]

Grundsätzlich lassen sich mit Wohlfahrt und Sicherheit zwei zentrale Leistungsfelder unterscheiden. Die historische Legitimation der europäischen Integration bestand in den Vorteilen eines gemeinsamen Marktes – europäische Integration wurde von vielen mit der EWG, der Wirtschaftsgemeinschaft gleichgesetzt. Wirtschaftliches Wachstum und zunehmende Wohlfahrt für die Mehrheit der Bevölkerung bis hin zum Ausbau der sozialen Netze, dessen Höhepunkt in den 1970er Jahren erreicht wurde, legitimierten den Integrationsprozess. Hinzu kamen seit den 1980er Jahren umfangreiche EU-Förderprogramme für zahlreiche Regionen mit EU-unterdurchschnittlichem Wirtschafts- und Sozialniveau.

---

444 Gellner/Glatzmeier, 2005, S. 14.
445 Ebd.
446 Siehe zum Thema Interessenvertretung auch Kap. 4, insbesondere 4.6.3 in diesem Band.
447 Scharpf, Fritz, 1999: Regieren in Europa. Effektiv und demokratisch? Frankfurt: S. 20f.
448 Dies kann ein Grund für die Stabilität Chinas sein, weite Teile der Bevölkerung verhalten sich zumindest loyal gegenüber dem undemokratischen System aufgrund seiner Leistungsfähigkeit. Allerdings kommen weitere Faktoren, wie vor allem die staatlichen Repressionen gegen jede Art politischer Opposition hinzu. Es bleibt abzuwarten, inwieweit dauerhaft Stabilität erreicht werden kann, gerade wenn die Leistung einmal nachlassen sollte.

8.3 Legitimitätsquellen und Demokratiedefizit

Im Bereich der Sicherheit war das Resultat der Integration eine Friedensgemeinschaft. Zumindest der westliche Teil Europas durchlebte eine historisch einmalig lange Periode des Friedens von mittlerweile über 60 Jahren (s. Kap. 11). Beide Legitimationsstränge – Wirtschafts- und Wachstumsgemeinschaft auf der einen sowie Friedensgemeinschaft auf der anderen Seite – sind nach wie vor wichtige Begründungen für die Unterstützung der europäischen Integration. Allerdings bestehen in vielen Ländern Zweifel am ökonomischen Nutzen der EU. Die Skepsis zeigt sich besonders im Hinblick auf die Währungsunion und die damit verbundene Euro-Einführung, gerade in Deutschland. Vielen EU-Bürgern sind die Vorteile der wirtschaftlichen Integration und der gemeinsamen Währungs- und Außenwirtschaftspolitik nicht klar. Die EU wird hingegen, auch von vielen Politikern in den Nationalstaaten, häufig für Krisen und hausgemachte Probleme sowie innenpolitische Versäumnisse verantwortlich gemacht. Die EU befindet sich in einer Sündenbock-Rolle. Wissenschaftliche Untersuchungen über den Nutzen und die Kosten der EU sind äußerst schwierig, da aufgrund einer Vielzahl von Faktoren – nationale Wirtschafts- und Sozialpolitik, Außenhandel usw. – kausale Beziehungen selten eindeutig nachgewiesen werden können. Für Deutschland kommt die erste seit den 1980er Jahren durchgeführte Studie zu dem eindeutigen Befund, dass der Nutzen aus der EU-Mitgliedschaft sowohl unter ökonomischen als auch politischen Erwägungen die Kosten deutlich übersteigt.[449] Von der EU erwarten die Bürger angesichts einer oftmals als Bedrohung empfundenen Globalisierung und des Binnenmarkts stärkeren Schutz bzw. Anstrengungen zur Bewahrung der sozialen Sicherheit. Wie im Kapitel 9 zur Sozialpolitik deutlich wird, ist die EU im Bereich der Sozialpolitik durchaus aktiver geworden, doch hat dies nicht dazu beigetragen, das Image der EU als *Katalysator der Globalisierung* zu vermeiden.

Demgegenüber wird das – zutreffende – Bild der Friedensgemeinschaft insbesondere von der älteren Generation, die noch Erinnerungen an die Kriegs- oder zumindest die Nachkriegszeit hat, betont. Für die jüngere Generation[450] ist der Frieden in Westeuropa eine kaum noch erwähnenswerte Selbstverständlichkeit. Das Argument Friedensgemeinschaft kann daher kaum noch diffuse Unterstützung erreichen. Auch das massive EU-Engagement und die stabilisierende Rolle der EU auf dem Balkan haben für die generelle Akzeptanz der EU keine maßgebliche Bedeutung. Dies kann zum einen an mangelndem Wissen über die umfangreichen Stabilisierungsversuche und die außenpolitische Rolle der EU, zum anderen an der großen Distanz außenpo-

---

449 Wessels, Wolfgang/Diedrichs, Udo (Hrsg.), 2006: Die neue Europäische Union: im vitalen Interesse Deutschlands? Studie zu Kosten und Nutzen der Europäischen Union für die Bundesrepublik Deutschland, Berlin, kostenloser Download unter: http://europaeische-bewegung.de/fileadmin/files_ebd/PDF-Dateien/EBD-EUD-Studie-Vital-endg.pdf (letzter Zugriff: 1.8.2013).

450 Eine Untersuchung des Meinungsforschungsinstituts Allensbach über die Einstellung gerade von Jüngeren zur EU zeigt, dass Gleichgültigkeit überwiegt. Die Anzahl derjenigen in der Altersgruppen bis 30 Jahre, die keine Interesse an Entscheidungen des EP haben, war doppelt so hoch wie in der Gruppe der über 60jährigen, vgl. Frankfurter Allgemeine Zeitung vom 21. Mai 2008, S. 5.

litischer Ereignisse zur individuellen Lebensrealität liegen.[451] Hieraus folgt: Die Outputs, die Leistungen der EU, reichen als Legitimitätsquelle nicht aus, auch wenn sie in der Geschichte der Integration eine große Rolle spielten, phasenweise sogar entscheidend für die Unterstützung des Einigungsprojektes waren (vgl. den 8.3.3).

c) Legitimität aufgrund einer europäischen Identität?

Mit Identität ist ein grundlegendes Zusammengehörigkeitsgefühl, ein *Wir-Gefühl* gemeint. Identität kann sich dabei u.a. auf eine gemeinsame Geschichte und Kultur oder Abstammung gründen. Sie ist dabei nicht selbstverständlich oder naturgegeben, sondern sozial konstruiert, d.h. wann welche Identität sich herausbildet ist Teil eines bestimmten, oftmals bewusst gesteuerten, historischen Prozesses. Benedict Anderson[452] spricht daher von „imagined communities", vorgestellten Gemeinschaften. Die nationale deutsche Identität entspringt beispielsweise einem langen historischen Prozess, in dem Intellektuelle wie Herder, Fichte u.a. im 19. Jahrhundert eine wichtige Rolle gespielt haben. Identität ist, historisch betrachtet, territorial definiert, wobei sich nationale, regionale, lokale Identitäten voneinander unterscheiden lassen. Identität bedeutet auf der einen Seite ein Zusammengehörigkeitsgefühl einer Gemeinschaft, auf der anderen Seite auch Abgrenzung. Durch die Zuschreibung von Identitätsmerkmalen wird die Abgrenzung des *Wir* von den *Anderen* erst möglich. Über das Zusammengehörigkeitsgefühl und die Gemeinsamkeit schafft Identität eine Möglichkeit, Legitimität zu erhalten. Eine EU-Identität ist im Vergleich zu nationalen oder regionalen Identitäten nur schwach ausgeprägt. Die EU-Identität kann mit Frank Pfetsch[453] als Residual- oder Teilidentität begriffen werden, die (noch?) keine primäre Legitimitätsquelle darstellen kann (s. zur Wertediskussion auch Kap. 7).

8.3.3 Empirische Legitimität

Bereits in der Einleitung zu diesem Kapitel wurde argumentiert, dass die Akzeptanz der EU zurückgeht bzw. in vielen Mitgliedstaaten eine Skepsis gegen Vertiefung und Erweiterung der EU vorherrscht. Dies bedeutet allerdings keineswegs, dass die EU-Bürger die europäische Integration prinzipiell ablehnten oder, anders ausgedrückt, ihr die diffuse Unterstützung versagten. In diesen Fällen wären weitere Integrationsschritte nicht möglich. Die empirische Legitimität lässt sich mittels der Auswertung von Umfragedaten erfassen. Dabei muss es darum gehen, Langzeittrends zu identifizieren. Einzelumfragen sind als Momentaufnahmen weniger geeignet, da die jeweils spezifische Situation – Krise, politischer Skandal oder eine Korruptionsaffäre – die Haltungen zur EU-Integration kurzzeitig stark beeinflussen können. Die Einstellun-

---

451 Dabei existiert durchaus eine starke Unterstützung für eine Außen- und Verteidigungspolitik, vgl. Kap. 9.2.
452 Anderson, Benedict, 2006: Imagined communities: reflections on the origin and spread of nationalism (neu bearbeitete Aufl.), London u.a.
453 Vgl. Pfetsch, Frank R., 2007: Das neue Europa, Wiesbaden, S. 106–107, hier werden verschiedene Identitätskonstruktionen diskutiert.

gen der nationalen Bevölkerungen zur europäischen Integration werden durch das Eurobarometer (s. Kasten 17) systematisch erfasst.

Kasten 17: Das Eurobarometer

Das Eurobarometer ist eine regelmäßige Meinungsumfrage in den Mitgliedstaaten der EU. Sie wird von der Kommission in Auftrag gegeben. Das erste Standard-Eurobarometer wurde 1973 veröffentlicht. Heute erscheint die Standardvariante für alle Mitgliedstaaten im halbjährlichen Rhythmus, im Frühling bzw. im Herbst jeden Jahres. Behandelt werden Fragen zu zentralen Themen der Europäischen Union wie der sozialen Lage, der Gesundheit, zum Umweltschutz, zum Euro usw. Ein besonderes Gewicht haben die Fragen nach dem persönlichen Verhältnis der Bürger zur EU und ihren Organen. Ein typisches Beispiel hierfür ist die Frage, ob die Mitgliedschaft des jeweiligen Heimatlandes in der EU eine gute Sache oder eine schlechte darstelle (vgl. Abb. 6). Für die Standarduntersuchung werden pro Mitgliedstaat etwa 1000 Bürger befragt. Über die Standardvariante hinaus existieren heute andere Formen des Eurobarometers wie spezielle (*Special Eurobarometer*) oder tiefer gehende Studien (*Qualitative Studies*), das Eurobarometer für die Kandidatenstaaten (*Candidate Countries Eurobarometer*, CCEB) und zuletzt die Ad-hoc-Umfrage per Telefon zu speziellen Themen (*Flash Eurobarometer*). Aufgrund der standardisierten Fragen und der langen Zeitreihen durch mittlerweile 40 Jahre seit Beginn der Umfragen 1973, ist das Eurobarometer eine einzigartige Datenbasis für Sozialwissenschaftler, um langfristige Trends in den Einstellungen der Bevölkerungen in den Mitgliedstaaten zu identifizieren und zu vergleichen. Alle Informationen und die Umfragen selbst sind über das Online-Portal der EU verfügbar: *http://ec.europa.eu/public_opinion/index_en.htm*

Da es an dieser Stelle nicht möglich ist, die Daten[454] auch nur ansatzweise darzustellen und zu interpretieren, sollen lediglich einige allgemeine Trends der letzten Jahrzehnte wiedergegeben werden:

1. Im Durchschnitt war eine klare Mehrheit der Befragten zwischen 1984 und 1998 der Meinung, dass die Mitgliedschaft des Heimatlandes Vorteile bringe. Die Nettounterstützung – von den positiven Antworten wurden die negativen abgezogen – war mit Werten zwischen 20 und 45 Prozent hoch.[455] Auch wurde die EU-Mitgliedschaft des Landes von einer Mehrheit der Bürger der Mitgliedstaaten generell „für eine gute Sache" gehalten.
2. Fragen nach dem Vertrauen in europäische Institutionen zeigten, dass sich Vertrauen und Misstrauen in die Institutionen im EU-Durchschnitt die Waage hiel-

---

454 Vgl. grundlegend zu Einstellungen gegenüber der EU: Brettschneider/van Deth/Roller, 2003.
455 Diese und die folgenden Angaben stammen aus Kohler-Koch/Conzelmann/Knodt, 2004, S. 202–206.

ten. Differenziert man nach den Institutionen, so zeigte sich, dass tendenziell dem EP und dem EuGH mehr Vertrauen entgegengebracht wurde als dem Rat und der Kommission. In zahlreichen Ländern war das Vertrauen – auch in Zeiten der Eurokrise – in die EU-Institutionen sogar höher als die entsprechenden Werte für die nationalen Institutionen.[456]

3. Auswertungen von Fragen, die ein Indiz für eine europäische Identität liefern können, brachten unterschiedliche Befunde. Während einerseits eine starke gefühlsmäßige Bindung an Europa konstatiert werden konnte,[457] fanden sich auch Hinweise, dass nur ein kleiner Teil der Europäer sich zuvörderst mit Europa identifizierte.[458] Hier überwogen vielmehr nationale oder regionale Identitäten.

Werden diese hier nur sehr summarisch dargestellten Tendenzen für einzelne Ländergruppen, bestimmte Zeitpunkte[459] und nach soziodemografischen Merkmalen wie Alter, Schulbildung usw. der Befragten differenziert, so zeigen sich große Unterschiede. Hier nur zwei Beispiele: Tendenziell waren die Bürger in den später beigetretenen westeuropäischen Ländern (skandinavische Länder, Österreich, Großbritannien) skeptischer als diejenigen der sechs Gründungsmitglieder. Die EU-Unterstützer waren eher „hoch gebildet, gut informiert, jung und postmaterialistisch ausgerichtet."[460]

Die Daten zeigen keineswegs ein eindeutig ablehnendes Bild der europäischen Integration. Diffuse, einen Legitimitätsglauben widerspiegelnde Unterstützung ist durchaus vorhanden.

Auch Fragen nach der Demokratiezufriedenheit im Hinblick auf die EU lieferten keine eindeutigen Befunde. Auf der Basis des Eurobarometers erhobene quantitative, statistische Analysen[461] zeigen, dass erstens das Interesse an der Frage nach europäischer Demokratie nicht besonders groß ist, und zweitens, dass die Frage des Demokratiedefizits nicht von zentraler Bedeutung für die Unterstützung der EU ist. Maßgeblich waren aus der Perspektive der Bürger die Leistungen der EU. Diese Präferenz der Bürger für eine Output-Legitimität stand damit im Gegensatz zu den kritischen Annahmen des intellektuellen, akademischen und journalistischen Diskurses.

---

456 Trüdinger, Eva-Maria, 2008: Die Europäische Integration aus Sicht der Bevölkerung. Akzeptanz trotz Vielfalt? In: Gabriel, Oscar W./Kropp, Sabine (Hrsg.): Die EU-Staaten im Vergleich, Wiesbaden, 3. Aufl., S. 215–235 (212-224).
457 Trüdinger, 2008, S. 228.
458 Kohler-Koch/Conzelmann/Knodt, 2004, S. 205–206.
459 Wie wichtig der Umfragezeitpunkt ist, zeigten zahlreiche Meinungsumfragen in Frankreich und Niederlanden nach Ablehnung des Referendums oder in Irland nach Ablehnung des Vertrags von Lissabon. Teilweise waren relativ große Mehrheiten für den Verfassungsvertrag bzw. den Reformvertrag, wenige Wochen später wiederum sprachen sich Mehrheiten gegen diese Integrationsschritte aus.
460 Kohler-Koch/Conzelmann/Knodt, 2004, S. 206.
461 Fuchs, Dieter, 2003: Das Demokratiedefizit der Europäischen Union und die politische Integration Europas: Eine Analyse der Einstellungen der Bürger in Westeuropa, in: Brettschneider, Frank/van Deth, Jan/Roller, Edeltraud (Hrsg.), 2003: Europäische Integration in der öffentlichen Meinung, Opladen, S. 29–56 (51).

Wie Umfragen des Eurobarometers seit dem Beginn der Eurokrise 2009 zeigen, ging die Unterstützung für die EU generell zurück. Während im Eurobarometer vom Herbst 2009 noch 48 Prozent der Befragten EU ein eher positives Bild von der EU hatten, sank der Wert auf 30 Prozent bis zum Herbst 2012. Zu diesem Zeitpunkt gaben auch 29 Prozent an, sie hätten ein eher negatives Bild und 39 Prozent sagten ihr Bild, sei weder positiv noch negativ.[462]

Insgesamt liefert die Einstellungsforschung wichtige Hinweise für die Akzeptanz bzw. die Nichtakzeptanz von Integrationsschritten. Aufgrund der Widersprüchlichkeit ihrer Befunde, der immer unterschiedlichen situativen Kontexte und der mannigfachen Interpretationsmöglichkeiten kann sie aber nur Hinweise auf die Fragen, wie viel und welche Art von Legitimität die EU besitzt und wie gravierend ihr Demokratiedefizit ist, geben.

8.4 Reformdiskussion und Überlegungen zu einer Demokratie jenseits der Nationalstaaten

8.4.1 Reformdiskussion

In den letzten fünfzehn bis zwanzig Jahren entstand eine spannende und noch keineswegs abgeschlossene primär wissenschaftliche Diskussion darüber, wie das Legitimations- bzw. Demokratiedilemma aufgelöst werden kann. Hierbei lassen sich zwei grundsätzliche Diskussionsstränge unterscheiden. Zum einen werden institutionelle Reformen innerhalb des bestehenden politischen Systems der EU diskutiert.[463] Dreh- und Angelpunkt dieser inneren Reformvorschläge sind die Aufwertung des EP und Wahl des Kommissionspräsidenten entweder durch das EP oder direkt durch die EU-Bürger. Damit würden praktisch die Prinzipien der repräsentativen Demokratie auf die EU vollständig übertragen. Zum anderen werden neue, jenseits der Nationalstaaten angesiedelte Formen der Demokratie erörtert. Die Grundannahme lautet dabei: Da die EU kein Staat ist, bedarf sie einer überstaatlichen Form von Demokratie jenseits der auf den Nationalstaat begrenzten (und dort durchaus erfolgreichen) repräsentativen Demokratie.

Betrachten wir zunächst die Diskussion über die Stärkung des EP als Möglichkeit, das Demokratie- und Legitimitätsdefizit zu beheben. So wird häufig von den Vertretern einer Demokratisierung des EU-Systems die Aufwertung des EP gefordert. Die europäischen Parteien müssten im Wahlkampf ihre Spitzenkandidaten für das Amt des Kommissionspräsidenten präsentieren können. Damit würde ein Wettbewerb

---

462 Die Daten finden sich unter http://ec.europa.eu/public_opinion/archives/eb/eb78/eb78_first_de.pdf (S. 17 (6.8.2013).
463 Ausgeblendet werden hier die Versuche die Rolle nationaler Parlamente im EU-Entscheidungsprozess zu stärken, wie sie das Protokoll 1 im Lissabon-Vertrag vorsieht. Vgl. auch die vergleichende Untersuchung von Kröger, Sandra/Friedrich, Dawid (Hrsg.), 2012: The challenge of democratic representation in the European Union, Basingstoke.

um politische Macht entstehen, der zu einem europäischen Diskurs in der Öffentlichkeit führen könnte, wer der bessere Kandidat sei.[464] Ferner sollten die spezifisch-institutionellen Europaparlament-Defizite (insb. die Einführung eines europaweiten aktiven und passiven Wahlrechts; Abschaffung der Sperrklauseln, der starren Parteilisten sowie der unterschiedlichen Stimmgewichtung der Unionsbürger) angegangen werden und durch Änderungen im Wahlverfahren oder durch andere Bestimmungen schnell zu beheben sein.

Gegenüber der Idee, die Rechte des Parlamentes noch weiter aufzuwerten, es zu einer machtvollen Institution aufzubauen und somit Input-Legitimität zu kreieren, gibt es durchaus kritische Einwände, die sich keineswegs prinzipiell gegen eine Parlamentarisierung der EU wenden, doch diese wird als nicht ausreichend oder allenfalls als Teillösung betrachtet, um die Legitimationsprobleme zu lösen. Von Heidrun Abromeit[465] wird eingewendet, dass dieser Parlamentarismus nicht auf einer „kollektiven Identität sowie auf einem Mindestmaß an kultureller Homogenität" basiere und es daher weder eine europäische Identität noch ausreichende intermediäre Strukturen – europäische Parteien und eine europäische Zivilgesellschaft – gebe.[466] Daher bestünde die Gefahr, dass es zu einer symbolischen Politik kommt, bei der die Parlamentarier relativ losgelöst von den Bürgern „künstliche Fragen" thematisieren oder, da unkontrolliert, sich mit „mehr oder weniger diskreten Verhandlungen und Kungeleien – wie die nationalen Regierungen in den übrigen europäischen Institutionen"[467] arrangieren werden. Durch Stärkung der Output-Legitimation könnte die Politisierung der Entscheidungen sogar die effektive Umsetzung strittiger Ziele erschweren, die EU im Extremfall lähmen. Es entstünde ein Demokratie-Effizienz-Dilemma.[468] Auch wenn man die Reserviertheit von Heidrun Abromeit gegenüber dem EP nicht teilt, bleibt zu fragen, inwieweit ein reformiertes EP von den Bürgern auch als Ort der Repräsentation betrachtet würde und ob wirkliche europäische Wahlkämpfe entstünden. Das führt zwangsläufig zu einer „Henne-und Ei-Debatte", ob

---

464 Vgl. Follesdal, Andreas/Hix, Simon, 2006: Why There is a Democratic Deficit in the EU: A Response to Majone and Moravcsik, in: Journal of Common Market Studies, Vol. 44, No. 3, S. 533–562 (550).
465 Abromeit, Heidrun, 1997: Überlegungen zur Demokratisierung der Europäischen Union, in: Wolf, Klaus-Dieter (Hrsg.): Projekt Europa im Übergang? Baden-Baden, S. 109–124. Weitere Autoren, die eine Aufwertung des Europäischen Parlaments aufgrund der dieser strukturellen Probleme als kontraproduktiv einstufen, sind: Weiler, Joseph H. H., 1989: Europäisches Parlament, europäische Integration, Demokratie und Legitimation, in: Schmuck, Otto/Wessels, Wolfgang (Hrsg.): Das Europäische Parlament im dynamischen Integrationsprozeß. Auf der Suche nach einem zeitgemäßen Leitbild. Bonn: Europa Union Verlag, S. 73–94 (85). Grimm, Dieter (1995): Braucht Europa eine Verfassung? Vortrag gehalten in der Carl Friedrich von Siemens Stiftung am 19. Januar 1994. München: Carl Friedrich von Siemens Stiftung. S. 45.
466 Ebd., S. 110–111. Zürn sieht das Konzept dieses Einwands jedoch zu statisch: „Auch bei der Etablierung der Territorialstaaten in Westeuropa ging der Aufbau von landesweiten politischen Institutionen der Ausbildung einer nationalen Identität voran." Zürn, Michael, 1996: Über den Staat und die Demokratie im europäischen Mehrebenensystem, in: Politische Vierteljahresschrift, Jg. 37, Heft 1, S. 27–55 (44f.).
467 Ebd., S. 111.
468 Vgl. Dahl, Robert, 1994: A Democratic Dilemma: System Effectiveness versus Citizen Participation. In: A Democratic Dilemma, in: Political Science Quarterly, Jg. 109, Heft 1, S. 23–34 (23ff.).

eine Demokratisierung eine europäische Öffentlichkeit und einen europäischen Demos voraussetzt oder ob diese durch eine Demokratisierung erst entstehen werden.

Abromeit favorisiert zur Lösung des Demokratiedefizits die Einführung momentan vieldiskutierter direktdemokratischer Elemente.[469] Aus der Perspektive der Vertragstheorie schlägt sie vor, dass territoriale Einheiten (z.B. Regionen) oder sektorale Einheiten (verschiedene Gruppen von Betroffenen) bei europäischen Regelungen ein Vetorecht zugesprochen bekommen. Dieses Veto- bzw. Widerspruchsrecht soll aber nicht bei allen Entscheidungen Anwendung finden.[470] Auch Hurrelmann[471] votiert für die Einführung von direktdemokratischen Mechanismen, allerdings nur zur Entscheidung von Sachfragen europäischer Politik, nicht bei komplexen Fragen zur Finalität oder über den Verfassungsvertrag der EU. Die Einführung direktdemokratischer Verfahren überzeugt auf den ersten Blick, doch bedarf es einer Diskussion darüber, in welchen Fällen, mit welchen Mehrheiten entschieden werden soll. Tendenziell entwerten direktdemokratische Verfahren auch die nationalen Parlamente sowie das EP und verzögern Entscheidungsprozesse. Im Hinblick auf die Input-Legitimation wird mit direktdemokratischen Elementen das Demokratieprinzip erheblich aufgewertet, da eine Verkürzung der Legitimationskette erfolgt. Gleichzeitig erfolgt die gleichberechtigte und aktive Beteiligung der Bürger am kollektiven Entscheidungsprozess. Das Minderheitsrecht, also die Gefahr des Überstimmt-Werdens, wird mit dem von Abromeit vorgeschlagenen regionalen und sektoralen Referendum eingedämmt.[472] Bezüglich der Output-Legitimation lässt sich nicht vorhersagen, ob die europäische Politik mit plebiszitären Elementen die spezifische sowie diffuse Unterstützung erhöhen wird.

Auf Seiten der EU und vieler Mitgliedstaaten, die direktdemokratische Verfahren bislang abgelehnt haben, scheint sich ein Einstellungswandel vollzogen zu haben, denn mit der Europäischen Bürgerinitiative wird den Bürgern erstmals direkte Beteiligung ermöglicht, wenngleich sich ihre Rolle gemäß dem Vertrag auf einen Impulsgeber beschränkt und keine Entscheidungsgewalt umfasst.

8.4.2 Die Europäische Bürgerinitiative (EBI)

Die EU hat mit der Einführung des Instruments der Europäischen Bürgerinitiative auf die Kritik an mangelnder direkter Mitwirkung der EU-Bürger reagiert. Im Ver-

---

469 Vgl. Abromeit, Heidrun, 1998: Ein Vorschlag zur Demokratisierung des europäischen Entscheidungssystems, in: Politische Vierteljahresschrift. Jg. 39, Heft 1, S. 80–90 (89).
470 Abromeit tritt für Referenden bei Fragen ein, die Entscheidungsregeln ändern oder Kompetenzverteilungen zwischen EU und Nationalstaaten berühren, S. 118.
471 Hurrelmann, Achim, 2008: Demokratie in der Europäischen Union: Bestandsaufnahme, in: Aus Politik und Zeitgeschichte, 32/2008, S. 3–9, hier S. 8. Siehe auch: Zürn, Michael; 1996: Über den Staat und die Demokratie im europäischen Mehrebenensystem, in: Politische Vierteljahresschrift, Jg. 37, Heft 1, S. 27–55. Veil, Winfried, 2007: Volkssouveränität und Völkersouveränität in der EU. Mit direkter Demokratie gegen das Demokratiedefizit? Baden-Baden.
472 Vgl. Abromeit, Heidrun, 1998: Ein Vorschlag zur Demokratisierung des europäischen Entscheidungssystems, in: Politische Vierteljahresschrift. Jg. 39, Heft 1, S. 80–90 (87).

trag von Lissabon wird die Europäische Bürgerinitiative mit den Artikeln 11 EU-Vertrag und 24 AEU-Vertrag eingeführt. Demnach können mindestens eine Million Bürger aus einer erheblichen Anzahl von Mitgliedstaaten die Europäische Kommission zu einem Vorschlag für einen Rechtsakt zum Thema der Initiative auffordern. Das Quorum für eine erhebliche Anzahl liegt bei 7 von 28 Mitgliedstaaten.[473] Die Kommission ihrerseits ist zwar de jure nicht an die Initiative gebunden, doch ist der politische Druck aktiv zu werden so stark, dass sie sich kaum verweigern kann. Dies zeigte auch die erfolgreiche Initiative *Right2Water* (Recht auf Wasser) gegen einen Kommissionsvorschlag zu einer Richtlinie zu Konzessionsvergaben. Weit mehr als 1,5 Millionen Unterschriften wurden in acht Ländern gesammelt (die meisten in Deutschland) und die Kommission erklärte daraufhin ausdrücklich, die Wasserversorgung aus der Richtlinie herauszunehmen. Es ist in der politischen Auseinandersetzung dabei untergegangen, dass die Kommission, wie es der zuständige Kommissar Michel Barnier vergebens zu erklären versuchte, keineswegs die von den Initiatoren der Initiative kritisierte Privatisierung der Wasserversorgung geplant hatte. Der Erfolg der Initiative, die in Deutschland: mit dem eingängigen Slogan „Wasser ist ein Menschenrecht" geworben hatte, geht auch auf massive mediale Unterstützung zurück.

8.4.3 Deliberative Demokratiemodelle

Gegenwärtig werden in der Politikwissenschaft auch im Hinblick auf die Frage der Legitimität Modelle deliberativer Demokratie intensiv diskutiert. Die im Einzelnen durchaus unterschiedlichen Modelle gehen dabei in der Regel auf den diskurstheoretischen Ansatz von Jürgen Habermas zurück. Grundüberlegung von Habermas ist, dass demokratische Verfahren dann legitim sind, wenn sie aus freien – deliberativen – Kommunikationsprozessen zwischen Betroffenen hervorgehen.[474] Deliberative Kommunikations- und Entscheidungsprozesse müssen dabei prinzipiell allen offen stehen und die Teilnehmer dazu bereit sein, ihre Präferenzen und Argumente zu überdenken und möglicherweise auch zu verwerfen. Die Vorstellung, durch kommunikative Prozesse zu verbindlichen Entscheidungen zu gelangen, ist von Habermas für die nationale Politik ursprünglich als Ersatz oder Ergänzung für die repräsentative Demokratie konzipiert worden. Die Integrationsforschung überträgt den normativ-philosophischen Ansatz auf die EU und spricht folglich von einem deliberativen Supranationalismus.[475]

---

[473] Vgl. zum Instrument und zum Verfahren: http://ec.europa.eu/citizens-initiative/public/?lg=de, eine Übersicht über die laufenden Initiativen findet sich unter: http://ec.europa.eu/citizens-initiative/public/initiatives/ongoing (Zugriff 1.8.2013.).

[474] Vgl. die Erläuterung des Ansatz von Habermas und seine Bedeutung für die Integrationsforschung Göhler, Göler, Daniel, 2006: Deliberation – ein Zukunftsmodell europäischer Entscheidungsfindung? Baden-Baden, insbesondere S. 31–43.

[475] Göler, 2006 und Frisch, Annika, 2007: Das Potenzial deliberativer Demokratietheorie für die Konzeptionalisierung von Demokratie in der Europäischen Union, in: Zeitschrift für Politikwissenschaft, 17, 3, S. 711–733.

Eines der zahlreichen Konzepte dieses Demokratisierungsansatzes für die EU ist von Rainer Schmalz-Bruns[476] entworfen worden. Ausgangspunkt seiner Überlegungen ist die Annahme, dass die nationalstaatlich gebundene repräsentative Demokratie auf europäischer Ebene nicht funktionieren kann, nicht zuletzt, da es keine „aktive Rolle der Völker" gibt.[477] Eine „Politik der Gemeinschaft" sei auf der Basis assoziativer Strukturen der selbstorganisierten Zivilgesellschaft jedoch möglich. Zu diesen Assoziationen gehören Gruppen aus dem klassischen Vereinswesen oder organisierte Interessengruppen,[478] die in Netzwerken und pluralistischen Verhandlungssystemen Probleme bearbeiten, lösen und damit Entscheidungen vorbereiten oder sogar treffen können. Die Entstehung dieser Assoziationen und der „Bürgernetzwerke" ist, so Schmalz-Bruns, aber nicht „naturwüchsig", sondern bedarf „gezielter Investitionen in die Strukturen assoziativer Demokratie".[479] Voraussetzung ist ferner die parallele Etablierung dieses Modells sowohl im nationalen als auch im EU-Rahmen. Schmalz-Bruns favorisiert aus der Perspektive des Jahres 1997 einen europäischen Verfassungsprozess als Katalysator für die Entstehung einer europäischen Bürgergesellschaft.[480]

Durch deliberative Diskurs- und Entscheidungsverfahren, so Frisch,[481] könnte „eine Art zivile Solidarität" als Teil einer europäischen Identität entstehen. Die meisten Autoren betrachten deliberative Entscheidungsnetzwerke von Betroffenen als eine Ergänzung zu den parlamentarischen Diskurs- und Entscheidungsfindungsprozessen und relativieren damit den Anspruch des Demokratiemodells. Wie Schmalz-Bruns und andere Autoren offen eingestehen, sind die Vorstellungen deliberativer Demokratie noch sehr abstrakt und bedürfen detaillierter Überlegungen zur institutionellen Ausgestaltung. Untersuchungen zu realen Anknüpfungspunkten der demokratietheoretischen Überlegungen konzentrierten sich vor allem auf die Kommunikations- und Verhandlungsprozesse im Rahmen der Komitologie[482] oder auf Analyse von Diskursen in Internet-Plattformen.[483]

Die Vorstellungen zu deliberativen Demokratiemodellen sind sicherlich intellektuell anregend und laden zu weiteren Diskussionen ein. Allerdings lassen sich eine ganze Reihe von Schwierigkeiten und Nachteilen identifizieren: Im Hinblick auf die Institutionalisierung sind die Modelle in der Regel vage. Die Überlegungen blenden auch Machtfragen aus – eine Bereitschaft nationaler Regierungen auf nationaler und eu-

---

476 Schmalz-Bruns, Rainer, 1997: Bürgerschaftliche Politik – ein Modell der Demokratisierung der Europäischen Union?, in: Wolf, Klaus-Dieter (Hrsg.): Projekt Europa im Übergang? Baden-Baden, S. 63–90.
477 Abromeit, 1997, S. 109.
478 Schmalz-Bruns, 1997, S. 84.
479 Ebd., S. 79.
480 Ebd., S. 86.
481 Frisch, 2007, S. 718.
482 Vgl. hierzu Kasten 4; zu nennen ist hier ferner die viel zitierte Untersuchung von Joerges, Christian/Neyer, Jürgen, 1997: From international bargaining to deliberative political processes: The constitutionalisation of comitology, in: European Law Journal (3) 1997, S. 272–299.
483 Vgl. Frisch, 2007, S. 724–728, sie untersucht das Internetforum Futurum.

ropäischer Ebene Entscheidungsbefugnisse, also Macht an zivilgesellschaftliche Akteure abzugeben, ist nicht in Sicht.[484] Ob harte Verteilungsfragen, z.b. im Rahmen der Vergabe von Mitteln für Kohäsion und Wettbewerbsfähigkeit (frühere Kohäsion- und Strukturfonds), wirklich im Konsens unter gutem Willen der Beteiligten geklärt werden können, bliebe abzuwarten. Ungeklärt bleibt die Auswahl der beteiligten Organisationen und übersehen wird häufig, dass zivilgesellschaftliche Organisationen keine direkte demokratische Legitimation, anders als z.b. Parlamente über Wahlen, besitzen. Auch die Zusammensetzung ist nicht repräsentativ für die Gesamtgesellschaft, gut ausgebildete und mehrsprachige Angehörige der Mittelschichten überwiegen. Aufgrund der hohen Zugangshürden für Gruppen und Individuen befürchten einige sogar die Entstehung einer undemokratischen Fachelitenherrschaft.[485] Realistischer sind daher die Überlegungen von Marcus Höreth[486], der zunächst grundsätzlich ein „Kopieren" der Institutionen der nationalen Demokratien auf die europäische Ebene für nicht sinnvoll hält und für die Ergänzung durch neuartige Formen der Demokratie auf europäischer Ebene plädiert, aber gleichzeitig darauf verweist, dass ein „Identifikationspotential" – eine europäische Identität – erforderlich ist.

Von den europäischen Institutionen, vornehmlich Kommission und Parlament, werden verschiedene Strategien verfolgt, die Bürger stärker direkt anzusprechen und dadurch die Akzeptanz und damit die Legitimität der EU zu erhöhen. Neben der Unionsbürgerschaft ist hier auch der Bürgerbeauftragte (Ombudsmann) der Europäischen Union (gegenwärtig der Grieche Nikiforos Diamnandouros) zu nennen, bei dem 2012 2442 Beschwerden über Verwaltungsmissstände der EU-Organe und der nachgeordneten Behörden eingegangen sind.[487] Ein dichtes Netz von Informationsstellen (*Europa Direkt*) und Aktionen, die den Nutzen der EU für die Bürger deutlich machen sollen – man denke hier z.B. an die öffentlichkeitswirksame erzwungene Senkung der Gebühren für Auslandsgespräche mit Mobiltelefonen („Roaming") durch die Kommission – können die grundlegenden Legitimationsfragen nicht gegenstandslos machen.

8.4.4 Zwischenfazit

In diesem Abschnitt (8.3) haben wir zunächst zwei sich widersprechende Positionen vorgestellt. Eine erste Position argumentierte, dass von einem Demokratie- und Legitimationsdefizit nur gesprochen werden könne, wenn die Messlatte für die EU demokratische Nationalstaaten sind. Pfetsch sieht in der Übertragung nationalstaatlicher Institutionen und Prinzipien auf die europäische Ebene einen grundsätzlichen

---

484 Bei Einführung derartiger Verfahren würde „Macht" völlig diffundieren und damit Verantwortungszuordnung fast unmöglich machen.
485 Kohler-Koch/Conzelmann/Knodt, 2004, S. 224.
486 Höreth, 1999, S. 323–325.
487 Vgl. URL: http://www.ombudsman.europa.eu/showResource?resourceId=1369316770051_overview_2012_de.pdf&type=pdf&download=true&lang=de (6.8.2013.).

Fehler.[488] Noch deutlicher, fast schon provokativ wird Andrew Moravcsik,[489] indem er kritisiert, dass "comparisons are drawn between the EU and an ancient, Westminster-style, or frankly utopian form of deliberate democracy." Die zweite Position verweist auf den zunehmenden Charakter der EU als ein politisches System, in dem Attribute von Staatlichkeit sogar stärker geworden sind. Aus dieser Perspektive, die wir teilen[490], benötigt die EU zusätzliche Legitimität. Die bisherigen Legitimitätsquellen der EU, analog nationalstaatlichen Legitimitätsquellen, sind zwar keineswegs unerheblich, doch scheinen sie nicht auszureichen. Inwieweit die skizzierten Versuche Legitimität durch Aufwertung des EP oder völlig neue Beteiligungsformen praktikabel sind und gerade im Falle deliberativer Demokratiekonzepte nicht weitere gravierende Repräsentations- und Effizienzprobleme mit sich bringen, bleibt abzuwarten. Einigkeit besteht in der Forschung darüber, dass ein Mehrebenensystem zu einem gewissen Grade effektiv ist, aber dafür intransparent und die Bürger weitgehend ausschließt.

8.5 Effizienz im Mehrebenensystem – differenzierte Verfahren der Integration

Es ist eine logische Folge der Erweiterungspolitik insbesondere der letzten Jahre, dass Schritte zur Vertiefung der Integration im Gesamtverbund der nunmehr 28 Mitgliedstaaten sich zunehmend schwierig gestalten. So ist die substanzielle Weiterentwicklung der Union, der Beschluss über eine gemeinschaftliche Zusammenarbeit auf einem neuen Politikfeld, zumal wenn dieser den Konsens oder die Mitwirkung aller Mitglieder verlangt, unwahrscheinlicher geworden. Diese Schwierigkeiten resultieren aber nicht nur aus der beträchtlich gestiegenen Anzahl der Mitgliedstaaten, sondern auch aus der Qualität der zur Debatte stehenden Politiken. Nach Vollendung des Binnenmarkts stoßen weitergehende Integrationsinitiativen auf verschiedenen Politikfeldern (z.B. Sozial- und Innenpolitik) nahezu zwangsläufig in den Kernbereich von Staatlichkeit vor und damit auf zum Teil erhebliche Widerstände der vom Souveränitätsverlust betroffenen nationalen Regierungen und Bevölkerungen. In solchen Fällen ist eine *harte* supranationale Regelung kaum durchsetzbar. Vor dem Hintergrund einer größeren Gemeinschaft und angesichts einer geringeren Bereitschaft zur Übertragung von Hoheitsrechten in souveränitätsgeladenen Berei-

---

488 Pfetsch, 2007, S. 115.
489 Moravcsik, Andrew, 2002: In Defense of the `Democratic Deficit´: Reassessing Legitimacy in the European Union, in: Journal of Common Markets Studies, Jg. 40, Heft 4,S. 603–624 (605) sowie Moravcsik, Andrew, 2004: Is there a `Democratic Deficit´ in World Politics? A Framework Analysis, in: Government and Opposition, Jg. 39, Heft 2, S. 336–363. Moravcsik löste eine interessante Debatte aus, im Anschluss an seinen Beitrag finden sich Kommentare. Simon Hix antwortete darauf 2006: Follesdal, Andreas/Hix, Simon, 2006: Why There is a Democratic Deficit in the EU: A Response to Majone and Moravcsik, in: Journal of Common Market Studies, Jg. 44, Heft 3, S. 533–562.
490 Dieser Argumentation müssen sich unsere Leser natürlich keineswegs anschließen, wir stellen lediglich unterschiedliche Perspektiven vor.

chen hat die EU neue Verfahren der differenzierten oder auch flexiblen Integration sowie der *weichen* Koordinierung entwickelt. Im Grunde ließen sich beide Methoden unter dem Titel Flexibilisierung der Integration zusammenfassen. Dennoch werden die Varianten der *flexiblen Integration und*, der verstärkten Zusammenarbeit auf der einen und die *Offene Methode der Koordinierung* (OMK) auf der anderen Seite im Folgenden zu analytischen Zwecken getrennt voneinander behandelt. In beiden Fällen geht es aber um Wege effizienter Politikgestaltung zur Vermeidung institutioneller Selbstblockaden im konsensorientierten EU-Entscheidungssystem.

8.5.1 Flexibilisierung

Vereinfacht ausgedrückt, lautet das Credo flexibler oder auch differenzierter Integration: Nicht alle Staaten müssen alle Integrationsschritte (zur gleichen Zeit) mitmachen. Im Umkehrschluss heißt das: Integrationswillige Staaten können auf einem bestimmten Gebiet vorangehen, ohne von den anderen zu diesem Schritt (noch) nicht bereiten oder nicht fähigen Staaten aufgehalten zu werden. Im Einzelfall können auf diesem Wege nationale Widerstände gegen eine Vertiefung oder Erweiterung des Einigungswerks überwunden werden, indem man dem unwilligen Partner Zugeständnisse macht, ihm an der einen oder anderen Stelle die Möglichkeit gibt, eine Neuerung zu verweigern (*opt out*) oder ihm Übergangsfristen einräumt.[491] Dieser *neue* Integrationsansatz hat gleichwohl Tradition, und Junge weist zu Recht daraufhin, dass die europäische Integration nie ein streng uniformer Prozess gewesen sei. Das Instrument der Richtlinie mit ihren Mindeststandards zur innerstaatlichen Umsetzung beispielsweise habe den einzelnen Staaten schon immer individuelle Handlungsspielräume gelassen; und auch Übergangsfristen wurden schon bei früheren Erweiterungen vereinbart.[492] Erst seit dem Vertrag von Amsterdam 1997/99 aber hat die flexible Integration unter dem Etikett *Verstärkte Zusammenarbeit* ihren festen Platz in den europäischen Verträgen (s. Kasten 18).

Auf theoretischer Ebene lassen sich verschiedene Varianten flexibler Integration unterscheiden, von denen wir wiederum die drei wesentlichen, nämlich das *Europa der zwei/der verschiedenen Geschwindigkeiten*, das *Europe à la carte* und das *Europa in konzentrischen Kreisen*, im Folgenden kurz vorstellen wollen.

Europa der zwei/der verschiedenen Geschwindigkeiten

Von den unterschiedlichen Ansätzen der Flexibilisierung entspricht diese Methode der abgestuften Integration am ehesten dem klassischen Muster der gemeinschaftlichen Bewegung zu einem gleichen Ziel hin, „dem immer engeren Zusammenschluss

---

491 So geschehen im Rahmen der Osterweiterung 2004, nach Beitritt der MOEL konnten die alten EU-Mitgliedstaaten die Arbeitnehmerfreizügigkeit aus den Beitrittsländern für bis zu sieben Jahre einschränken.
492 Vgl. Junge, Kerstin, 2007: Differentiated European Integration, in: Cini, Michelle (Hrsg.): European Union Politics, Oxford/New York, 2. Aufl., S. 391–404 (392).

der europäischen Völker".[493] Den Mitgliedstaaten werden hier unterschiedliche Integrationsgeschwindigkeiten zugestanden. Im einfachsten Fall kristallisiert sich eine Avantgarde heraus, die auf einem Weg voranschreitet und der die übrigen Mitgliedstaaten zu einem späteren Zeitpunkt, wenn sie willens bzw. dazu in der Lage sind, verbindlich folgen. Das Kriterium der Differenzierung ist hier mithin die Zeit. Ein aktuelles Beispiel für die abgestufte Integration ist die Wirtschafts- und Währungsunion, bei der bis heute 17 Staaten die dritte Stufe der Währungseinführung erreicht und den Euro als gemeinsame Währung haben. Am 1.1.2014 wird Lettland dieser als Eurogruppe bezeichneten Staatengruppe beitreten. Voraussetzung für einen Beitritt ist die Erfüllung der Konvergenzkriterien (vgl. Kap. 5.3).

Europe à la carte

Mit *Europe à la carte* ist gemeint, dass sich die Mitgliedstaaten quasi wie beim Blick auf die Speisekarte aussuchen können, welche Integrationsschritte sie mitgehen wollen und welche nicht. Von der Gemeinschaftsperspektive aus betrachtet, bedeutet dieser Ansatz die radikalste Flexibilisierung, denn anders als bei der abgestuften Integration erreichen die Mitgliedstaaten hier nicht zwingend ein gemeinsames Ziel, sondern sie können sich dauerhaft in unterschiedlichem Maße (im Extremfall gar nicht) an der Zusammenarbeit beteiligen. Das Kriterium der Differenzierung ist hier also das jeweilige Politikfeld, von dem die Entscheidung des einzelnen Mitgliedstaats zur Kooperation abhängt. Angesichts des Gewichts, das dieser Ansatz damit den nationalen Interessen einräumt, kann ihm eine intergouvernementale Stoßrichtung attestiert werden. Zu dieser Ausrichtung passt seine Anwendung auf souveränitätsgeladenen Politikfeldern. So sind sowohl der Schengenraum als auch die Einigung auf ein europäisches Sozialprotokoll in den 1990er Jahren, heute auch die Anerkennung der Grundrechtecharta (s. Abb. 25),[494] aktuelle Beispiele für ein *Europe à la carte*.

Europa in konzentrischen Kreisen

Im Gegensatz zu den beiden zuvor beschriebenen Ansätzen flexibler Integration bezieht sich das *Europa in konzentrischen Kreisen* nicht ausschließlich auf die EU-Integration. Vielmehr meint die Metapher den gesamten Kontinent, der sich je nach Zugehörigkeit zu verschiedenen Organisationen, Regimen und Programmen in Kreise einteilen lässt, wobei die institutionelle Verflechtung der Staaten zum Zentrum hin immer enger wird. Damit ergibt sich zugleich eine Art Stufenleiter der Integration, denn je enger und zentraler der jeweilige Kreis, desto höher der Integrationsgrad der entsprechenden Staaten. Anders als bei der abgestuften Integration ist das Differenzierungskriterium hier jedoch nicht die Zeit, sondern der Raum, also die geografi-

---

493 Vgl. Präambel EG-Vertrag, außerdem Dinan, Desmond, 2005: Ever closer union. An Introduction to European Integration, 3. Aufl., Basingstoke.
494 Großbritannien und Polen haben hier ein opt-out bei den Verhandlungen zum Lissabon-Vertrag durchgesetzt.

sche Zugehörigkeit zu einem Teil Europas. Eine beispielhafte Reihe zur Illustration der konzentrischen Kreise ergeben die sechs Gründungsmitglieder im Zentrum, dann die EU-15 als zweiter Kreis, die 17 Staaten des Euroraums, die EU-28, die Beitrittsländer und zuletzt die Staaten der Europäischen Nachbarschaftspolitik (ENP). Zahlreiche andere Beispiele ließen sich hier konstruieren. Ein besonderer Fall, diesem Ansatz sehr ähnlich, ist die Idee vom *Kerneuropa*, die schon in den 1980er Jahren in die europapolitische Debatte eingebracht wurde.[495]

Kasten 18: Verstärkte Zusammenarbeit und Ständige Strukturierte Zusammenarbeit

Die sog. *Verstärkte Zusammenarbeit* ist das offizielle EU-Verfahren zur flexiblen Integration. Sie wurde mit dem Vertrag von Amsterdam 1997/99 in das Vertragswerk eingeführt. In der konsolidierten Fassung nach Lissabon finden sich die Regelungen verstreut in Titel 4 (Art. 20 EU-Vertrag) und in den Artikeln 326–334 AEUV. Die generellen Bestimmungen zur Verstärkten Zusammenarbeit sind im Titel IV (Art. 20 EU-Vertrag festgeschrieben. Hierin heißt es:

„Die Mitgliedstaaten, die beabsichtigen, untereinander eine verstärkte Zusammenarbeit im Rahmen der nicht ausschließlichen Zuständigkeiten der Union begründen wollen, können (...) die Organe der Union in Anspruch (...)."

Voraussetzungen für die Anwendung des Verfahrens sind

a) ein Ratsbeschluss, der das Verfahren als „letztes Mittel" (Abschnitt 2) zulassen kann, wenn die Ziele der Union nicht in einem „vertretbaren Zeitraum" erreicht werden können, in anderen Worten: wenn Mitgliedstaaten Entscheidungen blockieren,

b) die Beteiligung von mindestens neun Staaten

c) die Kommission einem entsprechenden Antrag zustimmt (Art. 329 AEUV).

Die Ermächtigung zur Verstärkten Zusammenarbeit erfolgt durch Einstimmigkeit der beteiligten Staaten und mit qualifizierter Mehrheit im Rat insgesamt. Im Bereich der GASP wird der Hohe Vertreter mit einbezogen. Erstmals angewendet wurde das Verfahren beim transeuropäischen Scheidungsrecht und im EU-Patentrecht 2010/11. Von zentraler Bedeutung ist das Verfahren auch beim Krisenmanagement in der Eurokrise innerhalb der Eurogruppe.

vgl. auch Formen differenzierter Integration von Ondarza, Nicolai: Auf dem Weg zur Union in der Union. Institutionelle Auswirkungen der differenzierten Integration in der Eurozone auf die EU, in: integration, 36, Nr. 1, S.17–33 (19).

---

[495] Vgl. Schäuble, Wolfgang/Lamers, Karl, 1994: Überlegungen zur europäischen Politik (Schäuble-Lamers-Papier) vom 1. September 1994. Mit der Kerneuropa-Idee ist auf der anderen Seite die Befürchtung verbunden, es könne sich ein Direktorium der Großen herausbilden.

Der Lissabon-Vertrag ermöglicht auch ein differenziertes Vorgehen auf militärischem Gebiet. Im Rahmen der sog. *Ständigen Strukturierten Zusammenarbeit* können solche Staaten, „die anspruchsvollere Kriterien in Bezug auf die militärischen Fähigkeiten erfüllen und die im Hinblick auf Missionen mit höchsten Anforderungen untereinander weiter gehende Verpflichtungen eingegangen sind", auch in der Verteidigungspolitik vorangehen (Art. 42 Abs. 6, ferner Art. 46 EU-Vertrag sowie Protokoll Nr. 10). Bislang (Stand Mitte 2013) ist das Verfahren noch nicht angewandt worden.

Chancen und Risiken

Die Gefahr der Herausbildung einer Zweiklassengemeinschaft oder eines Direktoriums der Großen ist eines der Risiken, das seit den ersten Konzepten mit der flexiblen Integration verbunden ist. Überhaupt werden die Gleichrangigkeit sowie die Solidarität unter den Mitgliedstaaten gefährdet, wenn es unter ihnen mehr und weniger, besser und schlechter integrierte Mitglieder gibt oder sich einzelne Staaten einfach per *opt out* aus der gemeinschaftlichen Verantwortung ziehen können. Schwerer noch wiegen die Auswirkungen auf die EU als Ganze, wenn kein gemeinsames Integrationsziel mehr besteht. Die Unklarheit und Uneinigkeit auf die Frage nach der Finalität der EU werden sich zwangsläufig auf das bestehende Einigungswerk übertragen, wenn allzu viele politikfeldspezifische Teilgemeinschaften innerhalb der Gemeinschaft entstehen. Schon jetzt fällt es nicht eben leicht, die EU, die Eurozone und den Schengenraum auseinanderzuhalten, geschweige denn die entsprechenden Unterschiede den Bürgern zu vermitteln. Durch eine allzu ausgiebige Flexibilisierung droht der EU tatsächlich eine „unkontrollierte Zerfaserung",[496] wodurch die Gestalt der Union noch unklarer würde, als sie ohnehin schon ist.

Jüngere Meilensteine der EU-Integration und faktische Beispiele für die flexible Integration wie das Schengener Abkommen und die WWU wären mit den bestehenden Regeln überdies gar nicht möglich gewesen. So ist anzunehmen, dass es bei Bedarf auch künftig zu Maßnahmen differenzierter Integration außerhalb des vertraglichen Rahmens kommen wird, die wie das Beispiel Schengen zeigt, dann nach und nach von den meisten Mitgliedstaaten akzeptiert werden könnten. Ob innerhalb oder außerhalb der vertraglichen Ordnung verwirklicht und ungeachtet der vorhandenen bzw. ihr gesetzten Hürden, ist die Verstärkte Zusammenarbeit auf dem Wege, ein häufig angewandtes Mittel der effizienten Politikgestaltung in einer komplexeren EU darzustellen. Sie ist aber auch dazu geeignet – und das ist die übergeordnete Gefahr – die kategoriale Unschärfe der EU noch weiter zu verstärken.

---

496 Emmanoulidis, Janis A., 2011: Flexibilisierung, in: Weidenfeld, Werner/Wessels, Wolfgang (Hrsg.): Europa von A-Z. Taschenbuch der europäischen Integration, Bonn, 12. Aufl., S. 223–228 (227).

8.5.2 Offene Methode der Koordinierung (OMK)

Hintergrund

Ein besonderes Verfahren flexibler Integration, das sich von den vorangegangenen klar unterscheidet, ist die *Offene Methode der Koordinierung*.[497] In ihrem Rahmen nehmen alle EU-Mitgliedstaaten, die dazu bereit sind, an einem Koordinierungsprozess teil, der im Grunde eine alljährliche Evaluation der Mitgliedstaaten durch Kommission und Rat nach Maßgabe gemeinsamer Leitlinien darstellt. Verbindliche Verpflichtungen der Staaten gehen damit nicht einher. Folglich beinhaltet das Verfahren auch keine *harten* rechtlichen Sanktionen und wird dementsprechend gemeinhin als Instrument der *weichen* Steuerung bezeichnet: „The OMC is designed to assist Member States in developing their own policies."[498] Entwickelt wurde die Methode im Rahmen der Beschäftigungspolitik. Die 1995 vereinbarte *Europäische Beschäftigungsstrategie* (EBS) stellte quasi den Prototyp der OMK dar. Diese erhielt ihren Namen erst im Jahr 2000 vom Europäischen Rat in Lissabon und wurde seitdem als nahezu universell einsetzbares Instrument auf verschiedene Felder insbesondere der Wirtschafts- und Sozialpolitik[499] ausgedehnt. Die Vertragsgrundlagen sind nach wie vor vage, da sie nach wie vor in Zusammenhang mit der „Beschäftigung" (Art. 145–150 AEUV) erwähnt wird.

Die OMK in der Praxis

Das wesentliche Merkmal dieses „weichen" Verfahrens der Zusammenarbeit ist die Abwesenheit *harter* politischer Steuerungsmechanismen. Ein Weißbuch der Kommission zum *Europäischen Regieren* aus dem Jahr 2001 beschreibt die OMK wie folgt:

> „Die ‚offene Koordinierungsmethode' wird fallweise angewandt. Sie fördert die Zusammenarbeit, den Austausch bewährter Verfahren sowie die Vereinbarung gemeinsamer Ziele und Leitlinien von Mitgliedstaaten, die manchmal wie im Falle der Beschäftigung und der sozialen Ausgrenzung durch Aktionspläne von Mitgliedstaaten unterstützt werden. Diese Methode beruht auf einer regelmäßigen Überwachung der bei der Verwirklichung dieser Ziele erreichten Fortschritte und bietet den Mitgliedstaaten die Möglichkeit, ihre Anstrengungen zu vergleichen und aus den Erfahrungen der anderen zu lernen."[500]

Die kollektiven Lernprozesse stehen also im Zentrum der OMK.

Das gesamte Verfahren der OMK ist eng an entsprechende Abläufe in der Wirtschaftswelt angelehnt. Mithilfe statistischer Daten erstellt die Kommission in regel-

---

497 Mitunter findet man in der Literatur auch Methode der offenen Koordinierung (MOK).
498 Adnett, Nick/Hardy, Stephen, 2005: The European Social Model. Modernization or Evolution? Cheltenham/Northampton, S. 14.
499 Aber auch auf die Bereiche Bildung, Jugend, Einwanderung, Informationsgesellschaft etc. Eine Übersicht findet sich bei Wessels, Wolfgang, 2008: Das politische System der Europäischen Union, Wiesbaden, S. 382.
500 Europäische Kommission, 2001: Europäisches Regieren. Ein Weißbuch, Brüssel, Kom (2001) 428.

8.5 Effizienz im Mehrebenensystem – differenzierte Verfahren der Integration

mäßiger Folge themenspezifische Ranglisten der Mitgliedsländer und ermöglicht auf diesem Wege den Staaten, ihren Erfolg unmittelbar im Ländervergleich zu betrachten. Aus den Leitlinien und Rechenschaftsberichten der Mitgliedstaaten leitet die Kommission sog. *benchmarks* ab, nach deren Maßgabe die jeweiligen nationalen Fortschritte bewertet werden. Auch der Rat gibt Empfehlungen an die Mitgliedstaaten, wie sie ihre Resultate verbessern können. An die Stelle harter Sanktionen treten im Rahmen der OMK also die informellen Druckmittel des *shaming* und *blaming*, denn die Berichte werden schließlich veröffentlicht, und jede nationale Regierung versucht nicht zuletzt mit Blick auf die heimische Opposition, einen hinteren Platz auf der Rangliste zu verhindern, eine schlechte Bewertung durch die Kommission zu vermeiden.

Chancen und Risiken

Obwohl die OMK über die bestehenden Regulierungsinstrumente der EU hinausgeht und eine Ebenen übergreifende Debatte ermöglicht, strukturiert und fördert, hat auch sie durch ihre Ausrichtung auf Politikexperten eindeutig technokratische Züge. Die Professionalisierung der Debatte geht im Rahmen der OMK zwangsläufig mit der weiteren Entpolitisierung von Entscheidungsprozessen einher und die parlamentarische Kontrolle ist nicht klar geregelt. Daher fällt die Bewertung der OMK unter Berücksichtigung des Demokratiekriteriums weniger gut aus. Weitere Kritikpunkte und Risiken, die im Zusammenhang mit der OMK genannt werden, sind zum einen die Abwesenheit harter Sanktionen,[501] die eine Durchsetzungsschwäche auf nationaler Ebene vermuten lässt. Auf der anderen Seite können die genannten negativen Aspekte aus der Gemeinschaftsperspektive bzw. mit Blick auf die effiziente Politikgestaltung im Mehrebenensystem der EU mit seinen 28 Mitgliedstaaten aber auch als Vorteile der neuen Methode gewertet werden. Aus diesem Blickwinkel bildet die OMK quasi den Integrationsmodus der Zukunft, der statt auf harte Regulierung auf weiche Steuerung durch einen sich gleichsam selbstregulierenden innergemeinschaftlichen Wettbewerb der Politiken setzt. Die zunehmenden Anwendungsfälle der OMK in bis zu 14 Politikbereichen[502] sprechen für die verbreitete Akzeptanz und den Erfolg der Methode. Die Eurokrise hat die Euphorie über die OMK jedoch zurückgedrängt, da, wie im folgenden Absatz deutlich wird, die Verstärkte Zusammenarbeit wichtiger geworden ist bzw. intergouvernementale Aushandlungsprozesse das Krisenmanagement und die politische Richtung bestimmen.

---

501 Vgl. hierzu Schmid, Günther/Kull, Silke, 2004: Die Europäische Beschäftigungsstrategie. Perspektiven der Offenen Methode der Koordinierung, in: Kaelble, Hartmut/Schmid, Günther (Hrsg.): Das europäische Sozialmodell. Auf dem Weg zum transnationalen Sozialstaat, Berlin, S. 317–343 (317); ferner Heidenreich/Bischoff, 2006, S. 298.
502 Vgl. Lieb, Julia/Maurer, Andreas (Hrsg.), 2009: Der Vertrag von Lissabon. Kurzkommentar, SWP Berlin 3. Auflage, S. 75.

8.6 Auswirkungen der Eurokrise

Gegenwärtig (Mitte 2013) ist noch nicht absehbar, inwieweit der Höhepunkt der Eurokrise (vgl. Kap. 5.4) überwunden ist oder ob die Krise nur eine „Pause" macht und sich die finanzielle und wirtschaftliche Situation in einigen Ländern wieder zuspitzen kann. In diesem kurzen Abschnitt sollen die bisher feststellbaren Auswirkungen der Krise auf den politischen Prozess und die Frage der Akzeptanz und Legitimität der EU behandelt werden.

Die Eurokrise führte zu einem dramatischen Akzeptanzverlust der EU. Auf die Standardfrage im Eurobarometer vom Mai 2010 (EB 73), ob sie der EU vertrauen, antworteten lediglich 42 Prozent der EU-Bürger mit ja. In Deutschland, mit seiner traditionell positiv gegenüber der europäischen Integration eingestellten Bevölkerung, antworten lediglich 37 Prozent der Bevölkerung, dass sie der EU vertrauten gegenüber 54 Prozent, die der EU nicht vertrauten und 9 Prozent gaben keine Antwort. Die 37 Prozent waren historisch einmalig und wurden nur von den Briten noch unterboten. Auch in Frankreich äußerten nur 39 Prozent der Bevölkerung, Vertrauen in die EU zu haben.

Von Teilen der Bevölkerung in den von der Krise besonders betroffenen südeuropäischen Staaten wurden die EU und die Troika (Vertreter der EU-Kommission, EZB, IWF) verantwortlich gemacht für die sozialen Härten infolge der Sparprogramme (Ausgabenkürzungen, Entlassung von Staatsbediensteten). In einigen Ländern wurden aus Protest sogar EU-Fahnen öffentlich und medienwirksam verbrannt. Erst langsam kommt die EU aus dem Meinungstief der letzten zwei Jahre heraus. Eine neuere Umfrage des Allensbach-Meinungsforschungsinstituts[503] sieht das Vertrauen in die EU in Deutschland wieder wachsen und die Werte für Vertrauen erreichen wieder das Vorkrisenniveau aus dem Jahr 2007. Im Hinblick auf die Organe und ihr Verhältnis zueinander zeigen sich starke Macht- und Einflussverschiebungen als Folge der Eurokrisenpolitik. Jürgen Habermas[504] hatte bereits vor dem Hintergrund der Unterzeichnung einer Absichtserklärung zu einer europäischen Wirtschaftsregierung im Juli 2011 zwischen Deutschland und Frankreich konstatiert, dass die EU den im Lissabon-Vertrag eingeschlagenen Weg zum Exekutivföderalismus fortsetze. Habermas meint damit, dass die Krise die Tendenz zu einer „dem Geist des Vertrages zuwiderlaufenden, intergouvernementalen Herrschaft des Europäischen Rates" stärken werde.

Die These vom Machtgewinn der Exekutiven und der intergouvernementalen Institutionen vertritt auch Wolfgang Merkel.[505] Er argumentiert, dass sich die politische Macht zugunsten der Exekutive und der technokratisch handelnden Troika verschie-

---

503 Vgl. Petersen, Thomas: Das Vertrauen in die EU wächst, in: FAZ 17.7.2013.
504 Habermas, Jürgen, 2011: Zur Verfassung Europas, Frankfurt a.M., S. 81.
505 Merkel, Wolfgang, 2013: Demokratie und europäische Integration: ein „Trade-off"?, in: Neue Gesellschaft/Frankfurter Hefte, Nr. 1/2 2013, S. 4–9.

be, ohne dass die Institutionen dafür ausdrücklich legitimiert seien. Mit der Krisenbekämpfung ginge ein Demokratieverlust sowohl auf der nationalen Ebene – die Parlamente könnten die Beschlüsse der EU-Institutionen und der Troika letztlich nur noch ex-post absegnen – als auch auf der europäischen Ebene einher, da das EP an wesentlichen Entscheidungen des Rates und des Europäischen Rates nicht beteiligt sei. Die supranationalen Institutionen wie Kommission und EP sind bislang die institutionellen Verlierer der Krisenbekämpfung. Der Impuls zum Fiskalpakt ging von den Regierungen großer Staaten, vor allem von Deutschland und Frankreich aus. Die Tendenz zum Intergouvernementalismus hängt auch mit der Krisenbekämpfung im Rahmen der aus 17 Staaten bestehenden Eurogruppe zusammen. Die Krise, so Nicolai von Ondarza,[506] habe zur Ausbildung eines „separaten Euro-Ratssystem[s]" mit eigenem Euro-Gipfel, einer Eurogruppe als „kleiner" ECOFIN und einer Arbeitsgruppe aus nationalen Beamten geführt. Die meisten der zahlreichen neuen Institutionen und Regelungen (vgl. zum Krisenmanagement und zu den neuen Instrumenten und Institutionen Kap. 5.4) sind nicht durch das supranationale Verfahren der Verstärkten Zusammenarbeit zustande gekommen, sondern beruhen auf Beschlüssen des Europäischen Rates und des Euro-Gipfels. Der Fiskalpakt ist sogar ein völkerrechtlicher Vertrag außerhalb des EU-Systems. Die sich allmählich herausbildende Finanzunion, deren Konturen immer sichtbarer werden und die Reformen in der Wirtschafts- und Währungsunion vertiefen die Integration zumindest für die Euro-Staaten. Diese weitreichenden Entwicklungen finden unter weitgehendem Ausschluss der europäischen Öffentlichkeit statt. Dafür gibt es mehrere Gründe: Zum einen erfordern Krisen rasches und entschlossenes Handeln und lassen wenig Zeit für eine breite Diskussion. Merkel greift hier das Bonmot von Carl Schmitt auf, dass Krisen, die „Stunde der Exekutive"[507] sind. Zum anderen sind Maßnahmen äußerst komplex und selbst Experten und Haushaltspolitiker haben Schwierigkeiten, die Folgen einzelner Instrumente zu verstehen, so dass das Interesse der Öffentlichkeit an der komplexen Materie eher gering ist. Allerdings haben die Staats- und Regierungschefs auch bislang keine Anstrengungen unternommen, die Krisenpolitik den Bevölkerungen zu vermitteln. Die Krise, so folgert Merkel, habe die Input-Legitimation geschmälert und gleichzeitig nehme die für die EU historisch betrachtet besonders bedeutsame Output-Legitimation infolge der Krisenauswirkungen ab.[508] Längerfristig kann dies die europäische Integration bremsen.

Die Krisenbekämpfungspolitik schafft aber auch ein Demokratieproblem für das EP, da nicht alle Mitgliedstaaten den Euro als gemeinsame Währung haben, aber alle EP-Abgeordneten über Maßnahmen im Euroraum abstimmen. Damit stimmen im-

---

506 Ondarza, 2013, S. 23.
507 Merkel, 2013, S. 4.
508 Die Krise traf die EU-Mitgliedstaaten sehr unterschiedlich, große Unterschiede bestehen zwischen den südeuropäischen Staaten auf der einen Seite und Deutschland, Österreich und einigen weiteren Staaten, in denen die Krise wenig spürbar ist, auf der anderen Seite.

merhin 36,2 Prozent der Abgeordneten über Maßnahmen im Euroraum ab, obwohl deren Länder nicht Mitglieder im Euroraum sind.[509] Um dieses Repräsentationsproblem zu lösen, könnte eine Differenzierung des EP erforderlich werden, eventuell, in Form eines Euroraum-Parlamentes.

Die EU-Krisenbekämpfung wird durch die Machtverschiebung zugunsten der Exekutiven und der intergouvernementalen Institutionen längerfristig zu einer Verschärfung der Kritik am demokratischen Defizit führen und den Druck auf eine Demokratisierung der Union erhöhen. Dies wird offensichtlich werden, sobald die Krise überstanden ist und Normalität einkehrt. Es wird auch darum gehen, die neuen Institutionen an die Organe der EU, insbesondere die supranationalen, zurückzubinden und damit deren Akzeptanz und Legitimität zu erhöhen.

Einführende Literatur:

Bomberg, Elizabeth/Peterson, John, 1999: Decision-making in the European Union, Basingstoke. *(Eine gute Einführung in die komplexe Entscheidungsfindung der EU, die sich nach einem allgemeinen Teil konkreten Politikfeldern wie u.a. der Agrarpolitik widmet.)*

Eising, Rainer/Kohler-Koch, Beate (Hrsg.), 1999: The transformation of governance in the European Union, London & New York. *(Komplexe, mit zahlreichen Länderfallstudien angereicherte Darstellung der Funktionsweise des Mehrebenensystems in verschiedenen Politikfeldern, für die vertiefte Beschäftigung mit der EU geeignet.)*

Jachtenfuchs, Markus/Kohler-Koch, Beate (Hrsg.), 2006: Europäische Integration, 2. Aufl., Wiesbaden. *(Fast schon ein Klassiker mit wichtigen Beiträgen zur Mehrebenen- und Staatlichkeitsdiskussion und einigen Beiträgen zur Bedeutung des Mehrebenensystems in Politikfeldern.)*

Junge, Kerstin, 2007: Differentiated European Integration, in: Cini, Michelle (Hrsg.): European Union Politics, Oxford/New York, 2. Aufl., S. 391–404. *(Junge liefert im Rahmen einer ohnehin sehr anschaulich gestalteten Einführung einen übersichtlichen Beitrag zum Verständnis der differenzierten Integration.)*

Kohler-Koch, Beate/Conzelmann, Thomas/Knodt, Michèle, 2004: Europäische Integration – Europäisches Regieren, Wiesbaden. *(Die anspruchsvolle Einführung enthält ein sehr gut strukturierten Kapitel in dem die die Autoren wiederum bestrebt sind, die Argumente jeweils an politik- und sozialwissenschaftliche Theorien und Ansätze anzubinden.)*

Scharpf, Fritz W., 2002: Regieren im europäischen Mehrebenensystem – Ansätze zu einer Theorie, in: Leviathan (1) 2002, S. 65–92.

Wessels, Wolfgang, 2008: Das politische System der Europäischen Union, Wiesbaden. *(Die umfassende Einführung enthält auch einen lesenswerten Abschnitt zur flexiblen Integration.)*

Weiterführende Literatur und Dokumente:

Adnett, Nick/Hardy, Stephen, 2005: The European Social Model. Modernisation or Evolution? Cheltenham/Northampton.

Anderson, Benedict, 2006: Imagined communities: reflections on the origin and spread of nationalism, neu bearbeitete Aufl., London u.a.

Brettschneider, Frank/van Deth, Jan/Roller, Edeltraud, 2003: Europäische Integration in der öffentlichen Meinung: Forschungsstand und Forschungsperspektiven, in: dies.: Europäische

---

509 So berechnet von Ondarza, 2013, S. 30.

Integration in der öffentlichen Meinung, Opladen, S. 9–28. *(Breit angelegter Sammelband zu Einstellungen der Bürger auf EU-Ebene, in ausgewählten Länder, auf lokaler Ebene und von Parlamentariern zur EU-Integration.)*

Dinan, Desmond, 1999: Ever closer union. An Introduction to European Integration, Houndmills. *(Grundlegend, Dinan argumentiert chronologischer aus historischer Perspektive, gut lesbar.)*

Europäische Gemeinschaft, 2003: Verordnung des Europäischen Parlaments und des Rates vom 4. November 2003 über die Regelungen für die politischen Parteien auf europäischer Ebene und ihre Finanzierung, VO 2003/2004/EG. ()

Europäische Kommission, 2001: Europäisches Regieren. Ein Weißbuch, Brüssel, Kom (2001) 428.

Fuchs, Dieter, 2003: Das Demokratiedefizit der Europäischen Union und die politische Integration Europas: Eine Analyse der Einstellungen der Bürger in Westeuropa, in: Brettschneider, Frank/van Deth, Jan/Roller, Edeltraud (Hrsg.), 2003: Europäische Integration in der öffentlichen Meinung, Opladen, S. 29–56. *(Der Beitrag argumentiert gegen die Vorstellung, dass das Demokratiedefizit für die mangelnde Akzeptanz der EU verantwortlich ist.)*

Gellner, Winand/Glatzmeier, Armin, 2005: Die Suche nach der europäischen Zivilgesellschaft, in: Aus Politik und Zeitgeschichte (36) 2005, S. 8–15. *(Nach Vorstellung des Konzeptes Zivilgesellschaft stellen die Autoren Ursachen für die relativ schwach ausgeprägte europäische Zivilgesellschaft übersichtlich dar.)*

Grande, Edgar, 2000: Multi-level governance: Institutionelle Besonderheiten und Funktionsbedingungen des europäischen Mehrebenensystems, in: ders./Jachtenfuchs, Markus (Hrsg.): Wie problemlösungsfähig ist die EU? Baden-Baden, S. 11–25. *(Ein wichtiger Aufsatz in einem Sammelband, der das europäische Mehrebenensystem aus unterschiedlichen Perspektiven und in erster Linie im Hinblick auf Effizienz und des Weiteren auf Legitimität diskutiert.)*

Habermas, Jürgen, 2011: Zur Verfassung Europas, Frankfurt a.M.

Heidenreich, Martin/Bischoff, Gabriele, 2006: Die offene Methode der Koordinierung. Ein europäisches Instrument zur Modernisierung nationaler Sozial- und Beschäftigungsordnungen? In: ders. (Hrsg.): Die Europäisierung sozialer Ungleichheit. Zur transnationalen Klassen- und Sozialstrukturanalyse, Frankfurt/Main, S. 277–311.

Hix, Simon (2008): What`s Wrong with the European Union and How to Fix It. Cambridge. *(Übersicht zur Debatte über das Demokratiedefizit der EU.)*

Höreth, Marcus, 1999: Die Europäische Union im Legitimationstrilemma, Baden-Baden.

Kaelble, Hartmut/Schmid, Günther, 2004: Einleitung: Das europäische Sozialmodell, in: dies. (Hrsg.): Das europäische Sozialmodell. Auf dem Weg zum transnationalen Sozialstaat, Berlin, S. 11–28.

Kielmansegg, Peter Graf, 2006: Integration und Demokratie, in: Jachtenfuchs, Markus/Kohler-Koch, Beate, (Hrsg.): Europäische Integration, Opladen, S. 49–76. *(Häufig zitierter, grundlegender Beitrag, der klar argumentiert, warum die EU kein Staat ist.)*

Kohler-Koch, Beate, 2000: Regieren in der Europäischen Union, in: Aus Politik und Zeitgeschichte (B6) 2000, S. 30–38.

Kohler-Koch, Beate; De Bièvre, Dirk; Maloney, William (Hrsg.), 2008: Opening EU-Governance to Civil Society: Gains and Challenges. Mannheim: CONNEX. Download (kostenfrei): http://www.mzes.uni-mannheim.de/projekte/typo3/site/fileadmin/BookSeries/Volume_Five/CONNEX%20Report%20Series_Book%205.pdf. *(Eine Vielzahl von wichtigen Beiträgen zur Partizipation von Zivilgesellschaft und Interessengruppen und zur europäischen Zivilgesellschaft.)*

Lamping, Wolfram, 2008: Auf dem Weg zu einem postnationalen Sozialstaat? Die Sozialpolitik der Europäischen Union, in: Schubert, Klaus/Hegelich, Simon/Bazant, Ursula (Hrsg.): Europäische Wohlfahrtssysteme. Ein Handbuch, Wiesbaden, S. 595–620.

Lindberg, Leon N./Scheingold, Stuart A., 1970: Europe's Would-be Polity. Patterns of Change in the European Community, Englewood Cliffs. *(Standardwerk der Integrationsforschung und Ausgangspunkt vielen Analysen.)*

Merkel, Wolfgang, 1999: Die Europäische Integration und das Elend der Theorie, in: Geschichte und Gesellschaft (2) 1999, S. 302–338. *(Sehr dichter Beitrag sowohl zu Integrationstheorien als auch zum Demokratiedefizit, empfehlenswert.)*

Ders. (Hrsg.), 2000: Systemwechsel, Bd. 5: Zivilgesellschaft und Transformation, Opladen.

Müller, Harald, 1993: Die Chance der Kooperation. Regime in den internationalen Beziehungen, Darmstadt.

Nida-Rümelin, Julian/Weidenfeld, Werner (Hrsg.), 2007: Europäische Identität. Voraussetzungen und Strategien, Baden-Baden.

Ondarza, Nicolai von, 2013: Auf dem Weg zur Union in der Union. Institutionelle Auswirkungen der differenzierten Integration in der Eurozone auf die EU, in: integration, 36, Nr. 1, S. 17–33. *(Diskussionsbeitrag zu aktuellen Tendenzen in der differenzierten Integration.)*

Pfetsch, Frank R., 2007: Das neue Europa, Wiesbaden. *(Ein kursorischer Überblick zu aktuellen Entwicklungstendenzen, an einigen Stellen etwas kurz, inhaltlich anregend.)*

Schäfer, Armin, 2006: Nach dem permissiven Konsens. Das Demokratiedefizit der Europäischen Union, in: Leviathan, Jg. 34, Heft 3, S. 350–376. *(Typologisierung und die Argumentation der verschiedenen Positionen zum Demokratie- und Legitimationsdefizit der EU.)*

Schäuble, Wolfgang/Lamers, Karl, 1994: Überlegungen zur europäischen Politik (Schäuble-Lamers-Papier) vom 1. September 1994.

Schmid, Günther/Kull, Silke, 2004: Die Europäische Beschäftigungsstrategie. Perspektiven der Offenen Methode der Koordinierung, in: Kaelble, Hartmut/Schmid, Günther (Hrsg.): Das europäische Sozialmodell. Auf dem Weg zum transnationalen Sozialstaat, Berlin, S. 317–343.

Tenscher, Jens, 2005: Mit halber Kraft voraus! Parteienkampagnen im Europawahlkampf 2004, in: ders. (Hrsg.):Wahl-Kampf um Europa, Wiesbaden, S. 30–55. *(Die Studie konzentriert sich weniger auf die Analyse des Ergebnisses der Wahl, sondern untersucht die Wechselbeziehungen zwischen Parteien, Wahlkampf, Massenmedien und Öffentlichkeit während der Wahlkampfes.)*

Trüdinger, Eva-Maria, 2008: Die Europäische Integration aus Sicht der Bevölkerung. Akzeptanz trotz Vielfalt? In: Gabriel, Oscar W./Kropp, Sabine (Hrsg.): Die EU-Staaten im Vergleich, Wiesbaden, 3. Aufl., S. 215–235. *(Einstellungsbefunde und Erklärungsansätze werden komprimiert dargestellt, der Sammelband gehört zu den Standardwerken, anstelle von Länderbeiträgen befassen sich die einzelnen Kapitel mit Institutionen, Akteuren etc. länderübergreifend.)*

Wessels, Wolfgang/Diedrichs, Udo (Hrsg.), 2006: Die neue Europäische Union: im vitalen Interesse Deutschlands? Studie zu Kosten und Nutzen der Europäischen Union für die Bundesrepublik Deutschland, Berlin, kostenloser Download unter: http://europaeische-bewegung.de/fileadmin/files_ebd/PDF-Dateien/EBD-EUD-Studie-Vital-endg.pdf (letzter Zugriff: 28.8.2008). *(Eine der wenigen Studien, die die politischen und ökonomischen Vorteile der EU-Mitgliedschaft Deutschlands thematisieren, eine wissenschaftliche Grundlage für eine häufig oberflächliche öffentliche Diskussion.)*

Westle, Bettina, 1989: Politische Legitimität, Baden-Baden.

8.6 Auswirkungen der Eurokrise

Fragen zur Diskussion

- Welches sind die Kennzeichen des Mehrebenensystems der EU? Welche Probleme ergeben sich daraus für die Akzeptanz und Legitimität der EU?
- Welche Legitimitätsquellen besitzt die EU? Worin besteht das Demokratie- bzw. Legitimitätsdefizit der EU? Benötigt die EU eine eigene, spezifische Legitimität?
- Die EU ist kein Staat. Benötigt sie daher eine eigene Legitimität? Welche Argumente lassen sich gegen die Vorstellung eines Demokratie- bzw. Legitimitätsdefizits der EU anführen?
- Welche Möglichkeiten einer stärkeren Demokratisierung der EU werden diskutiert? Wie realistisch sind diese Lösungen?
- Welche Ansätze der flexiblen Integration gibt es? Wie unterscheiden sie sich voneinander? Welche Chancen und Risiken sind mit ihnen verbunden?
- Durch welche Merkmale zeichnet sich die *Offene Methode der Koordinierung* aus? Welche Chancen und Risiken sind mit der OMK verbunden?
- Welche Auswirkungen haben die bisherigen Maßnahmen und Instrumente im Zuge der Eurokrise auf das Verhältnis der EU-Organe gehabt?

9. Die Sozialpolitik der Europäischen Union

9.1 Sozialpolitik in nationaler Tradition und neue Herausforderungen

Eine besonders starke und unmittelbare identitäts- und legitimitätsstiftende Wirkung entfalten in aller Regel sozialpolitische Maßnahmen. Sozialpolitik geht über den Markt und die ihm eigenen Funktionszusammenhänge hinaus und setzt meist direkt beim Bürger an, indem sie individuelle, von der Marktposition mehr oder weniger unabhängige Rechtsansprüche beispielsweise auf Zugang zu Systemen der sozialen Sicherung gewährt.[510] Durch Sozialpolitik wird der Markt gestaltet, Marktversagen korrigiert und ein System der Umverteilung zwischen gesellschaftlichen Klassen, zwischen Generationen und Regionen etabliert.[511] Damit gewährleistet Sozialpolitik gemeinhin den Primat der Politik gegenüber der Ökonomie.[512] Die sozialpolitische Zuständigkeit gebührt traditionell dem Nationalstaat. Er ist bis heute der wichtigste Garant von Sozialleistungen und Sozialpolitik ein zentrales Element seiner Staatlichkeit, längst jedoch haben sich die sozioökonomischen Zusammenhänge über die nationale Ebene hinaus auf das europäische Mehrebenensystem ausgedehnt.

Damit kann auch eine *Europäisierung sozialer Ungleichheiten*[513] als notwendiges Resultat einer grenzüberschreitenden funktionalen Arbeitsteilung betrachtet werden. Je weiter sich das System funktionaler Arbeitsteilung über die Staatsgrenzen hinaus ausdifferenziert, desto abhängiger werden soziale Lagen von der individuellen Marktposition, nicht zuletzt, weil die Nationalstaaten zunehmend an Möglichkeiten zur Marktkorrektur einbüßen. Die sozialen Ungleichheiten, die der europäische Binnenmarkt erzeugt, sind allein national nicht mehr zu bewältigen und bedürfen europäischer Regulierungen. Damit geht der Ruf nach einer europäischen Sozialpolitik getreu der funktionalistischen Logik als Übersprungeffekt (*spill over*) aus der Marktintegration hervor (vgl. Kap. 12 zur Theorie der europäischen Integration). Der Wirtschaftsraum Europa wird so zwangsläufig auch zu einem Sozialraum, allerdings die Wirtschaftsgemeinschaft nicht ebenso notwendig zu einer Solidargemein-

---

510 Vgl. Streeck, Wolfgang, 1998: Vom Binnenmarkt zum Bundesstaat? Überlegungen zur politischen Ökonomie der europäischen Sozialpolitik, in: Leibfried, Stephan/Pierson, Paul (Hrsg.): Standort Europa. Europäische Sozialpolitik, Frankfurt/Main, S. 369–421 (379).
511 Vgl. Leibfried, Stephan/Pierson, Paul, 1998: Halbsouveräne Wohlfahrtsstaaten: Der Sozialstaat in der europäischen Mehrebenen-Politik, in: dies.: Standort Europa s. Anm. 1, S. 58–99 (58).
512 Vgl. Boeckh, Jürgen/Huster, Ernst-Ulrich/Benz, Benjamin, 2011: Sozialpolitik in Deutschland. Eine systematische Einführung, 3. Aufl., Wiesbaden, S. 17ff.
513 Heidenreich, Martin, 2006: Die Europäisierung sozialer Ungleichheit zwischen nationaler Solidarität, europäi-scher Koordinierung und globalem Wettbewerb, in: ders. (Hrsg.): Die Europäisierung sozialer Ungleichheiten. Zur transnationalen Klassen- und Sozialstrukturanalyse, Frankfurt/Main, S. 17–64 (28); auch Poferl, Angelika, 2006: Solidarität ohne Grenzen? Probleme sozialer Ungleichheit und Teilhabe in europäischer Perspektive, in: Heidenreich, Martin (Hrsg.): Die Europäisierung sozialer Ungleichheit s. Anm. 4, S. 231–252 (233).

schaft.[514] Es deutet vieles darauf hin, dass sich die europäische Sozialpolitik auf andere – in vielerlei Hinsicht schwächere – Solidaritätsressourcen stützen muss als die nationale. Diese Ungleichverteilung zwischen nationaler und europäischer Ebene sollten wir im Kopf behalten, wenn wir uns im Folgenden der EU-Sozialpolitik zuwenden.

9.2 Negative und positive Integration

Die Abschaffung von Binnenzöllen und die Aufhebung von Grenzkontrollen sind Beispiele für Deregulierungen auf supranationaler Ebene, also negative Integration. Demgegenüber verstehen wir unter der Einigung auf einen gemeinsamen Außenzolltarif einen Akt positiver Integration,[515] weil die aufgehobenen nationalen Regulierungen (nationale Binnenzölle) durch eine neue gemeinsame Regulierung auf Gemeinschaftsebene (gemeinsamer Außenzoll) ersetzt werden. Durch diese sog. *Reregulierung* entsteht eine Zollunion, die die Dysfunktionen der bloßen Freihandelszone beseitigt. Ist die negative Integration also marktschaffende Integration, kann die positive Integration als marktkorrigierende oder marktbegrenzende bezeichnet werden. In Kapitel 5.1 zur Wirtschaftsgemeinschaft haben wir den Zusammenhang von negativer (Deregulierung) und positiver Integration ([Re-]Regulierung) anhand des Zollbeispiels erläutert. Deregulierung und Reregulierung auf europäischer Ebene bedürfen jeweils einer politischen Entscheidung, die als vertikale Linien in die Abbildung 26 eingezeichnet sind. Die zweite Linie ist breiter, weil im Entscheidungssystem der Europäischen Union für Schritte der positiven Integration in der Regel höhere Entscheidungshürden – häufig ist gar Konsens zwischen den Mitgliedstaaten gefordert – zu überwinden sind, als für Schritte negativer Integration, die durch Kommission und EuGH auf Grundlage der Verträge mehr oder weniger ‚geräuschlos' durchgesetzt werden können. Diese Asymmetrie zwischen negativer und positiver Integration im EU-System beschreibt Scharpf wie folgt:

> „Während die negative Integration gewissermaßen hinter dem Rücken der Politik von Kommission und Gerichtshof vorangetrieben werden kann, bedürfen Maßnahmen der positiven Integration der expliziten politischen Legitimation."[516]

Zu Recht konstatiert Scharpf vor diesem Hintergrund, dass damit vor allem die Maßnahmen positiver Integration „allen Hemmnissen der intergouvernementalen

---

514 Sozialraum ohne Solidargemeinschaft, vgl. Lamping, Wolfram, 2008: Auf dem Weg zu einem postnationalen Sozialstaat? Die Sozialpolitik der Europäi-schen Union, in: Schubert, Klaus/Hegelich, Simon/Bazant, Ursula (Hrsg.): Europäische Wohlfahrtssysteme. Ein Handbuch, Wiesbaden, S. 595–620 (595).
515 Die Unterscheidung zwischen positiver und negativer Integration erfährt auch Kritik, s. Falkner, Gerda, 2006: Wohlfahrtsstaat und europäische Integration: Theorie und Praxis, in: Jachtenfuchs, Markus/Kohler-Koch, Beate (Hrsg.): Europäische Integration, S. 479–511 (484).
516 Scharpf, Fritz W., 2006: Politische Optionen im vollendeten Binnenmarkt, in: Jachtenfuchs, Markus/Kohler-Koch, Beate (Hrsg.): Europäische Integration, S. 219–253 (225); s. auch Streeck, 1998, S. 376.

9.2 Negative und positive Integration

europäischen Politik unterworfen"[517] seien, und meint mit diesen Hemmnissen in erster Linie die hohen Entscheidungshürden bis hin zur Einstimmigkeit mit Vetomöglichkeit eines jeden Mitgliedstaats bei Ratsentscheidungen. Was aber hat das Ganze mit Sozialpolitik zu tun?

Abbildung 26: Negative und positive Integration[518]

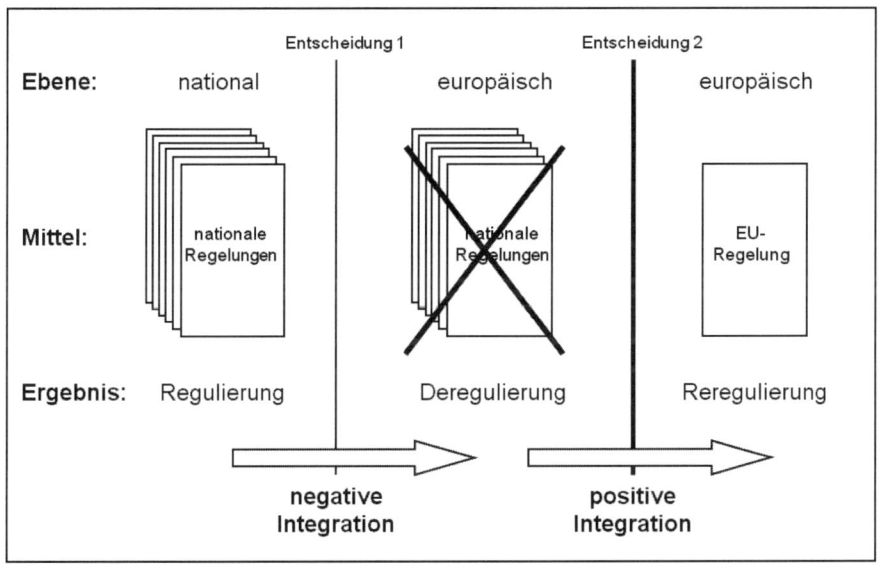

Quelle: eigene Darstellung.

Zunächst einmal lassen sich die angestellten Überlegungen auf sozialpolitische Regulierungen übertragen. Auch sozialpolitische Standards verursachen zusätzliche Kosten für Waren und Dienstleistungen. So werden sie im Binnenmarkt mit seinen vier Freiheiten zwangsläufig zu Faktoren des innereuropäischen Standortwettbewerbs. Das gilt zumindest solange, wie sich die Mitgliedstaaten nicht auf eine gemeinsame Regulierung, z.B. eine Harmonisierung der nationalen Standards, geeinigt haben. Eine Harmonisierung produktionsbezogener Standards – also solcher Regelungen die sich auf den Produktionsprozess von Waren und Dienstleistungen (z.B. Sozialstandards) und nicht auf die Produkte selbst (z.B. Umwelt- und Verbraucherschutz-

---

[517] Scharpf, 2006, S. 220; s. auch Leibfried, Stephan, 2010: Social Policy. Left to the Judges and the Markets? In: Wallace, Helen/Pollack, Mark A./Young, Alasdair R. (Hrsg.): Policy-Making in the European Union, 6. Aufl., Oxford, S. 253–281 (257).

[518] Deregulierung muss nicht – wie die Abbildung es nahe legt – die tatsächliche Streichung einer nationalen Regelung bedeuten. Auch die gegenseitige Anerkennung nationaler Regulierungen sorgt für deren Wirkungslosigkeit auf Gemeinschaftsebene, fällt also ebenso unter den Begriff der Deregulierung.

bestimmungen) beziehen[519] – ist aber sehr unwahrscheinlich, da die Mitgliedstaaten mit niedrigen sozialen Leistungen so einen entscheidenden Wettbewerbsvorteil aufgeben würden, ohne dadurch ihre Absatzchancen zu erhöhen, während die Staaten mit hohen Sozialschutzstandards eine signifikante Absenkung ihres Niveaus ebenfalls nur schwer akzeptieren könnten. Diese dilemmatische Situation ist durch die Osterweiterung der Jahre 2004 und 2007 um insgesamt zwölf ökonomisch relativ schwache Staaten eher noch verschärft worden.[520]

Gerade im Bereich der Sozialpolitik ist die Blockadeneigung der Mitgliedstaaten also besonders hoch. Dies gilt freilich nicht nur für sozialpolitische Regulierungen, sondern in gleicher Weise für redistributive EU-Politiken. Während der Abbau sozialer Standards also leicht fällt und sich oft direkt aus der Marktordnung ableitet, ist die Errichtung neuer Standards und Umverteilungsmechanismen auf europäischer Ebene in aller Regel schwer durchzusetzen. Hierin zeigt sich die Asymmetrie zwischen negativer und positiver Integration im europäischen Mehrebenensystem. Die Unterscheidung zwischen beiden Integrationstypen ist von entscheidender Bedeutung zum Verständnis der europäischen Sozialpolitik. Auch Leibfried übernimmt diese Kategorien, wenn er aus der Perspektive der Mitgliedstaaten einen dreifachen Anpassungsdruck beobachtet: nämlich erstens den direkten Druck durch negative Integration auf europäischer Ebene, zweitens den direkten Druck durch positive Initiativen und drittens den indirekten Druck auf die Wohlfahrtssysteme.[521] Anhand dieser drei Formen wollen wir in den folgenden Abschnitten die europäische Sozialpolitik ausführlicher behandeln.

9.3 Negative Integration im Dienste des Marktes

Negative Integration, also der Abbau nationalstaatlicher Regulierungen, dient der Entstehung bzw. Ausdehnung von Märkten. Dies lässt sich am europäischen Beispiel zeigen: Das Kernprojekt der europäischen Einigung war von Beginn an die Schaffung eines Gemeinsamen Marktes durch Herstellung und Gewährleistung der vier Freiheiten von Waren, Personen, Dienstleistungen und Kapital (Art. 26 Abs. 2 AEU-Vertrag). Die Integration der Volkswirtschaften durch Abbau nationalstaatlicher Regelungen, also Deregulierung, stand immer im Vordergrund der Unionspolitik und wird von Kommission und Gerichtshof bis heute umgesetzt. Demgegenüber nimmt sich die Reregulierung auf europäischer Ebene in Form von sozialpolitischen Maßnahmen durch die EU (s. nächsten Abschnitt) immer noch gering aus. Doch unge-

---

519 Zu dieser Unterscheidung ausführlich Scharpf, 2006, S. 232; s. auch Hix, Simon/Høyland, Bjørn, 2011: The Political System of the European Union, 3. Aufl., Basingstoke u.a., S. 217.
520 Einen viel beachteten Ausweg aus dem Dilemma weist Busch mit seinem Korridormodell, das ein abgestuftes Verfahren zur Harmonisierung nach Ländergruppen vorsieht, Busch, Klaus, 1998: Das Korridormodell – ein Konzept zur Weiterentwicklung der EU-Sozialpolitik, in: Schmid, Josef/Niketta, Reiner (Hrsg.): Wohlfahrtsstaat. Krise und Reform im Vergleich, Marburg, S. 273–298.
521 Vgl. Leibfried, 2010, S. 255–256.

achtet der aus der Asymmetrie erwachsenden sozialpolitischen Regelungslücken geraten die nationalen Wohlfahrtsstaaten allein durch die Liberalisierung der Märkte zunehmend unter Druck, denn die Personenfreizügigkeit, insbesondere die freie Beweglichkeit von Arbeitnehmern, im EU-Raum untergräbt die nationalen Marktzutrittsbarrieren, die es den Staaten bisher erlaubt haben, ihre Sozialleistungen auf die eigenen Bürger zu beschränken.[522] Die Artikel 45 bis 48 des AEU-Vertrags schützen die Arbeitnehmer im Binnenmarkt vor jeglichen nationalstaatlichen Diskriminierungen, einschließlich solcher faktischer Benachteiligungen, die einem Arbeitnehmer beim Wohnort- und Beschäftigungswechsel entstünden, wenn er seine innerstaatlich erworbenen Rechtsansprüche auf soziale Sicherung nicht gleichsam *mitnehmen* könnte. Man spricht in diesem Zusammenhang von der Portabilität der Sozialleistungen (s. Art. 48 AEU-Vertrag).[523] Die Sozialschutzmaßnahmen für Wanderarbeitnehmer markieren aber schon den Übergang zur positiven Integration. An dieser Stelle gilt es festzuhalten, dass die nationalen Wohlfahrtsregime innerhalb des europäischen Marktes heute nicht mehr in der Lage sind, den Kreis ihrer Leistungsempfänger autonom zu bestimmen.

Eine ähnlich souveränitätsbeschränkende Wirkung auf die nationalen Wohlfahrtsregime hat die Liberalisierung des Dienstleistungsverkehrs. In Kapitel 5.2 über den Binnenmarkt haben wir entsprechende Umstände betreffend die *aktive* Dienstleistungsfreiheit – hier reist der Dienstleistungserbringer – bereits ausführlich geschildert. In diesem Zusammenhang haben wir auch die großen Befürchtungen insbesondere in einigen alten EU-Mitgliedstaaten um die hohen sozialen Standards sowie die vehementen Proteste 2004/2005 beschrieben, die den Entwurf einer Dienstleistungsrichtlinie des damaligen EU-Binnenmarktkommissars Frits Bolkestein und insbesondere das darin enthaltene *Herkunftslandprinzip* zu Fall brachten, und wir sind kurz auf die umstrittenen EuGH-Urteile in den Fällen *Laval*, *Viking* und *Rüffert* eingegangen, die – zumindest in der Gewerkschaftsszene – zu einem erneuten Aufflammen der Empörung über die wahrgenommene Unterordnung der Sozialpolitik unter die Freiheiten des Marktes geführt hat (vgl. Kap. 5.2).[524] Eine volle Umsetzung des liberalen Grundsatzes, wonach – in offensichtlicher Anlehnung an das Prinzip der gegenseitigen Anerkennung im Warenverkehr – Dienstleistungserbringer in einem fremden Mitgliedstaat nur den Arbeits- und Sozialschutzbestimmungen ihres Herkunftslandes unterliegen, würde tatsächlich eine bahnbrechende Deregulierung des europäischen Dienstleistungsmarktes bewirken und die Konkurrenzsituation unmittelbar zwischen den Anbietern und mittelbar zwischen den Sozialsystemen deutlich verschärfen.

---

522 Vgl. Leibfried, 2010, S. 270; s. auch Heidenreich, 2006, S. 20 u. 26.
523 Die Portabilität gilt nur eingeschränkt für die Arbeitslosenunterstützung.
524 Vgl. hierzu insbesondere Barnard, Catherine/Deakin, Simon, 2012: Social Policy and Labor Market Regulation, in: Jones, Erik/Menon, Anand/Weatherill, Steven (Hrsg.): The Oxford Handbook of European Integration, Oxford, S. 542–555 (549ff.); ferner Leibfried, 2010, S. 270–271.

Aber nicht nur die aktive, sondern auch die passive Dienstleistungsfreiheit – hier reist der Dienstleistungsempfänger – wirkt sich auf die nationalen Wohlfahrtsregime aus. Diese Tatsache lässt sich an einem Präzedenzurteil des Europäischen Gerichtshofs auf dem Feld der Gesundheitspolitik verdeutlichen. Im Fall *Kohll* (Rs. 158/96) hatte ein Luxemburger seine Krankenkasse verklagt, weil sie die Zahlung für eine Zahnbehandlung seiner Tochter in Deutschland abgelehnt hatte. Das Vorabentscheidungsurteil aus dem Jahr 1998 fiel zugunsten des Klägers aus, und die Absage der Krankenkasse wurde als Verstoß gegen die Dienstleistungsfreiheit (heute Art. 56 u. 57 AEU-Vertrag) gewertet. Am selben Tag fällte der EuGH das Urteil in einem ähnlichen Fall: In der Rechtssache *Decker* (Rs. 120/95) hatte ein Luxemburger Wanderarbeitnehmer seine Krankenkasse verklagt, weil diese die Erstattung der Kosten für eine im Ausland erworbene Brille abgelehnt hatte. Auch hier ging es um eine Vorabentscheidung und auch hier urteilte der Gerichtshof zugunsten des Klägers. Zwar begründete der EuGH sein Urteil im Fall *Decker* mit der Warenverkehrsfreiheit (heute Art. 34 u. 36 AEU-Vertrag), aber Leibfried leitet aus den beiden Beispielen zu Recht eine gemeinsame Beobachtung für die europäische Sozialpolitik ab. In dem Maße, wie sich ein europäischer Markt für Sozialleistungen entwickelt, der als solcher der europäischen Marktordnung und ihren Wettbewerbsregeln unterliegt, verlieren die mitgliedstaatlichen Wohlfahrtssysteme an sozialpolitischer Autonomie.[525] Die marktschaffende, negative Integration nimmt ihnen nicht nur die Möglichkeit, ihre Sozialleistungen auf ihre jeweiligen Staatsbürger zu beschränken, sondern versagt ihnen zugleich sukzessive die territoriale Beschränkung des Konsums sozialer Leistungen. Damit ist die Autonomie nationaler Wohlfahrtsregime innerhalb der EU allein durch die Marktliberalisierung deutlich eingeschränkt,[526] unabhängig davon, ob und wie die Gemeinschaft die ihr übertragenen Mandate im Bereich der Sozialpolitik umgesetzt hat bzw. umsetzt.

9.4 Positive Integration im Dienste des Marktes

Ebendiese Mandate spielen eine Rolle für die positiven Integrationsschritte der EU auf dem Feld der Sozialpolitik. Aus integrationsgeschichtlicher Sicht ist die Sozialpolitik durchaus ein klassisches Betätigungsfeld der EU. Seit den 1950er Jahren flankieren einzelne vertraglich verankerte Maßnahmen (zu Beginn waren es Antidiskriminierung, Herstellung von Entgeltgleichheit zwischen den Geschlechtern sowie Regelungen zur Arbeitnehmerfreizügigkeit) die Marktintegration.[527] Im Laufe der europäischen Einigung nahm die Zahl der erteilten Mandate stetig zu. Außerdem

---

525 Vgl. Leibfried, 2010, S. 254 u. 277; s. auch Heidenreich, 2006, S. 40.
526 Vgl. Leibfried/Pierson, 1998, S. 77ff.
527 Für Kaelble stellt die supranationale Sozialpolitik allerdings nicht nur einen „Appendix" der Marktintegration, sondern eine „eigene Säule" der EU dar, Kaelble, Hartmut, 2004: Das europäische Sozialmodell – eine historische Perspektive, in: ders./Schmid, Günther (Hrsg.): Das europäische Sozialmodell. Auf dem Weg zum transnationalen Sozialstaat, Berlin, S. 31–50 (46).

wechselte für einen Großteil von ihnen die Entscheidungsregel von der Einstimmigkeit zur qualifizierten Mehrheit (vgl. Tabelle 10).[528] Den durch die EU wahrgenommenen Regelungskompetenzen und den entsprechend durchgeführten Maßnahmen gemeinsam ist bis heute die Ausrichtung auf die Erfordernisse des Binnenmarkts bzw. die Fokussierung auf den Marktbürger und Arbeitnehmer.

Tabelle 10: Vertraglich verankerte sozialpolitische Mandate

Mandat	AEU-Vertrag (Lissabon)
Diskriminierung aus Gründen der Staatsangehörigkeit	QM, Art. 18
andere Antidiskriminierungsmaßnahmen unter Ausschluss jeglicher Harmonisierung[a]	QM, Art. 19 Abs. 2; auch Art. 21 Grundrechtecharta
Arbeitnehmerfreizügigkeit	QM, Art. 45 u. 46
Entgeltgleichheit von Männern und Frauen	QM, Art. 157
Chancengleichheit von Männern und Frauen auf dem Arbeitsmarkt und Gleichbehandlung am Arbeitsplatz	QM, Art. 153 Abs. 1 i
Arbeitsumwelt	QM, Art. 153 Abs. 1 a
Arbeitsbedingungen	QM, Art. 153 Abs. 1 b
Unterrichtung und Anhörung der Arbeitnehmer	QM, Art. 153 Abs. 1 e
berufliche Eingliederung der aus dem Arbeitsmarkt ausgegrenzten Personen	QM, Art. 153 Abs. 1 h
Bekämpfung der sozialen Ausgrenzung	QM, Art. 153 Abs. 1 j
Modernisierung der Systeme des sozialen Schutzes	QM, Art. 153 Abs. 1 k
Maßnahmen zur Förderung der öffentlichen Gesundheit unter Ausschluss jeglicher Harmonisierung[a]	QM, Art. 168
System zur Sicherung von Leistungsansprüchen für Wanderarbeitnehmer und ihre Angehörigen	QM, Art. 48, s. Einschränkung[b]
Harmonisierung anderer Antidiskriminierungsmaßnahmen (s. Zeile 2)	E, Art. 19 Abs. 1
soziale Sicherheit und sozialer Schutz der Arbeitnehmer	E, Art. 153 Abs. 1 c
Schutz der Arbeitnehmer bei Beendigung des Arbeitsvertrags	E, Art. 153 Abs. 1 d
Vertretung und kollektive Wahrnehmung der Arbeitnehmer- und Arbeitgeberinteressen, einschließlich Mitbestimmung (Einschränkung letzte Zeile)	E, Art. 153 Abs. 1 f
Beschäftigungsbedingungen der Staatsangehörigen dritter Länder	E, Art. 153 Abs. 1 g

---

528 Beide Entwicklungen lassen sich sehr gut an einer Darstellung von Leibfried ablesen, die im Gegensatz zur Tabelle 10 in diesem Band die Genese bis zum EWG-Vertrag zurückverfolgt, vgl. Leibfried, 2010, S. 258–261; Tabelle der sozialpolitischen Marksteine auch bei Boeckh/Huster/Benz, 2011, S. 391–393; auch Hix/Høyland, 2011, S. 207–208; Knelangen, Wilhelm, 2005: „Sozialstaatswerdung" Europas? Integrationstheoretische Überlegungen zur Entwicklung der EU-Sozialpolitik, in: Baum-Ceisig, Alexandra/Faber, Anne (Hrsg.): Soziales Europa? Perspektiven des Wohlfahrtsstaates im Kontext von Europäisierung und Globalisierung, Festschrift für Klaus Busch, Wiesbaden, S. 20–44 (30).

Mandat	AEU-Vertrag (Lissabon)
Arbeitsentgelt, Koalitionsrecht, Streikrecht sowie Aussperrungsrecht	ausgeschl., Art. 153 Abs. 5

QM: Qualifizierte Mehrheitsentscheidung; E: Einstimmigkeit; ᵃ Harmonisierung innerstaatlicher Rechtsvorschriften; ᵇ erklärt ein Ratsmitglied seine Bedenken, wird das Verfahren ausgesetzt und die Entscheidung dem Europäischen Rat vorgelegt
Quelle: eigene u. ergänzte Darstellung nach Leibfried, 2010, S. 258–261.

Antidiskriminierung

Der Abbau der Grenzen für den Personenverkehr und die vertragliche Verankerung der Personen- bzw. Arbeitnehmerfreizügigkeit (Art. 45–46 AEU-Vertrag) reichen allein nicht aus für die Schaffung eines EU-weiten Arbeitsmarkts.[529] Auch andere, meist weniger sichtbare Barrieren müssen aus dem Weg geräumt werden, damit die Auswanderung in einen anderen Mitgliedstaat für den einzelnen Arbeitnehmer möglich, sinnvoll und attraktiv wird. Als fundamentaler Grundsatz in diesem Zusammenhang kann das allgemeine Diskriminierungsverbot aus Art. 18 AEU-Vertrag gelten. Es verbietet jegliche Diskriminierung aus Gründen der Staatsangehörigkeit und ist damit zunächst auf die Benachteiligung von Wanderarbeitnehmern aufgrund ihrer Herkunft aus einem anderen EU-Mitgliedstaat beschränkt. Daneben treten im Arbeitnehmeralltag potenziell natürlich auch andere Formen der Diskriminierung auf, z.B. aus Gründen des Geschlechts, der ethnischen Herkunft, der Religion oder Weltanschauung, einer Behinderung, des Alters oder der sexuellen Orientierung usw. Zur Bekämpfung solcher weiteren Formen der Diskriminierung sieht Artikel 19 AEU-Vertrag gemeinschaftliche Maßnahmen vor. Insbesondere auf diesen Vertragsartikel stützt sich die umfassende Diskriminierungsrichtlinie des Rates vom November 2000 (RL 2000/78/EG), die neben anderen Bestimmungen sowohl einen individuellen Rechtsschutz (Art. 9), als auch eine Umkehr der Beweislast zulasten des Beklagten (Art. 10) vorschreibt. Wie die Richtlinie zeigt, bildet die Antidiskriminierung eine der wichtigsten, wenn nicht die wichtigste sozialpolitische Aktivität der EU und ist gekennzeichnet durch sehr weitgehende supranationale Regelungen. Dies gilt im Besonderen, zählt man die sehr aktive EU-Politik zur Gleichstellung der Geschlechter hinzu.

Soziale Sicherheit

Auch die zum Teil bereits früh übertragenen Regelungskompetenzen der Gemeinschaft betreffend die soziale Sicherheit lassen sich nur im Zusammenhang mit der Schaffung eines EU-weiten Arbeitsmarktes erklären. Die entsprechenden Maßnahmen dienen in erster Linie zum Abbau faktischer Barrieren für die Arbeitswande-

---

529 Die Bedeutung der Freizügigkeit sowohl für den Gemeinsamen Markt als auch die Sozialpolitik beschreiben Adnett, Nick/Hardy, Stephen, 2005: The European Social Model. Modernisation or Evolution? Cheltenham/Northampton, S. 18.

rung. Um die Arbeitnehmerfreizügigkeit zu befördern, wurden beispielsweise Mechanismen eingerichtet, die innerstaatlich erworbenen Rechtsansprüche auf Leistungen im Falle von Krankheit, Alter, Berufsunfähigkeit usw. *portabel* zu machen, so dass der einzelne Arbeitnehmer[530] diese auch nach Einwanderung in einen anderen Mitgliedstaat behält und sie im Bedarfsfall gemeinsam mit den im Gastland erworbenen Ansprüchen geltend machen kann. Außerdem wird die entsprechende Versorgung der Familienangehörigen des Arbeitnehmers gewährleistet (Familienleistungen). Das gesamte Feld des Sozialschutzes für Wanderarbeitnehmer und deren Angehörige regelt seit 1971 eine umfassende Verordnung des Rates (VO 1408/71), die bis heute zahlreiche Änderungen erfahren hat. Sie wiederum stützt sich auf den Art. 48 AEU-Vertrag. Weitere Sozialschutzbestimmungen betreffen allgemein die Arbeitsbeziehungen in der EU und werden daher unter dem Oberbegriff Arbeitsrecht behandelt.

Arbeitsrecht

Das allgemeine Arbeitsrecht der EU besteht aus einer Reihe von Richtlinien zum Schutz des Wohls, der Gesundheit und des Rechts von Arbeitnehmern, wie denjenigen zur Bildschirmarbeit (RL 90/270/EWG), zum Schutz schwangerer Arbeitnehmerinnen (RL 92/85/EG), zum Jugendarbeitsschutz (RL 94/33/EG), zu Europäischen Betriebsräten (RL 94/45/EG), zur Elternzeit (RL 96/34/EG), zur Teilzeit (RL 97/81/EG), zu befristeten Arbeitsverträgen (RL 1999/70/EG), zur Unterrichtung und Anhörung von Arbeitnehmern (RL 2002/14/EG), zum Schutz der Arbeitnehmer bei Zahlungsunfähigkeit des Arbeitgebers (RL 2002/74/EG) oder zur Arbeitszeit (RL 2003/88/EG). Ein Großteil der genannten Richtlinien geht zurück auf den Artikel 153 des AEU-Vertrags, wonach die Union eine ergänzende Zuständigkeit neben den Mitgliedstaaten für einige Aspekte überwiegend des Arbeitsrechts aber auch des sozialen Schutzes im Allgemeinen innehat und entsprechende Maßnahmen von Rat – meist mit qualifizierter Mehrheit, in einigen Fällen einstimmig (vgl. Tabelle 10) – und Parlament beschlossen werden können. Andere Regelungen gehen auf den Artikel 155 AEU-Vertrag zurück und sind mithin dem Dialog der Sozialpartner entsprungen. Der Soziale Dialog auf europäischer Ebene findet zwischen den drei EU-weiten Dachverbänden der Arbeitnehmer und Arbeitgeber, nämlich dem Europäischen Gewerkschaftsbund (EGB, engl. ETUC), der Arbeitgeberorganisation *BusinessEurope* (früher UNICE) und dem Zusammenschluss der öffentlichen Arbeitgeber CEEP (*Centre of Enterprises with public participation and of Enterprises of general economic interest*) statt. Der soziale Dialog wurde in den 1980er Jahren durch

---

530 Die Regelungen zur Portabilität von Leistungen gelten auch für Selbständige.

die Delors-Kommission mit den sog. *Val Duchesse*-Gesprächen angestoßen und im Folgenden sukzessive institutionalisiert.[531]

Europäischer Sozialfonds und Globalisierungsfonds

Die bisher genannten Aktivitäten und Initiativen der EU im Rahmen der Sozialpolitik lassen sich insgesamt unter den Oberbegriff der Regulierung subsumieren. Dennoch gehören auch finanzielle Fördermaßnahmen zum Instrumentenkatalog der Europäischen Union. Die Mittel für derartige Maßnahmen entstammen in der Regel dem *Europäischen Sozialfonds* (ESF). Der ESF wurde schon mit der Gründung der EWG 1957 eingerichtet (Art. 123ff. EWG-Vertrag). Mit ESF-Mitteln gefördert werden Maßnahmen, die zur Vermeidung und Bekämpfung der Arbeitslosigkeit, zur Aus- und Weiterbildung von Arbeitssuchenden oder allgemein zum besseren Funktionieren des EU-Arbeitsmarkts (Gleichstellung von Mann und Frau, Steigerung der Arbeitnehmermobilität usw.) beitragen. Obwohl die Ressourcen des ESF sich gegenüber nationalen Sozialbudgets gering ausnehmen, haben sie im EU-Maßstab doch ein beträchtliches Gewicht, und die veranschlagten Zuschüsse, die im Zeitraum zwischen 2007 und 2013 seitens der EU gewährt worden sind, betragen insgesamt über 76 Mrd. Euro.[532] Angesichts dieser Zahlen konstatiert Falkner zu Recht, dass die „EU-Politik im Sozialbereich mittlerweile stärker auf den Einsatz finanzieller Mittel baut als zumeist angenommen."[533] Darüber hinaus wurde im Dezember 2006 der *Europäische Fonds für die Anpassung an die Globalisierung* (EGF) eingerichtet. Im EGF stehen jährlich maximal 500 Mio. Euro zur Verfügung, um schnelle, individuelle und zeitlich begrenzte Hilfen für Arbeitnehmer bereitzustellen, die etwa bei der Schließung oder Verlagerung eines Unternehmens ihre Stelle verloren haben.

Zwischenfazit: positive Integration

Die vorangegangenen Abschnitte haben klar vor Augen geführt, dass die EU nicht nur durch die fortschreitende Marktliberalisierung, sondern auch durch eine Vielzahl von Schritten der positiven Integration sozialpolitische Akzente gesetzt hat und setzt. Auf der Grundlage einer wachsenden Zahl sozialpolitischer Mandate hat die Union einen beträchtlichen Katalog von Verordnungen und Richtlinien hervorgebracht und die Mitgliedstaaten unter erheblichen Anpassungsdruck gesetzt. Trotz der in vielerlei Hinsicht bemerkenswerten Performanz der EU, insbesondere auf dem Feld der Antidiskriminierung ist das Verhältnis zwischen den Maßnahmen negativer und positiver Integration auf europäischer Ebene nach wie vor durch eine grundlegende Asymmetrie (s.o.) gekennzeichnet. Außerdem sind auch die Maßnahmen posi-

---

531 Vgl. Streeck, 1998, S. 387; auch Dyson, Kenneth, 2006: Die Wirtschafts- und Währungsunion als Prozess der Europäisierung, in: Jachtenfuchs, Markus/Kohler-Koch, Beate (Hrsg.): Europäische Integration, Wiesbaden, S. 449–478 (458 u. 476).
532 Vgl. Auflistung der Europäischen Kommission (Stand: 29.5.2013), abrufbar unter: http://ec.europa.eu/esf/main.jsp?catId=443&langId=de (letzter Zugriff: 14.6.2013).
533 Falkner, 2006, S. 488.

tiver Integration, also solche Politiken, die klassischerweise als *politics against the market* verstanden werden, auf EU-Ebene eher marktflankierende als marktkorrigierende Aktivitäten.[534] Bei der europäischen Sozialpolitik geht es meist „weniger um eine Einhegung von Marktkräften als vielmehr um die Absicherung der Ausdehnung von Marktbeziehungen",[535] und Streeck bezeichnet sie aus guten Gründen als „minimale, marktbereitende Sozialpolitik".[536] So stellt sich also auch die positive Integration in den Dienst des Marktes. In diesem Sinne auffallend ist zumindest die enge Fokussierung europäischer sozialpolitischer Aktivitäten auf den Arbeitnehmer als Träger von Rechten und Empfänger von Leistungen.

Erst mit der nunmehr in das Primärrecht integrierten Grundrechtecharta hat sich dieser Fokus etwas auf den EU-Bürger verschoben.[537] So gewährt die Charta allen EU-Bürgern einen breiten Katalog sozialer Grundrechte (vgl. Abbildung 25) vom Recht auf Bildung (Art. 14), und dem Recht zu arbeiten (Art. 15) über die Rechte auf Mitbestimmung und Schutz am Arbeitsplatz (Art. 27 u. 28), auf Arbeitsvermittlung (Art. 29) und auf Schutz bei ungerechtfertigter Entlassung (Art. 30) sowie auf sozialen Schutz und soziale Unterstützung (Art. 34) usw. bis hin zum Recht auf Gesundheitsschutz (Art. 35). Allerdings ist als Wermutstropfen in sozialpolitischer Hinsicht festzuhalten, dass die sozialen Grundrechte der Charta nicht in allen Staaten gelten: Mit Großbritannien und Polen haben zwei bevölkerungsreiche EU-Staaten durchgesetzt, dass die enthaltenen Grundrechte für ihre Bürger nicht einklagbar sein werden (Protokoll Nr. 30).

9.5 Staaten im Wettbewerb – Staaten unter Druck

Wir haben in den vorangegangenen Abschnitten gesehen, wie EU-Entscheidungen und -Politiken sowohl der negativen als auch der positiven Integration die Mitgliedstaaten unmittelbar unter Anpassungsdruck setzen, sei es mittels Verordnungen, Richtlinien oder Gerichtsurteilen. Doch nach Leibfried hat der Anpassungsdruck auf die Staaten im EU-System noch eine dritte Quelle.[538] Die EU reagiert nämlich nicht nur – getreu der funktionalistischen Integrationslogik (vgl. Kap. 12.3) – auf integrationsdynamisch motivierte Sachzwänge[539] und setzt die Staaten mit ihren *harten* Maßnahmen auf der Grundlage gemeinschaftlicher Mandate unmittelbar unter Druck, sondern die fortschreitende Marktintegration produziert darüber hinaus auch neue Sachzwänge in Politikbereichen, die (noch) nicht supranational oder über-

---

534 Mitunter wird gar von marktschaffenden Aktivitäten gesprochen, vgl. Leibfried, 2012, S. 279.
535 Knelangen, 2005, S. 23.
536 Streeck, 1998, S. 380, s. auch S. 382.
537 Vgl. Lamping, 2008, S. 596.
538 Vgl. Leibfried, 2010, S. 274ff.; s. auch Brunkhorst, Hauke, 2008: Demokratische Solidarität in der Weltgesellschaft, in: Aus Politik und Zeitgeschichte (21) 2008, S. 3–8 (6). Brunkhorst stellt einen Wandel in der globalisierten Marktwirtschaft von state embedded markets zu market embedded states fest.
539 Oder auch sozialpolitische Regelungslücken, s. Historischer Institutionalismus Kap. 12.5.

haupt nicht europäisch geregelt sind, wodurch ein indirekter, faktischer Anpassungsdruck auf die Mitgliedstaaten ausgeübt wird. Dieser wird mittels *weicher* Koordinierungsverfahren kanalisiert und verstärkt.

Die Steuerhoheit sowie Kernbereiche der Sozial-, Arbeitsmarkt- und Beschäftigungspolitik liegen nach wie vor im Verantwortungsbereich der Mitgliedstaaten.[540] Die EU hat hier – wenn überhaupt – nur sehr begrenzte Kompetenzen und kann gewünschte Effekte durch keinerlei eigene Entscheidung oder Maßnahmen verbindlich herbeiführen. Dennoch hat der Binnenmarkt mit seinen vier Freiheiten gravierende Auswirkungen auf den Handlungsspielraum der Mitgliedstaaten auch in diesen Bereichen. Wo die sozial-, steuer- und lohnpolitische Harmonisierung nicht gelingt bzw. gar nicht vorgesehen ist, geraten die entsprechenden nationalen Standards im freien Markt nahezu zwangsläufig unter Druck, bilden sie doch einen potenziellen Standortfaktor im Wettbewerb um frei bewegliches Kapital. So werden die nationalen Wohlfahrtsstaaten regelrecht dazu „[genötigt], ihre Sozialleistungssysteme anzupassen."[541] Die derart hervorgerufene *kompetitive Deregulierung* kann im Extremfall in ein verhängnisvolles *race to the bottom* bei Sozialstandards (*Sozialdumping*) und Steuersätzen (*Steuerdumping*) umschlagen.[542] Ein ruinöser Wettbewerb der Systeme, wie er in den Debatten mitunter beschworen wird, lässt sich empirisch bisher nicht beobachten. So blieben die durchschnittlichen Anteile der Sozialschutzausgaben am Bruttoinlandsprodukt der EU-Mitgliedstaaten in den Jahren vor der Wirtschaftskrise weitgehend konstant und sind danach krisenbedingt angestiegen.[543] Dennoch gibt es klare Belege für eine steuer- und sozialpolitische Konkurrenzsituation, in der sich die Mitgliedstaaten befinden und die sich mit der großen Erweiterung um zehn vergleichsweise wirtschaftsschwache osteuropäische Länder mit relativ niedrigen sozialen Standards 2004 bzw. 2007 noch einmal verstärkt hat.[544]

Einem demgegenüber noch gesteigerten indirekten Anpassungsdruck unterliegen die nationalen Wohlfahrtsstaaten auf der dritten Stufe der WWU. Um ihre relative Wettbewerbsfähigkeit im gemeinsamen Markt zu erhalten, oder zu verbessern, bleibt ihnen, da ihnen Wechselkursanpassungen verwehrt sind, nichts anderes übrig, als bei Löhnen und Sozialleistungen anzusetzen. Zudem schreiben die Konvergenzkriterien sowie der Stabilitäts- und Wachstumspakt den Staaten eine strikte Sparpolitik vor, die die fiskalpolitischen Handlungsspielräume der mitgliedstaatlichen Regierungen, beispielsweise für die Finanzierung der Sozialsysteme, aber auch für eine

---

540 „Le noyau dur des États membres, ce cœur échappant à l'européanisation, est bien leur système social." Moreau Defarges, Philippe, 2006: Où va l'Europe? Paris, S. 57.
541 Leibfried/Pierson, 1998, S. 83.
542 Vgl. Adnett/Hardy, 2005, S. 9; Leibfried/Pierson, 1998, S. 38.
543 Daten Eurostat: Ausgaben für den Sozialschutz in Prozent des BIP (tps00098); s. auch Boeckh/Huster/Benz, 2011, S. 387ff.; klare Ablehnung der Dumping-These bei Moravcsik, Andrew, 2006: Die Verfassung ist tot! Es lebe die Verfassung! In: Europäische Rundschau (1) 2006, S. 73–81 (75).
544 Vgl. Barnard/Deakin, 2012, S. 548; Baum-Ceisig, Alexandra/Busch, Klaus/Nospickel, Claudia, 2007: Die Europäische Union. Eine Einführung in die politischen, ökonomischen und sozialen Probleme des erweiterten Europa, Baden-Baden, S. 143.

aktivierende Wirtschaftspolitik, deutlich eingeschränkt.[545] Neben der kompetitiven Deregulierung ist im Wettbewerb der Mitgliedstaaten also auch eine „kompetitive Austerität"[546] zu beobachten. Im Kontext der Bewältigung der aktuellen Staatsschuldenkrise, also durch das verschärfte Stabilitätsregime des reformierten SWP sowie des Fiskalvertrags, hat sich dieser Druck noch einmal deutlich erhöht. In besonderem Maße zu Wohlfahrtsstaatsreformen gezwungen werden können zudem solche Staaten, die in derart arge finanzielle Nöte geraten sind, dass sie um Hilfen bei der EU, den Mitgliedstaaten oder dem IWF ersuchen müssen. Ihnen werden Reformen zum Abbau öffentlicher Ausgaben und zur Steigerung der Wettbewerbsfähigkeit regelrecht vorgeschrieben, deren Umsetzung im Folgenden auf europäischer Ebene überwacht werden (s. Kap. 5.4).

Das wesentliche Merkmal der genannten indirekten Anpassungszwänge bildet gerade die Tatsache, dass sie sich nicht auf der EU übertragene Mandate beziehen und folglich – außer im Sonderfall der Währungspolitik – nicht mit harten Sanktionen verbunden sind. Wo also de jure keine gemeinschaftlichen Regelungskompetenzen vorhanden sind, kommt es de facto doch zu einer Konvergenz der mitgliedstaatlichen Systeme im Wettbewerb. Die EU schaut diesem Mechanismus von Konkurrenz und Konvergenz allerdings nicht tatenlos zu, vielmehr hat sie, beginnend in den 1990er Jahren, verschiedene Verfahren der vergleichsweise *weichen* Koordinierung entwickelt. Insbesondere die sog. *Offene Methode der Koordinierung* (OMK, s. Kap. 8.5.2), als deren Prototyp die 1995 vereinbarte *Europäische Beschäftigungsstrategie* (EBS) gelten kann, wird für verschiedene sozialpolitisch relevante Regelungsbereiche, z.B. Beschäftigung, Armut, Renten, Gesundheit usw., eingesetzt.[547] Damit kanalisiert und verstärkt die OMK den beschriebenen indirekten Mechanismus, indem sie den mitgliedstaatlichen Systemwettbewerb institutionalisiert.

9.6 Das Europäische Sozialmodell

Münden die verschiedenen Maßnahmen der EU, sei es im Rahmen der negativen oder positiven Integration, sowie die indirekten Anpassungszwänge, kanalisiert und befördert durch die OMK, in ein gemeinsames *Europäisches Sozialmodell*? Oder bildet die Existenz eines solchen gemeinschaftlichen Besitzstandes sozialpolitischer Errungenschaften und Vorstellungen schlechthin die Voraussetzung dafür, dass Sozialpolitik überhaupt europäisch geregelt bzw. koordiniert werden kann? Die Beantwortung dieser Fragen ist unweigerlich durch das jeweilige Verständnis des Begriffs sowie die jeweilige Meinung des Betrachters hinsichtlich der Existenz oder Nicht-Exis-

---

545 Vgl. Pfetsch, Frank R., 2007: Das neue Europa, Wiesbaden, S. 74.
546 Bieling, Hans-Jürgen, 2005: Die Lissabon-Strategie und das Europäische Sozialmodell, in: Baum-Ceisig, Alexandra/Faber, Anne (Hrsg.): Soziales Europa? Perspektiven des Wohlfahrtsstaates im Kontext von Europäisierung und Globalisierung, Festschrift für Klaus Busch, Wiesbaden S. 136–149(139).
547 Vgl. Barnard/Deakin, 2012, S. 542; Boeckh/Huster/Benz, 2011, S. 399f. u. 411.

tenz eines solchen Modells bedingt. Die Unschärfe des Begriffs macht den Sachverhalt kompliziert. Mit dem Rückgriff auf Esping-Andersens bekannte Typologie wohlfahrtsstaatlicher Systeme wollen wir etwas Ordnung hineinbringen.[548] Esping-Andersen unterscheidet drei Typen wohlfahrtsstaatlicher Regime:

- den *liberalen* Typ: Der liberale Wohlfahrtsstaat beschränkt seine Rolle weitgehend auf die Minimal- bzw. Residualfunktion der Armutsvermeidung. Die weitere Absicherung sozialer Härten überlässt er den einzelnen Bürgern. Damit sind individueller Lebenserhalt und -standard in Staaten dieses Typs in hohem Grade marktabhängig. Als Musterbeispiel dieses Typs gelten gemeinhin die USA, aber auch Großbritannien fällt in vielerlei Hinsicht unter diese Kategorie.

- den *konservativen* Typ: In den Staaten dieses auch korporatistisch genannten Typs ist der individuelle Sozialschutz in der Regel durch ein öffentliches Versicherungswesen organisiert und damit weniger markt-, als vielmehr statusabhängig. Als klassische Beispiele gelten Deutschland und Frankreich.

- den *sozialdemokratischen* Typ: Der sozialdemokratische Wohlfahrtsstaat gewährt seinen Bürgern unabhängig von deren Marktposition und Status sowie eigenen Beitragszahlungen gesetzliche Sozialleistungen, die durch Steuern finanziert und vergleichsweise hoch sind. Typische Beispiele finden sich in Skandinavien. Insbesondere Schweden gilt als paradigmatischer Fall.

Ganz gleich, ob wir uns mit der wohlfahrtsstaatlichen Trias Esping-Andersens begnügen oder ihr weitere Klassen, so eine für die südeuropäischen Staaten oder die osteuropäischen Transformationsländer, die der EU erst vor wenigen Jahren beigetreten sind, hinzufügen, die Konsequenz für die Frage nach dem Europäischen Sozialmodell bleibt dieselbe: Kann ein gemeinsames Sozialmodell existieren, wenn Europa zugleich für drei bis fünf einzelne heterogene Wohlfahrtsstaatsmodelle Beispiele bereithält?

Kaelble bejaht die rhetorisch anmutende Frage und verweist auf die historische Dimension und entsprechende Pfadabhängigkeiten sowie die globale Perspektive, hierbei insbesondere auf die Abgrenzung zum Gegenmodell USA.[549] Die Markierung der sozialpolitischen Differenz zu den Vereinigten Staaten ist ein verbreiteter Topos europäischer Identitätskonstruktion.[550] Selten zuvor jedoch erschien diese Abgrenzung so problematisch wie heute. Das hängt mit einem weiteren gleichsam offiziellen Ver-

---

548 Vgl. Esping-Andersen, Gøsta, 1996: The three worlds of welfare capitalism, Oxford u.a.; s. auch Siegel, Nico A., 2007: Welten des Wohlfahrtskapitalismus und Typen wohlfahrtsstaatlicher Politik, in: ders./Schmidt, Manfred G./Ostheim, Tobias/Zohlnhöfer, Reimut (Hrsg.): Der Wohlfahrtsstaat. Eine Einführung in den historischen und internationalen Vergleich, Wiesbaden, S. 260–276 (262ff.); Boeckh/Huster/Benz, 2006, S. 382ff.

549 Kaelble nennt drei Kennzeichen des Modells: 1. Geschichte/Pfadabhängigkeit; 2. hohe Sozialausgaben/breite Sicherung; 3. nationale Legitimation; Kaelble, 2004, S. 40–41; s. auch Kaelble, Hartmut/Schmid, Günther, 2004: Einleitung: Das europäische Sozialmodell, in: dies. (Hrsg.): Das europäische Sozialmodell s. Anm. 26, S. 11–28 (11 u. 13–14) sowie betreffend die Abgrenzung zu den USA Kaelble, 2004, S. 43; hierzu auch Pfetsch, 2007, S. 71.

550 Vgl. Rifkin, Jeremy, 2004: Der Europäische Traum. Die Vision einer leisen Supermacht, Frankfurt/Main.

ständnis des Europäischen Sozialmodells und der abgeleiteten Instrumentalisierung des Etiketts durch die EU zusammen. Längst haben sich die Kommission und auch die Regierungen im Rat die Formel vom Sozialmodell zu Eigen gemacht.[551] In dieser Verwendung ist der Begriff allerdings weniger mit Tradition als mit Reform und Modernisierung verbunden.[552] Die durch die EU beförderte Modernisierung der sozialen Sicherungssysteme hat sich im Sinne der Steigerung der wirtschaftlichen Dynamik bislang eindeutig am liberalen US-amerikanischen Modell orientiert, zumindest aber an dem in verschiedenen EU-Staaten gegangenen sog. *dritten Weg*, der sozialdemokratische Vorstellungen mit liberalen zu kombinieren, besser: diesen anzunähern versucht.[553]

Die Existenz eines Europäischen Sozialmodells wird auf der anderen Seite von zahlreichen Skeptikern klar verneint: „Die EU-Staaten teilen sicher viel – sie teilen jedoch gewiss kein ‚Europäisches Sozialmodell'".[554] Die Kritiker verweisen auf die Heterogenität der mitgliedstaatlichen Sozialsysteme, aus der sich kaum ein gemeinsamer Nenner, geschweige denn ein gemeinsames Sozialmodell ableiten lassen könne.[555] In der Debatte über ein Europäisches Sozialmodell spiegelt sich in bezeichnender Weise die generelle kategoriale Verlegenheit im Umgang mit der EU wider. Ein weiteres Mal dringt der europapolitische Diskurs zwangsläufig in eine nationalstaatlich dominierte Begriffswelt ein, und die parallele Existenz unterschiedlicher Konzepte unter den gleichen oder ähnlichen begrifflichen Etiketten behindert den Erkenntnisprozess und steht der Legitimität des Systems damit tendenziell im Wege.[556]

9.7 Fazit

Fassen wir die Beobachtungen dieses Abschnitts zusammen, so bleibt die Feststellung, dass auf dem Feld der europäischen Sozialpolitik heute „halbsouveräne Wohlfahrtsstaaten"[557] in großem Umfang deregulierenden, teils regulierenden, nur wenig umverteilenden und immer mehr koordinierenden EU-Politiken begegnen. Auf diese

---

551 Vgl. z.B. Europäischer Rat: Schlussfolgerungen des Vorsitzes, Nizza, 7., 8. u. 9. Dezember 2000.
552 Vgl. hierzu Ribhegge, Hermann, 2011: Europäische Wirtschafts- und Sozialpolitik, 2. Aufl., Wiesbaden, S. 284.
553 Vgl. Heidenreich, 2006, S. 10; Münch, Richard/Büttner, Sebastian, 2006: Die europäische Teilung der Arbeit. Was können wir von Durkheim lernen? In: Heidenreich, Martin: Die Europäisierung sozialer Ungleichheit, s. Anm. 4, S. 65–107 (91 u. 99).
554 Lamping, 2008, S. 611.
555 Vgl. ebd., außerdem Münch/Büttner, 2006, S. 90; Dyson, 2006, S. 470.
556 Vgl. Heidenreich, 2006, S. 34; s. zur Parallelität der Konzepte auch Leibfried/Pierson, 1998, S. 42–43; und allgemein zur „ungleichzeitigen Widerständigkeit gesellschaftlicher Wissensordnungen" Schünemann, Wolf J., 2013: Der EU-Verfassungsprozess und die ungleichzeitige Widerständigkeit gesellschaftlicher Wissensordnungen – exemplarische Darstellung eines Ansatzes zur diskursanalytischen Referendumsforschung, in: Zeitschrift für Diskursforschung 1/2013, S. 67–87; ders., 2014 i.E.: Subversive Souveräne. Eine vergleichende Diskursanalyse der Referenden über den EU-Verfassungs- bzw. Reformvertrag in Frankreich, den Niederlanden und Irland, Wiesbaden.
557 So nennen Leibfried und Pierson die unter dreifachem Druck stehenden nationalen Sozialstaaten; Leibfried/Pierson, 1998, S. 58ff.

Politiken müssen die Staaten nicht lediglich reagieren, sondern sie wirken in mehr oder weniger großem Umfang an deren Gestaltung mit. Die Europäische Union befördert eine Reform der mitgliedstaatlichen Sozialsysteme, die sich offensichtlich am liberalen Wohlfahrtsstaatsmodell orientiert. Die Anpassungsprozesse an eine liberale Wirtschaftsordnung haben einen sukzessiven Wandel sozialpolitischer Konzepte zur Folge. An die Stelle von Ergebnisgleichheit tritt Chancengleichheit. Statt auf kostspielige Umverteilungslösungen wird auf marktkonforme Maßnahmen der Nichtdiskriminierung, des freien und gleichen Marktzutritts, der Flexibilität des Arbeitsmarkts, der Eigenverantwortung, des lebenslangen Lernens usw. gesetzt. Nicht zuletzt wegen dieser konzeptionellen Annäherung an das verbreitet als Gegenstück aufgefasste US-amerikanische Modell fällt eine überzeugende Definition eines europäischen Sozialmodells schwer.

Einführende Literatur

Boeckh, Jürgen/Huster, Ernst-Ulrich/Benz, Benjamin, 2011: Sozialpolitik in Deutschland. Eine systematische Einführung, 3. Aufl., Wiesbaden. *(Die ausgesprochen lesenswerte Einführung in die deutsche Sozialpolitik enthält einige ausführliche Abschnitte zu den entsprechenden Einflüssen durch die europäische Integration.)*

Hix, Simon/Høyland, Bjørn, 2011: The Political System of the European Union, 3. Aufl., Basingstoke u.a. (s. Kap. 3).

Knelangen, Wilhelm, 2005: „Sozialstaatswerdung" Europas? Integrationstheoretische Überlegungen zur Entwicklung der EU-Sozialpolitik, in: Baum-Ceisig, Alexandra/Faber, Anne (Hrsg.): Soziales Europa? Perspektiven des Wohlfahrtsstaates im Kontext von Europäisierung und Globalisierung, Festschrift für Klaus Busch, Wiesbaden, S. 20–44. *(Knelangen beschreibt die sozialpolitischen Maßnahmen der EU knapp, nüchtern und kenntnisreich, um sie dann anhand der gängigen Integrationstheorien zu erklären.)*

Lamping, Wolfram, 2008: Auf dem Weg zu einem postnationalen Sozialstaat? Die Sozialpolitik der Europäischen Union, in: Schubert, Klaus/Hegelich, Simon/Bazant, Ursula (Hrsg.): Europäische Wohlfahrtssysteme. Ein Handbuch, Wiesbaden, S. 595–620. *(Lamping bietet eine knappe, engagierte, insgesamt sehr lesenswerte Einführung zur EU-Sozialpolitik.)*

Leibfried, Stephan/Pierson, Paul, 1998: Halbsouveräne Wohlfahrtsstaaten: Der Sozialstaat in der europäischen Mehrebenen-Politik, in: dies.: Standort Europa. Europäische Sozialpolitik, Frankfurt/Main, S. 58–99. *(Leibfried und Pierson liefern im von ihnen herausgegebenen Standardwerk einen sehr kenntnisreichen und anregenden Beitrag.)*

Ders., 2010: Social Policy. Left to the Judges and the Markets? In: Wallace, Helen/Pollack, Mark A./Young, Alasdair R. (Hrsg.): Policy-Making in the European Union, 6.Aufl. Oxford, S. 253–281. *(Zu diesem Standardwerk der EU-Forschung trägt Leibfried einen knappen, verständlichen und insgesamt sehr aufschlussreichen Aufsatz bei.)*

Ribhegge, Hermann, 2011: Europäische Wirtschafts- und Sozialpolitik, 2. Aufl., Wiesbaden. *(Einführung aus wirtschaftswissenschaftlicher Perspektive, teilweise auch für Politikwissenschaftler geeignet.)*

Weiterführende Literatur und Dokumente

Adnett, Nick/Hardy, Stephen, 2005: The European Social Model. Modernisation or Evolution? Cheltenham/Northampton. *(Eine umfang- und facettenreiche Auslegung einer schwierigen Begrifflichkeit.)*

Barnard, Catherine/Deakin, Simon, 2012: Social Policy and Labor Market Regulation, in: Jones, Erik/Menon, Anand/Weatherill, Steven (Hrsg.): The Oxford Handbook of European Integration, Oxford, S. 542–555. *(Knapper kursorischer, aber aktueller Überblick über den Stand der EU-Sozialpolitik.)*

Baum-Ceisig, Alexandra/Busch, Klaus/Nospickel, Claudia, 2007: Die Europäische Union. Eine Einführung in die politischen, ökonomischen und sozialen Probleme des erweiterten Europa, Baden-Baden. *(Einführung in das EU-System mit einer deutlichen Ausrichtung auf ökonomische und sozialpolitische Fragen.)*

Bieling, Hans-Jürgen, 2005: Die Lissabon-Strategie und das Europäische Sozialmodell, in: Baum-Ceisig, Alexandra/Faber, Anne (Hrsg.): Soziales Europa? Perspektiven des Wohlfahrtsstaates im Kontext von Europäisierung und Globalisierung, Festschrift für Klaus Busch, Wiesbaden S. 136–149. *(Sehr engagierte, lesenswerte Darstellung der sozialpolitischen Implikationen der Lissabon-Strategie.)*

Brunkhorst, Hauke, 2008: Demokratische Solidarität in der Weltgesellschaft, in: Aus Politik und Zeitgeschichte (21) 2008, S. 3–8. *(Engagierter Beitrag zur Transformation von Staatlichkeit mit erkenntnisleitenden Wendungen.)*

Busch, Klaus, 1998: Das Korridormodell – ein Konzept zur Weiterentwicklung der EU-Sozialpolitik, in: Schmid, Josef/Niketta, Reiner (Hrsg.): Wohlfahrtsstaat. Krise und Reform im Vergleich, Marburg, S. 273–298. *(Buschs Beitrag bietet eine vorzügliche Darlegung seines bekannten Korridormodells.)*

Durkheim, Emile, 1977: Über die Teilung der sozialen Arbeit, Frankfurt/Main. *(Unbedingt lesenswerter Klassiker der Soziologie.)*

Dyson, Kenneth, 2006: Die Wirtschafts- und Währungsunion als Prozess der Europäisierung, in: Jachtenfuchs, Markus/Kohler-Koch, Beate (Hrsg.): Europäische Integration, Wiesbaden, S. 449–478.

Esping-Andersen, Gøsta, 1996: The three worlds of welfare capitalism, Oxford u.a. *(Esping-Andersens Werk, in dem er seine viel zitierte Typologie der Wohlfahrtsregime vorstellt, kann zu Recht als Klassiker der Sozialstaatsforschung gelten und ist zur Lektüre dringend empfohlen.)*

Europäischer Rat: Schlussfolgerungen des Vorsitzes, Nizza, 7., 8. u. 9. Dezember 2000.

Falkner, Gerda, 2006: Wohlfahrtsstaat und europäische Integration: Theorie und Praxis, in: Jachtenfuchs, Markus/Kohler-Koch, Beate (Hrsg.): Europäische Integration, S. 479–511. *(Anspruchsvolle Behandlung theoretischer Zusammenhänge sowie der praktische Verwirklichung europäischer Sozialpolitik.)*

Heidenreich, Martin, 2006: Die Europäisierung sozialer Ungleichheiten zwischen nationaler Solidarität, europäischer Koordinierung und globalem Wettbewerb, in: in: ders. (Hrsg.): Die Europäisierung sozialer Ungleichheit. Zur transnationalen Klassen- und Sozialstrukturanalyse, Frankfurt/Main, S. 17–64. *(Heidenreich liefert in seinem Beitrag einen tiefen Einblick in die grundlegenden sozialen Zusammenhänge und Wandlungen im europäischen Raum.)*

Kaelble, Hartmut, 2004: Das europäische Sozialmodell – eine historische Perspektive, in: ders./Schmid, Günther (Hrsg.): Das europäische Sozialmodell. Auf dem Weg zum transnationalen Sozialstaat, Berlin, S. 31–50. *(Aus historischer Perspektive nimmt Kaelble ausgesprochen zuversichtlich Stellung zu einer schwierigen Begrifflichkeit.)*

Ders./Schmid, Günther, 2004: Einleitung: Das europäische Sozialmodell, in: ebd., S. 11–28. *(Zuversichtliches Bekenntnis zum Europäischen Sozialmodell.)*

Moravcsik, Andrew, 2006: Die Verfassung ist tot! Es lebe die Verfassung! In: Europäische Rundschau (1) 2006, S. 73–81. *(In gewisser Hinsicht das Gegenteil einer Krisendiagnose nach Scheitern des Verfassungsvertrags.)*

9. Die Sozialpolitik der Europäischen Union

Moreau Defarges, Philippe, 2006: Où va l'Europe? Paris. *(Lesenswerte Krisendiagnose aus französischer Feder ein Jahr nach Scheitern des Verfassungsreferendums.)*

Münch, Richard/Büttner, Sebastian, 2006: Die europäische Teilung der Arbeit. Was können wir von Durkheim lernen? In: Heidenreich, Martin (Hrsg.): Die Europäisierung sozialer Ungleichheit. Zur transnationalen Klassen- und Sozialstrukturanalyse, Frankfurt/Main, S. 65–107. *(Aufschlussreiche Auslegung von Durkheims Werk [s.o.] mit Bezug auf die sozialen Entwicklungen im modernen Europa.)*

Pfetsch, Frank R., 2007: Das neue Europa, Wiesbaden. *(Sehr knappe Vorlage ausgewählter sozialpolitischer Fragestellungen.)*

Poferl, Angelika, 2006: Solidarität ohne Grenzen? Probleme sozialer Ungleichheit und Teilhabe in europäischer Perspektive, in: Heidenreich, Martin (Hrsg.): Die Europäisierung sozialer Ungleichheit. Zur transnationalen Klassen- und Sozialstrukturanalyse, Frankfurt/Main, S. 231–252. *(Poferl legt in diesem Beitrag in aufschlussreicher Weise den Solidaritätsbegriff im Kontext der europäischen Einigung aus.)*

Rifkin, Jeremy, 2004: Der Europäische Traum. Die Vision einer leisen Supermacht, Frankfurt/Main. *(Lehrreiche Liebeserklärung an Europa aus der Feder eines US-amerikanischen Ökonomen, sehr lesenswert.)*

Scharpf, Fritz W., 2006: Politische Optionen im vollendeten Binnenmarkt, in: Jachtenfuchs, Markus/Kohler-Koch, Beate (Hrsg.): Europäische Integration, S. 219–253. *(Ebenso anspruchsvolle wie kritische Untersuchung der politischen Handlungsspielräume im europäischen Binnenmarkt, äußerst lesenswert.)*

Siegel, Nico A., 2007: Welten des Wohlfahrtskapitalismus und Typen wohlfahrtsstaatlicher Politik, in: ders./Schmidt, Manfred G./Ostheim, Tobias/Zohlnhöfer, Reimut (Hrsg.): Der Wohlfahrtsstaat. Eine Einführung in den historischen und internationalen Vergleich, Wiesbaden, S. 260–276. *(Knappe Darstellung und Ergänzung der Typologie Esping-Andersens.)*

Streeck, Wolfgang, 1998: Vom Binnenmarkt zum Bundesstaat? Überlegungen zur politischen Ökonomie der europäischen Sozialpolitik, in: Leibfried, Stephan/Pierson, Paul (Hrsg.): Standort Europa. Europäische Sozialpolitik, Frankfurt/Main, S. 369–421. *(Ein anspruchsvoller, engagierter Beitrag zum Thema.)*

Fragen zur Diskussion

- Wie ist die Unterscheidung zwischen negativer und positiver Integration zu verstehen? Inwiefern stehen die beiden Integrationstypen im Hinblick auf das EU-System und seine Entscheidungsregeln in einem asymmetrischen Verhältnis?

- Inwiefern verlieren die Mitgliedstaaten im EU-Binnenmarkt an wohlfahrtsstaatlicher Autonomie?

- Welche sozialpolitisch relevanten Mandate sind der EU im Laufe der Integrationsgeschichte übertragen worden und welche nicht?

- Warum geraten die nationalen Sozialsysteme im europäischen Binnenmarkt mittelbar unter Druck? Was meint der Begriff der *kompetitiven Deregulierung*? Was meint der Begriff der *kompetitiven Austerität*? Inwiefern hat sich Letztere im Kontext der aktuellen Eurokrise und ihrer Bewältigung verschärft?

- Gibt es ein *Europäisches Sozialmodell*? Wenn ja, durch welche Eigenschaften zeichnet es sich aus?

10. Die Außen- und Sicherheitspolitik der Europäischen Union

10.1 Einleitung: Charakteristika der EU-Außenbeziehungen

„Mit dem Außenminister hat die EU endlich eine Telefonnummer", so erklärte der CDU-Bundestagsabgeordnete Schockenhoff anlässlich einer europapolitischen Bundestagsdebatte im März 2008. Der Abgeordnete nahm Bezug auf eine spöttische Bemerkung von Henry Kissinger, dem früheren US-Außenminister, aus dem Jahr 1979. Dieser hatte im Zusammenhang mit der europäisch-amerikanischen Kooperation die provokante Frage gestellt, welche die Telefonnummer Europas sei. Kissingers viel zitierte Bemerkung verwies auf ein grundlegendes Defizit der ansonsten erfolgreichen Wirtschaftsgemeinschaft: das Fehlen einer gemeinsamen Außenpolitik und die entsprechend beschränkten Möglichkeiten, mit der EG zu kooperieren.

Im Jahr 2013 hätte Kissinger wahrscheinlich die Telefonnummer von Catherine Ashton, der gegenwärtigen Hohen Vertreterin der *Gemeinsamen Außen- und Sicherheitspolitik* (GASP), erhalten. Die Bezeichnung Hoher Vertreter, und eben nicht Außenminister, verweist darauf, dass die EU eine eigene spezifische Regelung gefunden hat bzw. finden musste, da die britische Regierung die Bezeichnung Außenminister rigoros ablehnte. Die gesamten europäischen Außen- und Sicherheitsbeziehungen sind immer ein Kompromiss zwischen widerstreitenden Prinzipien und prinzipiell unterschiedlichen Positionen der Mitgliedstaaten gewesen.

Zum einen geht es um die Bewahrung der nationalstaatlichen Souveränität. Die EU ist kein Staat mit einer Zentralregierung, die für Außen- und Sicherheitspolitik zuständig ist. Da die Außen- und Sicherheitspolitik zu den Kernbestandteilen nationalstaatlicher Souveränität gehört, sind alle Staaten – und dies gilt auch für die Mitgliedstaaten der EU – trotz ihrer generellen Bereitschaft, Souveränität abzugeben, sehr zögerlich, in der Außen- und Sicherheitspolitik Kompetenzen auf supranationale Institutionen oder auch internationale Organisationen zu übertragen. Die Außen- und Sicherheitspolitik der EU bleibt daher prinzipiell intergouvernemental. Der intergouvernementale Charakter der Außen- und vor allem der Sicherheitspolitik ist nicht nur Ausdruck der generellen Ablehnung des Souveränitätsverzichts im Kernbereich nationaler Sicherheit, sondern verstärkt sich noch durch die heterogene Mitgliedschaft der mittlerweile 28 Staaten mit ihren unterschiedlichen Traditionen und Interessen umfassenden EU. Neutrale Mitgliedsländer wie Österreich, Finnland, Schweden und Irland sind nicht bereit, einem Verteidigungs- oder Militärbündnis beizutreten. Dies setzt der institutionalisierten Zusammenarbeit Grenzen bzw. macht flexible Strukturen erforderlich. Ferner orientieren sich zahlreiche Mitgliedstaaten in der Sicherheitspolitik an den USA und der NATO. Traditionell gehört Großbritannien zu diesen *Atlantikern*, weshalb der frühere französische Staatspräsident Charles de Gaulle das Vereinigte Königreich als ‚verlängerten Arm der USA' betrachtete und eine Mitgliedschaft des Landes in der EG blockierte(s. Kap. 11.6 zur Geschichte der EU). Aber auch Spanien, Portugal, Tschechien und Polen setzen auf die USA und begrenzen die Möglichkeiten europäischer Kooperation, da für sie der Aufbau von EU-Kapazitäten als Macht- und Statusverlust für die NATO empfunden wird, die sie als Garant ihrer Sicherheit begreifen.[558]

Unter diesen schwierigen, historisch vorbelasteten Rahmenbedingungen ist die Entwicklung der Außen- und Sicherheitspolitik in den letzten eineinhalb Jahrzehnten beachtlich, auch wenn die GASP und die *Europäische Sicherheits- und Verteidigungspolitik* (ESVP) nach wie vor im Vergleich zu anderen Politikfeldern zu den Bereichen mit eher geringen Integrationsfortschritten gehören. Mit dem Vertrag von Lissabon (2009) wird die ESVP in die GSVP (Gemeinsame Sicherheits- und Verteidigungspolitik) umbenannt, sie bleibt Teil der GASP.

Die Notwendigkeit einer gemeinsamen Außen- und Sicherheitspolitik zeigt sich immer deutlicher. Die EU-Staaten verfügen durchaus über gleichgerichtete Interessen, die gemeinsam weitaus wirkungsvoller vertreten werden können als allein. Zu den gleichgerichteten Interessen gehören beispielsweise Sicherheit und Frieden in Europa und die Berücksichtigung europäischer Interessen im Welthandelssystem. Weiterhin besteht eine „Nachfrage" nach einer aktiven Rolle in der Welt.[559] Sie ergibt sich aus der Bedeutung der EU, ihrer wirtschaftlichen Leistungsfähigkeit und ihrem Wohlstand sowie aus der zunehmenden Überforderung der USA. Wie die wenigen Zahlenangaben in Kapitel 2 zeigen, ist die EU vor allem aufgrund ihrer wirtschaftlichen Macht – die 28 Mitgliedstaaten bilden mit über 500 Millionen Einwohnern den größten und kaufkräftigsten Binnenmarkt der Welt – ein globaler Spieler in der Weltwirtschaft. Die EU ist zusammen mit den USA, China und einigen anderen großen Staaten entscheidend in den Welthandelsrunden der WTO. Es ist nicht übertrieben zu sagen, dass ohne die EU im Welthandelssystem keine Entscheidungen fallen können. Die EU und ihre Mitgliedstaaten sind mit einem Anteil von 55 Prozent an der weltweiten Entwicklungshilfe größter Geber. Sie finanzieren etwa 40 Prozent der Etats der Vereinten Nationen,[560] und die EU-Mitgliedstaaten hatten 2006 etwa zehnmal so viele Soldaten bei Friedensmissionen der UN im Einsatz wie die USA. So beeindruckend diese Kennzahlen auch sein mögen, sie sagen noch nichts darüber aus, ob die EU mit ihren 28 Nationalstaaten ein Akteur der Weltpolitik ist. Es besteht nach wie vor eine Diskrepanz zwischen weltpolitischem Gewicht der EU, den relativ geringen Integrationsfortschritten und einer übertriebenen Rhetorik von Seiten der EU hinsichtlich ihrer außenpolitischen Gestaltungsmöglichkeiten.

---

558 Vgl. zu den Positionen der 2004 beigetretenen Staaten: Bugajski, Janusz/Teleki, Ilona, 2006: New Allies, new challenges, Atlantic Bridges: America's new European allies, Lanham et al.
559 So argumentieren z.B. Müller-Brandeck-Bocquet/Schubert, Klaus (Hrsg.), 2002: Die Europäische Union als Akteur der Weltpolitik, Opladen.
560 Vgl. hier auch die ausführliche vergleichende Zusammenstellung von Daten von Pfetsch, Frank R., 2007: Das neue Europa, Wiesbaden, S. 26–34.

10.1 Einleitung: Charakteristika der EU-Außenbeziehungen

Im Ergebnis führen die widerstreitenden Prinzipien und Anforderungen an eine EU-Außenpolitik dazu, dass die Außenbeziehungen der EU unterschiedlichen Logiken folgen. Kennzeichnend für die auswärtigen Beziehungen der EU ist, dass es zwei Klassen der Politik gibt[561]: Zum einen die Gemeinschaftspolitiken, zum anderen die intergouvernementale Außenpolitik im Rahmen von GASP und GSVP. Zu den Gemeinschaftspolitiken gehören die von der Kommission verwaltete Außenhandelspolitik (explizit im EWG-Vertrag festgehalten, vgl. auch Kap. 5.6 in diesem Band)[562] und die Entwicklungspolitik. Die Sicherheitspolitik ist hingegen streng intergouvernemental organisiert. Um die Sache aber noch komplizierter zu machen: Es existieren auch bei den Gemeinschaftspolitiken letztlich parallele Politiken der Nationalstaaten, so gibt es beispielsweise neben der europäischen Entwicklungspolitik, die von Deutschland zu über 20 Prozent finanziert wird, eine deutsche Entwicklungspolitik. Dies wirft in der Praxis Abstimmungs-, Koordinations- und Kohärenzprobleme auf, da durchaus Unterschiede zwischen den nationalen Außenpolitiken und derjenigen auf europäischer Ebene bestehen. Eine europäische Außenpolitik „aus einem Guss" ist daher eher eine Ausnahme. Für diese schwer zu vermittelnde Konstruktion wurde von Reinhardt Rummel der Begriff der „zusammengesetzten Außenpolitik" geprägt,[563] wobei damit die Außenpolitik der EU-Organe **plus** denjenigen der Nationalstaaten gemeint war.

Inwieweit die EU ihr Potenzial mittels GASP und ESVP/GSVP in politische Handlungsfähigkeit und in eine effektive Mitgestaltung der Weltpolitik zur Durchsetzung europäischer Interessen und Werte ummünzen kann, ist Thema dieses Kapitels. Die allgemeine Frage dabei lautet: Kann die EU mit einer Stimme sprechen? Dabei liegt der Schwerpunkt dieses Abschnitts auf der Frage nach den institutionellen Voraussetzungen für eine kohärente Außenpolitik.

Dieser kurze Überblick stellt zunächst die historische Entwicklung der europäischen Außenpolitik vor. Die wichtigsten Institutionen und Verfahren von GASP und ESVP werden anschließend behandelt. Aus analytischen Gründen erfolgt eine getrennte Darstellung von der übergeordneten GASP und dem Teilgebiet der GSVP.

Abschließend werden die Möglichkeiten und Grenzen europäischer Außen- und Sicherheitspolitik anhand kurzer Beispiele diskutiert.

Wenn im Folgenden von EU-Außen- und/oder Sicherheitspolitik gesprochen wird, so ist damit die von den EU-Institutionen vertretene und ausgeführte Politik gemeint. Auch wenn die Mitgliedstaaten in Artikel 24 EU-Vertrag verpflichtet sind die GASP „aktiv und vorbehaltlos im Geiste der Loyalität und der gegenseitigen Solidarität"

---

561 Vgl. die Argumentation von Herz, 1999.
562 Vgl. Woolcock, Stephen, 2010: Trade Policy: A Further Shift Towards Brussels, in: Wallace, Helen/Pollack, Mark A./Young, Alasdair R. (Hrsg.): Policy-Making in the European Union, 6. Aufl., Oxford, S. 381–399.
563 Rummel, Reinhardt, 1982: Zusammengesetzte Außenpolitik. Westeuropa als internationaler Akteur, Kehl.

zu unterstützen, so kommt es doch zu Widersprüchen zwischen EU-Außenpolitik und nationalen Außenpolitiken.

10.2 Die Gemeinsame Außen- und Sicherheitspolitik (GASP)

10.2.1 Die GASP

Während die in den 1970er Jahren entstandene *Europäische Politische Zusammenarbeit* (EPZ) zur Koordinierung der mitgliedstaatlichen Außenpolitiken (vgl. Kap. 11.7) nie Teil der Verträge war, verankerte die EU mit dem Maastricht-Vertrag erstmals eine *Gemeinsame Außen- und Sicherheitspolitik* (GASP) im EU-Vertrag. In der Einleitung zu diesem Kapitel wurde die These aufgestellt, dass die besondere Struktur der EU auch eine spezifische Qualität der Außen- und Sicherheitspolitik bedingt. Dies spiegelt sich von Beginn an auch in der GASP und ESVP/GSVP wider. Die EU Außen- und Sicherheitspolitik unterscheidet sich im Hinblick auf Verfahren und Institutionen grundlegend von der Außenpolitik der Nationalstaaten. Im Folgenden sollen diese Spezifika kurz vorgestellt und anschließend die Leistungsfähigkeit der GASP diskutiert werden.

Im EU-Vertrag werden die folgenden Ziele des auswärtigen Handelns genannt, „ihre Werte, ihre grundlegenden Interessen, ihre Sicherheit, ihre Unabhängigkeit und ihre Unversehrtheit zu wahren" (Titel V, Art. 21 EU-Vertrag). Mit dem Anspruch, für Sicherheit und Unabhängigkeit verantwortlich zu sein, beansprucht sie auch für grundlegende Aufgaben der Nationalstaaten, letztlich für die Gewährleistung von Souveränität zuständig zu sein. Die EU definiert sich als Wertegemeinschaft, die weltweit für Demokratie, Rechtsstaatlichkeit, Menschenrechte und Grundsätze des Völkerrechts eintritt. Dabei orientiert sie sich ausdrücklich an den UN-Prinzipien.

Die GASP schreibt institutionell den intergouvernementalen Charakter der EPZ fort. Die GASP bildet die zweite intergouvernementale Säule des Maastricht-Tempels und ist nicht Teil des Gemeinschaftsrechts, Klagen vor dem EuGH sind nicht möglich. Die Regierungen der Mitgliedstaaten bleiben über den Europäischen Rat und den Rat federführend: Der Europäische Rat formuliert die Leitlinien der EU-Außenpolitik, und der Rat entwirft auf dieser Basis Entscheidungen, beschließt gemeinsame Standpunkte, Strategien und Aktionen. Die zunächst analog zu den anderen Ratsformationen halbjährlich wechselnde Präsidentschaft repräsentierte die EU nach außen. Dies ist im Hinblick auf eine kohärente und kontinuierliche Außenvertretung problematisch gewesen, da jede Präsidentschaft eigene Akzente setzen will und ständig andere Persönlichkeiten die EU vertreten. Dieser häufige Wechsel erschwerte demzufolge die Kommunikation mit anderen Staaten. Um dieses Problem zu kompensieren, wurde zum einen bereits im Vertrag von Amsterdam mit dem Amt des Hohen Vertreters eine ständige Einrichtung geschaffen und zum anderen repräsentieren seit der Vertragsreform von Nizza Sonderbeauftragte die EU insbesondere in Krisenregionen und sorgen dort für die Sichtbarkeit der Union.

10.2 Die Gemeinsame Außen- und Sicherheitspolitik (GASP)

Der Rat ist im Alltagsgeschäft der GASP von zentraler Bedeutung. Er sorgt für Kohärenz, Information und Abstimmung zwischen den Mitgliedstaaten. Dies erfolgt durch das Sekretariat des Rates. Während im Nizza-Vertrag noch ausgeführt wurde, dass die EU-Kommission „in vollem Umfang beteiligt" werden soll (Art 18 Abs. 4 EG-Vertrag), findet sich keine vergleichbare Formulierung im EU-Vertrag mehr. Die Kommission ist aber über den Hohen Vertreter, der auch Vizepräsident der Kommission ist in die Außenpolitikformulierung eingebunden. Das EP besitzt lediglich Anhörungs- und Fragerecht, wobei letzteres stark genutzt wird. In der GASP gilt damit aber die traditionelle *Prärogative der Exekutive*, also das Vorrecht der Regierung, die Außenpolitik zu gestalten.[564]

Nach dem Maastricht-Vertrag wuchs die Anzahl der von der EU verabschiedeten Erklärungen und Stellungnahmen zu nahezu allen Themen der internationalen Politik, Ländern und Regionen an. Europäische Außenpolitik ist bis heute zu einem wichtigen Teil deklamatorische Politik, die Ausführung der Politik bleibt häufig Sache der Nationalstaaten. Allerdings hat auch die Anzahl der gemeinsamen Aktivitäten in den Jahren zugenommen: Zwischen 1993 und 1998 gab es 26 Gemeinsame Standpunkte und 33 Gemeinsame Aktionen,[565] darunter viele Aktionen gegenüber dem ehemaligen Jugoslawien, z.B. die Verwaltung der zwischen Serben und Kroaten geteilten Stadt Mostar durch die EU, humanitäre Hilfe für Bosnien. Im Jahr 2006 waren es 65 Gemeinsame Aktionen und 29 Gemeinsame Standpunkte.[566]

Entscheidungen werden laut Art. 24 und Art. 31 EU-Vertrag vom Europäischen Rat und vom Rat in der Regel einstimmig gefasst. Doch existieren laut Art. 31 EU-Vertrag zwei Ausnahmen für Ratsentscheidungen: Erstens können Staaten, die eine Aktion nicht mittragen wollen, sich enthalten. Der betreffende Mitgliedstaat ist ferner verpflichtet, die Politik im „Geiste gegenseitiger Solidarität" mitzutragen. Dieses Verfahren wird als *konstruktive Enthaltung* bezeichnet. Entscheidungen mit qualifizierter Mehrheit werden möglich, wenn sie auf der Basis einer Gemeinsamen Strategie oder Aktion erfolgen und wenn es um die Entsendung eines Sonderbeauftragten geht. Allerdings kann ein Mehrheitsbeschluss von einem Land „aus wesentlichen Gründen" abgelehnt werden, wenn *wichtige* Interessen, die benannt werden müssen, betroffen sind. In diesem Fall macht der Hohe Vertreter einen Kompromissvorschlag. Wird dieser nicht angenommen, so wird mit qualifizierter Mehrheit abgestimmt, wenn ein einstimmiger Beschluss des Europäischen Rates vorliegt. Diese

---

564 Vgl. hierzu die Grafik in Regelsberger, Elfriede, 2011: Gemeinsame Außen- und Sicherheitspolitik, in: Weidenfeld, Werner/Wessels, Wolfgang (Hrsg.): Europa von A bis Z, 12. Aufl., Baden-Baden, S. 234–256 (238). Die Grafik dokumentiert die hohe Komplexität, die zu einer strukturellen Unübersichtlichkeit der GASP führt.
565 Gemeinsame Strategien wurden erst mit dem Amsterdamer Vertrag 1997 eingeführt.
566 Vgl. ausführlicher Regelsberger, Elfriede, 2007: Die Gemeinsame Außen- und Sicherheitspolitik der EU – Das Regelwerk im Praxistest, in: Jopp, Mathias/Schlotter, Peter (Hrsg.): Kollektive Außenpolitik – Die Europäische Union als internationaler Akteur, Baden-Baden, S. 59–90, Regelsberger gibt für 2003 150 Erklärungen und 507 Demarchen der GASP-Diplomatie an, S. 76.

komplizierten und bei Erörterung von Fragen durch den Europäischen Rat auch zeitaufwändigen Verfahren demonstrieren den grundsätzlichen Balanceakt der GASP: Da keine Regierung zu einem völligen Verzicht auf außenpolitische Souveränität bereit ist, gleichzeitig aber die Handlungsfähigkeit der Union gewahrt bleiben soll, bedarf es Ausnahmeregelungen vom Einstimmigkeitsprinzip.

Eine Einschränkung der Reichweite der GASP wird in Art. 42 EU-Vertrag (Abs. 2, 7) formuliert. Dort heißt es, dass die EU „den besonderen Charakter der Sicherheits- und Verteidigungspolitik bestimmter Staaten – gemeint sind die neutralen Staaten – achtet. Weiterhin sollen die Verpflichtungen einiger Staaten im Rahmen der NATO geachtet werden. Dadurch wird im Grunde genommen schon eine flexible Zusammenarbeit angedeutet, die dann noch explizit in Art. 42 Abs. 5–6 EU-Vertrag bestätigt wird: Zwei oder mehr Mitgliedstaaten wird das Recht eingeräumt, ihre Zusammenarbeit (*Ständige strukturierte Zusammenarbeit*) zu vertiefen. Auch das Prinzip der konstruktiven Enthaltung kann als Teil dieses Ansatzes der verstärkten Zusammenarbeit im Rahmen der GASP interpretiert werden.[567] In Art. 20 EU-Vertrag wird die Verstärkte Zusammenarbeit explizit festgelegt, die in Artikel 329–334 AEU-Vertrag dann ausgeführt wird. Diese Option der Verstärkten Zusammenarbeit in der GASP kann in der Konsequenz bedeuten, dass ein derartiges Vorgehen einer Staatengruppe zu einem Europa der verschiedenen Integrationstiefen oder Integrationsgeschwindigkeiten führt.[568]

10.2.2 Veränderungen durch den Lissabon-Vertrag[569]

Die Bestimmungen des Vertrags von Lissabon bestätigen im Wesentlichen die bisherige Konstruktion und bringen im Hinblick auf die GASP nur wenige Veränderungen, deren Auswirkungen auf die Leistungsfähigkeit der GASP noch nicht abzusehen sind, zumal einige Bestimmungen relativ unpräzise sind.

Die außenpolitisch relevanten Bestimmungen sind nach wie vor verstreut in verschiedenen Kapiteln enthalten. Während sich die Bestimmungen über die GASP in Titel V, Kapitel 2 des EU-Vertrags finden, ist das auswärtige Handeln der Union in den vergemeinschafteten Bereichen Handelspolitik und Beziehungen zu Drittstaaten im Teil III des AEU-Vertrags verankert. Neu sind in Artikel 8 EU-Vertrag die Erwähnung der *Europäischen Nachbarschaftspolitik* (ENP) sowie die Bestimmungen zur Erweiterung in Art. 49 EU-Vertrag.

---

567 Regelsberger, 2001, S. 159–161.
568 Vgl. zu den verschiedenen Möglichkeiten der verstärkten Zusammenarbeit im GASP-Rahmen den systematischen Beitrag von Tekin, Funda, 2008: Verstärkte Zusammenarbeit: inflexible Flexibilisierung der GASP? In: WeltTrends 42, 16. Jahrgang, S. 47–59.
569 Vgl. hier die Analyse von Wessels, Wolfgang/Hoffmann, Andreas, 2008: Kein Konsens über Kohärenz? Auswärtiges Handeln der EU nach Lissabon, in: WeltTrends 42, 16. Jahrgang, S. 21–33 (28–29). Im gleichen Heft finden sich noch weitere interessante Artikel zur EU-Außenpolitik nach Lissabon.

Die Leitlinienkompetenz für die Außen- und Sicherheitspolitik ist nach wie vor beim Europäischen Rat festgeschrieben und der Rat bleibt das entscheidende Organ für die Ausführung der GASP.

Mit der Lissabon-Reform wurde die Bezeichnung Hoher Vertreter der GASP in *Hoher Vertreter für die Außen- und Sicherheitspolitik* geändert. Doch wird das Amt nicht nur rhetorisch, sondern auch im Gefüge der Institutionen aufgewertet. Zur Nachfolgerin von Solana wurde 2009 Catherine Ashton vom Europäischen Rat bestimmt.[570] Baroness Ashton war Ministerin in Großbritannien und EU-Handelskommissarin, verfügte damit allerdings nicht über spezifische außenpolitische Erfahrungen. Catherine Ashton als Hohe Vertreterin ist zugleich Vizepräsidentin der Kommission und übernimmt die Aufgaben des Kommissars für die Außenbeziehungen. Sie führt den Vorsitz im Rat für Auswärtige Angelegenheiten, der vom Rat für allgemeine Angelegenheiten getrennt tagt. Die Hohe Vertreterin ist weiterhin für die Kohärenz der auswärtigen Beziehungen und die Koordination der Institutionen verantwortlich, wie die Artikel 27, 36 und 42 des EU-Vertrags ausführen. Mit der Anbindung an die Kommission trägt sie praktisch einen *Doppelhut*, weil sie weiterhin gegenüber dem Rat verantwortlich ist.

Um die Sichtbarkeit der EU weiter zu erhöhen war bereits im gescheiterten Verfassungsvertrag und ist es in den Vertrag von Lissabon übernommen worden, dass die Präsidentschaft des Europäischen Rates auf zweieinhalb Jahre ausgedehnt wird, um den für die Außendarstellung der EU nachteiligen halbjährlichen Wechsel aufzugeben (Art. 15 Abs. 5 EU-Vertrag). Damit wird der Präsident des Europäischen Rates in der Außenpolitik aufgewertet.

Die wichtigste Innovation des Lissabon-Vertrags stellt die Einrichtung eines Auswärtigen Dienstes der EU dar. Gemäß den Bestimmungen des Lissabon-Vertrages erhält der Hohe Vertreter einen Auswärtigen Dienst der EU, der sich aus Beamten von Rat, Kommission und den Nationalstaaten zusammensetzen soll, wobei die Organisation und Arbeitsweise des Dienstes durch Beschluss des Rates erst noch festgelegt werden sollte. Nach z.T. heftigen Kontroversen zwischen den Mitgliedstaaten und zwischen dem EP und dem Rat, insbesondere über die Frage, woher die Beamten des EAD kommen, verabschiedete der Rat im Juli 2010 einen Beschluss über seine Organisation und Arbeitsweise.[571] Demnach ist das Personal verpflichtet, sich „ausschließlich von den Interessen der Union leiten zu lassen".[572] Der EAD ist dem Hohen Vertreter unterstellt, soll die GASP leiten und soll helfen, Kohärenz in den Außenbeziehungen der EU herzustellen. Ein Drittel des Personals soll nach Abschluss der Aufbauphase aus den Mitgliedstaaten kommen und mindestens 60 Prozent aus Beamten der Union hervorgehen. Die Regelung stellt einen Kompromiss zwischen Rat und EP dar,

---

570 Vgl. http://www.eeas.europa.eu/ashton/index_en.htm (20. 7.2013).
571 Beschluss des Rates vom 26. Juli 2011, (Dokument 2010/427/EU).
572 Vgl. Beschluss des Rates vom 26. Juli 2010 über die Organisation und die Arbeitsweise des Europäischen Auswärtigen Dienstes (2010/427/EU), Amtsblatt der Europäischen Union (L 201/31), 3.8.2010.

denn die Herkunft des Personals gilt als entscheidend für die Frage, ob der EAD eher supranational oder intergouvernemental ausgerichtet ist. Zurzeit verfügt der EAD über etwa 3500 Beamte, von denen etwa 2000 in den 136 Delegationen der EU in verschiedenen Ländern arbeiten und 1500 in der Brüsseler Zentrale. Gegenwärtig wird eine Reform des EAD diskutiert, da es besonders in der Abstimmung der verschiedenen Einheiten Probleme gibt. Wenn der EAD auch noch nicht optimal arbeitet, so ist es das Verdienst Ashtons, den Dienst gegen massive Widerstände durchgesetzt zu haben.

Als vorläufiges Fazit kann festgehalten werden, dass die Veränderungen durch den Lissabon-Vertrag keineswegs einen Quantensprung im Sinne einer Stärkung der EU-Außen- und Sicherheitspolitik bedeuten. Nach wie vor fehlt es am politischen Willen der meisten Mitgliedstaaten Souveränität abzugeben. Langfristig kann aber der EAD durchaus einen Beitrag zur Europäisierung der Außenpolitik leisten.

10.3 Von der ESVP zur GSVP

Im Lissabon-Vertrag wird im Hinblick auf eine gemeinsame Verteidigungspolitik ähnlich vorsichtig formuliert wie bereits in den älteren Vertragsversionen. In Art. 24 ist von einer „schrittweisen Festlegung einer gemeinsamen Verteidigungspolitik, die zu einer gemeinsamen Verteidigung führen kann" die Rede.

Nachdem der Vertrag von Maastricht 1992/93 erstmals grundsätzlich eine eigene Sicherheitspolitik der EU als ein mögliches Fernziel benannt hatte, dauerte es lediglich sieben Jahren bis erste konkrete Anstrengungen in diese Richtung unternommen wurden. Bei einem britisch-französischen Treffen in St. Malo 1998 änderte die neu ins Amt gewählte Regierung unter Tony Blair den bisherigen Kurs, und Großbritannien gab seine ablehnende Haltung gegenüber einer engen Kooperation in der Sicherheitspolitik auf. Nachdem die EU in den Jugoslawien-Kriegen zwischen 1992 und 1995 weitgehend versagt hatte, zeigte die NATO-Intervention im Kosovo 1999 erneut die Handlungsunfähigkeit der EU auf. Während in den Sezessions- und Bürgerkriegen bis 1995 die EU vor allem durch Uneinigkeit gelähmt war, fehlten 1999 in erster Linie militärische Kapazitäten. Es war daher wiederum das militärische Eingreifen der USA, das den brutalen Vertreibungen der Kosovaren ein Ende machte und langfristig auch zum Sturz des Milosevic-Regimes in Belgrad führte. Die erneute Deklassierung der europäischen Staaten gab den äußeren Impuls für den Aufbau von EU-Militärkapazitäten. Auf den Tagungen des Europäischen Rates vor allem in Köln und Helsinki 1999 herrschte Aufbruchsstimmung. Die Ratsbeschlüsse sahen konkrete Schritte zum Aufbau einer ESVP vor, die langfristig weltweite militärische Einsatzfähigkeit gewährleisten sollten. Die Fortentwicklung der ESVP erfolgte außerhalb der Verträge bzw. die allgemeinen Bestimmungen wurden äußerst weitgehend interpretiert.[573] Die ESPV wurde in den folgenden Jahren zum integralen Bestandteil der GASP, der zweiten Säule des Vertragswerks,[574] und war damit eindeutig dem intergouvernementalen Prinzip unterworfen. Militärische und verteidigungspolitische Maßnahmen, beispielsweise Krisen- und Friedenseinsätze, bedurften nach dem Nizza-Vertrag der Einstimmigkeit, hier gilt bis heute das Konsensprinzip. In den Jahren nach Inkrafttreten des Nizza-Vertrages 2003 entwickelte gerade der Sicherheitsbereich eine unerwartete Dynamik.

10.3.1 Institutionen der GSVP

Der Artikel 38 EU-Vertrag definiert mit dem *Politischen und Sicherheitspolitischen Komitee* (PSK) das zentrale Gremium der GSVP. Das PSK wird von Vertretern der Mitgliedsländer im Botschafterrang gebildet, zu denen ein Kommissionsvertreter hinzutritt. Die Aufgaben des Komitees sind weit gesteckt. Ihm obliegen die politische Kontrolle und die strategische Leitung von Kriseneinsätzen. Es steht unter Aufsicht des Rates und untersteht dem Europäischen Auswärtigen Dienst (EAD). Der Rat kann ihm auch die Leitung von Operationen übertragen. Das PSK hat eine Eigendynamik entwickelt und sich als „operative Schaltzentrale"[575] der GASP etabliert. Rund um das PSK sind überdies eine ganze Reihe von Institutionen und Gremien entstanden, die dem Komitee zuarbeiten und z.T. dem Hohen Vertreter direkt unterstehen (vgl. Kasten 19).[576]

Kasten 19: Die militärische Infrastruktur des PSK

EUMC (European Union Military Committee): Repräsentanten der Generalstäbe bzw. Oberkommandos der Mitgliedstaaten. Das EUMC berät das PSK in militärischen Fragen.

EUMS (European Union Military Staff): Das EUMS arbeitet mit einem Personal von etwa 150 Militärs Einsatzpläne aus und überwacht gegebenenfalls deren Durchführung.

CIVCOM (Committee for Civilian Aspects of Crisis Management): CIVCOM ist eine Arbeitsgruppe des Rates für die zivilen Aspekte des Krisenmanagements.

SitCen (Joint Situation Centre): SitCen dient zur Sammlung relevanter Informationen über Krisenherde und besteht aus Mitarbeitern verschiedener Agenturen, einschließlich der Nachrichtendienste. Ihm ist eine Planungseinheit (*Policy Unit*) mit verschiedenen Referaten angeschlossen.

---

573 Vgl. zur Entwicklung der ESVP Kremer, Martin/Schmalz, Uwe, 2001: Nach Nizza – Perspektiven der Gemeinsamen Europäischen Sicherheits- und Verteidigungspolitik, in: integration (2) 2001, S. 167–178.
574 Die WEU-Institutionen wurden nach dem Maastricht-Vertrag Schritt für Schritt in die GASP/ESVP integriert.
575 Regelsberger, 2007, S. 67.
576 Vgl. ausführlicher zu den einzelnen Behörden ebd., S. 68–73.

> **EDA** (European Defence Agency): Die EDA soll sicherstellen, dass bis 2010 die 60.000 Mann starken Eingreifverbände der EU auch technisch und logistisch in der Lage sind, größere Operationen auszuführen. Die EDA, die seit 2005 aktiv ist, soll die Koordination der rüstungspolitischen Zusammenarbeit gewährleisten.

Mit dieser ausdifferenzierten Infrastruktur verfügt die EU über die nötigen Voraussetzungen, militärische Einsätze durchzuführen. Einschränkend muss angemerkt werden, dass es sich mit Ausnahme des PSK um beratende Gremien handelt, die keine Exekutivbefugnisse haben bzw. diese vom Rat und damit von den Nationalstaaten erhalten müssen, um überhaupt aktiv werden zu können. Ferner verfügt die GSVP über keine permanente Kommandostruktur mit einem militärischen Hauptquartier, sondern nur über ein *EU Operations Centre*, das bei Operationen aus den EU-Mitgliedstaaten verstärkt wird.

Parallel zum Aufbau einer Führungs- und Befehlsstruktur wurden auch die direkten militärischen Fähigkeiten der EU ausgebaut. Bereits auf dem Treffen des Europäischen Rates in Helsinki Ende 1999 beschloss die EU die Aufstellung von Krisenreaktionskräften in einer Stärke von 60.000 Mann bis Ende 2003. Sie sollten die Union in die Lage versetzen, größere militärische Aktionen mit einer maximalen Dauer von einem Jahr durchzuführen. Dazu gehören humanitäre Missionen und Rettungseinsätze, friedenserhaltende Einsätze einschließlich militärischer Friedenserzwingung.[577] Weiterhin haben sich die EU-Staaten zur Bereitstellung eines Kontingentes von 5000 Polizeibeamten zur zivilen Konfliktbearbeitung verpflichtet. Die kurze Frist bis 2003 konnte nicht eingehalten werden, denn die Aufstellung der EU-Eingreiftruppe verzögerte sich aufgrund von Finanzierungsproblemen. Außerdem besaßen für die Mitgliedstaaten Reformen der nationalen Streitkräfte Priorität.[578]

Um trotzdem militärisch zumindest im begrenzten Rahmen intervenieren zu können, beschloss die EU, Krisenreaktionskräfte in Form sog. *Battle Groups* aufzustellen. Bei den *Battle Groups* handelt es sich um 13 jeweils etwa 1500 Mann starke, aus Soldaten verschiedener EU-Mitgliedstaaten zusammengesetzte Kampfeinheiten. Sie sollen innerhalb von nur zehn Tagen einsatzbereit sein und in akuten Krisensituationen zum Schutz der Zivilbevölkerung oder zur Wiederherstellung eines Mindestmaßes an Ordnung eingesetzt werden. Bisher wurde noch keine Battlegroup eingesetzt, obwohl die Situation in Mali in den Jahren 2011–12 sicherlich in das Aufgabenspektrum gefallen wäre. Ein wesentlicher Grund dafür sind die relativ komplizierten Entscheidungsprozeduren für einen Einsatz, doch entscheidend ist der fehlende politische Wille, u.a. auf deutscher Seite.

---

577 Diese Ziele werden auch als die sog. Petersberg-Aufgaben bezeichnet. Eine internationale Konferenz ermächtigte die EU 1992, humanitäre, friedenserhaltende und Frieden schaffende Maßnahmen im Rahmen der GASP durchzuführen. Massive Militärinterventionen sind dadurch nicht abgedeckt.

578 So Kohler-Koch, Beate/Conzelmann, Thomas/Knodt, Michèle, 2004: Europäische Integration – Europäisches Regieren, Wiesbaden, S. 279.

Aufgrund der Erfahrungen der Balkan-Einsätze beschloss die EU den Ausbau einer zivilen ESVP-Komponente. Neben 5000 Polizisten haben sich die EU-Staaten verpflichtet, einen *Pool* von insgesamt über 7000 Rechtsexperten, Verwaltungsfachleuten, Krisenexperten und Experten für den Katastrophenschutz zu bilden. Diese zivile Komponente soll zum Wieder- oder sogar zum Neuaufbau staatlicher Verwaltung und Infrastruktur nach Kriegszerstörungen beitragen und damit die Chance auf dauerhaften Frieden nach Beendigung von Kampfhandlungen erhöhen. Die Erfahrungen der letzten Jahre haben gezeigt, dass eine militärische Friedenserzwingung allein nicht ausreicht, sondern dass es vor allem ziviler Mittel bedarf, um Frieden dauerhaft zu machen.

Der Aufbau einer komplexen militärischen Kommando- und Infrastruktur ist geradezu sensationell schnell – mit „Lichtgeschwindigkeit", wie Solana kommentierte – vorangeschritten und wäre selbst vor zehn Jahren noch kaum vorstellbar gewesen. Die Maßnahmen tragen die Handschrift Javier Solanas, der in seinen zehn Jahren Amtszeit das Amt nachdrücklich geprägt hat.[579] Solana ist es gelungen, seine personellen Ressourcen und Zuständigkeiten durch die neuen Institutionen beständig auszuweiten, auch wenn die EU-Kommission mit der entsprechenden Generaldirektion und dem Kommissar für Außenbeziehungen noch weitaus größere Ressourcen besitzt. Mit der Anbindung an den Rat und der starken Rolle des Hohen Vertreters liegt die Verantwortung für die Sicherheitspolitik mit ihrer neuen militärischen Dimension letztlich bei den Nationalstaaten. Die neue Hohe Vertreterin hatte von Beginn an einen schweren Stand, da die Regierungen nicht erneut einen so durchsetzungsstarken Vertreter wie Solana wollten und eine Kontroverse um den im Lissabon-Vertrag vorgesehenen Europäischen Auswärtigen Dienst ihre Aktivitäten sehr einschränkte.

10.3.2 Die ESVP/GSVP in der Praxis – Militäreinsätze der EU

Neben dem Aufbau entsprechender Institutionen bildete eine Verständigung mit der NATO über die Nutzung von NATO-Kapazitäten und -Infrastruktur eine weitere zentrale Voraussetzung, um konkrete Militäraktionen durchführen zu können. Nach schwierigen Verhandlungen wurde Ende 2002 das sog. *Berlin-Plus-Abkommen* unterzeichnet. Das Abkommen besteht aus vierzehn Dokumenten, die eine strategische Zusammenarbeit regeln und den Zugriff der EU auf NATO-Planungskapazitäten ermöglichen. Das Abkommen wird von den NATO-Staaten allerdings unterschiedlich interpretiert.[580] Umstritten ist vor allem die wichtige Frage, welche der beiden Organisationen im Krisenfall zuerst tätig werden darf. Hinzu kommt, dass die Türkei auf der Unterzeichnung eines Sicherheitsabkommens zwischen Malta und Zypern besteht. Da es ein solches Abkommen nicht gibt, blockierte die Türkei phasenweise

---

579 Vgl. Müller-Brandeck-Bocquet, Gisela/Rüger, Carolin (Hrsg.), 2011: The High Representative for the EU Foreign and Security Policy – Review and Prospects, Baden-Baden.
580 Vgl. Hofmann, Stephanie/Reynolds, Christopher, 2007: Die EU-NATO-Beziehungen, in: SWP-Aktuell 37.

den EU-NATO-Informationsaustausch. Innerhalb der EU kam es zu einer Auseinandersetzung über ein eigenes EU-Hauptquartier, wie es von Belgien, Luxemburg, Deutschland und Frankreich im Anschluss an die Unterzeichnung des Berlin-Plus-Abkommens vorgeschlagen worden war. Dieser Vorschlag scheiterte an der Ablehnung der Briten, die darin eine unnötige Duplizierung von Institutionen sahen und auf das NATO-Hauptquartier verwiesen. Die Fortdauer des Streits um das Berlin-Plus-Abkommen demonstriert, dass NATO und EU – trotz aller Fortschritte – nach wie vor in Konkurrenz zueinander stehen und dass es innerhalb der EU keine Einigung über den Stellenwert der NATO und damit der USA in der europäischen Sicherheitspolitik gibt.

Wenngleich das Verhältnis zwischen NATO und EU noch keineswegs geklärt ist, so ermöglichte das Berlin-Plus-Abkommen aber die Durchführung von EU-Missionen auf dem Balkan ab 2003. Die EU übernahm eine Polizeimission in Bosnien-Herzegowina und im März 2003 erfolgte der erste Militäreinsatz der EU auf dem Balkan im Rahmen der Operation Concordia in Mazedonien. Ende 2004 übernahm die EU im Rahmen der Mission Althea dann mit 7000 Soldaten die SFOR-Mission und damit die alleinige Verantwortung in Bosnien-Herzegowina. Mitte 2013 liefen insgesamt 28 GSVP-Missionen, von denen aber ein Großteil personell schwach ausgestattet ist, da die Personalstärke im Höchstfall nur einige Hundert Kräfte beträgt.

Die EU-Militäreinsätze blieben keineswegs auf die Nachbarregion des Balkans beschränkt.[581] Vielmehr hat die EU bis heute allein drei Militäreinsätze im subsaharischen Afrika durchgeführt, davon zwei in der Demokratischen Republik Kongo (DRK). Die erste eigenständige Militäroperation der EU in Afrika (Operation Artemis) lief im Jahr 2003 im Nordosten der DRK an. Das Ziel bestand im Schutz der Zivilbevölkerung vor der brutalen Gewalt ethnischer Milizen. Der Einsatz unter französischer Führung beruhte auf einem Mandat der UN. Die Operation Artemis war eine sog. *Brückenmission*, da die EU-Einheiten im Dezember 2003 durch eine UN-Truppe abgelöst wurden. Die EU betrachtete den Einsatz als erfolgreich und beschloss aufgrund der Erfahrungen die Aufstellung der bereits genannten *Battle Groups*. Der zweite EU-Militäreinsatz in der DRK (EUFOR DR KONGO), der von kleineren zivilen Missionen begleitet wurde, sicherte die Durchführung der ersten Wahlen in der DRK im Jahr 2006.[582] Beide Missionen waren sowohl im Hinblick auf Personal (1800 bzw. 2000 Soldaten) und die Terminierung sowie die Reichweite des Mandates (Sicherung humanitärer Nothilfe, Schutz der Zivilbevölkerung, Unter-

---

581 Vgl. für eine Übersicht und kritische Bewertung bis 2009: Asseburg, Muriel/Kempin, Ronja (Hrsg.): Die EU als strategischer Akteur in der Sicherheits- und Verteidigungspolitik. Berlin 2009, <http://www.swp-berlin.org/fileadmin/contents/products/studien/2009_S32_ass_kmp_ks.pdf>, abgerufen am 12.1.2013.
582 Vgl. Schmidt, Siegmar, 2006: Afrikapolitik, in: Weidenfeld, W./Wessels, W. (Hrsg.): Jahrbuch der europäischen Integration 2006, Baden-Baden, S. 255–258 und Krause, Alexandra/Schlotter, Peter, 2007: Die Kommission als „Politikunternehmer" – Die Europäische Union als außen- und sicherheitspolitischer Akteur im Kongo, in: Jopp, Mathias/Schlotter, Peter (Hrsg.): Kollektive Außenpolitik – Die Europäische Union als internationaler Akteur, Baden-Baden S. 353–380.

stützung der Demokratisierung) begrenzt. Im September 2007 beschloss die EU dann einen Militäreinsatz zum Schutz der Flüchtlinge im Tschad und der Zentralafrikanischen Republik (EUFOR Tschad/ZAR). Dieser Einsatz von etwa 4000 Soldaten findet erneut unter französischem Oberbefehl statt. Das Engagement anderer europäischer Staaten, u.a. bei der Bereitstellung von Truppen, war gering, so dass sich der Einsatz um Monate verzögerte, da nicht genügend Truppen zur Verfügung standen. Die weit verbreitete Befürchtung, dass Frankreich aufgrund seiner engen Beziehungen zum diktatorischen Regime im Tschad nicht von allen Kriegsparteien als neutral empfunden werden könnte, was letztlich die Glaubwürdigkeit der EU-Interventionen in Afrika beschädigen könnte, hat sich nicht bestätigt.[583] Die Neuausrichtung der französischen Afrikapolitik, die in den letzten Jahren zunehmend auf nationale Alleingänge verzichtete und sich an die EU-Politik annäherte[584], erhöht die Handlungsfähigkeit der EU. Das europäische Engagement auf dem Balkan und in Afrika unterstreicht den Anspruch der EU, zumindest eine regionale Ordnungsmacht auf dem Balkan und in Afrika zu sein.

10.4 Zur Bewertung und Einordnung von GASP und GSVP

Die rapiden Entwicklungen in der Außen- und -Sicherheitspolitik während der letzten Jahre verleihen zwei grundsätzlichen Fragen, die seit Beginn der ersten außenpolitischen Gehversuche im Rahmen der EPZ immer wieder gestellt worden sind, neue Aktualität:
1. Wie leistungsfähig ist die EU-Außen- und Sicherheitspolitik? Ist die EU ein handlungsfähiger außenpolitischer Akteur?
2. Welchen Charakter besitzt die EU-Außenpolitik? Trifft die traditionelle Zuschreibung der EU als einer „Zivilmacht" angesichts der Integration einer militärischen Dimension der Sicherheitspolitik noch zu?

Auch wenn diese beiden grundlegenden Fragen an dieser Stelle nicht ausführlich diskutiert werden können, so wollen wir hier doch versuchen einige interessante Beobachtungen für die weiterführende Beschäftigung mit der EU-Außen- und -Sicherheitspolitik zu geben.

Bei der Antwort auf die erste Frage ist zunächst zu klären, welche Eigenschaften ein handlungsfähiger Akteur haben muss bzw. welche Voraussetzungen für Handlungsfähigkeit erfüllt sein müssen. Außenpolitische Handlungsfähigkeit basiert auf mindestens drei Voraussetzungen: Erstens müssen ausreichend Ressourcen vorhanden sein, um verschiedene außenpolitische Instrumente (diplomatisch, wirtschaftlich und militärisch) überhaupt nutzen zu können. Zweitens müssen bestimmte Ziele und

---
583 Vgl. zu den Schwierigkeiten des Einsatzes: Ehrhart, Hans-Georg: EU-Krisenmanagement in Afrika: die Operation EUFOR Tschad/RCA, in: integration (2) 2008, S. 145–158. Vgl. zu.
584 Vgl. dazu Koepf, Tobias, 2013 i.E.: Die neue militärische Interventionspolitik Frankreichs in Subsahara-Afrika (2002–2009, Baden-Baden.

Strategien zu ihrer Umsetzung vorhanden sein. Und drittens bedarf es der Bereitschaft, aktiv zu werden.[585] Diese Kriterien beziehen sich auf Nationalstaaten, im Falle der EU, die kein Staat ist, stellt sich die Situation komplizierter dar. Von zentraler Bedeutung für ihre Handlungsfähigkeit und -bereitschaft ist der Konsens zwischen den Mitgliedstaaten, denn es gilt, mit kleinen Einschränkungen das intergouvernementale Prinzip in der GASP/GSVP. Demnach ist zu fragen, inwieweit der Konsens der Mitgliedstaaten besteht und inwieweit diese bereit sind, Ressourcen bereitzustellen, denn die EU selbst verfügt nicht über ausreichende Ressourcen in der Außenpolitik. Eine allgemeine Antwort darauf zu geben, ist kaum möglich. Die zunehmende Anzahl an gemeinsamen Standpunkten und Aktionen sowie Erklärungen, also der wachsende außenpolitische Besitzstand der EU, sprechen dafür. Auch der Aufbau einer militärischen Infrastruktur und die ‚Brüsselisierung' der Sicherheitspolitik untermauern die Vorstellung einer funktionsfähigen Sicherheitspolitik, denn damit wurden die organisatorischen Voraussetzungen für die seit Jahrzehnten vernachlässigte sicherheitspolitische Kooperation geschaffen. Die vergleichende Analyse von konkretem außenpolitischen Verhalten gegenüber Regionen, Ländern und Krisen bietet kein einheitliches Bild. Wie unterschiedlich, ja widersprüchlich das Bild der EU-Außenpolitik ist, zeigt ein Vergleich der EU-Politik in der Irak-Krise 2002/2003 mit der EU-Politik in der Georgien-Krise 2008 und dem Verhalten der EU in der Libyen-Krise 2011. Von einer gemeinsamen EU-Politik in der Irak- und in der Libyen-Krise konnte keine Rede sein. Die Mitgliedstaaten waren über die amerikanische Irak-Politik tief gespalten:[586] Während Deutschland und Frankreich sowie einige andere Mitgliedstaaten nicht nur ein militärisches Vorgehen der USA strikt ablehnten, sondern auch versuchten, über die UN und NATO die USA zu blockieren,[587] bekundeten acht europäische Staaten (angeführt von Großbritannien und Spanien) in einem öffentlichen Brief Unterstützung für die USA und deuteten ihre Bereitschaft an, Truppen zu entsenden. Viele Beobachter prophezeiten (vorschnell) das Ende der EU-Außenpolitik angesichts der katastrophalen Bilanz der Irak-Krise.

Völlig anders erscheint dagegen die Reaktion auf die Georgien-Krise. Die EU reagierte schnell, zeigte sich geschlossen und wurde zum entscheidenden externen Akteur.[588] Die französische Ratspräsidentschaft nahm in engem Zusammenspiel mit Deutschland Kontakt zu Russland auf, handelte einen Sechs-Punkte-Plan aus und erreichte mittels einer Shuttle-Diplomatie des französischen Präsidenten und Ratsprä-

---

585 Neben diesen generellen Akteursmerkmalen werden im Falle der EU häufig noch weitere, wie z.B. die Anerkennung und Wahrnehmung (Außenperzeption) der EU durch andere genannt, vgl. auch Kratochvíl, Petr (Hrsg.), 2013: The EU as a political actor. The analysis of four dimensions of the EU's actorness, Baden-Baden.
586 Vgl. Gordon, Philip H./Shapiro, Jeremy, 2004: Allies at War. America, Europe and the crisis over Iraq, Washington.
587 Vgl. für die deutsche Politik: Schmidt, Siegmar, 2008: Germany – the reluctant ally. German domestic politics and the war against Saddam Hussein, in: Bobrow, Dave (Hrsg.): Hegemony Constrained. Evasion, Modification, and Resistance to American Foreign Policy, Pittsburgh, S.41–61.
588 Vgl. Rat der Europäischen Union, Außerordentliche Tagung 1. September 2008, Dok. 12594/08.

sidenten der EU Nicolas Sarkozy die Zusage des Abzugs der russischen Truppen aus Georgien.[589] Die Handlungsfähigkeit der EU war damit eindrucksvoll unter Beweis gestellt. Inwieweit die Einigkeit in der Krise zu einer momentan diskutierten neuen EU-Russland-Strategie führt, ist dennoch fraglich, da zwischen den Mitgliedstaaten der EU unterschiedliche Vorstellungen über die Eckpunkte der Russland-Politik bestehen.

Der Fall Libyen demonstriert wiederum die Handlungsunfähigkeit der EU. Während Frankreich und Großbritannien, autorisiert vom Sicherheitsrat der Vereinten Nationen die Führung beim militärischen Schutz der Zivilbevölkerung übernahmen und damit der Opposition zum Sieg verhalfen, enthielt sich Deutschland im Sicherheitsrat der Stimme und beteiligte sich nicht mit militärischen Mitteln an der erfolgreichen Militäraktion.

Eine vergleichende Studie aus dem Jahr 2007 über die EU-Außenpolitik[590] bestätigt das uneinheitliche Bild in der Frage, ob die EU ein handlungsfähiger Akteur ist. Defizite im Hinblick auf die Handlungsfähigkeit bestehen demnach vor allem, wenn es um die Beziehungen zu den USA und Russland sowie um die Reaktionen auf gewalttätige Krisen geht. Die Abstimmungsprozesse zwischen den EU-Mitgliedstaaten sind komplex und erfordern Zeit, wodurch eine häufig erforderliche schnelle Reaktion verzögert wird. Abzuwarten bleibt, ob die Reaktion auf die Georgien-Krise in dieser Hinsicht eine Ausnahme bleibt. Akteursqualität – also Handlungsfähigkeit und Handlungsbereitschaft –, so die Autoren in ihrem Resümee, lässt sich aber in den Fällen konstatieren, in denen die EU ihre traditionelle außenpolitische Linie der Zivilmacht verfolgt.[591]

Die Bezeichnung der EU als Zivilmacht geht auf eine Äußerung von François Duchêne aus den siebziger Jahren zurück.[592] Der Grundgedanke war, dass die damalige EG keine Nuklearmacht darstellte und dies aus seiner normativen Warte auch nicht anstreben sollte, sondern dass die EG vor allem zivile Politikinstrumente verwenden sollte. Sein Grundgedanke wurde zu Beginn der 1990er Jahre von Hanns Maull aufgenommen, der den Begriff Zivilmacht zu einem Konzept weiterentwickelte. Das Ziel Maulls war es, mit dem Zivilmachtskonzept die spezifische, sich von anderen Nationen aufgrund ihrer Geschichte und außenpolitischen Entwicklung unterscheidende japanische und deutsche Außenpolitik zu typologisieren und zu erklären.[593] Im Laufe der Jahre wurde das Konzept dann immer weiter ausdifferenziert

---

589 Vgl. ebd.
590 Jopp/Schlotter, 2007.
591 Jopp, Mathias/Schlotter, Peter, 2007: Kollektive Außenpolitik – Die Europäische Union als internationaler Akteur, in: Jopp, Mathias/Schlotter, Peter (Hrsg.): Kollektive Außenpolitik – Die Europäische Union als internationaler Akteur, Baden-Baden, S. 381–396.
592 Vgl. hier die Beiträge in: Kohnstamm, Max/Hager, Wolfgang (Hrsg.), 1973: Zivilmacht Europa – Supermacht oder Partner?, Frankfurt/Main.
593 Maull, Hanns W., 1990: Germany and Japan: the new civilian powers, in: Foreign Affairs, 1990/91 (winter), no.5, S. 91–106.

und bildete den theoretischen Rahmen für zahlreiche Analysen zur Außenpolitik Deutschlands und der EU. Die Außen- und Sicherheitspolitik einer Zivilmacht weist die folgenden drei zentralen Charakteristika auf:

- Präferenz für kooperatives Handeln vor allem im Rahmen internationaler Institutionen: Die Außenpolitik ist daher multilateral angelegt und bestrebt, internationale Verhandlungssysteme auszubauen und dadurch einen Beitrag zur Verrechtlichung der internationalen Politik zu leisten;
- Präferenz für nicht-militärische Instrumente und Bevorzugung ökonomischer und diplomatischer Mittel: Militärische Mittel werden nur in Ausnahmesituationen und auf der Basis eines völkerrechtlichen Beschlusses (etwa durch die UN) eingesetzt;
- wertgebundene Außenpolitik in Form einer Förderung des internationalen Menschenrechtsschutzes und der Demokratie.

Über die Zivilmachtorientierung herrscht weitgehender Konsens unter den Mitgliedstaaten. Sie eint ein „Verständnis von Außenpolitik, das auf die Herstellung von positiven Anreizen, von Vertrauen, auf Einbindung und Interdependenz setzt."[594] Das Selbstverständnis als Zivilmacht kann empirisch u.a. an der konstruktiven Rolle der EU in den Vereinten Nationen, der Erweiterungspolitik und in der Afrikapolitik nachgewiesen werden, da (neben der Verfolgung anderer Ziele) erhebliche Anstrengungen in der Demokratie- und Menschenrechtsförderung unternommen worden sind.[595] Das Selbstverständnis als Zivilmacht spiegelt sich in der Europäischen Sicherheitsstrategie (ESS) wider.[596] Die ESS geht auf eine Anregung des Rates zurück, die von Javier Solana in Form einer neuartigen Sicherheitsstrategie der EU umgesetzt wurde. Angesichts des Desasters der EU in der Irak-Frage ist die Akzeptanz der ESS durch alle Mitgliedstaaten nur wenige Monate später durchaus bemerkenswert. Die EU betont in der ESS zunächst ihren Anspruch, ein globaler Akteur zu sein. Als zentrale Ziele und Vorhaben werden genannt:

- Aufbau einer Sicherheitszone um die EU im Rahmen der Europäischen Nachbarschaftspolitik durch einen Ring von „verantwortungsvoll" regierten Staaten;

---

594 Zit. nach Jopp/Schlotter, 2007, S. 390.
595 Vgl. hier die Beiträge im Sammelband von Jünemann, Annette/Knodt, Michèle, (Hrsg.), 2007: Externe Demokratieförderung durch die Europäische Union. European external democracy promotion, Baden-Baden. Die Fallstudien verdeutlichen, dass es durchaus Widersprüche zwischen der EU-Politik und der Außenpolitik von Nationalstaaten gibt, die Glaubwürdigkeit und Effizienz der EU-Demokratieförderung unterminieren. Vgl. auch verschiedene Beiträge in Elgstroem, Ole/Smith Michael (Hrsg.): The European Union's roles in international politics, London und New York und Tritsch, Dirk, 2008: Die Europäischen Union als Zivilmacht. Frankfurt a.M.
596 Vgl. Rat der Europäischen Gemeinschaften, 2003: Ein sicheres Europa in einer besseren Welt. Europäische Sicherheitsstrategie vom 12. Dezember 2003, abrufbar unter: http://www.consilium.europa.eu/uedocs/cmsUpload/ 031208ESSIIDE.pdf (letzter Zugriff: 14.9.2008).

- effektiver Multilateralismus, d.h. Anerkennung der globalen Ordnungsrolle internationaler Organisationen, insbesondere der UN;
- Aufbau und Stärkung der zivilen und militärischen Kapazitäten der EU.

In der Literatur und der öffentlichen Diskussion herrscht weitgehender Konsens, dass die Selbstzuschreibung der EU als Zivilmacht im Großen und Ganzen der realen Politik entspricht,[597] diskutiert wird aber, inwieweit der Ausbau der militärischen Infrastruktur und die zunehmende Anzahl an Militäreinsätzen nicht den Charakter der EU als Zivilmacht in Frage stellen. Giovana Bono sieht die Gefahr, dass militärische Fragen einen zu hohen Stellenwert in der EU erhalten, kritisiert die parlamentarische und politische Kontrolle der GSVP als unzureichend und moniert, dass der Multilateralismus der EU eng begrenzt sei, da die EU sehr zögerlich bei der Unterstellung von Truppen unter UN-Oberbefehl sei.[598] Andere Autoren[599] sehen hingegen diese Gefahr nicht, denn sie argumentieren, dass die zivilen Mittel und Instrumente dominierten und die bisherigen Militäreinsätze durchaus dem Selbstverständnis einer Zivilmacht entsprächen, denn Zivilmacht bedeutete nicht den völligen Verzicht auf militärische Mittel. Darüber hinaus, so Hanns Maull,[600] mangele es der EU schlicht an militärischen Fähigkeiten und dem politischen Willen, eine traditionelle Großmachtpolitik anzustreben. Überdies zielten die ESVP-Missionen nicht auf Machtzugewinn, sondern auf den Aufbau von Ordnungsstrukturen im Rahmen von Friedensregelungen, die mit der UN-Politik kompatibel seien. Die Ziele und die Agenda der EU unterschieden sich damit signifikant von denen der amerikanischen Außenpolitik der Bush-Administrationen (2000–2008). Von außen wird die EU hingegen unterschiedlich wahrgenommen. Dabei sehen außenpolitische Eliten (und auch Bevölkerungen) die EU durchaus als wertorientierten Akteur, auch als Zivilmacht, doch sehen gerade Entwicklungsländer die EU auch als Handelsmacht, die ihre Interessen strikt verfolgt.[601]

---

597 Um Missverständnissen vorzubeugen: Mit Zivilmacht ist eine spezifische Art und Weise des außenpolitischen Selbstverständnisses und der Art und Weise, *wie* außenpolitische Interessen vertreten werden, gemeint. Diese Interessen können dabei durchaus egoistischer Natur sein, die Zivilmacht steht nicht für eine prinzipiell moralische oder idealistische Außenpolitik, auch wenn sie Bezugspunkte zum Idealismus aufweist.
598 Bono, Giovana, 2006: The perils of conceiving EU Foreign Policy as a „civilizing" force, in: International Politics and Society (IPG) (1) 2006, S. 150–163.
599 Vgl. Whitman, Richard, 2006: Muscles from Brussels: the demise of civilian power Europe? In: Elgstroem, Ole/Smith Michael (Hrsg.): The European Union's roles in international politics, London and New York, S. 101–117. Whitman argumentiert, die EU sei noch Zivilmacht, da sie in erster Linie Petersberg-Aufgaben wahrnehme.
600 Maull, Hanns W., 2006: The perils of NOT conceiving European Foreign Policy as a civilian project, in: International Politics and Society (IPG) (1) 2006, S.164–172.
601 Zur Außenperzeption der EU vgl. Review of European Studies, Special Issue: The European Union and the World, Vol.4 no. 3, July 2012. Kostenfreier download unter: http://www.ccsenet.org/journal/index.php/res/issue/view/579 (20.7.2013.).

10.5 Ausblick

Für die Zukunft der GASP/GSVP bleibt die Fähigkeit der Mitgliedstaaten sich auf gemeinsame Ziele und Strategien zu verständigen, entscheidend, auch wenn sich eine gewisse Vergemeinschaftung der EU-Außenpolitik – trotz ihrer intergouvernementalen Anlage – entwickelt hat. Allerdings erschwert die 2004 vollzogene Osterweiterung den erforderlichen Konsens der Mitgliedstaaten, da die neuen Mitglieder spezifische historische Erfahrungen und eigene Interessen und Prinzipien mitbringen. Dies zeigt sich besonders im Verhältnis zu den USA. Hier unterstützen die mittelosteuropäischen Staaten häufig die US-Positionen und bevorzugen die NATO als Sicherheitsgarant, da sie sich davon mehr Sicherheitsgewinn als durch die EU versprechen.[602]

Die nach wie vor bestehende Interessenheterogenität wird in der Praxis zu einer Fortsetzung der ambivalenten EU-Außenpolitik führen. Einerseits wird die EU durchaus handlungsfähig sein und kann wirkungsvolle EU-Außenpolitik verfolgen,[603] andererseits besteht die Gefahr einer, aufgrund interner Differenzen gelähmten EU, die versucht, ihre Handlungsunfähigkeit durch diplomatische Erklärungen zu verdecken.

Die bisherige, ohnehin eingeschränkte militärische Handlungsfähigkeit der Union wird momentan durch Einsparungen in den Haushalten der Mitgliedstaaten im Gefolge der Eurokrise bedroht. Zahlreiche Regierungen, vor allem kleinerer Staaten, haben z.T. drastische Kürzungen des Verteidigungshaushalts im Umfang zwischen 5 und 30 Prozent beschlossen, die militärische Fähigkeiten reduzieren.[604] Die EU-Staaten versuchen ihre Handlungsfähigkeit durch „Pooling und Sharing" (Zusammenlegen von Kapazitäten) zu erhalten. Dabei kommt es zu kleinteiligen Kooperationen zwischen jeweils einigen Mitgliedstaaten. Die EU bzw. die Europäische Verteidigungsagentur (EVA), die zur Optimierung der Rüstungsprogramme geschaffen worden ist, spielen dabei keine wesentliche Rolle. Vor diesem Hintergrund ist ungewiss, ob die Mitgliedstaaten zukünftig bereit sein werden, die beträchtlichen Kosten für Militärmissionen, die nicht vom relativ bescheidenen GASP-Haushalt gedeckt werden, zu übernehmen. Bisher gibt es wenig Anzeichen dafür, dass unter dem Spardiktat der Krise die Staaten bereit sind, Souveränitätsansprüche zugunsten substantieller Fortschritte in der GSVP zurückzustellen. Die Krise hat die Stagnation in der Entwicklung der Außen- und Sicherheitspolitik seit 2009 noch einmal vertieft.

Darüber hinaus wird zukünftig die Frage der öffentlichen Akzeptanz gerade der Militäreinsätze wichtig werden. Bislang stand die EU-Außen- und -Sicherheitspolitik im

---

602 Vgl. Bugajski /Teleki, 2006.
603 Darüber hinaus versucht die EU sich bewusst von der US-Politik abzugrenzen, zur Diskussion vgl. auch: Hill, Christopher, 2007: The future or European Union as a global actor, in: Foradori, Paolo/Rosa,Paolo/Scartezzini, Riccardo (Hrsg.): Managing an multilevel foreign policy, Lanham et al., S. 3–22.
604 Vgl. Krise und Kooperation. Die Auswirkungen der Finanzkrise auf die Verteidigungspolitik der EU, in: Frank, Johann/Matyas, Walter (Hrsg.): Strategie und Sicherheit 2013. Wien, S 323–332.

Schatten der öffentlichen Aufmerksamkeit in den Mitgliedsländern, doch hat in den vergangenen Jahren in den europäischen Staaten (wie auch den USA) die Skepsis gegenüber militärischen Interventionen stark zugenommen. Neue Herausforderungen der internationalen Politik, wie das iranische Nuklearprogramm, die aggressive Politik und Rhetorik Nordkoreas sowie autoritäre Entwicklungen in Russland können äußere Anstöße für eine Weiterentwicklung der Europäischen Außen- und Sicherheitspolitik geben. Betrachtet man die Entwicklung der europäischen Außenpolitik in den zurückliegenden drei Jahrzehnten, so lässt sich feststellen, dass es häufig Anstöße von außen (Balkankriege und Kosovokrise) waren, die Impulse für eine Weiterentwicklung der Außenpolitik gaben. Der Fall Libyens, in dem Deutschland sich im UN-Sicherheitsrat der Stimme enthielt und sich damit nicht an den NATO-Luftschlägen unter Führung Frankreichs und Großbritanniens beteiligte, die zum Sturz der libyschen Diktatur führte, zeigte, dass keineswegs jede Krise zu mehr Gemeinsamkeit führt. Ob die aktuelle Eurokrise, die zu Einsparzwängen in den Verteidigungsetats zwingt[605] der Katalysator für eine intensivere Kooperation und damit für eine Weiterentwicklung der GSVP ist, bleibt noch abzuwarten.

Einführende Literatur

Algieri, Franco, 2010: Die Gemeinsame Außen- und Sicherheitspolitik der EU, Wien. *(Gut lesbare Einführung, die Rahmenbedingungen, historische Entwicklung und vor allem Institutionen der GASP vorgestellt.)*
Keukeleire, Stephan/MacNaughtan, Jennifer, 2008: The foreign policy of the European Union, Basingstoke. *(Eine sehr gelungene und umfassende Einführung in die Außenpolitik der EU, ergänzt durch eine gute Online-Dokumentation.)*
Jopp, Mathias/Schlotter, Peter (Hrsg.): Kollektive Außenpolitik – Die Europäische Union als internationaler Akteur, Baden-Baden. *(Der Sammelband untersucht systematisch die Akteursqualität der EU anhand von Fallstudien. Besonders für Anfänger zu empfehlen sind die beiden einleitenden Beiträge zu den vertraglichen Grundlagen und den Institutionen.)*
Dies. (Hrsg.): Europäische Außenpolitik. GASP- und ESVP-Konzeptionen ausgewählter EU-Mitgliedsstaaten, Baden-Baden. *(Die Autoren analysieren die Vorstellungen ausgewählter EU-Staaten zur EU Außenpolitik und leiten die daraus Möglichkeiten für die zukünftige Rolle der EU in der Welt ab.)*
Regelsberger, Elfriede, 2001: Die Gemeinsame Außen- und Sicherheitspolitik nach 'Nizza' – begrenzter Reformeifer und außervertragliche Dynamik, in: integration (2) 2001, S. 156–166 (159–161). *(Guter Überblick über die Beschlüsse von Nizza und ihre Auswirkungen auf die Außenpolitik.)*
Varwick, Johannes/Ondarza, Nicolai von, 2012: Die Außenbeziehungen der Europäischen Union, in: Michael Staack (Hrsg.): Einführung in die internationale Politik. Studienbuch, München, 5. Auflage, S. 119–165. *(Lesenswerter Überblicksartikel über die Außenbeziehungen der EU, besonders gut geeignet für Einsteiger in die Thematik.)*

---

605 Vgl. unten.

10. Die Außen- und Sicherheitspolitik der Europäischen Union

Weiterführende Literatur und Dokumente

Müller-Brandeck-Bocquet, Gisela/Rüger, Carolin (Hrsg.), 2011: The High Representative for the EU Foreign and Security Policy – Review and Prospects, Baden-Baden.

Asseburg, Muriel/ Kempin, Ronja (Hrsg.): Die EU als strategischer Akteur in der Sicherheits- und Verteidigungspolitik. Berlin 2009, <http://www.swp-berlin.org/fileadmin/contents/products/studien/2009_S32_ass_kmp_ks.pdf>, abgerufen am 12.1.2013.

Bono, Giovana, 2006: The perils of conceiving EU Foreign Policy as a "civilizing" force, in: International Politics and Society (IPS) (1) 2006, S. 150–163. *(Der Beitrag argumentiert, dass die ESVP und die EU-Militäreinsätze nicht mit der Zivilmacht-Orientierung der EU vereinbar sind.)*

Bugajski, Janusz/Teleki, Ilona, 2006: New Allies, new challenges, Atlantic Bridges: America's new European allies, Lanham et al. *(Die Autoren diskutieren die Sicherheitsinteressen der neuen EU-Mitglieder und erklären deren Präferenz für die eine enge transatlantische Anbindung an die EU.)*

Ehrhart, Hans-Georg: EU-Krisenmanagement in Afrika: die Operation EUFOR Tschad/RCA, in: integration (2) 2008, S. 145–158.

Elgstroem, Ole/Smith Michael (Hrsg.): The European Union's roles in international politics, London and New York. *(Der Sammelband enthält interessante theoretische Beiträge, die außenpolitische Rollenkonzepte für die EU diskutieren sowie Fallstudien, u.a. zur Rolle der EU in der internationalen Handelspolitik.)*

Gordon, Philip H./Shapiro, Jeremy, 2004: Allies at War. America, Europe and the crisis over Iraq, Washington. *(Gleichermaßen detaillierte und lesbar Darstellung des Konfliktes über den Irak-Krieg im transatlantischen Verhältnis und innerhalb der EU.)*

Herz, Dietmar, 2002: Die Europäische Union, München. *(Gut lesbare und klar strukturierte Einführung mit einigen Kapiteln zur Außenpolitik.)*

Hill, Christopher, 2007: The future or European Union as a global actor, in:Foradori, Paolo/Rosa,Paolo/Scartezzini, Riccardo (Hrsg.),: Managing an multilevel foreign policy, Lanham et al., S. 3–22.

Hofmann, Stephanie/Reynolds, Christopher, 2007: Die EU-NATO-Beziehungen, in: SWP-Aktuell 37.

Holland, Martin, 2002: The European Union and the Third World, Basingstoke. *(Informativer und gut lesbarer Überblick zu einem zentralen Feld der vergemeinschafteten Außenbeziehungen der EU.)*

Jünemann, Annette/Knodt, Michèle (Hrsg.): Externe Demokratieförderung durch die Europäische Union. European external democracy promotion, Baden-Baden 2007. *(Vor dem Hintergrund theoretischer Annahmen wird anhand von zahlreichen Fallstudien untersucht, inwieweit, mit welchen Mitteln und mit welchen Auswirkungen die EG und EU Demokratie förderten.)*

Kohler-Koch, Beate/Conzelmann, Thomas/Knodt, Michèle, 2004: Europäische Integration – Europäisches Regieren, Wiesbaden.

Kohnstamm, Max/Hager, Wolfgang (Hrsg.), 1973: Zivilmacht Europa – Supermacht oder Partner?, Frankfurt/Main. *(Klassiker der Diskussion um eine europäische Außenpolitik, der normativ argumentiert.)*

Kratochvíl, Petr (Hrsg.), 2013: The EU as a political actor. The analysis of four dimensions of the EU's actorness, Baden-Baden.

Krause, Alexandra/Schlotter, Peter, 2007: Die Kommission als „Politikunternehmer" – Die Europäische Union als außen- und sicherheitspolitischer Akteur im Kongo, in: Jopp, Mathias/

Schlotter, Peter (Hrsg.): Kollektive Außenpolitik – Die Europäische Union als internationaler Akteur, Baden-Baden S. 353–380.

Kremer, Martin/Schmalz, Uwe, 2001: Nach Nizza – Perspektiven der Gemeinsamen Europäischen Sicherheits- und Verteidigungspolitik, in: integration (2) 2001, S. 167–178.

Maull, Hanns W., 1990: Germany and Japan: the new civilian powers, in: Foreign Affairs, 1990/91 (winter), no.5, S. 91–106.

Ders., 2006: The perils of NOT conceiving European Foreign Policy as a civilian project, in: International Politics and Society (IPG) (1) 2006, S.164–172. *(Eine Antwort auf den Beitrag von Giovana Bona, der in den aktuellen Entwicklungen der ESVP keine Abweichung von der Zivilmacht EU sieht.)*

Müller-Brandeck-Bocquet, Gisela/Schubert, Klaus (Hrsg.), 2002: Die Europäische Union als Akteur der Weltpolitik, Opladen.

Pfetsch, Frank R., 2007: Das neue Europa, Wiesbaden.

Rat der Europäischen Gemeinschaften, 2003: Ein sicheres Europa in einer besseren Welt. Europäische Sicherheitsstrategie vom 12. Dezember 2003, abrufbar unter: http://www.consilium.europa.eu/uedocs/cmsUpload/ 031208ESSIIDE.pdf (letzter Zugriff: 14.9.2008). *(Zentrales Dokument der GASP/ESVP, das die Unterschiede zum amerikanischen Sicherheitsdenken verdeutlicht, empfehlenswert ist die parallele Lektüre der Nationalen Sicherheitsstrategien der USA von 2002 und 2006.)*

Regelsberger, Elfriede, 2007: Die Gemeinsame Außen- und Sicherheitspolitik der EU – Das Regelwerk im Praxistest, in: Jopp, Mathias/Schlotter, Peter (Hrsg.): Kollektive Außenpolitik – Die Europäische Union als internationaler Akteur, Baden-Baden, S. 59–90.

Rummel, Reinhardt, 1982: Zusammengesetzte Außenpolitik. Westeuropa als internationaler Akteur, Kehl. *(Ein wichtiger Versuch, den Charakter der EU-Außenpolitik zu bestimmen.)*

Schmidt, Siegmar, 2006: Afrikapolitik, in: Weidenfeld, W./Wessels, W. (Hrsg.): Jahrbuch der europäischen Integration 2006, Baden-Baden, S. 255–258.

Ders., 2008: Germany – the reluctant ally. German domestic politics and the war against Saddam Hussein, in: Bobrow, Dave (Hrsg.): Hegemony Constrained. Evasion, Modification, and Resistance to American Foreign Policy, Pittsburgh, S.41–61.

Ders., 2010: Fortschritte und neue Herausforderungen in der Europäischen Außen- und Sicherheitspolitik, in: Leiße, Olaf (Hrsg.): Die Europäische Union nach dem Vertrag von Lissabon, Wiesbaden, S. 195–219.

Tekin, Funda, 2008: Verstärkte Zusammenarbeit: inflexible Flexibilisierung der GASP? In: WeltTrends 42, 16. Jahrgang, S. 47–59.

Tritsch, Dirk, 2008: Die Europäische Union als Zivilmacht. Frankfurt a.M.

Wessels, Wolfgang/Hoffmann, Andreas, 2008: Kein Konsens über Kohärenz? Auswärtiges Handeln der EU nach Lissabon, in: WeltTrends 42, 16. Jahrgang, S. 21–33.

Whitman, Richard, 2006: Muscles from Brussels: the demise of civilian power Europe? In: Elgstroem, Ole/Smith Michael (Hrsg.): The European Union's roles in international politics, London and New York, S. 101–117. *(Der Beitrag bewertet die ESVP als bislang zivilmachtkonform.)*

Woolcock, Stephen, 2010: Trade Policy: A Further Shift Towards Brussels, in: Wallace, Helen/Pollack, Mark A./Young, Alasdair R. (Hrsg.): Policy-Making in the European Union, 6. Aufl., Oxford, S. 381–399. *(Ein Überblicksbeitrag zur EU-Handelspolitik in einem Standardwerk zur Integration.)*

10. Die Außen- und Sicherheitspolitik der Europäischen Union

Fragen zur Diskussion

- Aus welchen Gründen war eine gemeinsame europäische Außenpolitik über Jahrzehnte nicht möglich?
- Welche Institutionen und Entscheidungsverfahren weisen GASP und ESVP/GSVP auf?
- Welche Möglichkeiten existieren in der GASP, um trotz Einstimmigkeitsprinzip handlungsfähig bleiben zu können?
- Wie veränderte sich das Verhältnis zwischen NATO und EU?
- Inwieweit kann von einer Militarisierung der ESVP/GSVP gesprochen werden, die den Zivilmachtcharakter der EU untergräbt?

11. Die Geschichte der europäischen Einigung

11.1 Vorgeschichte

Der Zustand Europas nach den beiden zerstörerischen Weltkriegen der ersten Hälfte des 20. Jahrhunderts lässt sich bildlich in einer schlichten Wendung beschreiben: Europa lag am Boden,[606] und die europäischen Staaten wären vermutlich nicht in der Lage gewesen, sich aus eigener Kraft wieder aufzurichten, insbesondere dann nicht, wenn sie sich weiterhin als Gegner auf dem Kontinent gegenübergestanden hätten. Neue internationale Kooperationsformen schienen also nötig, sei es zum Schutz vor dem besiegten und besetzten einstigen Aggressor Deutschland oder zu dessen Einhegung. In beiden Himmelsrichtungen standen mit der Sowjetunion auf der einen und den Vereinigten Staaten von Amerika auf der anderen Seite konkurrierende Weltmächte bereit, die internationale Bündnissysteme unter ihrer jeweiligen Führung errichteten und diese in den Dienst ihrer jeweiligen Ideologie stellten. Die Spaltung der Welt in einen kapitalistischen Westen unter der Ägide der USA und einen kommunistischen Osten unter der Führung der Sowjetunion hatte sich bereits während der letzten Kriegsjahre abgezeichnet. Sie war spätestens mit dem offenen Kurswechsel der US-amerikanischen Außenpolitik, die bis dato noch an einer partnerschaftlichen Zusammenarbeit mit der Sowjetunion im Rahmen der weltumspannenden Organisation der Vereinten Nationen[607] festgehalten hatte, zur *containment*-Strategie, also zur Eindämmung des mutmaßlichen sowjetischen Expansionsdrangs, sowie der Truman-Doktrin von 1947 offensichtlich geworden. Der *Kalte Krieg*, dessen gewaltsame Eskalation als Bedrohungskulisse fortan existierte, sollte die Geschichte Europas über vierzig Jahre lang bestimmen, und der sich anbahnende Konflikt, dessen Front mitten durch den Kontinent verlief, setzte auch die entscheidenden Rahmenbedingungen für die europäische Nachkriegsordnung. Was sollte also mit Europa geschehen, das so gleich wieder Schauplatz eines weltpolitischen Konflikts geworden war? Da eine Einigung in dieser Frage zwischen den beiden Blöcken immer unwahrscheinlicher wurde, entwarfen beide Seiten eigene Konzepte für ihren jeweiligen Einflussbereich. Für die Geschichte der Europäischen Union sind die westlichen Bündnissysteme von besonderer Bedeutung.

Mit der Eindämmungsstrategie der US-Regierung geriet der wirtschaftliche Wiederaufbau Europas in den Mittelpunkt US-amerikanischer Außenpolitik. Denn zum einen schien nur ein wirtschaftlich gestärktes Europa in der Lage, dem vermuteten

---

606 Zum Beleg, aber auch zur Differenzierung dieser Aussage vgl. die Indexzahlen betreffend die industrielle Produktion in den europäischen Ländern bei Gasteyger, Curt, 2001: Europa von der Spaltung zur Einigung, Bonn, S. 58.
607 United Nations Organization (UNO), für eine ausführliche Darstellung der Vereinten Nationen s. Gareis, Sven Bernhard/Varwick, Johannes, 2006: Die Vereinten Nationen. Aufgaben, Instrumente und Reformen, Opladen/Farmington Hills.

sowjetischen Expansionsdrang standzuhalten, zum anderen war die amerikanische Exportwirtschaft auf die Stabilität ihrer ausländischen Absatzmärkte angewiesen. Am 5. Juni 1947 verkündete der amerikanische Außenminister Marshall ein milliardenschweres Wiederaufbauprogramm für die europäischen Staaten, das *European Recovery Program* (ERP), das unter dem inoffiziellen Titel *MarshallPlan* bekannt wurde. Die Gewährung der materiellen Hilfen knüpfte die US-Regierung an die Bedingung, dass die Mittel von einer gemeinsamen Organisation verwaltet würden und die Staaten Europas sich zum wechselseitigen Abbau der Handelsschranken und zur wirtschaftlichen Zusammenarbeit bereit erklärten. Im April 1948 wurde also die *Organisation für Europäische Wirtschaftliche Zusammenarbeit (Organization for European Economic Cooperation*, OEEC)[608] gegründet. Mit der OEEC verfolgten die USA das Ziel, den Staaten Westeuropas eine liberale marktwirtschaftliche Ordnung nach ihrem Vorbild zu geben und sie so in eine freie Weltwirtschaft einzubinden.

Mindestens ebenso sehr wie um ihre ökonomische Entwicklung sorgten sich die europäischen Staaten allerdings um ihre Sicherheit, insbesondere da die drei westlichen Besatzungszonen Deutschlands, also die spätere Bundesrepublik, in Wiederaufbauprogramm und OEEC einbezogen waren, der Feind von gestern, also nach dem Wunsch der US-Regierung sukzessive zum Verbündeten von morgen gemacht werden sollte, was insbesondere Frankreich keineswegs behagte. Neben die potenzielle militärische Bedrohung durch ein wieder erstarkendes Nachkriegsdeutschland trat die Furcht vor einer sowjetischen Aggression, gegen die sich die westeuropäischen Staaten allein nicht hätten zur Wehr setzen können. Nachdem Frankreich, Großbritannien und die Beneluxstaaten die Bedingung für ein kollektives Verteidigungsbündnis mit der amerikanischen Schutzmacht erfüllt hatten, indem sie mit dem *Brüsseler Pakt* im März 1948 zunächst eine eigene Allianz ins Leben gerufen hatten, kam es nur einen Monat später zur Unterzeichnung des Nordatlantikvertrags und zur Gründung der NATO[609] (*North Atlantic Treaty Organization*) durch zehn europäische Staaten, die USA und Kanada.

Das neue Verteidigungsbündnis richtete sich von Beginn an nicht mehr gegen eine innereuropäische Bedrohung, sondern gegen die externe durch die Sowjetunion. Unter dem atlantischen Schutzschirm konnte es im Folgenden zur friedlichen Annäherung der westeuropäischen Staaten kommen. Da parallel zur westlichen Bündnispolitik aber auch die Sowjetunion die Staaten in ihrem Einflussbereich durch neue Allianzen an sich band bzw. unter sich zwang, bedeutete die Integration des Westens notwendigerweise den Verzicht auf gesamteuropäische Ambitionen.

---

608 Mit dem Pariser Abkommen vom 14. Dezember 1960 wurde die OEEC in Organization for Economic Cooperation and Development (OECD) umbenannt.

609 Für eine ausführliche Darstellung s. Varwick, Johannes, 2008: Die NATO. Vom Verteidigungsbündnis zur Weltpolizei? München.

Dies gilt auch für die erste umfassende, von den Europäern selbst hervorgebrachte internationale Organisation, die möglichst viele europäische Staaten integrieren sollte und wegen ihrer fehlenden außen- und sicherheitspolitischen Kompetenzen sogar neutrale Staaten zu ihren Gründungsmitgliedern zählte: den Europarat. Er wurde 1949 von den Staaten des Brüsseler Pakts sowie Dänemark, Irland, Italien, Norwegen und Schweden gegründet und entwickelte sich schnell zur mitgliederstärksten europäischen Organisation,[610] die aber mit der EU und ihren Vorläufern in keinerlei institutionellem Zusammenhang steht. Der Europarat ist der erste institutionelle Ausfluss der vielgestaltigen europäischen Idee. Die Idee eines vereinten Europas reicht mindestens bis in die frühe Neuzeit zurück, erlebte große Konjunkturen zu Zeiten der Aufklärung und später in den 1920er Jahren, als erste Vereinigungen entstanden wie vor allem die *Paneuropa-Union* des Grafen Coudenhove-Kalergi[611] und der französische Außenminister Aristide Briand, der eine Art föderative Verbindung der europäischen Staaten vorschlug. Der Europagedanke lebte fort in den Visionen der Widerstandsbewegungen und kam durch einen neuerlichen Aufschwung im Anschluss an den Zweiten Weltkrieg wieder zum Vorschein. Mit seiner berühmten Züricher Rede 1946, als der damalige britische Premierminister Winston Churchill „etwas wie die Vereinigten Staaten von Europa"[612] forderte, zog er die Aufmerksamkeit der Europavisionäre unterschiedlicher Ausrichtung auf sich. In den folgenden Jahren erlebten die verschiedenen Europabewegungen ihre Blütezeit. Neben Churchill engagierten sich in ihnen auch andere bedeutende Personen der Integrationsgeschichte wie Altiero Spinelli, Paul-Henri Spaak, Walter Hallstein, Konrad Adenauer usw.

11.2 Der erste Schritt – die Gründung der EGKS

Weder OEEC noch Europarat bildeten eine ausreichende Grundlage für eine stabile, kooperative Nachkriegsordnung Europas, über deren Ausgestaltung sich die westeuropäischen Siegermächte Großbritannien und Frankreich partout nicht einig werden konnten. Beide suchten nach Möglichkeiten, ihren bedrohten respektive verlorenen Weltmachtstatus zu sichern bzw. wiederzuerlangen. Während sich Großbritannien ohnehin nicht auf die kontinentaleuropäische Einigung verlassen wollte und im engeren Anschluss an eine transatlantische Familie größere Zukunftschancen erblickte, sah sich Frankreich zunehmend allein mit der europäischen, insbesondere der deutschen Frage, konfrontiert. Die westlichen Bündnispartner, allen voran die Amerikaner, wollten nicht mehr länger auf den politischen und wirtschaftlichen Beitrag eines

---

610 Sie ist es mit aktuell 47 Mitgliedstaaten bis heute.
611 Vgl. die biographischen Anmerkungen zu Coudenhove-Kalergi und anderen Europa-Aktivisten bei Juncker, Jean-Claude, 2003: Der weite Weg in die Zukunft, Stuttgart/München, S. 185–203.
612 Churchill, Winston, 1946: Rede vom 19. September 1946 in Zürich (Auszug), in: Gasteyger, 2001, S. 43–44; Churchill plante den Staatenbund freilich unter Ausschluss Großbritanniens.

gestärkten Deutschlands verzichten. So kam es im Mai 1949 zur Gründung der Bundesrepublik, und auch die Wirtschaftssanktionen gegen den einstigen Aggressor sollten gelockert werden. Insbesondere das Ruhrstatut, also die Unterstellung der deutschen Schwerindustrie im Ruhrgebiet unter eine internationale Behörde, drohte zu fallen. Die französische Stahlindustrie aber war auf die deutsche Kohle dringend angewiesen. Andernfalls hätte die eigene Wirtschaft in verhängnisvolle Abhängigkeit geraten können. Ein wirtschaftlich und politisch wieder erstarktes Deutschland hätte vielleicht gar mittels Annäherung an Sowjetrussland die gefürchtete Einheit erreichen und damit abermals die politische Vormachtstellung auf dem Kontinent einnehmen und Frankreich existenziell bedrohen können. Nur vor dieser einmaligen Bedrohungskulisse[613] lässt sich die französische Initiative zur gemeinsamen Verwaltung der europäischen Schwerindustrien durch eine supranationale Behörde, also die erste institutionelle Verwirklichung des Gemeinschaftsprinzips, verstehen.

Kasten 20: Regierungserklärung Robert Schumans vom 9. Mai 1950 (in Auszügen)Europa-Archiv (11) 1950, S. 3091ff.

„[...] Europa lässt sich nicht mit einem Schlage herstellen und auch nicht durch eine einfache Zusammenfassung: Es wird durch konkrete Tatsachen entstehen, die zunächst eine Solidarität der Tat schaffen. [...]

Die französische Regierung schlägt vor, die Gesamtheit der französisch-deutschen Kohle- und Stahlproduktion einer gemeinsamen Hohen Behörde zu unterstellen, in einer Organisation, die den anderen europäischen Ländern zum Beitritt offensteht. [...]

Die Solidarität der Produktion, die so geschaffen wird, wird bekunden, dass jeder Krieg zwischen Frankreich und Deutschland nicht nur undenkbar, sondern materiell unmöglich ist. [...]"

Am 9. Mai 1950 verkündete der französische Außenminister Robert Schuman den von seinem Berater Jean Monnet ausgearbeiteten Plan – den sogenannten *Schuman-Plan* (s. Kasten 20) – zur Errichtung einer *Europäischen Gemeinschaft für Kohle und Stahl* (EGKS oder auch *Montanunion*). Die USA waren mit der supranationalen Lösung durchaus einverstanden, waren sie doch selbst im Vorfeld als Geburtshelfer einer solchen Initiative aufgetreten.[615] Für die übrigen, vom Projekt unmittelbar betroffenen Staaten Kontinentaleuropas kam es nicht infrage, sich einer politischen Einigung in den Weg zu stellen, weder für Deutschland und Italien, die darin eine

---

613   Vgl. die ausführlichen Darstellungen der Beweggründe Frankreichs bei Loth, Wilfried, 1996: Der Weg nach Europa, Geschichte der europäischen Integration von 1939 bis 1957, Göttingen, S. 69ff. sowie Brunn, Gerhard, 2009: Die Europäische Einigung von 1945 bis heute, 3. Aufl., Bonn, S. 70ff.
615   Vgl. zur Unterstützung des Schuman-Plans durch die US-Regierung Loth, 1996, S. 80 und Dinan, Desmond, 2005: Ever closer union. An Introduction to European Integration, 3. Aufl., Basingstoke u.a., S. 23–24.

Möglichkeit sahen, zu neuer internationaler Anerkennung zu gelangen, noch für die Beneluxstaaten, die ihre politische Bedeutung in einem solchen Bündnis nur steigern konnten, auch wenn sie die wirtschaftliche Konkurrenz im freien Wettbewerb der Schwerindustrien mitunter fürchteten. Ein Affront war die französische Initiative lediglich für Großbritannien, das zwar für kurze Zeit über eine Teilnahme nachdachte, die aber angesichts des Festhaltens der französischen Regierung an einer supranationalen Organisation für die selbstbewussten Briten unmöglich war.

Am 18. April 1951 unterzeichneten die sechs Gründungsmitglieder Frankreich, Deutschland, Italien sowie die Beneluxstaaten den Pariser Vertrag zur Gründung der EGKS. Im Zentrum der neuen Gemeinschaft stand die supranationale *Hohe Behörde*, Vorläuferin der jetzigen Kommission, die eigene Befugnisse ausüben konnte und deren Mitglieder „in voller Unabhängigkeit" (Art. 9 EGKS-Vertrag) tätig sein sollten. In den unerwartet schwierigen Regierungsverhandlungen zwischen Schuman-Erklärung und Vertragsunterzeichnung wurde die losgelöste Vormachtstellung der Behörde allerdings durch einen kontrollierenden Ministerrat sowie eine beratende Gemeinsame Versammlung nationaler Parlamentarier entschärft.[616] Außerdem sollten mit der Einrichtung eines Gerichtshofs die Einhaltung der Verträge sowie ein effektiver Rechtsschutz selbst für Individuen gewährleistet werden. Nicht nur die institutionelle Ordnung, auch die übrigen vertraglichen Bestimmungen weisen strukturelle Ähnlichkeiten mit den heutigen gemeinschaftlichen Regelungen auf.[617]

So kam es zur ersten Anwendung der sog. *Methode Monnet*,[618] also dem sukzessiven Voranschreiten der sektoralen Teilintegration, und der pragmatischen Gründung einer Sechsergemeinschaft, die, was die inhaltliche und institutionelle Ausgestaltung sowie die geographische Ausdehnung betrifft, nicht mehr viel gemeinsam hatte mit den überschwänglichen Europavisionen der Föderalisten von einer *Dritten Kraft* Europa auf der Grundlage einer demokratisch herbeigeführten Verfassung.

11.3 Die frühe föderalistische Ambition und ihr Scheitern – EVG und EPG

Die weltpolitische Lage war um die Jahrhundertmitte äußerst angespannt. Die beiden Weltmächte standen sich zunehmend unversöhnlich gegenüber, und ihr Konflikt drohte sich gewaltsam zu entladen. Die Blockade West-Berlins durch Sowjetrussland, die bereits im Juni 1948 begonnen hatte, zeigte deutlich, dass Europa schon bald wieder Schauplatz eines neuen verheerenden Krieges werden könnte. Vor diesem Hintergrund drängte insbesondere die amerikanische Schutzmacht auf die Wiederbewaffnung Deutschlands, weil, so die verbreitete Überzeugung, auf einen militä-

---

616 Dazu ausführlich Loth, 1996, S. 85.
617 Ein Profil des EGKS-Vertrags findet sich unter den Online-Materialien zu diesem Band, abrufbar unter: www.utb-mehr-wissen.de.
618 Zu deren Nachweis in Schuman-Erklärung und Vertragstext s. Wessels, Wolfgang, 2008: Das politische System der Europäischen Union, Wiesbaden, S. 63.

rischen Beitrag der Deutschen angesichts der Bedrohung aus dem Osten nicht länger verzichtet werden konnte. Selbst die französische Regierung sah die Notwendigkeit einer sicherheitspolitischen Beteiligung des einstigen Kriegsgegners trotz erheblicher innenpolitischer Widerstände. Da sie aber weiterhin eine souveräne Verteidigungspolitik Deutschlands verhindern wollte, musste sie einen alle Seiten zufriedenstellenden Vorschlag ausarbeiten, der zwar deutsche Soldaten, aber doch keine deutsche Armee gestattete.[619] Im Oktober 1950 legte der damalige französische Ministerpräsident René Pleven der Nationalversammlung einen Plan zur Gründung einer Europäischen Verteidigungsgemeinschaft vor. Auch diese Idee ging auf Jean Monnet zurück, der damit einen *Plan Schuman élargi*,[620] also einen erweiterten Schuman-Plan, im Sinn hatte. Dementsprechend übertrug der *Pleven-Plan* das Gemeinschaftsprinzip auf die Verteidigungspolitik. Auf dieser Grundlage verhandelten die sechs Staaten der Montanunion in den folgenden Monaten. Das Ergebnis, ein Vertrag über die Gründung einer *Europäischen Verteidigungsgemeinschaft* (EVG), wurde am 27. Mai 1952 unterzeichnet. In ihm waren gemeinsame Institutionen, gemeinsame Truppen und ein gemeinsames Budget vorgesehen, statt einer supranationalen Führung in Form eines europäischen Verteidigungsministeriums aber war eine doppelköpfige Exekutive, bestehend aus einem Kommissariat mit neun unabhängigen Mitgliedern und vor allem technischen Befugnissen sowie einem Ministerrat zur einstimmigen Entscheidungsfindung, vorgesehen.

Die Euphorie der Europa-Enthusiasten und Föderalisten war in Folge der Vertragsunterzeichnung groß: Der EGKS-Vertrag war noch gar nicht in Kraft getreten, da einigten sich die Staaten bereits auf eine gemeinsame Verteidigung. Die sektorale Teilintegration schien damit im Schnelldurchlauf ihr Ziel zu erreichen, und in den Augen der Föderalisten konnte dieses Ziel nur ein europäischer Bundesstaat sein. Von italienischer Seite – die Politiker Altiero Spinelli und Alcide de Gasperi machten sich in dieser Zeit um die europäische Einigung verdient – wurde das Projekt einer *Europäischen Politischen Gemeinschaft* (EPG) vorangetrieben.[621] Die Vereinbarung einer Verteidigungsgemeinschaft verlangte förmlich danach, auch die Außenpolitik gemeinschaftlich zu organisieren. Als die Ratifizierung des EVG-Vertrags aber ins Stocken geriet, wurden auch die Pläne zur EPG vorerst auf Eis gelegt. Vor allem in Frankreich wuchsen die Zweifel am Gemeinschaftsprojekt und dem damit verbundenen Kompetenztransfer in der Verteidigungspolitik. Hier wendete sich das innenpolitische Klima zunehmend gegen die EVG. Zwei Monate nach Antritt einer neuen Regierung unter dem radikalsozialistischen Politiker Mendès-France, am 30. August 1954, strich die französische Nationalversammlung die EVG mit einer Mehrheit von

---

619 Vgl. Masclet, Jean-Claude, 2001: L'union politique de l'Europe, Paris, S. 11.
620 Mémorandum de Jean Monnet à Robert Schuman vom 16. September 1950, abrufbar unter: http://www.cvce.eu/viewer/-/content/a313e93f-cbcf-4471-b473-428a8ab852fa/de (Zugriff: 17.3.2013); s. zum Beitrag Monnets auch Brunn, 2004, S. 88ff.
621 Vgl. Bitsch, Thérèse, 1996: Histoire de la construction européenne de 1945 à nos jours, Brüssel, S. 89.

11.3 Die frühe föderalistische Ambition und ihr Scheitern – EVG und EPG

319 zu 264 Stimmen von der Tagesordnung[622] und bereitete ihr damit eine „Beerdigung dritter Klasse".[623] Es war klar, dass mit der EVG auch die Pläne zur EPG gescheitert waren.

Mit den Vorhaben der EVG und der EPG erlebte die föderalistische Ambition noch einmal eine Hochphase. Der europäische Bundesstaat schien zum Greifen nahe. Dafür wurde der langwierige Pfad der sektoralen Teilintegration, der mit der EGKS beschritten worden war, zugunsten einer verlockenden Abkürzung verlassen. Sicher hätte die frühe Verwirklichung föderalistischer Visionen den Verlauf der europäischen Integration entscheidend beeinflusst. Womöglich boten die frühen 1950er Jahre so etwas wie ein Fenster der Gelegenheit, das sich bald wieder schloss. Vielleicht gäbe es heute einen europäischen Bundesstaat, wäre die Chance damals ergriffen worden. Vielleicht waren die Projekte aber auch zum Scheitern verurteilt, waren überambitionierte Irrwege der Integrationsgeschichte. Wie unterschiedlich man die Ereignisse dieser Zeit auch bewerten mag, eine gemeinsame Beobachtung ist unvermeidlich: die Wiedergeburt des Nationalbewusstseins, das die europäische Gemeinschaftsbildung in den folgenden Jahren, ja Jahrzehnten immer wieder erschweren sollte. Frankreich machte es vor. Die Franzosen hatten ihre nationale Souveränität verteidigt und ironischerweise damit die Voraussetzungen für eine Entwicklung geschaffen, die sie zuvor unbedingt hatten verhindern wollen. Denn nun ergriff Großbritannien die Initiative mit einem Plan zur Eingliederung des wiederbewaffneten Deutschlands in die Strukturen des Brüsseler Pakts. Die neue Organisation nannte sich *Westeuropäische Union* (WEU) und befand sich unter dem Dach der NATO. Die Bundesrepublik Deutschland war Gründungsmitglied der WEU, 1955 wurde sie auch in die NATO aufgenommen. Im selben Jahr noch war die Wiederbewaffnung perfekt, denn Deutschland gründete seine eigene Armee, die Bundeswehr.

Kasten 21: Die Westeuropäische Union (WEU)

Die *Westeuropäische Union* (WEU) war ein kollektiver Beistandspakt zwischen zehn europäischen Staaten, sechs assoziierten Mitgliedern und sieben assoziierten Partnern. Die WEU umfasste eine Beistandspflicht im Falle eines Angriffs und hatte die Wahrung der Sicherheit und des Friedens in Europa zum Ziel. Ihre Hauptorgane waren ein Rat, der sich aus den Außen- und/oder Verteidigungsministern der Mitgliedstaaten zusammensetzte und alle sechs Monate tagte, ein ständiger WEU-Rat in London, eine alle sechs Monate in Paris tagende Versammlung sowie ein Sekretariat mit Sitz in Brüssel.

Die WEU ging 1954 aus dem Brüsseler Pakt hervor, den die westeuropäischen Staaten zum Schutz vor Deutschland begründet hatten. Nach Scheitern der EVG

---

622 Und zwar im wahrsten Sinne des Wortes, zur inhaltlichen Abstimmung kam es auf diese Weise gar nicht erst.
623 Loth, 1996, S. 110.

wurde Deutschland mit in die WEU eingebunden. Über Jahrzehnte war die WEU ein vergleichsweise unbedeutender europäischer Bestandteil der transatlantischen Sicherheitsarchitektur. Erst in den 1990er Jahren gewann die Organisation wieder an Bedeutung, bis sie nach 1998 schließlich sukzessive in die EU-Strukturen einbezogen wurde, wo sie ein zentrales Element der ESVP bildete. Im Frühjahr 2010 wurde die Auflösung der WEU beschlossen, die bis Mitte des Folgejahres vollzogen wurde.

11.4 Der große Schritt – die Gründung von EWG und EURATOM

Die Methode Monnet bewährte sich in den 1950er Jahren noch ein zweites Mal, nachdem die frühen föderalistischen Ambitionen mit der EVG und EPG gescheitert waren. Die *relance européenne*, die Wiederaufnahme der europäischen Einigungsbemühungen nach dem verheerenden *EVG-Schock*, gelang erneut nur über die pragmatische und souveränitätsschonende Integration auf wirtschaftlichem Gebiet Sektor für Sektor und führte über schwierige Verhandlungen schließlich zum bis heute wichtigsten Schritt der europäischen Integration, der Errichtung einer *Europäischen Wirtschaftsgemeinschaft* (EWG) durch die Römischen Verträge.

Dabei standen die Vorzeichen für eine Einigung Mitte der 1950er Jahre keineswegs gut. Frankreich hatte spätestens durch die Ablehnung der EVG bewiesen, dass der nationale Souveränitätsverzicht zugunsten einer supranationalen Gemeinschaft in der Bevölkerung wie der politischen Klasse des Landes sehr umstritten und nur in engen Grenzen überhaupt mehrheitsfähig war.[624] Und auch bedeutende Kräfte innerhalb der wirtschaftlich zunehmend erfolgreichen Bundesrepublik wollten die tiefere Integration im Rahmen der Sechsergemeinschaft nicht mehr um jeden Preis. Es bedurfte der Initiative der Beneluxstaaten sowie des konzeptionellen Anstoßes durch den unermüdlichen Jean Monnet[625]. Dessen neues Ziel war eine Zusammenführung der nationalen Atomindustrien in Anlehnung an die Montanunion. Er gewann den belgischen Außenminister Paul-Henri Spaak für sein Vorhaben. Auf das Engagement Spaaks und seiner Kollegen Johan Willem Beyen sowie Joseph Bech aus den Niederlanden bzw. Luxemburg hin kam es zu einer neuen Initiative, die vorsah, das gemeinschaftliche Projekt nicht nur auf die Atomindustrie, andere Energieträger und den Verkehr, sondern auf die gesamte Wirtschaft (*Beyen-Plan*) auszudehnen und es unter die Kontrolle eines supranationalen Parlaments zu stellen.[626] Sowohl in Frankreich als auch in Deutschland stieß der Vorschlag eines Gemeinsamen Marktes zunächst auf erhebliche Widerstände. Das protektionistische Frankreich sah darin eine Gefährdung der heimischen Wirtschaft sowie der sozialen Standards. Deutschland

---

624   Vgl. Loth, 1996, S. 116.
625   Zu dessen Einfluss vgl. Dinan, 2005, S. 31–32.
626   S. hierzu ausführlich Brunn, 2009, S. 100ff. sowie Loth, 1996, S. 113ff.

mit seiner wachsenden Exportwirtschaft befürchtete hingegen gemeinschaftlichen Dirigismus und war viel stärker an der Öffnung des Welthandels für deutsche Produkte im Rahmen von OEEC und GATT interessiert als an einem regionalen Projekt. Auch auf dem Feld der Atomtechnik bevorzugten viele deutsche Politiker die Zusammenarbeit mit den technologisch fortgeschrittenen USA und Großbritannien gegenüber einer Kofinanzierung französischer Kernenergie- und Großmachtambitionen. Auf der anderen Seite sah Frankreich im Aufbau einer eigenständigen europäischen Nuklearindustrie die Chance, sich wirtschaftlich wie militärisch von den Vereinigten Staaten zu emanzipieren. Dass die sechs EGKS-Staaten im Juni 1955 anlässlich der Außenministerkonferenz in Messina trotz der erheblichen Differenzen vor allem zwischen Deutschland und Frankreich den Vorschlag der Beneluxstaaten dennoch diskutierten, lässt sich nur aus der Einsicht in die politische Notwendigkeit der Integration erklären.

> **Kasten 22: Schlusskommuniqué der Konferenz von Messina (in Auszügen)**
>
> Neben den Ausführungen zu Verkehr, Energie und Atomenergie enthielt die Schlusserklärung der Außenminister auch eine Absichtserklärung betreffend den Gemeinsamen Markt:
>
> „[...] Die sechs Regierungen stellen fest, dass das Ziel ihres Vorgehens auf wirtschaftspolitischem Gebiet in der Bildung eines von allen Zollschranken und mengenmäßigen Beschränkungen freien gemeinsamen Marktes beteht. Sie sind der Ansicht, dass dieser Markt schrittweise geschaffen werden muss. [...]" (Europa-Archiv 1955, S. 7974ff.)

Das Schlusskommuniqué von Messina offenbarte eine grundlegende Verständigung der sechs Staaten und enthielt eine Reihe von Absichtserklärungen. Zur Lösung der fortbestehenden Differenzen und Probleme wurde ein Expertengremium unter der Leitung von Spaak mit der Erarbeitung einer Strategie beauftragt. Großbritannien wurde ausdrücklich eingeladen, an den Verhandlungen teilzunehmen. Der britische Vertreter verließ die Beratungen allerdings schon bald wieder, als deutlich wurde, dass das Vorhaben auf eine Zollunion hinauslief, auf die sich Großbritannien unter keinen Umständen einlassen wollte.[627]

Die Differenzen waren freilich auch ohne die Briten groß genug. Insbesondere die ablehnende Haltung Frankreichs, die in seiner Sorge um die Wettbewerbsfähigkeit der eigenen Wirtschaft und die Erhaltung sozialer Standards begründet lag, stand der Einigung auf einen Gemeinsamen Markt lange Zeit entgegen. Obwohl in der Schlusserklärung von Messina gar nicht erwähnt, bezog die Expertenkommission die Agrarpolitik in die Verhandlungen ein. Damit hatte sie die Franzosen an der richti-

---

627 Freilich könnte der britische Vertreter auch mehr oder weniger vom Verhandlungstisch vertrieben worden sein, vgl. Loth, 1996, S. 119.

gen Stelle gepackt, denn der Agrarsektor hatte in Frankreich eine überragende Bedeutung, und die Aussicht, einen riesigen Markt für landwirtschaftliche Produkte zu schaffen, konnte den französischen Widerstand brechen. Auf ihrer Konferenz in Venedig im Mai 1956 stimmten die Außenminister der Sechsergemeinschaft dem sog. *Spaak-Bericht* zu und vereinbarten auf seiner Grundlage die Aufnahme von Vertragsverhandlungen.

In den folgenden zehn Monaten bis zur Unterzeichnung des Vertragswerks kamen nahezu alle Probleme noch einmal auf die Tagesordnung. Letztlich erfolgte die Einigung auf der Grundlage eines großen Kopplungsgeschäfts zwischen Deutschen und Franzosen, das sich in vereinfachter Form wie folgt zusammenfassen lässt: Deutschland bekam den Gemeinsamen Markt mit freiem Wettbewerb, Frankreich die Gemeinsame Agrarpolitik mit protektionistischen Sonderregelungen.[628] Am 25. März 1957 kam es schließlich auf dem Kapitolshügel in Rom zur Unterzeichnung des Vertrags über die Gründung der *Europäischen Wirtschaftsgemeinschaft* (EWG) sowie desjenigen zur Gründung der *Europäischen Atomgemeinschaft* (EAG od. EURATOM), kurzum: der Römischen Verträge. Die Ratifizierung gelang in allen Staaten ohne größere Schwierigkeiten, und das Vertragswerk konnte am 1. Januar 1958 in Kraft treten.

Der EWG-Vertrag sah also die Schaffung eines Gemeinsamen Markts in mehreren Schritten vor und veranschlagte eine Übergangszeit von zwölf Jahren (Art. 8 EWG-Vertrag). Auf der Grundlage des EWG-Vertrags entstand zunächst eine Zollunion zwischen den sechs Mitgliedstaaten. Sie konnte, schneller als erwartet, schon 1968 vollendet werden. Die Vollendung des Binnenmarkts ließ freilich länger auf sich warten (s. Kap. 5 zur Wirtschaftsgemeinschaft).

Tabelle 11: Profil EWG-Vertrag

Ziele	Schaffung der „Grundlagen für einen immer engeren Zusammenschluss der europäischen Völker"	Präambel
	Errichtung eines Gemeinsamen Marktes binnen zwölf Jahren	Art. 2 u. 8
	schrittweise Annäherung der Wirtschaftspolitik, Stabilität, Hebung der Lebenshaltung und engere Beziehungen zwischen den Mitgliedstaaten	Art. 2

---

628 Vgl. Brunn, 2009, S. 115.

11.4 Der große Schritt – die Gründung von EWG und EURATOM

Institutionen	Rat aus je einem Mitglied pro Land mit halbjährlich rotierendem Vorsitz und Gesetzgebungsmonopol. Spätestens zehn Jahre nach Unterzeichnung sollten viele Entscheidungen mit qualifizierter Mehrheit (Stimmengewichtung: D, F, I: je 4; B, NL: je 2; L: 1; Mehrheit bei 12 von 17 Stimmen) getroffen werden.	Art. 145–154
	unabhängige Kommission aus neun von den Mitgliedstaaten für vier Jahre ernannten Mitgliedern (D, F, I: je 2; B, NL, L: je 1) mit Initiativmonopol in der Legislative sowie exekutiven Befugnissen	Art. 155–163
	Ausdehnung der Zuständigkeit der Versammlung auf die EWG, Anhebung der Anzahl der Sitze auf 142 (D, F, I: je 36; B, NL: je 14; L: 6), berät und kontrolliert die Kommission, kann diese per Misstrauensvotum (Zweidrittelmehrheit) zum geschlossenen Rücktritt zwingen, Direktwahl für späteren Zeitpunkt vorgesehen	Art. 137–144
	Ausdehnung der Zuständigkeit des Gerichtshofs auf die EWG	Art. 164–188
	Wirtschafts- und Sozialausschuss (WSA), aus 101 Vertretern des wirtschaftlichen und sozialen Lebens (D, F, I: je 24; B, NL: je 12; L: 5), beratende Funktion	Art. 193–198
	Europäischer Sozialfonds, Europäische Investitionsbank, Europäischer Entwicklungsfonds	Art. 123–128; Art. 129–130; Art. 131
Inhalte	Abschaffung der Zölle und mengenmäßigen Beschränkungen im Warenverkehr	Art. 12–17 bzw. Art. 30–37
	Einführung eines gemeinsamen Zolltarifs und einer gemeinsamen Handelspolitik	Art. 18–29 bzw. Art. 110–116
	Beseitigung der Hindernisse für den freien Personen-, Dienstleistungs- und Kapitalverkehr	Art. 48–73
	Errichtung eines Systems zum Schutz des freien Wettbewerbs	Art. 85–94
	Koordinierung der Wirtschaftspolitik	Art. 103–109
	Einrichtung einer gemeinsamen Agrar- sowie einer gemeinsamen Verkehrspolitik	Art. 38–47 bzw. Art. 74–84
	Assoziierung der überseeischen Länder und Hoheitsgebiete	Art. 131–136
Staaten	Frankreich, Deutschland, Italien, Belgien, die Niederlande, Luxemburg	
Daten	unterzeichnet am 25. März 1957; in Kraft getreten am 1. Januar 1958	

Was die institutionelle Ordnung der neuen Gemeinschaft anbelangt, übernahm man das Muster der EGKS, wenn man die Machtverhältnisse auch grundlegend veränderte. Nicht die Kommission, die mit der Hohen Behörde der EGKS vergleichbar ist, aber bezeichnenderweise nicht mehr sogenannt wurde,[629] bildete das Machtzentrum der Gemeinschaft, sondern der Ministerrat. Damit war das zwischenstaatliche Gremium Inhaber eines umfassenden Gesetzgebungsmonopols, dem gegenüber das Gemeinschaftsinteresse allerdings durch das Initiativmonopol der Kommission abgesichert wurde. So entstand das Hybridsystem zwischen intergouvernementaler und supranationaler Organisationsweise, durch das die europäische Gemeinschaft bis heute gekennzeichnet ist. Die gemeinsame Versammlung war in ähnlicher Weise auf beratende Funktionen beschränkt wie der neu eingerichtete Wirtschafts- und Sozialausschuss (WSA). Während Rat und Kommission als eigenständige Organe der EWG eingerichtet wurden und in den anderen beiden Gemeinschaften ihre institutionellen Entsprechungen hatten, waren Parlament, Gerichtshof und WSA zugleich Organe von EGKS und EURATOM. Da die Europäische Atomgemeinschaft schon bald nach ihrer Gründung angesichts der wirtschaftlichen und weltpolitischen Veränderungen an Bedeutung verlor,[630] bildete die EWG die Kerninstitution der europäischen Einigung. Einer umfassenden Revision wurde das Vertragswerk erst knapp dreißig Jahre später unterzogen.

11.5 Das französische Gegenmodell – die Fouchet-Pläne

Die krisenhaften Entwicklungen in den 1960er Jahren werden gemeinhin mit dem Namen Charles de Gaulle verbunden. Der personalisierte Konflikt zwischen General und Gemeinschaft ist die Projektion einer tieferen Unsicherheit über die Finalität des europäischen Projekts. Als de Gaulle 1959 erster Staatspräsident der neu gegründeten, fünften französischen Republik wurde, gewann die Debatte zwischen den Anhängern eines europäischen Bundesstaates auf der einen und den Befürwortern eines Staatenbundes, zu denen sich de Gaulle zählte, auf der anderen Seite erneut an Intensität. Unter französischer Führung wollte de Gaulle Europa zu einer dritten Macht in der Weltpolitik ausbauen und die lästige außenpolitische Abhängigkeit von den USA, die sich in der transatlantischen Gemeinschaft mit ihrer amerikanischen Dominanz zu manifestieren schien, abschütteln. Um Europa zu stärken, gleichzeitig aber die nationale Souveränität zu bewahren, musste de Gaulle die Gemeinschaft allerdings grundlegend verändern und insbesondere den supranationalen Modus der Integration korrigieren.

De Gaulles Vision war ein *Europa der Vaterländer*, in dem regelmäßige Konsultationen der Staats- und Regierungschefs die Quelle aller Entscheidungen bilden sollten.[631] Die Kompetenzen der Kommission sollten demgegenüber auf rein technische

---

629 Zur peniblen Vermeidung supranationaler Begrifflichkeiten s. Masclet, 2001, S. 26; auch Dinan, 2005, S. 34.
630 Zum Bedeutungsverlust der EURATOM s. Brunn, 2009, S. 124ff.
631 Vgl. Gaulle, Charles de, 1960: Pressekonferenz vom 5. September 1960, in: Europa-Archiv (21) 1960, S. D 297ff.

11.5 Das französische Gegenmodell – die Fouchet-Pläne

Befugnisse beschränkt werden. Programmatischen Ausdruck fanden de Gaulles Visionen in den zwei sog. *Fouchet-Plänen*[632] aus den Jahren 1961 und 1962. Vor allem Belgien und die Niederlande wehrten sich gegen ein *Europa der Vaterländer* und beharrten auf einer integrierten Gemeinschaft sowie zunehmend auch auf der Teilnahme Großbritanniens an den Verhandlungen. Diese schien sinnvoll, weil die Briten ihre Verweigerungshaltung gegenüber einer Partizipation an der EWG aufgegeben und im August 1961 einen offiziellen Beitrittsantrag gestellt hatten. Der Meinungsumschwung der Briten geschah vor dem Hintergrund, dass die wirtschaftlichen Vorteile durch die Teilnahme am gemeinsamen Markt offensichtlich geworden waren und die erst 1960 als Konkurrenzmodell gegründete *Europäische Freihandelszone* (EFTA)[633] nicht derart erfolgreich war wie die EWG.

Belgien und die Niederlande versteiften sich zusehends auf ihre Forderung, vor Errichtung einer politischen Union die Aufnahme Großbritanniens in die Wirtschaftsgemeinschaft zu vollziehen. Vor diesem Hintergrund zog de Gaulle am 15. Mai 1962 die Notbremse und verkündete in einer Pressekonferenz einseitig das Scheitern der Bemühungen um eine politische Integration, womit er seine Partner brüskierte.[634] Wenn die Fouchet-Pläne einer politischen Union damit auch gescheitert waren, sollten sie doch bei der Entwicklung neuer Ansätze der intergouvernementalen Kooperation in den 1970er Jahren als Vorlage dienen. Insbesondere der 1974 ins Leben gerufene Europäische Rat geht auf de Gaulles Idee eines zentralen Gremiums der Staats- und Regierungschefs zurück.

Der Affront durch die einseitige Erklärung de Gaulles vom Mai 1962 sollte keineswegs der letzte dieser Art bleiben. Im Januar 1963 beendete der französische Präsident ebenfalls ohne jede Absprache mit den anderen Mitgliedern der Wirtschaftsgemeinschaft die Beitrittsverhandlungen mit Großbritannien, indem er öffentlich sein Veto, das Frankreich gemäß Vertrag zustand, aussprach.[635] Die Empörung war groß, die Briten blieben vor der Tür, und Frankreich setzte seine Alleingänge fort. Drei Jahre später, 1966, folgte ein weiterer außenpolitischer Alleingang Frankreichs, als es seinen Austritt aus den militärischen Strukturen der NATO erklärte. Und 1967 wiederholte de Gaulle, erneut im Rahmen einer Pressekonferenz, sein Veto gegen den Beitritt Großbritanniens zur EWG.[636] Der für die Entwicklung der Gemeinschaft wesentlichste Konflikt ereignete sich allerdings in der Zwischenzeit innerhalb des gemeinschaftlichen Rahmens: der Institutionenstreit.

---

632 Benannt nach dem französischen Diplomaten Christian Fouchet.
633 European Free Trade Association.
634 Vgl. Gaulle, Charles de, 1962: Pressekonferenz vom 15. Mai 1962 (Auszug über die Europa-Politik), in: Europa-Archiv (13) 1962, S. D 329ff.
635 Vgl. Gaulle, Charles de, 1963: Pressekonferenz vom 14. Januar 1963, in: Europa-Archiv (4) 1963, S. D 87ff.
636 Vgl. Gaulle, Charles de, 1967: Pressekonferenz vom 27. November 1967, in: Europa-Archiv (24) 1967, S. D 553ff.

11.6 Krise mit Langzeitwirkung – der Institutionenstreit

Der abstrakte Ideenkonflikt zwischen Föderalisten und Unionisten, also zwischen Befürwortern eines sukzessiven nationalen Souveränitätsverzichts mit dem Ziel eines europäischen Bundesstaats auf der einen und Anhängern eines europäischen Staatenbundes aus weiterhin souveränen Nationalstaaten auf der anderen Seite, fand seine konkrete Entsprechung im Institutionenstreit der 1960er Jahre. Die europäische Einigung befand sich zu dieser Zeit in einer Phase der Supranationalisierung. Der EWG-Vertrag hatte einen Zeitplan für die Weiterentwicklung der Gemeinschaft vorgesehen. Nachdem die zweite Entwicklungsstufe u.a. durch die Gründung einer Gemeinsamen Agrarpolitik beschritten worden war, sollte bald, nämlich am 1. Januar 1966, die dritte Stufe erreicht werden, die Gemeinschaft in wichtigen Binnenmarktangelegenheiten mit qualifizierter Mehrheit im Ministerrat entscheiden. Während die EWG mit der Integration der Landwirtschaft in den Gemeinsamen Markt einem wesentlichen Interesse der Franzosen nachgekommen war, konnte eine weitere Supranationalisierung der Gemeinschaft der souveränistischen Vorstellungen anhängenden französischen Staatsführung keineswegs gefallen. Es spricht vieles dafür, dass de Gaulle zu dieser Zeit auf die geeignete Gelegenheit wartete, den unliebsamen Übergang zur Mehrheitsentscheidung zu verhindern. Im Frühjahr 1965 rückte dann die Frage nach der Finanzierung der Agrarpolitik auf die europapolitische Agenda. Für Frankreich war die termingerechte Klärung der Finanzierungsfrage von außerordentlicher Wichtigkeit.

Vor diesem Hintergrund stellte der Vorschlag der Kommission, die das uneingeschränkte Initiativmonopol innehatte, eine klare Provokation der französischen Seite dar, denn in ihrem Entwurf vom 31. März 1965 koppelte die gemeinschaftliche Behörde ihren Finanzierungsvorschlag an institutionelle Reformen, die eine weitere Supranationalisierung des Einigungswerks bedeutet hätten. So sollte die Gemeinschaft fortan über eigene Einnahmen, gewonnen aus Agrarabschöpfungen und Zolleinnahmen, verfügen und die parlamentarische Versammlung zur demokratischen Kontrolle der Mittel im gleichen Zug Budgetrechte erhalten. Frankreich konnte diesem Vorschlag nicht zustimmen. Ein Scheitern der Verhandlungen war für die Franzosen aber aus den genannten Gründen ebenfalls nicht akzeptabel. Als die Mitglieder des Rates am 30. Juni 1965 dennoch das vorläufige Scheitern der Verhandlungen über die Gemeinsame Agrarpolitik feststellten, beschloss die französische Staatsführung eine drastische Maßnahme. Es begann die sog. *Politik des leeren Stuhls*, mit der Frankreich den Ministerrat, und damit die Gemeinschaft, für ein gutes halbes Jahr lahm legte, indem die französischen Vertreter allen Ratssitzungen fernblieben. Die Blockade des Rates stellte gewissermaßen die letzte Eskalationsstufe des Institutionenstreits dar.

11.6 Krise mit Langzeitwirkung – der Institutionenstreit

> **Kasten 23: Luxemburger KompromissEuropa-Archiv (4) 1966, S. D 85–86.**
>
> „I. Stehen bei Beschlüssen, die mit Mehrheit auf Vorschlag der Kommission gefaßt werden können, sehr wichtige Interessen eines oder mehrerer Partner auf dem Spiel, so werden ich die Mitglieder des Rats innerhalb eines angemessenen Zeitraums bemühen, zu Lösungen zu gelangen, die von allen Mitgliedern des Rats unter Wahrung ihrer gegenseitigen Interessen und der Interessen der Gemeinschaft gemäß Artikel 2 des Vertrags angenommen werden können.
>
> II. Hinsichtlich des vorstehenden Absatzes ist die französische Delegation der Auffassung, dass bei sehr wichtigen Interessen die Erörterung fortgesetzt werden muß, bis ein einstimmiges Einvernehmen erzielt worden ist.
>
> [...]"

Ihren Ausgang fand die institutionelle Krise erst im sog. *Luxemburger Kompromiss*, der Ende Januar 1966 bei einem außergemeinschaftlichen Ministertreffen in Luxemburg vereinbart werden konnte. Das Ergebnis (s. Kasten 23) war im Grunde kein wirklicher Kompromiss, sondern markierte nur die fortbestehende Differenz. Dennoch konnte auf seiner Grundlage die Arbeit der Gemeinschaften wieder aufgenommen werden. Dabei sicherte die Vereinbarung den Mitgliedstaaten ihr faktisches Vetorecht, indem sie festhielt, dass, wenn „sehr wichtige Interessen eines oder mehrerer Partner" berührt seien, der Rat zu einstimmigen Lösungen finden solle.[638] Zwar herrschte keine Einigkeit über die Vorgehensweise, falls keine einvernehmliche Lösung gefunden würde. Die französische Delegation ließ ihre Auffassung der Regel allerdings mit dokumentieren, wonach die Diskussion sich bis zu einer einstimmigen Entscheidung fortsetzen müsse. Mit den Mehrheitsabstimmungen im Rat beschäftigte sich nur der erste Teil des Dokuments. Der zweite Teil berührte die Zusammenarbeit zwischen Rat und Kommission. Die entscheidenden Sätze beließen das vertraglich fixierte Vorschlagsrecht zwar bei der Kommission, sahen aber vor, dass diese künftig alle Vorschläge vor ihrer Veröffentlichung zunächst mit dem Rat abzustimmen hätte. Eine ähnliche Konsultationsverpflichtung wurde auch für die Tätigkeit der Kommission in internationalen Organisationen festgehalten.

Beide Elemente des Luxemburger Kompromisses, also die Vereinbarung zur Mehrheitsentscheidung im Ministerrat sowie diejenige zur Zusammenarbeit zwischen Kommission und Rat, stärkten den intergouvernementalen Charakter der Gemeinschaft. Entsprechend urteilt Brunn: „Das Gleichgewicht zwischen Kommission und Ministerrat geriet aus dem Lot. Der Rat wurde die gewichtigere Institution."[639] Die Staaten behielten ihre Entscheidungsmacht. Denn die Beschlüsse des Rates waren bis auf Weiteres nur im Konsens aller sechs Mitglieder möglich. Die souveränistischen

---
638 Vgl. ebd.
639 Brunn, 2009, S. 148.

Überzeugungen der französischen Staatsführung hatten sich also gegen die supranationale Idee durchgesetzt. Um Frankreich zurück an den Verhandlungstisch zu holen, wurde der bisherige Modus der Integration geopfert,[640] und die Nationalstaaten behielten letztlich ihr Vetorecht im Ministerrat. Die Kommission ging deutlich geschwächt aus den Querelen hervor. Auch die 1965 beschlossene und zwei Jahre später vollzogene Zusammenführung der Gemeinschaftsorgane – fortan existierten die *Europäischen Gemeinschaften* (EG) – schuf keine wirkliche Abhilfe. Im Gegenteil: Der sog. *Fusionsvertrag*[641] sah für den Rat die Gründung eines Ausschusses Ständiger Vertreter (AStV, auch COREPER nach: *Comité des représentants permanents*) vor, wodurch die mitgliedstaatliche Kontrolle der ebenfalls fusionierten Kommission, also des supranationalen Organs, weiter ausgebaut wurde.[642]

Kasten 24: Erste Norderweiterung 1973

Am 1. Januar 1973 vollzog die Sechsergemeinschaft ihre erste Erweiterung. Mit Großbritannien, Irland und Dänemark traten gleich drei Staaten der EWG bei, die zuvor Mitglieder der weniger erfolgreichen Konkurrenzorganisation EFTA gewesen waren, weshalb die Aufnahme der drei Staaten mitunter auch als EFTA-Erweiterung bezeichnet wird. Die Bedingung für die Aufnahme von Beitrittsverhandlungen war die Zustimmung Frankreichs, dessen früherer Staatspräsident de Gaulle den Beitritt Großbritanniens vehement abgelehnt und die britischen Beitrittsbemühungen in den 1960er Jahren zweimal mit seinem Veto vereitelt hatte. Nach de Gaulles Rücktritt und der Einigung über die Finanzierung der Gemeinsamen Agrarpolitik konnten am 21. Juli 1970 formelle Beitrittsverhandlungen mit Großbritannien aufgenommen werden.

Dänemark, Irland und Norwegen hatten sich aufgrund ihrer außenwirtschaftlichen Abhängigkeit von Großbritannien ebenfalls zum Beitrittsgesuch entschieden. Mit allen vier Staaten wurde parallel verhandelt. Am 22. Januar 1972 konnten die Beitrittsverträge in Brüssel unterzeichnet werden, nachdem in den strittigen Fragen Kompromisse und Übergangsregelungen vereinbart worden waren. In allen Ländern bis auf Irland – hier wurde der Beitritt in einem Referendum mit großer Mehrheit (83 %) angenommen – gab es erhebliche innenpolitische Widerstände gegen einen Beitritt, die während der folgenden Ratifizierungsphase in unterschiedlichem Ausmaß mobilisiert werden konnten. Während das dänische Referendum zum Beitritt mit einem überraschend deutlichen Erfolg (63 %) ausging, votierten die Norweger nach einer leidenschaftlichen Debatte mehrheitlich

---

640 Vgl. Hoffmann, Stanley, 1966: Obstinate or Obsolete? The Fate of the Nation-State and the Case of Western Europe, in: Daedalus (95) 1966, S. 862–915 (899).
641 Eigentlich Vertrag zur Einsetzung eines gemeinsamen Rates und einer gemeinsamen Kommission der Europäischen Gemeinschaften, in: Amtsblatt der Europäischen Gemeinschaften vom 13.7.1967.
642 Hierzu ausführlich: Groeben, Hans von der, 1982: Aufbaujahre der Europäischen Gemeinschaft. Das Ringen um den Gemeinsamen Markt und die Politische Union (1958–1966), Baden-Baden, S. 261ff.; s. auch Brunn, 2009, S. 175.

(53,4 %) mit Nein. Das britische Unterhaus hatte die Unterzeichnung des Vertrags zwar im Oktober 1971 mit deutlichem Vorsprung (356 Stimmen gegen 244) akzeptiert, das Beitrittsgesetz wurde aber im Juli 1972 nur mit einer hauchdünnen Mehrheit von 17 Stimmen gebilligt. So traten schließlich drei Staaten Anfang 1973 der EWG bei, und aus der Gemeinschaft der sechs wurde eine Gemeinschaft der neun.

11.7 Große Männer, kleine Schritte – die neuen Ansätze in den 1970er Jahren

Am Ende der 1960er Jahre war die Europa-Euphorie weitgehend verschwunden, das Gemeinschaftsprojekt ins Stocken geraten und ein Fortgang der Integration durch nationale Interessen blockiert. Der plötzliche Rücktritt Charles de Gaulles von seinem Amt als französischer Präsident infolge einer innenpolitischen Niederlage sowie der Amtsantritt seines Nachfolgers Georges Pompidou weckten allerdings neue Zuversicht. Ab 1969 konnten wieder drängende Integrationsvorhaben angegangen werden, freilich unter anderen Vorzeichen: Die Staats- und Regierungschefs nahmen nun das Heft in die Hand, vereinbarten auf ihren vier Gipfeln in Den Haag 1969, in Paris 1972, in Kopenhagen 1973 und wieder in Paris 1974 Kooperationen auf neuen Politikfeldern und vollzogen eine außervertragliche Transformation der Gemeinschaften zugunsten einer intergouvernementalen Entscheidungsfindung. Die vier folgenden politischen Projekte bzw. institutionellen Neuerungen stellen die entscheidenden Weichenstellungen der 1970er Jahre dar:

a) Europäische Politische Zusammenarbeit (EPZ)

Angesichts der verbreiteten Konflikte und Krisen in der internationalen Politik vereinbarten die Staats- und Regierungschefs bereits in Den Haag eine engere politische Zusammenarbeit. Mit der Anfertigung eines Entwurfs wurde ein Ausschuss unter Leitung des belgischen Diplomaten Etienne Davignon betraut. Eingedenk der Tatsache, dass ein weiterer Souveränitätsverzicht zur damaligen Zeit nicht konsensfähig, die politische Zusammenarbeit den Mitgliedstaaten mithin allenfalls in *homöopathischen Dosen*[643] zu verabreichen war, sah der sog. *Davignonbericht* lediglich eine freiwillige Zusammenarbeit zwischen den Regierungen vor. Auf der Grundlage des Berichts beschlossen die Außenminister also im Oktober 1970, sich künftig regelmäßig zu treffen, um sich in großen Fragen der internationalen Politik auf gemeinsame Standpunkte zu verständigen. Regelmäßige Konsultationen waren auch für die politischen Direktoren in den Außenministerien geplant. Fortan galt das allgemeine Übereinkommen, dass in wichtigen außenpolitischen Belangen kein Staat Entscheidungen fällen bzw. handeln sollte, bevor er die Partnerländer nicht informiert bzw.

---
643 Vgl. Brunn, 2009, S. 194.

sich mit ihnen beraten hat.[644] Die EPZ war strikt von den Gemeinschaftsinstitutionen getrennt und beruhte auf keinerlei vertraglicher Grundlage. Im Laufe der Jahre verdichtete sich die Kooperation durch zahlreiche Treffen auf politischer Ebene und von Beamten der Außenministerien sowie die Einführung eines Europäischen Fernschreibnetzes beträchtlich und führte zur Entstehung eines sog. *Koordinationsreflexes*: Vor Erklärungen und Entscheidungen konsultierten nationale Behörden routinemäßig die entsprechenden Behörden anderer Mitgliedstaaten. Die EPZ erwies sich allerdings als ein zu schwaches Instrument, um eine gemeinsame EU-Politik gegenüber den Anfang der 1990er Jahren ausbrechenden Bürgerkriege in Jugoslawien zu formulieren.[645]

b) Europäisches Währungssystem (EWS)

Als das Weltwährungssystem Ende der 1960er, Anfang der 1970er Jahre in die Krise geriet, kam die Vision einer europäischen Wirtschafts- und Währungsunion (WWU) auf. In dieser Weise sollten die starken Währungsschwankungen zwischen den EWG-Staaten ab-, Stabilität und Sicherheit für Wirtschaft und Finanzen hergestellt werden. Die Einrichtung eines ersten europäischen Wechselkursverbunds, der Währungsschlange, nach den Vorgaben des sog. *Werner-Plans*[646] scheiterte allerdings an der weiterhin turbulenten Lage auf den Finanzmärkten. Erst im Jahr 1977 wagte der frisch ernannte Kommissionspräsident Roy Jenkins einen weiteren Anlauf und gewann das neue europapolitische Tandem, bestehend aus dem damaligen französischen Staatspräsidenten Valéry Giscard d'Estaing und dem damaligen deutschen Bundeskanzler Helmut Schmidt, für seine Initiative.[647] Auf der Grundlage der deutsch-französischen Verständigung konnten sich die Staats- und Regierungschefs im Dezember 1978 auf die Einrichtung eines Europäischen Währungssystems (EWS) ab dem 1. Januar 1979 einigen. Nur Großbritannien, das der EWG gemeinsam mit Irland und Dänemark 1973 beigetreten war, blieb außen vor.[648] Die Währungen aller übrigen Mitglieder wurden in einen neuen Wechselkursmechanismus mit festen, doch anpassungsfähigen Schwankungsbreiten (+/− 2,25 Prozent) integriert. Für die obligatorischen Stützungskäufe der Notenbanken wurde ein *Europäischer Fonds für Währungspolitische Zusammenarbeit* (EFWZ) eingerichtet. Zuletzt wurde ein Kunstgeld in Form einer Korbwährung geschaffen, die *Europäische Währungseinheit* (ECU, nach: *European Currency Unit*). Sie existierte bis zur Einführung des Euros als Buchgeld im Jahre 1999.

---

644 Vgl. Masclet, 2001, S. 67.
645 In welchen Krisen sich die EPZ kurze Zeit nach ihrer Einrichtung bewährte, listet Gasteyger auf: Gasteyger, 2001, S. 279–280. Brunn beschreibt zudem wie die EPZ in den 1980ern an Bedeutung verlor; vgl. Brunn, 2009, S. 197f.
646 Benannt nach dem Luxemburger Finanzminister und Ministerpräsidenten Pierre Werner.
647 Zum Wirken des Tandems Giscard d'Estaing/Schmidt s. Brunn, 2009, S. 224ff.
648 Erst 1990 wurde auch das britische Pfund in das EWS integriert.

c) Europäischer Rat

In den 1970er Jahren übernahmen also die Staats- und Regierungschefs zunehmend die Regie der weiteren Integrationsbemühungen. Es war Pompidou, der die intergouvernementale Gipfeldiplomatie etablierte.[649] Auch sein Nachfolger Giscard d'Estaing sowie der deutsche Bundeskanzler Schmidt waren dem neuen Vorgehen keineswegs abgeneigt, bewerteten sie beide die Tätigkeit supranationaler Behörden doch äußerst skeptisch. Für die Briten war die zwischenstaatliche Zusammenarbeit ohnehin viel erträglicher als alle überstaatlichen Ambitionen. Lediglich die *Kleinen*, insbesondere die Beneluxstaaten, fürchteten ein künftiges Direktorium der *Großen*, vor allem Deutschlands, Großbritanniens und Frankreichs, und wehrten sich anfänglich gegen die Verstetigung des zwischenstaatlichen Integrationsmodus. Auf dem Gipfel von Paris im Dezember 1974 kam es dennoch zu einer Einigung über regelmäßige Treffen der Staats- und Regierungschefs (dreimal pro Jahr), für die sich bald die Bezeichnung *Europäischer Rat* etablieren sollte. Anfangs ohne jegliche Einbindung in das Vertragswerk,[650] bewirkte die Regelung letztlich den intergouvernementalen Paradigmenwechsel, den de Gaulle mit seinen *Fouchet-Plänen* von 1962 hatte anstoßen wollen. Den Gemeinschaften wurde ein neues Organ übergeordnet, das die ursprüngliche Rolle der Kommission als *Motor der Integration* weiter konterkarierte.

d) Direktwahl des Europäischen Parlaments

Quasi als Zugeständnis an die Gemeinschaften konnten die Staats- und Regierungschefs, nachdem sie ihre eigene europapolitische Aufwertung vorgenommen hatten, auch die vehement eingeforderte, längst überfällige Direktwahl des Europäischen Parlaments auf den Weg bringen. Schon im EWG-Vertrag war der Übergang zu allgemeinen unmittelbaren Wahlen nach einem einheitlichen Verfahren in allen Mitgliedstaaten vorgesehen (Art. 138 EWG-Vertrag). Die Umsetzung dieses Vorhabens war von den Regierungen allerdings immer wieder aufgeschoben worden. Schließlich beauftragte der Gipfel von Paris 1974 das Parlament mit der Ausarbeitung konkreter Vorschläge. Bereits anderthalb Monate später legte das Parlament einen Vertragsentwurf vor. Im Jahr 1979 gab es dann die ersten Direktwahlen. Sie fanden entgegen der Absichtserklärung im EWG-Vertrag nicht nach einem einheitlichen Verfahren statt. Vielmehr ließ jeder Nationalstaat nach seinen Regeln abstimmen. Schon in den vorangegangenen Jahren hatte sich die einstige *Versammlung* weiterentwickelt. 1962 gab sie sich selbst den Namen *Europäisches Parlament*, und 1977 erhielt sie echte Haushaltsbefugnisse,[651] wenn auch nur über die sog. nicht-obligatorischen

---

649 Vgl. Dinan, 2005, S. 58ff.
650 Diese wurde erst durch die Einheitliche Europäische Akte 1986 vorgenommen.
651 Nämlich mit Inkrafttreten des Brüsseler Vertrags zur Änderung bestimmter Finanzvorschriften vom 22. Juli 1975, in: Amtsblatt der Europäischen Gemeinschaften L 395 vom 31.12.1977. Noch davor waren 1970 überhaupt Eigenmittel der Gemeinschaft eingeführt worden, vgl. Luxemburger Vertrag zur Änderung bestimmter Haushaltsvorschriften, in: Amtsblatt der Europäischen Gemeinschaften L 2 vom 2.1.1971.

Ausgaben der Gemeinschaft. Nach Einführung der Europawahlen blieb das Europäische Parlament zwar noch lange Zeit ein eher machtloser Akteur auf europäischer Ebene, doch konnte es seine Ansprüche nun mit der direkten Legitimation durch die europäischen Bürger im Rücken geltend machen.

Sowohl die großen Krisen in den 1960er Jahren als auch die Wiederaufnahme der Integration unter neuen Vorzeichen in der folgenden Dekade bewirkten eine Intergouvernementalisierung der gemeinschaftlichen Entscheidungsfindung.[652] Die supranationale Idee, die 1951 noch in einer weitgehend unabhängigen und mächtigen Hohen Behörde der EGKS verkörpert war, wurde in dieser Zeit deutlich geschwächt. Allerdings gilt dies nur für die politische Ebene und die Rolle der Kommission. Auf juristischem Feld nutzte der Europäische Gerichtshof in den 1960er und 1970er Jahren seine Spielräume bei der Auslegung der Verträge und bewirkte in seinen bahnbrechenden Präzedenzurteilen (s. Kap. 6.2 zur Rechtsgemeinschaft) eine schleichende Transformation der Gemeinschaft hin zu einer supranationalen Rechtsordnung.[653] Intergouvernementalisierung der Politik und Supranationalisierung des Rechts liefen also gewissermaßen parallel zueinander ab und differenzierten das eigenartige Hybridsystem, das sich später Europäische Union nennen sollte, weiter aus.[654]

Kasten 25: Süderweiterung 1981/86

In den 1980er Jahren stießen drei weitere Staaten zur Europäischen Gemeinschaft hinzu. Mit Griechenland (1981), Spanien und Portugal (1986) traten drei Transformationsstaaten bei, die alle bis Mitte der siebziger Jahre von autoritären Regimen geführt worden waren. Die Staaten hatten aber nicht nur einen politischen Nachholbedarf gegenüber den neun EG-Staaten, sondern auch einen wirtschaftlichen. Während innerhalb der Gemeinschaft die Idee der Stabilisierung durch Erweiterung entstand, nährten die bevorstehenden Beitritte auf beiden Seiten Befürchtungen hinsichtlich wirtschaftlicher Konkurrenz und ausufernder Arbeitsmigration. Griechenland hatte seinen Beitrittsantrag bereits im Juni 1975 gestellt und erreicht, dass seine Verhandlungen unabhängig von denjenigen mit den beiden anderen Kandidatenstaaten ablaufen konnten. Schon im Mai 1979 konnten die Verhandlungen erfolgreich abgeschlossen werden. Der Beitritt Griechenlands wurde zum 1. Januar 1981 vollzogen.

Die Unterzeichnung der Beitrittsverträge mit Spanien und Portugal erfolgte im Juni 1985 in Madrid bzw. Lissabon. Am 1. Januar 1986, fast neun Jahre nach Über-

---

652 Dinan spricht zu Recht von einer „community in flux", Dinan, 2005, S. 69ff.
653 Vgl. Groeben, 1982, S. 264ff.; Wessels, 2008, S. 71.
654 Vgl. Masclet, 2001, S. 73.

mittlung der Beitrittsanträge, wurden die beiden Länder elftes und zwölftes Mitglied der EG.

11.8 Vertrag mit Imageproblem – die Einheitliche Europäische Akte

Auch die lahmende wirtschaftliche Integration wurde durch die Rechtsprechung des EuGH wieder angestoßen. Mit seinem bahnbrechenden *Cassis de Dijon*-Urteil aus dem Jahr 1979 (s. Kasten 6) befreite der Gerichtshof die Kommission vom mühsamen und bei den nationalen Bevölkerungen mitunter sehr unbeliebten Vorgehen der Detailharmonisierung von Fall zu Fall und etablierte mit dem *Prinzip der gegenseitigen Anerkennung* eine allgemeine pragmatisch-liberale Grundlage, auf der die vier Binnenmarktfreiheiten verwirklicht werden konnten. Entsprechend dankbar nahm die Kommission diese Vorlage in den folgenden Jahren auf und konzentrierte sich auf das gemeinschaftliche Kernprojekt: den Binnenmarkt und die vier Freiheiten von Waren, Personen, Arbeit und Kapital. Noch herrschte allerdings ein jede Integrationsdynamik erstickender Pessimismus, die Kommission und der Gemeinschaftsgedanke überhaupt steckten in einer tiefen Krise, die gemeinhin als *Eurosklerose* bezeichnet wird. Erst mit Amtsantritt des agilen und integrationsfreundlichen früheren französischen Wirtschafts- und Finanzministers Jacques Delors Anfang 1985 als Kommissionspräsident entwickelte die Gemeinschaftsbehörde neues Selbstvertrauen und konnte ihrer verloren geglaubten Funktion als *Motor der Integration* wieder gerecht werden. In kürzester Zeit erstellten Delors und seine Mitarbeiter ein *Weißbuch*[655] zur Vollendung des Binnenmarkts und konnten es bereits im Juni desselben Jahres auf dem mit großen Hoffnungen erwarteten Gipfeltreffen in Mailand den Staats- und Regierungschefs vorlegen.

Das Weißbuch war allerdings nicht die einzige konzeptionelle Grundlage für die Beratungen des Europäischen Rates. In den frühen 1980er Jahren waren auch die Regierungen nicht untätig geblieben, auch wenn sie sich in ihren Bemühungen vorwiegend darauf konzentriert hatten, die strittigen Fragen der Agrarpolitik und, damit verbunden, der Finanzierung der Gemeinschaften zu beantworten sowie insbesondere die von der britischen Premierministerin ausgelöste Krise um die Beitragszahlungen des Königreichs (s. Kasten 10 zum sog. *Britenrabatt*) zu bewältigen. Erst nachdem auf dem Gipfeltreffen von Fontainebleau im Juni 1984 ein Ausweg aus der Budgetkrise gefunden war, konnten die Staats- und Regierungschefs zwei Ausschüsse mit der Bearbeitung unterschiedlicher Fragen beauftragen: Der eine sollte der Klärung institutioneller Fragen dienen. Er wurde vom irischen Politiker James Dooge geleitet und wurde angesichts der großen Hoffnungen, die in ihn gesetzt wurden mit-

---

655 Die EU-Terminologie unterscheidet zwischen Weiß- und Grünbüchern. Jene enthalten amtlich ausgearbeitete Entwürfe zu bestimmten Politikbereichen, diese dienen als Diskussionsvorlage zur Entscheidungsfindung.

unter auch *Spaak-II-Kommission* genannt.[656] Der andere Ausschuss unter der Leitung des italienischen Politikers Pietro Adonnino sollte unter dem Motto *Europa der Bürger* eine Art früher Vermittlungsstrategie entwickeln, erreichte aber nicht die gleiche Bedeutung wie die Dooge-Kommission. Auch die Berichte dieser beiden Ausschüsse flossen in die Beratungen von Mailand 1985 ein.

Zuletzt hatte das Europäische Parlament in einem Gefühl der Stärke infolge der ersten Direktwahl 1979 einen Ausschuss unter Ägide des langjährigen Integrationsbefürworters Altiero Spinelli einen Entwurf für eine europäische Verfassung ausarbeiten lassen. Er stellte eine weitere Textgrundlage zur institutionellen Reform dar, die die Beratungen beeinflusste und zu einem allgemeinen Reformdruck beitrug, der sich in Mailand geradezu entladen musste.

Auf dem Mailänder Gipfeltreffen wurde eine Regierungskonferenz einberufen. Sie war in zwei thematische Verhandlungsgruppen untergliedert. Während die eine Gruppe über die Reform der bestehenden Verträge beriet, verhandelte die andere über die vertragliche Ausgestaltung der EPZ. Die Verhandlungsergebnisse wurden in neun Texten (acht Texte der ersten, und ein Text der zweiten Gruppe) fixiert, diese Texte wiederum in einem einzigen Dokument zusammengefasst. Am 17. bzw. 28. Februar 1986[657] unterzeichneten die Staats- und Regierungschefs der nunmehr zwölf Mitgliedstaaten – am 1. Januar 1986 waren Spanien und Portugal der EG beigetreten – die *Einheitliche Europäische Akte* (EEA). Diese trat am 1. Januar 1987 in Kraft.

Die EEA ist quasi der konstitutionelle Ausfluss des – wie Gasteyger die Rückbesinnung auf das wirtschaftliche Kernprojekt Mitte der 1980er Jahre in treffender Weise bezeichnet – „Aufbruch[s] zu neuen – wenn auch längst bekannten – Ufern".[658] In der Tat bedeutete das in den EWG-Vertrag eingeschriebene Ziel (Art. 8a EWG-Vertrag nach Art. 13 EEA), den Binnenmarkt bis Ende des Jahres 1992 zu vollenden, zunächst nichts anderes, als die feste Absicht, die bisher unterlassenen – aber bereits im EWG-Vertrag von 1957 vorgesehenen – Schritte auf dem Weg zum Gemeinsamen Markt nun nachzuholen. Den Regierungen war klar, dass sie sich, wollten sie den Zeitplan und damit das gesamte Projekt nicht noch einmal gefährden, auf eine Stärkung der gemeinschaftlichen Handlungsfähigkeit einlassen mussten. Hätten die Mitgliedstaaten weiterhin jede unliebsame Regelung mit ihrem Veto im Rat blockieren können, wäre die Vollendung des Binnenmarktprojekts praktisch unmöglich gewesen. Deshalb sah die EEA nun qualifizierte Mehrheitsentscheidungen in allen Binnenmarktangelegenheiten vor.

---

656 Hierzu ausführlich: Dinan, 2005, S. 106–107.
657 Aus unterschiedlichen Gründen unterzeichneten Dänemark, Griechenland und Italien die EEA erst mit Verzögerung.
658 Gasteyger, 2001, S. 338.

11.8 Vertrag mit Imageproblem – die Einheitliche Europäische Akte

Der gewachsenen Bedeutung des Parlaments wurde dadurch entsprochen, dass gleich zwei neue Entscheidungsverfahren etabliert wurden, die beide die Rolle des Parlaments stärkten: *Zustimmungs-* und *Kooperationsverfahren* (s. Kap. 6.5 zu den Rechtsetzungsverfahren). Was das Machtverhältnis zwischen der Kommission und dem Rat betrifft, änderte sich durch die EEA kaum etwas. Die Kommission erhielt lediglich durch die Ausweitung der Gemeinschaftskompetenzen auf neue Felder wie Umwelt- und Sozialpolitik sowie Forschung und technische Entwicklung zusätzliche Gestaltungsspielräume. Betreffend den Gerichtshof wurde durch die EEA die Möglichkeit geschaffen, diesem zwecks Entlastung ein Gericht erster Instanz beizuordnen, das eigenständig Verfahren – außer Vorabentscheidungsverfahren – bearbeiten kann.

Zwar schrieb die EEA den Europäischen Rat erstmals vertraglich fest und schuf damit eine völkerrechtliche Grundlage für das fortan zweimal jährlich tagende Organ, sie verortete das Gremium der Staats- und Regierungschefs aber weiterhin außerhalb der Gründungsverträge der Gemeinschaften. Ein dritter Titel der EEA enthielt die *Vertragsbestimmungen über die europäische Zusammenarbeit in der Außenpolitik*. Diese entsprachen der schon zuvor etablierten Kooperationspraxis der EPZ. Allerdings hob die EEA auch die EPZ auf eine völkerrechtlich verbindliche Grundlage.[659] Zudem wurden die Gemeinschaftsorgane in die außenpolitischen Prozesse eingebunden, wenngleich sie nach wie vor keinerlei Entscheidungsbefugnis in diesem Bereich hatten. Mit dem Politischen Komitee wurde ein neues Organ der politischen Direktoren eigens für die außenpolitische Zusammenarbeit geschaffen. Außerdem bekam die EPZ ein Sekretariat mit Sitz in Brüssel.

Artikel 1 der EEA enthielt die gemeinschaftliche Verpflichtung auf das Ziel, „gemeinsam zu konkreten Fortschritten auf dem Wege zur Europäischen Union beizutragen" (Art. 1 EEA). Rückblickend betrachtet, wies das Dokument damit schon auf die keine zehn Jahre später erfolgende Gründung der EU voraus. Die Staats- und Regierungschefs vereinbarten bereits mit Verabschiedung der EEA angesichts sog. *left overs*, also unerledigter Aufgaben, eine weitere Vertragsrevision. Vielleicht steht die EEA auch deshalb im Schatten ihres vertragshistorischen Nachfolgers, dem Vertrag von Maastricht aus dem Jahr 1992. Die EEA wurde gleich nach ihrer Verabschiedung von unterschiedlichen Seiten kritisiert[660] und hat im Vergleich zu den anderen großen Verträgen der EU-Geschichte bis heute gleichsam ein *Imageproblem*.[661]

---

659 Gasteyger, 2001, S. 339.
660 Vgl. Brunn, 2009, S. 245.
661 Ein Profil der EEA findet sich unter den Online-Materialien zu diesem Band, abrufbar unter: www.utb-mehr-wissen.de.

11.9 Der Wandel nach der Wende – die Geburt der Europäischen Union

Auch und gerade in der Zeit nach Unterzeichnung bzw. Inkrafttreten der EEA 1986/1987 standen der EU bedeutende Veränderungen bevor, und die gemeinschaftliche Konstruktion sollte in den folgenden Jahren dem bis dahin umfassendsten institutionellen Wandel unterzogen werden. Während der nunmehr angeblich *unumkehrbare*,[662] immer stärkere Druck zu einer vertieften wirtschaftlichen Einigung gewissermaßen eigendynamisch aus dem bereits erreichten Integrationsstand hervorging und insbesondere von der Kommission, also quasi von innen ausgeübt wurde, brachen die politischen Ereignisse Ende der 1980er, Anfang der 1990er Jahre von außen und mehr oder weniger plötzlich über das integrierte Europa herein und zwangen die EG-Staaten zu einer grundlegenden Neugestaltung auch ihrer politischen Zusammenarbeit.

Die Einrichtung einer Wirtschafts- und Währungsunion wurde insbesondere durch die Kommission forciert: „One market needs one money",[663] lautete die ebenso grundlegende wie schlichte Erkenntnis einer Studie der Kommission. Der Binnenmarkt könne nicht effektiv funktionieren, wenn die verbotenen Zölle und mengenmäßigen Beschränkungen von mitgliedstaatlicher Seite einfach durch willkürliche Währungsabwertungen ersetzt würden.[664] Auch zahlreiche Mitgliedstaaten, insbesondere Frankreich, sahen die Notwendigkeit einer gemeinsamen Währungspolitik, einschließlich europäischer Gemeinschaftswährung, und damit eines weiteren gravierenden Souveränitätsverzichts, um den Status der deutschen Mark als europäischer Leitwährung im Rahmen des EWS und die damit verbundene währungspolitische Dominanz der Bundesbank zu beenden.[665] Der Europäische Rat von Madrid verabschiedete im Juni 1990 den sog. *Delorsbericht*, der die Errichtung einer Europäischen Wirtschafts- und Währungsunion in Anlehnung an den Wernerplan in drei Stufen vorsah.[666] Dass die deutsche Bundesregierung unter Helmut Kohl die WWU und damit in letzter Konsequenz die Aufgabe der D-Mark überhaupt zuließ, hängt mit den weltpolitischen Umwälzungen dieser Zeit und insbesondere der deutschen Wiedervereinigung zusammen.

Der offensichtliche Zerfall des Ostblocks begann mit der Öffnung der ungarischen Grenze zu Österreich im Juni 1989. Keine fünf Monate später fiel die Berliner Mauer. Schon im Oktober 1990 kam es zur deutschen Wiedervereinigung. Damit war nicht nur die Spaltung Deutschlands, sondern auch die Teilung Europas überwun-

---

662 Zwischenbilanz der Kommission von November 1988, vgl. Brunn, 2009, S. 254; s. auch Erklärung der Bundesregierung zu den Ergebnissen des Europäischen Rats in Maastricht, in: Bulletin der Bundesregierung vom 17. Dezember 1992.
663 Generaldirektion Wirtschaft und Finanzen, 1990: One market, one money. An evaluation of the potential benefits and costs of forming an economic and monetary union, Brüssel, S. 9.
664 Vgl. Brunn, 2004, S. 263.
665 Vgl. Schmuck, Otto/Schröder, Maximilian, 1995: Der Weg zur Europäischen Union, Bonn, S. 17.
666 Vgl. zur Vorgeschichte und den Konfliktlinien Dinan, 2005, S. 114ff.

den. Der Kalte Krieg war beendet, die sowjetischen Truppen wurden aus den osteuropäischen Staaten abgezogen, und die *Konferenz für Sicherheit und Zusammenarbeit in Europa* (KSZE)[667] beschloss im November 1990 ein Abrüstungsprogramm. Ein Jahr später wurde die Sowjetunion offiziell aufgelöst. Die bipolare Konstellation, die die Welt- und Europapolitik lange Jahrzehnte über bestimmt hatte, existierte plötzlich nicht mehr, sie machte Platz für eine unübersichtlichere Weltordnung, die insbesondere die EG-Staaten vor neue Herausforderungen stellte. Im Grunde hatten sie drei zentrale Fragen zu beantworten:

- die deutsche Frage: Wie schon in der unmittelbaren Nachkriegszeit zu Beginn der europäischen Einigung stellte sich die Frage nach dem Umgang mit Deutschland und seinen Einheitsambitionen. Konnten die europäischen Staaten die Wiedervereinigung Deutschlands, die schon bald nach dem Mauerfall kaum mehr zu verhindern schien[668] und die das Land noch klarer zum demografischen und wirtschaftlichen Schwergewicht in Europa machen sollte, zulassen? Wenn ja, unter welchen Voraussetzungen?
- die europäische Frage: Nicht nur die Spaltung Deutschlands, sondern auch diejenige Europas war Anfang der 1990er Jahre aufgehoben. Damit war es möglich, die kühnsten Träume der Europaenthusiasten zu erfüllen und ganz Europa, also einschließlich der über Jahrzehnte ausgeschlossenen osteuropäischen Länder, friedlich zusammenzuführen. Sollte also nun die Integration der Staaten Osteuropas vorbereitet werden? Wann könnte diese erfolgen? Und wie sollte sich die Gemeinschaft im Vorfeld der Erweiterung reformieren, damit ihre institutionelle Ordnung auch mit zwanzig Mitgliedstaaten und mehr funktionieren würde?
- die globale Frage: Das Ende des Ost-West-Konflikts bedeutete keineswegs das *Ende der Geschichte*.[669] Im Gegenteil: An verschiedenen Orten der Erde brachen regionale Konflikte auf, so auch in Jugoslawien, wo sich in den Jahren 1991 bis 1995 blutige Unabhängigkeitskriege mit internationaler Beteiligung ereigneten. Vor allem diese Kriegserfahrung auf dem eigenen Kontinent, aber auch andere internationale Konflikte wie der Golfkrieg 1990/91 machten deutlich, dass die USA fortan die aktive politisch-militärische Mitwirkung der europäischen Länder bei der Lösung internationaler Krisen einforderten. Wie sollte die Gemeinschaft diesen neuen Herausforderungen gerecht werden?

Vor dem Hintergrund dieser neuen weltpolitischen Lage, die die Gemeinschaft dazu drängte, ihre bis dato geringe politische Bedeutung mit ihrer wirtschaftlichen Stärke in Einklang zu bringen, beschloss der Europäische Rat im Juni 1990 gleich die Einberufung zweier Regierungskonferenzen: zum einen derjenigen über die Wirtschafts-

---

667 Seit 1995 Organisation für Sicherheit und Zusammenarbeit in Europa (OSZE).
668 Die letzte Volkskammerwahl in der DDR am 18. März 1990, aus der die CDU siegreich hervorging, machte den starken Einigungswunsch deutlich.
669 Fukuyama, Francis, 1992: The end of history and the last man, London.

und Währungsunion, zum anderen der von Kohl und Mitterrand angeregten[670] Konferenz über eine Politische Union. Beide nahmen im Dezember 1990 ihre Arbeit auf. Die Verhandlungen mündeten in den Vertrag über die Europäische Union (EUV), der am 10. Dezember 1991 von den Staats- und Regierungschefs der zwölf Mitgliedstaaten im niederländischen Maastricht beschlossen und am 7. Februar 1992 von den Außenministern unterzeichnet wurde. Nach schwierigen Ratifizierungsverfahren in mehreren Ländern – insbesondere in Dänemark, wo der Vertrag in einem ersten Referendum gescheitert und erst in einem zweiten nach Zugeständnissen in Form von *opt outs* ratifiziert worden war[671] – konnte der Vertrag von Maastricht am 1. November 1993 in Kraft treten. Das komplizierte Vertragswerk bildet die konstitutionelle Grundlage der Europäischen Union, wie sie sich bis zur jüngsten Vertragsreform dargestellt hat. Wie schon die EEA vor ihm kombinierte der Vertrag Bestimmungen zur Reform der supranationalen Gemeinschaft (Titel II-IV) mit solchen zur Ausgestaltung der zwischenstaatlichen Zusammenarbeit (Titel V u. VI). Anders als die EEA unterschied er nicht mehr lediglich zwischen supranationaler EG und intergouvernementaler EPZ, die nun *Gemeinsame Außen- und Sicherheitspolitik* (GASP) hieß, sondern führte zusätzlich eine zwischenstaatliche Kooperation in der Innen- und Rechtspolitik ein. Damit schuf der Unionsvertrag die bekannte Tempelkonstruktion (s. Abb.27), wonach die drei Säulen *Europäische Gemeinschaft, Gemeinsame Außen- und Sicherheitspolitik* und *Zusammenarbeit in den Bereichen Justiz und Inneres* ein gemeinsames Dach tragen, nämlich die *Europäische Union* mit einem einheitlichen institutionellen Rahmen, gemeinsamen Zielen und dem Europäischen Rat als übergeordnetem Organ.

---

670 Die beiden Staats- bzw. Regierungschefs hatten am 18. April eine gemeinsame Botschaft an den irischen Premierminister und damaligen Ratspräsidenten Charles Haughey gesandt.
671 Insbesondere erhielt Dänemark die Möglichkeit, der dritten Stufe der Währungsunion fernzubleiben, vgl. Protokoll über einige Bestimmungen betreffend Dänemark. In Deutschland hielt ein Verfahren vor dem Bundesverfassungsgericht die endgültige Ratifikation auf. Zum sog. Maastricht-Urteil s. Kasten 3.

Abbildung 27: Der EU-Tempel

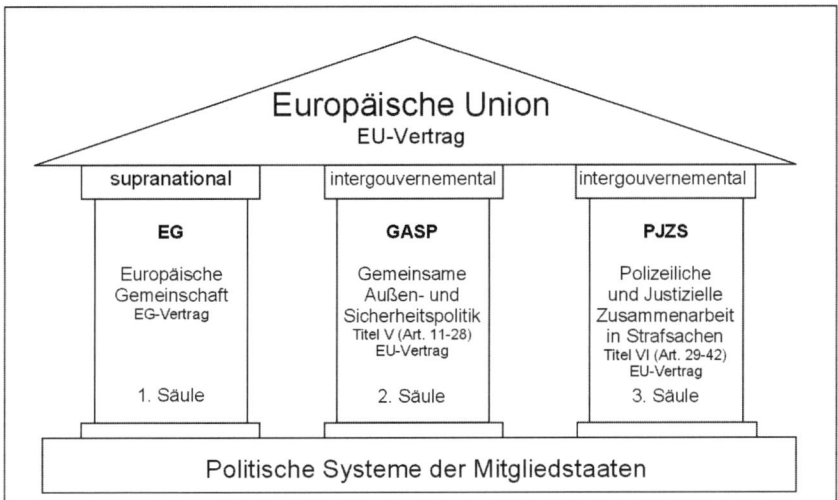

Quelle: eigene Darstellung

Über die Vertragssystematik hinaus enthielt der Vertrag von Maastricht viele weitere inhaltliche wie institutionelle Neuerungen. Zunächst waren in der Präambel die grundlegenden Ziele formuliert, „den Prozeß der europäischen Integration auf eine neue Stufe zu heben" sowie „den Prozeß der Schaffung einer immer engeren Union der Völker Europas" weiterzuführen. Der Unionsgedanke manifestierte sich nicht zuletzt auch im neuen Namen für das Gemeinschaftsgebilde: Europäische Union (EU). Quasi zur Einschränkung des Gemeinschaftsprinzips und zur Gewährleistung möglichst bürgernaher Entscheidungen wurde zugleich ein allgemeiner Subsidiaritätsgrundsatz eingefügt, der besagt, dass die Gemeinschaft in Bereichen, die nicht in ihre ausschließliche Zuständigkeit fallen, nur dann aktiv werden soll, wenn die Mitgliedstaaten selbst nicht zu entsprechenden Maßnahmen in der Lage sind. Ferner wurde eine eher symbolische *Unionsbürgerschaft* in die Verträge eingeführt (s. Kap. 6.7.1).

Der Unionsvertrag stärkte auch die Entscheidungsfindungsprozesse innerhalb der Gemeinschaft. So wurden die Anwendungsfälle für qualifizierte Mehrheitsentscheidungen im Rat ausgeweitet. Selbst für einige Entscheidungen auf dem Feld der GASP wurden qualifizierte Abstimmungen vorgesehen, wenn hier in allen Fragen von großer Bedeutung auch weiterhin jeder Staat sein faktisches Vetorecht behielt. Die Rolle des Parlaments in der gemeinschaftlichen Rechtsetzung wurde deutlich gestärkt. Im Rahmen des sog. *Mitentscheidungsverfahrens* (Kodezisionsverfahrens), das neu eingeführt und für eine Reihe von Entscheidungen vorgesehen wurde, wird das Parlament zum weitgehend gleichberechtigten Gesetzgebungsorgan neben dem Rat. Außerdem wurden weitere grundlegende Entscheidungen wie z.B. wichtige Abkommen mit Drittstaaten, die Schaffung neuer Strukturfonds usw. von der Zustimmung des Parlaments abhängig gemacht. Auch der Einsetzung eines neuen Kommissionskollegiums musste das Parlament künftig zustimmen. Der Europäische Gerichtshof wurde in seiner Rechtsdurchsetzungsfähigkeit gestärkt. Er bekam das Recht, Zwangsgelder gegen verurteilte Mitgliedstaaten zu verhängen.[672] Im Rahmen der Wirtschafts- und Währungspolitik wurde mit der Europäischen Zentralbank (EZB) ein neues supranationales Organ geschaffen. Ferner enthielt der Vertrag Übergangsbestimmungen, die den Zeitplan zur Vollendung der WWU (s. Abb. 28) festlegten, sowie die Konvergenzkriterien.

Abbildung 28: Die drei Stufen der Währungsunion gemäß EG-Vertrag (Maastricht)

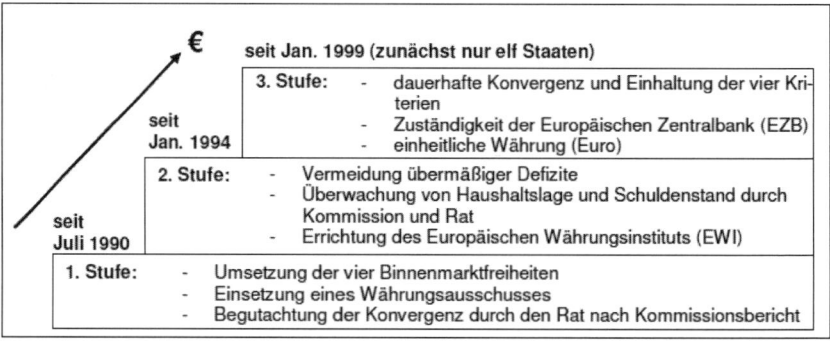

Quelle: eigene Darstellung

Im Bereich der Außen- und Sicherheitspolitik wurden neue Instrumente geschaffen und vertraglich definiert: so die *gemeinsamen Standpunkte* und *gemeinsamen Aktionen*. Mit den Bestimmungen zur Zusammenarbeit in den Bereichen Justiz und Inneres wurde ein weiteres Feld der zwischenstaatlichen Kooperation erschlossen. Die im Rahmen des Schengener Abkommens (s. Kasten 13) vorgesehene Aufhebung der Personenkontrollen an den innereuropäischen Grenzen hatte eine Zusammenarbeit bei der Verbrechensbekämpfung und der Kontrolle der Außengrenzen notwendig gemacht. Einen ersten institutionellen Ausfluss fand die vereinbarte Kooperation in der Gründung eines Europäischen Polizeiamts (Europol) mit Sitz in Den Haag, das seine Arbeit allerdings erst 1999 aufnehmen konnte.

Insgesamt war der Vertrag von Maastricht (vgl. Tab. 12) die umfassendste Reform der Gemeinschaftskonstruktion seit den Anfängen in den 1950er Jahren. Er schuf einen einheitlichen organisatorischen Rahmen in Form der Europäischen Union. Al-

---

[672] Ausgerechnet diese supranationale Bestimmung geht auf einen britischen Vorschlag zurück, vgl. Schmuck/Schröder, 1995, S. 17.

11.9 Der Wandel nach der Wende – die Geburt der Europäischen Union

lerdings hielt auch der Vertrag von Maastricht an einem Hybridsystem aus supranationalen und intergouvernementalen Elementen fest.

Tabelle 12: Profil Vertrag von Maastricht[673]

Ziele	Raum ohne Binnengrenzen, Stärkung des wirtschaftlichen und sozialen Zusammenhalts, Errichtung einer Wirtschafts- und Währungsunion mit dem Endziel einer gemeinsamen Währung	Art. B
	Gemeinsame Außen- und Sicherheitspolitik mit dem potenziellen Endziel einer gemeinsamen Verteidigung	Art. B
	Stärkung des Schutzes der Rechte und Interessen der Staatsangehörigen der Mitgliedstaaten durch die Einführung einer Unionsbürgerschaft	Art. B
	Zusammenarbeit in den Bereichen Justiz und Inneres	Art. B
	Wahrung des Subsidiaritätsprinzips	Art. B
Institutionen	Aufgabendefinition für den Europäischen Rat: „Der Europäische Rat gibt der Union die für ihre Entwicklung erforderlichen Impulse und legt die allgemeinen politischen Zielvorstellungen für diese Entwicklung fest."	Art. D
	Ausweitung der Mehrheitsentscheidung im Rat	div.
	Einführung eines Mitentscheidungsverfahrens	Art. 189b EGV
	Ernennung eines Bürgerbeauftragten durch das Parlament	Art. 138e EGV
	Angleichung der Amtsdauer der Kommission an die Legislaturperiode des Parlaments	Art. 10 EGV
	unabhängige Europäische Zentralbank (EZB) mit dem vorrangigen Ziel der Preisstabilität, gemeinsam mit den Zentralbanken der Mitgliedstaaten Europäisches System der Zentralbanken (ESZB); Einrichtung eines Europäischen Währungsinstituts (EWI)	Art. 4a, 105–109 EGV
	Ausschuss der Regionen (AdR) aus 189 Vertretern der regionalen und lokalen Gebietskörperschaften mit beratender Funktion	Art. 198a EGV
	Möglichkeit für den EuGH, Zwangsgelder gegen verurteilte Mitgliedstaaten bei Nichterfüllung seiner Auflagen zu verhängen	Art. 171 EGV
	Europäischer Rechnungshof mit 12 Mitgliedern, zur Rechnungsprüfung der Gemeinschaft	Art. 188 EGV
	neuer Kohäsionsfonds für Maßnahmen zur Regionalentwicklung in den Bereichen Umwelt und transeuropäische Netze	Art. 130d EGV
	Einführung des Gemeinsamen Standpunkts sowie der Gemeinsamen Aktion als neue Rechtsinstrumente im Rahmen der GASP	Art. J.2 u. J.3
	Aufbau eines Europäischen Polizeiamts (Europol) zum Austausch von Informationen zur Kriminalitätsbekämpfung	Art. K.1

---

[673] Eine ausführliche Version dieses Profils findet sich unter den Online-Materialien zu diesem Band, abrufbar unter: www.utb-mehr-wissen.de.

Inhalte	zusätzliche Aufgabenbereiche für die EG wie z.b. allgemeine und berufliche Bildung, Jugend (neuer Titel VIII EGV), Kultur (IX), Gesundheitswesen (X), Verbraucherschutz (XI), transeuropäische Netze (XII), Industriepolitik (XIII), Entwicklungszusammenarbeit (XVII)	Art. G
	Einführung einer Unionsbürgerschaft	Art. 8 EGV
	Einführung einer Gemeinsamen Außen- und Sicherheitspolitik (GASP)	Titel V, Art. B u. J
	Zusammenarbeit in den Bereichen Justiz und Inneres	Titel VI, Art. B u. K
	Einberufung einer Regierungskonferenz im Jahr 1996	Art. N
Staaten	Frankreich, Deutschland, Italien, Belgien, die Niederlande, Luxemburg, Großbritannien, Irland, Dänemark, Griechenland, Portugal, Spanien	
Daten	unterzeichnet am 7. Februar 1992; in Kraft getreten am 1. November 1993	

Letztlich war mit dem Unionsvertrag nur die oben definierte *deutsche Frage* wirklich beantwortet. Die *globale Frage* war mit der weiteren Ausgestaltung der GASP immerhin angegangen worden, aber die *europäische Frage*, also die Frage nach den institutionellen Reformerfordernissen für eine mögliche Osterweiterung wurde nicht beantwortet. Damit blieb eine zentrale Aufgabe, die sich die Mitgliedstaaten selbst gesetzt hatten, unerfüllt. Dementsprechend enthielt der Vertrag eine Klausel mit der Ankündigung einer weiteren Regierungskonferenz zu diesem Thema für das Jahr 1996.

Kasten 26: Zweite Norderweiterung 1995

Am 1. Januar 1995 wuchs die Europäische Union – seit Inkrafttreten des Maastricht-Vertrags nannte sie sich so – erneut um drei Mitgliedstaaten. Mit Österreich, Schweden und Finnland traten politisch wie wirtschaftlich weit entwickelte Demokratien bei. Entsprechend unproblematisch waren die vorangegangenen Beitrittsverhandlungen verlaufen. Alle drei Staaten hatten während des Kalten Kriegs eine strikte Neutralitätspolitik verfolgt, so dass sie erst im Zuge bzw. nach der Wende einen EG-Beitritt erwägen konnten. Österreich stellte seinen entsprechenden Antrag schon 1989, Schweden und Finnland sowie Norwegen und die Schweiz zogen 1991 nach. Als ein Jahr später das Schweizer Referendum über die Teilnahme am *Europäischen Wirtschaftsraum* (EWR), einem im selben Jahr vereinbarten Freihandelsabkommen zwischen der EG und den EFTA-Staaten, scheiterte, fror die Schweiz ihr Beitrittsgesuch ein. Mit den anderen vier Kandidatenstaaten wurden im Juni 1994 Beitrittsverträge unterzeichnet. In allen vier Staaten kam es anschließend zu Referenden, die in Österreich (66,4 %), Schweden (52,2 %) und Finnland (57 %) glückten, während die norwegische Volksabstimmung erneut mit einem mehrheitlichen Nein (52,2 %) ausging. So wurde die EU Anfang 1995 eine Gemeinschaft der Fünfzehn.

11.10 Thema verfehlt? – die Nachbesserungen von Amsterdam

Vermutlich wäre es 1996 nicht zu einer weiteren Regierungskonferenz gekommen, wenn diese nicht durch den Vertrag von Maastricht (Art. N) verbindlich vorgesehen worden wäre.[674] Denn die Zeiten waren aus integrationspolitischer Sicht nicht eben rosig. Insbesondere die Zukunft der Wirtschafts- und Währungsunion war äußerst ungewiss. Die Vollendung des Binnenmarktprojekts 1993 brachte nicht den ersehnten Aufschwung. Im Gegenteil: Die konjunkturelle Lage zahlreicher EU-Staaten war in den neunziger Jahren besonders schwierig, und die Arbeitslosenzahlen kletterten in vielen Ländern auf Höchststände. Die strengen Konvergenzkriterien des Maastricht-Vertrags verwehrten den jeweiligen Regierungen, durch eine aktive Wirtschafts- und Beschäftigungspolitik auf die schlechte Entwicklung zu reagieren, was einige von ihnen, allen voran die französische, mit wachsendem Unmut beobachteten. Die deutsche Regierung unter Helmut Kohl hielt jedoch vehement am Stabilitätsdogma fest, obwohl sie selbst zunehmend in Schwierigkeiten geriet, das Defizitkriterium einzuhalten. Die Auseinandersetzungen über den Stabilitäts- und Wachstumspakt führten dazu, dass die WWU aus den Verhandlungen zur Vertragsrevision ausgeklammert wurde.

Doch auch ungeachtet der wirtschafts- und währungspolitischen Differenzen waren die Herausforderungen und Ungewissheiten gegen Mitte der 1990er Jahre groß. Wie sollte sich die EU auf die bevorstehende Erweiterung um bis zu zwölf Beitrittsländer vorbereiten? Die Union basierte immer noch auf der zwar über die Jahre angepassten, aber nicht grundlegend reformierten institutionellen Architektur der Sechsergemeinschaft. Für eine EU mit 25 oder mehr Mitgliedstaaten mussten die Verteilung der Stimmen, Sitze und Posten in den zentralen Institutionen sowie die jeweiligen Entscheidungsregeln angepasst werden, damit die Union auch nach einer Erweiterung handlungsfähig bleiben würde. Außerdem musste über flexible Formen der Integration nachgedacht werden, weil zu erwarten war, dass man in einer vergrößerten EU nur noch schwer Einigkeit über gewünschte Vertiefungsschritte würde erzielen können.[675]

Darüber hinaus schien immer noch nicht in ausreichendem Maße geklärt, welche Rolle in der Weltpolitik die EU einzunehmen hatte, wie sie ihre große wirtschaftliche Bedeutung durch eine angemessene politische Relevanz ergänzen sollte. Die Uneinig-

---

674 Vgl. Dinan, 2005, S. 163.
675 Auch existierten bereits Konzepte zur flexiblen Integration wie das Kerneuropa-Konzept, vgl. Schäuble, Wolfgang/Lamers, Karl, 1994: Überlegungen zur europäischen Politik (Schäuble-Lamers-Papier) vom 1. September 1994.

keit und Unfähigkeit, die die Europäer im Umgang mit der Balkankrise offenbarten, machten deutlich, dass die GASP zwar eingeführt war, aber noch nicht wirklich funktionierte. Insbesondere sprach Europa in außenpolitischen Belangen immer noch nicht mit einer Stimme, weder im übertragenen Sinne, also im Rahmen einer generellen außenpolitischen Verständigung, noch im tatsächlichen, also durch Einsetzung eines sichtbaren Vertreters für die GASP. Auch das zweite Kooperationsfeld, die Zusammenarbeit in der Innen- und Justizpolitik, funktionierte, auf den zwischenstaatlichen Modus beschränkt, keineswegs hinlänglich. Die erneute Reform der institutionellen Bestimmungen, die Flexibilisierung der Integration, die effiziente Ausgestaltung der GASP sowie die Anpassung der polizeilichen und justiziellen Zusammenarbeit, diese vier Erfordernisse bildeten die wesentlichen Punkte einer neuen Vertragsreform.

Nach langwierigen Verhandlungen konnten die Regierungen sich im Juni 1997 in Amsterdam auf einen Vertrag einigen, der am 2. Oktober desselben Jahres unterzeichnet wurde und am 1. Mai 1999 nach einem weitgehend unproblematischen Ratifizierungsprozess in Kraft trat. Das Ergebnis war ein Kompromiss, der niemanden vollauf zufriedenstellte und mit dem die gesetzten Ziele nur zum Teil erreicht werden konnten.

Was die institutionellen Veränderungen betrifft, so wurde das Parlament in seiner Legislativfunktion erneut gestärkt, indem das Mitentscheidungsverfahren gestrafft und auf weitere Anwendungsgebiete, insgesamt nun etwa drei Viertel der gemeinschaftlichen Gesetzgebung, ausgedehnt wurde. Im Gegenzug wurde zwecks Übersichtlichkeit das Kooperationsverfahren weitestgehend aus den Verträgen gestrichen.[676] Die Stärkung des Parlaments stellte eine konsequente Reaktion auf die wachsende Kritik am demokratischen Defizit der Union dar. Dementsprechend konnte auch der von den Mitgliedstaaten auserkorene Kandidat für das Amt des Kommissionspräsidenten nur noch nach Zustimmung des Parlaments eingesetzt werden. Ebenfalls gestärkt wurde der Kommissionspräsident selbst. Er erhielt eine Art Richtlinienkompetenz gegenüber den übrigen Kommissionsmitgliedern und sollte fortan auch über deren Auswahl mitentscheiden. Auf die institutionellen Anpassungen zur Vorbereitung der Osterweiterung konnten sich die Staaten hingegen nicht einigen. Sie *vertagten* die entsprechenden Verhandlungen über diese sog. *left overs* auf die nächste Regierungskonferenz. Die angestrebte Flexibilisierung der Integration wurde durch die Einführung eines Verfahrens zur *Verstärkten Zusammenarbeit* befördert. Danach war es einer Gruppe von Mitgliedstaaten unter bestimmten Voraussetzungen gestattet, sich auf neue Kooperationsprojekte zu verständigen, mit der Integration also schneller voranzuschreiten. Die Hürden für ein solches Vorgehen wurden allerdings hoch angesetzt.

---

676 Das Kooperationsverfahren blieb weiterhin für vier Anwendungsfälle im Bereich der WWU vorgesehen.

11.10 Thema verfehlt? – die Nachbesserungen von Amsterdam

Die sichtbarste Neuerung im Bereich der GASP war das Amt eines *Hohen Vertreters*. Mit seiner Einführung wurde der zunehmend verbreiteten Forderung nach Gesicht und Stimme für die außen- und sicherheitspolitische Zusammenarbeit Rechnung getragen. Der sog. *Mr. GASP* – erster Amtsinhaber war der frühere NATO-Generalsekretär Solana – war zugleich auch Generalsekretär des Rates.

Insbesondere die inhaltliche Ausgestaltung der GASP machte mit dem Amsterdamer Vertrag beachtliche Fortschritte. War die gemeinsame Verteidigung im Maastricht-Vertrag noch Inhalt einer vagen Absichtserklärung gewesen, schuf der Vertrag von Amsterdam die Grundlage für die sukzessive Bildung einer *Europäischen Sicherheits- und Verteidigungspolitik* (ESVP) unter dezidierter Einbeziehung der *Westeuropäischen Union* (s. Kasten 21) als „integrale[n] Bestandteil der Entwicklung der Union" (Art. J.7 Abs. 1 Vertrag von Amsterdam). Damit wurden die Handlungskompetenzen der EU auf militärische Operationen im Rahmen der ebenfalls vertraglich verankerten *Petersberg-Aufgaben*[677] ausgedehnt. Die während der Vertragsverhandlungen äußerst umstrittene Schaffung einer ESVP bedurfte nun lediglich eines Beschlusses des Europäischen Rates, konnte also ohne weitere Vertragsänderung vollzogen werden. Die größte Hürde auf dem Weg zur ESVP stellte die Verweigerungshaltung der britischen Regierung dar. Die tatsächliche Integration der WEU-Strukturen in die Europäische Union konnte also erst gelingen, nachdem die britische Regierung auf dem französisch-britischen Gipfel in St. Malo 1998 dem Aufbau einer europäischen Verteidigung zugestimmt hatte.

Zuletzt wurden mit dem Vertrag von Amsterdam wesentliche Bereiche der Zusammenarbeit in der Innen- und Justizpolitik, nämlich der gesamte Schengen-Besitzstand einschließlich Asyl- und Einwanderungspolitik sowie die justizielle Zusammenarbeit in Zivilsachen in die erste Säule, also die EG, überführt. Fortan sollten die gemeinschaftlichen Anstrengungen also auch der Erhaltung und Weiterentwicklung der Union als *Raum der Freiheit, der Sicherheit und des Rechts* dienen. Das Einstimmigkeitsprinzip bei Ratsentscheidungen wurde in diesem Bereich zumindest vorläufig beibehalten.[678] Lediglich die *Polizeiliche und Justizielle Zusammenarbeit in Strafsachen* (PJZS) verblieb quasi als existenzsichernder Restbestand nationaler Souveränität im Modus der zwischenstaatlichen Zusammenarbeit und bildete die geschrumpfte dritte Säule der EU-Konstruktion. Im Sinne der Bürgernähe wurde auf französischen und schwedischen Wunsch hin ein neues Kapitel zur Beschäftigung in den EG-Vertrag eingeführt.

---

677 Das sind „humanitäre Aufgaben und Rettungseinsätze, friedenserhaltende Aufgaben sowie Kampfeinsätze bei der Krisenbewältigung einschließlich friedensschaffender Maßnahmen", s. Art. J.7 Abs. 2.
678 Bergmann, Jan/Lenz, Christofer (Hrsg.), 1998: Der Amsterdamer Vertrag. Eine Kommentierung der Neuerungen des EU- und EG-Vertrages, Köln, S. 63–64.

Als der Vertrag von Amsterdam[679] im Mai 1999 in Kraft trat, waren bereits elf Staaten in die dritte Stufe der WWU übergegangen und hatten den Euro Anfang desselben Jahres als Buchgeld eingeführt. Auch auf dem Feld der Osterweiterung ging es voran. Bereits 1998 hatte die EU mit sechs Kandidatenstaaten Beitrittsverhandlungen aufgenommen. Allerdings waren die angestrebten institutionellen Reformen zur Vorbereitung der Osterweiterung, insbesondere betreffend die Anzahl der EU-Kommissare sowie die Stimmengewichtung im Rat, durch den neuen Vertrag nicht erreicht. Konnten durch den Vertrag von Amsterdam auch beachtliche Nachbesserungen an der Gemeinschaftskonstruktion vollzogen werden, so wurde das eigentliche Thema, nämlich die Vorbereitung der Institutionen auf die Erweiterung, doch gleichsam verfehlt. Die definitive Klärung der wichtigen institutionellen Fragen wurde erneut vertagt.[680] Spätestens ein Jahr vor Erweiterung der Union auf über 20 Mitgliedstaaten sollte eine Regierungskonferenz darüber beraten.

11.11 Gipfel mit Nachgeschmack – die mühsame Vertragsreform von Nizza

Die Vertragsrevision von Amsterdam hatte die institutionellen Reformen zur Vorbereitung einer Erweiterung also nicht vorgenommen, sondern erneut vertagt. Dieses Versäumnis wurde von zahlreichen Beobachtern beklagt. Die Forderung nach einer schnellen Verständigung über die ausstehenden Reformen wurden nach Unterzeichnung des Amsterdamer Vertrags immer lauter, zumal sich zum Teil noch vor dessen Inkrafttreten Entwicklungen ergaben, die eine neuerliche Revision der Verträge notwendig erscheinen ließen.

Ein katastrophales Schicksal ereilte im März 1999 die Kommission unter Führung ihres luxemburgischen Präsidenten Jacques Santer aufgrund eines Korruptionsskandals um die Kommissarin Edith Cresson unter allgemeinen Beschuss geriet und geschlossen zurücktreten musste, wodurch das zentrale Gemeinschaftsorgan erneut empfindlich geschwächt wurde. Außerdem beschlossen die Staats- und Regierungschefs auf ihrem Gipfel in Helsinki im Dezember 1999, mit insgesamt zwölf potenziellen Beitrittsstaaten parallel Verhandlungen zu führen, so dass mittelfristig eine EU-27 zu erwarten war. In Helsinki wie zuvor auf ihrem Treffen in Köln vereinbarten die EU-Staaten zudem den Ausbau der Europäischen Sicherheits- und Verteidigungspolitik, um der politischen Bedeutung der EU weiter Rechnung zu tragen und sie für die eigenständige Krisenbewältigung zu rüsten. Zuletzt wurden die zunehmenden sozioökonomischen Herausforderungen der europäischen Wohlfahrtsstaaten, die sich durch eine Osterweiterung noch zu verstärken drohten, ein Jahr später

---

679 Ein Profil des Amsterdamer Vertrags findet sich unter den Online-Materialien zu diesem Band, abrufbar unter: www.utb-mehr-wissen.de.
680 Maurer, Andreas, 1998: Die institutionellen Reformen: Entscheidungseffizienz und Demokratie, in: ders./Jopp, Matthias/Schmuck, Otto (Hrsg.): Die Europäische Union nach Amsterdam. Analysen und Stellungnahmen zum neuen EU-Vertrag, Bonn, S. 41–81 (41–42, 56–57).

in Lissabon in eine mutige Strategie übersetzt, wonach Europa bis 2010 zum *wettbewerbsfähigsten Wirtschaftsraum der Welt*[681] aufsteigen sollte.

Die Ereignisse überschlugen sich also förmlich, und alle Maßnahmen waren auf die bevorstehende Osterweiterung ausgerichtet. Vor diesem Hintergrund konnte die Verständigung über die institutionellen Reformen, die nun schon zwei Mal vertagt worden war, nicht mehr länger warten. Bereits 1999, ebenfalls auf dem Gipfel in Köln, vereinbarten die Staats- und Regierungschefs folglich die Aufnahme von Vertragsverhandlungen für das Jahr 2000. Am 14. Februar 2000 wurde die Regierungskonferenz eröffnet. Bis zuletzt waren die Ergebnisse ungewiss. Erst eine Marathonsitzung in Nizza – Frankreich führte den Vorsitz im zweiten Halbjahr 2000 – brachte die Einigung, die am 11. Dezember verkündet wurde. Der Vertrag von Nizza konnte in überarbeiteter Fassung am 26. Februar 2001 unterzeichnet werden.

Die Vertragsrevision von Nizza war die erste in der Vertragsgeschichte, die nahezu ausschließlich institutionelle Änderungen umfasste. Angesichts der konkreten Aufgabenstellung und des institutionellen Reformstaus, erzeugt durch die Zaghaftigkeit in den vorangegangenen Vertragsverhandlungen, war dies jedoch kaum anders zu erwarten gewesen. Dennoch nahm sich die Regierungskonferenz im Laufe der Verhandlungen auch weitere Felder vor. In den fünf wesentlichen Punkten konnten die folgenden Einigungen erzielt werden:

- Während der Amsterdamer Vertrag die Anzahl der Kommissare in einem entsprechenden Protokoll je nach Lesart bereits auf maximal 20 beschränkt bzw. spätestens bei Erreichen dieser Zahl, eine neue Regelung gefordert hatte, setzte der Vertrag von Nizza nun doch auf die Formel: ein Kommissar pro Mitgliedstaat. Das bedeutete zweierlei: Zum einen waren die großen Mitgliedstaaten offensichtlich bereit, im Falle der Erweiterung auf ihren zweiten Kommissar zu verzichten. Zum anderen würde die Kommission demnach bei Aufnahme des 27ten Mitgliedstaats zunächst auch aus 27 Kommissaren bestehen und erst dann sollte laut *Protokoll über die Erweiterung der Europäischen Union* erneut über die Zusammensetzung der Kommission beraten und gegebenenfalls ein Rotationsverfahren eingeführt werden.

- Die Stimmengewichtung im Rat war der schwierigste Verhandlungspunkt. Hier ging es um die Machtarchitektur der erweiterten Gemeinschaft, und entsprechend war es allen Staaten daran gelegen, ein größtmögliches Stimmengewicht für sich selbst herauszuschlagen. Die Verhandlungen glichen tatsächlich einem „zwischenstaatlichen Basar",[682] auf dem ein jeder nach seinem eigenen Vorteil trachtete und das eigentliche Ziel, nämlich die Handlungsfähigkeit der Gemeinschaft zu bewahren, in den Hintergrund geriet. So kam am Ende die heutige

---

681 Vgl. Lissabon-Strategie, Gemeinsame Maßnahmen für Wachstum und Beschäftigung, Europäischer Rat: Schlussfolgerungen des Vorsitzes, Lissabon, 23. u. 24. März 2000, SN 100/00.
682 Giering, 2001, S. 51.

komplizierte Stimmenverteilung mit einer Spanne zwischen drei Stimmen für Malta und bis zu 29 Stimmen für die vier bevölkerungsreichsten Staaten heraus. Das Quorum für qualifizierte Mehrheitsentscheidungen wurde auf 71,7 Prozent der gewichteten Stimmen angehoben und konnte im Zuge kommender Erweiterungsschritte gar auf bis zu 74,8 Prozent steigen. Außerdem konnte künftig jeder Mitgliedstaat die Überprüfung veranlassen, ob die erreichte Mehrheit auch mindestens 62 Prozent der Gesamtbevölkerung repräsentierte. Das Ergebnis war also eine *dreifache Mehrheit* mit einem höheren Quorum und gewachsenen Blockademöglichkeiten für die Mitgliedstaaten.

- Die Anwendungsfälle für *Mehrheitsentscheidungen* im Rat wurden auf etwa 45 neue Bestimmungen, insbesondere auch die Ernennung des Kommissionspräsidenten sowie der Kommission, ausgedehnt.[683] In so wichtigen Bereichen wie Steuern, Sozial- und Strukturpolitik blieb die Konsensbedingung allerdings bestehen.

- Das Europäische Parlament wurde erneut gestärkt. Das Verfahren der Mitentscheidung wurde auf weitere Fälle ausgedehnt. Außerdem erhielt es nun die gleiche Klagebefugnis vor dem EuGH wie Kommission und Rat.

- Das Verfahren für die Verstärkte Zusammenarbeit wurde überarbeitet. Insbesondere wurden die restriktiven Bedingungen für die Einleitung einer Flexibilisierungsmaßnahme deutlich abgeschwächt. So genügen seit Inkrafttreten des Nizza-Vertrags acht Mitgliedstaaten zur Begründung einer Verstärkten Zusammenarbeit. Außerdem wurde das Vetorecht einzelner Staaten für die erste und dritte Säule gestrichen.

Daneben gab es weitere institutionelle Änderungen wie insbesondere die Stärkung des Kommissionspräsidenten gegenüber den übrigen Kommissaren, womit auf die Umstände rund um den Rücktritt der Santer-Kommission reagiert wurde, und die Einführung von Eurojust, einer neuen Behörde zur staatsanwaltschaftlichen Zusammenarbeit im Bereich der dritten Säule.

Der Vertrag von Nizza[684] war sicher kein großes Reformpaket, sondern „bestenfalls ein Reformpäckchen".[685] Zwar wurde die institutionelle Neuordnung in Vorbereitung der Erweiterung formal erfüllt, aber die tatsächlichen Ergebnisse waren ausgesprochen ernüchternd und versprachen weder für die Effizienz noch für die Transparenz der europäischen Politik wirkliche Verbesserungen. Die Bestimmungen zur Zusammensetzung der Kommission fallen noch hinter die Regelungen von Amsterdam zurück, und der bereitwillige Verzicht der großen Mitgliedstaaten auf ihren zweiten

---

683 Vgl. ebd.
684 Ein Profil des Nizza-Vertrags findet sich unter den Online-Materialien zu diesem Band, abrufbar unter: www.utb-mehr-wissen.de.
685 Fritzler, Marc/Unser, Günther, 2007: Die Europäische Union. Geschichte, Institutionen, Politiken, Bonn, S. 39.

Kommissar deutet auf einen weiteren Bedeutungsverlust der Kommission hin.[686] Außerdem wurde die Schwelle für Mehrheitsentscheidungen im Rat angehoben, die Blockademöglichkeiten wurden ausgebaut, und zentrale Bereiche blieben weiterhin einstimmigen Entscheidungen vorbehalten. Zuletzt zeichnete die Entstehung des Vertrags sich erneut durch eine ausgesprochene Bürgerferne aus. Die entscheidenden Beschlüsse wurden hinter verschlossenen Türen in Nizza, quasi *last minute* und auf der Grundlage zum Teil ziemlich undurchsichtiger Kopplungsgeschäfte zwischen den Staats- und Regierungschefs ausgehandelt. Damit erzeugten die Erfahrungen von Nizza einen fahlen Nachgeschmack. Alles in allem schien die Regierungskonferenz als Forum für Vertragsverhandlungen zunehmend ungeeignet.

Ebenfalls auf ihrem Gipfel in Nizza proklamierten die Staats- und Regierungschefs die *Charta der Grundrechte*. Sie galt schon damals als Meilenstein der quasi-konstitutionellen Ausgestaltung der Union und war im Rahmen eines Konvents mit breiter Beteiligung unter Führung des ehemaligen deutschen Bundespräsidenten Roman Herzog entstanden. Mit dem Konvent lag gewissermaßen ein Gegenmodell zur Regierungskonferenz auf dem Tisch, auf das die Staats- und Regierungschefs selbst in ihrer dem Vertrag von Nizza angehängten *Erklärung zur Zukunft der Europäischen Union* – wenn auch nicht explizit – Bezug nahmen. Darin forderten sie nämlich für das Jahr 2001 die Eröffnung einer intensiven Debatte unter Einbeziehung von Vertretern der nationalen Parlamente sowie der Öffentlichkeit. Die Einleitung des sog. *Post-Nizza-Prozesses* kann geradezu als wichtigste Weichenstellung des Nizza-Vertrags angesehen werden. Als der Vertrag am 1. Februar 2003 in Kraft treten konnte – die irische Bevölkerung hatte ihm erst in einem zweiten Referendum zugestimmt –, tagte der *Konvent zur Zukunft der Europäischen Union* bereits seit einem knappen Jahr.

Kasten 27: Osterweiterung 2004/07

Den größten Erweiterungsschritt vollzog die Europäische Union in den Jahren 2004 und 2007. In zwei Schritten nahm sie zwölf weitere Staaten auf, zunächst Estland, Lettland, Litauen, Polen, die Tschechische Republik, die Slowakei, Ungarn, Slowenien, Malta und Zypern (1. Mai 2004), dann Rumänien und Bulgarien (1. Januar 2007). Die Osterweiterung war nicht nur rein zahlenmäßig eine Herausforderung: Unter den Beitrittsländern waren gleich zehn ehemalige Ostblockstaaten, deren politische wie wirtschaftliche Stabilisierung mit ihrer Aufnahme befördert werden sollte und deren Nachholbedarf gegenüber den Staaten der EU-15 dementsprechend groß war. Zwischen Wende und Erweiterung kam es allerorts zu leidenschaftlichen Debatten, ob die Osterweiterung politisch notwendig oder auch nur sinnvoll sei. Viele Beobachter befürchteten eine Über-

---

686 Vgl. Weidenfeld, Werner, 2001: Zwischen Anspruch und Wirklichkeit – die europäische Integration nach Nizza, in: ders. (Hrsg.): Nizza in der Analyse, Gütersloh, S. 19–49 (26).

dehnung der Union. Auf ihrem Gipfel in Kopenhagen 1993 erklärten die Staats- und Regierungschefs der EU die Erweiterung zur offiziellen Politik. Gleichzeitig definierten sie strikte Kriterien (die Kopenhagener Kriterien, s. Kasten 14), die jeder Staat vor seinem Beitritt zu erfüllen hatte. Nachdem die Europäische Kommission im Juli 1997 mit der *Agenda 2000* einen mehrjährigen Finanzrahmen für die Jahre 2000–2006 vorgelegt hatte, der auch umfangreiche Mittel für Heranführungsstrategien und Eingliederungshilfen für die Beitrittsstaaten vorsah, beschloss der Europäische Rat im Dezember desselben Jahres in Luxemburg die Aufnahme formeller Beitrittsverhandlungen mit zunächst sechs Staaten (*Luxemburg-Gruppe*: Estland, Polen, Slowenien, Ungarn, Tschechische Republik sowie Zypern). Erst zwei Jahre später entschied sich der Europäische Rat in Helsinki vor dem Hintergrund des Kosovokonflikts für Verhandlungen mit den übrigen Staaten (*Helsinki-Gruppe*: Lettland, Litauen, die Slowakei, Bulgarien, Rumänien sowie Malta). Mittels jährlicher Fortschrittsberichte informierte die Kommission über den Stand der Beitrittsvorbereitung in den einzelnen Ländern, während mit jedem Staat einzeln verhandelt wurde. Am 16. April 2003 konnten nach langen Verhandlungen mit zehn Staaten (allen außer Rumänien und Bulgarien) Beitrittsverträge unterzeichnet werden. Diese zehn Länder traten nach erfolgreicher Ratifizierungsphase im Mai 2004 der Union bei. Im Anschluss an den Beitritt wurden die Vorbereitungen für die Aufnahme der beiden übrigen Kandidatenstaaten fortgesetzt. Der Beitritt Rumäniens und Bulgariens wurde am 1. Januar 2007 quasi nachgeholt.

11.12 Von Laeken bis Lissabon – der Verfassungsprozess und sein Ende

Nicht zuletzt die berühmte Rede des deutschen Außenministers Joschka Fischer vor der Berliner Humboldt-Universität[687] im Jahr 2000 setzte einen Verfassungsprozess in Gang. Auf ihrem Brüsseler EU-Gipfel im Dezember 2001 verabschiedeten die Staats- und Regierungschefs, lange vor Inkrafttreten des Nizza-Vertrags – die Erklärung von Laeken. In dem Dokument waren vorwiegend Fragen betreffend der künftigen Integration gestellt, die den föderalistischen Pfad, den die europäische Integration in den nächsten Jahren beschreiten sollte, schon anlegten. Die Fragen lassen sich drei übergeordneten Zielen zuweisen: Es ging um die Steigerung der Demokratie, der Transparenz und der Effizienz der Union.[688] Eine breit angelegte Debatte im Rahmen eines Konvents sollte Antworten auf die offenen Fragen suchen und insbesondere Ideen zur besseren Aufteilung und Festlegung der Zuständigkeiten, zur Vereinfa-

---

[687] Fischer, Joschka, 2000: Vom Staatenbund zur Föderation – Gedanken über die Finalität der europäischen Integration, in: Forum Constitutionis Europae 12/00 (Spezial 2), S. 9.
[688] Europäischer Rat: Schlussfolgerungen des Vorsitzes, Anlage I: Erklärung von Laeken, Laeken, 14. u. 15. Dezember 2001, SN 300/1/01, S. 21.

chung der Instrumente der Union, zur Zusammenführung der bestehenden Verträge einschließlich der Grundrechtecharta in ein einziges Dokument hervorbringen. Das Ergebnis sollte allerdings nicht explizit eine Verfassung sein.

Am 28. Februar 2002 traf der Konvent zur Zukunft der Europäischen Union unter der Ägide des früheren französischen Staatspräsidenten Valéry Giscard d'Estaing zu seiner konstituierenden Sitzung zusammen. An den Verhandlungen des Konvents nahmen insgesamt 105 Mitglieder teil, nämlich 15 Regierungsvertreter der Mitgliedstaaten, 30 Vertreter der nationalen Parlamente (je zwei pro Mitgliedsland), 16 Abgeordnete des Europäischen Parlaments sowie zwei Vertreter der Kommission. Auch Vertreter der 13 Beitrittskandidaten nahmen an den Beratungen teil, hatten aber kein Stimmrecht. Zuletzt entsandten der Wirtschafts- und Sozialausschuss, die Sozialpartner sowie der Ausschuss der Regionen Beobachter in das Gremium. Der Konvent tagte öffentlich, alle Dokumente wurden zugänglich gemacht, und auch darüber hinaus gab es vielfältige Maßnahmen, die Öffentlichkeit in die Debatte einzubeziehen. Die Verhandlungen dauerten insgesamt 17 Monate, dann übergab der Konvent am 18. Juli 2003 den Entwurf eines Verfassungsvertrags an die italienische Ratspräsidentschaft. Die Konventsmitglieder hatten ihre Arbeit ganz offensichtlich als Verfassungsgebung interpretiert, und sie gaben dem umfangreichen Dokument, das, juristisch gesehen, ein völkerrechtlicher Vertrag zwischen Nationalstaaten war, den komplizierten Titel *Vertrag über eine Verfassung für Europa*.

Die zentralen Neuerungen, die der Entwurf vorsah, waren die Zusammenführung der Verträge in ein Dokument, die Einrichtung der Ämter eines gewählten Ratspräsidenten sowie eines Außenministers, die Integration der Grundrechtecharta in das Dokument, die Einführung eines klaren Kompetenzkatalogs, die Möglichkeit einer Bürgerinitiative, die Einführung der doppelten Mehrheit bei Ratsentscheidungen usw. Ungefähr 90 Prozent der ambitionierten Vorschläge überstanden die anschließende Regierungskonferenz, die nötig war, um den Verfassungsvertrag zu verabschieden. Sie begann im Oktober 2003 unter italienischem Vorsitz. Auf dem Brüsseler Gipfeltreffen im Dezember 2003 scheiterte die Annahme des Entwurfs an der Frage der doppelten Mehrheit. Die Regierungen Polens und Spaniens – beide Länder waren durch die Stimmengewichtung im Rat gemäß Nizza stark begünstigt – wehrten sich gegen die Regelung, die für sie einen Bedeutungsverlust gebracht hätte. Das Wort von „Nizza oder Tod" machte die Runde.[689] Die Regierungskonferenz wurde zunächst einmal ausgesetzt und erst im Frühjahr 2004, nun unter irischer Ratspräsidentschaft wieder aufgenommen. Unterdessen hatte die spanische Regierung gewechselt, und der neue Regierungschef José Luis Rodríguez Zapatero zeigte sich weniger widerspenstig denn sein Vorgänger im Amt José Maria Aznar. Im Juni 2004 konnte der gegenüber dem Entwurf leicht abgeänderte Verfassungsvertrag unter-

---

689 Die griffige Formel geht auf den damaligen Oppositionsführer im polnischen Parlament Jan Rokita zurück.

zeichnet werden. Die wesentlichste Abweichung war die Modifikation der umstrittenen doppelten Mehrheit. So sollten die Hürden für die Mehrheit der Mitgliedstaaten und die gleichzeitige Mehrheit der EU-Bevölkerung nicht mehr 50 bzw. 60 Prozent wie im Konventsentwurf, sondern 55 und 65 Prozent betragen.

Am 29. Oktober 2004 erreichte der Verfassungsprozess mit der feierlichen Unterzeichnung auf dem Kapitolshügel in Rom, also dort, wo knapp fünfzig Jahre zuvor die Römischen Verträge signiert worden waren, seinen feierlichen Höhepunkt. Dieser war sogleich der Anfang vom Ende der Verfassung. Denn auf die Unterzeichnung folgte naturgemäß die Ratifizierung durch die nationalen Parlamente bzw. Bevölkerungen. Insbesondere Referendumssituationen hatten die Gemeinschaft in der Vergangenheit immer wieder in tiefe Krisen gestürzt. Und angesichts einer Anzahl von 25 Mitgliedstaaten, die den Verfassungsvertrag ratifizieren mussten, war die Nervosität groß. Als nach elf erfolgreichen Ratifizierungen am 29. Mai 2005 das Referendum zur Ratifizierung des Verfassungsvertrags in Frankreich, also einem Gründungsmitglied der Gemeinschaften und dem Mutterland der europäischen Idee, scheiterte, waren die Hoffnungen dahin, zumal die Niederländer wenige Tage später, am 1. Juni 2005, mit einer noch deutlicheren Mehrheit gegen die Verfassung nachlegten.[690] So stürzte die EU also in Folge der gescheiterten Referenden in die tiefste Sinnkrise seit ihrer Entstehung und verordnete sich selbst eine Phase der Reflexion, in der das Verfassungsthema nahezu gänzlich von der Oberfläche verschwunden war.

Noch ein Jahr später, anlässlich der Tagung des Europäischen Rats im Juni 2006, verpflichteten sich die Staats- und Regierungschefs nach Ablauf der ersten selbst gesetzten Frist zwar darauf, die Vertragsreform fortzusetzen, allerdings ohne den zu wählenden Weg und die endgültige Gestalt des Dokuments festzulegen. Stattdessen wurden weitere ausführliche Konsultationen mit allen Mitgliedstaaten angekündigt, sowie ein Bericht des Vorsitzes des Europäischen Rates in der ersten Jahreshälfte 2007.[691] Parallel dazu kursierten erste mehr oder weniger konkrete Alternativkonzepte zum Verfassungsvertrag. Ein viel beachtetes Beispiel bildete der Vertragsentwurf der sog. *Amato-Gruppe*, die unter der Leitung des früheren italienischen Ministerpräsidenten und Vizepräsidenten des Europäischen Konvents Giuliano Amato teils hochrangige Politiker aus einer Vielzahl von EU-Staaten versammelt hatte. Ihr Entwurf übernahm den Großteil der institutionellen Reformen des Verfassungsvertrags, verzichtete auf einige konstitutionelle Symbolik sowie viele Detailregelungen und hatte insgesamt nur 70 Artikel, ausgenommen die angehängten Protokolle. Der Entwurf wurde am 4. Juni 2007 im Rahmen einer Pressekonferenz in Brüssel präsentiert. Demgegenüber basierte der sog. „mini-traité", für den sich der französische

---

690 Eine ausführliche vergleichende Analyse der Referenden bietet Schünemann, Wolf J., 2014 i.E.: Subversive Souveräne. Eine vergleichende Diskursanalyse der Referenden über den EU-Verfassungs- bzw. Reformvertrag in Frankreich, den Niederlanden und Irland, Wiesbaden.
691 Europäischer Rat in Brüssel, 16. und 17. Juni 2006, Schlussfolgerungen des Vorsitzes, S. 16–17.

Präsidentschaftskandidat Nicolas Sarkozy im Wahlkampf 2007 aussprach, zwar gemäß den diesbezüglichen Ankündigungen auf einer vergleichbaren Grundidee, er kam jedoch nie zur Ausfertigung.[692]

Unterdessen ging auch auf der eigentlichen europapolitischen Entscheidungsebene der Beratungsprozess weiter, ohne dass Klarheit über den Fortgang des Verfassungsprojekts hergestellt worden wäre. Ein öffentliches Eingeständnis, dass der Verfassungsvertrag gescheitert war und eine alternative Vertragsreform angestrebt wurde, erfolgte erst unter deutscher EU-Ratspräsidentschaft. In der im Rahmen des Festakts zum fünfzigjährigen Jubiläum der Unterzeichnung der Römischen Verträge am 25. März 2007 von der deutschen Bundeskanzlerin Angela Merkel verlesenen sog. *Berliner Erklärung* tauchte der Verfassungsbegriff nicht mehr auf. Stattdessen wurde ein vergleichsweise vage formuliertes Reformziel genannt, nämlich „die Europäische Union bis zu den Wahlen zum Europäischen Parlament 2009 auf eine erneuerte gemeinsame Grundlage zu stellen".[693] Sehr viel konkreter wurden in dieser Hinsicht die Vorgaben zur Fortführung der Vertragsreform in dem Bericht des Vorsitzes, der gemäß den Beschlüssen des Europäischen Rats von Juni 2006 erarbeitet worden war und der dem Juni-Gipfel 2007 vorgelegt wurde. Im Bericht wurde der Verfassungsbegriff als problematisch dargestellt und ein Verzicht auf das konstitutionelle Etikett empfohlen.[694] Das ganze Dilemma der Ratspräsidentschaft wird im Dokument ersichtlich. Es bestand darin, zum einen die Erarbeitung eines neuen Vertragstexts einzuleiten, der von möglichst allen Staaten auf parlamentarischem Wege gebilligt werden konnte, zum anderen möglichst viele Inhalte aus dem seitens einer Vielzahl der Mitgliedstaaten bereits ratifizierten Verfassungsvertrag in das neue Dokument hinüber zu retten. Dementsprechend waren die wesentlichen Abweichungen des projektierten Grundlagenvertrags vom Verfassungsentwurf im Bericht bereits als Vorgaben enthalten. Insbesondere wurden hierin auch eine herkömmliche Vertragsreform und die folgerichtige Aufnahme einer Regierungskonferenz vorgeschlagen. Im Bericht des Vorsitzes hieß es hierzu wörtlich:

„Der Vorsitz schlägt vor, zu der klassischen Methode der Vertragsänderung zurückzukehren. Die Regierungskonferenz würde daher gebeten, einen Reformvertrag zu verabschieden, mit dem die geltenden Verträge nicht aufgehoben, sondern lediglich geändert werden. Der geänderte Vertrag über die Europäische

---

[692] Vgl. Sarkozy, Nicolas, 2006: Discours devant les Amis de l'Europe et la Fondation Robert Schumann, 8. Sep. 2006, abrufbar unter: http://www.robert-schuman.eu/actualite/bruxelles/discours8sept.pdf (letzter Zugriff: 17.5.2011); Sarkozy, Nicolas/Politique Internationale, 2007: La France, puissance d'avenir. Entretien avec Nicolas Sarkozy, in: Politique Internationale 115/2007; Schild, Joachim, 2010: Pariser Pragmatismus, in: Leiße, Olaf (Hrsg.): Die Europäische Union nach dem Vertrag von Lissabon, Wiesbaden, S. 23–41 (37–38); Sauger, Nicolas/Brouard, Sylvain/Grossman, Emiliano, 2007: Les Français contre l'Europe. Les sens du référendum du 29 mai 2005, Paris, S. 11 u. 138.
[693] Europäischer Rat, 2007a: Erklärung anlässlich des 50. Jahrestages der Unterzeichnung der Römischen Verträge (Berliner Erklärung) vom 25. März 2007, Berlin, S. 2.
[694] Vgl. Leiße, Olaf, 2010: Wandel durch Annäherung: Zur Steuerung der Reformpolitik in der Europäischen Union, in: ders.: Die Europäische Union nach dem Vertrag von Lissabon, Wiesbaden, S. 9–20 (14).

Union würde seine derzeitige Bezeichnung behalten, während der Vertrag zur Gründung der Europäischen Gemeinschaft in ‚Vertrag über die Arbeitsweise der Union' umbenannt und die detaillierten Bestimmungen betreffend die Durchführung einschließlich der Rechtsgrundlagen enthalten würde. Beide Verträge hätten den gleichen rechtlichen Stellenwert. Die Union erhielte eine einheitliche Rechtspersönlichkeit. [Absatz] Im Mandat der Regierungskonferenz sollte festgelegt werden, wie die von der Regierungskonferenz 2004 vereinbarten Maßnahmen für eine handlungsfähigere und demokratischere Union in den Vertrag über die Europäische Union und den Vertrag über die Arbeitsweise der Union eingearbeitet werden sollen".[695]

Die Staats- und Regierungschefs leisteten den im Bericht enthaltenen Vorschlägen des deutschen Ratsvorsitzes weitestgehend Folge. Entsprechend verabschiedeten sie auf ihrem Gipfel im Juni 2007 das Mandat für eine Regierungskonferenz, die noch vor Jahresende einen unterschriftsreifen Reformvertrag erarbeitet haben sollte. Die Vorgaben an die Vertragsreform wurden im Mandatstext noch weiter konkretisiert.[696] Ausgestattet mit diesen teils detaillierten Editionsanweisungen, gelang es der Regierungskonferenz im vorgegebenen Zeitraum, die wesentlichen Inhalte des Verfassungsvertrags in den Reformvertrag zu überführen, dabei die Doppelstruktur des Vertragswerks mit der neuen Titulierung des EG-Vertrags als Vertrag über die Arbeitsweise der EU beizubehalten und auch über die bloße Textgestalt hinaus Inhalte mit konstitutioneller Symbolik zu entfernen. Schon im Oktober 2007 einigten sich die Staats und Regierungschefs auf den zunächst sog. Grundlagenvertrag, der am 13. Dezember desselben Jahres in Lissabon feierlich unterzeichnet werden konnte. Erneut war für das Inkrafttreten des Reformvertrags die Ratifizierung aller Mitgliedstaaten, nunmehr 27, erforderlich. Nicht zuletzt aus dem Grund, für dieses Mal Volksabstimmungen nach Möglichkeit zu vermeiden, war auf die symbolische Gestalt des Reformwerks verzichtet worden. Diese Strategie ging insoweit auf, als nur in Irland ein durch die nationale Verfassung vorgeschriebenes Referendum nicht zu umgehen war, während die übrigen Staaten den Text nach und nach auf parlamentarischem Wege billigten.[697] Das erste irische Referendum über den Lissabon-Vertrag ging mit einem negativen Votum aus: Am 12. Juni 2008 sprach sich eine Mehrheit von 53,4 Prozent – bei einer Wahlbeteiligung von über 53 Prozent – gegen die Ratifizierung des Lissabon-Vertrags aus.

Infolgedessen geriet die irische Regierung unter erheblichen Druck seitens der europäischen Partnerländer. Von ihr wurde nun aktive Schadensbegrenzung erwar-

---

695 Europäischer Rat, 2007b: Bericht des Vorsitzes an den Rat/Europäischen Rat. Fortführung der Vertragsreform, 14. Juni 2007, Brüssel, S. 5.
696 Europäischer Rat in Brüssel, am 21. und 22. Juni 2007: Schlussfolgerungen des Vorsitzes, S. 15–30.
697 Selbst in Staaten, die ein Referendum über den Verfassungsvertrag durchgeführt oder geplant hatten, sowie in einem Land wie Dänemark, in dem bisher jeder EU-Vertrag dem Volk vorgelegt worden war, entschieden allein die Parlamente.

tet. Die angeschlagene Regierung unter Premierminister Cowen befand sich in einer dilemmatischen Situation, denn der Reformvertrag als Gegenstand eines zweiten Referendums – die Wiedervorlage war in Irland bereits 2002 als Ausweg nach dem Scheitern des Nizza-Vertrags gewählt worden – konnte im Grunde nicht verändert werden, weil eine wirkliche, substanzielle Modifikation die neuerliche Zustimmung und Ratifizierung durch alle Mitgliedstaaten erfordert hätte. Unter den Partnern bestand jedoch nicht die geringste Bereitschaft, das Verhandlungspaket noch einmal aufzuschnüren und in eine weitere Runde des mühsamen Ratifikationsprozesses einzutreten. Die Wiedervorlage des gleichen Dokuments war jedoch innenpolitisch ein heikles Manöver, bei dem die Regierungsparteien den Verlust ihrer politischen Glaubwürdigkeit riskierten. Dennoch lief sehr bald alles auf eine zweite Volksabstimmung in Irland hinaus. Um trotz des weitestgehend unveränderbaren Gegenstands den Anschein eines „new deal", eines substanziell veränderten Angebots zu erwecken, das der Bevölkerung neuerlich zur Abstimmung vorgelegt werden könne, bemühte sich die irische Regierung, die wesentlichen Bedenken der Wähler auszumachen und diesbezüglich mit den europäischen Partnern Zugeständnisse zu vereinbaren. Die Ratspräsidentschaft für das zweite Halbjahr 2008 unter der Führung des französischen Staatspräsidenten Nicolas Sarkozy unterstützte die irischen Regierungsvertreter in ihren Anstrengungen. Bei ihrem Gipfeltreffen im Dezember 2008 verständigten sich die Staats- und Regierungschefs darauf, der irischen Bevölkerung in verschiedenen Fragen entgegenzukommen. Zunächst wurde die im irischen Referendum sehr kontrovers diskutierte Reduktion des Kommissionskollegiums, die der Lissabon-Vertrag vorsah, fallen gelassen. Auch künftig sollte es bei einem Kommissar pro Mitgliedstaat bleiben.[698] Einzig dieses Zugeständnis an die irischen Vertragskritiker bedeutete eine allgemeine Modifikation des Reformprojekts, die auch alle übrigen Mitgliedstaaten betraf. Darüber hinaus wurden Erklärungen abgegeben, die lediglich den wichtigsten Bedenken der Iren begegneten, nämlich zu sozialethischen Fragen wie Abtreibung und Sterbehilfe, zur Steuerpolitik sowie zur außenpolitischen Neutralität Irlands. Neben diesen – mit Ausnahme der Kommissionsentscheidung – wenig substanziellen Änderungen am Abstimmungsgegenstand spielte die Finanz- und Wirtschaftskrise, die Irland relativ früh und besonders heftig traf, den Ratifizierungsbefürwortern und ihren Argumenten im Vorfeld des zweiten Referendums in die Hände. Am 2. Oktober, also knapp 16 Monate nach der ersten Volksabstimmung, sprach sich eine große Mehrheit von 67,1 Prozent bei einer Wahlbeteiligung von 58,9 Prozent für die Ratifizierung aus.[699] Einige Tage später konnte die irische Ratifikationsurkunde unterzeichnet und hinterlegt werden. Mit der irischen Ratifizierung war die letzte große Hürde der Vertragsreform genommen. Nach dem Lissa-

---

698 Dieser Beschluss wurde erst im Mai 2013 rechtsverbindlich bekräftigt.
699 Vgl. für eine Analyse des zweiten Referendums im Vergleich zum ersten Schünemann, Wolf J., 2010: Wieder ein Sieg der Angst? Das zweite irische Referendum über den Lissabon-Vertrag in der Analyse, in: integration 3/2010, S. 224-239.

bon-Urteil des deutschen Bundesverfassungsgerichts hatte Deutschland Ende September 2009 seine Ratifikationsurkunde hinterlegen können. Der polnische Präsident Lech Kaczynski hatte mit Unterzeichnung der Ratifikationsurkunde noch gezögert, lenkte aber nach der irischen Zustimmung ein und hinterlegte das Dokument am 12. Oktober 2009. Zuletzt stand einzig die tschechische Ratifizierung aus, die vom EU-kritischen Staatspräsidenten Václav Klaus trotz längst erfolgter parlamentarischer Voten allerdings angesichts eines ausstehenden Urteils des nationalen Verfassungsgerichts zurückgehalten wurde. Auf ihrem Gipfel im Oktober 2009 gewährten die EU-Staats- und Regierungschefs Tschechien ein *opt out* betreffend die Grundrechtecharta. Wenige Tage später fällte das tschechische Verfassungsgericht ein zustimmendes Urteil. Klaus unterzeichnete die Ratifikationsurkunde, die am 13. November hinterlegt wurde. Der Vertrag von Lissabon trat daraufhin zum 1. Dezember 2009 in Kraft. Nach über achtjährigem Ringen war die konstitutionelle Reform der 2000er Jahre damit zwar nicht an ihr eigentliches Ziel gelangt, aber doch abgeschlossen.

Neben den umfassenden Änderungen hinsichtlich der Entscheidungsregeln (Ordentliches Gesetzgebungsverfahren, doppelte Mehrheit usw.), welche den europapolitischen Alltag aktuell oder nach Ablauf einer Übergangszeit beeinflussen, sind es vor allem die institutionellen Neuerungen des Lissabon-Vertrags, die in den vergangenen Jahren eine sichtbare Umsetzung gefunden haben. So wurden gleich nach Inkrafttreten des Reformvertrags die neuen Spitzenpositionen, also der dauerhafte Präsident des Europäischen Rates und der aufgewertete Hohe Vertreter für die GASP, ernannt. Mit dem früheren belgischen Premierminister Herman van Rompuy und dem britischen Oberhausmitglied Catherine Ashton wurden Personen eingesetzt, die unverzüglich Kritik als zu blass und wenig profiliert auf sich zogen. Wenngleich eine gründliche Bewertung ihrer Performanz sowie der Positionen überhaupt einer größeren Distanz zum Geschehen bedarf, kann schon jetzt festgehalten werden, dass zumindest die erhoffte verbesserte Sichtbarkeit und klarere Zuständigkeitsverteilung zwischen den europäischen Spitzenämtern bisher nicht eingetreten sind. Immerhin konnte das diplomatische Korps der EU, wie im Lissabon-Vertrag vorgesehen, zügig zum Europäischen Auswärtigen Dienst (EAD) integriert werden. Dieser konnte im Januar 2011 seine Arbeit aufnehmen. Der aufgewertete Posten der Hohen Vertreterin und der EAD konnten allerdings bislang nicht wesentlich zu einer kohärenteren Außenpolitik beitragen. In den großen außenpolitischen Krisen der vergangenen Jahre: dem Arabischen Frühling, insbesondere im Hinblick auf die Intervention in Libyen, sowie dem lange anhaltenden blutigen Konflikt in Syrien hat sich die EU gewohnt schwer getan, zu gemeinsamen Positionen zu gelangen (s. Kap. 10 zur Außenpolitik).

11.12 Von Laeken bis Lissabon – der Verfassungsprozess und sein Ende

Tabelle 13: Profil Vertrag von Lissabon[700]

Ziele	Förderung des Friedens und der Werte ihrer Völker Raum der Freiheit, der Sicherheit und des Rechts Binnenmarkt	Art. 3 EUV
	Zusammenführung in ein Dokument bzw. bessere Lesbarkeit	EUV und AEUV
Institutionen	Präsident des Europäischen Rates: vom Europäischen Rat mit qual. Mehrheit für zweieinhalb Jahren gewählt	Art. 15 Abs. 5, 6 EUV
	Außenminister der EU/Hoher Vertreter der Union für die GASP und Auswärtiger Dienst	Art. 18 (Hoher Vertreter), Art. 27 EUV
	Wahl des Kommissionspräsidenten durch das Europäische Parlament	Art. 14 u. 17 Abs. 7 EUV
	Mitentscheidung als Teil des ordentlichen Gesetzgebungsverfahrens	Art. 294 AEUV
	Einführung einer Bürgerinitiative: mind. eine Million EU-Bürger aus einer erheblichen Anzahl von Mitgliedsländern können Kommission zu Vorlage auffordern.	Art. 11 Abs. 4 EUV, Art. 24 Abs. 1 AEUV
	Doppelte Mehrheit (55 Prozent der Mitglieder, 65 Prozent der EU-Bevölkerung) im Rat, Sperrminorität: mind. 4; Ausweitung der Mehrheitsentscheidung	Art. 16 Abs. 4 EUV, Art. 238 AEUV[a]
Inhalte	Einführung eines *Frühwarnmechanismus*, wonach die nationalen Parlamente binnen sechs/acht Wochen nach Übermittlung eines Entwurfs die Verletzung des Subsidiaritätsgebots reklamieren können; außerdem erhalten sie ein indirektes (über die Staaten) Klagerecht vor dem EuGH	Art. 5 Abs. 5, 12 b) EUV, Protokoll Nr. 2 Art. 6 (acht Wochen), Art. 8
	klarere Aufteilung der Kompetenzen zwischen EU und Mitgliedstaaten in ausschließliche und geteilte Zuständigkeiten	Art. 2 bis 6 AEUV
	Grundrechtecharta als Teil der Verfassung bzw. externes Dokument mit vertraglich erklärter Rechtsverbindlichkeit	Art. 6 Abs. 1 EUV[b]
	Rechtspersönlichkeit für EU	Art. 47 EUV
	Austrittsrecht für jeden Mitgliedstaat	Art. 50 EUV
	Einführung einer Beistandsklausel	Art. 42 Abs. 7 EUV
	Verpflichtung zur Verbesserung der militärischen Fähigkeiten, Europäische Verteidigungsagentur	Art. 42 Abs. 3
	Ständige Strukturierte Zusammenarbeit in der Sicherheits- und Verteidigungspolitik für integrationswillige Staaten	Art. 42 Abs. 6 u. Art. 46 EUV
	Solidaritätsklausel für wechselseitige Unterstützung im Katastrophenfall (Terroranschläge usw.)	Art. 222 AEUV

---

700 Eine ausführliche Version dieses Profils sowie ein Profil des gescheiterten Verfassungsvertrags finden sich unter den Online-Materialien zu diesem Band, abrufbar unter: www.utb-mehr-wissen.de.

Staaten	Alle Mitgliedstaaten der EU-27	
Daten	unterzeichnet am 17. Dezember 2007, am 1. Dezember 2009 in Kraft getreten	

[a] Regelung gilt erst ab dem 1.11.2014, Rat: Ausnahmeregeln bis 2017; [b] für Polen und Großbritannien nicht rechtsverbindlich, s. Protokoll Nr. 30

Abschließend kann auch die Einführung der Europäischen Bürgerinitiative (EBI) als eine Neuerung betrachtet werden, die mit großen Erwartungen begleitet wurde. Nach einigen organisatorischen Schwierigkeiten konnte das Verfahren für die EBI im April 2012 eröffnet werden. Derzeit laufen 15 Bürgerinitiativen, von denen lediglich eine gegen die Privatisierung der Wasserversorgung (www.right2water.eu) als erste überhaupt bereits die erforderlichen Unterschriften aus einer ausreichenden Anzahl der Mitgliedstaaten erhalten hat.

11.13 Aus der Krise in die Krise – von Staatsschulden und Euro-Rettung

Lange Zeit konnte die Europapolitik den Erfolg der abgeschlossenen konstitutionellen Reform nicht genießen. Im Gegenteil: Als der Lissabon-Vertrag in Kraft trat, waren längst sehr düstere Wolken über den europäischen Volkswirtschaften aufgezogen. Im Frühjahr 2010 transformierte sich die zuvor bekämpfte weltweite Finanz- und Wirtschaftskrise in eine europäische Staatsschuldenkrise, deren sukzessive auftretenden Schocks und reaktiv improvisierend vollzogene Krisenbewältigung die Europapolitik fortan und im Grunde bis heute dominieren sollten. Die EU geriet also tatsächlich von einer Krise in die nächste – man könnte auch sagen: nächst tiefere, denn zumindest zeitweise erschienen die aktuellen Schwierigkeiten als durchaus existenzieller Art.

Die sog. *Eurokrise* oder genauer: *Staatsschuldenkrise im Euroraum* kann als eine Folgeerscheinung der weltweiten Wirtschafts- und Finanzkrise betrachtet werden, die mit dem Einbruch am US-amerikanischen Immobilienmarkt 2007 begann und spätestens mit der Insolvenz der US-Investmentbank Lehman Brothers im September 2008 eine globale Dimension annahm. Auch viele europäische Banken gerieten unter Druck. Einige Geldhäuser mussten aus den öffentlichen Haushalten unterstützt werden. Durch Bankenrettungen und Konjunkturprogramme erhöhten die nationalen Regierungen ihre ohnehin hohen Staatsdefizite (s. Abbildung 6 zum Öffentlichen Bruttoschuldenstand der EU-Staaten). Einige Länder mit schlechten ökonomischen Aussichten büßten infolgedessen auf den internationalen Finanzmärkten drastisch an Kreditwürdigkeit ein, die führenden Ratingagenturen korrigierten ihre Noten nach unten, wodurch die Refinanzierungskosten zum Teil auf ein unerträgliches Niveau gesteigert wurden. Die Jahre 2010 bis 2012 waren im Besonderen geprägt durch die offene Spekulation gegen einige Mitgliedstaaten der Eurozone (Griechenland, Irland, Spanien, Portugal, Italien). Die Akteure auf den Finanzmärkten wetteten geradezu auf den Staatsbankrott und setzten die Gemeinschaft damit unter Handlungsdruck. Die EU und die Staaten der Eurozone hatten Schwierigkeiten, auf die schnell veränderten Bedingungen zu reagieren, sie wurden geradezu von den Finanzakteuren vor sich her getrieben.

Was das Krisenmanagement betrifft, ergriffen die EU, die Mitgliedstaaten und der IWF, wie in Kapitel 5 ausführlich dargelegt, zunächst Ad-hoc-Maßnahmen zur Stabilisierung der Krisenländer. Alles begann mit Griechenland, dem als erstem bereits im März 2010 Kreditgarantien der Eurostaaten und des IWF in Höhe von 110 Milliarden Euro gewährt wurden, um einen Staatsbankrott zu vermeiden. Mit der Europäischen Finanzmarktstabilisierungsfazilität (EFSF) wurde im Anschluss daran ein provisorischer sog. *Rettungsschirm* etabliert. Irland musste als erstes Land Ende 2010 Hilfen aus der EFSF beantragen. Im April 2011 folgte Portugal. Unterdessen setzte sich die Einsicht durch, dass die Mittel des EFSF keineswegs ausreichen würden, um den Euroraum nachhaltig zu stabilisieren. Schon auf dem Europäischen Rat im Dezember 2010 beschlossen die Staats- und Regierungschefs der Euro-Staaten eine Änderung des Vertragsartikels 136 AEU-Vertrag, so dass dieser die Einrichtung eines dauerhaften Rettungsmechanismus erlaubte. Zur Gründung des Europäischen Stabilitätsmechanismus (ESM) schlossen die beteiligten Staaten einen völkerrechtlichen Vertrag, der nach einem teils komplizierten Ratifizierungsprozess (z.B. Eilentscheidung des Bundesverfassungsgerichts) erst im September 2012 in Kraft treten konnte. Spanien und Zypern haben bereits Hilfen aus dem ESM zugesprochen bekommen.

Über die genannten Maßnahmen hinaus beteiligte sich auch die EZB an der finanziellen Stabilisierung angeschlagener Staaten, indem sie in einem sehr umstrittenen Manöver schlecht bewertete Staatsanleihen aufkaufte, um die Refinanzierungszinsen für die betroffenen Länder zu senken. Diese Praxis wurde im Mai 2010 begonnen und bis heute nicht grundsätzlich eingestellt. Im Gegenteil: Im September 2012 kündigte der neue EZB-Präsident Mario Draghi sogar ein unbeschränktes Programm zum Ankauf von Staatsanleihen an (*Outright Monetary Transactions*, OMTs). Nach Meinung vieler Beobachter hat gerade diese Ankündigung zu der seitdem spürbaren Beruhigung der Lage beigetragen.

Die Hilfen seitens der EU, der Mitgliedstaaten und des IWF wurden mit einer klaren Konditionalität im Hinblick auf Haushaltskonsolidierung und wirtschaftspolitische Reformen vergeben. Vor jeder Ausschüttung einer neuen Tranche von Hilfsgeldern wird grünes Licht von einem gemeinsamen Expertengremium, der sog. Troika, erwartet, die Reformfortschritte in den Empfängerländern überprüft. Außerdem wurde durch ein Ende 2011 verabschiedetes Gesetzgebungspaket (genannt *Sixpack*) der Stabilitäts- und Wachstumspakt dahingehend reformiert, dass künftig eine bessere Prävention möglich ist, aber auch effektiver Sanktionen verhängt werden können. Außerhalb des EU-Rechts unterzeichneten zudem im März 2012 25 EU-Mitgliedstaaten mit Ausnahme Großbritanniens und Tschechiens den sog. *Fiskalvertrag*, der die teilnehmenden Staaten zu noch schärferer Haushaltsdisziplin verpflichtet und insbesondere die Festschreibung einer Schuldenbremse im nationalen Recht verlangt. Um zudem, wie von vielen Ländern gewünscht, neben dem Konsolidierungskurs dennoch auch Wachstumsimpulse zu setzen und die Wirtschaftspolitiken der Mitgliedstaaten dahingehend besser zu koordinieren, unterzeichneten die Eurostaaten im März 2011 den sog. *Euro-Plus-Pakt*, der jährlich koordinierte Reformprogramme auf Grundlage gemeinsamer Zielvorgaben ermöglichen soll. Zuletzt beschlossen die Staats- und Regierungschefs im Juni 2012 einen *Pakt für Wachstum und Beschäftigung*, der Maßnahmen zur Steigerung von Wirtschaftswachstum und Beschäftigung mit einem finanziellen Gesamtvolumen von 120 Milliarden Euro fördern soll. Die Mittel ergeben sich aus Umschichtungen und -deklarierungen im EU-Haushalt.

Bewertet man den aktuellen Stand der Krise nach Einrichtung neuer finanzpolitischer Institutionen und Krisenbewältigungsmaßnahmen unterschiedlicher Art, so lässt sich in der Tat zumindest sagen, dass sich die Lage der Krisenländer sowie die Stimmung auf den Finanzmärkten etwas beruhigt zu haben scheinen. Dennoch bleibt die Situation auch aus ökonomischer Sicht angespannt, und niemand gibt Entwarnung. Dramatische Krisenerscheinungen können jederzeit wieder auftreten. Außerdem erzeugen die Bewältigungsmaßnahmen und Reformprogramme in einigen Krisenstaaten erheblichen gesellschaftlichen Unmut, der sich regelmäßig in politischen Protesten entlädt. Und welche Auswirkungen diese auch immer auf die jeweiligen Länder oder die gesamte Union haben werden, in jedem Fall haben EU und Eurozone bei Befürwortern wie Gegnern den Nimbus des wirtschaftlichen Erfolgsprojekts weitgehend eingebüßt, was sich in Zukunft als zusätzliche Schwierigkeit im Hinblick auf die Legitimität der EU herausstellen kann.

Während Staatsschuldenkrise und Rettungspolitik die EU-Agenda vollends dominierten und das europapolitische Alltagsgeschäft demgegenüber weitgehend verblasste, gab es vereinzelt doch auch andere Ereignisse, ja Erfolge historischer Dimension zu feiern. Auf zwei dieser Art wollen wir abschließend kurz eingehen: Zum ersten wurde die Europäische Union im Dezember 2012 mit dem Friedensnobelpreis ausgezeichnet. In der Begründung des Nobelkomitees wird auf die historische Leistung der EU und ihrer Vorgängerorganisationen für Frieden und Aussöhnung auf dem europäischen Kontinent, für Verbreitung und Schutz von Demokratie und Menschenrechten eingegangen.[701] Zum Zweiten hat die EU Anfang Juli 2013 mit Kroatien ihr 28. Mitgliedsland aufgenommen. Nach Slowenien ist Kroatien der zweite Teilstaat Ex-Jugoslawiens, der die Transformation so weit abgeschlossen hat, dass er den Beitritt zur EU perfekt machen konnte. Als Land im Stabilisierungs- und Assoziierungsprozess hatte Kroatien 2003 einen Antrag auf Mitgliedschaft gestellt. Die Beitrittsverhandlungen wurden 2005 aufgenommen und liefen bis 2011. Am

---

701 Die Begründung kann online aufgerufen werden: http://nobelpeaceprize.org/en_GB/laureates/laureates-2012/announce-2012/ (letzter Zugriff: 17.6.2013).

9. Dezember 2011 wurde der Beitrittsvertrag unterzeichnet und im Folgenden in allen Mitgliedstaaten ratifiziert. Die kroatischen Bürger selbst sprachen sich im Januar 2012 mit großer Mehrheit (66 Prozent) für den Beitritt aus.

Einführende Literatur:

Bitsch, Thérèse, 1996: Histoire de la construction européenne de 1945 à nos jours, Brüssel. *(Ausführliche Schilderung der integrationsgeschichtlichen Ereignisse vom Kriegsende bis zur Währungsunion aus französischer Perspektive, eine gute Ergänzung.)*
Brunn, Gerhard, 2009: Die Europäische Einigung von 1945 bis heute, 3. Aufl., Bonn. *(Auf gut 300 Seiten erzählt Brunn die Geschichte der europäischen Einigung vom Kriegsende bis zum Vertrag von Nizza in beeindruckender Klarheit und Verständlichkeit. Seine Lektüre ist unbedingt zu empfehlen.)*
Dinan, Desmond, 2005: Ever closer union. An Introduction to European Integration, 3. Aufl., Basingstoke u.a. *(Der Band bietet einen umfassenden Überblick über das Einigungswerk. Allein der historische Teil ist schon eine Lektüre wert.)*
Fritzler, Marc/Unser, Günther, 2007: Die Europäische Union. Geschichte, Institutionen, Politiken, Bonn. *(Der reich illustrierte Band richtet sich an ein breites Publikum und bietet daher einen eher knappen, teils lückenhaften Überblick über die historischen Ereignisse der europäischen Einigung. Für den ersten Einstieg ist das Buch dennoch oder gerade deshalb durchaus geeignet.)*
Gasteyger, Curt, 2001: Europa von der Spaltung zur Einigung, Bonn. *(Eine umfassende Dokumentensammlung über die europäische Einigung. Der Band ist untergliedert in thematische Abschnitte, die jeweils in knapper, aber oft informativer Weise eingeleitet werden.)*
Loth, Wilfried, 1996: Der Weg nach Europa, Geschichte der europäischen Integration von 1939 bis 1957, Göttingen. *(Loth bietet eine ausführliche Frühgeschichte der europäischen Integration.)*
Masclet, Jean-Claude, 2001: L'union politique de l'Europe, Paris. *(Wer auch an der französischen Perspektive auf die Integrationsgeschichte interessiert ist, sollte sich dieses kurze Buch der berühmten französischen Reihe wissenschaftlicher Überblicks- oder Einstiegsliteratur Que sais-je? vornehmen.)*
Wessels, Wolfgang, 2008: Das politische System der Europäischen Union, Wiesbaden. *(Der Band enthält einen lesenswerten Überblick über die historischen Ereignisse, der mit zahlreichen Abbildungen und Fotos untermalt ist.)*

Weiterführende Literatur und Dokumente:

Bergmann, Jan/Lenz, Christofer (Hrsg.), 1998: Der Amsterdamer Vertrag. Eine Kommentierung der Neuerungen des EU- und EG-Vertrages, Köln. *(Umfassender juristischer Kommentar des Amsterdamer Vertrags bzw. der durch ihn vollzogenen Vertragsreform.)*
Deutsche Bundesregierung, 1992: Erklärung der Bundesregierung zu den Ergebnissen des Europäischen Rats in Maastricht, in: Bulletin der Bundesregierung vom 17. Dezember 1992.
Europäische Kommission, Generaldirektion Wirtschaft und Finanzen, 1990: One market, one money. An evaluation of the potential benefits and costs of forming an economic and monetary union, Brüssel.
Europäischer Rat, 2007a: Erklärung anlässlich des 50. Jahrestages der Unterzeichnung der Römischen Verträge (Berliner Erklärung) vom 25. März 2007, Berlin.
Europäischer Rat, 2007b: Bericht des Vorsitzes an den Rat/Europäischen Rat. Fortführung der Vertragsreform, 14. Juni 2007, Brüssel.

Fischer, Joschka, 2000: Vom Staatenbund zur Föderation – Gedanken über die Finalität der europäischen Integration, in: Forum Constitutionis Europae 12/00 (Spezial 2). *(Die berühmte Rede des ehemaligen deutschen Außenministers, der hiermit als Privatmann die Verfassungsdebatte anstieß.)*

Fukuyama, Francis, 1992: The end of history and the last man, London. *(Dieses Buch steht seit seinem Erscheinen für die weltpolitische Euphorie nach Ende des Kalten Kriegs, dessen Friedensvision sich allerdings sehr schnell als unhaltbar erwies.)*

Gaulle, Charles de, 1960: Pressekonferenz vom 5. September 1960, in: Europa-Archiv (21) 1960, S. D 297–307.

Ders., 1962: Pressekonferenz vom 15. Mai 1962 (Auszug über die Europa-Politik), in: Europa-Archiv (13) 1962, S. D 329–333.

Ders., 1963: Pressekonferenz vom 14. Januar 1963, in: Europa-Archiv (4) 1963, S. D 87–94.

Ders., 1965: Pressekonferenz vom 9. September 1965, in: Europa-Archiv (19) 1965, S. D 486–498.

Ders., 1967: Pressekonferenz vom 27. November 1967, in: Europa-Archiv (24) 1967, S. D 553–561.

Gareis, Sven Bernhard/Varwick, Johannes, 2006: Die Vereinten Nationen. Aufgaben, Instrumente und Reformen, Opladen/Farmington Hills. *(Umfassende Einführung.)*

Giering, Claus, 2001: Die institutionellen Reformen von Nizza – Anforderungen, Ergebnisse, Konsequenzen, in: Weidenfeld, Werner (Hrsg.): Nizza in der Analyse, Gütersloh, S. 50–144. *(Ausführliche, kenntnisreiche und sehr lesenswerte Darstellungen der vertraglichen Neuerungen nach Nizza.)*

Groeben, Hans von der, 1982: Aufbaujahre der Europäischen Gemeinschaft. Das Ringen um den Gemeinsamen Markt und die Politische Union (1958–1966), Baden-Baden. *(Ausführliche Schilderung der zweiten Phase der europäischen Einigung.)*

Hoffmann, Stanley, 1966: Obstinate or Obsolete? The Fate of the Nation-State and the Case of Western Europe, in: Daedalus (95) 1966, S. 862–915. *(Ein brillanter Aufsatz, der eine Integrationstheorie begründet: den Intergouvernementalismus.)*

Juncker, Jean-Claude, 2003: Der weite Weg in die Zukunft, Stuttgart/München, S. 185–203. *(Eine sehr knappe, dennoch interessante und lesenswerte Schilderung der Integrationsgeschichte. Juncker ist langjähriger luxemburgischer Premierminister.)*

Leparmentier, Arnaud/Montvalon, Jean-Baptiste de: Le rejet du traité européen marque un nouvel échec pour M. Giscard d'Estaing, in: Le Monde vom 31. Mai 2005.

Leiße, Olaf, 2010: Wandel durch Annäherung: Zur Steuerung der Reformpolitik in der Europäischen Union, in: ders.: Die Europäische Union nach dem Vertrag von Lissabon, Wiesbaden, S. 9–20. *(Einleitungskapitel zum Sammelband mit vielen informativen Beiträgen über Aspekte der Europapolitik nach Lissabon.)*

Maurer, Andreas/Jopp, Matthias/Schmuck, Otto (Hrsg.), 1998: Die Europäische Union nach Amsterdam. Analysen und Stellungnahmen zum neuen EU-Vertrag, Bonn. *(Sammelband mit interessanten und kenntnisreichen Analysen zum Vertrag von Amsterdam und seinen Neuerungen.)*

Monnet, Jean, 1950: Mémorandum de Jean Monnet à Robert Schuman vom 16. September 1950, abrufbar unter: http://www.ena.lu/mce.swf?doc=6612&lang=1 (letzter Zugriff: 25.4.2008).

Montvalon, Jean Baptiste de: Un « grand témoin » dans la campagne, Valéry Giscard d'Estaing, in: Le Monde vom 6. Mai 2005.

Sarkozy, Nicolas, 2006: Discours devant les Amis de l'Europe et la Fondation Robert Schumann, 8. Sep. 2006, abrufbar unter: http://www.robert-schuman.eu/actualite/bruxelles/discours8sept.pdf (letzter Zugriff: 17.5.2011).

Sarkozy, Nicolas/Politique Internationale, 2007: La France, puissance d'avenir. Entretien avec Nicolas Sarkozy, in: Politique Internationale 115/2007.

Sauger, Nicolas/Brouard, Sylvain/Grossman, Emiliano, 2007: Les Français contre l'Europe. Les sens du référendum du 29 mai 2005, Paris. *(Ausführliche, überwiegend empirisch-quantitative Analysen zum französischen Referendum über den EU-Verfassungsvertrag.)*

Schäuble, Wolfgang/Lamers, Karl, 1994: Überlegungen zur europäischen Politik (Schäuble-Lamers-Papier) vom 1. September 1994.

Schild, Joachim: Ein Sieg der Angst – das gescheiterte französische Verfassungsreferendum, in: integration (3) 2005, S. 187–200. *(Hervorragende Darstellung der Motivationslage, die das französische Referendum über den EU-Verfassungsvertrag zum Scheitern brachte.)*

Ders., 2010: Pariser Pragmatismus, in: Leiße, Olaf (Hrsg.): Die Europäische Union nach dem Vertrag von Lissabon, Wiesbaden, S. 23–41.

Schmuck, Otto/Schröder, Maximilian, 1995: Der Weg zur Europäischen Union, Bonn. *(Dieser Band ist in erster Linie eine nützliche Materialiensammlung mit guter thematischer Gliederung.)*

Schünemann, Wolf J., 2010: Wieder ein Sieg der Angst? Das zweite irische Referendum über den Lissabon-Vertrag in der Analyse, in: integration 3/2010, S. 224–239.

Ders., Wolf J., 2014 i.E.: Subversive Souveräne. Eine vergleichende Diskursanalyse der Referenden über den EU-Verfassungs- bzw. Reformvertrag in Frankreich, den Niederlanden und Irland, Wiesbaden.

Varwick, Johannes, 2008: Die NATO. Vom Verteidigungsbündnis zur Weltpolizei? München.

Volle, Hermann, 1954: Die Agonie der Europäischen Verteidigungsgemeinschaft. Eine Übersicht über die Entwicklung vom Juni bis zum September 1954, in: Europa-Archiv, 9. Jahr, 23. Folge, S. 7115–7126.

Weidenfeld, Werner, 2001: Zwischen Anspruch und Wirklichkeit – die europäische Integration nach Nizza, in: ders. (Hrsg.): Nizza in der Analyse, Gütersloh, S. 19–49. *(Interessanter und kritischer Kommentar zum Vertrag von Nizza und dessen schwierigem Aushandlungsprozess.)*

Woyke, Wichard, 2001: Die Ablehnung der Fouchet-Pläne oder die Krise der europäischen Verfasstheit, in: Kirt, Romain: Die Europäische Union und ihre Krisen, Baden-Baden, S. 97–109. *(Knappe, aber sehr empfehlenswerte Schilderung der Ereignisse rund um die französisch motivierten Pläne für eine politische Union.)*

Fragen zur Diskussion

- Wie ist die Krise um die EVG im integrationsgeschichtlichen Zusammenhang zu bewerten?
- Inwiefern begründete der EWG-Vertrag das europäische Hybridsystem zwischen supranationalem und intergouvernementalem Organisationsprinzip? Welche Elemente der ursprünglichen institutionellen Ordnung sind noch heute erkennbar?
- Inwiefern entwarfen die Fouchet-Pläne einen Gegenentwurf zur damals bestehenden Gemeinschaft?

11. Die Geschichte der europäischen Einigung

- Welche Auswirkungen hatte der Luxemburger Kompromiss auf den weiteren Integrationsverlauf?
- Inwiefern kam es in den 1960er und 1970er Jahren zu einer parallelen Entwicklung der Intergouvernementalisierung der Politik und der Supranationalisierung des Rechts?
- Welche Elemente und Strukturen der Einheitlichen Europäischen Akte kennzeichnen das Einigungswerk bis heute?
- Vor welche Herausforderungen sahen sich die europäischen Staaten nach der Wende gestellt? Wie antwortet der Vertrag von Maastricht auf diese?
- Welche Neuerungen brachte der Vertrag von Amsterdam? Inwiefern verfehlte das Dokument sein eigentliches Thema?
- Was bedeuten die Neuerungen durch Nizza für die Handlungsfähigkeit der EU? Wie ist die Regierungskonferenz als Reforminstrument nach Nizza zu bewerten?
- Wie kam es zum Scheitern der EU-Verfassung?
- Wie ist der Vertrag von Lissabon zu beurteilen? Haben seine zentralen institutionellen Neuerungen die an sie gestellten Erwartungen bisher erfüllt?
- Wie hat sich die europäische Staatsschuldenkrise bislang entwickelt? Welche Bedeutung hat sie für das Integrationsgeschehen?

12. Theorien der europäischen Integration

12.1 Integrationsbegriff und Ziel von Integrationstheorien

12.1.1 Integrationsbegriff

Bis heute existiert keine politik- oder sozialwissenschaftliche Theorie, die in der Lage wäre den komplexen europäischen Integrationsprozess umfassend zu erklären.[702] Das theoretische Instrumentarium ist unterentwickelt. Deutlich werden die Erklärungsnöte von Integrationstheorien immer dann, wenn die europäische Integration einen qualitativen Sprung macht – wie etwa mit der Einheitlichen Europäischen Akte (EEA) oder in eine Krise gerät („Politik des leeren Stuhls" Frankreichs, vgl. Kap. 11.6). Alte Ansätze verlieren an Erklärungswert, neue werden konstruiert oder bereits bekannte wieder aus der Versenkung geholt. In den 1970er Jahren sah sich einer der *Päpste* der Integrationstheorie, Ernst Haas, gar gezwungen zu erklären, dass seine neo-funktionalistische Theorie angesichts der Krise der Gemeinschaft obsolet geworden sei. Dieses apodiktische Urteil erwies sich als vorschnell, denn die Pläne des früheren Kommissionspräsidenten Jacques Delors in den frühen 1980er Jahren und die daraus resultierende EEA stimmten mit seinen theoretischen Annahmen weitgehend überein. Integrationstheorien stehen in einem engen Verhältnis mit den Fort- bzw. Rückschritten der tatsächlichen Entwicklung. Dies schlägt sich auch in der Anzahl von Veröffentlichungen nieder. Während bereits in den 1950er und 1960er Jahren zahlreiche Studien zur Erklärung der Integration erschienen waren, nahm deren Zahl in den 1970er und 1980er Jahren ab. Erst die EEA verschaffte den Integrationstheorien eine neuerliche Dynamik.

Die Klage über das Fehlen der großen Integrationstheorie ist zwar durchaus berechtigt, doch sind die vorhandenen Ansätze keineswegs überflüssig, denn ihnen kommt durchaus Erklärungswert für bestimmte Integrationsschritte und -zeiträume zu. Überhaupt benötigen wir Theorien zur fruchtbaren Analyse der Integration, so wie jede sozialwissenschaftliche Untersuchung notwendig theoriegeleitet ist bzw. sein muss.[703]

Die Integrationstheorien, die im Folgenden vorgestellt werden, weisen darüber hinaus die folgenden drei Charakteristika auf:

a) Integrationstheorien sind im Prinzip *eurozentriert*, da sie historisch im Kontext der Europäischen Integration entstanden sind. Dies liegt auch darin begründet, dass die Entwicklung der EU im globalen Vergleich mit anderen Integrationspro-

---

[702] Vgl. Giering, Claus, 1997: Europa zwischen Zweckverband und Superstaat, München.
[703] Eine Zusammenfassung der wesentlichen Funktionen sozialwissenschaftlicher Theorien findet sich unter den Online-Materialien zu diesem Band, abrufbar unter: www.utb-mehr-wissen.de.

zessen[704] der am weitesten fortgeschrittene ist. Es ist fraglich, inwieweit sich Grundannahmen der von europäischen Erfahrungen geprägten Integrationstheorien auf andere Regionen übertragen lassen.[705] Die meisten Formen der Zusammenarbeit zwischen Nationalstaaten auf anderen Kontinenten sind eher dem Bereich von Kooperation mit begrenzter Abgabe von Souveränität zuzuordnen.[706]

b) Es besteht eine enge Verknüpfung von Theorie und Praxis: Wie es ansonsten allenfalls noch am Beispiel der realistischen Theorie der internationalen Beziehungen mit ihrem Einfluss auf die amerikanische Außenpolitik während des Kalten Krieges zu zeigen ist, so werden auch die theoretischen Annahmen aus den Integrationstheorien von den handelnden Politikern, ihren Beratern und Bürokraten aufgenommen. Gleichzeitig beobachten Integrationstheoretiker die praktische Politik und modifizieren gegebenenfalls ihre Vorstellungen. Der Einfluss von Integrationstheorien geht gelegentlich so weit, dass Politiker ihr Handeln an konkrete Erwartungen, Vorgehensweisen und Ziele knüpfen, die sie aus der Theorie ableiten. In den 1960er Jahren wird beispielsweise der Ansatz des Neofunktionalismus – auch wenn der Begriff selten Verwendung findet – für viele handlungsanleitend. Die politische „Verwertbarkeit" von Integrationstheorien zeigt sich auch daran, dass theoretische Erklärungen häufig mit spezifischen Leitbildern und Zielperspektiven gekoppelt werden bzw. eine Unterscheidung wie beim Föderalismus zwischen normativer politischer Vorstellung und analytischem Theoriekonstrukt schwer fällt.

c) Der Grund für die enge Verzahnung von Integrationsrealität und -theorie besteht darin, dass spezifische Theorien immer Aussagen über die Integrationsmethode beinhalten. Integrationstheorien machen zumeist konkrete Aussagen über die Art und Weise wie Integration abläuft, d.h. welche Akteure wichtig sind und in welchen Bereichen die Integration stattfindet.

12.1.2 Ziel von Integrationstheorien

Integrationstheorien stellen systematisch Zusammenhänge zwischen Ursachen, Verläufen und den beteiligten Akteuren her. Im Kern geht es darum zu klären, welches die treibenden Kräfte der europäischen Integration sind und warum die (west-)europäischen Staaten bereit waren und sind, zumindest auf Teilbereiche ihrer Souveränität zu verzichten? Was ist das Ziel – oder die Finalität – der Integration? Welchem Modell strebt die Integration zu?

Die Theorien zielen in erster Linie darauf ab, Fortschritte im Sinne einer Vertiefung der Integration zu erklären. Dabei kann zwischen vertikaler und horizontaler Vertie-

---

704 Vgl. hier zu den unterschiedlichen Kooperations- bzw. Integrationsintensitäten Kap. 3.
705 Eine der wenigen vergleichenden Untersuchungen legt Stahl vor: Stahl, Bernhard, 1998: Warum gibt es die EU und die ASEAN? Baden-Baden. Er identifiziert Faktoren, die Kooperation und Integration in Asien und Europa fördern bzw. hemmen.
706 Vgl. zur Unterscheidung von Kooperation und Integration den folgenden Absatz.

12.1 Integrationsbegriff und Ziel von Integrationstheorien

fung unterschieden werden: Unter vertikal kann die zunehmende Tiefe der Integration in einem bereits integrierten Politikfeld verstanden werden, z.B. ein Beschluss, die militärische Zusammenarbeit durch Aufstellung von EU-*Battle Groups* (vgl. Kap. 10.3) im Rahmen der Gemeinsamen Sicherheits- und Verteidigungspolitik (GSVP) zu vertiefen. Horizontale Vertiefung liegt dann vor, wenn bislang noch nicht integrierte Bereiche neu einbezogen werden. Weitaus weniger Aufmerksamkeit widmen die Integrationstheorien hingegen Stagnation, Krise und Wandel der EG/EU. Weitgehend vernachlässigt wurden z.b. bisher theoretische Erklärungsversuche für die verschiedenen Erweiterungsrunden.[707]

Die gängigen Integrationstheorien weisen durchaus Bezüge zu den Theorien der internationalen Beziehungen auf. Deutliche Parallelen zwischen den Theorien internationaler Beziehungen und Integrationstheorien benennt beispielsweise Martin List[708] in seinem Einführungsband. Ein interessanter Ansatz ist dabei, dass er Integrationsmethoden stark auf die einzelnen handelnden Politiker zurückführt, worauf wir an anderer Stelle noch zurückkommen werden.

Allerdings finden sich nicht in allen Einführungen in die Theorien der Internationalen Beziehungen entsprechende Kapitel zu Integrationstheorien. Die Makrotheorien im Bereich der internationalen Beziehungen[709] – Konkurrenztheorien wie Realismus und Neorealismus und Kooperationstheorien wie Neoinstitutionalismus und Regimeforschung – beschäftigen sich zumeist nur am Rande mit der europäischen Integration.[710] Realismus und Neorealismus betrachten Kooperation nur als vorübergehend oder als punktuell. Den Europäischen Integrationsprozess bewerten Vertreter dieser Theorie entweder als nicht substantiell im Sinne einer Abgabe von Souveränität, halten eine Souveränitätsabgabe im Extremfall für kontraproduktiv im Hinblick auf nationalstaatliche Interessen oder sie verweisen auf seinen Ausnahmecharakter im globalen Vergleich. Deutlichere Berührungspunkte zwischen Integrationstheorien und Theorien der internationalen Beziehungen weisen Neoinstitutionalismus und Regimetheorie auf. Aber auch hier gilt die europäische Integration aufgrund ihrer Tiefe und Breite als eine Art Spezialfall.

Kasten 28: Was ist Integration?

1. Integration ist ein freiwilliger, von Akteuren aus verschiedenen Nationalstaaten bewusst herbeigeführter Prozess.

---

707 Eine Ausnahme stellen verschiedene Beiträge in Diez, Thomas/ Wiener, Antje (Hrsg.), 2009: European Integration Theory, Oxford, 2. Aufl. dar.
708 Vgl. List, Martin, 1999: Baustelle Europa. Einführung in die Analyse europäischer Kooperation und Integration, Opladen, vgl. besonders S. 65ff.
709 Vgl. hier zur Übersicht den Band von Krell, Gert, Weltbilder und Weltordnung, Baden-Baden, 2009, 4. Aufl.
710 Vgl. hier ausführlich die unterschiedlichen Sichtweisen auf die EU in Kap. 3.

2. Mittel und Ziel des Integrationsprozesses ist die Bildung gemeinsamer grenzüberschreitend wirksamer Institutionen. Integration ist ein Prozess der Institutionalisierung von Kooperation.
3. Politische Integration beinhaltet zumindest den partiellen Verzicht von Souveränität zugunsten zentraler politischer Institutionen. Dieser Verzicht beruht auf der gemeinsamen Anerkennung der übergeordneten Institutionen.
4. Die neu entstandenen Einheiten/Akteure können supranationaler Natur sein. Sie besitzen dann qualitativ neue Eigenschaften, die sowohl über die Eigenschaften einzelner Akteure als auch über die Summe der Eigenschaften der einzelnen Akteure hinausgehen.
5. Die Entstehung eines gemeinsamen Bewusstseins oder sogar einer gemeinsamen Identität der sich integrierenden Akteure wird von einigen als Voraussetzung für, von anderen als Folge von Integration betrachtet.

Wesentliche Unterschiede zwischen Kooperation und Integration (s. Kasten 28) bestehen zum einen darin, dass Kooperation weniger dauerhaft und weniger stark reguliert ist als Integration. Außerdem ist der Souveränitätsverzicht für die beteiligten Staaten geringer und auch leichter – nämlich durch Beendigung der Kooperation – rückgängig zu machen. In Kooperationsbeziehungen wird die nationale Souveränität lediglich partiell und temporär eingeschränkt. Zum anderen entstehen ausschließlich bei Integrationsbeziehungen neue supranationale Akteure mit neuen Eigenschaften. Die Herausbildung supranationaler Institutionen ist der wesentliche Unterschied, denn Kooperation ist von Fall zu Fall von sehr verschiedener Intensität. Im Folgenden werden die *Klassiker* der politikwissenschaftlichen Integrationstheorien[711] vorgestellt: Föderalismus, Funktionalismus, Neofunktionalismus, Intergouvermentalismus.

12.2 Föderalismus: die Theorie des großen Wurfs

12.2.1 Der Föderalismus

Der Föderalismus besitzt eine lange, reiche ideengeschichtliche und politische Tradition. Eine Traditionslinie reicht dabei bis zur Gründung der USA als Bundesstaat zurück. Die *Federalist Papers*, eine Diskussionsserie von Zeitungsbeiträgen amerikanischer Politiker und Publizisten Ende des 18. Jahrhunderts (Hamilton, Jay und Madison) zur Staatsstruktur und Außenpolitik der USA wirkten sich langfristig auf die Diskussion verschiedener Staatsmodelle aus. Dies gilt auch für eine andere Traditi-

---

[711] Auf andere Theorien, insbesondere aus dem Bereich der Teildisziplin Internationale Beziehungen, die quasi als Nebenprodukt zu ihrem zentralen Erkenntnisinteresse indirekte und oftmals sogar direkte Aussagen zu Ursachen und Verlauf der Integration, kann hier nicht weiter eingegangen werden, vgl. Diez/Wiener, 2009.

onslinie, die auf die Vorstellungen Immanuel Kants zurückgeht, der eine „Föderation von Republiken" als eine Vorbedingung für den „ewigen Frieden" definierte. Die Diskussion über föderale Modelle bezieht sich aber vor allem auf den Nationalstaat. Im Kern geht es um die Frage nach dem Verhältnis von Zentralregierung und territorialen Einheiten oder Gliedern. Die Ausprägung des Föderalismus ist in der verfassungsrechtlichen Wirklichkeit dabei sehr unterschiedlich: Staaten wie die Schweiz, Deutschland, Belgien, Nigeria, Äthiopien oder die USA weisen jeweils spezifische Ausprägungen des Föderalismus auf.

Nach der europäischen Katastrophe des Zweiten Weltkriegs erlebten föderalistische Vorstellungen eine Renaissance in Europa. Das gemeinsame politische Ziel der meisten Föderalisten war die Etablierung eines europäischen Bundesstaates. In den beiden Jahrzehnten nach Kriegsende wurde eine Vielzahl von Modellen und Vorstellungen entwickelt. Die föderale Integrationstheorie ist ohne diesen zeithistorischen Hintergrund nicht zu verstehen. Der Föderalismus war dabei zunächst eine politische Bewegung mit einer, wenngleich wenig einheitlichen, politischen Vorstellung eines geeinten Europas. Unmittelbar nach Kriegsende entstand eine damals breite gesellschaftliche Europäische Bewegung, die 1946 im Schweizer Ort Hertenstein mit der *Union Europäischer Föderalisten* (UEF) einen eigenen Dachverband gründete. Vor allem die junge Generation beteiligte sich aktiv. Das kurze und idealistisch ausgerichtete Hertensteiner Programm spricht sich für eine europäische Gemeinschaft aus, die föderalistisch strukturiert sein soll und den Frieden in Europa bewahren kann. Für zahlreiche Vertreter der Föderalisten war die Konkurrenz der Nationalstaaten untereinander, ihr Beharren auf Souveränität, der tiefere Grund für die Weltkriege in Europa. Ein die Souveränität und damit die Handlungsfreiheit der Staaten beschränkender Bundesstaat diente in dieser Vorstellung der Kriegsverhinderung. Darüber hinaus verbanden viele die Hoffnung, dass sich Europa zur *dritten Kraft* zwischen den Blöcken entwickeln könne.[712]

Auftrieb erhielt der europäische Gedanke durch die berühmte Rede Winston Churchills, der im September 1946 von den *Vereinigten Staaten Europas* sprach, wobei er deutlich machte, dass Großbritannien nicht Teil sein würde. Es entstand in der Nachkriegszeit eine aktive Gruppe von Europäischen Föderalisten, die aus unterschiedlichen politischen Lagern stammten. Zu der einflussreichen Gruppe gehörten beispielsweise der belgische Sozialist Paul-Henri Spaak, der französische Sozialist Léon Blum sowie der italienische Christdemokrat Alcide de Gasperi und der Sozialist Altiero Spinelli. Spinelli, Generalsekretär der italienischen Europaföderalisten, übte maßgeblichen Einfluss auf die Europapolitik seines Heimatlandes aus und setzte sich für eine europäische Verfassung ein. Auf ihn geht auch der Verfassungsentwurf des Europäischen Parlaments von 1984 (s. Kap. 11.8 zur Geschichte der EU)

---

712 Loth, Wilfried, 1990: Einleitung, in: ders. (Hrsg.): Die Anfänge der Europäischen Integration, Bonn, S. 9–26(19).

zurück. Im Hinblick auf die Integrationsmethode entwickelte er sich zum Widersacher Jean Monnets und seiner schrittweisen, neofunktionalistischen Integrationsmethode (s. weiter unten in diesem Abschnitt). Der föderalistische Integrationsgedanke besaß vor allem durch die starke Einbindung von Politikern und Pro-Europa-Aktivisten immer eine starke politische Dimension. Der ehemalige deutsche Außenminister Joschka Fischer setzte mit seiner berühmten Rede als *Privatmann* an der Berliner Humboldt-Universität im Jahr 2000 die föderalistische Tradition fort. Föderale Vorstellungen eines zukünftigen Europas avancierten in Deutschland zu dem wichtigsten Leitbild für Politiker und weite Teile der Bevölkerung.[713] Das föderal geprägte Leitbild deutscher Europapolitik blieb über Jahrzehnte konstant und spiegelt historisch positive Erfahrungen des eigenen Landes wider. Die politischen, häufig utopischen Vorstellungen der Föderalisten erlauben es allerdings nicht, den Ansatz als moderne, analytische sozialwissenschaftliche Theorie zu bezeichnen. Aufgrund seines Einflusses und seiner Bedeutung in der Finalitätsdiskussion ist es jedoch sinnvoll, einige Grundannahmen des Föderalismus bezüglich der europäischen Integration im Folgenden zu erläutern.

Kasten 29: Föderalistische Bewegung

Der Schwiegersohn Winston Churchills Duncan Sandy gründete ein *United European Movement*. Zusammen mit den Föderalisten verfügte es über beträchtliche Anhängerschaft. Zu den historischen Wurzeln gehörte auch die 1923 in Wien gegründete Paneuropa-Union des Grafen Coudenhove-Kalergi.

Am Gründungskongress der Europäischen Bewegung in Den Haag nahmen 700 Teilnehmer aus den westeuropäischen Staaten teil. Auf den Kongress geht auch die Gründung des Europarates 1949 zurück. Die Konstruktion als zwischenstaatliche Organisation, die die Souveränität der Mitgliedstaaten nicht antastete und über keine supranationalen Organe verfügte, bedeutete zugleich eine Absage an die Vorstellung eines Bundesstaates. Die Europäische Bewegung ist in Deutschland in der bundesweit etwa 17.000 Mitglieder umfassenden *Europa-Union* e.V. (http://www.europa-union.de/) organisiert. Die überparteiliche Europa-Union ist der *Union Europäischer Föderalisten* (UEF; http://www.federalists.eu/) angeschlossen. In den 1950er Jahren unternahmen Aktivisten von Mitgliedsorganisationen der Europäischen Bewegung spektakuläre Aktionen, beispielsweise wurden an der deutsch-französischen Grenze die Grenzpfähle demontiert.

---

[713] Vgl. Brincker, Gesa-Stefanie/Max Conzemius, 2011: The modulation of the German Leitbild of a federal Europe, in: Brincker, Gesa-Stefanie/Jopp, Mathias/Rovná, Lenka Anna (Hrsg.): Leitbilder for the future of the European Union, Baden-Baden, S. 169–230.

12.2.2 Grundannahmen des Föderalismus

Die Ursachen der Integration aus der Sicht des Föderalismus bleiben relativ vage und allgemein. Ein – auch von Funktionalisten häufig vorgebrachtes – Argument lautet, dass der Nationalstaat alter Prägung angesichts der zunehmenden grenzüberschreitenden Beziehungen und Herausforderungen überfordert sei. Internationaler Handel, internationaler Umweltschutz usw. führten zur Notwendigkeit, Probleme gemeinsam anzugehen. Hiermit wird eine Sachzwanglogik unterstellt, die im wachsenden Problemlösungsdruck den Antrieb zur Integration verstärkt. Ein *Sachzwang* ergibt sich auch im Kernbereich staatlicher Souveränität – der Sicherheit. Andere Föderalisten weisen auf ökonomische und politische Anreize oder externe Bedrohungen wie beispielsweise im Kalten Krieg durch die Sowjetunion hin. Politische Anreize werden vor allem in der Rolle der USA in der Frühphase der Europäischen Integration konstatiert. Die USA, so die Argumentation, hätten aus strategischem Kalkül Interesse an einem starken europäischen Partner in der globalen Konfrontation mit der Sowjetunion gehabt und wollten einen erneuten Krieg auf dem Kontinent verhindern.[714] Allerdings unterbleibt eine systematische Erklärung bzw. Berücksichtigung der Ursachen von Integration.

Die Ausgangsüberlegung des Föderalismus besagt, dass die Völker Europas historisch, sprachlich und kulturell zu heterogen für einen Einheitsstaat seien und daher eine föderale Ordnung der Heterogenität Europas angemessen sei, die den einzelnen Staaten bzw. den Regionen ausreichend Autonomie lasse. Walter Hallstein beschreibt dies folgendermaßen: „Natürlich bleiben die Unterschiede. Ja, sie sollen bleiben. Denn aus Europa soll kein Schmelztiegel werden. Europa ist Vielfalt. […] eine europäische Nation? Ich wiederhole: sie ist nicht notwendig, damit es einen europäischen Bundesstaat gebe."[715] Der europäische Bundesstaat wird von den Föderalisten nur sehr allgemein beschrieben (vgl. Kasten 30).

> **Kasten 30: Merkmale des europäischen Bundesstaates nach Walter HallsteinDers., 1969: Der unvollendete Bundesstaat, S. 40 u. 41.**
>
> „Die Staaten verzichten auf einen Teil ihrer Souveränität oder besser: sie legen einen Teil davon zusammen, verschmelzen und unterstellen ihn gemeinschaftlichen Organen, in denen sie selbst ein entscheidendes Wort sprechen. Wir können diese Lösung auch ‚föderal' nennen. […] Was wir mit ‚föderal' meinen, ist also nur: die Gemeinschaft hat mit dem Bundesstaat gemein, dass bestimmte Teile der Staatsgewalten in einem Verein mit anderen zusammengelegt und einer eigenen, vom Gliedstaat verschiedenen Organisation übertragen sind. Insofern ist Gemeinschaft bundesstaatähnlich. Sie leistet das, was das Wesentliche der

---

714 Mit externen Anreizen für den Integrationsprozess haben sich bisher nur wenige Wissenschaftler beschäftigt, vgl. für eine systematische Analyse Zimmerling, Ruth, 1991: Externe Einflüsse auf die Integration von Staaten. Zur politikwissenschaftlichen Theorie regionaler Zusammenschlüsse, Freiburg/München.
715 Hallstein, Walter, 1973: Die europäische Gemeinschaft, Düsseldorf u. Wien, S. 12.

> europäischen Aufgabe ist: ein Gleichgewicht herzustellen zwischen einer aus nationalen Souveränitätsteilen zusammengefügten europäischen Gewalt und einer fortbestehenden Staatsgewalt der Mitgliedsländer. Sie bewahrt, was an Verschiedenheit und Eigenständigkeit der überkommenen nationalen Einheiten Erhaltung verdient, und sie schafft doch die großräumige Organisation, die der kontinentale Maßstab des globalen Zeitalters fordert."

Die Institutionen sollten gemäß der Prinzipien Supranationalität und Subsidiarität organisiert sein. In der Praxis bedeutet dies einerseits die Schaffung einer Zentralinstanz (*Regierung*), die die Europäische Gemeinschaft nach außen vertritt und die Gesamtinteressen des Bundesstaates verfolgt. Diese Zentralinstanz – der Begriff der Regierung wird zumeist vermieden – wäre supranationaler Natur, da sie sich nötigenfalls gegen die Einzelinteressen der Staaten durchsetzen könnte. Sie sollte in bestimmten Bereichen – vor allem in der Außen- und Sicherheitspolitik – über ausreichend Macht verfügen sich durchzusetzen. Die Gliedstaaten ihrerseits sollten gemäß dem Subsidiaritätsprinzip weitestgehend autonom sein und ihre Handlungskompetenz behalten. Der Bundesstaat, so Bernhard Stahl[717], wirke gleichzeitig zentripetal und zentrifugal: Kompetenzen werden an das Zentrum abgegeben, aber gleichzeitig vom Zentrum an die Gliedstaaten delegiert. Allerdings bleiben detaillierte Vorstellungen über die Kompetenzabgrenzungen zwischen Zentralinstanz und Gliedstaaten bei den Föderalisten aus.

Der Integrationsprozess könnte aus föderalistischer Sicht am ehesten durch einen von den Bevölkerungen der Staaten unterstützten genuin *politischen Akt*, einen Basisvertrag bzw. eine Verfassung, vorangetrieben werden. Die Verfassung als der Idealfall eines politischen Aktes basiert auf den gemeinsamen Werten und Prinzipien sowie dem gegenseitigen Respekt. Nur eine Verfassung, so die Föderalisten, sei in der Lage, die nationalstaatlichen Macht- und Souveränitätsansprüche dauerhaft zu brechen und gleichzeitig die föderale institutionelle Konzeption festzuschreiben. Die Ausarbeitung einer Verfassung solle dabei durch einen Verfassungskonvent erfolgen. Eine föderative Verfassung muss daher am Anfang des Integrationsprozesses stehen, nicht als dessen Produkt. Die Föderalisten erwarten, dass mit einer Verfassung eine Eigendynamik ausgelöst werden könnte, indem ein Rahmen für die weitere Integration geschaffen werde. Diese auch als *function follows form* bezeichnete Integrationslogik einer geradezu automatischen Vertiefung ist insoweit offen angelegt, als die konkreten Integrationsinhalte erst nach dem konstitutionellen Akt zu definieren wären. Vertiefung und Ausdifferenzierung der Integration erfolgen nach Setzung eines politischen Rahmens.

---

717 Vgl. Stahl, 1998, S. 25.

Das Ziel der politischen Arbeit der Föderalisten war es dann in den 1960er- und 70er Jahren die supranationalen Organisationen zu stärken. Mit der 1979 eingeführten Direktwahl des Europäischen Parlaments konzentrierte sich die politische Unterstützung der Föderalisten auf die Ausweitung der Kompetenzen der Völkervertretung. Vom Parlament wurden entscheidende Impulse für einen europäischen Bundesstaat erwartet.

12.2.3 Bewertung und Kritik des Föderalismus

Dem Föderalismus wurde häufig vorgehalten, er argumentiere normativ und präskriptiv zugleich und sei daher keine Integrationstheorie. Dies ist insofern berechtigt, als die Föderalisten auf die Verwirklichung einer ihrer Auffassung nach geeigneten föderalen Ordnung, den Bundesstaat, abzielen. Er ist auch präskriptiv, weil die Vertreter konkret an die Politik appellieren und aktiv die Idee fördern. Weiterhin wird dem Föderalismus der Vorwurf des Idealismus gemacht. Föderalisten berücksichtigten nicht die europäischen Realitäten und überschätzten das Maß an Übereinstimmung und Identität in Europa. Die unterschiedlichen Verfassungstraditionen – Zentralismus in zahlreichen europäischen Staaten – und historischen Erfahrungen verhinderten aus dieser Perspektive die Herausbildung eines europäischen Bundesstaats. Die Hoffnung, dass die europäischen Völker aktiv für einen Bundesstaat eintreten würden, habe sich nicht erfüllt. Im Gegenteil: Auf Seiten vieler Bürger der EU-Staaten bestünden massive Ängste vor einer zunehmenden Staatlichkeit der EU. Dies habe neben anderen Gründen wie Ängsten vor den sozialen Auswirkungen der Osterweiterung zur Ablehnung des Verfassungsvertrags in den Niederlanden und in Frankreich geführt. Hinsichtlich der konkreten institutionellen Ausprägungen seien die föderalistischen Vorstellungen vage. Mögliche Nachteile des Föderalismus – wie schwierige Kompetenzabgrenzungen und gegenseitige Blockade-Effekte, Reibungsverluste in Entscheidungsprozessen – würden in der Diskussion weitestgehend ausgeblendet. Mit dem Scheitern des Verfassungsvertrags und des Konventsmodells als Integrationsmethode hat der Föderalismus als politische Bewegung eine Niederlage erlitten.

Trotz dieser durchaus stimmigen Einwände bleibt die Idee einer föderal strukturierten EU eine nach wie vor bedeutsame politische Idee. Unter dem Eindruck der Eurokrise seit 2010 wurde die Diskussion um die Finalität der EU wiederbelebt und es zeigte sich, dass der Bundesstaatsgedanke eine wichtige Rolle in der Diskussion spielt. Im Lissabon-Urteil hat das Bundesverfassungsgericht zwar Demokratievorbehalte gegen die EU geäußert, aber das Aufgehen Deutschlands in einem europäischen Bundesstaat prinzipiell nicht ausgeschlossen. Dafür bedürfe es aber eines Verfassungsreferendums. Dieser Position hat sich auch Finanzminister Schäuble angeschlossen.[718] Der Föderalismus ist daher weniger eine sozialwissenschaftliche Theo-

---

[718] Interview vom 29.9.2011 mit der Wochenzeitung Die Zeit, vgl. http://www.zeit.de/2011/40/Interview-Schaeuble (25.8.2013.).

rie im modernen Sinne als eine politische Idee. Wie zahlreiche Diskussionen über die institutionelle Ausgestaltung der Union in der Integrationswissenschaft demonstrieren, besitzen föderale Modelle durchaus wissenschaftliche Relevanz in der europäischen Integrationsforschung.[719]

12.3 Funktionalismus und Neofunktionalismus: ein Automatismus der Integration?

12.3.1 Funktionalismus (David Mitrany)

Im Unterschied zur starken politischen Dimension des Föderalismus ist die Theorie des Neofunktionalismus in erster Linie eine empirische, sozialwissenschaftliche Theorie, deren durchaus vorhandene normative Annahmen weitaus subtiler sind. Der Neofunktionalismus basiert in einigen zentralen Annahmen auf dem Funktionalismus. Der Funktionalismus als Integrationstheorie geht auf eine kleine Schrift des britischen Gelehrten und gebürtigen Rumänen David Mitrany zurück, die erstmals 1943, mitten im Zweiten Weltkrieg, erschien. Der Titel legt klar das normative Ziel fest: „A working peace system". Mitrany ging es darum, ein System zu entwerfen, das in der Lage ist, den Weltfrieden zu bewahren. Hintergrund bildete das Scheitern des Völkerbundes angesichts des Aufstiegs des europäischen Faschismus und japanischen Militarismus, die zum Zweiten Weltkrieg führten. Der Funktionalismus basiert auf zwei grundlegenden Annahmen: Erstens: Im Verlauf des technischen Fortschritts steigt die Anzahl der grenzüberschreitenden Beziehungen an. Alle Bereiche des Lebens differenzieren sich als Folge einer sich verstärkenden Arbeitsteilung aus. Zweitens: Es bestehen gemeinsame Interessen von Staaten und Gesellschaften an zunehmender Effizienz und Wohlfahrtsmaximierung im Unterschied zum Sicherheits- und Machtstreben.

Mitrany bezeichnet seinen Gegenentwurf als pragmatisch und versieht ihn mit dem Ziel: „[...] binding together those interests which are common, where they are common, and to the extent of which they are common. The functional selection and organization of international needs would extent [...]."[720] Kooperation beginnt demnach auf der Basis gemeinsamer Interessen in bestimmten ausgewählten Bereichen. Eine Einigung zwischen Staaten ist nur über nicht-kontroverse, technische Kooperation möglich. Die sektorspezifische Kooperation beginnt also im Kleinen. Voraussetzung ist die Annahme einer Trennbarkeit von technischen und politischen Prozessen. In der Logik der spezifischen technischen Kooperation liegt ihre Ausdehnung auf

---

[719] Vgl. hier den ausgezeichneten Überblick zum Föderalismus von Große Hüttmann, Martin/Fischen, Thomas, 2010: Föderalismus, in: Bieling, Hans-Jürgen/Lerch, Marika (Hrsg.), Theorien der europäischen Integration, Wiesbaden, S. 35–53..
[720] Mitrany, David, A working peace system (1943), abgedruckt in Auszügen, in: Nelsen, Brent F./Stubb, Alexander C. (Hrsg.), 1994: The European Union: Readings on the Theory and Practice of European Integration, London, S. 77–98., hier S. 88.

größere Bereiche – z.B. führt die gemeinsame Regelung der Spurbreiten für Züge aufgrund sachlogischer Verknüpfungen zu einer gemeinsamen Verkehrspolitik. Eine politische Autorität über den Institutionen sei nicht erforderlich und möglich, einzig eine Art parlamentarische Versammlung, proportional von Parlamenten der Mitgliedstaaten zu beschicken, wäre sinnvoll, um allgemeine Aspekte und Probleme zu diskutieren.

Sicherheit könnte nach Mitrany dadurch entstehen, dass die spezialisierten Institutionen „could both watch over and check such things as the building of strategic railways or the accumulation of strategic stocks in metals or grains. Possibly they could even be used [...] as a first line of action against threatening aggression".[721] Mitrany stellt damit einen direkten Bezug zwischen Sicherheit und Integration her. Damit wäre Überwachung möglich und ein Ansatz für Sanktionen gegeben.

Im deutlichen Unterschied zum Föderalismus wird ein evolutionäres, graduelles Vorgehen vorgeschlagen. Nach dem Funktionalismus wächst die Integration von unten und erfasst immer größere Bereiche, die die Souveränität der Nationalstaaten aushöhlen. Wolfgang Merkel bezeichnet ihn im Unterschied zum *Top down*-Ansatz des Föderalismus auch als *Bottom up*-Ansatz.[722] Integration erscheint bei Mitrany als ein im Grunde genommen unpolitischer Vorgang. Klar erkannt wurde von Mitrany die kooperationsstiftende Wirkung von Interdependenz, die letztlich die Chance auf Frieden bietet. Mitrany hat dabei stets betont, dass es ihm um den Weltfrieden ging. Regionale, integrierte Friedensgemeinschaften wie die europäische Integration seien nicht sein primäres Ziel gewesen. Trotz der wichtigen Erkenntnisse des Funktionalismus ist das analytische Potenzial dieses Ansatzes zu gering und vage, um den Integrationsprozess zu erklären. Problematisch ist insbesondere die Annahme der Politikferne von technischer Kooperation.[723]

12.3.2 Neofunktionalismus (Ernst B. Haas)

Der Funktionalismus lieferte wichtige Anstöße für die Weiterentwicklung der Integrationstheorie durch Ernst Haas, den Urvater der neofunktionalistischen Integrationstheorie. Ein wesentlicher Unterschied zu den Vorstellungen Mitranys besteht darin, dass der Anspruch von Haas bescheidener ist, denn es geht ihm nicht mehr um die Konstruktion eines Weltfriedenssystems, sondern um die Erklärung des regionalen europäischen Integrationsprozesses. Haas' klassische Untersuchung von 1958[724] bezieht sich auf die Phase der europäischen Integration zwischen 1950–57. Sie ist damit eine wissenschaftliche Reaktion auf die Gründung der Montanunion und der

---

721 Ebd., S. 93.
722 Merkel, Wolfgang, 1999: Die Europäische Integration und das Elend der Theorie, in: Geschichte und Gesellschaft, S. 302–338 (306).
723 Vgl. zur Kritik Engel, Christian/Welz, Christian, 1993: Traditionsbestände politikwissenschaftlicher Integrationstheorien: Die Europäische Gemeinschaft im Spannungsfeld von Integration und Kooperation, in: Bogdandy, Armin v. (Hrsg.): Die europäische Option, Baden-Baden, S. 129–169, hier S. 139–141.
724 Haas, Ernst B., 1958: The Uniting of Europe, Stanford (Neudruck 1968).

EWG.[725] Im Unterschied zu Mitrany besteht die empirische Grundlage für die Theorie in der Analyse eines realen Falls. Unter politischer Integration versteht Haas „ [...] the process whereby political actors in several distinct national settings are persuaded to shift their loyalties, expectations and political activities toward a new centre, whose institutions possess or demand jurisdiction over the pre-existing national states."[726] Antriebsmoment der Integration ist wie auch im Funktionalismus die auf technologischem Fortschritt und intensiviertem Handel basierende, permanent zunehmende Interdependenz der Nationalstaaten. Aus der Sicht von Haas streben die europäischen Nationalstaaten primär nach Wohlstandsgewinnen und nicht nach mehr Macht. Unklar sei dabei, ob dies an historischen Lernprozessen durch die Katastrophe des Zweiten Weltkriegs liege oder an der Dominanz der USA/NATO, deren Schutzschild für die europäischen Staaten gegenüber der Sowjetunion oder untereinander Sicherheit gewähre. Mit den Föderalisten teilt Haas die normative Prämisse, dass die regionale Integration dem Frieden diene.[727] Seine normative Haltung ist dabei allerdings eher subtil zwischen den Sätzen erkennbar und nicht explizit wie bei den Föderalisten.

Der entscheidende Unterschied zum Funktionalismus liegt in der zentralen Rolle von Akteuren für die Integration. Integration ergibt sich aus neofunktionalistischer Sicht nicht automatisch aus den Sachzwängen der Interdependenz, sondern sie wird von Akteuren „gemacht". Zum einen betrachtet Haas transnational orientierte Eliten und zum anderen supranationale europäische Institutionen als Triebfedern der Integration.

Die zentrale Rolle von Akteuren (Eliten)

Während die Frage der Akteure, die einen Integrationsprozess tragen können, beim Föderalismus zweitrangig ist und sich beim Funktionalismus allenfalls ableiten lässt (technische Eliten, aber Verankerung des Integrationsprozesses in der gesamten Bevölkerung) sind es bei Haas die verschiedenen Gruppen der politischen Elite, die den Prozess tragen: Politiker, Beamte aus den nationalen Bürokratien, Vertreter von Interessengruppen (Unternehmervereinigungen, Gewerkschaften usw.). Diese Eliten müssen keineswegs überzeugte Europäer sein, sondern ihre Motivation entspringt rationalen Kalkülen und eindeutig materiellen Interessen: „The ‚good Europeans' are not the main actors of the regional community that is growing up; the process of community formation is dominated by nationally constituted groups with specific interests and aims, willing and able to adjust their aspirations by turning supranational means when this course appears profitable."[728] Als rationale Kosten-Nutzen-

---

725 Vgl. hier ausführlicher Faber, Anne, 2005: Europäische Integration und politikwissenschaftliche Theoriebildung, Wiesbaden, hier S. 39.
726 Haas, 1958, S. 16.
727 Vgl. Wolf, Dieter, 2012: Neo-Funktionalismus, in: Bieling, Hans-Jürgen/Lerch, Marika (Hrsg.), Theorien der europäischen Integration, Wiesbaden, 3. Aufl., S. 55–76.
728 Haas, 1968: S. ix.

Maximierer sehen diese nationalen Akteure ihre Interessen am ehesten auf der europäischen Ebene zu verwirklichen. Im Verlauf des Prozesses bildet sich eine Koalition aus Vertretern von Interessengruppen, Beamten aus den verschiedenen Nationen und den Beamten in den europäischen Institutionen. Beide Gruppen, so Engel/Welz seien, „[...] vom Beruf her an einem glatten Management komplexer Interdependenz interessiert, kosmopolitisch orientiert und wenig von den Ritualen und Symbolen der Nation gefangen." [729] Die zunehmenden regelmäßigen Kontakte zwischen den nationalen und europäischen Eliten führen zu einer Elitensozialisation, eine transnationale Pro-Integrationselite bildet sich heraus. Werte und Präferenzen der nationalen Eliten verändern sich durch die permanenten Kontakte positiv in Bezug auf weitergehende politische Integration. Das Elitenprojekt der europäischen politischen Integration ist allerdings nur möglich, wenn Zustimmung oder zumindest passive Loyalität auf Seiten der Bevölkerung besteht. Leon Lindberg und Stuart Scheingold[730] beschrieben die weit verbreitete Haltung der Bürger in den EWG-Staaten der 1950er- und 1960er Jahre als einen „permissiven Konsens". Dies bedeutet, dass ein stillschweigender, kaum hinterfragter Konsens in der Bevölkerung über die politische Notwendigkeit der Integration bestand, von der Wohlfahrtsgewinne erwartet (und tatsächlich auch erreicht) wurden.

Bedeutung der supranationalen Institutionen

Gemäß Haas' Theorie werden im Verlauf des Prozesses die entstandenen supranationalen Institutionen zu Beförderern des Prozesses. Sie sichern die erreichten Fortschritte ab und kontrollieren die Einhaltung der Regeln.[731] In enger Kommunikation mit den Integrationseliten aus Nationalstaaten würden sie die Integration funktional vorantreiben. Eine Schlüsselrolle kommt nach Haas dabei der Europäischen Kommission zu, deren Vorschlägen die nationalen Regierungen, die durch den Rat vertreten sind, in der Regel zustimmen würden.

Die Erklärung des Integrationsprozesses aus neofunktionalistischer Sicht orientiert sich an der funktionalistischen Logik des *Überspringens* oder *Überschwappens* der Integration von einem zum anderen Bereich. Dabei wird davon ausgegangen, dass der ökonomischen Kooperation über kurz oder lang die politische folgen werde. Als Endpunkt der Integration entsteht die politische Union, wobei deren Gestalt äußerst vage bleibt. Die Integrationslogik des Neofunktionalismus lässt sich daher in Unterscheidung zum Föderalismus als *form follows function* begreifen, da der Integrationsprozess, ohne eine explizite Finalität zu definieren, beginnt und sich durch funk-

---

729 Engel/Welz, 1993, S. 144.
730 Lindberg, Leon N./Scheingold, Stuart A., 1970: Europe´s Would-be Polity. Patterns of Change in the European Community, Englewood Cliffs.
731 Conzelmann, Thomas, 2010: Neofunktionalismus, in: Schieder, Siegfried/Spindler, Manuela (Hrsg.): Theorien der internationalen Beziehungen, Opladen, 3. Aufl. S. 157–186 (164).

tional intensivierte und im Hinblick auf verschiedene Sachbereiche als expandierende Integration einer – unbestimmten – politischen Union nähert.

Die als *spill over* bezeichneten Übersprungeffekte sind neben der Akteursbezogenheit das zentrale Argument des Neofunktionalismus. Wenngleich Haas selbst keine derartig exakte Ausdifferenzierung vorgenommen hat, so lassen sich drei verschiedene Arten von Spill-over-Effekten unterscheiden (s. Kasten 31).

> **Kasten 31: Spill-over als Integrationsmethode**
>
> 1. **Functional spill-over:** Hier wird die Grundidee Mitranys aufgenommen: Integration beginnt in *kleinen* technischen, vermeintlich unpolitischen Bereichen. Sie springt dann aber auf die politische Ebene über und führt zu einer politischen Integration. Als Beispiel aus der Integrationsrealität wird vor allem auf die Wirkung der Montanunion verwiesen, deren Weiterentwicklung der Gemeinsame Markt ist.
>
> 2. Neu an Haas' Theorie ist der Gedanke eines **political spill-over**. Hierbei werden, wie bereits zuvor erwähnt, Integrationsfortschritte durch Verhandlungskompromisse zwischen europäisch sozialisierten Eliten, motiviert auch durch spezifische ökonomische Interessen an der europäischen Integration, erreicht.
>
> 3. Eine dritte Variante des spill-over bezeichnet Haas als **cultivated spill-over**. Er meint damit, dass die Gemeinschaftsorgane Druck auf nationale Regierungen ausüben oder sie überzeugen, den Integrationsprozess voranzutreiben. Supranationale Organe werden damit zum Motor der Integration. Haas bezog sich in erster Linie auf die Kommission, obwohl sie keine reine supranationale Institution ist, da die Kommissare durch die Mitgliedstaaten vorgeschlagen und, zumindest damals, auch ernannt wurden.

Als empirischer Beleg für die neofunktionalistische Argumentation gilt die Entwicklung von der Montanunion zur EWG, die im Zentrum der Arbeit von Haas steht. Das politische Konzept des Leiters des französischen Planungstabes, Jean Monnet mit der Montanunion 1950 entsprach dem neofunktionalistischen Denken weitgehend. Die „Methode Monnet" war die bewusste Strategie einer Politik der kleinen Integrationsschritte, die zu immer weitergehenden führen sollten. Bis Mitte der 1960er Jahre wurde der Erfolg der „Methode Monnet" und die Gültigkeit neofunktionalistischer Annahmen kaum mehr hinterfragt. Doch als die Integration durch die sog. *Politik des leeren Stuhls* 1965/66 (s. Kap. 11.6) stagnierte, führte diese bis dahin schwerste Integrationskrise der EG auch zu einer Theoriekrise. Es bestätigte sich damit Lindbergs Feststellung von 1963, dass ohne den Willen der Mitgliedstaaten

12.3 Funktionalismus und Neofunktionalismus: ein Automatismus der Integration?

Integrationsfortschritte nicht möglich seien.[732] Die Stagnation des Integrationsprozesses, der *spill-back*, zeigte, dass die Annahme eines quasi automatischen, deterministischen Prozesses nicht haltbar war. „De Gaulle has proved us wrong", so kommentierte Haas enttäuscht die Entwicklung 1966 und wandte sich später für längere Zeit von der regionalen Integrationstheorie ab.[733] Die offensichtlichen Fehlannahmen des Neofunktionalismus führten zu einem *backlash* durch integrationskritische Annahmen von Seiten realistischer Theorien (vgl. den folgenden Abschnitt). Die Krise bedeutete jedoch keineswegs das Ende der neofunktionalistischen Integrationstheorie, sondern setzte einen bis heute anhaltenden Ausdifferenzierungsprozess der Theorie in Gang. Dabei wurde an den Grundannahmen festgehalten, der Integrationsautomatismus allerdings aufgegeben. Lindberg und Scheingold diskutierten Erklärungen für spill-backs, die sie in egoistischen, nationalen Vorstellungen vermuteten. Die meisten Neofunktionalisten inklusive Haas führten zusätzliche Faktoren zur Erklärung von Integrationsprozessen ein. Beispielsweise identifizierte Joseph Nye 1971 sieben strukturelle und perzeptionelle Faktoren, die einen wichtigen Einfluss auf Integrationsprozesse haben und Philippe C. Schmitter konstruierte 1969 sogar neun Variablen zur Erklärung von Integrationsstrategien.[734]

Trotz dieser Ausdifferenzierungen gerieten neofunktionalistische Erklärungen in die Defensive, bis es erneut die reale Entwicklung der europäischen Integration war, die dem Ansatz neuen Schub verlieh. Die Einheitliche Europäische Akte 1987 und die Entstehung des Binnenmarktes bis zur Währungsunion[735] entsprachen den neofunktionalistischen Annahmen von – bewusster oder unbewusster – funktionaler Logik.[736] Weitaus problematischer ist der Erklärungswert neofunktionalistischer Ansätze für die Eurokrise und die Reaktion der EU. Nach Etablierung der Währungsunion folgte kein Spill-over auf eine stärkere Vergemeinschaftung der nationalen Finanz- und Wirtschaftspolitiken, was von vielen als eine strukturelle Ursache der Krise (vgl. Kap. 5) betrachtet wird. Die Lösungsversuche der EU, die diversen, weitreichenden neuen Instrumente sind fast ausschließlich durch die Exekutiven der Mitgliedstaaten in Verhandlungen, teilweise außerhalb der Verträge, beschlossen worden. Die EU-Krisenpolitik kann langfristig zu einem weiteren Integrationsfortschritt führen. Ihre Logik folgt allerdings nicht dem neofunktionalistischen Ansatz, sondern entspricht dem intergouvernementalen Ansatz, der Gegenstand des folgenden Abschnitts ist.

---

[732] Vgl. hier Faber, 2005, S. 51.
[733] Zit. nach Wolf, 2012, S. 65.
[734] Vgl. Nye, Joseph, 1971: Peace in parts – integration and conflict in regional organisation, Boston und Schmitter, Philippe C., 1969: Three Neo-functional hypotheses about international integration, in: International Organisation Vol. 23, No. 1 (Winter, 1969), S. 161-166; vgl. hierzu auch die Zusammenfassung dieser und weiterer Ansätze in Stahl, 1998, S. 30-31 und Engel/Welz, 1993, S. 146-153.
[735] Vgl. hier Kap. 5 u. 10.
[736] Dadurch kam es zu einer Renaissance der wiederum modifizierten Ansätze, vgl. Wolf, 2012, S. 67-71, der einige interessante Ansätze kurz vorstellt, sowie Conzelmann, 2010, S. 157-186.

Der Neofunktionalismus bleibt insgesamt ein zentraler Ansatz zur Erklärung des europäischen Integrationsprozesses, auch wenn die ursprünglich einfachen, fast schon eleganten Hypothesen erheblich ausdifferenziert worden sind und längst nicht alle Entwicklungen der EU erklärt werden können.

12.4 Der Intergouvernementalismus: die Rückkehr des Staates

Anfang der 1990er Jahre bereicherte Andrew Moravcsik die Theoriediskussion über Integration mit einer eigenen These, die deutliche Anleihen bei den Theorien der Teildisziplin Internationale Beziehungen[737] nimmt. Moravcsik hat diesen theoretischen Ansatz bis heute zu einem extrem hohen Maße geprägt. Seine Intergouvernementalismus-These nimmt zwar einige Argumente der schon viel älteren Realismus/ Neorealismus-Ansätze auf, doch entwickelt er daraus ein eigenes Modell, warum und wie Integration vonstatten geht. Noch in der Hochphase des Neofunktionalismus, der die Bildung der EKGS und der EWG nachvollziehbar erklären konnte, übte Stanley Hoffmann 1965 und 1966[738] massive Kritik aus der Sicht des Realismus an der Theorie des Neofunktionalismus. Bestärkt wurden er und viele Realisten durch die integrationshemmende *Politik des leeren Stuhls*, die den Neofunktionalismus in Erklärungsnot gebracht hatte. Ausgehend von der realistischen Theorie internationaler Politik formulierten Hoffmann u.a. vier zentrale Argumente die gegen eine quasi automatische Fortsetzung der Integration Europas sprächen:

- Erstens sei Kooperation nur befristet möglich, da Staaten als egoistische Nutzenmaximierer immer versuchen würden, mehr als andere von der Kooperation zu profitieren, – und die Kooperation dadurch nach kurzer Zeit beendet wäre. Staaten streben damit nach relativen, nicht nach absoluten Gewinnen.

- Integration sei zweitens nur in *Low politics*-Bereichen möglich, im Bereich der *High politics* würden Spill-over-Effekte sich nicht durchsetzen können. Souveränität genieße vor allem im Sicherheitsbereich Priorität, die Möglichkeit, Kompromisspakete auszuhandeln, sei hier nicht gegeben.

- Drittens sei die Rolle der nationalen Regierungen (und damit auch der Führungspersönlichkeiten) entscheidend für Integrationsfortschritte: Ihr Kompromisswille mache Integration überhaupt möglich. Sie würden Kompetenzen an supranationale Einheiten nur nach genauem Abwägen abgeben.

- Viertens würden bislang auch externe Faktoren vernachlässigt, insbesondere die Rolle der USA, die auf Mitgliedstaaten Druck ausübten, sich zur weiteren Integration bereitzufinden.

---

737 Vgl. hier auch den Band von Gert Krell in dieser Reihe.
738 Die Beiträge Hoffmanns sind in einem Sammelband noch einmal abgedruckt worden, vgl. Hoffmann, Stanley, 1995: The European Sisyphus. Essays on Europe, 1964–1994, Boulder; eine ausgezeichnete Zusammenfassung bietet Faber, 2005, S. 86–105.

Aufbauend auf dieser Kritik formulierte dann Andrew Moravcsik über 20 Jahre später vor dem Hintergrund der EEA eine eigene ‚realistische' Integrationstheorie.[739] Diese wird als Intergouvermentalismus oder auch als liberaler Intergouvermentalismus (LI) bezeichnet. Der Begriff liberal ist in diesem Fall dem amerikanischen Gebrauch entlehnt und meint im Gegensatz zur Verwendung des Begriffes im Deutschen die Beschreibung einer politischen Denkrichtung, der zur Folge die Herausbildung der Interessen im freien innenpolitischen Aushandlungsprozess erfolgt.

Vereinfacht dargestellt, macht der Intergouvermentalismus folgende fünf Grundaussagen:[740]

1. Staaten reagieren auf die zunehmende Interdependenz durch Aufbau von internationalen Organisationen und Regimen, um dadurch Transaktionskosten zu reduzieren und Spielregeln für das Verhalten von Staaten festzulegen. Integration entspringt damit einem rationalen Kosten-Nutzen-Kalkül der beteiligten Staaten bzw. der Regierungen.

2. Die Ziele der nationalen Regierungen in Bezug auf Europa sind das Ergebnis innerstaatlicher Aushandlungs- und Politikformulierungsprozesse.[741] Von der Theorie wird hier der Begriff der Präferenz eingeführt bzw. aus rationalen Theorien entlehnt.[742] Aus gleichwertigen Alternativen entstehen im innerstaatlichen Verhandlungsprozess Präferenzen für die Verhandlungen, wobei die Präferenz, also das nationale Verhandlungsziel auf der Basis eines Kompromisses zwischen den dominanten Interessengruppen definiert wird, oder sich bestimmte Gruppen durchsetzen und die Präferenz bestimmen. Die Entscheidungen von Regierungen bei den Verhandlungen orientieren sich an den Gewinnen für die Klientel zuhause, d.h. Politiker sind bei Verhandlungen auf EU-Ebene abhängig von der Innenpolitik. Integrationsfortschritte sind möglich, wenn keine innenpolitischen Interessen einflussreicher Interessengruppen dazu in Widerspruch stehen. Der geringste Verhandlungsspielraum besteht bei Verteilungsfragen, wie z.B. im Falle von Agrarreformen. Hier nimmt Moravcsik das Argument von Hoffmann auf, dass die Innenpolitik bzw. die spezifische historische Situation eines Landes zum Verständnis von Integrationsbereitschaft wichtig ist.

3. Die Fortschritte der Integration sind durch Kompromisse bei intergouvernementalen Verhandlungen zwischen den Regierungen der größten und mächtigsten

---

739 Die folgenden Ausführungen beziehen sich in erster Linie auf die folgenden zwei der zahlreichen Veröffentlichungen Moravciks: Moravcsik, Andrew, 1991: Negotiating the Single European Act, in: Keohane, R./Hoffmann, Stanley (Hrsg.): The new European Community, Boulder, 41–84; Moravcsik, Andrew, 1993: Preferences and power in the European Community. A liberal Intergovernmentalist approach, in: Journal of Common Market Studies 31 (4), S. 473–524.
740 Vgl. hierzu die Zusammenfassung von Bieling, Hans-Jürgen: Intergouvermentalismus, in: ders./Lerch, Marika (Hrsg.), Theorien der europäischen Integration, Wiesbaden, S. 77–97.
741 Damit unterscheidet sich der Intergouvermentalismus-Ansatz vom klassischen Neo-Realismus, der behauptet, die nationalen Interessen sind exogen durch die Struktur des anarchischen Staatensystems vorgegeben, die Staaten geradezu zwinge, Sicherheitsinteressen primär zu verfolgen.
742 Vgl. Bieling, 2012, S. 91.

Mitgliedstaaten zu erklären. Die Vorstellungen dieser Staaten mit den größten Machtressourcen setzen sich in den Verhandlungen durch: Machtressourcen bestehen neben der Stimmenzahl im Rat z.B. in der Möglichkeit der Drohung mit alternativen Koalitionen, dem Ausschluss einzelner aus den Verhandlungen.

4. Das Ergebnis der Verhandlungen sind häufig Kompromisse auf der Basis des kleinsten gemeinsamen Nenners. Das Schnüren komplexer Verhandlungspakete (*package deals*), die Ziele aus unterschiedlichen Bereichen kombinieren, ist Ausdruck dieser Kompromisse zwischen den großen und wichtigen Staaten. Die Regierungen sind dabei bestrebt, möglichst wenig Souveränität dauerhaft abzugeben.

5. Die fehlende Demokratie auf Gemeinschaftsebene macht die Aushandlungsprozesse erst möglich, denn eine direkte Beteiligung nationaler Institutionen oder der Bürger erschwere Kompromissfindung.

Die Verhandlungen zur EEA aus Sicht der Intergouvernementalismus-Theorie

Moravcsik verdeutlicht seine These in einem Aufsatz über die Entstehung der EEA. Er testet zunächst die Erklärungskraft verschiedener Hypothesen aus dem Neofunktionalismus. Erstens untersucht er die Rolle von Eliten (Interessengruppen, Wirtschaftsführern, Schlüsselrolle der EU-Eliten). Zweitens betrachtet er die Rolle der supranationalen Institutionen in Koalition mit Pro-Integrationseliten. Als Gegenthese analysiert er die Rolle der nationalen Regierungen, insbesondere großer Staaten wie Großbritannien, Deutschland und Frankreich. Letztlich, so lautet das Ergebnis seiner empirischen Analyse, war es das Zusammenspiel zwischen den nationalen Regierungen in Form eines Kompromisses, wodurch die EEA-Verhandlungen erfolgreich zum Ende gebracht wurden.

Einige der zentralen empirischen Befunde sollen hier kurz zusammengefasst werden: In den drei wichtigsten Ländern Deutschland, Frankreich und Großbritannien gab es keine unüberwindbaren innenpolitischen Gegenkräfte, die jeden Verhandlungsfortschritt behinderten. Im Gegenteil: Insbesondere in Frankreich fiel mit dem Kurswechsel der sozialistisch-kommunistischen Regierung unter Führung Mitterrands (1983) zu einer stärker liberalen Politik ein großer Hemmschuh gegen die weitere Integration und Marktliberalisierung weg. Die wesentliche Initiative ging also von Frankreich aus, Großbritannien war traditionell für Marktliberalisierung, und die europafreundliche Regierung Kohl/Genscher in Deutschland versprach sich ebenfalls ökonomische Gewinne und war für Kompetenzausweitungen europäischer Institutionen. Deutschland und Frankreich setzten gegenüber Großbritannien massiv die Drohung ein, das Land vom weiteren Prozess auszuschließen.[743] Der Durchbruch war eine typisch europäische Paketlösung: Institutionelle Reformen, von Deutschland, Frankreich und Italien unterstützt, wurden mit der Schaffung des Binnenmark-

---

743 Moravcik, 1991, S. 47.

tes (Großbritanniens primäres Ziel) verbunden. Großbritannien hatte bereits vorher – gleichsam als Vorwegnahme des Pakets – 1984 auf Drängen von Margret Thatcher einen speziellen Abschlag (*Britenrabatt*, s. Kasten 10) von etwa 4,6 Mrd. Euro auf die Beitragszahlungen erhalten.

Moravcsik leugnet nicht die Einflüsse von transnationalen Eliten (insbesondere der Unternehmen) oder den supranationalen Institutionen (Europäisches Parlament) und betont auch die wichtige Rolle und das Verhandlungsgeschick des Präsidenten der Europäischen Kommission Jacques Delors doch sieht er die Regierungen der Mitgliedstaaten als entscheidend für die Verabschiedung der EEA und damit des Binnenmarkts an. Der Kommissionspräsident und die supranationalen Institutionen hätten punktuell und in der Vorphase oder bei drohender Blockade des gesamten Prozesses eine wichtige Rolle gespielt. Die Zustimmung der kleineren und ökonomisch schwächeren Staaten sei mit Zugeständnissen (oder in der Diktion des Realismus mit *side-payments*) in Form der erheblich ausgeweiteten Strukturfonds, die praktisch als Kompensationszahlungen für mögliche Wettbewerbsverluste angesehen werden können, regelrecht *abgekauft* worden.

Die Beiträge Moravcsiks führten zu einer kontroversen und fruchtbaren wissenschaftlichen Diskussion zwischen Autoren mit neofunktionalistischer Analyseperspektive und Intergouvernementalisten.[744] Im Zuge dieser bis heute keineswegs abgeschlossenen Debatte ist die Theorie Moravcsiks auch kritisiert worden. Vorgehalten wurde ihm, die Eigendynamik des Institutionsprozesses zu unterschätzen und dabei insbesondere die zentrale Rolle der supranationalen und intergouvernementalen Institutionen zu gering zu bewerten. Auch seine Vorstellung, dass die Aussicht, Transaktionskosten mit dem Binnenmarkt reduzieren zu können, und dass es letztlich die zu erwartenden ökonomischen Vorteile gewesen seien, die einen Kompromiss ermöglicht hätten, blende aus, dass der Integrationsprozess auch weiter geht, wenn es kaum noch Transaktionskosten zu reduzieren gibt. Damit sei das rationale Kosten-Nutzen-Kalkül nicht allein ausschlaggebend für die Integration. Ein anderer Vorwurf an Moravcsik lautete, seine Argumentation sei blind gegenüber den oftmals historisch bedingten Perzeptionen (Stichwort: Kriegsgeneration) der beteiligten Spitzenpolitiker. Als problematisch wird ferner die Fallauswahl betrachtet. Moravcsik blendet das *alltägliche Regieren*, den Normalfall des Integrationsprozesses, aus und konzentriert sich auf Regierungskonferenzen, auf denen naturgemäß die nationalen Regierungen die Hauptrolle spielten und die *großen Entscheidungen* fällten. Abgesehen von Regierungskonferenzen seien die supranationalen Institutionen von zentraler Bedeutung, so könne der Europäische Gerichtshof beispielsweise durchaus gegen die Präferenzen und Interessen großer Mitgliedstaaten entscheiden. Auf der realpolitischen Ebene ließe sich einwenden, dass die Position selbst großer und einflussrei-

---

744 Vgl. hier ausführlich Faber, 2005 und Moravcsik, Andrew/Schimmelfennig, Frank, 2009: Liberal Intergouvernmentalism, in: Wiener, Antje/Diez, Thomas (Hrsg.), 2009: European Integration Theory, 2. Auflage, Oxford, S. 67–87.

cher Mitgliedstaaten in einer EU mit 27 bzw. 28 Staaten tendenziell schwächer sind. Mehrheitsfähige Koalitionen sind unter diesen Bedingungen schwierig zu erreichen und politische Prozesse werden komplizierter und zeitaufwändiger.

Moravcsik ist es gelungen, mit seiner schmalen und eleganten Theorie der Diskussion über die Integration hemmenden und fördernden Faktoren neue Impulse zu geben. Durch eine Reduktion der zu betrachtenden Faktoren, lassen sich eindeutig Akteure und Interessen benennen und die *Sachzwanglogik* des Neofunktionalismus relativieren. Verdienstvoll ist seine strukturierte Analyse der innenpolitischen Präferenzbildung, mit der er Positionen der nationalen Regierungen – und letztlich auch Gründe für Verhandlungserfolge – erklären kann. Er geht damit weit über die klassische Annahme des Realismus hinaus, indem er die *black box* innerstaatlicher Politikprozesse öffnet. Insgesamt ist der Intergouvermentalismus eine Synthese von realistischen Grundannahmen mit Teilen von Handlungs- sowie Akteurstheorien.

12.5 Ansätze mittlerer Reichweite: Historischer Institutionalismus und Fusionsthese

12.5.1 Historischer Institutionalismus

Neben den beiden *Großtheorien der Integration* – Neofunktionalismus und liberaler Intergouvermentalismus – sowie dem stärker politisch akzentuierten föderalistischen Ansatz existiert eine Reihe von Ansätzen, die entweder stark an allgemeine sozialwissenschaftliche Theorien angelehnt sind[745] oder die versuchen Brücken zwischen den klassischen Integrationstheorien zu bauen. Wenn von Ansätzen mittlerer Reichweite die Rede ist, sind damit Ansätze gemeint, die nicht den Gesamtprozess (Ursachen, Verlauf, Ergebnisse) zu erklären versuchen, sondern sich auf bestimmte Aspekte des Integrationsprozesses konzentrieren. Dazu gehört der Historische Institutionalismus. Wie bereits der Begriff zum Ausdruck bringt, rückt dieser Ansatz die zeitliche Dimension von Integration und die Rolle von Institutionen, den supranationalen Institutionen, in den Fokus der Betrachtung. Integration wird als ein kontingenter historischer Prozess verstanden, für den nicht ausschließlich, wie der Intergouvermentalismus behauptet, die großen Entscheidungen durch Regierungskonferenzen relevant sind. Längerfristig angelegte Analysen fördern zutage, so Vertreter dieser Theorie,[746] dass „processes evolving over time led to quite unexpected outcomes."[747] Demnach vollzieht sich der Integrationsprozess keineswegs an bestimmten

---

745 Beispielsweise an den Konstruktivismus, vgl. hier die Beiträge in Bieling/Lerch, 2012 oder Diez/Wiener, 2009.
746 So der häufig als Referenztheoretiker in der Sekundärliteratur zitierte Pierson, Paul, 1996: The Path to European Integration, in: Comparative Political Studies, 29, 2, S. 123–163. Unter dem Dach des historischen Institutionalismus werden verschiedene Zugänge vereint, die hier nicht gesondert dargestellt werden können, vgl. dazu Morisse-Schilbach, Melanie, 2012: Historischer Institutionalismus, in Bieling/Lerch, 2012, S. 226–245.
747 Pierson, 1996., S. 127.

12.5 Ansätze mittlerer Reichweite: Historischer Institutionalismus und Fusionsthese

Schlüsselstationen, sondern verläuft eher unspektakulär, indem die Institutionen Spielräume nutzen und die Integration ohne den ausdrücklichen Willen der Nationalstaaten, der *Herren der Verträge*, fortführen und vertiefen. Die Mitgliedstaaten setzen praktisch den Rahmen, der dann insbesondere durch die EU-Kommission mit Inhalten gefüllt wird. Auch wenn die Mitgliedstaaten den unbeabsichtigten Kontrollverlust in diesen *Lücken* bemerken, so Pierson,[748] so können sie die allmähliche Vertiefung kaum verhindern, da in diesem Fall eines Ausstiegs aus der Integration in einem bestimmten Bereich hohe Kosten entstehen würden. Außerdem sei der Widerstand der supranationalen Institutionen bei Versuchen, das „Rad der Integration zurückzudrehen", hoch. Ein Grund für das Entgleiten der Kontrolle der Mitgliedstaaten sei auch die Länge von Wahlzyklen von vier oder fünf Jahren, während der man die Langzeitwirkungen der Politik übersähe.[749] Der Ansatz kritisiert vor allem die Ausgangsposition des Intergouvermentalismus, indem den Steuerungs- und Kontrollmöglichkeiten des Integrationsprozesses durch die Regierungen widersprochen wird. Die Nähe des Historischen Institutionalismus zum Neofunktionalismus ist hingegen durch die Betonung der wichtigen Rolle supranationaler Institutionen und die Annahme, der Prozess *verselbständige* sich, die an neofunktionalistische Spill-over-Vorstellungen erinnert, gegeben. Wichtig ist die Einführung der Zeit-Dimension, da damit Langzeitwirkungen im Sinne von Kausalitäten deutlich werden können.

12.5.2 Fusionsthese

Einen anderen Zugang zur Erklärung des Integrationsprozesses wählt Wolfgang Wessels mit der von ihm in die Diskussion eingebrachten sog. *Fusionsthese*.[750] Ausgangspunkt seiner Überlegungen ist die Beobachtung, dass es einerseits die wohlfahrtsstaatliche Entwicklung der Mitgliedstaaten bedinge, Entscheidungen auf die europäische Ebene zu verlagern und andererseits die intergouvernementale Zusammenarbeit zwischen Regierungen den Steuerungsbedarf nicht decken könne.[751] Trotz funktionalem Erfordernis der Kompetenzverlagerung auf die gemeinschaftliche Ebene versuchen die Nationalstaaten soviel an Autonomie zu bewahren wie möglich. Aus diesem Widerspruch entsteht ein Gebilde, in dem sich nationale Akteure (Regierungen) und gemeinschaftliche Akteure (EU-Institutionen) wechselseitig beeinflussen. Wessels bezeichnet das dadurch entstehende System als einen „fusionierten Föderalstaat". Die EU besitzt demnach durchaus staatsähnliche Züge, allerdings komme es nicht zu einem Aufgehen des Nationalstaats in der EU, sondern fusionierte (oder integrierte) Bereiche ständen neben Bereichen, in denen die Souveränität der Mitgliedstaaten nicht angetastet würde.[752] Mit *föderal* betont er, dass die staatlichen

---

[748] Ebd., S. 144.
[749] Ebd., S. 136.
[750] Vgl. hier Wessels, Wolfgang, 1992: Staat und (westeuropäische) Integration: Die Fusionsthese, in: Kreile, Michael (Hrsg.): Die Integration Europas, PVS-Sonderheft 23/1992, S. 36–61.
[751] Ebd., S. 44.
[752] Vgl. die Ausführungen zur die Gestalt der EU, Kap. 3 in diesem Band.

Akteure durchaus mit „Beteiligungsmöglichkeiten und Handlungsinstrumenten" ausgestattet seien, die ein Eingreifen erlauben.[753] Letztlich läuft die Fusionsthese damit auf eine Verbindung von neofunktionalistischen und intergouvernementalen Annahmen hinaus. Von großer Bedeutung für die weitere Integrationsforschung ist die von Wessels belebte Auseinandersetzung mit der Frage, welchen institutionellen Charakter die EU eigentlich besitze und auf welche Art und Weise die Prozesse ablaufen. Aufbauend auf seine differenzierte und daher komplexe Beschreibung der EU-Dynamik erlebten Ansätze, die konkrete Politikprozesse in den Mittelpunkt rücken, in der Folgezeit einen Aufschwung. An vorderster Stelle zu nennen ist hier der Mehrebenenansatz, mit dem sich die Integrationsdebatte auf die Frage, ob und wie in der EU *regiert* werde, verschob. Der Mehrebenenansatz, der eine analytische Beschreibung des *Phänomens* EU liefert, wurde daher bereits im Kapitel zum politischen Prozess vorgestellt.[754]

Als Fazit dieses Kapitels bleibt festzuhalten: Wir besitzen keine alles erklärende Integrationstheorie, doch können die hier im Überblick vorgestellten Theorien durchaus Phasen und sektorspezifische Integrationsfortschritte und indirekt auch Rückschritte (vor allem der Intergouvermentalismus) erklären. Inwieweit eine übergreifende Integrationstheorie angesichts der Komplexität des Integrationsprozesses überhaupt möglich sein wird, ist nicht abzusehen. In Sicht ist sie jedenfalls nicht. Die gegenwärtige Theorieentwicklung läuft sehr stark auf Syntheseversuche zwischen Teilen der konkurrierenden Theorien hinaus.[755]

Einführende Literatur

Bieling, Hans-Jürgen/Lerch, Marika (Hrsg.), 2012: Theorien der europäischen Integration, Wiesbaden, 3. Auflage. *(Sammelband mit Überblicksartikeln zu den verschiedenen Integrationstheorien und Erklärungsansätzen. Für eine Einführung z.T. sehr anspruchsvoll.)*

Conzelmann, Thomas, 20106: Neofunktionalismus, in: Schieder, Siegfried/Spindler, Manuela (Hrsg.): Theorien der internationalen Beziehungen, Opladen, 3. Auflage, S. 157–186. *(Sehr gute Zusammenfassung, die auch Modifikationen der Theorie nachzeichnet.)*

Engel, Christian/Welz, Christian, 1993: Traditionsbestände politikwissenschaftlicher Integrationstheorien: Die Europäische Gemeinschaft in Spannungsfeld von Integration und Kooperation, in: Bogdandy, Armin v. (Hrsg.): Die europäische Option, Baden-Baden, S. 129–169. *(Eine informative und ausgezeichnete Darstellung vor allem des "alten Testaments" der Integrationstheorie und des „neuen Testaments", des Neofunktionalismus.)*

Faber, Anne, 2005: Europäische Integration und politikwissenschaftliche Theoriebildung, Wiesbaden. *(Das Buch betrachtet detailliert Neofunktionalismus und Intergouvernementalismus und fasst die wissenschaftlichen Debatten zusammen. Für Anfänger eignen sich besonders die Beschreibungen der beiden zentralen Integrationstheorien.)*

Nelsen, Brent F./Stubb, Alexander C. (Hrsg.), 1994: The European Union: Readings on the Theory and Practice of European Integration, London. *(Eine mittlerweile in dritter Auflage*

---

753 Ebd. S. 41.
754 Vgl. Kap. 8.
755 Hierzu Giering, 1997, S. 225–262.

12.5 Ansätze mittlerer Reichweite: Historischer Institutionalismus und Fusionsthese

[2005] vorliegende ausgezeichnete Zusammenstellung zentraler Beiträge und Quellen im Original, die sowohl Klassiker als auch neuere Beiträge umfasst.)
Grimmel, Andreas/Jakobeit, Cord (Hrsg.), 2009: Politische Theorien der Europäischen Integration, Wiesbaden. *(Vergleichbar dem Buch von Nelsen Stubb werden Auszüge aus Schlüsseltexte zu Integrationstheorien zusammengestellt und einleitend kommentiert und in ihre historischen Kontexte gestellt.)*

Weiterführende Literatur

Brincker, Gesa-Stefanie/Conzemius, Max, 2011: The modulation of the German Leitbild of a federal Europe, in: Brincker, Gesa-Stefanie/Jopp, Mathias/Rovná, Lenka Anna (Hrsg.), Baden-Baden, S. 169–230.

Wiener, Antje/Diez, Thomas (Hrsg.), 2009: European Integration Theory, 2. Auflage, Oxford, S. 67–87.

George, Stephen, 1991: Politics and policy in the European Community, Oxford.

Giering, Claus, 1997: Europa zwischen Zweckverband und Superstaat, München.

Grabitz, E. (Hrsg.), 1984: Abgestufte Integration. Eine Alternative zum herkömmlichen Integrationskonzept? Kehl/Straßburg.

Groom, A.J.R./Taylor, P. (Hrsg.), 1990: Frameworks for international co-operation, London.

Haas, Ernst, 1958: The uniting of Europe. Political, social, and economic forces 1950–1957, Stanford. (reprint 1968).

Hallstein, Walter, 1969: Der unvollendete Bundesstaat, Düsseldorf u.a.

Harrison, R., 1974: Europe in question – theory of regional integration, London.

Lindberg, Leon N., 1968: The political dynamics of European economic integration, Stanford (Original 1963).

Moravcsik, Andrew, 1991: Negotiating the Single European Act, in: Keohane, R./Hoffman, S., (Hrsg.), 1991: The new European Community. Decisionmaking and institutional change, Boulder, S. 41–84.

Moravcik, Andrew/Schimmelfennig, Frank, 2009: Liberal Intergouvernmentalism, in: Wiener, Antje/Diez, Thomas (Hrsg.), 2009: European Integration Theory, 2. Auflage, Oxford, S. 67–87.

Ders., 1998: The choice for Europe: Social purpose and state power from Messina to Maastricht, Ithaca.

Pierson, Paul, 1996: The Path to European Integration, in: Comparative Political Studies, 29, 2, 123–163.

Rosamond, Ben, 2000: Theories of European Integration, Basingstoke.

Schumann, Wolfgang, 1996: Neue Wege in der Integrationstheorie, Opladen.

Wessels, Wolfgang, 1992: Staat und (westeuropäische) Integration: Die Fusionsthese, in: Kreile, Michael (Hrsg.): Die Integration Europas, PVS-Sonderheft 23/1992, S. 36–61.

Zimmerling, Ruth, 1991: Externe Einflüsse auf die Integration von Staaten, Freiburg.

Fragen zur Diskussion

- Welche Rolle spielen die historischen Rahmenbedingungen für die föderalistischen Integrationsvorstellungen?
- Welche sind die zentralen Akteure aus der Sicht der verschiedenen Integrationstheorien?

12. Theorien der europäischen Integration

- Was versteht man unter Spill-over-Effekten?
- Wie begründet sich die Vorstellung eines Integrationsautomatismus aus der Sicht des Neofunktionalismus?
- In welchem Verhältnis stehen gesellschaftliche Entscheidungs- und Aushandlungsprozesse innerhalb der Mitgliedstaaten zur Integration?
- Worin besteht der Unterschied zwischen *form follows function* und *function follows form*?

13. Schlussbetrachtung und Ausblick

13.1 Zusammenfassung

Die Vielfalt der Bezeichnungen der EU scheint verwirrend: Politisches System, Mehrebenensystem; Wirtschafts-, Rechts- und Wertegemeinschaft; oder doch eine internationale Organisation mit supranationalen Elementen; oder doch eher ein System *sui generis*; eine Form des Regierens im Netzwerk und jenseits von Staatlichkeit, dennoch für einige ein *Quasistaat* mit Staatsähnlichkeit oder gar ein Sozialverband im Werden mit *organischer Netzwerksolidarität*: All diese Begriffe und Zuschreibungen aus wissenschaftlichen Diskursen haben wir in den vorangegangenen zwölf Kapiteln auf die EU angewandt, überprüft, problematisiert oder für uns verworfen. Was aber ist nun die EU? – Fassen wir unsere Argumentation zusammen, dann ist sie zunächst ein politisches System. Wir haben festgestellt, dass wir mit den klassischen Kategorien – (Bundes-)Staat oder internationale Organisation – für unsere Zwecke nicht weiterkommen, und uns stattdessen für den Systembegriff entschieden. Ferner haben wir zu zeigen versucht, dass wir mit der Verwendung dieses Begriffs – wie eingangs bereits vorausgeschickt – in der Tat keinen Kategorienfehler begehen, auch nicht, wenn wir die Europäische Union wie geschehen in Analogie zu nationalstaatlichen Systemen und mit den Instrumenten der Vergleichenden Regierungslehre analysieren. Allerdings sind wir mit der Wahl des funktionalistischen Systembegriffs das Risiko einer Kategorienverwechslung nicht wirklich eingegangen, denn der Systembegriff sagt, für sich genommen, sehr wenig über den durch ihn bezeichneten Gegenstand aus.[756] Stattdessen verweist er, seinem funktionalistischen Ursprung entsprechend, auf den durch ihn gefassten Funktionszusammenhang. Er ist mithin ein operationelles Etikett, das die komplizierte Wesensfrage gleichsam umgeht, um den schwach definierten Gegenstand für eine analytische Herangehensweise zu öffnen. In diesem Sinne markiert auch unsere Verwendung des Systembegriffs einerseits die kategoriale Verlegenheit im Umgang mit der EU, öffnet sie zugleich aber einer (vergleichenden) Analyse der inneren Strukturen und Funktionen.

Eine solche Analyse haben wir in unserer ausführlichen Institutionenkunde in Kapitel 4 unternommen. Erst danach und mit dem entsprechenden Wissen ausgestattet, haben wir dem operationellen Systembegriff substanziellere Kategorien zur Seite gestellt. Wir haben diese auf die EU angewandt, sie an ihr überprüft und sind zu Aussagen zur grundlegenden Bestimmung der EU gelangt: Die Europäische Union ist – so zeigen die entsprechenden Kapitel – eine Wirtschaftsgemeinschaft, die zugleich und im Grunde zwangsläufig auch eine Rechtsgemeinschaft ist. Beim dritten Schritt

---

756 Vgl. Habermas, Jürgen, 1974: Analytische Wissenschaftstheorie und Dialektik, in: Adorno, Theodor W. u.a.: Der Positivismusstreit in der deutschen Soziologie, 3. Aufl., Neuwied, S. 155–193 (160).

13. Schlussbetrachtung und Ausblick

in dieser Reihe der Gemeinschaftsbegriffe, der Frage nach der Wertegemeinschaft – eine Rolle, die sich die EU selbst zuschreibt – haben wir keine vergleichbar entschiedenen Aussagen machen können, sondern lediglich die offene Werte- bzw. Identitätsdebatte anhand ihrer Grundpositionen skizziert. Von der Identität führte uns der Gedankengang zur Legitimität und damit zu den evidenten Funktions- und Akzeptanzproblemen der Gemeinschaftskonstruktion der EU.

Als nächstes haben wir also den politischen Prozess betrachtet und die existenten bzw. unterstellten Dysfunktionalitäten untersucht. Um den Prozess in seiner Gesamtheit und seinen politikfeldspezifischen Ausprägungen erfassen zu können, haben wir erneut auf den Systembegriff zurückgegriffen, ihn aber zur deskriptiven Metapher des Mehrebenensystems erweitert, wobei die mehreren Ebenen zugleich die Eigentümlichkeit des EU-Systems beschreiben sowie potenzielle strukturelle Ursachen für die Funktionsprobleme darstellen. Wir haben den Prozess untersucht und dabei auch neue, flexible Formen der Integration einbezogen bzw. vorgestellt.

Die darauf folgenden Kapitel sind im Grunde als wichtige Ergänzungen anzusehen, die sich unseres Erachtens nicht exakt in unseren kategorialen Zugang fügen ließen und dementsprechend in anderer Form erscheinen. Allerdings tragen sowohl die behandelten Politikfelder (Sozial- sowie Außen- und Sicherheitspolitik) als auch die Ausführungen zur Geschichte und Theorie der europäischen Integration wesentlich zum Gegenstandsverständnis bei. Insbesondere die Ausführungen zu den Integrationstheorien demonstrieren, dass es keinen eindeutigen Pfad der Integration, und damit keine wie auch immer vorgezeichnete *große Linie* der Integration gibt. Vielmehr zeichnet das historische Kapitel sowohl unvorhergesehene Stagnations- als auch überraschende Vertiefungsphasen nach, wodurch auf der theoretischen Ebene sich sowohl Bestätigungen für die neofunktionalistische *Integrationsmethode Monnet* als auch für die im Grunde entgegengesetzte intergouvernementale Integrationstheorie finden lassen.

In der Tat gibt es klare Belege für eine nachhaltige Wirkung der Methode Monnet: Die durchaus effektive Rolle von transnationalen Eliten in der Vertiefung der Integration führte fast schon zwangsläufig zum Ausschluss der Bürger der Mitgliedstaaten, die allerdings auch ohne rege Beteiligung mit dem Fortgang der Integration über Jahrzehnte durchaus einverstanden waren. In den vergangenen beiden Jahrzehnten haben wir allerdings die Erfahrung gemacht, dass ein Mehr an Partizipation der Bevölkerung, z.B. in Form von Referenden und wie seit 1992 wiederholt geschehen, den Integrationsprozess blockieren kann. Gerade in der aktuellen Krise schrecken die europapolitischen Akteure vor umfassenden Reformen zurück, die eine Änderung der Verträge und neue Ratifizierungsverfahren erfordern würde, denn sie wissen, dass in vielen europäischen Gesellschaften keine Mehrheiten für eine Vertiefung der EU-Integration existieren; für eine Erweiterung – je nach Zuschnitt – scheint diese Annahme in noch verstärktem Maße zu gelten. Die aktuelle wirtschafts- und finanzpolitische Krise sowie die bisher eingeleiteten Schritte der Krisenbewältigung haben die Skepsis in der fragmentierten Bevölkerung Europas tendenziell wachsen lassen, wie aktuelle Umfrageergebnisse (z.B. Eurobarometer) belegen.

13.2 Wo steht die EU heute?

13.2.1 Die Eurokrise

Wenn wir uns vor dem Hintergrund dieser Beobachtungen nun die Frage vorlegen wollen, wo die EU heute steht und welche Entwicklungsoptionen sich unseres Erachtens für sie abzeichnen, dann kommen wir an einer nochmaligen Befassung mit der aktuellen sog. Eurokrise und den Strategien und Maßnahmen zu ihrer Bewältigung nicht vorbei. Sie sind ohne Zweifel die dominierenden europapolitischen Themen der vergangenen Jahre gewesen und bestimmen auch die aktuelle Debatte. Kaum hatte die EU ihre konstitutionelle Krise mit dem Inkrafttreten des Lissabon-Vertrags (mit einem blauen Auge) hinter sich gebracht, begannen mit dem Bekanntwerden der finanziellen Probleme zunächst Griechenlands und in der Folge einer Reihe weiterer Staaten die dramatischen Entwicklungen um die Gemeinschaftswährung. Der Euro hat dem Druck der Spekulanten bis heute Stand gehalten, und kein Mitgliedstaat musste aus der Währungsunion austreten. Stattdessen wurden Institutionen und Mechanismen der Stabilisierung etabliert, die die Refinanzierung der angeschlagenen Staaten unter Reformauflagen sicherstellen konnten. Dabei haben die europapolitischen Akteure bislang geltende Dogmen über Bord geworfen und haben den bisher bestehenden institutionellen, ja sogar europarechtlichen Rahmen in kreativer, für viele Beobachter allerdings problematischer Weise überschritten. Für besondere Entspannung der Krise hat die folgende Äußerung von EZB-Chef Draghi auf einer Konferenz in London im Juli 2012 gesorgt: „Within our mandate, the ECB is ready to do whatever it takes to preserve the euro. And believe me, it will be enough."[757] Diese Ankündigung, im Notfall unbegrenzt Staatsanleihen von kriselnden Eurostaaten aufzukaufen, ist gerade von der deutschen Regierung scharf kritisiert worden. Diese Politik sowie die durch Stabilisierungsmechanismen faktisch in Grundzügen angelegte Transfer- und Solidaritätsgemeinschaft rufen gerade hierzulande die Hüter des deutschen wie des europäischen Rechts auf den Plan, die darin *ausbrechende Rechtsakte*, also eine Kompetenzüberschreitung der supranationalen EZB, sehen. Das Bundesverfassungsgericht verhandelt über Klagen gegen die bisherigen Rettungsmaßnahmen (vor allem ESM), hat sich aber auch die Frage der OMT selbstbewusst zur Entscheidung vorgelegt und riskiert damit erhebliche Kompetenzstreitigkeiten mit dem EuGH (s. Kasten 8). Wie in Kapitel 8 ausführlicher dargestellt wurde, verstärkt die Krisenbekämpfung die Stellung der intergouvernementalen Organe, insbesondere die Dominanz des Europäischen Rates. Diese Exekutivlastigkeit und

---

[757] Vgl. den Wortlaut: http://www.ecb.europa.eu/press/key/date/2012/html/sp120726.en.html (letzter Zugriff: 26.8.2013.).

die zweitrangige Rolle der supranationalen Organe Kommission und Parlament können längerfristig das demokratische Defizit der EU verstärken und die Unterstützung des Integrationsprojektes durch die Bevölkerungen weiter verringern.

13.2.2 Neue Spaltungslinien als Folge der Eurokrise

Schwerer als die rechtlichen Streitfragen, die zum Teil noch konflikthaft zu klären sind, wiegt indes ein anderer Befund: Mit der fortdauernden Staatsschuldenkrise und insbesondere den akuten wirtschaftlichen Schwierigkeiten in vielen Teilen Europas hat die EU ihren Nimbus als ökonomisches Erfolgsprojekt vorerst eingebüßt. Für einen Integrationsverband, der in so starkem Maße von der insbesondere auf ökonomischem Output beruhenden Legitimität abhängt, könnte dies eine existenzielle Gefährdung bedeuten. Innerhalb der EU, ja innerhalb der Eurozone ist die wirtschaftliche Ungleichheit zwischen den Mitgliedstaaten entgegen allen Konvergenzversprechen in den vergangenen Jahren weiter gewachsen. Zudem ist im Zuge der Krisenbewältigung eine neue Kluft zwischen Schuldner- und Gläubigerstaaten entstanden, die sich zunehmend konflikthaft gegenüberstehen.[758] Diesseits und jenseits der Kluft wird der Wert der EU offen infrage gestellt, positionieren oder formieren sich Gruppierungen, um den Fortgang der Integration zu blockieren, die Einbindung des eigenen Landes in die gemeinschaftlichen Strukturen zu lockern oder gar deren generellen Rückbau zu fordern.

Demgegenüber verschließt sich die Europapolitik im Angesicht der aktuellen Krise erneut vor einer möglichen Konfrontation mit den Bürgern, denn die im Falle von Vertragsänderungen anfallenden aufwändigen Ratifizierungsverfahren, einschließlich riskanter Referenden, werden nach den Erfahrungen während des Verfassungsprozesses gescheut. Bisher sind daher keine Anstrengungen der EU zu einer umfassenderen Vertragsänderung erkennbar. Stattdessen wird die akute Krisenbewältigung mit der allmählichen Systemumgestaltung verwoben und oberhalb, ja teils abseits von Europarecht und -politik durch die Staats- und Regierungschefs vorangebracht. Dabei ist nicht in jedem Fall geklärt, ob diese Maßnahmen auch seitens der europäischen Bevölkerungen etwa im Kontext von Ratifizierungsverfahren zustimmungsfähig sind. Der Philosoph Jürgen Habermas kritisiert diesbezüglich einen „postdemokratischem Exekutivföderalismus".[759] Wo demgegenüber Kommission und insbesondere die Zentralbank als supranationale Organe in das Krisengeschehen eingreifen, tun sie dies in gewohnt technokratischer Weise,[760] ohne dass die ge-

---

758 Vgl. Altvater, Elmar, 2013: Der politische Euro. Eine Gemeinschaftswährung ohne Gemeinschaft hat keine Zukunft, in: Blätter für deutsche und internationale Politik 5/2013, S. 71–79 (72).
759 Habermas, Jürgen, 2012: Zur Verfassung Europas. Ein Essay, Frankfurt/Main, S. 48ff.
760 In ihrem Essay zur Weiterentwicklung der europäischen Demokratie bezeichnet Ulrike Guérot die EZB als faktischen „Souverän in Krisenzeiten", weil sie gemäß der berühmten Formel Carl Schmitts über den Ausnahmezustand entscheide, vgl. Guérot, Ulrike, 2013: Zwischen Haushalts- und Legitimationsdefizit: Zur Zukunft der europäischen Demokratie, in: Aus Politik und Zeitgeschichte 6-7/2013, S. 3–10 (6); s. auch Streeck, Wolfgang, 2013a: Was nun, Europa? Kapitalismus ohne Demokratie oder Demokratie ohne Kapitalismus, in: Blätter für deutsche und internationale Politik 4/2013, S. 57–68 (60).

rade ihre Tätigkeit in besonderem Maße betreffenden fundamentalen Fragen demokratischer Legitimität geklärt wären.[761] Hinzu kommt, dass die soziale Krise, die einige Mitgliedstaaten heute schon erreicht hat, durch die mit dem Stabilisierungsprogramm als Bedingung verknüpfte erzwungene Austerität im Rahmen der Krisenbewältigung noch verschärft wird. Der Soziologe Wolfgang Streeck skizziert in diesem Zusammenhang die neoliberale Entwicklung der EU zu einem „Konsolidierungsstaat".[762] Tatsächlich kann die in den Hilfskonditionen begründete Alternativlosigkeit schmerzhafter Sozialreformen in den betroffenen Mitgliedstaaten zu einer veritablen Krise der Demokratie führen, die sich in sozialen Protesten und politischer Instabilität niederschlägt. Durch ihre unglückliche Position als Ursprung postdemokratischer Tendenzen konterkariert die EU die eigentlich erstrebte Überwindung der kognitiven Verknüpfung von Demokratie und Nationalstaat. In jedem Fall scheint der gegenwärtige Integrationsmodus nur schwer mit dem übergeordneten, lange Zeit verfolgten Ziel der Bekämpfung des chronischen Legitimitätsdefizits vereinbar.

Auch jenseits der akuten Krisenbewältigung sind nur vorsichtige Schritte zur Steigerung der Legitimität zu verzeichnen. Spannend in dieser Hinsicht wird die Frage sein, ob die seitens des Europäischen Parlaments für die Europawahlen 2014 und die anschließende Auswahl des Kommissionspräsidenten geforderte Politisierung und Parlamentarisierung tatsächlich in die Praxis umgesetzt wird,[763] ob sich diese in einer entsprechenden Wirkung auf die Wahlbeteiligung niederschlägt und auch die Auswahl einer neuen Kommission in diesem Sinne offen vorgenommen wird. Entsprechende Hoffnungen sind allerdings bereits getrübt worden. Die deutsche Bundeskanzlerin Angela Merkel etwa hat in einem Interview mit dem Magazin Spiegel zu erkennen gegeben, dass sie zumindest zum Teil an der bisherigen Praxis festhalten will, „dass die nationalen Staats- und Regierungschefs bei seiner Berufung [des Kommissionspräsidenten, Anm. d. Autoren] mitreden".[764]

Mit der durch den Lissabon-Vertrag eingeführten Europäischen Bürgerinitiative (EBI) versucht die EU eine Aktivierung der Zivilgesellschaft und damit eine stärkere Einbindung der Bürger in den Prozess des Agenda-Setting zu gewährleisten. Wie die erfolgreiche *Right2Water*-Initiative gegen Maßnahmen zur Privatisierung der Wasserversorgung zeigt, ist die EBI insgesamt geeignet, grenzüberschreitende Debatten und Bewegungen anzustoßen und damit transnationale Diskurse entstehen zu lassen. Dass bisher nicht auch weitere Initiativen erfolgreich gewesen sind, könnte allerdings auch darauf hindeuten, dass die Hürden für den Erfolg sehr hoch angelegt sind.

---

761 Vgl. Maurer, Andreas, 2013: Institutionelle Ordnung der Wirtschafts- und Währungsunion – Anforderungen aus demokratiepolitischer Sicht, in: Neue Gesellschaft/Frankfurter Hefte (1/2) 2013, S. 43–46.
762 Streeck, Wolfgang, 2013b: Gekaufte Zeit. Die vertagte Krise des demokratischen Kapitalismus; Frankfurter Adorno-Vorlesungen 2012, 3. Aufl., Berlin, S. 141ff.; s. auch: Streeck, 2013a, S. 68.
763 S. zu den Forderungen des Parlaments die Entschließungen vom 22. November 2012 (2012/2829(RSP)) bzw. vom 4. Juli 2013 (2013/2012(INI)).
764 Interview Der Spiegel vom 3. Juni 2013.

13. Schlussbetrachtung und Ausblick

13.2.3 Krisenfeld Außen- und Sicherheitspolitik (GSVP)

Ein besonders souveränitätsgeladenes und daher nach wie vor intergouvernemental organisiertes Politikfeld ist auch nach der Reform von Lissabon die Außen- und Sicherheitspolitik: Hier waren an die Neuerungen des Lissabon-Vertrags große Erwartungen geknüpft worden, die wenn überhaupt nur zum Teil erfüllt werden konnten. Erwartet wurde eine verbesserte Repräsentation und gestärkte Handlungsfähigkeit der EU nach außen, etwa durch den Ständigen Präsidenten des Europäischen Rates sowie die aufgewertete Hohe Vertreterin für Außen- und Sicherheitspolitik, die mit dem nach Verzögerungen etablierten Europäischen Auswärtigen Dienst auf ein umfassendes integriertes Diplomatenkorps zurückgreifen kann. Zunächst standen allerdings die überraschend unspektakulären personellen Besetzungen beider Ämter in der Diskussion, und die neuen Amtsträger wurden als zu schwach und unerfahren kritisiert und damit in gewisser Weise vorzeitig beschädigt.[765] Weder Catherine Ashton für den engeren Bereich der Außen- und Sicherheitspolitik noch Herman Van Rompuy für die EU insgesamt haben in den letzten Jahren wesentliche Akzente setzen können. Die Zuständigkeitsverteilung innerhalb des gewachsenen Kreises der Führungsfiguren ist eher unklarer denn klarer geworden.[766] Zudem haben die jüngeren außenpolitischen Krisen, mit denen die EU konfrontiert war, also etwa die humanitären Notlagen und gewaltsamen Konflikte in Libyen (Luftunterstützung der Rebellen durch die NATO), Mali (militärische Unterstützung der Regierung durch Frankreich) sowie Syrien (zuletzt EU-interner Konflikt um Verlängerung des Waffenembargos) gezeigt, dass die Handlungsfähigkeit und Durchsetzungsstärke europäischer Außenpolitik nach wie vor in erster Linie von der Kohärenz der außenpolitischen Positionen der Mitgliedstaaten und/oder von der Handlungsbereitschaft einzelner Länder abhängig ist. Eine gemeinsame Linie der EU-Mitgliedstaaten in außenpolitischen Krisen scheint eher die Ausnahme als die Regel zu sein. Die teilweise massiven Kürzungen der Verteidigungshaushalte in zahlreichen Mitgliedstaaten infolge der Wirtschaftskrise schwächen überdies die ohnehin defizitären militärischen Kapazitäten der EU.

13.3 Wie weiter? Entwicklungsmöglichkeiten und Herausforderungen der EU

Die Eurokrise hat sich in den vergangenen Monaten erkennbar beruhigt. Der Erfolg, dass die wildesten Spekulationen gegen die Gemeinschaftswährung vorerst gestoppt werden konnten, darf aber nicht darüber hinwegtäuschen, dass die Staatsverschul-

---

765 Vgl. Howorth, Jolyon: The ‚New Faces' of Lisbon: Assessing the Performance of Catherine Ashton and Herman van Rompuy on the Global Stage, in: European Foreign Affairs Review 2011, S. 303–323.
766 Vgl. Weidenfeld, Werner, 2012: Die Bilanz der Europäischen Integration 2012, in: Weidenfeld, Werner/ Wessels, Wolfgang (Hrsg.): Jahrbuch der Europäischen Integration 2012, Baden-Baden, S. 13–26 (20); s. ausführlich auch Constantinesco, Vlad: De la pluralité des présidences dans l'Union Européenne, in: L'Europe en Formation 4/2011, S. 71–80.

dung in vielen Ländern Europas immer noch viel zu hoch und in einigen Krisenstaaten, allen voran Griechenland schlicht desaströs ist (s. Abb. 6 in Kap. 2). Und selbst im verhältnismäßig ruhigen ersten Halbjahr 2013 hat die Bankenkrise in Zypern vor Augen geführt, dass die Krise noch nicht überwunden ist und jederzeit wieder ein Staat des Euroraums an den Rand des Staatsbankrotts geraten und den gesamten Währungsraum in Schwierigkeiten bringen kann. Was Griechenland betrifft, so mehren sich die Anzeichen, dass das Land mit der derzeitigen Kombination aus Finanzhilfen und Reformauflagen die Wende verfehlen könnte. Vor diesem Hintergrund wrde im Sommer 2013 offen über einen weiteren Schuldenschnitt für Griechenland nachgedacht. Zunächst trat die deutsche Bundesregierung einer entsprechenden Forderung des IWF zwar entschieden entgegen. Allerdings könnten sich die Vorzeichen nach der Bundestagswahl im vergangenen September verändern.

13.3.1 Soziale und politische Krisen als Folge der Eurokrise

Schwerer noch als die oben angesprochenen finanziellen Schwierigkeiten, in denen sich zahlreiche Staaten nach wie vor befinden, wiegt die aktuell anhaltende Wirtschaftskrise auf dem Kontinent, von denen fast alle Länder mit nur wenigen Ausnahmen betroffen sind. Sie geht mit zum Teil dramatisch angestiegenen Arbeitslosenquoten einher. Unter den Menschen ohne Beschäftigung finden sich besonders viele Jugendliche, die, obwohl teils gut ausgebildet, in ihrem Heimatland derzeit kaum Aussichten auf einen Job haben. In vielen Kommentaren ist bereits von einer „verlorenen" oder „abgehängten Generation" die Rede.[767] Über den wachsenden sozialen Unmut könnten weitere Regierungen stürzen, eventuell gefolgt von politisch gestaltungsfähigen Mehrheiten, die eine Fortsetzung der europäischen Integration, vielleicht gar eine Teilnahme des eigenen Landes, für nicht mehr unter allen Umständen geboten halten. In Deutschland wird nach den Wahlen vom September 2013 die sich abzeichnende große Koalition den bisherigen europapolitischen Kurs sehr wahrscheinlich fortsetzen, doch könnte der Wahlerfolg der Anti-EU-Partei *Alternative für Deutschland*, die nur knapp an der Fünfprozenthürde scheiterte, die Bereitschaft der Parteien mindern, den Schuldenstaaten entgegenzukommen und sich generell stärker für die Integration einzusetzen.

Freilich lässt sich, ausgelöst durch die Krisen an den Arbeitsmärkten, demgegenüber auch eine wachsende, von der Krise erzwungene Mobilität junger Menschen beobachten, die auf der Suche nach einem Arbeitsplatz aus Südeuropa etwa nach Deutschland wandern. Damit könnte sich die gegenwärtige Krise gleichsam als Katalysator für die Entstehung eines europäischen Arbeitsmarkts erweisen, so dass die wirtschaftlichen Ungleichgewichte durch steigende Arbeitsmigration kompensiert werden. Doch sind die europäischen Gesellschaften reif für diesen wesentlichen Fortschritt wirtschaftlicher Integration? Welche Transfermechanismen müssten für dau-

---

767 Vgl. Weidenfeld, 2012, S. 13.

erhaft benachteiligte Regionen etabliert werden? Und wäre die Solidaritätsbereitschaft in den wirtschaftlich starken Ländern ausreichend, um ein sehr viel umfangreicheres innereuropäisches Umverteilungsarrangement zu akzeptieren? Lassen sich so innovative wie weitreichende Vorstellungen wie eine gemeinsame europäische Arbeitslosenversicherung tatsächlich etablieren?[768]

Die von der neofunktionalistischen Integrationstheorie inspirierte Annahme, dass aus der Krise neue Vertiefungsschritte geboren werden, findet in der empirischen Realität durchaus einige Bestätigung. Für einen umfassenderen Ausblick auf das Integrationsgeschehen der kommenden Jahre ist allerdings die Frage zu stellen, ob der schleichende Zerfall der Gemeinschaft nicht die realistischere Folge aus den dilemmatischen Verhältnissen ist, welche die aktuelle Krise so schonungslos offengelegt hat? Im Kontext der gegenwärtigen Krise wurde viel über mögliche Austritte aus der Eurozone oder sogar der EU gesprochen. Für die Krisenstaaten wurde etwa die Option erörtert, den Währungsraum zu verlassen, um sich unter Nutzung des wieder verfügbaren geldpolitischen Instruments zu neuer Wettbewerbsfähigkeit zu verhelfen. Ob die Probleme des Landes sich tatsächlich auf diesem Wege lösen ließen, sei einmal dahingestellt.[769] Da eine solche Maßnahme und das damit verbundene Signal, dass ein Staat auch fallen gelassen werden kann, den Teufelskreis der Spekulation gegen die Gemeinschaftswährung allerdings wieder in Gang setzen könnte, mobilisieren die europapolitischen Akteure mit Zustimmung der Gläubigerstaaten bis heute alle verfügbaren Mittel ein, um diese *ultima ratio* zu vermeiden.

13.3.2 Eine EU ohne Großbritannien?

Eine andere Diskussion betrifft den Verbleib Großbritanniens in der EU. In dieser Frage ist die Ausgangssituation freilich eine andere: Der britische Premierminister David Cameron hat im Frühjahr 2013, getrieben durch einen starken EU-skeptischen Flügel innerhalb seiner Partei und die Erfolge der EU-Gegner der *United Kingdom Independence Party* (UKIP), eine Volksabstimmung über den Verbleib des Landes in einer womöglich reformierten EU bis zum Jahr 2017 versprochen. Dazwischen liegen zwar eine Unterhauswahl und möglicherweise ein Regierungswechsel. Dennoch ist ein britisches Referendum damit in greifbare Nähe gerückt, denn es ist zum einen fraglich, ob eine Labour-Regierung, sollte es zu einem politischen Wechsel kommen, dieses Versprechen an die Bevölkerung ohne Ansehensverlust kassieren kann, zum anderen ist der Ausgang eines solchen Referendums in der Tat ungewiss: Zwar weist das in Umfragen gemessene generell schlechte Ansehen der EU in der britischen Bevölkerung auf eine potenzielle Mehrheit für einen Austritt hin.[770] Die

---

768 Diesen Vorschlag greift auch Ulrike Guérot auf: Guérot, 2013, S. 5–6.
769 Altvater bringt neben vielen anderen diesbezüglich große Skepsis zum Ausdruck, vgl. Altvater, 2013, S. 76.
770 In der letzten Eurobarometer-Umfrage (Standard EB 79) gaben insgesamt 43 % an, ein negatives Bild von der EU zu haben (positives Bild: 21 %).

Umfrageforschung stößt hier allerdings an ihre Grenzen, wenn halbwegs verlässliche Vorhersagen daraus gewonnen werden sollen, denn im Ernstfall der Referendumssituation werden neue Deutungskämpfe in Gang gesetzt und wird der Abstimmungsgegenstand angesichts seiner dann absehbaren Konsequenzen bewertet. Ein Austritt würde für Großbritannien bedeuten, dass es kaum noch Einfluss auf die Europapolitik nehmen könnte. Dennoch: Wird das Referendum abgehalten, so besteht immerhin die Möglichkeit eines nicht allzu fernen Abschieds Großbritanniens aus der EU. Welche Folgen hätte ein sog. BREXIT (*British exit*) für die Gemeinschaft? Wäre er gewissermaßen die Erlösung von einem historischen Bremsklotz im Sinne der Fortentwicklung einer politischen Union? Oder wäre eine solche offene Abwendung eines großen Landes von der Gemeinschaft mit nunmehr 28 Mitgliedstaaten eine Katastrophe für das europäische Projekt, ein existenzieller Schlag für die EU (und insbesondere die GSVP, in der Großbritannien eine zentrale Rolle spielt), der eventuell Nachahmer inspiriert? Die Auswirkungen eines solchen Ereignisses sind im Grunde nicht vorherzusagen.

13.3.3 Flexibilisierung als Integrationsmethode?

Die Eurokrise wird voraussichtlich den bereits seit Jahren sichtbaren Trend zu einer differenzierten Integration verstärken.[771] Dies wird auch künftig zu einer weiteren politikfeldbezogenen Diffusion der einheitlichen Gestalt der EU führen. Eine besondere Rolle spielen in diesem Zusammenhang die Staaten der Eurozone, der 17 Länder, die den Euro als Währung eingeführt haben. Einige Autoren argumentieren,[772] dass sich die Eurozone zunehmend eine politisch-institutionelle Struktur gibt, die zu einer Art EU in der EU wird. Mit 17 Mitgliedern, darunter mit Ausnahme Großbritanniens alle größeren EU-Staaten, ist die Eurogruppe von erheblichem politischen Gewicht.

Im Zuge des aktuellen Krisenmanagements haben die europapolitischen Akteure neue Wege abseits des klassischen europarechtlichen Rahmens gewählt oder neue opt-outs gewährt. Schritte zur stärkeren Koordination und supranationalen Überwachung im Rahmen der Währungsunion könnten die Mitgliedstaaten, die die Gemeinschaftswährung noch nicht eingeführt haben, nachhaltig davon abhalten, ihr beizutreten. Damit könnten die eingeleiteten Maßnahmen die differenzierte Integration im Bereich der Wirtschafts- und Währungspolitik verstetigen. Ein Währungsverbund, der sich mit dem Umfang der EU deckt, ist damit noch unwahrscheinlicher geworden als zuvor. Ganz allgemein betrachtet, wird die Flexibilisierung der Integration das Problem der mangelnden Transparenz des EU-Systems voraussichtlich weiter verschärfen. Es werden – noch mehr als heute – auf der Basis des Prinzips der „verstärkten Integration" – Teilgemeinschaften unterschiedlicher Dichte und Reichweite

---

771 Vgl. Weidenfeld, 2012, S. 21–22.
772 So Ondarza, Nicolai: Auf dem Weg zur Union in der Union. Institutionelle Auswirkungen der differenzierten Integration in der Eurozone auf die EU, in: integration, 36, Nr. 1, S.17–33.

entstehen, wodurch die EU insgesamt noch unübersichtlicher werden und eine Identifikation mit ihr als Ganzer noch schwieriger als bisher sein wird.

Zudem ist der gemeinsame große konstitutionelle Wurf, also eine umfassende Vertragsreform, welche die Integration konsolidieren und evtl. weiter vorantreiben könnte, wenngleich von der einen oder anderen Stelle auch in der aktuellen Debatte immer wieder angeregt, ein sehr unwahrscheinliches Szenario geworden. Im Gesamtverbund der 28 Mitgliedstaaten ist eine umfassende Vertragsreform, welche nicht nur die Unterstützung aller mitgliedstaatlichen Regierungen, sondern auch die Ratifizierung in allen Mitgliedsländern erforderte, derzeit kaum noch vorstellbar. Wenn überhaupt, dann werden derlei Vertiefungsvisionen mit der Kerneuropaidee verbunden, mit einer Avantgarde von besonders integrationswilligen Staaten, wie (möglicherweise) eben der Eurogruppe.

13.3.4 Erweiterungen auf Eis?

Auch hinsichtlich der Erweiterung sind für die kommenden fünf bis zehn Jahre keine allzu großen Sprünge mehr zu erwarten. Die Aufnahme Islands würde sicher unproblematisch sein, doch der Beitrittswille des Landes hat mit dem Abebben der Krise nachgelassen. Jegliche Erweiterungsdynamik, die für die 1990er und frühen 2000er Jahre so prägend war, ist jedoch mit der großen Osterweiterung 2004/2007 um insgesamt zehn mittelosteuropäische Staaten vollends erlahmt. Sowohl die politischen Eliten als auch die Bevölkerungen sind „erweiterungsmüde". Dazu beigetragen haben nicht zuletzt die Entwicklungen in Rumänien und Bulgarien.[773] Beide Staaten haben trotz einiger Fortschritte noch massive Probleme mit grassierender Korruption und Kriminalität sowie einer ineffizienten Bürokratie. Soziale Spannungen, machthungrige Politiker und eine schwache demokratische politische Kultur haben in Rumänien zu einer Staatskrise geführt. In Bulgarien bestehen nach wie vor enge Kontakte zwischen Politik und organisierter Kriminalität. Der Kooperations- und Kontrollmechanismus der EU, der die Staaten zu Mitgliedern zweiter Klasse macht, ist auch sechs Jahre nach deren Beitritt noch in Kraft. Verschiedene Anläufe beider Staaten, dem Schengenraum beizutreten, sind am Widerstand einiger Mitgliedstaaten gescheitert. Die negativen Erfahrungen der EU mit beiden Ländern verschlechtern die Chancen der Staaten des sog. „Westbalkans" auf eine rasche Annäherung und Mitgliedschaft. Eine Aufnahme der Türkei scheint auf lange Sicht – und dies nicht erst aufgrund der jüngeren politischen Entwicklungen des Landes – nicht konsensfähig. Selbst wenn die Staats- und Regierungschefs der EU-Mitgliedsländer sich auf einen solchen Schritt verständigen könnten, würde das Vorhaben voraussichtlich

---

[773] Hinzu kommt der Dauerkonflikt zwischen EU-Parlament und EU-Kommission auf der einen und der ungarischen Regierung unter Viktor Orbán auf der anderen Seite. Die EU leitete sogar ein Vertragsverletzungsverfahren nach Art. 7 EU-V ein, da aus ihrer Perspektive die Reformen Orbáns eine Verletzung rechtsstaatlicher Grundsätze darstellten, Vgl. den Bericht des EP unter http://www.europarl.europa.eu/sides/getDoc.do?pubRef=-//EP//NONSGML+REPORT+A7-2013–0229+0+DOC+PDF+V0//EN (letzter Zugriff: 26.8.2013).

doch spätestens in den Voten einiger nationalstaatlicher Souveräne sein Ende finden – so hat z.B. Frankreich noch im Vorfeld des Referendums über den Verfassungsvertrag 2005 die nationale Konstitution dahingehend geändert, dass die Zustimmung Frankreichs zu jedem weiteren EU-Beitritt nur per Volksabstimmung erfolgen kann.

Es bleibt abzuwarten, inwieweit die EU ihre Strategie für den westlichen Balkan verändert oder gar eine neue Strategie entwirft. In der Diskussion, insbesondere im Hinblick auf einen Beitritt der Türkei, gewinnt die Idee einer sektoralen Integration zunehmend an Bedeutung.[774] Ob die Union in absehbarer Zeit weitere Mitglieder aufnimmt, hängt aber nicht nur von der Aufnahmefähigkeit und Aufnahmebereitschaft auf Seiten der Mitgliedstaaten ab, sondern auch von der Entwicklung möglicher Beitrittskandidaten und deren Beitrittswillen, der auch wiederum davon abhängt, ob die EU die Eurokrise und ihren notwendigen Umbau bewältigt.

Damit sind also unseres Erachtens einige wesentliche Entwicklungsmöglichkeiten und Herausforderungen, die sich aus der aktuellen Krisensituation der EU ergeben, skizziert. Alle Vorhersagen sind allerdings weniger als streng wissenschaftliches Unternehmen, denn als persönlicher, auf unseren Erfahrungen beruhender Ausblick zu verstehen. Dass sozialwissenschaftliche Vorhersagen ohnehin und generell mit großer Vorsicht zu betrachten sind, weil sie immer behaupten, worüber sie streng genommen keine Aussagen treffen können, sei in diesem Zusammenhang lediglich ergänzt.[775]

In unserem Sinne noch wichtiger erscheint uns allerdings die Schlussbemerkung, dass keiner der vorgestellten Trends das in diesem Band ausführlich diskutierte kategoriale Problem im Umgang mit der EU zu entschärfen verspricht. Im Gegenteil: Die zunehmend ausdifferenzierte Integration im Sinne der Flexibilisierung erschwert alle Einordnungsversuche zusätzlich. Die fundamentale Wesensfrage, die sich seit dem qualitativen Sprung der EU in den 1990er Jahren in besonderer Vehemenz stellt, wird einer Beantwortung durch die zu erwartenden Trends nicht näher gebracht. Und so ist zu erwarten, dass die kategoriale Unschärfe des Einigungswerks sich auch in Zukunft als eine zentrale Herausforderung für die wissenschaftliche Beschäftigung mit der Europäischen Union erweisen wird.

Literatur

Altvater, Elmar, 2013: Der politische Euro. Eine Gemeinschaftswährung ohne Gemeinschaft hat keine Zukunft, in: Blätter für deutsche und internationale Politik 5/2013, S. 71–79.

Constantinesco, Vlad: De la pluralité des présidences dans l'Union Européenne, in: L'Europe en Formation 4/2011, S. 71–80.

---

[774] Vgl. beispielsweise Überlegungen im Falle der Türkei, Maurer, Andreas, 2007: Alternativen denken, download: http://www.swp-berlin.org/fileadmin/contents/products/aktuell/2007A36_mrr_ks.pdf (letzter Zugriff: 26.8.2013.).

[775] Vgl. hier Mair, Charles, 1995: Die Sozialwissenschaften und die Wende: Grenzen der Prognosefähigkeit, in: Lehmbruch, Gerhard (Hrsg.): Einigung und Zerfall, Opladen, S. 315–326.

13. Schlussbetrachtung und Ausblick

Guérot, Ulrike, 2013: Zwischen Haushalts- und Legitimationsdefizit: Zur Zukunft der europäischen Demokratie, in: Aus Politik und Zeitgeschichte 6–7/2013, S. 3–10.

Habermas, Jürgen, 1974: Analytische Wissenschaftstheorie und Dialektik, in: Adorno, Theodor W. u.a.: Der Positivismusstreit in der deutschen Soziologie, 3. Aufl., Neuwied, S. 155–193.

Habermas, Jürgen: Zur Verfassung Europas. Ein Essay, Frankfurt/Main 2012, S. 48ff.

Howorth, Jolyon: The ‚New Faces' of Lisbon: Assessing the Performance of Catherine Ashton and Herman van Rompuy on the Global Stage, in: European Foreign Affairs Review 2011, S. 303–323.

Mair, Charles, 1995: Die Sozialwissenschaften und die Wende: Grenzen der Prognosefähigkeit, in: Lehmbruch, Gerhard (Hrsg.): Einigung und Zerfall, Opladen, 315–326.

Ondarza, Nicolai: Auf dem Weg zur Union in der Union. Institutionelle Auswirkungen der differenzierten Integration in der Eurozone auf die EU, in: integration, 36, Nr. 1, S.17–33.

Streeck, Wolfgang, 2013a: Was nun, Europa? Kapitalismus ohne Demokratie oder Demokratie ohne Kapitalismus, in: Blätter für deutsche und internationale Politik 4/2013, S. 57–68.

Streeck, Wolfgang, 2013b: Gekaufte Zeit. Die vertagte Krise des demokratischen Kapitalismus; Frankfurter Adorno-Vorlesungen 2012, 3. Aufl., Berlin 2013.

Weidenfeld, Werner, 2012: Die Bilanz der Europäischen Integration 2012, in: Weidenfeld, Werner/Wessels, Wolfgang (Hrsg.): Jahrbuch der Europäischen Integration 2012, Baden-Baden, S. 13–26.

Sachregister

Solche Begriffe, die im Text in unüberschaubarer Häufigkeit vorkommen, wie Europäische Gemeinschaft, Europäische Union, Parlament, Rat, Kommission etc., werden in diesem Sachregister entweder gänzlich weggelassen, oder es wird lediglich auf den diesbezüglich wesentlichen Abschnitt verwiesen. Etwaige Abkürzungen und ihre Bedeutung sind dem entsprechenden Verzeichnis zu entnehmen.

133er-Ausschuss 95, 118, 188
A-Punkt, -e
– Rat 94
A-Punkte
– Kommission 115
Abberufbarkeit der Regierung 59, 83
Abendland 241, 245
Abgabe, -n 140, 143, 182
Abgeordnete, -r 77
abgestufte Integration 275
Absatzgarantie, -n 180
absolute Mehrheit 80
Abstimmungsverfahren
– Parlament 78
– Rat 95
acquis communautaire *siehe* gemeinschaftlicher Besitzstand
Acquis-Kriterium 238
Agenda 2007 180
Agrarabschöpfung, -en 182, 340
Agrarpolitik *siehe* Gemeinsame Agrarpolitik
AKP-Staat, -en 187
Allgemeines Zoll- und Handelsabkommen (GATT, General Agreement on Tariffs and Trade) 141, 186, 335
Allianz der Liberalen und Demokraten für Europa (ALDE) 76, 131
Althea 316
Amsterdamer Vertrag *siehe* Vertrag von Amsterdam
Amtssprache, -n 37, 122
Anfrage, -n 76, 82
Anhörung, Anhörungsverfahren *siehe* Konsultation, Konsultationsverfahren

Anschlusseffekt, -e Siehe spill over
Antici-Gruppe 103
Antidiskriminierung 210, 294, 296
Arbeitnehmerfreizügigkeit 146, 216, 292, 294
Arbeitsgruppe, -n 94
Arbeitslosigkeit 39, 296
Arbeitsmarkt 40, 147, 294, 296, 409
Arbeitsparlament 78
Arte 261
Artemis 316
Artikulationsfunktion 81
Assoziierung, Assoziierungsabkommen 186
Asyl 218, 222
– Asylantrag 223
– Asylpolitik 222
– Asylverfahren 222
Audit 112, 118
Aufklärung 240, 242, 329
Ausfuhrbeschränkung, -en 143
Ausgabe, -n 178, 179, 346
Ausschuss der Regionen (AdR) 44, 129
Ausschuss der Ständigen Vertreter (AStV od. COREPER) 93
Ausschuss Ständiger Vertreter (AStV od. COREPER) 342
Außen- und Sicherheitspolitik *siehe* Gemeinsame Außen- und Sicherheitspolitik
Außenbeziehungen 94, 112, 185, 305
Außengrenzen 181, 218, 221, 222, 354
Außenhandel 91, 185, 263, 307
– Außenhandelstarif, -e 141
Außenminister der EU 371

415

Sachregister

Außenvertretung 105, 118, 305, 308
Außenwirtschaftsbeziehungen 30, 185
Außenzoll, -zölle 141, 185, 288
Austerität 162, 299, 407
Austritt aus der Union 34, 176, 205, 210, 371, 410
Auswärtiger Dienst *siehe* Europäischer Auswärtiger Dienst (EAD)
B-Punkt, -e
– Kommission 115
– Rat 94
Barcelona-Prozess Siehe Euro-mediterrane Partnerschaft
Basel III 173
Battle Groups 314, 316, 381
Behinderungsmissbrauch 154
Beichtstuhlverfahren 102
Beihilfe, -n 155, 180
Beihilfenkontrolle 155
Beitragsrabatt, -e 184, 347
Beitritts-
– -antrag 339
– -kandidat, -en 34, 188, 365, 413
– -kriterien 52, *siehe* Kopenhagener Kriterien
– -verhandlungen 188, 339, 360, 374
– -vertrag 74, 375
benchmarks 279
Beratungsverfahren 116
Berichterstatter, -in 122
Berlin-Plus-Abkommen 315
Berliner Erklärung 367
Beschäftigungs-
– -politik 106, 278, 298
– -politische Leitlinien 106
– -strategie 39, 278, 299
Beschluss 206, 221
Bestimmungslandprinzip 148
Bevölkerung (EU) 35
Beyen-Plan 334
Binnenhandel 141, 185
Binnenmarkt 142
Binnenmarktanzeiger 155

Binnenmarktrichtlinie, -n 155
Binnenzoll, -zölle 141, 288
blaming 279
Blaue Karte (Blue Card) 224
BNE-Eigenmittel 183
Bolkestein-Richtlinie *siehe* Dienstleistungsrichtlinie
Britenrabatt 184, 347
Brüsseler Pakt 328, 333
Budget-
– -kontrolle 82, *siehe* Haushaltskontrolle
– -recht 82, 340
Bundesbank 128, 158, 350
Bundesstaat 63, 332, 333, 383
Bundesverfassungsgericht 63, 123, 165, 201, 227, 250, 387, 405
Bürger-
– -beauftragte, -r 44
– -recht, -e 217
Bürokratie 44, 108, 390
BusinessEurope 295
Cassis de Dijon, -Urteil 123, 144, 215, 347
CEEP 295
Chancengleichheit 293, 302
Charta der Europäischen Identität 244
Charta der Grundrechte *siehe* Grundrechtecharta
Christentum 241
CIVCOM 313
Concordia 316
concours 93, 113
CONECS 262
COPA 180
Corte costituzionale 200
Costa/E.N.E.L. 123, 200, 215
Cotonou-Abkommen 187
CRD IV-Paket 173

Davignonbericht 343
Decker, EuGH-Urteil 292
Defizitkriterium 101, 119, 158, 357

Sachregister

degressive Proportionalität
- Parlament 73
- Rat 96
- WSA/AdR 129

Delegation, -en
- EU 312
- Parlament 78

deliberative Demokratie 270
Delors-I-Plan 183
Delorsbericht 350
Demokratiedefizit 58, 61, 70, 108, 253, 269, 407
Demos 235, 242, 269
Deregulierung 142, 288, 290, 298
Devisenhandel 127
Dienstleistungsfreiheit 142, 146, 291
Dienstleistungsrichtlinie 148, 291
differenzierte Integration *siehe* abgestufte Integration
diffuse Unterstützung 57, 258, 263, 269
direkte Demokratie, direktdemokratisch 269
Direktive, -n *siehe* Richtlinie, -n
Direktorium
- der Großen 277, 345
- EZB 87, 105, 124

Direktwahl
- Parlament 71, 77, 337, 345, 387

Direktwirkung 53, 56, 61, 198, 215
Diskriminierungsverbot 147, 216, 228, 294
doppelte Mehrheit 96, 365, 370
dreifache Mehrheit 98
Dubliner Konvention 222
Durchführungsausschuss, -ausschüsse 116
Durchführungsverordnung 182, 206
Durchgriffswirkung *siehe* Direktwirkung

EcoFin-Rat 91, 101, 128, 158, 281
EFTA 49, 141, 187, 339, 342
EFTA-Erweiterung 342
Eigenmittel 100, 182, 210

Eigenmittel-
- -obergrenze 183

Einfuhrbeschränkungen 143
Einheitliche Europäische Akte (EEA) 151, 348, 379, 395
Einigungsprozess 28, 139
Einstimmigkeit 98, 182, 221, 289, 309
Einwanderung 150, 222, 295, 359
Einwanderungspolitik 222, 359
Empfehlung, -en 159, 168, 207
Energie 31, 90, 113
Entgeltgleichheit 293
Enthaltung 98, 310
Entsenderichtlinie 148, 149
Entwicklungspolitik 307
Entwicklungszusammenarbeit 91, 356
Erweiterter Rat der EZB 124
erweitertes Präsidium *siehe* Konferenz der Präsidenten
Erweiterungsartikel 51, 238
EU-
- -Außenbeziehungen 305, *siehe* Außenbeziehungen
- -Finanzen 38, *siehe* Finanzen
- -Finanzmittel 77, *siehe* Finanzmittel
- -Gerichtshof 29, *siehe* Gerichtshof
- -Haushalt 29, *siehe* Haushalt
- -Kommission 37, *siehe* Kommission
- -Mission, -en 316
- -Mitgliedschaft 265, *siehe* Mitgliedschaft
- -Organ, -e 29, 37, 43, 133, 193
- -Parlament 53, *siehe* Parlament
- -Recht 143, *siehe* Europarecht
- -Richtlinie, -n 206, *siehe* Richtlinie, -n
- -Russland-Strategie 319
- -Sozialpolitik 288, *siehe* Sozialpolitik
- -Tempel 203, 253, 353
- -Verfassung 149, *siehe* Verfassungsvertrag
- -Verordnung, -en 83, *siehe* Verordnung, -en
- -Vertrag 203

EUFOR DR Kongo 316
EUFOR Tschad/ZAR 317

Sachregister

EuGH *siehe* Gerichtshof
EUMC 313
EUMS 313
Euro (€) 156, 162, 354
Euro-mediterrane Partnerschaft (EUROMED) 187
Euro-Plus-Pakt 163, 172, 174
Eurobarometer 45
Eurobonds 166
EURODAC 223
Eurogruppe 91, 159, 275, 281, 411
Eurojust 226, 362
Eurokrise 28, 92, 107, 127, 162, 182, 280, 372, 406
Europa (Etymologie) 233
Europa 2020-Strategie 106, 115, 172, 181
Europa der zwei/der verschiedenen Geschwindigkeiten 274
Europa Direkt 272
Europa in konzentrischen Kreisen 275
Europaabgeordnete, -r *siehe* Abgeordnete, -r
Europaabkommen 188
Europäische Agentur für die operative Zusammenarbeit an den Außengrenzen *siehe* FRONTEX
Europäische Atomgemeinschaft (EAG od. Euratom) 49, 336
Europäische Aufsichtsbehörde für das Versicherungswesen und betriebliche Altersvorsorge (EIOPA) 173
Europäische Bankenaufsichtsbehörde (EBA) 173
Europäische Beschäftigungsstrategie (EBS) *siehe* Beschäftigungsstrategie
Europäische Finanzmarktstabilisierungsfazilität (EFSF) 373
Europäische Finanzstabilisierungsfazilität (EFSF) 164
Europäische Gemeinschaft für Kohle und Stahl (EGKS) 49, 108, 329
Europäische Identität 233, 249, 264, 272
Europäische Investitionsbank (EIB) 123

Europäische Konvention zum Schutze der Menschenrechte und Grundfreiheiten (EMRK) 225, 228
Europäische Nachbarschaftspolitik (ENP) 276, 310, 320
Europäische Öffentlichkeit 57, 71, 81, 235, 269
Europäische Politische Gemeinschaft (EPG) 332
Europäische Politische Zusammenarbeit (EPZ) 308, 343
Europäische Polizeiakademie (CEPOL) 226
Europäische Sicherheits- und Verteidigungspolitik (ESVP) *siehe* Gemeinsame Sicherheits- und Verteidigungspolitik (GSVP)
Europäische Sicherheitsstrategie (ESS) 320
Europäische Sozialcharta 228
Europäische Sozialpolitik *siehe* Sozialpolitik
Europäische Verteidigungsagentur (EVA od. EDA) 314, 322, 371
Europäische Verteidigungsgemeinschaft (EVG) 332
Europäische Volkspartei (EVP) 77, 131
Europäische Währungseinheit (ECU) 344
Europäische Wertpapier- und Marktaufsichtsbehörde (ESMA) 173
Europäische Wirtschaftsgemeinschaft (EWG) 334
Europäische Zentralbank (EZB) 123
Europäischer Ausrichtungs- und Garantiefonds für die Landwirtschaft (EAGFL) 180
Europäischer Ausschuss für Systemrisiken (ESRB) 173
Europäischer Auswärtiger Dienst (EAD) 44, 82, 119, 310, 313, 370, 408
Europäischer Betriebsrat, -räte 295
Europäischer Finanzstabilisierungsmechanismus (EFSM) 164

Europäischer Fonds für die Anpassung an die Globalisierung (EGF) 296
Europäischer Fonds für Regionale Entwicklung (EFRE) 181
Europäischer Fonds für Währungspolitische Zusammenarbeit (EFWZ) 344
Europäischer Gerichtshof für Menschenrechte (EGMR) 228
Europäischer Gewerkschaftsbund (EGB od. ETUC) 295
Europäischer Haftbefehl 226
Europäischer Rat 102
Europäischer Rechnungshof (EuRH) *siehe* Rechnungshof
Europäischer Sozialfonds (ESF) 181, 296
Europäischer Stabilisierungsmechanismus (ESM) 164, 168, 170, 174, 373, 405
Europäischer Wirtschaftsraum (EWR) 187
Europäisches Amt für Betrugsbekämpfung (OLAF) 118
Europäisches Finanzaufsichtssystem (ESFS) 173
Europäisches Justizielles Netz 226
Europäisches Parlament *siehe* Parlament
Europäisches Polizeiamt (Europol) 225, 354
Europäisches Semester 168, 171
Europäisches Sozialmodell (ESM) 299
Europäisches System der Zentralbanken (ESZB) 124, 166, 355
Europäisches Transparenzregister (ETR) 132
Europäisches Unterstützungsbüro für Asylfragen (EASO) 223
Europäisches Währungsinstitut (EWI) 124, 354, 355
Europäisches Währungssystem (EWS) 157, 344
Europarat 228, 329
Europarecht 193
Europawahl, -en 71, 87, 110, 210, 216, 259, 346, 407

Europe à la carte 275
European Recovery Program (ERP) 328
Europol *siehe* Europäisches Polizeiamt
Euroraum 127, 156, 169, 372
Eurosklerose 347
Eurozone *siehe* Euroraum
EZB-Direktorium *siehe* Direktorium, EZB
EZB-Präsident 123, 172, 373
EZB-Rat 124

Fachgruppe, -n 130
Fachkommission, -en 130
Faktorbewegungen 142
fakultative Konsultation 131
Feststellungsurteil 213
Finalität 139, 269, 277, 338, 380, 391
Finanzen 38, 90, 177
Finanzhoheit 177
Finanzielle Vorausschau *siehe* Mehrjähriger Finanzrahmen (MFR)
Finanzminister 91, 159
Finanzrahmen *siehe* Mehrjähriger Finanzrahmen (MFR)
Finanztransaktionssteuer 174, 184
Finanzverfassung 177
Fischerei 91, 113
Fiskalvertrag 101, 163, 299, 373
Flexibilisierung *siehe* flexible Integration
Flexibilitätsklausel 197, 205, 210
flexible Integration 219, 227, 274
Föderalismus 382, 391
Fouchet-Pläne 339, 345
Fraktion Allianz der Liberalen und Demokraten für Europa 76
Fraktion der Europäischen Volkspartei (Christdemokraten) (EVP) 76
Fraktion der Grünen/Freie Europäische Allianz (Grüne/FEA) 76
Fraktion der Progressiven Allianz der Sozialisten (S&D) 76
Fraktion Europa der Freiheit und der Demokratie (EFD) 76

Fraktion Europäische Konservative und Reformisten (ECR) 76
Fraktionszwang 80
free-rider problem *siehe* Trittbrettfahrerproblem
Freihandels-
- -abkommen 141, 187
- -theorie 140
- -zone 29, 139, 288
Friedensgemeinschaft 241, 263, 389
Fristsetzungsschreiben 213
FRONTEX 224
Frühwarnmechanismus 170, 197, 371
Funktionalismus 31, 388
Funktionsproblem, -e 65, 253, 404
Fusions-
- -kontrolle 154
- -these 399
- -vertrag 342

Gebietskörperschaft, -en 129, 355
gegenseitigen Anerkennung 347
Geldmengensteuerung 127
Geldpolitik 126, 133, 158
Gemeinsame Agrarpolitik (GAP) 79, 100, 179, 335, 340
Gemeinsame Aktion, -en 101, 308, 318, 354
Gemeinsame Außen und Sicherheitspolitik (GASP) 53, 63, 100, 186, 203, 308, 352, 355, 358, 370
Gemeinsame Handelspolitik *siehe* Handelspolitik
Gemeinsame Sicherheits- und Verteidigungspolitik (GSVP) 91, 322, 408
Gemeinsame Strategie, -n 308
Gemeinsamer Markt *siehe* Binnenmarkt
Gemeinsamer Standpunkt, -e 101, 308, 318, 354
Gemeinsamer Strategischer Rahmen (GSR) 181
Gemeinsames Europäisches Asylsystem (GEAS) 223
gemeinschaftlicher Besitzstand 207, 238
Gemeinschaftswährung *siehe* Euro (€)

Generalanwalt, -anwältin 120
Generaldirektion, -en
- EZB 126
- Kommission 37, 109, 180
- Parlament 78
- Rat 93
Generaldirektor, -in 113
Generalsekretär, -in
- Parlament 78
- Rat 102
Generalsekretariat
- Parlament 78
- Rat 93
- WSA/AdR 130
Gericht für den öffentlichen Dienst der EU 121
Gericht, das 120, 211, 349
Gerichtsgemeinschaft 215
Gerichtshof 120
Geschäftsordnung
- Kommission 111
- Parlament 87
- Rat 93, 98
Gesetzesinitiative *siehe* Gesetzgebungsinitiative
Gesetzgebung 61, 80, 86, 100, 207
Gesetzgebungsfunktion 84, 100
Gesetzgebungsinitiative 100, 117
Gesetzgebungsverfahren 76, 85, 132, 207, 370
Gesundheit 91, 197, 292, 293
Gesundheitspolitik 292
Gewaltenteilung 116
Gewaltmonopol 61, 225
Gipfel, EU-Gipfel 102, 345
Gipfeltreffen *siehe* Gipfel, EU-Gipfel
Globalisierung 252, 263, 296
Globalisierungsfonds *siehe* Europäischer Globalisierungsfonds
Good Governance 243
Grenzkontrolle, -n 143, 217
Grenzschutz 219, 224
Große Kammer 122
Grünbuch, -bücher 117, 166

Grundrecht, -e 112, 203, 227, 275, 297, 363
Grundrechtecharta 203, 227, 275, 297, 363, 365, 370
Grundrechtsschutz 201, 227
Gutachten 196, 212
Gutachterinstanz 123
Gütermarkt, -märkte 142

Haager Programm 219
Haftungsausschluss 161
Handelshemmnis, -nisse 140, 143
Handelskonflikt, -e 187
Handelspolitik 94, 95, 118, 185
– autonom 185
– vertraglich 186
Harmonisierung 144, 152, 211, 289, 298
Haushalt 77, 79, 82, 90, 91, 100, 112, 118, 177
Haushalts-
– -disziplin 163, 167, 374
– -gesetzgebung 210
– -kontrolle 82
– -plan 37, 80, 82, 100, 177
Haushalts- und Wirtschaftspartnerschaftsprogramm 170
Hearing-Verfahren 87, 111
Helsinki-Gruppe 364
Herkunftslandprinzip 148, 291
Herren der Verträge 86, 104, 399
Hertensteiner Programm 383
Historischer Institutionalismus 398
Hohe Behörde 108, 133, 331
Hoher Vertreter für die Außen- und Sicherheitspolitik 103, 105, 119, 308, 371
humanitäre Hilfe 91, 113, 309
Hüterin der Verträge 212

Identitätsdebatte 233
Identitätskonstruktion 237, 240, 244, 300
Impeachment-Verfahren 84
Industriepolitik 90, 112, 356
Inflationsbekämpfung 127, 158

Initiativbefugnis *siehe* Initiativrecht
Initiative *siehe* Gesetzgebungsinitiative
Initiativmonopol 84, 100, 117, 337, 340
Initiativrecht 117, 256
Inländerprinzip 147
Innen- und Justizpolitik 216
Input-Legitimität 257
Institutionalismus *siehe* Historischer Institutionalismus
Institutionengefüge 57, 69, 133
Institutionenstreit 340
Integrationsgeschichte 327
Integrationstheorie 379
Interessenvertreter, -in, Interessenvertretung-, en 58, 107, 129, 132, 180
Intergouvernementaler Semipräsidentialismus 60
Intergouvernementalismus 256, 281, 394
intermediäres System 57, 132
Internal Market Scoreboard *siehe* Binnenmarktanzeiger
International Governmental Organization (IGO) *siehe* Internationale Regierungsorganisation
International Non-Governmental Organization (INGO) *siehe* Internationale Nichtregierungsorganisation
Internationale Nichtregierungsorganisation, -en 51
Internationale Organisation, -en (IO) 49, 91, 186, 196, 256, 305
Internationale Regierungsorganisation, -en 51
Internationales Regime 251, 275, 395
Interreg 181
Irak-Krise 318

jährliche Strategieplanung (Annual Policy Strategy, APS) 111
justizielle Zusammenarbeit in Zivilsachen 221, 225, 359

Kabinett, -e 114
Kalter Krieg 327, 351
Kammer, -n 121

Sachregister

Kapital 142, 151, 165, 173, 298, 347
Kapitalflucht 151
Kapitalverkehrsfreiheit 150, 337
Kartell, -e 154
Kartellverbot 154
Kategorienfehler 47, 403
Kategorienverwechslung *siehe* Kategorienfehler
Kerneuropa 249, 276
Klagerecht, -e 371
– EZB 128
– Parlament 82
Klugheitsfalle 194
Kodezision, Kodezisionsverfahren *siehe* Mitentscheidung, Mitentscheidungsverfahren
Kohäsion 180, 272, 355
Kohäsionsfonds 180
Kohäsionspolitik 180
Kohll, EuGH-Urteil 292
Kollegialitätsprinzip 114
kollektiv verbindliche Entscheidungen 53, 64
Komitologie 58, 84, 100, 116, 132, 271
Komitologieausschuss, -ausschüsse 115
Kommissar, -in 112
Kommission 108
Kommissionskollegium 112
Kommissionspräsident 110, 172, 267, 358, 407
Kommissionsvorlage, -n 84, 93
komparative Kostenvorteile *siehe* Theorem komparativer Kostenvorteile
Kompetenz-Kompetenz 86, 196
kompetitive Deregulierung 298
Konditionalitätsklausel, -n 188
Konferenz der Ausschüsse für Gemeinschafts- und Europaangelegenheiten (COSAC) 79
Konferenz der Ausschussvorsitzenden 78
Konferenz der Delegationsvorsitzenden 78
Konferenz der Präsidenten 78

Konferenz für Sicherheit und Zusammenarbeit in Europa (KSZE) 351
Konferenz von Messina 335
Konföderale Fraktion der Vereinigten Europäischen Linken/Nordische Grüne Linke 76
Konföderation 65
Konstitutionalisierung 123, 196, 201
konstitutioneller Architekt 104
konstruktive Enthaltung 98, 309
Konstruktivismus 195, 398
Konsultationsverfahren 211
Kontrolle öffentlicher Unternehmen 155
Kontrollfunktion 82
Konvent, Konvent zur Zukunft der Union *siehe* Verfassungskonvent
Konvergenzkriterium, -ien 156, 275, 298, 354
Konvergenzprogramm, -e 168, 171
Kooperationsabkommen 187
Koordinationsreflex 344
Koordinierungsfunktion 99
Koordinierungsverfahren 39, 298
Kopenhagener Kriterien 52, 207, 238
Kopplungsgeschäft, -e 103, 336, 363
Körperschaftssteuer 152
Korruption 83, 87, 264, 360, 412
Kriminalität 219, 355, 412
Kriseneinsatz, -sätze 313
Krisenreaktionskraft, -kräfte 314
Kuhhandel *siehe* Verhandlungspaket
Kultur 91, 112, 233, 261, 412
kulturelle Identität 239
Kulturrelativismus 236, 239

Laeken, Erklärung von Laeken 364
Laval, EuGH-Urteil 149
left over, -s 349, 358
Legislative *siehe* Gesetzgebung
Legitimation 59, 70, 89, 109, 253, 281, 346
Legitimität 59, 61, 176, 195, 246, 253, 280, 301, 374, 404, 407

Sachregister

Legitimitätsdefizit *siehe* Demokratiedefizit
Leitlinie, -n 101, 106, 115, 126, 205, 278, 308
Leitzins, -en 127, 158, 160
Liberaler Intergouvernementalismus 394
Liberalisierung 142, 148, 151, 155, 291, 396
Lissabon-
- -Strategie 106, 148
- -Urteil 202, 370, 387
- -Vertrag 370, *siehe* Vertrag von Lissabon

Lobby, Lobbyisten 132
Lomé-Abkommen 187
Luxemburg-Gruppe 364
Luxemburger Kompromiss 341

Maastricht-Entscheidung, -Urteil 63, 352
Maastricht-Vertrag *siehe* Vertrag von Maastricht
Majorisierung 98, 107
Marktintegration 142, 287, 297
Marktliberalisierung *siehe* Liberalisierung
Marktversagen 287
Marktwirtschaft 238, 328
Marshall-Plan *siehe* European Recovery Program (ERP)
Medien 108, 132, 164, 258
Medien, Mediensystem 72
Mehrebenenspiel, -e 99, 103
Mehrebenensystem 119, 123, 129, 206, 249, 290, 403
Mehrheitswahl 71
Mehrjähriger Finanzrahmen (MFR) 80, 105, 178
Mehrsprachigkeit 112
Mehrwertsteuer 145, 182
Mehrwertsteuereigenmittel 182
Meinungsumfrage 45
Meistbegünstigung 187
Menschenrecht, -e 188, 228, 237, 374

Methode der offenen Koordinierung (MOK) Siehe Offene Methode der Koordinierung (OMK)
Methode Monnet 255, 331, 334, 392, 404
Minderheitenschutz 238
Ministerrat 89
Missbrauchsaufsicht 154
Misstrauensvotum 59, 80, 83, 110
Mitbestimmung 293, 297
Mitentscheidung, Mitentscheidungsverfahren 79, 85, 209, 353, 362
Mitgliedschaft 35, 51, 238, 263
mittelfristiger Finanzrahmen *siehe* Mehrjähriger Finanzrahmen (MFR)
Monetarisierung 166
Monitoring 119, 215
Montanunion *siehe* EGKS
Motor der Integration 104, 345
Mr. GASP *siehe* Hoher Vertreter für die Außen- und Sicherheitspolitik
Multilateralismus 321
mündliche Anfrage, -n 76, 82

nationale Reformprogramme 168
negative Integration 141, 288
Neofunktionalismus 175, 255, 389, 400, 404, 410
Nettoempfänger 182
Nettozahler 182
Nettozahlerdebatte 182
Netzwerk, -e 64, 119, 251, 403
Neutralität, neutral 305, 369
Neuverschuldung 41, 101, 156
Nichtigkeitsklage 213, 216
Nichtregierungsorganisation, -en (NRO) 51, 117, 132, 251
Niederlassungsfreiheit 146
No-bailout-Klausel *siehe* Haftungsausschluss
Nominalzinssatz 157
Nordatlantikvertragsorganisation, North Atlantic Treaty Organization (NATO) 49, 305, 315, 322, 328, 390

423

Norderweiterung 342
obligatorische Konsultation 131
Offene Methode der Koordinierung (OMK 39
Offene Methode der Koordinierung (OMK) 106, 278, 299
öffentliche Unternehmen 155
ökonomische Integration 139
opt in 219
opt out 219, 274, 277, 352, 370
Ordentliches Änderungsverfahren 104
Ordentliches Gesetzgebungsverfahren 85, 122, 206, 207, 370
Organigramm 133
Organisation für Europäische Wirtschaftliche Zusammenarbeit (OECD) 328
Organisation für Europäische Wirtschaftliche Zusammenarbeit (OEEC) 328, 329, 335
Organisation für Sicherheit und Zusammenarbeit in Europa (OSZE) 351
Organisation für wirtschaftliche Zusammenarbeit und Entwicklung (OECD) 49
organisierte Kriminalität 219
Osterweiterung 30, 34, 149, 234, 238, 290, 412
Output-Legitimität 262, 268, 281, 406
Outright Monetary Transactions (OMTs) 166, 373

package deal *siehe* Verhandlungspaket
Pakt für Wachstum und Beschäftigung 172, 374
PAMINA 181
Pariser Vertrag 331
Parlament 69
Parlamentarische Versammlung 340, 389
parlamentarisches Zweikammersystem 60
Parlamentarismus 59, 70, 81, 268
Parlamentsfunktion, -en 80
Parlamentspräsident 78, 111

Parlamentswahl, -en 58, 70, 260
Partei, -en 75, 88
Partizipation 257, 404
Passerelle-Klausel 105, 205
permissiver Konsens 175, 254, 391
Personalbestand 43
Personenfreizügigkeit 145, 217, 291
Personenverkehr 143, 217, 294
Petersberg-Aufgaben 314, 359
Petitionsrecht 216
Petitionswesen 82
Pfadabhängigkeit, -en 300
Phase der Reflexion 366
Plenardebatte, -n 78
Plenarorgan 53, 90
Plenum 75, 79, 122, 130
Pleven-Plan 332
Politik des leeren Stuhls 340, 379, 392
politisch-institutionelle Identität 235, 236
Politischer Prozess 249
Politisches Komitee 349
Politisches und Sicherheitspolitisches Komitee (PSK) 95, 313
Polizeiliche und Justizielle Zusammenarbeit 63, 203, 216, 358
Portabilität, portabel 291, 295
positive Integration 142, 288, 292
Post-Nizza-Prozess 363
Präambel 61, 240, 243, 353
Präsidentialismus 59
Präsidentschaft *siehe* Ratspräsidentschaft
Präsidium 78, 130
Präzedenzurteil, -e 123, 144, 198, 212, 292, 346
Preisabsprache, -n 154
Preisstabilität 127, 156, 158
Preisstützung 180
Primärrecht 203
Prinzip der begrenzten Einzelermächtigung 196

Prinzip der gegenseitigen Anerkennung 144, 291
Privatisierung 151, 270, 372, 407
privilegierte Partnerschaft 188
Produktvorschrift, -en 143, 145
Programm von Tampere 218, 222
Protektionismus, protektionistisch 140, 153, 180, 185, 187, 193, 220, 334
Protoexekutive 108
Prümer Vertrag 226

qualifizierte Mehrheit, qualifizierte Mehrheitsentscheidung 95, 102, 103, 110, 125, 142, 205, 340, 348, 353
Quästor, -en 78
Quorum, -en 79, 84, 96, 270, 362

Rahmenbeschluss, -schlüsse 221, 226
Rapid Border Intervention Teams (RABITs) 225
Rat für Allgemeine Angelegenheiten 91, 311
Rat für Auswärtige Angelegenheiten 91, 311
Rat, Rat der EU 89
Ratifikation, Ratifizierung 85, 104, 154, 165, 204, 219, 256, 332, 352, 366, 369, 404, 412
Ratingagentur, -en 173, 372
Rationalismus 242
Rats-
– -formation, -en 90
– -präsidentschaft 60, 90, 93, 102
– -tagung, -en 102
Raum der Freiheit, der Sicherheit und des Rechts 216, 359, 371
Realismus 195, 381, 394, 397
Rechnungshof 37, 86, 101, 118, 355
Rechnungsprüfung 118
Recht-
– -sprechung 150, 195, 211, 347
– sprechung 133
Rechtfertigungsgrund, -gründe 143
Rechts-
– -gemeinschaft 193

– -mittel 212, 215
– -ordnung 30, 193, 195, 196, 205, 233, 238
– -persönlichkeit 123, 203, 260, 371
– -schutz 118, 123, 211, 294
– -staat 194, 237, 308
– -staatlichkeit 237, 243, 308
– -subjekt, -e 195, 198
– -verbindlichkeit 229, 371
– -vorschrift, -en 37, 206
Rechtsakt, -e 205
Rechtsetzung 207
Rechtsetzungs-
– -funktion 84
– -verfahren 207
Referendum, -en 28, 34, 109, 149, 176, 219, 269, 352, 363, 366, 368, 410
Reformvertrag 107, 368
Regelungsverfahren 116
Regierungs-
– - konferenz, -en 104
– -bildung 72, 80
– -konferenz, -en 86, 202, 204, 348, 356, 361, 365, 397
– -system, -e 59, 83, 258
– -vertreter 51, 90, 161, 365
Regime Siehe Internationales Regime
Regionalpolitik 113, 180
Regulierung 173, 185, 279, 287
Rekrutierungsfunktion 86
Religion 240, 241, 294
Repräsentationsfunktion 81
repräsentative Demokratie 69, 81, 89, 267, 270
Reregulierung 288, 290
Ressort 101, 108, 113
Ressortprinzip 114
Rettungsschirm 164, 373
Reziprozität 186
Richter, -in 63, 120, 212, 226
Richtlinie, -n 206
Römische Verträge 194, 334
Rotation, Rotationsverfahren 90, 92, 126, 361
Rüffert, EuGH-Urteil 149, 291

rule of law 194
Rüstung 322
Sanktion, -en 41, 101, 158, 161, 167, 186, 238, 278, 373
Schadensersatzklage 212
Schengen, Schengener Abkommen 143, 146, 217, 275, 277, 354, 412
Schengen-Besitzstand 218, 359
Schengener Informationssystem (SIS) 217
Schlussfolgerungen des Vorsitzes 103
Schriftführer, -in 103
schriftliche Anfrage, -n 82
Schuldenbremse 169, 374
Schuman-Plan 330
Scoreboard 155, 170
Sechserpack 167, 170, 373
sektorale Teilintegration 52, 331
Sekundärrecht 71, 205
Semipräsidentialismus, semipräsidentiell 60, 258
SFOR 316
shaming 279
Sicherheitspolitik 312
SitCen (Joint Situation Centre) 313
Sitzordnung 73
Sitzverteilung 73, 76, 130
Six-Pack *siehe* Sechserpack
Solange-I-, Solange-II-Urteil, -Beschluss 227
Solidargemeinschaft 288
Solidarität 160, 182, 229, 235, 277, 288, 405
Sonderbeauftragte, -r 308
Souveränität 53, 61, 98, 162, 175, 218, 305, 312, 381, 394
souveränitätsgeladen 61, 98, 174, 211, 235, 273, 408
Souveränitätsverzicht 62, 98, 155, 174, 305, 382
Sozial-
– -leistung 287, 298
– -modell 299, *siehe* Europäisches Sozialmodell

– -partner 295, 365
– -politik 287
– -protokoll 275
– -schutz 287
– -standard, -s 289, 298
Sozialdemokratische Partei Europas (SPE) 77, 130
Sozialdumping 149, 298
soziale Sicherheit 292
Sozialer Dialog 295
Spaak-Bericht 336
Sperrminorität 96, 371
spill back 393
spill over, Spill over-Effekt 220, 287, 392
Sprachen 37, 229
Staatenbund 63, 338
Staatenverbund 63, 250, 256
Staats-
– -bürgerschaft 217
– -gewalt 61, 220
– -qualität 58, 177
– -recht 196
– -schulden 42, 173, 372
– -schuldenkrise 258, *siehe* Eurokrise
– -verschuldung 41, 409
Stabilisierungs- und Assoziierungsabkommen (SAA) 188
Stabilisierungs- und Assoziierungsprozess, SAP 188
Stabilitäts- und Wachstumspakts (SWP) 158, 162, 169, 174, 299
Stabilitätsanleihe, -n 166
Stabilitätskriterium, -en 169
Stabilitätslriterium, -en 158
Stabilitätsprogramm, -e 168
Ständige Strukturierte Zusammenarbeit 371
Standortwettbewerb 41, 289
Stellungnahme 131, 197, 207, 211
Steuer-
– -dumping 298
– -hoheit 152, 298
– -politik 61, 85, 369
– -recht 152
Stimmengewicht, -e 96, 360, 365

Sachregister

Stockholmer Programm 219
Streikrecht 294
Struktur-
– -fonds 181, 272, 354, 397
Subsidiarität 129, 197, 205, 353, 355, 386
Subsidiaritätsklage 214
Subsidiaritätsprinzip 131, 197, 205, 355, 386
Süderweiterung 346
sui generis 65, 250, 403
support 57, 258
Supranationalismus, supranational 53, 270
Supranationalitätsgefälle 204
Suprematie 53, 199
SWIFT 85
Systemgestaltung 86, 104, 117, 123, 163, 175
Systemtheorie 56, 257

Territorialität 61
Terrorismus 219, 221, 226
Theorem komparativer Kostenvorteile 140
Theorie optimaler Währungsräume 159
Transeuropäische Netze (TEN) 181, 355
Transformationsstaat, -en 34, 300, 346, 374
Transnationale Organisationen 51
Transparenz 30, 132, 362, 364, 411
Transparenzregister Siehe Europäisches Transparenzregister (ETR)
transposition deficit *siehe* Umsetzungsdefizitquote
TREVI-Gruppe 225
Trittbrettfahrerproblem 194
Troika 163, 165, 280, 373
Truman-Doktrin 327
Türkei-Beitritt 34, 188, 234, 412
Two-Pack *siehe* Zweierpack

Übersetzungsdienst, -e 37, 78

Übersprungeffekt *siehe* spill over, Spill over-Effekt
überstaatlich *siehe* supranational
Umfrage *siehe* Meinungsumfrage
Umsetzungsdefizitquote 155
Umverteilung 181, 287, 290
Umweltpolitik 52, 79, 90, 349
UNICE *siehe* BusinessEurope
Union Europäischer Föderalisten (UEF) 383
Unionisten 340
Unionsbürgerschaft 210, 216, 272, 353
Unionsorgan, -e *siehe* EU-Organ, -e
United Nations, United Nations Organization (UN, UNO) *siehe* Vereinte Nationen (VN)
Untätigkeitsklage 212
Unterausschuss, -schüsse 79
Untersuchungsausschuss, -schüsse 82
Ursprungslandprinzip *siehe* Herkunftslandprinzip
Ursprungszertifikat, -e 142

Val Duchesse-Gespräche 296
Van Gend & Loos, EuGH-Urteil 123, 198, 215
Verantwortungsgemeinschaft 244
Verbraucherschutz 79, 91, 113, 143, 290, 356
Verbrechensbekämpfung 225, 354
Vereinfachtes Änderungsverfahren 86, 104, 204
Vereinten Nationen (VN) 54, 306, 319, 320, 327
Verfassung für Europa *siehe* Verfassungsvertrag
Verfassungs-
– -gemeinschaft 239
– -gericht 165, 200, 201, 227, 370, 387, 405
– -konvent 60, 240, 262, 365, 386
– -organ 53
– -vertrag 109, 149, 202, 229, 254, 311, 365

427

Vergemeinschaftung, vergemeinschaftet 53, 117, 310
Vergleichende Regierungslehre 48
Verhältniswahlrecht 71
Verhandlungspaket, -e 103, 369, 396
Verkehrspolitik 90, 112, 155, 334, 389
Vermittlungsausschuss 79, 209
Verordnung, -en 206
Verstärkte Zusammenarbeit 174, 184, 222, 310, 358, 362
Verteidigungspolitik 52
Vertrag
– über die Arbeitsweise der EU (AEUV) 203
– über Stabilität, Koordinierung und Steuerung in der Wirtschafts- und Währungsunion 101, *siehe* Fiskalvertrag (SKS-Vertrag)
– von Amsterdam 357
– von Lissabon 364
– von Maastricht 350
– von Nizza 360
– von Prüm 226, *siehe* Prümer Vertrag
Vertrags
– -reform, -en 203
– -werk 204
Vertrags-
– -änderung, -en 86, 104, 117, 164, 204, 406
– -reform, -en 88, 108, 412
– -revision, -en 59, *siehe* Vertragsänderung, -en
– -systematik 203, 353
– -theorie, vertragstheoretisch 193
– -verletzung 118, 155, 198, 212
– -verletzungsklage 118, 198, 212, 216
Vertragsabrundungsklausel *siehe* Flexibilitätsklausel
Verwaltungs-
– -gericht 122
– -verfahren 116
Veto, Vetorecht 98, 205, 222, 269, 339, 341, 353, 362
Viking, EuGH-Urteil 149, 291
Visakodex 224
Visum, -a 219, 224

Völkerrecht 194
völkerrechtlicher Vertrag 50, 85, 169, 194, 203, 281, 365, 373
Völkervertretung *siehe* Parlament
Volksabstimmung *siehe* Referendum, -en
Volkssouveränität 69, 89
Vorabentscheidung, Vorabentscheidungsverfahren 123, 143, 149, 198, 214, 216, 292, 349
Vorrang *siehe* Suprematie
VW-Gesetz 151

Wahlbeteiligung 72
Wahlkampagne, -n 72, 88, 259
Währungspolitik 124, 197, 299, 350, 411
Währungsschlange 344
Währungsunion 41
Wanderarbeitnehmer, -in 291, 292
Warenverkehrsfreiheit 143, 292
Wechselkurs, -e 158, 170
Wechselkurs-
– -mechanismus 156, 344
– -schwankung, -en 153, 157
Weißbuch, -bücher 117, 151, 155, 278, 347
Welthandelsorganisation (WTO) 118, 141, 186, 203, 306
Welthandelsrunde, -n 306
Werner-Plan 344
Wertegemeinschaft 233
Westeuropäische Union (WEU) 333, 359
Wettbewerbs-
– -fähigkeit 90, 160, 165, 181, 272, 298, 410
– -kommissar, -in 153
– -politik 112, 118, 153
– -regeln 180, 197, 206, 292
Wirtschaftlicher Dialog 168
Wirtschaftliches Kriterium 238
Wirtschafts-
– - und Finanzausschuss (WFA) 95
– - und Sozialausschuss (WSA) 101, 129, 337
– - und Währungsunion (WWU) 156

- -gemeinschaft 139
- -politik 101, 106, 119, 127, 139, 299, 374
- -politische Koordinierung 99, 106, 169, 170
- -union 29, 128, 156
- -wachstum 157, 172, 374

Wirtschaftspolitik 53

Wohlfahrtsstaat, -en 290, 299, 360

Zentralbank *siehe* Europäische Zentralbank (EZB)

Zentraler Finanzdienst 118

Zivilgesellschaft 117, 129, 132, 237, 261, 271, 407

Zivilmacht 317, 319

Zoll, Zölle 140, 141, 185, 186, 288, 340

Zollunion 141

Zustimmungsverfahren 210

Zwangsgeld, -er 213, 354

Zweckgemeinschaft, -verband 239, 256

Zweierpack 167

zwischenstaatlich *siehe* intergouvernemental